Kohlhammer

Alfred Kieser (Hrsg.)

Organisations-
theorien

5. Auflage

Verlag W. Kohlhammer

5., unveränderte Auflage 2002
4. Auflage 2001
3., überarbeitete und erweiterte Auflage 1998

© 1993 W. Kohlhammer GmbH Stuttgart
Umschlag: Gestaltungskonzept Peter Horlacher
Gesamtherstellung:
W. Kohlhammer Druckerei GmbH + Co. Stuttgart
Printed in Germany

ISBN 3-17-017917-9

Vorwort zur 1. Auflage

Dieses Buch ist aus einer Vorlesung entstanden, die mehrere Studentengenerationen über sich ergehen lassen mußten. Wenn es uns gelungen ist, die behandelten Organisationstheorien verständlich darzustellen, so haben wir dies auch denjenigen Studenten zu verdanken, die unsere Aufforderung zur Kritik ernst nahmen – manchmal mehr, als uns lieb war.

Bei einigen dieser Studenten und auch bei unseren Kollegen am Lehrstuhl für Organisation haben wir uns für wertvolle Hinweise zu bedanken: *Paul Bomke, Christian Friege, Hans-Dieter Ganter, Andreas Kreuter, Franziska Peter, Johannes Rädeker, Sylvia Pfeiffer, Andreas Schaaf, Rudi Stegmüller, Peter Walgenbach* und *Horst Winzer*.

Waltraud Leininger und *Marion Lörch-Rausch* haben zuverlässig und schnell unsere Texte verarbeitet.

Johannes Rädeker, Ralph Bodenmüller und *Michael Knapstein* haben die Abbildungen angefertigt und aus Textteilen eine druckfähige Vorlage erstellt.

Bernd Marquard vom Kohlhammer Verlag hat nicht nur höchst zuverlässig Kommafehler und Stilistisches korrigiert, sondern uns auch dazu gebracht, viele Argumente klarer zu fassen.

Dank gebührt auch *Klaus Türk* und *Michael Wollnik*, die die Darstellung derjenigen Ansätze übernommen haben, für die wir uns nicht kompetent fühlten.

Soweit Zitate aus englischsprachigen Texten in Deutsch wiedergegeben sind, haben die Verfasser die Übersetzungen angefertigt.

Mannheim, im August 1992

Alfred Kieser

Vorwort zur 2. Auflage

Wir freuen uns sehr, daß die 1. Auflage bereits innerhalb von zwei Jahren vergriffen war – auch wenn die Vorbereitung der 2. Auflage mehr Arbeit machte, als wir uns zuerst vorgestellt hatten.

Neu aufgenommen wurde ein Kapitel über Institutionalistische Ansätze von *Peter Walgenbach*. Damit haben wir ein Versäumnis der 1. Auflage nachgeholt, das uns von Rezensenten und kritischen Lesern zu Recht vorgehalten worden war.

Weggefallen ist leider das Kapitel über Politische Ökonomie der Organisation. *Klaus Türk*, sein Verfasser, hat eine überarbeitete Fassung gerade in einem eigenen Buch veröffentlicht. Es erschien ihm und uns nicht sehr sinnvoll, sie noch einmal abzudrucken.

Die übrigen Kapitel wurden unter Berücksichtigung der neuesten Literatur überarbeitet.

Peter Walgenbach hat nicht nur ein Kapitel beigesteuert, er hat auch die Arbeiten zur Erstellung des Manuskripts der 2. Auflage koordiniert. *Petra Hubatsch* hat die Änderungen in das Manuskript eingearbeitet, einige Fehler der 1. Auflage behoben und das Literaturverzeichnis überprüft. *Thomas Kruse* hat das Layout wesentlich verbessert und das Manuskript für den fotomechanischen Druck vorbereitet. Ihnen allen sei herzlich gedankt.

Mannheim, im Juni 1995

Alfred Kieser

Vorwort zur 3. Auflage

Daß die Organisationstheorie einer starken Dynamik unterliegt, wird einem bewußt, wenn nach nur drei Jahren (ein herzlicher Dank an die Leser!) eine neue Auflage zu gestalten ist und dabei erhebliche Änderungen fällig werden. Vor drei Jahren war bspw. nicht abzusehen, daß Anthony *Giddens* auch in der Organisationstheorie eine bedeutende Rolle übernehmen würde. In dieser Auflage ist dem Einfluß seines Ansatzes auf die Organisationstheorie ein eigenes Kapitel gewidmet. Überdurchschnittlich viel getan hat sich auch bei den evolutionären und interpretativen Ansätzen, was zu größeren Änderungen der betreffenden Kapitel führte – zum Teil wurden hier auch andere Autoren oder Koautoren tätig. Das einleitende wissenschaftstheoretische Kapitel hat nun mit *Andreas Georg Scherer* ein echter Spezialist auf diesem Gebiet übernommen. Die übrigen Kapitel wurden auf den neuesten Stand gebracht.

Wieder haben die Autoren sehr von den kritischen Kommentaren derjenigen Studierenden profitiert, die sie in der Lehre direkt mit diesem Buch konfrontieren. Zunehmend melden sich aber auch andere Leser zu Wort, wozu alle Autoren ausdrücklich ermuntern (am besten über die Email-Adresse: kieser@bwl.uni-mannheim.de).

Peter Walgenbach hat nicht nur ein neues Kapitel beigesteuert, er hat auch wieder die Drucklegung gewissenhaft vorbereitet. *Stephan Noll* und *Patrick Jung* haben unverdrossen gegen die Tücken der Textverarbeitung angekämpft. *Frank Katzenmayer* vom Kohlhammer Verlag war nicht nur wieder sehr geduldig, sondern auch ermutigend. Ihnen allen gebührt großer Dank.

Mannheim, im August 1998

Alfred Kieser

Vorwort zur 5. Auflage

Die Autoren und der Herausgeber freuen sich sehr, dass der Absatz dieses Buches eine weitere Auflage nach nur zwei Jahren erforderlich macht. Die Auswahl der behandelten Organisationstheorien ist nach wie vor aktuell: Keine der nicht aufgenommenen Organisationstheorien hat in den letzten Jahren in der wissenschaftlichen Diskussion so stark an Bedeutung gewonnen, dass ihr Fehlen schmerzlich vermisst würde; keine der berücksichtigten Theorien hat an Bedeutung verloren. Auch hat keine der diskutierten Organisationstheorien Revisionen in einem Umfang erfahren, der eine Neufassung des entsprechenden Kapitels nahegelegt hätte. Die Autoren und der Herausgeber bedanken sich bei den Lesern für das ungebrochene Interesse an diesem Buch. Sie werden die Entwicklungen in diesem Wissenschaftsbereich im Auge behalten, um das Buch auch weiterhin aktuell zu halten.

Kapitelübersicht

Kapitel 1: **Kritik der Organisation oder Organisation der Kritik? - Wissenschaftstheoretische Bemerkungen zum kritischen Umgang mit Organisationstheorien**
von Andreas Georg Scherer

Kapitel 2: **Max Webers Analyse der Bürokratie**
von Alfred Kieser

Kapitel 3: **Management und Taylorismus**
von Alfred Kieser

Kapitel 4: **Human Relations-Bewegung und Organisationspsychologie**
von Alfred Kieser

Kapitel 5: **Die Verhaltenswissenschaftliche Entscheidungstheorie**
von Ulrike Berger und Isolde Bernhard-Mehlich

Kapitel 6: **Der Situative Ansatz**
von Alfred Kieser

Kapitel 7: **Institutionenökonomische Theorien der Organisation**
von Mark Ebers und Wilfried Gotsch

Kapitel 8: **Evolutionstheoretische Ansätze**
von Alfred Kieser und Michael Woywode

Kapitel 9: **Konstruktivistische Ansätze**
von Alfred Kieser

Kapitel 10: **Institutionalistische Ansätze in der Organisationstheorie**
von Peter Walgenbach

Kapitel 11: **Giddens' Theorie der Strukturierung**
von Peter Walgenbach

Inhaltsverzeichnis

Vorwort V

Kapitelübersicht VII

Inhaltsverzeichnis IX

Abbildungsverzeichnis XV

Tabellenverzeichnis XVII

1. **Kritik der Organisation oder Organisation der Kritik? –**
   Wissenschaftstheoretische Bemerkungen zum kritischen Umgang mit
   Organisationstheorien 1
   1.1. Wozu Organisationstheorie(n)? 1
   1.2. Wozu Wissenschaftstheorie? 4
   1.3. Das Subjekt-Objekt-Modell der Sozialwissenschaften 5
   1.4. Zur Kritik des Subjekt-Objekt-Modells in der Wissenschaftstheorie und ihre
        Auswirkungen auf die Organisationswissenschaft 11
   1.5. Zur Systematisierung unterschiedlicher Forschungsansätze in der
        Organisationswissenschaft – der Bezugsrahmen von Burrell und Morgan 14
        1.5.1. Die Beschreibungsdimensionen: Methode und Erkenntnisinteresse 14
        1.5.2. Vier Paradigmen sozialwissenschaftlicher Theorienbildung 15
        1.5.3. Systematisierung oder Kritik? – Zur Orientierungsleistung des
               Burrell-Morgan-Bezugsrahmens 18
   1.6. Die Inkommensurabilitätsdiskussion in der Organisationstheorie 19
        1.6.1. Der Inkommensurabilitätsbegriff 19
        1.6.2. Perspektiven zur Inkommensurabilitätsdiskussion 20
   1.7. Konstruktive Begründung und Kritik 22
        1.7.1. Das Begründungsprogramm des Konstruktivismus 22
        1.7.2. Theorie und Praxis 24
        1.7.3. Beobachter- versus Teilnehmerperspektive 27
        1.7.4. Argumentieren zwischen inkommensurablen Positionen 29
        1.7.5. Perspektivenwechsel: Von der Beobachter- zur
               Teilnehmerperspektive – zur Konkretisierung des Luekenschen
               Vorschlages 32
   1.8. Zur Rolle der Sprache bei der Organisation der Erkenntniskritik 34

2. **Max Webers Analyse der Bürokratie** 39
   2.1. Entstehungsgeschichte 39
   2.2. Rationalisierung als Leitidee 42
   2.3. Rationalisierung auf der Ebene der Weltbilder: Die Entzauberung der Welt 42

2.4. Rationalisierung auf der Ebene der Institutionen: Die Bürokratie 46
2.5. Bürokratien als "stahlharte Gehäuse" 51
2.6. Wege aus den "stahlharten Gehäusen" 53
2.7. Würdigung...54
    2.7.1. Zur Methode 54
    2.7.2. Kritik an der Protestantismus-These...57
    2.7.3. Kritik an Webers Analyse der Bürokratie 58
    2.7.4. Weiterentwicklungen...61

3. Managementlehre und Taylorismus 65
3.1. Managementlehre als Lehre von der "guten Praxis" 65
    3.1.1. Beispiele aus vier Jahrtausenden 65
    3.1.2. Kritik der einfachen Managementlehre 71
3.2. Die "Verwissenschaftlichung" der Managementlehre..75
    3.2.1. Scientific Management 75
    3.2.2. Rezeption und Weiterentwicklungen des Scientific Management 83
    3.2.3. Kritik des Scientific Management 90
3.3. Weiterentwicklungen...96
    3.3.1. Praxisorientierte Organisationsliteratur...96
    3.3.2. Umfassende Managementkonzepte: z.B. Harzburger Modell.............96

4. Human Relations-Bewegung und Organisationspsychologie 101
4.1. Entstehungsgeschichte..101
    4.1.1. Human Relations als Reparaturbetrieb...101
    4.1.2. Die Psychotechnik als Ergänzung des Taylorismus 106
    4.1.3. Human Relations als Wissenschaft:
           Von Beleuchtungsexperimenten zur Erleuchtung der
           Wissenschaftler in den Hawthorne-Experimenten 109
    4.1.4. Hawthorne in der Kritik: Ideologie oder Wissenschaft? 113
4.2. Hawthorne und die Folgen: Der Aufschwung der Organisationspsychologie .117
4.3. Weiterentwicklungen..119
    4.3.1. Organisationsentwicklung als Flucht aus der Komplexität................119
    4.3.2. Humanisierung der Arbeit 129

5. Die Verhaltenswissenschaftliche Entscheidungstheorie 133
5.1. Erkenntnisinteressen 133
5.2. Hauptaussagen und -konzepte 134
    5.2.1. Das Organisationskonzept der Verhaltenswissenschaftlichen
           Entscheidungstheorie..134
    5.2.2. Teilnahme- und Beitragsentscheidungen...136
           5.2.2.1. Gleichgewicht von Anreizen und Beiträgen 136
           5.2.2.2. Herrschaft, Mitgliedschafts- und Leistungsmotivation 138
    5.2.3. Entscheidungen in Organisationen 140
           5.2.3.1. Individuelles Entscheidungsverhalten: Das Konzept der
                   begrenzten Rationalität..140
           5.2.3.2. Organisatorische Einflüsse und Begrenzungen:
                   Der Umgang der Organisation mit Komplexität und
                   Unsicherheit...142

5.2.3.3. Der Zielbildungsprozeß 145
5.3. Weiterentwicklungen 148
    5.3.1. Entscheidungen in mehrdeutigen Situationen:
         Das Mülleimer-Modell ("garbage can") 148
    5.3.2. Organisatorisches Lernen in mehrdeutigen Situationen 154
5.4. Würdigung 160
    5.4.1. Empirische Studien 160
    5.4.2. Theoretischer Rahmen 162
         5.4.2.1. Komplexität der Theorie 163
         5.4.2.2. Selektivität der Theorie 167

6. Der Situative Ansatz **169**
6.1. Entstehungsgeschichte 169
6.2. Konzeptionen und Methoden 171
6.3. Ergebnisse empirischer Untersuchungen 176
    6.3.1. Der Einfluß der Organisationsgröße 177
    6.3.2. Der Einfluß der Umwelt 179
    6.3.3. Der Einfluß der Fertigungstechnik 180
6.4. Kritik und Weiterentwicklungen 183
    6.4.1. Endogene Kritik 183
    6.4.2. Exogene Kritik 185
    6.4.3. Weiterentwicklungen: Die Einbeziehung der Entscheider und die
         Konzipierung von Strukturtypen 191

7. Institutionenökonomische Theorien der Organisation **199**
7.1. Erkenntnisinteresse und Erklärungsmuster 199
7.2. Theorie der Verfügungsrechte 200
    7.2.1. Erkenntnisinteresse 200
    7.2.2. Grundkonzepte und Annahmen 200
    7.2.3. Hauptaussagen und Methode 201
    7.2.4. Anwendungsbereiche 204
    7.2.5. Kritische Würdigung 207
7.3. Agenturtheorie 209
    7.3.1. Erkenntnisinteresse 209
    7.3.2. Grundkonzepte und Annahmen 210
         7.3.2.1. Vertragstheoretisches Organisationskonzept 210
         7.3.2.2. Charakterisierung der Akteure 211
         7.3.2.3. Agenturkosten als Determinante der Vertragsgestaltung ...212
    7.3.3. Hauptaussagen 212
         7.3.3.1. Agenturprobleme: "hidden information" und
             "hidden action" 213
         7.3.3.2. Anreiz-, Kontroll- und Informationsmechanismen ...214
    7.3.4. Anwendungsbereich: Die Trennung von Eigentum und Kontrolle
         der Unternehmung 215
    7.3.5. Würdigung 221
         7.3.5.1. Probleme und Weiterentwicklungen der Theorie ...221
         7.3.5.2. Probleme der empirischen Analyse 224
7.4. Transaktionskostentheorie 225
    7.4.1. Erkenntnisinteresse 225

7.4.2.   Grundkonzepte und Annahmen 225
    7.4.2.1. Effizienzkriterium 225
    7.4.2.2. Charakterisierung der Akteure 226
    7.4.2.3. Determinanten der Vorteilhaftigkeit institutioneller
    Arrangements 227
    7.4.2.4. Transaktionscharakteristika.....................................228
    7.4.2.5. Charakteristika institutioneller Arrangements.......................231
7.4.3.   Hauptaussagen und Anwendungsbereiche 236
    7.4.3.1. Die institutionelle Gestaltung einer Austauschbeziehung
    bei hohen transaktionsspezifischen Investitionen:
    Das Beispiel Fisher Body - General Motors 236
    7.4.3.2. Hauptaussagen...237
    7.4.3.3. Anwendungsbereiche 239
7.4.4.   Kritische Würdigung 241
    7.4.4.1. Bedeutung für die Organisationsforschung...................241
    7.4.4.2. Probleme der Theoriekonstruktion...................243
    7.4.4.3. Empirischer Bewährungsgrad 247
    7.4.4.4. Erkenntnisbeitrag...248
7.5.   Schlußbetrachtung 249

8.   Evolutionstheoretische Ansätze 253
8.1.   Der Population Ecology-Ansatz 255
    8.1.1.   Konzeptionen...255
    8.1.2.   Empirische Untersuchungen...................................260
    8.1.3.   Entwicklungstendenzen 270
    8.1.4.   Würdigung 271
8.2.   Evolutionäres Management 275
    8.2.1.   Der St. Galler Ansatz..276
    8.2.2.   Der Münchner Ansatz..281

9.   Konstruktivistische Ansätze...287
9.1.   Von der symbolischen Interaktion zur sozialen Konstruktion von
    Organisationen – ein kurzer Abriß der Entwicklung konstruktivistischer
    Ansätze 287
9.2.   Konstruktivistische Ansätze in der Organisationstheorie....................296
9.3.   Organisationen sind soziale Konstruktionen 303
9.4.   Zum sozialen Konstruieren in Prozessen des organisatorischen Wandels.......306
9.5.   Würdigung..315

10.   Institutionalistische Ansätze in der Organisationstheorie 319
10.1.   Entstehungsgeschichte und Erkenntnisinteresse 319
10.2.   Institutionalisierung, Institutionen..320
10.3.   Makroinstitutionalistische Ansätze 323
    10.3.1.   Gründe der Schaffung und Weiterentwicklung formaler
    Organisationsstrukturen...323
    10.3.2.   Technische und institutionelle Umwelten 326
    10.3.3.   Der Einfluß institutioneller Umwelten auf Organisationen.............330
    10.3.4.   Institutioneller Isomorphismus 333

10.3.5. Inkonsistenzen zwischen institutionalisierten Elementen, Konflikte zwischen institutionalisierten Elementen und den Erfordernissen einer effizienten Produktion und die Lösung dieser Spannungen 338

10.3.6. Die drei Säulen von Institutionen 341

10.4. Mikroinstitutionalistischer Ansatz..342

10.5. Kritische Würdigung 347

11. Giddens' Theorie der Strukturierung..**355**

11.1. Erkenntnisinteresse..355

11.2. Theoretische Reorientierung...356

11.3. Methodische Reorientierung...365

11.4. Kritische Würdigung 369

Literaturverzeichnis..**377**

Abkürzungsverzeichnis **415**

Index...**417**

Autoren **423**

XIII

Abbildungsverzeichnis

Abb. 1.1: Zum Verhältnis von Wissenschaftstheorie, Organisationstheorie und Organisationspraxis...4

Abb. 1.2: Der Burrell-Morgan-Bezugsrahmen 16

Abb. 1.3: Zum Verhältnis von Theorie und Praxis in konventioneller Betrachtungsweise..23

Abb. 1.4: Zum Verhältnis von Theorie und Praxis in methodisch-konstruktiver Betrachtungsweise..26

Abb. 4.1: Das Hawthorne-Forschungsprogramm 112

Abb. 5.1: Das Mülleimer-Modell...150

Abb. 5.2: Ein vollständiger Lernzyklus 156

Abb. 6.1: Das Forschungsprogramm des Situativen Ansatzes 172

Abb. 6.2: Stellenspezialisierung in Abhängigkeit von der Organisationsgröße 177

Abb. 6.3: Durchschnittliche Leitungsspannen der Meister in Abhängigkeit von der Fertigungstechnik..182

Abb. 6.4: Das Konzept der strategischen Wahl nach Child 1972....................................192

Abb. 6.5: Basiskomponenten der Organisationsstruktur...194

Abb. 6.6: Machine Bureaucracy...195

Abb. 6.7: Professional Bureaucracy...195

Abb. 6.8: Adhocracy 197

Abb. 7.1: Ökonomische Institutionenanalyse 200

Abb. 7.2: Grundmodell der Transaktionskostentheorie 235

Abb. 7.3: Transaktionskosten der Abwicklung von Transaktionen in verschiedenen institutionellen Arrangements in Abhängigkeit vom Ausmaß transaktionsspezifischer Transaktionen 239

Abb. 8.1: Evolution von Organisationspopulationen...267

Abb. 10.1: Die Ursprünge und die Weiterentwicklung von formalen Organisationsstrukturen 326

Abb. 10.2: Kombinationen technischer und institutioneller Umwelten in den USA 329

Abb. 10.3: Überleben von Organisationen...332

Abb. 11.1: Dimensionen der Dualität von Struktur 362

Tabellenverzeichnis

Tab. 6.1: Einflußfaktoren der Organisationsstruktur..175
Tab. 6.2: Annahmen über Auswirkungen der Fertigungstechnik auf die
Organisationsstruktur...181
Tab. 7.1: Kostenwirkungen c. p. zunehmender Ausprägungen der
Transaktionscharakteristika...230
Tab. 7.2: Kostenrelevante Charakteristika alternativer institutioneller
Arrangements..234
Tab. 10.1: Der Aufbau der Experimente zur Persistenz kulturell bedingter
Handlungen von Zucker...345
Tab. 10.2: Strategische Reaktionen auf institutionalisierte Erwartungen 349

Man vergißt immer wieder, auf den Grund zu
gehen. Man setzt die Fragezeichen nicht *tief*
genug.

Ludwig Wittgenstein

1. Kritik der Organisation oder Organisation der Kritik? – Wissenschaftstheoretische Bemerkungen zum kritischen Umgang mit Organisationstheorien

Andreas Georg Scherer

1.1. Wozu Organisationstheorie(n)?

Mit "Organisationen" werden Menschen tagtäglich konfrontiert und dies nicht nur, wenn
sie einer Tätigkeit als Betriebswirt nachgehen. In der Ausbildung, bei der Arbeit, in der
Freizeit, bei der Religionsausübung sowie in vielen anderen Lebensumständen erlebt sich
der Mensch als Teil einer Organisation, sieht sich als Individuum den Möglichkeiten und
Zwängen einer Organisation ausgesetzt. Menschen erleben *Organisationen* als Systeme
von impliziten und expliziten Regeln, die auf einen (oftmals unausgesprochenen) Zweck
gerichtet sind und Erwartungen sowohl an Organisationsmitglieder als auch an Nichtmit-
glieder kommunizieren, sich in einer bestimmten Art und Weise zu verhalten. Diese Regeln dienen der Koordination von Handlungen zur Erfüllung bestimmter Zwecke, die für
ein Individuum in alleiniger Anstrengung in vielen Fällen nicht erreichbar sind. Oftmals
können allerdings die Individuen an der Zwecksetzung oder an der Regelfestlegung gar
nicht teilhaben, sondern finden diese schlicht vor. Jedenfalls erleben wir immer wieder,
daß die Chancen, die Ziele einer Organisation zu bestimmen, deren Regeln festzulegen
und sich denselben zu unterwerfen oder zu entziehen, ungleich verteilt sind.

Dieses grobe *Vorverständnis* von Organisation mag zunächst genügen, um einsichtig zu
machen, daß Organisationen für das Handeln der Menschen in allen gesellschaftlichen
Bereichen von grundlegender Bedeutung sind. Dies gilt im besonderen Maße für die *Wirtschaft* und die in der Wirtschaft tätigen Akteure. Die Herstellung und Vermarktung von
Produkten oder die Bereitstellung von Dienstleistungen kann überwiegend nur noch arbeitsteilig bewerkstelligt werden. Bei der Produktion von Gütern und Dienstleistungen
sind die Menschen daher darauf angewiesen, ihre Handlungen aufeinander abzustimmen.
Organisationen stellen ein herausragendes Instrument dar, eine solche Koordination vorzunehmen und die Aktivitäten zu einem sinnvollen Ganzen zu verknüpfen. Daß dies nicht
immer einfach ist und daher auch nicht immer gelingt, wissen wir aus unserer eigenen
Erfahrung im Umgang mit Organisationen oder können es der Wirtschaftspresse entneh-
men, die regelmäßig von Fällen berichtet, in denen die Koordination scheitert. Aus diesem
Grunde ist es für jeden in der Wirtschaft tätigen Menschen sinnvoll, sich näher mit dem
Phänomen der Organisation zu beschäftigen, um Fehler vermeiden zu lernen und seinen
Umgang in und mit Organisationen zu verbessern. Die *Organisationstheorie* soll hierfür
eine Anleitung geben. Sie dient dem Zweck, das Entstehen, das Bestehen und die Funktionsweise von Organisationen zu erklären bzw. zu verstehen. Sie dient damit (implizit oder
explizit) der *Verbesserung der Organisationspraxis*. Nun haben selbstverständlich alle
Menschen bereits ein intuitives Alltagswissen davon, wie Organisationen funktionieren.

1

Das Wissen der Organisationstheorie soll sich von diesem Alltagswissen durch ein *systematischeres Vorgehen* und durch *Nachvollziehbarkeit* unterscheiden.

Im Rahmen eines wirtschaftswissenschaftlichen Studiums werden Studierende in der Regel relativ spät, d.h. erst im Hauptstudium, mit der Organisationstheorie konfrontiert. Die meisten wirtschaftswissenschaftlichen Curricula sehen für das Grundstudium eine Ausbildung in betriebswirtschaftlicher Propädeutik, in den Grundzügen der betriebswirtschaftlichen Funktionallehren sowie in Mathematik und Statistik vor. Hinzu kommen die Grundlagen der mikro- und makroökonomischen Theorie und die wirtschaftlich relevanten Teile des Rechts. Soweit Studierende in diesem frühen Stadium ihrer Ausbildung "Theorien" kennenlernen, so präsentiert sich der Stoff jeweils als geschlossenes, in sich konsistentes Gedankengebäude. Wer sich zum ersten Male mit Bilanztheorie, Produktionstheorie, Investitionstheorie oder mit volkswirtschaftlicher Theorie beschäftigt, der wird den Eindruck gewinnen, daß über die Inhalte der jeweiligen Theorien ein gewisses Maß an Einigkeit herrscht. Wer dagegen erstmals eine Organisationsvorlesung besucht oder ein entsprechendes Lehrbuch zu Rate zieht, wird verwundert feststellen, daß es *die* Organisationstheorie gar nicht gibt. Vielmehr findet sich in den meisten Organisationslehrbüchern eine *Vielzahl von Organisationstheorien*, die selbst bei näherer Betrachtung nur wenig gemeinsam haben und in vielen Fällen sogar widersprüchlich zueinander sind. Auch das vorliegende Lehrbuch soll keine Einführung in eine einzelne Organisationstheorie sein, sondern will vielmehr einen *kritischen Überblick* über die derzeit in der Fachliteratur diskutierten wichtigsten Organisationstheorien vermitteln.

Warum gibt es nun so viele verschiedene Organisationstheorien? Warum können sich die Wissenschaftler nicht auf eine konsistente Theorie einigen? Eine Antwort auf diese Fragen läßt sich gewinnen, wenn man sich zwei Dinge vergegenwärtigt. Erstens sind Organisationen hochkomplexe soziale Gebilde, in denen *viele Probleme* auftreten können, die einer theoretischen Durchdringung wert sind. Der Gegenstandsbereich der Organisationstheorie ist so breit, daß darunter eine Vielzahl von Teilaspekten fällt, die nur schwer unter ein gemeinsames Dach einer wie auch immer gearteten "Supertheorie" zu integrieren sind. So lassen sich etwa die Beziehungen zwischen Individuum und Organisation thematisieren, zwischen Gruppe und Organisation, das Verhältnis von Organisation und Umwelt, das Verhältnis von Organisationsstrukturen und -prozessen, das Verhältnis von Organisation und alternativen Koordinationsformen (z.B. marktliche Austauschbeziehungen), die Beziehungen zwischen verschiedenen Organisationen, die Rolle von Machtprozessen in Organisationen, der Wandel von Organisationen etc. In der Literatur hat sich inzwischen hierfür eine Kategorisierung nach der Analyseeinheit durchgesetzt (vgl. z.B. Hage 1980; Pfeffer 1982; Astley/Van de Ven 1983). Je nachdem, ob sich die Theorien mit dem Verhalten von Individuen in Organisationen, dem Verhalten ganzer Organisationseinheiten und ihrer Strukturen oder aber mit den Beziehungen zwischen Organisationen beschäftigen, unterscheidet man zwischen Mikro-, Meso- und Makrotheorien der Organisation (Hage 1980). Die Breite und Vielfalt der in der Organisationswissenschaft angerissenen Themen reicht aber noch nicht aus, um zu verstehen, was einer Integration unter einer einheitlichen Perspektive prinzipiell im Wege steht.

Hinzu kommt nämlich zweitens, daß jeder dieser Teilaspekte wiederum *unter verschiedenen theoretischen Perspektiven* beleuchtet werden kann. Die Organisationsforscher haben offenbar kein gemeinsames Verständnis davon, was es heißt, Theorien zu entwickeln und anzuwenden. Sie haben recht unterschiedliche Auffassungen darüber, wie Organisationswissenschaft betrieben werden sollte. Dieser Sachverhalt wird insbesondere die Studentinnen und Studenten überraschen, die davon ausgehen, daß sich Wissenschaft immer durch die Anwendung einer ganz bestimmten *Methode* auszeichnet. Diese Erwartung wird spätestens dann enttäuscht, wenn man erkennt, daß die Organisationsforscher mit der Anwendung unterschiedlicher Methoden zu ganz verschiedenen, zum Teil sogar widersprüchlichen Ergebnissen kommen, ohne daß sich in vielen Fällen einwandfrei entscheiden läßt, welches Ergebnis richtig ist. Schließlich muß festgestellt werden, daß auch über den *Zweck der Forschungstätigkeit* keine Einigkeit besteht. Manche Wissenschaftler konzentrieren sich auf die bloße Beschreibung von Organisationen. Sie wollen das Funktionieren von Organisationen erklären (oder verstehen), um "Wissen" zu erlangen, sind aber an einer unmittelbaren Gestaltung von Organisationen nicht weiter interessiert. Andere dagegen richten ihre Anstrengungen von vornherein auf die Gestaltung organisatorischer Strukturen und Prozesse und wollen so explizit zu einer Verbesserung der Organisationspraxis beitragen. Um diese Vielfalt überschaubar zu machen, wurden bereits einige Versuche unternommen, Organisationstheorien nach den zugrundeliegenden Methoden (Burrell/Morgan 1979; Pfeffer 1982; Astley/Van de Ven 1983) sowie nach den Erkenntnisinteressen der Forscher (Burrell/Morgan 1979; Rao/Pasmore 1989; Connell/Nord 1996; Willmott 1997) zu systematisieren.

Spätestens hier stellt sich das Problem einer *sinnvollen Orientierung* in dieser Vielfalt, um die Frage beantworten zu können, welche der diskutierten Theorien überhaupt haltbar und welche zurückzuweisen sind. Zur Möglichkeit der Beantwortung dieser Frage finden sich in der Literatur unterschiedliche Stimmen. So wird die Auffassung vertreten, die Organisationswissenschaft befinde sich derzeit noch in einem "unreifen" Forschungsstadium, das jedoch prinzipiell überwunden werden kann. Hierzu müßten zwar viele Theorien produziert, diese dann aber systematischen Tests unterworfen werden, so daß sich am Ende aus den "bewährten" Theorien ein Kern gesicherten Wissens ergibt. Der Theorienpluralismus wird hier nicht als Ziel, sondern als eine notwendige Zwischenstufe angesehen, die mit Hilfe eines unbezweifelbaren Testkriteriums überwunden werden kann (vgl. Albert 1980: 47ff.; Opp/Wippler 1990). Eine andere Position macht dagegen geltend, daß der Pluralismus an Perspektiven prinzipiell notwendig ist, um dem uneindeutigen Charakter des Phänomens "Organisation" gerecht zu werden. "Organizations are many things at once" stellt der Organisationswissenschaftler Gareth Morgan (1986: 339) hierzu pointiert fest. Aus dieser Perspektive soll der Theorienpluralismus gar nicht überwunden werden, damit kein wichtiger Aspekt übersehen wird. Unterstützt wird diese Auffassung von Autoren, die behaupten, daß ein objektiver Vergleich zwischen verschiedenen theoretischen Ansichten grundsätzlich gar nicht möglich ist (Burrell/Morgan 1979; Jackson/Carter 1991). Diese Autoren stützen ihre Auffassung auf die sogenannte *"Inkommensurabilitätsthese"*, derzufolge es keine objektiven Kriterien gibt, mit deren Hilfe sich ein kritischer Vergleich zwischen radikal verschiedenen Perspektiven vornehmen läßt. Wenn diese Autoren mit ihrer These recht haben, so kann man allerdings den in der Überschrift angedeuteten Anspruch, Orientierungen zu einer kritischen Betrachtung der Organisationstheorien zu geben, nicht einlösen. Man muß also der grundsätzlichen Frage nachgehen, ob überhaupt und in welchem Sinne "objektive Erkenntnis" möglich ist. Genau mit dieser Problematik beschäftigt sich die Wissenschaftstheorie, die im Zentrum der folgenden Überlegungen steht.

1.2. Wozu Wissenschaftstheorie?

Der Zustand der Organisationstheorie mit ihren unterschiedlichen Theorien, Schulen und Ansätzen mag der Grund dafür sein, daß sich die Studierenden der Wirtschaftswissenschaften häufig erst im Rahmen ihres Organisationsstudiums näher mit wissenschaftstheoretischen Fragestellungen befassen müssen. Die *Wissenschaftstheorie* ist jedoch kein Teilgebiet der Organisationstheorie. Vielmehr dient sie der Beschreibung und der kritischen Distanzierung vom faktischen Wissenschaftsbetrieb. Sie stellt eine *Reflexion über Wissenschaft* dar, indem sie zwei Grundfragen zu beantworten versucht (vgl. Steinmann/Scherer 1995: 1056ff.):

(1) Welchen *Zwecken* dienen die Wissenschaften und welchen Zwecken sollen sie dienen?

(2) Welche *Mittel* setzen die Wissenschaftler zur Erreichung dieser Zwecke ein und welche Mittel sollen sie einsetzen?

Hervorzuheben ist dabei, daß beide Fragestellungen sowohl die bloße *Beschreibung* der Wissenschaftspraxis (deskriptive Wissenschaftstheorie bzw. Wissenschaftssoziologie) als auch die *kritische Anleitung* der Wissenschaftspraxis (normative Wissenschaftstheorie bzw. Wissenschaftstheorie im eigentlichen Sinne) umfassen. Das Verhältnis von Organisationspraxis, Organisationstheorie und Wissenschaftstheorie läßt sich also wie folgt beschreiben (vgl. Abb. 1.1). Die Organisationstheorie dient der Reflexion der Organisationspraxis. Sie fragt danach, wie die Organisationspraxis betrieben wird und wie sie betrieben werden sollte. Die Wissenschaftstheorie dient dagegen der Reflexion über die Organisationstheorie: Wie wird die Organisationstheorie betrieben und wie sollte sie sinnvollerweise betrieben werden?

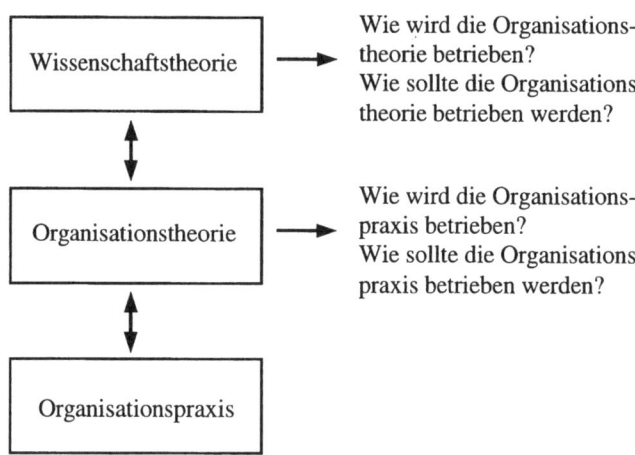

Abb. 1.1: Zum Verhältnis von Wissenschaftstheorie, Organisationstheorie und Organisationspraxis

Wenn hier von "der" Wissenschaftstheorie die Rede ist, so darf dies allerdings nicht zu der irrigen Annahme verleiten, es gäbe eine allgemein anerkannte Wissenschaftstheorie. Der Befund, daß Organisationswissenschaftler offenbar verschiedene Methoden einsetzen, ihre Arbeiten auf unterschiedliche Annahmen gründen und mit ihren Arbeiten ganz unterschiedliche Interessen verfolgen, spricht schon gegen eine solche Annahme. Burrell und Morgan (1979) haben bereits vor gut zwanzig Jahren eine große Anzahl von Ansätzen aus der Soziologie und der Organisationstheorie untersucht und aufgezeigt, daß sich diese Ansätze auf verschiedene Wirtschaftstheorien stützen, die sich unterschiedlichen "Paradigmen" zuordnen lassen. Ein Paradigma bezeichnet dabei die grundlegenden Annahmen eines Forschers über den Zweck seiner Tätigkeit (Erkenntnisinteresse), den Charakter des untersuchten Gegenstandes (Ontologie) und die geeignete Methodik zu dessen Erforschung (Epistemologie bzw. Methodologie). In diesem Sinne gibt ein Paradigma Antwort auf die oben formulierten Fragen der Wissenschaftstheorie. Im Falle der Studie von Burrell und Morgan (1979), die insgesamt vier Paradigmen identifizieren, liegen vier verschiedene Antworten auf diese Fragen vor, auf die weiter unten eingegangen wird.

Dieser Befund zeigt, daß die Antwort auf die oben formulierten Grundfragen der Wissenschaftstheorie für die Sozialwissenschaften im allgemeinen und die Organisationstheorie im besonderen recht schwierig ist. Eine Erörterung der Möglichkeiten einer Kritik von Organisationsformen und Organisationstheorien ("Kritik der Organisation") muß vor diesem Hintergrund zu dem Schluß kommen, daß sich die Problematik zu der Frage verschiebt, wie die Kritik selbst sinnvoll organisiert werden kann. Dies deshalb, weil sich Erkenntnis und Erkenntniskritik nur als Ergebnis eines prinzipiell arbeitsteiligen Prozesses sinnvoll rekonstruieren lassen. Da die Ergebnisse der Erkenntnisgewinnung und -kritik wesentlich von der Gestaltung dieses Prozesses abhängen, kann die Frage nach der Kritik von Organisationstheorien erst beantwortet werden, wenn man sich Klarheit über die "Organisation der Kritik" verschafft hat. Diese paradoxe Einsicht, der sich der Titel dieses Kapitels verdankt, scheint sich unweigerlich in einem Zirkel zu verfangen: Wie soll man Erkenntnisprozesse organisieren, bevor man Erkenntnisse über das Organisieren gewonnen hat?

Ich werde erörtern, ob und wie ein Ausweg aus diesem Dilemma möglich ist. Bevor die verschiedenen Paradigmen diskutiert werden, soll in einer historischen Betrachtung aufgezeigt werden, wie es zu dieser Entwicklung gekommen ist. Auf diese Weise läßt sich ein Verständnis der derzeitigen Situation der Organisationstheorie gewinnen. Hierzu werde ich das an den Naturwissenschaften orientierte "Subjekt-Objekt-Modell" der Sozialwissenschaften diskutieren, dessen Kritik zur Entwicklung alternativer Paradigmen führte.

1.3. Das Subjekt-Objekt-Modell der Sozialwissenschaften

Das Verhältnis zwischen dem Forscher ("erkennendes Subjekt") und seinem "Erkenntnisobjekt" ist schon lange Gegenstand kontroverser Debatten in Philosophie und Wissenschaftstheorie. Das *"Subjekt-Objekt-Modell"* charakterisiert eine in dieser Kontroverse herausragende und für die Sozialwissenschaften besonders bedeutende wissenschaftstheoretische Position (Kunnemann 1991), die sich weitgehend an den in den Naturwissenschaften gebräuchlichen Vorgehensweisen orientiert und sich gleichsam als Synthese aus dem Grundlagenstreit zwischen "Rationalismus" und "Empirismus" entwickelt hat (vgl. Gabriel 1993; Hollis 1995: 40ff.). Diese beiden Begriffe stehen für erkenntnistheoretische Grundpositionen und werden in der Regel als ein Gegensatzpaar definiert. Allerdings darf dabei nicht übersehen werden, daß sich ein Großteil der empirischen Forschungen in den Sozialwissenschaften an einer Kombination dieser beiden Grundauffassungen orientieren (vgl. Bowman 1990). Eine solche Synthese war auch das explizite Ziel des Philosophen Karl Popper (1979: 10), der mit seinen Überlegungen wesentlich zur Entwicklung des Subjekt-Objekt-Modells beigetragen hat.

Empirismus bezeichnet eine "erkenntnistheoretische Position, die im Gegensatz zum (...) Rationalismus die generelle Abhängigkeit des Wissens von der (...) Erfahrung behauptet. Danach nimmt jedes Wissen seinen Anfang mit der (...) Erfahrung und unterliegt ihrer Kontrolle" (Kambartel 1968: 542f.). Die Wahrheit von Aussagen über die Welt läßt sich dieser Auffassung zufolge immer nur im nachhinein ("a posteriori") anhand der Erfahrung feststellen. Dabei wird unterstellt, daß der Mensch mit seinem *sinnlichen Wahrnehmungsapparat* einen unmittelbaren Zugang zur "Realität" hat und dadurch Gewißheit über seine Erkenntnis erlangen kann. Der klassische Empirismus zieht daraus den Schluß, daß auch die allgemeinen Sätze, die der Wissenschaftler aufstellt, letztlich auf der Erfahrung gründen. Er läßt die *Induktion*, d.h. den Schluß von einem singulären Satz über ein Ereignis, dessen Wahrheit durch Wahrnehmung festgestellt wird, auf allgemeingültige Sätze zu.

Der *Rationalismus* geht dagegen von der Annahme aus, daß über die Wahrheit von Aussagen über die Wirklichkeit allein aus Vernunftgründen "a priori" entschieden werden kann, so daß sich die Realität gleichsam "logisch" erschließen läßt. Hans Albert (1980: 21ff.) nennt diese Position in seiner kritischen Erörterung daher auch "Intellektualismus". Grundlage des Wissens bilden Intuition und Deduktion. Mit Hilfe der *Intuition* lassen sich Grundannahmen formulieren ("Axiome"), die "evident" sind, das heißt sie leuchten unmittelbar ein, ohne auf Erfahrung zu gründen. Durch *Deduktion*, das heißt durch die logische Ableitung von weiteren Sätzen aus den als allgemeingültig unterstellten Axiomen, lassen sich dann größere Aussagesysteme entwickeln. Wichtig bei der Konstruktion solcher Aussagesysteme ist die Einhaltung logischer Postulate, wie zum Beispiel Widerspruchsfreiheit, Berechenbarkeit und Beweisbarkeit.

Für sich genommen sind beide Positionen unzureichend, um die Entstehung von Wissen zu erklären bzw. Wissen zu begründen (Albert 1980; Kambartel 1968; Popper 1979). Der Empirismus und der Rationalismus brechen das Begründungsverfahren an einem bestimmten Punkt durch Verweis auf eine sorgfältige Beobachtung bzw. auf die evidente Vernunfteinsicht willkürlich ab. In der Geschichte des Erkenntnisfortschritts hat sich immer wieder gezeigt, daß intuitiv gewonnene Einsichten oder auf Sinneswahrnehmungen gestützte Auffassungen sich als falsch erweisen können. Aus diesem Grunde sind die Intuition und die Wahrnehmung als letzte Bezugspunkte der Erkenntnisgewinnung ungeeignet (vgl. Albert 1980: 21ff.). Die Wissenschaftstheorie des 20. Jahrhunderts hat daher versucht, diese beiden Grundpositionen zu einem Erkenntnismodell zu integrieren, mit dem das Verhältnis des erkennenden Subjekts zu seinem Erkenntnisobjekt thematisiert wird. Dieses Modell wird auch als "Subjekt-Objekt-Modell" bezeichnet und liegt in mehreren Varianten vor, von denen hier der in den zwanziger und dreißiger Jahren entwickelte logische Empirismus des sogenannten Wiener Kreises und der in kritischer Weiterentwicklung formulierte "kritische Rationalismus" der Philosophen Karl Popper und Hans Albert thematisiert werden. Beiden Varianten ist eine Annahme über den Charakter des Erkenntnisgegenstandes gemeinsam, derzufolge der Erkenntnisgegenstand als Teil der Realität unabhängig vom erkennenden Subjekt existiert und in seiner Struktur, das heißt in seinen Elementen und deren Beziehungen, fest vorgegeben ist *(metaphysischer Realismus)*. Da damit das "Sein" des Erkenntnisobjekts beschrieben wird, bezeichnet man in Anlehnung an das griechische Wort "Ontologie" ("Seinswissenschaft") diese Annahme auch als *ontologische Grundannahme"*.

Im *logischen Empirismus* werden nur Erfahrungssätze über beobachtbare Gegenstände und analytische Sätze aus Logik und Mathematik als wissenschaftliche und damit begründbare Sätze angesehen (Carnap/Hahn/Neurath 1929). Analytische Sätze sind demzufolge wahr, wenn sie den Regeln der Logik entsprechen. Empirische Sätze müssen sich dagegen an der Realität überprüfen lassen. Sie sind wahr, wenn sie mit der Erfahrung des erkennenden Subjekts übereinstimmen. Diese *empirische Verifikation* wissenschaftlicher Aussagen wird vom logischen Empirismus als eine Art "monologischer" Aktivität aufgefaßt, insofern sich die Objektivität der Erkenntnis auf die subjektive Wahrnehmung eines einzelnen Aktors gründet (vgl. Kunnemann 1991: 17ff.). Dies beruht auf der Annahme, daß sich wissenschaftliche Aussagen durch bloße Wahrnehmung problemlos mit der "Realität" vergleichen lassen. Sätze stellen demnach "Abbilder" realer Gegenstände dar und die Wahrheit einer Aussage wird als Übereinstimmung der Aussage mit der "Realität" definiert (*Korrespondenztheorie der Wahrheit*). An dieser Annahme entzündet sich allerdings bereits innerhalb des Wiener Kreises eine Kontroverse ("Protokollsatz-Debatte"), in deren Verlauf die Korrespondenztheorie der Wahrheit kritisiert wird. So vertritt Otto Neurath (1934: 110ff.) die Ansicht, daß sich beobachtungssprachliche Sätze ("Protokollsätze"), mit denen die Wahrnehmung eines Sachverhalts sprachlich repräsentiert ("protokolliert") werden soll, nicht mit der Wirklichkeit selbst vergleichen lassen, da Sätze immer nur mit Sätzen, nicht aber mit sprachfreien Entitäten vergleichbar sind. Die Korrespondenztheorie der Wahrheit muß daher einer *Kohärenztheorie* weichen, derzufolge die Wahrheit einer Aussage als widerspruchsfreie Übereinstimmung mit einem System anderer (wahrer) Aussagen (z.B. Protokollsätzen) definiert ist. Neurath gibt mit seinem Einwand zwar den privilegierten Status der subjektiven Wahrnehmung des einzelnen Subjekts auf, er hält aber an der Erfahrung als Geltungsinstanz prinzipiell fest, indem er fordert, daß wissenschaftliche Aussagen "mit möglichst vielen Protokollaussagen" übereinstimmen sollen (Neurath 1934: 113).

Auch Karl Popper (1969, 1979, 1989), gründet seinen erkenntnistheoretischen Entwurf, den sogenannten *kritischen Rationalismus*, den er in Auseinandersetzung mit dem logischen Epirismus entwickelt, auf eine Synthese von Rationalismus und Empirismus. Wie der Wiener Kreis erkennt auch er die Erfahrung als entscheidende Geltungsinstanz wissenschaftlicher (empirischer) Aussagen an, vermindert aber den Anspruch, der sich mit dieser Geltung verbindet. Es geht nun nicht mehr um eine Verifikation wissenschaftlicher Aussagen, sondern nur noch darum, "bewährtes" Wissen zu finden, da wissenschaftliche Sätze durch Erfahrung zwar *falsifiziert*, das heißt widerlegt, nie aber endgültig verifiziert werden könnten. Wie Neurath bezweifelt Popper die privilegierte Stellung subjektiver Wahrnehmungen zur Geltungssicherung empirischer Aussagen. Er geht allerdings noch einen Schritt weiter als Neurath und verknüpft die Objektivität wissenschaftlicher Aussagen mit dem Kriterium *intersubjektiver Überprüfbarkeit* (vgl. Popper 1969: 18). Erkenntnis ist nicht mehr das Resultat der monologischen Anstrengungen eines Individuums, sondern *Ergebnis eines sozialen Prozesses*. Die Frage nach der Möglichkeit von Erkenntniskritik stellt sich somit als ein Problem der geeigneten *Organisation des Erkenntnisprozesses* dar.

Popper verwirft die Induktion als wissenschaftliche Methode und läßt ausschließlich die Deduktion zu, also die logische Folgerung eines Satzes aus einem bereits gültigen Satz (Popper 1979). Dies deshalb, weil ein Induktionsprinzip als ein allgemeingültiges Gesetz

7

nicht aus sich selbst heraus begründet werden kann. Läßt man nur deduktive Begründungen zu, so stellt sich allerdings das Problem, wie ein sinnvoller Anfang zu finden ist, aus dem sich ein System gültiger Sätze ableiten läßt *(Anfangsproblem)*. Jeder Versuch, einen solchen Anfang zu setzen, muß, so die Auffassung des kritischen Rationalismus, scheitern. Es bleibt nur die Wahl zwischen einer zirkulären Begründung des Anfangs, einem infiniten Regreß oder einer willkürlichen Setzung *("Münchhausen-Trilemma„)* (vgl. Albert 1980: 11ff.). Da es demzufolge keine absoluten Anfangssätze gibt, aus denen sich alles Wissen deduzieren lassen könnte, geht Popper den umgekehrten Weg, den Weg der deduktiven Überprüfung von Theorien *(kritische Prüfung)*. Bei einer solchen Prüfung sollen empirisch gehaltvolle Sätze (Hypothesen), das heißt Sätze, die an der Erfahrung scheitern können, aus den zu prüfenden Theorien deduktiv abgeleitet und durch den Vergleich mit "Basissätzen" auf ihre Gültigkeit überprüft werden. *Basissätze* stellen Sätze dar, mit denen die Wahrnehmungen sprachlich repräsentiert werden sollen. Diese Sätze sind im Unterschied zu den Protokollsätzen des logischen Empirismus ebenfalls als Hypothesen aufzufassen, die grundsätzlich einer weiteren kritischen Prüfung zugänglich gemacht werden können. Die Prüfung einer Hypothese anhand eines Basissatzes wird zwar als "empirische" Überprüfung bezeichnet, stellt aber streng genommen einen *logischen Vergleich* von Sätzen dar, der auf dem Satz vom zu vermeidenden Widerspruch basiert. Aus diesem Grunde ist Poppers Hauptwerk (vgl. Popper 1989, Erstveröffentlichung 1935) auch mit dem Titel "Logik der Forschung" überschrieben. Werden die Hypothesen im Zuge einer solchen kritischen Prüfung falsifiziert, so sind die zugrundeliegenden Theorien, aus denen sie abgeleitet wurden, zu verwerfen. Werden die Hypothesen dagegen bestätigt, so gelten die Theorien als *bewährt*. Eine endgültige Verifizierung ist allerdings nicht möglich, da der Induktionsschluß von den in den jeweiligen Einzelfällen durch Erfahrung bestätigten Hypothesen auf die allgemeine Geltung der Theorie nicht zulässig ist. Die kritische Prüfung liefert somit nur ein *vorläufiges Ergebnis*. Popper (1972a) ist jedoch der Überzeugung, daß mit der systematischen Anwendung dieser Prüfungsmethode in der Wissenschaft ein *kumulatives Anwachsen des Wissens* erfolgt. Es soll eine allmähliche Annäherung an die Wahrheit erzielt werden, indem "falsche" Theorien schrittweise ausgesondert und bewährte Theorien weiterentwickelt werden. Eine solche Weiterentwicklung soll dadurch ermöglicht werden, daß im Rahmen des Forschungsprozesses immer bessere Theorien immer strengeren Prüfungen unterzogen werden.

Die "strukturellen Eigenschaften der Welt" (Popper 1989: 376, im Orginal kursiv) sollen somit anhand von Gesetzesaussagen, sogenannten "nomologischen Hypothesen" beschrieben werden. Mit ihnen lassen sich dann reale Sachverhalte *kausal erklären*. Was dies bedeutet, läßt sich durch das von den Philosophen Hempel und Oppenheim (1948) vorgeschlagene sogenannte *deduktiv-nomologische Erklärungsmodell* erläutern. Einen empirisch beobachtbaren Sachverhalt zu erklären bedeutet demzufolge, den Satz, der ihn beschreibt, aus nomologischen Hypothesen (Gesetzesaussagen) und den einzelfallspezifischen Randbedingungen abzuleiten (vgl. auch Popper 1989: 31ff.). Die Erklärung ist in zwei Teile untergliedert: in das Explanandum (das zu Erklärende) und das Explanans (das Erklärende), das außer dem allgemeinen Gesetz noch Aussagen über die Anwendungsbedingungen ("Antecedensbedingungen") enthält. So läßt sich zum Beispiel die Ausdehnung von Gasen (Explanandum) mit der Erwärmung als Antecedensbedingung und der allgemeinen Gasgleichung als Gesetz erklären.

Der Begriff der kausalen Erklärung ist vom Begriff der *funktionalen Erklärung*, der in den Sozialwissenschaften diskutiert wird, zu unterscheiden, jedoch lassen sich beide Begriffe zueinander in Beziehung setzen. Es ist allerdings strittig, ob die funktionale Erklärung als

Sonderfall der kausalen Erklärung oder ob vielmehr die kausale Erklärung als Sonderfall der funktionalen Erklärung anzusehen ist (vgl. Luhmann 1962, 1964a). Der Begriff der funktionalen Erklärung orientiert sich an der Einsicht der Biologie, daß zum Überleben eines Organismus in einer bestimmten Art und Weise das Zusammenwirken seiner Teile ("funktional") notwendig ist. In analoger Weise versuchen "funktionalistische" Sozialwissenschaften, das Auftreten bestimmer sozialer Phänomene damit zu erklären, daß sie eine notwendige Bedingung für den Bestand der betrachteten sozialen Systeme darstellen. Diese Überlegungen wurden in verschiedenen Varianten ausgearbeitet (vgl. zum Überblick Merton 1957: 19ff.; Burrell/Morgan 1979: 41ff.; Hollis 1995: 130ff.). Darunter findet sich eine Variante, die sich stärker am Methodenarsenal der Naturwissenschaften orientiert und in ihren Untersuchungen unterstellt, daß es allgemeine Gesetze gibt, mit deren Hilfe sich die betrachteten sozialen Sachverhalte kausal erklären lassen. Sie schließen von der Funktion als Wirkung auf bestimmte soziale Phänomene als Ursache und gehen dabei davon aus, daß erstens soziale Systeme zum Überleben ganz bestimmte Funktionen ausführen müssen und daß es zweitens zur Erfüllung einer Funktion nur genau eine Strukturalternative gibt ("Postulate of indispensibility", vgl. hierzu kritisch Merton 1957: 32ff.; Gresov/Drazin 1997). Demzufolge weisen soziale Systeme notwendigerweise bestimmte Strukturmerkmale auf, ohne daß hierzu Alternativen denkbar wären. Mit einer solchen deterministischen Sichtweise läßt sich allerdings das Entstehen sozialer Ordnung nicht ausreichend erklären, zugleich widerspricht sie der Alltagserfahrung. So ist der Begriff der "Funktion" nicht hinreichend bestimmt. In den meisten Arbeiten wird er auf das "Überleben" eines Systems bezogen, ohne daß klar wird, was "Überleben" in Hinblick auf soziale Systeme überhaupt genau bedeuten soll (Luhmann 1962). Weiterhin ist nicht einzusehen, warum nicht auch andere institutionelle Lösungen ("funktionale Äquivalente") geeignet sind, die erforderlichen Funktionen zu erfüllen. Aus diesem Grunde wollen die Vertreter der neueren Systemtheorie den Bezugspunkt der Analyse verschieben, um damit die Strukturbildung besser erklären zu können (vgl. Luhmann 1962; Willke 1991: 3ff.). Das deterministische Kausalitätsdenken soll durch die Analyse *funktionaler Äquivalente* überwunden werden (vgl. Luhmann 1962; Merton 1957, 1967; Gresov/Drazin 1997). Dies ist in zwei Varianten möglich: zum einen kann der Möglichkeitsraum der Ursachen in Hinblick auf eine Wirkung, zum anderen der Möglichkeitsraum der (intendierten und nicht-intendierten) Wirkungen in Hinblick auf eine Ursache ausgeleuchtet werden. So versucht zum Beispiel die neuere Systemtheorie, alternative Strukturvarianten in ihrem Beitrag zur Erhaltung der Grenze zwischen einem sozialen System und seiner Umwelt zu untersuchen ("Zweckprogrammierung"). Alternativ hierzu lassen sich auch bestimmte Ursachen durch "konditionale Programmierung" fixieren und in ihren möglichen Wirkungen und Nebenwirkungen thematisieren (Luhmann 1973). In einer so verstandenen funktionalen Analyse wird die Funktion nicht mehr als eine "zu bewirkende Wirkung" aufgefaßt, sondern als ein "regulatives Sinnschema, das einen Vergleichsaspekt äquivalenter Leistungen organisiert" (Luhmann 1962: 14). Die "kausale Erklärung" des kritischen Rationalismus mit ihrer Eins-zu-eins-Entsprechung zwischen Ursache und Wirkung erscheint unter einer solchen Perspektive nur noch als Spezialfall einer funktionalen Erklärung (vgl. Luhmann 1962; Gresov/Drazin 1997). Den funktionalistischen Sozialwissenschaften wird allerdings eine konservative Denkhaltung vorgeworfen, weil sie den sozialen Wandel nicht hinreichend in den Blick nehmen (vgl. Dahrendorf 1961) bzw. den Legitimationshintergrund sozialer Strukturen und die dabei wirkenden Machtprozesse nicht durchleuchten (Habermas 1971). Darauf werde ich erst weiter unten näher eingehen und zunächst die Erläuterung des Subjekt-Objekt-Modells abschließen.

Der kritische Rationalismus geht davon aus, daß mit Hilfe der kritischen Prüfung ein theoretisches Wissen über die Welt und deren strukturelle Zusammenhänge erlangt werden kann. Zugleich soll damit aber auch ein Handlungswissen gebildet werden, mit dem sich der Mensch die Welt *technisch* verfügbar machen kann ("Verfügungswissen"). Ein solches Wissen soll Wirkungsprognosen für bestimmte Handlungen zulassen. Die als Ursache-Wirkungszusammenhänge beschriebenen Gesetze sollen sich in Handlungsanleitungen "transformieren" lassen, indem die Anwendungsbedingungen (Ursachekomponente) hergestellt werden, um einen bestimmten Zweck (Wirkungskomponente) zu erzielen (Albert 1960; Popper 1972b, vgl. hierzu im kritischen Überblick Nienhüser 1989: 54ff.). Die sukzessive Anwendung der kritischen Prüfung soll eine kumulative Vermehrung des Wissens und somit eine immer bessere *technische Verfügbarmachung der Welt* ermöglichen. Den kritischen Rationalismus zeichnet daher, wie Habermas (1969) es genannt hat, ein *technisches Erkenntnisinteresse* aus.

Der kritische Rationalismus ist der Auffassung, daß nur *Wahrheitsfragen* hinsichtlich ihrer Geltung überprüft werden können (vgl. Albert 1980: 55ff.). Über die *Legitimität* von Normen oder Werten läßt sich dagegen keine wissenschaftliche Aussage treffen. Dies deshalb nicht, weil der Schluß vom "Sein", also der empirischen Beschreibung eines Sachverhalts, auf das "Sollen", das heißt der begründeten Geltung von Normen, einen *"naturalistischen Fehlschluß"* und damit keine akzeptable Begründung darstellt. Aus diesem Grunde muß sich der Wissenschaftler auf die Überprüfung von Wahrheitsfragen beschränken und kann kein wissenschaftlich begründetes Urteil über die Legitimität von Normen und Werten abgeben *("Werturteilsfreiheitspostulat")*. Über Normen und Werte kann er nur befinden, soweit dabei Wahrheitsfragen tangiert werden. So kann er ein Wertesystem auf logische Konsistenz oder aber mit Hilfe sogenannter "Brücken-Prinzipien" auf prinzipielle Anwendbarkeit *("Sollen impliziert Können")* überprüfen (vgl. Albert 1980: 76).

Das Subjekt-Objekt-Modell ist damit im Kern beschrieben. Die wichtigsten Charakteristika lassen sich anhand folgender Punkte zusammenfassen (vgl. Kunnemann 1991: 20).

(1) Die "Realität" und deren unveränderliche Struktur existieren vor jeder menschlichen Erkenntnis und sind dem erkenntniserlangenden Subjekt objektiv *vorgegeben (ontologische Grundannahme)*.

(2) Die Erkenntnis dieser Struktur ist prinzipiell möglich. Das Subjekt erlangt Erkenntnis über die Realität durch systematische Beobachtungen. Auf der Basis dieser Beobachtungen überprüft der Wissenschaftler Gesetze und Theorien, mit deren Hilfe sich die Erscheinungen der realen Welt kausal erklären lassen *(empiristische Grundannahme)*.

(3) Die wissenschaftliche Methode liefert Regeln, mit deren Hilfe ein Lernprozeß initiiert und kontrolliert werden kann. Auf diese Weise wird ein Erkenntnisprozeß in Gang gesetzt, der das verfügbare Wissen über Natur und Kultur stetig vermehrt *(methodologische Grundannahme)*.

(4) Der mit Hilfe dieses Lernprozesses erzielte Erkenntnisfortschritt ermöglicht immer bessere Problemlösungen und trägt so zum gesellschaftlichen Fortschritt bei. Was als Rationalisierungsprozeß in der Wissenschaft beginnt setzt sich somit in einer Rationalisierung der Lebenspraxis fort. Die Rationalisierung wird allerdings nur in ihrer technischen Dimension erfaßt. Die Legitimität von Normen ist dagegen dem wissenschaftlichen Urteil unzugänglich *(philosophische Grundannahme)*.

1.4. Zur Kritik des Subjekt-Objekt-Modells in der Wissenschaftstheorie und ihre Auswirkungen auf die Organisationswissenschaft

Während das Subjekt-Objekt-Modell in den Naturwissenschaften auf große Akzeptanz gestoßen ist, werden in den Sozialwissenschaften schon seit langer Zeit Vorbehalte formuliert, die sich auf andere Forschungstraditionen stützen, wie zum Beispiel die Dialektik, den Historismus oder die Hermeneutik (vgl. zum Überblick Habermas 1968, 1969, 1985: 89ff.; Kunnemann 1991: 96ff.). Diese Kritik betrifft zum einen die gesellschaftlichen Rationalisierungswirkungen des naturwissenschaftlichen Forschungsmodells, zum anderen werden die methodischen Grundannahmen kritisiert.

Mit der *normativen Kritik* werden die sozialphilosophischen Grundannahmen des Subjekt-Objekt-Modells bezweifelt. Hier wird eingewendet, daß die am kritischen Rationalismus orientierte sozialwissenschaftliche Forschung sich einseitig auf die Interessen der Mächtigen ausrichtet und ihnen die sozialtechnologischen Mittel zum Erhalt ihrer Macht zur Verfügung stellt. Konflikte mit anderen Interessenträgern werden nur insoweit berücksichtigt, wie ihr funktionaler Beitrag zur Erhaltung des sozialen Status quo erfaßt und kontrolliert werden kann. Eine kritische Beurteilung des Status quo sozialer Systeme wird dagegen unter Verweis auf das Wertfreiheitspostulat zurückgewiesen. Damit verschließen sich die Sozialwissenschaften aber einer expliziten Erörtung dessen, was sie implizit immer schon vorentschieden haben. Dies betrifft die Grundentscheidungen darüber, was in der sozialen Welt als gut und was als schlecht angesehen werden soll. Dies betrifft dann auch das Problem, wie Konflikte gelöst werden und welche Interessen dabei zur Geltung kommen sollen. Das naturwissenschaftliche Erklärungsmodell dient demnach nicht einer wertneutralen "objektiven" Erkenntnisgewinnung, sondern ist implizit immer schon Ausdruck eines bestimmten Erkenntnisinteresses, es ist nämlich dem *Interesse an technischer Verfügbarmachung der Welt* verpflichtet. In der dialektischen Tradition wird dagegen versucht, einem *emanzipatorischen Erkenntnisinteresse* Geltung zu verschaffen. Dies bedeutet, daß mit wissenschaftlicher Arbeit auch Kritik an den bestehenden Gesellschaftsverhältnissen und ihrer gegenwärtigen Machtverteilung ermöglicht werden soll (Habermas 1969; Willmott 1997).

Eine andere Kritiklinie zielt auf die *methodischen Aspekte* des Subjekt-Objekt-Modells ab. Der Naturwissenschaftler hantiert mit unbelebter Materie, an der er Veränderungen in kontrollierter Beobachtung, so zum Beispiel im Experiment, feststellen kann. Auf der Basis erfolgreicher Versuchsaufbauten lassen sich Theorien formulieren, deren Allgemeinheitsanspruch sich auf die Wiederholung des Gleichen und den dabei eintretenden Handlungserfolg stützt (Janich 1992a, 1997). Der Forschungsgegenstand der Sozialwissenschaften dagegen konstituiert sich aus Akteuren, die selbst reden und handeln (Hollis 1995). Er ist kommunikativ vorstrukturiert und entsteht und verändert sich im Verlauf des Forschungsprozesses, ohne daß dies durch den Forscher vollständig kontrolliert werden kann (Giddens 1984a). Das sogenannte "Forschungsobjekt" der Sozialwissenschaften ist so gesehen gar kein Objekt: es hat und macht seine eigene Geschichte und bringt dabei seine Subjekthaftigkeit zur Geltung. Ein objektiver, neutraler Zugang von außen aus der Beobachterperspektive ist daher gar nicht möglich, die "Sphäre der vergänglichen Dinge und des bloßen Meinens" (Habermas 1969: 148) läßt sich auf diese Weise nicht erschließen. Für die Sozialwissenschaften werden daher *interpretative Methoden* als Alternative vorgeschlagen, mit denen ein *verstehender Zugang* gesucht wird (zum Überblick vgl. Giddens 1984a: 11ff.; Osterloh 1993: 76ff.). Diese Methoden schließen im wesentlichen an die Tradition der *Hermeneutik*, d.h. an die Textauslegung in den Geisteswissenschaften, an. Sie tragen der Subjekthaftigkeit des Forschungsgegenstandes insofern Rechnung, als mit ihnen versucht wird, redend die *subjektiven Sinngehalte der handelnden Akteure* gleichsam aus einer Teilnehmerperspektive zu erschließen. Der Allgemeinheitsanspruch sozialwissenschaftlicher Theorien ist unter einer solchen verstehenden bzw. interpretativen Perspektive eingeschränkt, weil er von den Handlungen anderer Akteure abhängt. Anders als der Naturwissenschaftler kann sich der Sozialwissenschaftler daher nicht mehr auf den problemlos wiederholbaren Erfolg seiner Handlungen verlassen (vgl. Janich 1993: 20). Manche Anhänger dieser interpretativen Auffassung radikalisieren ihre Kritik sogar so weit, daß letztlich auch die sogenannten "harten Fakten" der Naturwissenschaften nur noch als soziale Konstrukte erscheinen (vgl. Knorr-Cetina 1988).

Eine weitere methodische Kritik am Subjekt-Objekt-Modell wird im Zuge der sogenannten *"historischen Wende"* in der Wissenschaftstheorie entwickelt. Der Wissenschaftstheoretiker Thomas Kuhn (1962, 1970) zeigt mit seinen Untersuchungen, daß sich wissenschaftlicher Fortschritt nicht durch die Anwendung einer konsistenten Methode erklären lassen kann. Vielmehr findet ein bedeutsamer Fortschritt oftmals dann statt, wenn das Terrain der etablierten Methoden verlassen wird und Denk- und Verfahrensweisen zur Anwendung kommen, die aus der Sicht der etablierten Methoden irrational erscheinen. Kuhn ist es auch, der den Begriff der *Inkommensurabilität* in der Wissenschaftstheorie populär macht, auf den weiter unten näher eingegangen wird. Seinen Untersuchungen zufolge gibt es keinen Maßstab, mit dessen Hilfe sich Methoden und Erkenntnisse konkurrierender Forschungsrichtungen objektiv beurteilen lassen.

Diese Diskussionen in Wissenschaftstheorie, Philosophie und Sozialwissenschaften blieben nicht ohne Folgen für die *Organisationswissenschaft.* Auch dort setzt sich in den fünfziger und sechziger Jahren zunächst eine Orientierung an den Methoden der Naturwissenschaften durch. Die Rezeption des Subjekt-Objekt-Modells findet ihre stärkste Ausprägung bei der Entwicklung der *Kontingenztheorie* (bzw. des Situativen Ansatzes), die sich im Laufe der 60er Jahre als bis heute dominierende Forschungsrichtung der Organisationswissenschaft in den USA herausschält. Die Kontingenztheorien beruhen auf der Annahme einer statischen Konzeption der Organisation und ihrer Umwelt (siehe hierzu Kap. 6). Die Organisation, so die Annahme, wird in ihren Strukturen durch bestimmte Kontingenzfaktoren (zum Beispiel Umwelt, Technologie, Größe etc.) determiniert (Burns/Stalker 1961; Woodward 1965; Lawrence/Lorsch 1967; Pugh et al. 1968, 1969). Die empirische Forschung will diese Wirkungszusammenhänge untersuchen und in Form von Gesetzen beschreiben.

Im Laufe der siebziger Jahre wurden Zweifel an einer solchen Vorgehensweise laut (vgl. z.B. Silverman 1970; Benson 1977; Schreyögg 1978; Clegg/Dunkerly 1980; Zey-Ferrell 1981). Es wurden alternative Ansätze vorgeschlagen, die der philosophischen Methoden- und Interessenkritik Rechnung tragen. Im Gegensatz zum Kontingenzansatz sehen sie die Organisation als eine Entität an, die im wesentlichen durch *kulturelle und politische Prozesse* erhalten und verändert wird. Während die Kontingenzansätze nach objektiven Gesetzmäßigkeiten suchen, die gleichsam hinter dem Rücken der Akteure deren Verhalten bestimmen, machen die neueren Ansätze deutlich, daß Organisationen nach Regeln ablaufen, die durch das Handeln der Akteure *selber geschaffen und verändert* werden (vgl. Benson 1977). Die organisatorische Wirklichkeit ist aus dieser Perspektive nicht objektiv vorgegeben, sondern ist Ergebnis einer sozialen Konstruktion: "Consequently organizational design was perceived to be less a matter of an impersonal, objective force exerting its dominance and more a question of a constructed and manipulated artifact" (Reed 1992:

12

249). Mit einer derartigen Position wird die ontologische Grundannahme des Subjekt-Objekt-Modells verändert (vgl. Chia 1997). Die Wirklichkeit ist dem erkenntniserlangenden Subjekt nicht mehr in schon strukturierter Weise vorgegeben, sondern wird von diesem erst konstruiert. Die Dinge der Welt besitzen keinen Sinn an sich, vielmehr wird der Sinn über Interpretationsprozesse zugeschrieben. Daraus folgen weitreichende *methodische Konsequenzen*. Zur Untersuchung derartiger Prozesse werden in der Organisationsforschung *interpretative Ansätze* vorgeschlagen, mit denen sich – wie oben schon erläutert – die subjektiven Sinngehalte der Akteure, die diese bei ihren Wirklichkeitskonstruktionen leiten, erst erfassen lassen. Der Wissenschaftler nimmt in seinen Untersuchungen nicht mehr *die eine* Wirklichkeit wahr, sondern *schafft* eine Wirklichkeit, die stets auch anders möglich ist. Aus diesem Grund kann man nicht mehr erwarten, daß der Forschungsprozeß sich gleichsam asymptotisch der Realität annähert, da die Vorstellung von der "einen" Wirklichkeit nur in den Köpfen der am Subjekt-Objekt-Modell orientierten Forscher existiert.

In den späten sechziger Jahren und frühen siebziger Jahren ist das *Forschungsinteresse* der Kontingenztheoretiker darauf ausgerichtet zu erklären, wie das Überleben von Organisationen in einer feindlichen Umwelt überhaupt möglich ist (funktionale Erklärung). Dieser Erklärungsversuch zur Entstehung sozialer Ordnung paart sich mit den ontologischen Grundannahmen des Subjekt-Objekt-Modells. Organisationen werden als reale Entitäten angesehen, die sich in einer objektiven Umwelt behaupten müssen, wobei angenommen wird, daß die Überlebensmechanismen schon in den Strukturen der Wirklichkeit festgeschrieben sind und vom Wissenschaftler nur "entdeckt" zu werden brauchen (vgl. hierzu z.B. Donaldson 1996). Eine solche Perspektive verkennt jedoch, daß diese Strukturen *Produkt* menschlichen Handelns sind und daher vom Menschen prinzipiell verändert werden können. Erst die sozialkritischen Diskussionen in der Philosophie bringen auch in der Organisationstheorie einen grundlegenden Wandel mit sich. Es setzt sich langsam die Auffassung durch, daß das Überleben von sozialen Systemen nicht in der gleichen Weise objektiv feststellbar ist, wie das Überleben biologischer Entitäten. Was "Überleben sozialer Systeme" heißt, wird vielmehr *kulturell definiert* und ist nicht in den Strukturen einer Gesellschaft ein für alle Mal festgelegt (vgl. Habermas 1971: 150f.). Diese Definition muß als ein *politischer Beeinflussungsprozeß* verstanden werden, da dabei Machtprozesse und die Interessen der beteiligten Akteure eine große Rolle spielen (vgl. Benson 1977). Im Gefolge dieser Einsicht entzünden sich Diskussionen darüber, wer das Überleben sozialer Systeme und die hierfür notwendigen Mittel definieren darf. In dieser Diskussion wird die Legitimationsgrundlage sozialer Herrschaft thematisiert, wodurch sich das Forschungsinteresse von der sozialen Ordnung und ihren Funktions- und Überlebensbedingungen hin zum Interesse an der *Legitimierung der sozialen Ordnung* selbst verschiebt (Clegg/Dunkerly 1980). Mit diesen Diskussionen werden also nicht nur die methodischen Mängel der ontologischen Grundannahmen der Kontingenztheorien aufgedeckt, sondern wird auch die Legitimität ihres Forschungsinteresses angezweifelt. Während in den sechziger und siebziger Jahren vielfach noch ganz selbstverständlich angenommen wird, daß die Erhöhung der Produktivität der Unternehmen zu einer Verbesserung der gesellschaftlichen Verhältnisse beiträgt, so werden diese normativen Grundannahmen im Laufe der siebziger Jahre immer mehr in Frage gestellt (Silverman 1970; Clegg/Dunkerly 1980; Clegg 1981).

Diese Erwägungen veranlassen viele Sozialwissenschaftler und Organisationstheoretiker, alternative Forschungsarbeiten durchzuführen, die nicht mehr mit den Annahmen des Subjekt-Objekt-Modells vereinbar sind. Dies betrifft zum einen die zunehmende Bedeutung interpretativer Ansätze (vgl. z.B. Daft/Weick 1984; Smircich/Stubbart 1985; Isabella

1990; Osterloh 1993), zum anderen den Versuch, normativ-ethische Fragestellungen zu diskutieren (vgl. z.B. Shrivastava 1986; Löhr 1991; Steinmann/Löhr 1994; Alvesson/ Willmott 1992, 1995). Bereits gegen Ende der siebziger Jahre übernehmen Burrell und Morgan (1979) die Aufgabe, die entstandene Vielfalt sozialwissenschaftlicher Forschung zu untersuchen und darzustellen.

1.5. Zur Systematisierung unterschiedlicher Forschungsansätze in der Organisationswissenschaft – der Bezugsrahmen von Burrell und Morgan

1.5.1. Die Beschreibungsdimensionen: Methode und Erkenntnisinteresse

Burrell und Morgan (1979) haben in ihrem Buch "Sociological Paradigms and Organisational Analysis" eine Systematisierung sozialwissenschaftlicher Ansätze vorgenommen. Die beiden Autoren gehen von der Grundthese aus, daß sich alle Organisationstheorien auf eine Erkenntnistheorie ("Philosophy of science") und eine – zumindest implizite – Gesellschaftstheorie ("Theory of society") stützen. Der erste Aspekt betrifft die *methodischen Grundannahmen*, der zweite Aspekt betrifft den normativen Rahmen der Theorie und bringt das *Erkenntnisinteresse* der Forscher zum Ausdruck. Burrell und Morgan vereinen diese beiden Aspekte zu einem zweidimensionalen Analyseraster, mit dem eine Orientierung im Theorienpluralismus der Organisationswissenschaften anhand der beiden oben skizzierten wissenschaftstheoretischen Fragestellungen möglich wird: welchen Zwecken soll sozialwissenschaftliche Forschung dienen (Erkenntnisinteressen) und mit welchen (methodischen) Mitteln können diese Zwecke erreicht werden.

Burrell und Morgan (1979: 1ff.) gliedern die *methodischen Grundannahmen* in (a) ontologische Grundunterscheidungen, (b) epistemologische Grundunterscheidungen, (c) Grundannahmen zur menschlichen Natur und schließlich (d) methodologische Grundunterscheidungen, ohne hier allerdings scharfe Abgrenzungen vorzunehmen (zu derartigen Unterscheidungen vgl. z.B. Gabriel 1993). Die beiden Autoren spannen diese Unterdimensionen jeweils anhand dichotomer Begriffe auf und unterscheiden zusammenfassend den *subjektiven* und den *objektiven Ansatz* der Sozialwissenschaften als dichotome Positionen, zwischen denen Zwischenformen möglich sein sollen (siehe hierzu kritisch Connell/Nord 1996; Deetz 1996).

Neben den methodischen Grundannahmen basieren Organisationstheorien auch noch auf einer *Gesellschaftstheorie*. Burrell und Morgan (1979: 10) gehen von der Beobachtung aus, daß unterschiedliche Theorien nicht nur verschiedene methodische Perspektiven einnehmen, sondern auch unterschiedliche Probleme aufgreifen. Zur Präzisierung dieser Unterscheidung führen sie die Begriffe "regulation" bzw. "radical change" ein. Mit dem Begriff "sociology of regulation" (Ordnungssoziologie) bezeichnen sie solche Arbeiten, die der Frage nachgehen, warum soziale Einheiten überhaupt Bestand haben, und die Bedingungen untersuchen, die den Bestand (Status quo) sichern (Problem der sozialen Ordnung). Im Gegensatz dazu versuchen Arbeiten, die der "sociology of radical change" (Wandelsoziologien) zuzuordnen sind, den Wandel zu erklären, dem soziale Einheiten aus verschiedenen Gründen unterliegen. Sie gehen der Frage nach, wie sich der gegenwärtige Status quo sozialer Systeme kritisieren und verbessern läßt. Insbesondere befassen sie sich damit, wie sich Individuen und soziale Gemeinschaften von den strukturellen Zwängen befreien können, die ihre Entwicklung hemmen (vgl. im Überblick Burrell/Morgan 1979: 10ff.; Bernard 1983; Reed 1992: 253; Hassard 1993: 66f.). Burrell und Morgan treffen hier offenbar eine Unterscheidung nach verschiedenen Erkenntnisinteressen. Oben wurde schon auf die bekannte Systematik von Habermas (1968, 1969) Bezug genommen, der technische, praktische und emanzipatorische Erkenntnisinteressen unterscheidet. Einem mehr technischen bzw. praktischen Erkenntnisinteresse tragen die Ordnungssoziologien Rechnung. Forschungsarbeiten, die ein *technisches Erkenntnisinteresse* verfolgen, sind an einer Erklärung sozialer Sachverhalte zur Bewahrung sozialer Ordnung interessiert. Sie erstreben letzten Endes eine technische Verfügbarmachung der funktionalen Mechanismen zur Stabilisierung des Status quo eines sozialen Systems. Soziologien, die dagegen auf einem *praktischen Erkenntnisinteresse* beruhen, wollen durch das Verstehen der subjektiven Sinngehalte der handelnden Akteure deren Tun praktisch deuten. Zwar unterstellen diese Ansätze einen anderen Begriff von Realität als das Subjekt-Objekt-Modell, jedoch erstreben auch sie lediglich ein Verständnis der Wirklichkeit der sozialen Welt, indem sie die von den Akteuren in Interaktionsprozessen unterstellten Interpretationsmuster *beschreiben*. Im Gegensatz dazu wollen Wandelsoziologien den Status quo *kritisieren und verändern*. Sie bringen ein *emanzipatorisches Erkenntnisinteresse* zur Geltung.

1.5.2. Vier Paradigmen sozialwissenschaftlicher Theorienbildung

Mit diesen beiden Dimensionen wissenschaftlicher Arbeit spannen Burrell und Morgan (1979) ein Raster auf, in dem sie vier Paradigmen sozialwissenschaftlicher Theorienbildung unterscheiden (Abb. 1.2) (zum Überblick vgl. Gioia/Pitre 1990).

Das *funktionalistische Paradigma* stellt das zur Zeit dominierende Paradigma sozialwissenschaftlicher Theorienbildung dar, jedoch sind die darin enthaltenen Theorieströme recht heterogen. Die an der Vorgehensweise der Naturwissenschaften bzw. am kritischen Rationalismus orientierten Organisationstheorien, wie zum Beispiel der in diesem Band beschriebene Situative Ansatz, sind typisch für Theorien, die hier verortet werden können. Es fallen aber auch die oben kurz beschriebenen funktionalen Sozialwissenschaften, die ökonomische Theorie und – mit Abstrichen – auch die Systemtheorie in diese Kategorie. Das funktionalistische Paradigma untersucht soziale Regelmäßigkeiten auf kausale Zusammenhänge und versucht, diese als universelle Prinzipien zu formulieren. Es zielt darauf ab, den Status quo eines sozialen Systems (Organisation, Gesellschaft etc.) zu erklären und zu erhalten, und basiert auf einem objektivistischen Standpunkt: Vertreter dieses Ansatzes gehen nämlich davon aus, daß soziale Systeme reale Entitäten sind, die von Kräften erhalten werden, die unabhängig von ihren Mitgliedern wirken und erforscht werden können. Ein großer Teil der Forscher versucht, mit Hilfe empirischer Untersuchungen, die sich weitgehend am naturwissenschaftlichen Methodenarsenal orientieren, die Beziehungen zwischen diesen Kräften zu erforschen und aufzudecken. In der Organisationstheorie werden dabei zum Beispiel generelle Prinzipien über den Beitrag organisatorischer Strukturen zum Überleben der Organisation formuliert. Dieses Wissen soll dann schließlich auch vom Strukturgestalter, etwa vom Manager, sozialtechnologisch gewendet werden können, um damit die Stabilität von Organisationen zu erhalten. Im Unterschied dazu sind ökonomische Theorien zwar stärker an einer rationalistischen Denkweise orientiert und vertrauen weniger auf die empirische Analyse als auf die Erklärungskraft ihrer mathematischen Ableitungen. Aber auch sie erstreben eine Erklärung des Status quo sozialer Systeme, z.B. des Zustandekommens eines Gleichgewichts in einem Marktsystem.

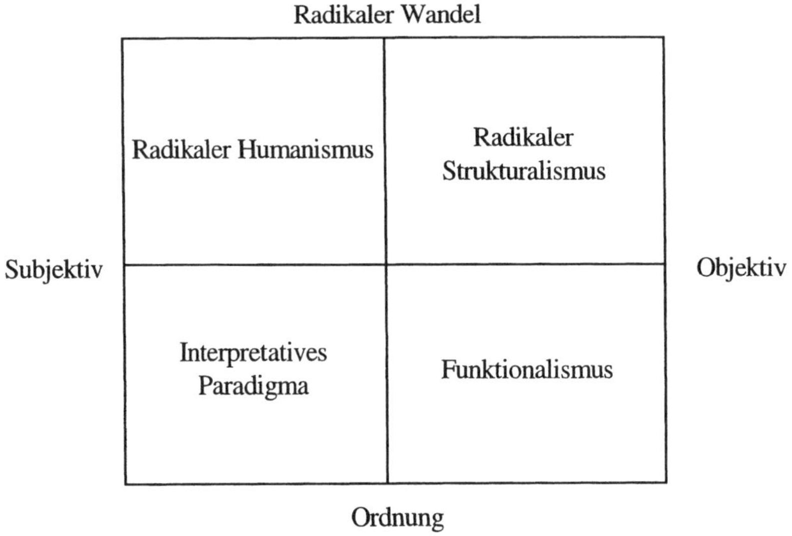

Radikaler Wandel

Radikaler Humanismus	Radikaler Strukturalismus
Interpretatives Paradigma	Funktionalismus

Subjektiv ← → Objektiv

Ordnung

Abb. 1.2: Der Burrell-Morgan-Bezugsrahmen (vgl. Burrell/Morgan 1979: 22, modifiziert)

Das interpretative Paradigma beruht dagegen auf der Annahme, daß soziale Realitäten nicht als "harte Fakten" gegeben sind und entsprechend erforscht werden können, sondern von den Mitgliedern einer sozialen Gemeinschaft (unterschiedlich) konstruiert und interpretiert werden. Soziale Sachverhalte werden daher nicht als gegenständliche Einheiten, sondern als durch das Handeln der Akteure entstehende Regeln und Bedeutungen betrachtet. Die Perspektive des Forschers ist demnach nicht die des objektiven Beobachters wie im funktionalistischen Paradigma, sondern die des Teilnehmers, der die subjektiven Sinngehalte der Akteure zu erfragen versucht. Der Forscher muß dabei eine Interpretation der Interpretationen der Akteure vornehmen ("doppelte Hermeneutik") (vgl. Giddens 1984a). Während der funktionalistische Forscher in der Regel seine Theorien über großzahlige quantitative Untersuchungen zu stützen trachtet, unternimmt der interpretative Forscher eine oder wenige Fallstudien, in denen Theorien beispielsweise durch qualitative Tiefeninterviews über den untersuchten Fall gewonnen werden sollen. Der interpretative Forscher sammelt Daten, die für die beteiligten Akteure im untersuchten Fall relevant sind, und versucht, diese möglichst in ihrer authentischen Form (aus erster Hand) zu erhalten. Das Verfahren ist dem Charakter nach mehr induktiv: der Forscher eröffnet den Untersuchungsprozeß möglichst unbefangen ohne Formulierung einer Ausgangshypothese oder Theorie. Diese sollen sich erst im Verlauf des Befragungs- und Auswertungsprozesses ergeben und durch abermalige Interviews mit den Befragten wieder abgeglichen werden. Trotz aller methodologischen Unterschiede zum Funktionalismus hält der interpretative Forscher an dem Interesse fest, das Entstehen und den Bestand sozialer Ordnung zu ergründen. Er beschäftigt sich nicht mit dem Problem sozialer Konflikte und der Legitimierung sozialen Wandels, sondern damit, wie über die subjektiven Sinngehalte der Akteure und deren Interpretationsprozesse soziale Ordnung entsteht (vgl. Burrell/Morgan 1979: 31 und 279). Das interpretative und das funktionalistische Paradigma orientieren

16

sich am Status quo sozialer Ordnung und nicht an seiner Kritik und Möglichkeiten zu seiner Veränderung (vgl. Willmott 1990: 47).

Im Gegensatz dazu versuchen Vertreter des Radikalen Humanismus ("radical-humanist paradigm") und des Radikalen Strukturalismus ("radical-structuralist paradigm"), den Status quo sozialer Ordnung zu kritisieren (eine aufschlußreiche Diskussion zwischen Vertretern eines interpretativen Paradigmas und Anhängern einer "kritischen Theorie" findet sich in Putnam et al. 1993). Burrell und Morgan (1979) orientieren sich in ihrer Darstellung sehr stark an der marxistischen Theorietradition, die in Großbritannien noch relativ präsent ist. Aus diesem Grunde finden sich in ihrer Übersicht kaum neuere, weniger ideologisch orientierte Bemühungen der Gesellschaftskritik. Solche Überlegungen wurden allerdings in der Zwischenzeit im englischen Sprachraum im Rahmen einer kritischen Theorie der Organisation ausgearbeitet (vgl. z.B. Steffy/Grimes 1986; Alvesson 1987; Alvesson/Willmott 1992, 1995, 1996; Mumby 1988; Deetz 1995; Alvesson/Deetz 1996; Willmott 1997). Diese Theorie stützt sich zwar auf die Arbeiten des deutschen Sozialphilosophen Jürgen Habermas (1968, 1973, 1981), wurde jedoch bislang in der deutschen Organisationsforschung nur wenig beachtet. Statt dessen werden normativ-kritische Reflexionen auf die Organisationstheorie hier der Tendenz nach eher unter dem Stichwort "Unternehmensethik" angesiedelt und wegen ihrer Nähe zur Philosophie vermeintlich als Randgebiet verstanden. Dennoch üben diese Konzeptionen, sofern sie als normativ-ethische Kritik an den etablierten Organisationsansätzen vorgetragen werden, einen nicht zu unterschätzenden, indirekten Einfluß auf die Organisationstheorie aus (vgl. z.B. Steinmann/Löhr 1994: 144ff.; Löhr/Blickle 1996).

Das Ziel des Radikalen Humanismus besteht darin, die Mitglieder sozialer Einheiten von Bevormundung, Entfremdung, Ausbeutung und Unterdrückung zu befreien, indem die bestehenden sozialen Strukturen kritisiert und verändert werden sollen. Dieser Ansatz geht davon aus, daß die bestehenden Strukturen Ergebnis sozialer Konstruktionen sind, die im wesentlichen von den subjektiven Konstruktionen der mächtigsten Akteure beeinflußt werden und so zu einem (bloß) faktischen Konsens an der Oberfläche sozialer Phänomene gelangen (vgl. Gioia/Pitre 1990: 288f.). Das Ziel dieses Paradigmas ist daher die Kritik der Machtprozesse, die unter dieser Oberfläche wirken und vom Marxismus als Abbild eines tieferliegenden Klassenkonfliktes verstanden werden. Die Legitimität des faktischen Konsensus über soziale Konstruktionen soll untersucht werden, damit Störungen bzw. Asymmetrien der kommunikativen Prozesse aufgrund illegitimen Machtgebrauchs aufgedeckt werden können. Die Methoden, die dabei angewendet werden sollen, orientieren sich zum Teil an denen des interpretativen Paradigmas. Während dieses aber in erster Linie zu erforschen versucht, wie eine bestimmte soziale Realität konstruiert wird, gehen Forscher des Radikalen Humanismus der Frage nach, warum sie auf diese Weise konstruiert wird und welche Interessen der beteiligten Akteure hierbei eine Rolle spielen.

Auch der Radikale Strukturalismus basiert auf einem Interesse an sozialem Wandel. Allerdings teilt er mit dem Funktionalismus eine objektive Forschungsperspektive und grenzt sich so vom Radikalen Humanismus ab (vgl. Burrell/Morgan 1979: 326ff.). Während sich der Radikale Humanismus die subjektiven Sinngehalte der Akteure (das "Bewußtsein") und deren Störung durch Machtprozesse zum Gegenstand macht, zielt der Radikale Strukturalismus darauf ab, die seiner Auffassung zufolge objektiv gegebenen Strukturen der sozialen Welt, zu verstehen, zu erklären und zu kritisieren, um deren Wandel zu bewirken. Der Radikale Strukturalismus geht davon aus, daß der fundamentale Konflikt zwischen sozialen Einheiten in den tieferen Strukturen der Welt, zum Beispiel im marktwirtschaftlichen System und in den Produktionsverhältnissen (und nicht im Bewußt-sein der handelnden Menschen), angelegt ist.

Auch wenn die von Burrell und Morgan vorgeschlagenen Dimensionen im Detail sicher-lich kritikzugänglich und verbesserungsfähig sind (vgl. z.b. Deetz 1996), so liefern sie mit den beiden gewählten Beschreibungsdimensionen eine hilfreiche Unterscheidung, weil damit eine Systematisierung sozialwissenschaftlichen Forschens nach Zwecken und Mit-teln möglich wird (Steinmann/Scherer 1995). In diesen Dimensionen spiegelt sich letztlich die Tatsache wider, daß Wissenschafttreiben als ein Handeln nach Zwecken zu verstehen ist (vgl. Janich 1992b: 38, ders. 1993).

1.5.3. Systematisierung oder Kritik? – Zur Orientierungsleistung des Burrell-Morgan-Bezugsrahmens

Ausgehend von der Vorstellung, daß Wissenschaft letztlich der Verbesserung der Praxis dienen soll, darf Wissenschaftstheorie nicht bloß als ein Versuch zur Systematisierung und Beschreibung wissenschaftlichen Tuns verstanden werden, sondern muß eine kritische Beurteilung möglich machen. Im folgenden werde ich daher prüfen, inwieweit Burrell und Morgan hierzu eine Hilfestellung geben. In ihrer Studie wollen die beiden Autoren offen-bar lediglich das Feld der *Möglichkeiten* sozialwissenschaftlicher Forschung abstecken, ohne eine kritische Orientierung anzubieten. Das Verstehen eines soziologischen Para-digmas kann ihrer Auffassung nach nämlich nur dann gelingen, wenn man gleichsam des-sen Position einnimmt (vgl. Burrell/Morgan 1979: xiv). Wenn man aber ein Paradigma nur aus der Innenperspektive betrachtet, wird eine kritische Distanzierung von dessen Grundannahmen, so die beiden Autoren, unmöglich. Sozialwissenschaftliche Forschungs-arbeiten können daher nur aus dieser Binnenperspektive kritisiert und nur daraufhin über-prüft werden, ob sie mit den *innerhalb* eines Paradigmas geltenden Regeln übereinstim-men. In diesem Sinne können dann sozialwissenschaftliche Forschungsergebnisse hinsichtlich ihrer Regelgerechtheit überprüft werden ("theoretische Begründung"). Die Möglichkeit einer (praktischen) Begründung dieser Regeln selbst wird von Burrell und Morgan (1979: 23ff. und 395ff.) *verneint* (zu dieser Unterscheidung im Rahmen der Be-gründungsproblematik vgl. Scherer 1993). Dies würde nämlich einen objektiven Stand-punkt voraussetzen, um wissenschaftstheoretische Orientierungen über alle Paradigmen hinweg begründen zu können. Dieser objektive Standpunkt kann und soll aber nicht ange-strebt werden, da er seinerseits immer auf einem Paradigma fußt und jeder Anspruch auf transparadigmatische Begründung auf eine autoritäre Vormachtstellung eines Paradigmas auf Kosten der intellektuellen Freiheit anderer Paradigmen hinausliefe, die nicht begründet werden kann (vgl. Jackson/Carter 1991). Um diesen autoritären Anspruch zu unterlaufen, vertreten Burrell und Morgan einen *relativistischen Standpunkt*, nach dem wissenschaftli-che Arbeit nur relativ zu den Grundannahmen ihres Paradigmas beurteilt werden kann. Sie fordern daher eine isolierte Entwicklung sozialwissenschaftlicher Paradigmen und lehnen transparadigmatische Begründungspflichten ab (vgl. Burrell/Morgan 1979: 397f.).

Eine solche Auffassung ist aus zweierlei Gründen *problematisch* im Hinblick auf unsere Absicht, Möglichkeiten der Kritik organisationstheoretischer Forschungsaktivitäten aufzu-zeigen. Sie läßt zum einen die Frage nach der geeigneten wissenschaftstheoretischen Grundlage für ein sinnvolles methodisches Vorgehen in der Organisationstheorie durch Verweis auf die Inkommensurabilität unterschiedlicher Paradigmen und der Forderung nach einem Theorienpluralismus unbeantwortet. Dies hat zur Folge, daß keine kritische

Beurteilung der verschiedenen Organisationstheorien vorgenommen werden kann. Zum anderen bleiben Burrell und Morgan die Antwort schuldig, warum man gerade eine solche relativistische Position, wie die von ihnen vertretene, anderen Auffassungen vorziehen soll. Wenn sie auf die Relativität und Unvereinbarkeit sozialwissenschaftlicher Paradigmen verweisen, so gilt die Relativität auch für diese These.

Die von Burrell und Morgan vorgelegte Studie wurde in der Organisationswissenschaft intensiv diskutiert (zur Kritik vgl. z.B. Willmott/Jackson 1985; Jackson/Willmott 1987; Deetz 1996). Während die von ihnen vorgelegte Systematik im allgemeinen positiv aufgenommen und als Orientierungshilfe begrüßt wird, entzünden sich kontroverse Debatten zwischen Anhängern und Gegnern der Inkommensurabilitätsthese. Im folgenden Abschnitt werde ich diese Diskussionen systematisieren und erörtern, welche Konsequenzen für das Vorhaben, eine kritische Haltung gegenüber den Organisationstheorien einzunehmen, zu ziehen sind.

1.6. Die Inkommensurabilitätsdiskussion in der Organisationstheorie

1.6.1. Der Inkommensurabilitätsbegriff

Der Terminus "*Inkommensurabilität*" wurde durch den Wissenschaftshistoriker Thomas Kuhn (1962, 1970) im Rahmen der oben schon erwähnten "historischen Wende" in der Wissenschaftstheorie in den sechziger Jahren bekannt. Kuhn vertritt die These, daß man nicht objektiv zwischen konkurrierenden Theorien entscheiden kann, wenn diese in unterschiedlichen Paradigmen entwickelt wurden. Er stützt diese These auf seine historischen Untersuchungen, mit denen er zeigen konnte, daß wissenschaftlicher Fortschritt nicht als Anwendung einer einheitlichen Methode oder eines einheitlichen Rationalitätskriteriums rekonstruiert werden kann. Kuhns Untersuchungen führten in der Wissenschaftstheorie zu einer intensiven Diskussion darüber, ob es überhaupt noch möglich ist, einheitliche Rationalitätsstandards zu begründen (vgl. z.B. Lakatos/Musgrave 1970; Feyerabend 1975, 1980, 1987; Radnitzky/Andersson 1978; Laudan et al. 1986; Anderson 1994). Inzwischen hat sich bei vielen Wissenschaftlern die Auffassung durchgesetzt, daß man auf einen einheitlichen Rationalitätsbegriff verzichten muß. Theorien können demzufolge nicht mehr generell begründet werden, sondern sind vielmehr von den Rationalitätsstandards ihrer Paradigmen abhängig. Das Wort "*Paradigma*" steht dabei im weitesten Sinne für Standards der Wissenschaftlichkeit, die innerhalb einer bestimmten Wissenschaftlergemeinde anerkannt, außerhalb dieser Gemeinde aber bezweifelt werden (vgl. Steinmann/Scherer 1994: 265). Wissenschaftliche Erkenntnis kann dieser Auffassung zufolge nur noch auf Gültigkeit *innerhalb* eines Paradigmas überprüft werden. Eine "transparadigmatische" Beurteilung ist dagegen nicht mehr möglich, weil die Standards der Wissenschaftlichkeit selbst nicht begründet werden können. Theorien unterschiedlicher Paradigmen wären aus diesem Grunde zueinander inkommensurabel.

Dieser Auffassung liegt ein Begriff von *Inkommensurabilität* zugrunde, der Orientierungssystemen als ein *dreistelliges Prädikat* zu- oder abgesprochen werden kann (Lueken 1992). Der Terminus "Orientierungssystem" bezeichnet dabei "einen Komplex von Regeln, Unterscheidungen und Strukturen, welche den systematischen Zusammenhang des Redens, Wahrnehmens und Handelns stiften" (Lueken 1992: 16) und ist damit umfassender als der Theorien- oder der Paradigmenbegriff. Die Dreistelligkeit der Relation ergibt sich, wenn zwei Orientierungssysteme im Hinblick auf bestimmte Vergleichsmaßstäbe zueinander ins Verhältnis gesetzt werden: "ein Orientierungssystem ist inkommensurabel *mit* einem anderen Orientierungssystem im Hinblick auf bestimmte Vergleichsmaßstäbe" (Steinmann/Scherer 1994: 265). Inkommensurabilität bezeichnet also nicht ein Orientierungssystem an sich, sondern ein bestimmtes *Verhältnis* zwischen Orientierungssystemen.

Vor diesem Hintergrund bedeutet Inkommensurabilität erstens eine *radikale Verschiedenheit* zwischen Orientierungssystemen und zweitens zugleich aber auch ein *Konkurrenzverhältnis*, so daß eine Entscheidung zwischen den Orientierungssystemen *unbedingt erforderlich* ist (Lueken 1992). Mit einer Inkommensurabilitätsthese wird die Möglichkeit einer rationalen Entscheidung angezweifelt, weil die Vergleichsmaßstäbe nicht begründet werden können. Damit wird also nicht nur etwas über die zur Disposition stehenden Orientierungssysteme ausgesagt, sondern etwas über die Möglichkeit ihrer objektiven Beurteilung. Es gibt demnach drittens *keine objektiven Vergleichmaßstäbe*, mit deren Hilfe sich ein Inkommensurabilitätsproblem lösen lassen kann. Daher ist auch eine rationale Überwindung eines Konkurrenzverhältnisses zwischen radikal verschiedenen Orientierungssystemen nicht möglich. Letztlich liefe dies darauf hinaus, daß auch keine vernünftig begründbare Antwort auf die beiden eingangs skizzierten Grundfragen der Wissenschaftstheorie möglich wäre.

Eine solche Situation, wie sie auch in der Organisationstheorie aufzutreten vermag, ist nicht nur für den Theoretiker, sondern *auch für den Praktiker* äußerst mißlich. Wenn zur Bearbeitung eines Problems verschiedene Theorien beanspruchen, eine Orientierung zu geben, die aus ihnen abgeleiteten Handlungsempfehlungen jedoch widersprüchlich sind, dann fragt der Anwender zurecht nach einer Grundlage, die eine rationale Entscheidung zwischen den konkurrierenden Theorien erlauben könnte. Wenn nun aber ein solcher Objektivitätsmaßstab nicht vorhanden ist, dann muß die Auswahl, sofern sie aufgrund des Handlungsdrucks getroffen werden muß, *willkürlich* und ohne begründete theoretische Stützung sein. An dieser Handlungsnot erweist sich die ganze praktische Relevanz des Inkommensurabilitätsproblems.

1.6.2. Perspektiven zur Inkommensurabilitätsdiskussion

Ich werde nun betrachten, wie die Teilnehmer der Paradigmendiskussion in den Organisationswissenschaften mit diesem Problem umzugehen versuchen (vgl. hierzu Reed 1985: 116ff., 1992: 174ff.; Kirsch 1992; Scherer 1995: 148ff.; Scherer/Dowling 1995ff.; Stetter 1994: 250ff.). Dort wird schon lange ein Streit über die Grundlagen der Organisationstheorie ausgetragen (vgl. hierzu z.B. Silverman 1970; Benson 1977; Donaldson 1985, 1996; Gioia/Pitre 1990; Hassard/Pym 1990; Jackson/Carter 1991, 1993; Reed/Hughes 1992; Pfeffer 1993, 1997; Willmott 1993; Connell/Nord 1996; Scherer 1998).

(1) Mit dem Wort "*Isolationismus*" wird eine Position bezeichnet, die der Auffassung ist, daß der Pluralismus verschiedener Paradigmen nicht überwunden werden darf, weil sonst die intellektuelle Freiheit ungerechtfertigt eingeschränkt wird (Burrell/Morgan 1979; Jackson/Carter 1991, 1993). Diese Auffassung stützt sich auf die Inkommensurabilitätsthese, nach der eine rationale Entscheidung zwischen widersprüchlichen Paradigmen gar nicht möglich ist. Gleichwohl heben Vertreter dieser Position hervor, daß sich Theorien anhand der innerhalb ihrer Paradigmen geltenden Regeln zumindest *innerparadigmatisch* begründen lassen und sich an diesen Regeln orientieren müssen. Jeder Versuch aber, die Inkommensurabilität zu überwinden, wird abgelehnt, da dies letztlich immer zur ungerechtfertigten Dominanz eines Paradigmas führt. Die Möglichkeit einer *rationalen Einigung* zwischen konkurrierenden Positionen wird damit *negiert* (Jackson/Carter 1991).

20

(2) Die Bezeichnung *"back to basics"* stammt von Michael Reed (1992), der sich kritisch mit dem Bestreben mancher Forscher auseinandersetzt, die Organisationstheorie auf eine kontingenztheoretische Grundlage zu stellen. Dieses Bestreben soll der Eindämmung des Theorienpluralismus dienen, zielt aber letztlich auf die Dominanz des funktionalistischen Paradigmas ab. Anhänger dieser Position, wie etwa Lex Donaldson (1985, 1988, 1995, 1996), vertreten die These, daß über die Güte konkurrierender Paradigmen oder Theorien mittels *empirischer Tests* entschieden werden kann (vgl. auch Hinings 1988; Lammers 1981; McKinley 1995). Das dabei zugrundeliegende funktionalistische Paradigma wird von Donaldson gegen Kritik immunisiert. Er ist der Auffassung, daß die von ihm vertretene empirische Organisationstheorie nur anhand ihrer eigenen Methodologie beurteilt werden darf. Auf diese Weise fällt er aber ebenso wie Burrell und Morgan (1979) letztlich in eine isolationistische Perspektive zurück. Während Burrell und Morgan (1979: 397) hervorheben: "Each paradigm needs to be developed in its own terms", beansprucht Donaldson (1988: 13): "... Organisation Theory needs to be recognized as legitimate in its own terms." Damit kann sein Ansatz nicht transparadigmatisch begründet werden. Er stützt sich auf die *dogmatische* Behauptung, daß sich die Organisationstheorie am Subjekt-Objekt-Modell orientieren muß. In einem vielbeachteten und kritisierten Artikel diskutiert Pfeffer (1993), welche prinzipiellen Nachteile der Organisationswissenschaft als Disziplin angesichts des Theorienpluralismus im Vergleich zu anderen, stärker integrierten Disziplinen erwachsen. Er diskutiert, wie ein *kontrollierter Dogmatismus* zu einer stärkeren Integration beitragen könnte und welche Vorteile sich daraus ergäben (vgl. Pfeffer 1993; zur Kritik vgl. Cannella/Paetzold 1994; Perrow 1994; Van Maanen 1995a, 1995b; zur Reaktion Pfeffers vgl. Pfeffer 1995, 1997: 189ff.). Dabei weist er insbesondere auf die Möglichkeit der Machtausübung durch Wissenschaftler in Schlüsselpositionen hin, die eine einheitliche Perspektive befördern könnten (z.B. Herausgeber von Zeitschriften oder Gutachter von Forschungsfonds).

(3) Die Bezeichnung *"anything goes"* schließt an die Position von Paul Feyerabend (1975, 1980) an. Feyerabend wirft diese provokative These in den Streit um Kuhns Untersuchungen ein. Sie kennzeichnet eine extrem relativistische Auffassung, die jede wissenschaftliche und praktische Position als gleichberechtigt ansieht, da eine vollständige Begründung von Positionen gar nicht möglich ist (vgl. Morgan 1983: 380; Reed 1992: 263ff.). Während die Isolationisten immerhin noch die Geltung von Regeln innerhalb der jeweiligen Wissenschaftlergemeinden anerkennen, wird auch dies in der "Anything goes"-Perspektive aufgegeben. Die Wahl einer Perspektive kann dann letztlich nicht mehr durch wissenschaftliche Bemühungen gestützt werden (vgl. Morgan 1983: 380). Auf die Spitze getrieben führt dies zur Unmöglichkeit von Wissenschaft (Schreyögg 1992). Die Wahl einer Perspektive ist, so Feyerabend, in das Belieben des einzelnen gestellt. Der Wissenschaft wird dabei keine privilegierte Rolle mehr zugewiesen. Sie unterscheidet sich damit nicht mehr von alltäglichen, nicht-wissenschaftlichen Formen des Entscheidens und Handelns.

(4) Die *"Multiparadigmenperspektive"* kennzeichnet schließlich eine Position zwischen Dogmatismus und Relativismus. Anhänger dieser Perspektive sind der Auffassung, daß der Dialog über konkurrierende Paradigmen hinweg geführt werden muß, um Fortschritte in der Wissenschaft zu erzielen (Gioia/Pitre 1990; Morgan 1990b; O'Connor/Hatch/White/Zald 1995; Schultz/Hatch 1996). Sie sind weiterhin der Auffassung, daß es nicht Aufgabe der Wissenschaft ist, nach der einen Wahrheit zu suchen, vielmehr produziert die Forschung viele Wahrheiten. Eine Multiparadigmenperspektive soll dazu beitragen, die Vielfalt dieser Wahrheiten zu erkennen, um zu "umfassenderen Erklärungen" (Gioia/Pitre 1990) sozialer Phänomene zu gelangen. Eine Überwindung der Widersprüche

und Differenzen konkurrierender Perspektiven kann und soll dabei allerdings nicht angestrebt werden; die Inkommensurabilitätsthese wird von den meisten Vertretern dieser Richtung anerkannt (vgl. z.B. Gioia/Pitre 1990). Die forschungspraktische Umsetzung einer solchen Position soll mittels multiparadigmatischer Sequentiell- oder Parallelstudien erzielt werden (Evered/Louis 1981; Gioia/Pitre 1990; Schultz/Hatch 1996), bei denen die Forscher einen Forschungsgegenstand aus den Blickwinkeln unterschiedlicher Paradigmen untersuchen (vgl. z.B. Gioia/Donnellon/Sims 1989; Hassard 1991). Eine solche Auffassung, die auf den ersten Blick betrachtet sinnvoll erscheint, bringt aber näher besehen einige entscheidende Probleme mit sich (zur Kritik vgl. Scherer 1995: 165ff.; Scherer/ Steinmann 1997; Weaver/Gioia 1994). So ist nicht einzusehen, warum ein multiparadigmatischer Blick bessere Ergebnisse liefern soll als die Perspektive eines einzelnen Paradigmas, weil im Prinzip jede einzelne der Perspektiven falsch sein kann. Es ist daher unbegründet, warum die schlichte *Addition* dieser Perspektiven ein besseres Gesamtbild ergeben soll. Was fehlt, ist offensichtlich eine zusätzliche Begründungsleistung, die die Multiparadigmenperspektive allerdings aus sich selbst heraus nicht aufzubringen vermag (Scherer/Steinmann 1997). Damit stellt sich die Frage, wie die multiparadigmatische Position selbst gerechtfertigt werden kann, welche Erkenntnisinteressen mit ihr angestrebt und welche ontologischen und methodologischen Grundannahmen dabei zugrundegelegt werden (sollen). Dies macht deutlich, daß der multiparadigmatische Betrachter nicht etwa über den Paradigmen "schwebt", sondern selbst in einer Position auf der Burrell-Morgan-Matrix verankert ist (zu dieser Kritik vgl. Cannella/Paetzold 1994; Deetz 1996; Parker/ McHugh 1991). Letztlich geben die Anhänger dieser Perspektive keine Orientierung, wie die Widersprüche und Differenzen unterschiedlicher Paradigmen – sofern erforderlich – überwunden werden können.

Dieser kurze Überblick hat uns gezeigt, daß die Paradigmendiskussion in der Organisationstheorie in eine Sackgasse geraten ist. Es stehen sich Proponenten und Opponenten der Inkommensurabilitätsthese gegenüber, ohne daß diese ihre Positionen jeweils rechtfertigen können. Die einen wollen den Pluralismus durch dogmatisches Insistieren auf dem funktionalistischen Paradigma überwinden, die anderen verweisen darauf, daß das Inkommensurabilitätsproblem nicht gelöst werden kann bzw. darf, ohne diese Auffassung wiederum begründen zu können. Für die im Titel dieses Kapitels angekündigte "Kritik der Organisation" bedeutet dies allerdings nichts Gutes. Wenn die Inkommensurabilität unterschiedlicher Organisationstheorien prinzipiell unüberwindbar ist, dann heißt das damit auch, daß eine Kritik der verschiedenen Organisationstheorien unmöglich gemacht wird.

Im folgenden werde ich die Möglichkeit eines Auswegs aus dieser Problematik skizzieren, die unlängst von Vertretern des methodischen Konstruktivismus der sogenannten "Erlanger Schule" vorgeschlagen wurde. Damit soll aufgezeigt werden, daß und wie eine Kritik der Organisationstheorien möglich und durchführbar ist.

1.7. Konstruktive Begründung und Kritik

1.7.1. Das Begründungsprogramm des Konstruktivismus

Der Terminus *"Konstruktivismus"* ist heute zur Bezeichung ganz unterschiedlicher philosophischer und epistemologischer Richtungen gebräuchlich. Bekannt geworden ist in den letzten Jahren der sogenannte "Radikale Konstruktivismus" (Schmidt 1987), der auch in der Betriebswirtschaftslehre Beachtung findet. Dort allerdings, wo man in Zusammenhang mit Begründungsfragen von Konstruktivismus spricht, ist in den meisten Fällen vom methodischen Konstruktivismus der sogenannten "Erlanger Schule" die Rede (zur kritischen Abgrenzung vgl. Janich 1992b; Scherer 1995: 305ff.; Zerfaß/Scherer 1995: 495ff.). Der methodische Konstruktivismus wurde in den 60er Jahren von den beiden Philosophen Paul Lorenzen und Wilhelm Kamlah an der Universität Erlangen entwickelt (Kamlah/Lorenzen 1973). Die beiden Philosophen setzen sich mit der kantianischen Frage auseinander: Wie ist Wissenschaft möglich? – Besonderes Augenmerk legen sie dabei auf die Begründung von Theorien. Oben wurde bereits gezeigt, daß dabei das Problem des richtigen "Anfangs" eine besondere Schwierigkeit bereitet. Weil sich für den kritischen Rationalismus bei der Begründung von Theorien kein geeigneter Anfang setzen läßt, haben seine Vertreter den Begründungsanspruch zugunsten der Idee der Falsifizierung aufgegeben (Albert 1980). Mit dieser Aufgabe hat der kritische Rationalismus die Rationalitätskrise in der Philosophie und Erkenntnistheorie in gewisser Weise befördert (Kunnemann 1991). Der methodische Konstruktivismus beteiligt sich nicht an diesem Verzicht und hält statt dessen an einem Begründungsanspruch fest (Mittelstraß 1989). Kamlah und Lorenzen (1973) entschärfen das Anfangsproblem, indem sie darauf verweisen, daß Menschen bereits vor jeder Wissenschaft handeln und sprechen können. Viele Philosophen und Wissenschaftler, insbesondere solche, die am Subjekt-Objekt-Modell orientiert sind, nehmen dagegen an, daß die Handlungspraxis der Menschen durch explizite oder implizite Theorien geleitet ist (vgl. Abb. 1.3).

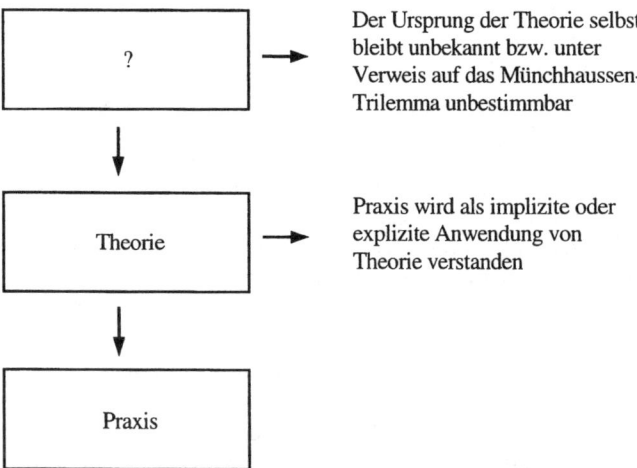

Abb. 1.3: Zum Verhältnis von Theorie und Praxis in konventioneller Betrachtungsweise

In einer solchen Betrachtungsweise geht die Theorie der Praxis methodisch voraus. Fragt man aber nach der Begründung der Theorie, so bleibt nichts anderes übrig, als wiederum auf Theorien zu verweisen. Werden diese Theorien dann von neuem bezweifelt, so offenbart sich ein Problem, das, wie oben schon erläutert, Hans Albert (1980) plastisch als *"Münchhaussen-Trilemma"* beschrieben hat: man entgeht dem drohenden infiniten Begründungsregreß nur, wenn man dogmatisch, d.h. willkürlich an irgendeiner Stelle den Begründungsversuch abbricht oder wenn man seine Begründung auf Aussagen stützt, die eigentlich erst zu begründen sind (argumentativer Zirkel). Keine dieser Alternativen stellt eine Begründung dar.

Vergegenwärtigt man sich noch einmal das eingangs skizzierte Verhältnis zwischen Organisationspraxis, Organisationstheorie und Wissenschaftstheorie, so muß bei einem so verstandenen Theorie-Praxis-Verhältnis, wie es im kritischen Rationalismus entwickelt wurde, deutlich werden, daß entgegen aller Beteuerungen seiner Vertreter eine kritische Beurteilung von Organisationstheorien letztlich unmöglich wird. Dies wird spätestens dann einsichtig, wenn man die Grundannahmen des Subjekt-Objekt-Modells nicht als Konvention anerkennt, sondern nach deren Begründung fragt.

1.7.2. Theorie und Praxis

Der methodische Konstruktivismus hat ein anderes Verständnis des Verhältnisses von Theorie und Praxis entwickelt (vgl. hierzu insbesondere Lueken 1992: 174ff.). Ziel dieses Vorschlages ist es, einen *Anfang* auszuweisen, der als Anlaß und methodischer Ausgangspunkt jeder Theoriebildung einsichtig gemacht werden kann. In der konstruktiven Konzeption gehen Sprechen und Handeln der Theorie methodisch voraus. Daß es dabei immer um Handeln geht – auch Sprechen wird als besonderer Fall des Handelns begriffen –, wird durch Verwendung des Begriffs "Praxis" deutlich gemacht. Mit dem Begriff *"primärer"* oder *"vortheoretischer Praxis"* wird ein Handlungszusammenhang bezeichnet, in dem die Menschen ihr Leben ohne die bewußte und reflektierte Anwendung von Theorien bewältigen. Jeder Mensch kann sich vergegenwärtigen, daß dieser Bereich menschlicher Praxis einen sehr großen Teil seines Lebens ausmacht. Ganz gleich, ob im Beruf, in der Freizeit oder bei der alltäglichen Lebensbewältigung, wir können uns verständigen, die geeigneten Mittel zur Verfolgung unserer Zwecke wählen oder aber Streit schlichten, indem wir mehr oder weniger unbewußt ein *Know-how* aktivieren, ein "Können", das in vielen Fällen zur Bewältigung der Verständigungsprobleme oder der technischen und politischen Probleme unseres Lebens ausreicht. Dieses Know-how ist jedem Menschen verfügbar, sofern es im Zuge des Sozialisierungsprozesses erworben wurde. Die Menschen können es verwenden, ohne daß es dabei besonderer Anstrengungen bedarf. *Ob* es zur konkreten Bewältigung des Lebens ausreicht, *zeigt sich* in den jeweiligen Situationen. Klar ist jedoch, daß wir uns nicht in jedem Falle jeden einzelnen Schritt unseres Tuns vergegenwärtigen.

Zugleich kann ein jeder die Erfahrung teilen, daß man eben nicht immer im Handeln erfolgreich ist. Das Leben stellt sich jedem Menschen als eine Folge von Erfolg und Mißerfolg dar. Weil aber Menschen in ihrem Tun nach dem Erfolg ihres Tuns trachten, entsteht überhaupt erst der Anlaß, systematisch und methodisch über gegenwärtiges und zukünftiges Handeln nachzudenken, um dessen Erfolgsträchtigkeit (im technischen und im ethischen Sinne) zu verbessern. Die primäre Praxis stellt somit den Anlaß und die Voraussetzung methodischen Denkens dar (vgl. Scherer/Dowling 1995: 220f.). Sie ist *Anlaß*, weil aus der Erfahrung des Mißerfolges überhaupt erst die Notwendigkeit zu einer methodisch-systematischen Verbesserung entsteht. Sie ist zugleich *Voraussetzung*, weil ohne ein zumindest ansatzweise gelungenes praktisches Können kein Fortschreiten in methodischer Weise möglich ist. Wo sollte das methodische Denken sonst auch beginnen? *Etwas* muß schon vorhanden sein. Wer behauptet, daß dabei immer "theoretische Annahmen" eine Rolle spielen, der übersieht einen wichtigen Unterschied:

> "Gemeint ist der Unterschied zwischen einem Handeln, das im Bewußtsein der dabei in Anspruch genommenen theoretischen Annahmen und in kritischer Verfügung über

sie vollzogen wird, und einem Handeln, bei dem dies weder der Fall ist, noch auch erforderlich ist. Nur letzteres gehört dem Bereich primärer Praxis an. Theorie ist hier nur von einer Außenperspektive her unterstellbar. In der Teilnehmerperspektive der Handelnden selber ist für dieses theoretische Handeln keine theoretische Einsicht erforderlich. Um sich in primärer Praxis zu orientieren, braucht der Handelnde kein Wissen, sondern ein alltagsweltliches Können, das durch Erfahrung im Umgang mit vielfältigen Situationen geschult wird. Erfahrung meint hier 'ein Geübtsein in, ein Vertrautsein mit' (Kambartel [1976: 154, im Orginal teilweise kursiv]) Handlungen, Situationen und Gegenständen" (Lueken 1992: 176).

Im Unterschied zur primären Praxis geht es bei der "*theoretischen Praxis*" um die Erörterung von Geltungsansprüchen. Dies wird dann erforderlich, wenn die Handelnden realisieren, daß ihr Tun nicht ohne weiteres gelingt. Dies kann im aktuellen Handeln selbst oder aber im vorbereitenden Nachdenken sein. In diesem Falle unternehmen die Akteure besondere Anstrengungen, um sich über die Situation und die Bedingungen des Erfolgs aufzuklären. Sie erörtern, welche Situation vorliegt, welche Ziele sie erreichen wollen und welche Mittel der Erreichung der Ziele dienen. Während die Handelnden in primärer Praxis in die Situation vollständig eingebettet sind, distanzieren sie sich in theoretischer Praxis ein Stückweit von dem, was problematisch geworden ist. Sie bringen sich *in Distanz* zu dem, was vorher selbstverständlich war, um "objektiv" zu bestimmen, was der Fall ist, bzw. was sein soll.

Wesentlich ist, daß auf diese Weise Geltungsansprüche *in jedem Lebensbereich* erörtert werden (können). Die theoretische Praxis ist also nicht mit Wissenschaft gleichzusetzen. Vielmehr ist die Wissenschaft nur eine besondere, institutionalisierte Form theoretischer Praxis, die sich in unserer Kultur ausgebildet hat, damit Forscher gleichsam handlungsentlastet über Probleme nachdenken und dabei ein lehr- und lernbares, in diesem Sinne generelles, Wissen bilden können. Zugleich besteht die Handlungspraxis der Wissenschaftler nicht ausschließlich aus theoretischer Praxis. Auch Wissenschaftler brauchen sich nicht ein jedes Mal über jeden einzelnen Schritt ihres Tuns eigens zu vergewissern. Auch sie aktualisieren, etwa bei der Durchführung von Experimenten, bei der Abfassung von Aufsätzen, beim Halten von Vorträgen etc., Routinen, die unproblematisch funktionieren, gleichwohl aber jederzeit bei Bedarf problematisiert werden können.

Geltungsansprüche lassen sich einem Vorschlag von Jürgen Habermas (1973) zufolge unterteilen in Geltungsansprüche auf Verständlichkeit, auf Wahrheit, auf Wahrhaftigkeit und auf Richtigkeit. Geltungsansprüche auf *Verständlichkeit* werden dort erhoben, wo es um die sprachlich vermittelte Interaktion zwischen Handelnden geht. Jeder, der einem anderen etwas zu verstehen geben will, muß dafür Sorge tragen, auch verstanden zu werden. Mit der Rede selbst wird aber nicht nur etwas zu verstehen gegeben, sondern auch etwas ausgesagt. Darauf beziehen sich die anderen Geltungsansprüche. Aussagen über Sachverhalte erheben einen Geltungsanspruch auf *Wahrheit*, sie behaupten, daß etwas so und nicht anders der Fall ist. Der Geltungsanspruch auf *Wahrhaftigkeit* bezieht sich darauf, daß der Sprecher auch tatsächlich meint, was er sagt, und den Adressaten nicht etwa täuscht oder belügt. Die *Richtigkeit* bezieht sich schließlich auf die Legitimität dessen, was behauptet wird, also auf einen normativen Rahmen, der berechtigt, etwas bestimmtes zu tun.

Indem die Akteure Geltungsansprüche erörtern, versuchen sie, *Wissen* zu bilden, um ihre Verständigungsprobleme oder aber ihre technischen und politischen Probleme zu lösen. Indem die Handelnden das Wissen zur Lösung anwenden, vollziehen sie den Übergang zur "*theoriegeleiteten Praxis*". Diese Anwendung kann probeweise zur zusätzlichen Überprüfung und Absicherung des Wissens oder aber unmittelbar zur Problemlösung erfolgen. Sofern die Problemlösungshandlungen sich schließlich bewähren und zu einer Routinehandlung werden, die unproblematisch funktioniert, tritt der Aspekt der Erörterung von Geltungsfragen wieder hinter die unmittelbaren Handlungen zurück. Das zunächst theoriegeleitete Handeln geht wieder in primäre Praxis über. Die Akteure bringen sich nicht mehr in Distanz zu ihren Handlungen, sondern handeln schlichtweg; dies zumindest solange, bis neue Probleme auftreten. Auf diese Weise läßt sich verstehen, wie die Menschen ihre Handlungsweisen lernend verändern können. "Sobald das neue, zunächst theoriegeleitete Handeln eingeübt ist und gekonnt wird, ohne daß das Wissen jeweils aktualisiert werden müßte, findet es Eingang in die primäre Praxis und kann nicht mehr als theoriegeleitet angesehen werden." (Lueken 1992: 181). Somit schließt sich der Kreislauf und die Dynamik des Erkenntnisfortschritts, der gleichsam wie eine Spirale fortschreitet, kann einsichtig gemacht werden (vgl. Abb. 1.4) (vgl. hierzu zuletzt auch Janich 1998).

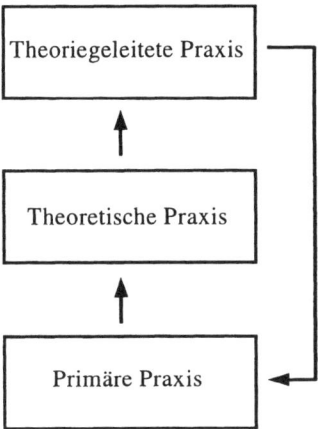

Abb. 1.4: Zum Verhältnis von Theorie und Praxis in methodisch-konstruktiver Betrachtungsweise (vgl. Steinmann/Scherer 1994: 269)

Mit Hilfe dieses Theorie-Praxis-Modells ist es der konstruktiven Wissenschaftstheorie gelungen, ein Begründungsprogramm für Natur- und Kulturwissenschaften vorzulegen, das in der Lage ist, die "Möglichkeit von Wissenschaft" (Mittelstraß 1974) zu erklären und Handlungen als notwendige Anfänge methodischen Denkens auszuzeichnen. Auf diese Weise wird es möglich, jede Wissenschaft als eine *methodische Folge von erfolgreichen Handlungen* zu rekonstruieren. Was etwa die experimentelle Physik oder die Geometrie anbetrifft, so kann gezeigt werden, daß im handwerklichen Know-how des Gerätebaus bzw. in der Praxis der Landvermessung bereits eine (zum Teil) erfolgreiche Praxis vor jeder wissenschaftlichen Beschäftigung mit derselben im Gange war (vgl. z.B. Christenson 1976; Janich 1989, 1992a). Diese Praxis bietet zugleich den Anlaß und die Möglichkeit zum systematischen Aufbau von Theorien, die der Verbesserung der Praxis dann dienen.

1.7.3. Beobachter- versus Teilnehmerperspektive

Während der Naturwissenschaftler im Experiment mit unbelebter Materie operiert und den Erfolg seiner Handlungen an dem *von ihm selbst* definierten Erfolgsmaßstab bestimmt, sind die Verhältnisse in den Kultur- bzw. Sozialwissenschaften ungleich komplizierter (Janich 1993). Das "Forschungsobjekt" des Sozialwissenschaftlers ist recht verstanden nämlich gar kein "Objekt", sondern ein Subjekt (oder eine Mehrheit von Subjekten), das selbst handelt und spricht. Dies gilt selbstverständlich auch für den Wissenschaftstheoretiker und dessen "Gegenstandsbereich", der in unserem Falle aus dem Wirken der Organisationsforscher besteht. In vielen, an der naturwissenschaftlichen Methode orientierten sozialwissenschaftlichen Forschungsansätzen wird diese Subjekthaftigkeit als ein störendes Element mißverstanden, das man mit Hilfe eines geschickten experimentellen Versuchsaufbaus auszuschalten versucht (vgl. Kunnemann 1991). Hierzu soll im folgenden eine Alternative entwickelt werden.

Der *Sozialwissenschaftler* betrachtet die Handlungen von Akteuren und versucht, zu einem *Urteil* über diese Handlungen zu kommen. Nicht anders ergeht es dem *Wissenschaftstheoretiker*, wenn er die Handlungen der Wissenschaftler betrachtet. Die Betrachter wollen erkunden, was da vor sich geht. Welche Zwecke verfolgen die Akteure und welche Mittel wählen sie hierfür? Aus welchen Gründen handeln die Akteure? Worauf stützt sich die Rationalität der Handlungen und wie kann sie verbessert werden? – Wesentlich ist nun, daß die Betrachter nicht bloß auf ihre Beobachtungen angewiesen sind, so wie zum Beispiel ein Verhaltensforscher, der eine Ratte beim Freßverhalten beobachtet. Statt dessen können die Betrachter die Handelnden fragen, warum sie so und nicht anders handeln. Dabei wird unterstellt, daß das Tun *intentionsgeleitet* ist und die Handelnden *Gründe* für ihr Tun angeben können.

Im allgemeinen versteht man *Handeln* als ein Tun, das sich vom bloßen *Verhalten* dadurch unterscheidet, daß man (1) zum Handeln *auffordern* kann, daß man (2) der Aufforderung nachkommen oder aber sie verweigern kann (*tun oder unterlassen*) und daß (3) die Handlungen *gelingen oder mißlingen* können (vgl. Janich 1992a: 15ff., 1997: 99ff.). Ob eine Handlung gelungen ist, sieht man ihr von außen nicht an (vgl. Lueken 1992: 192). Vielmehr ist dies auf die Intentionen des Handelnden hin relativiert. *Seine Absichten* bestimmen nämlich, ob die Handlung als erfolgreich oder als erfolglos anzusehen ist. Daher läßt sich Gelingen und Mißlingen einer Handlung nur unterscheiden, wenn man die Absichten des Handelnden kennt.

Aus diesen Erörterungen ergibt sich folgendes: Will man die Rationalität einer Handlung beurteilen, so kann dies letztlich nicht durch bloße Beobachtung, z.B. im Laborexperiment, geschehen (vgl. Beck 1976: 43ff.). Vielmehr muß man sich auf eine *Teilnehmerperspektive* mit dem Handelnden einlassen, in der bestimmt wird, wie die Handlung zu verstehen und wie sie hinsichtlich ihrer Zwecke und Mittel zu beurteilen ist (vgl. Beck 1976: 43ff.; Lueken 1992: 190ff.; Scherer/Dowling 1995: 222ff.). Wichtig für den Unterschied zwischen Teilnehmer- und Beobachterperspektive ist zunächst einmal die Tatsache, daß der Betrachter in einer Teilnehmereinstellung die Zwecke und Intentionen *des Handelnden* erwägt. Dabei wird er zunächst versuchen, die Handlungen zu *deuten*, indem er Zwecke hinzudenkt, die die Handlung sinnvoll erscheinen lassen. Sie liefern dem Betrachter (erste) Anhaltspunkte, warum ein Handelnder so und nicht anders handelt. Der Betrachter wird dabei seinen Erfahrungshintergrund und seine Kenntnis über die Person und die Situation bemühen. Er kann sich seiner Interpretation jedoch nicht sicher sein. Er kann sich mit seinen Handlungsbeschreibungen *irren*, d.h. dem Akteur andere Absichten und Gründe unterstellen als dieser selbst angeben würde. Um dies zu vermeiden, kann der Betrachter den handelnden Akteur *befragen*. Er kann fragen, wozu er welche Handlung vollzieht. Stimmen die Antworten des Akteurs mit den Annahmen des Betrachters nicht überein, so können sie in einen Dialog darüber eintreten, und bestimmen, ob sich der Betrachter mit seiner Interpretation getäuscht hat oder ob der Akteur sich selbst über seine Absichten oder die Eignung und Rechtfertigung seiner Handlungen noch nicht ganz im klaren war (Kambartel 1991). Betrachter und Akteur können im Dialog erörtern, ob die dem Handelnden unterstellten Absichten letztlich zutreffen und ob die Gründe des Handelnden für die Richtigkeit und Geeignetheit seiner Handlungen auch *gute Gründe* sind. Über die Richtigkeit der Annahmen des Betrachters entscheidet damit letztlich die Zustimmung des Handelnden bzw. der *Konsens zwischen Akteur und Betrachter* (vgl. Lueken 1992: 195). Das heißt also, der Betrachter braucht die Erklärungen und Erläuterungen des Akteurs nicht einfach hinzunehmen. Vielmehr kann er die vom Akteur vorgebrachten *Geltungsansprüche anzweifeln*. Er kann geltend machen, daß er sie nicht versteht (Verständlichkeit), daß die Handlungen zur Erreichung der anvisierten Zwecke ungeeignet sind, z.B. weil sich der Akteur über die Situation getäuscht hat oder weil der unterstellte (technische) Zusammenhang zwischen Zwecken und Mittel nicht besteht (Wahrheit), oder er kann geltend machen, daß der Akteur nicht tatsächlich meint, was er sagt (Wahrhaftigkeit), oder daß die anvisierten Zwecke nicht gerechtfertigt sind (Richtigkeit).

Sofern beide ein Interesse daran haben, ein gemeinsames Verständnis über die Situation und ein Einverständnis über die Eignung und Rechtfertigung der Handlungen herzustellen, werden die Akteure in einen solchen Dialog eintreten und die bezweifelten Geltungsansprüche klären wollen. Dort jedenfalls, wo es um die *Verbesserung von Handlungen* gehen soll, ganz gleich, ob es dabei um eine bessere Wirksamkeit (technische Dimension) oder um eine Rechtfertigung einer Handlungsorientierung (politische Dimension) geht, *müssen* die Akteure ein Interesse an einer solchen Aufklärung haben.

In einem solchen Dialog wird sich der Akteur in reflektierender Absicht ein Stückweit von seinem Tun distanzieren und selbst zum Betrachter seiner Handlungen werden. Im Diskurs zwischen Betrachter und Akteur wird die Bestimmung der Handlung und die Erörterung ihrer Gründe damit "tendenziell zu einer gemeinsamen Sache" (Lueken 1992: 195f.). In diesem Diskurs lernen sie voneinander und klären sich über sich selbst, über die Sache und den jeweils anderen auf. Das Verhältnis zwischen Betrachter und Akteur ist daher durch eine *Symmetrie* gekennzeichnet. Jürgen Habermas hat diese Symmetrie wie folgt beschrieben:

> "Indem sie an kommunikativen Handlungen teilnehmen, akzeptieren sie grundsätzlich den gleichen Status wie diejenigen, deren Äußerungen [oder Handlungen] sie verstehen wollen. Sie sind den ... Stellungnahmen der ... [betrachteten Akteure] gegenüber nicht länger immun, sondern lassen sich auf einen Prozeß der wechselseitigen Kritik ein. Innerhalb eines – virtuellen oder aktuellen – Verständigungsprozesses gibt es keine Entscheidung a priori darüber, wer von wem zu lernen hat." (Habermas 1983: 35)

In diesem Verständigungsprozeß geht es um ein *Verstehen auf mehreren Ebenen*. Um die Handlungen der betrachteten Akteure zu verstehen, treten die Betrachter mit den Akteuren in einen kommunikativen Prozeß ein, in dem seinerseits ein Verständnis der jeweils vollzogenen Sprechhandlungen hergestellt und erzielt werden soll. Sie interpretieren und kommentieren die Handlungen, um zu erforschen, warum sie vollzogen werden (sollen) und ob sich hierzu auch gute Gründe angeben lassen. Auf diese Weise verschiebt sich die

Problematik des Verstehens von Handlungen in der Teilnehmerperspektive auf die des Verstehens von Sprechhandlungen. Wann immer uns der Sinn nicht-sprachlicher Handlungen unklar ist, haben wir keine andere Wahl, als diesen Sinn durch sprachliche Handlungen zu erforschen, indem wir fragen, was der Akteur mit seinen Handlungen eigentlich erreichen will. In diesem Sinne spricht man von Handlungen auch als einem *argumentationszugänglichen* bzw. *argumentationsvorbereiteten Tun* (vgl. Steinmann 1978: 74; Steinmann et al. 1976).

1.7.4. Argumentieren zwischen inkommensurablen Positionen

Wie lassen sich nun auf der Basis eines solchen Vorverständnisses aus wissenschaftstheoretischer Sicht die Handlungen von Wissenschaftlern kritisch beurteilen? Auch hier müßte sich ja der Sinn und Zweck wissenschaftlicher Handlungen argumentativ überprüfen lassen. Konflikte zwischen *inkommensurablen Positionen* bereiten hierbei allerdings eine besondere Schwierigkeit. Zum einen werden bei einer *radikalen Verschiedenheit* von Orientierungssystemen die Einschätzungen differieren, welche Handlungen überhaupt ohne weiteres akzeptiert werden können und welche dagegen der Verbesserung bedürfen. Des weiteren werden die Akteure Schwierigkeiten haben, einander richtig zu verstehen. Nicht nur die Zwecke, die die Akteure verfolgen, können unterschiedlich sein, sondern auch, und das ist für das Argumentieren zwischen inkommensurablen Positionen besonders problematisch, die Auffassungen darüber, was als Argument zugelassen und was als guter Grund anerkannt werden kann. Zum anderen stehen die inkommensurablen Positionen – wie oben betont – auch noch in einem *Konkurrenzverhältnis*, das eine Entscheidung zwischen den Positionen dringend erforderlich macht. Die Vertreter inkommensurabler Positionen können es nicht dabei bewenden lassen, daß eben jeder eine andere Auffassung vertritt, sondern müssen eine Entscheidung herbeiführen.

Wenn diese Entscheidung nicht durch einen Machtkampf herbeigeführt werden soll, stellt sich die Frage, ob ein Argumentieren zwischen inkommensurablen Positionen noch möglich ist. Wenn man Argumentieren als ein an festen Argumentationskriterien und Regeln orientiertes Handeln auffaßt, kann diese Frage verneint werden, denn die Gültigkeit dieser Regeln wird ja gerade bei inkommensurablen Positionen (wechselseitig) bestritten. Wenn man also die Möglichkeit des Argumentierens zwischen inkommensurablen Positionen zeigen will, dann muß man sich von Argumentationsansätzen verabschieden, die sich ausschließlich an Regeln und Kriterien orientieren. Man muß einen anderen Weg gehen. Hierzu werde ich eine Argumentationssituation näher betrachten, um genauer zu verorten, wo und wie beim Argumentieren Inkommensurabilität zum Problem wird (vgl. hierzu Lueken 1992: 215ff.).

Eine Argumentationssituation beginnt mit einer *Kontroverse*. Ein Betrachter einer Handlung fragt nach, wie die Handlung zu verstehen ist und bezweifelt oder bestreitet deren Legitimität oder Geeignetheit: er erhebt einen *Einwand*. Seine Fragen zielen dabei nicht nur darauf ab zu erfahren, welche Gründe der Handelnde für sein Tun hat, sondern auch darauf, gemeinsam mit dem Handelnden zu prüfen, ob diese Gründe als *gute Gründe* akzeptiert werden können. In diesen Fällen wird die Kontroverse zunächst als ein Begründungsspiel ausgetragen (vgl. Lueken 1992: 237ff.; Toulmin 1975): Der Proponent vollzieht eine Handlung, gegen die der Opponent einen Einwand vorbringt, auf den der Proponent, sofern er dem Einwand nicht sofort stattgibt, mit der *Verteidigung seiner Hand-*

lung oder These durch Angabe von Gründen antwortet. Hierbei muß er weitere Thesen vorbringen.

Ich betrachte zunächst, was erforderlich ist, damit ein Opponent die gegebene Begründung akzeptiert. Wer eine Begründung einer These A *akzeptiert*, muß der These A zustimmen, die begründet wurde, sowie der These B, *mit* der begründet wurde. Er muß aber auch einem *Zusammenhang* zwischen beiden Thesen zustimmen, auch wenn dies oftmals nur implizit erfolgt. Er muß nämlich der These B → A zustimmen, das heißt, er muß den Übergang von B nach A auch vollziehen. B → A ist nun *keine logische Schlußregel*. Es ist eine *praktische These*, die besagt, "daß jeder, der die Handlung des Setzens von B vollzieht, auch die Handlung, These A aufzustellen, vollziehen darf, soll oder muß." (Lueken 1992: 245f.) Dies läßt sich leicht nachvollziehen, wenn man einsieht, daß "eine These vertreten" eine Handlung darstellt. Dort, wo eine Begründung vom Opponenten akzeptiert wird, ist die Kontroverse zunächst beendet, bis ein weiterer Dissens auftritt und eine neue Kontroverse eröffnet wird. Wer dagegen eine Begründung *nicht akzeptiert*, der wird entweder die begründende These B oder aber den Begründungsschritt B → A angreifen. Je nachdem, welche Einwände vorgebracht werden, entwickelt das Begründungsspiel eine *Dynamik*, deren Entwicklungsrichtung durch die vorgebrachten Einwände bestimmt wird.

Man kann nun zwischen verschiedenen Begründungsrichtungen unterscheiden. Wichtig ist hier die Unterscheidung zwischen *reduktiver und produktiver Begründungsrichtung* (vgl. Gethmann 1979; Gethmann/Hegselmann 1977). Ein Begründungsspiel nimmt eine *reduktive Begründungsrichtung*, wenn auf einen Einwand gegen eine These eine Begründung zur Verteidigung dieser These vorgebracht wird, gegen diese Begründung ein neuerlicher Einwand erhoben wird, so daß wieder eine Begründung erfolgt und so weiter, bis die Kontrahenten eine These finden, die sie gemeinsam akzeptieren können, so daß die Begründung gelingt. Ob und wie eine Begründung gelingt, wird sich dabei theoretisch *nicht vorhersehen* bzw. vorherbestimmen lassen. Es wird sich erst *zeigen*, ob die Kontrahenten in ihrer konkreten Kontroverse in gemeinsamer Anstrengung auf einen beiderseits anerkannten Grund stoßen oder nicht. Im Unterschied dazu entwickelt sich ein Begründungsspiel in eine *produktive Begründungsrichtung*, wenn auf der Basis von bereits akzeptierten Thesen weitere Thesen begründet werden. Hier wird die Dynamik des Begründungsspiels durch die Orientierung des Proponenten *auf sein Begründungsziel* hin bestimmt (vgl. Lueken 1992: 260). Während sich bei reduktiver Begründungsrichtung die Kontrahenten im Extremfall immer weiter von der ursprünglich bezweifelten These entfernen, hat die produktive Begründungsrichtung den Vorteil, ausgehend vom gemeinsam akzeptierten Anfang, *den nächsten Schritt in Richtung* der ursprünglichen These zu vollziehen. Hinter den Anfang kann nämlich nicht mehr zurückgefragt werden, ohne daß sich der Opponent selbst widersprechen würde. Ein Wechsel der Begründungsrichtungen ist allerdings mit jedem Schritt im Begründungsspiel möglich, wenn das Terrain gemeinsam akzeptierter Thesen verlassen wird.

Wie stellt sich der Sachverhalt nun bei einer Kontroverse zwischen *inkommensurablen Positionen* dar? – Zunächst einmal werden die Teilnehmer einer Kontroverse in einer konkreten Situation nicht von vornherein wissen, ob ihre Positionen inkommensurabel sind. Dies wird sich erst im Verlauf der Kontroverse zeigen. Sie werden zunächst wechselseitig Begründungen für ihre Thesen und Gegenthesen verlangen und erst im Verlauf der Kontroverse erkennen, daß es ihnen nicht gelingt, einen gemeinsam akzeptierten Grund zu finden. Ganz gleich, welche These sie vorbringen, ihre Opponenten werden immer Einwände haben. – Wie aber stellt sich die Situation bei *produktiven Begründungen* dar? – Hier spitzt sich offenbar alles auf das *Problem des Anfangs* zu. Auch hier würde man zunächst sagen, daß die *Inkommensurabilität* das Gelingen einer Begründung verhindert, da ein gemeinsam akzeptierter Anfang nicht besteht. Die konstruktive Wissenschaftstheorie der Erlanger Schule hat hier jedoch ein Lösungsangebot zu machen, indem sie darauf verweist, daß ein solcher Anfang in gemeinsamer Anstrengung der Akteure *hergestellt* werden kann. Sie benutzt dabei die "einfache Faustregel: Wenn wir nicht haben, was wir dringend brauchen, dann müssen wir es uns machen" (Gethmann 1987: 269).

Was ist hierzu notwendig? – Wenn Begründungsversuche nicht zum gewünschten Ziel führen, müssen die Akteure zunächst darauf *verzichten*, wechselseitig Begründungen ihrer Handlungen zu verlangen; "sie müssen handeln, ohne für ihre Handlungen Geltungsansprüche zu erheben." (Lueken 1992: 282f.). Das heißt, sie müssen gemeinsam aus dem Bereich geltungsbezogener Rede (theoretische Praxis) *heraustreten* und in den Bereich primärer Praxis eintreten, in dem sie dann durch Mittun und Einüben die fremden Orientierungssysteme verstehen lernen (vgl. Lueken 1992: 281ff.; Hartmann 1988: 165ff.). Der Bereich primärer Praxis ist, wie oben erläutert, dadurch gekennzeichnet, daß gehandelt wird, *ohne* darüber theoretisch zu reflektieren. Solche Reflexionen sind nicht erforderlich, solange die Handlungen ihren gewünschten Zweck erfüllen. Was von den Kontrahenten also verlangt wird, ist die *Bereitschaft*, sich auf die Welt des anderen einzulassen und diese Welt im praktischen Vollzug kennenzulernen, ohne bei jedem Schritt gleich die "Warum"-Frage zu stellen. Wie weit sich die Akteure dabei auf die Welt des anderen einlassen (können oder wollen), kann theoretisch nicht vorherbestimmt werden. Dies wird sich im praktischen Vollzug erst zeigen, wenn sie den Punkt erreichen, an dem sie innehalten, um wieder herauszutreten in *ihre* Welt, um etwa neuerlich die Begründungsfrage zu stellen oder den Kontakt gar ganz abzubrechen. Wenn sie sich ein Stückweit auf das Orientierungssystem des anderen einlassen, werden sie nicht nur die jeweils anderen Orientierungssysteme *verstehen lernen*, es werden sich auch die eigenen Orientierungssysteme und die Grenzen zwischen ihnen verändern. Durch Einüben und Mittun, also durch gemeinsames Handeln, *kann ein Stück faktischer Gemeinsamkeit hergestellt* werden, wenn die Handlungen von beiden gemeinsam vollzogen werden, ohne daß dabei eine Geltungsfrage thematisiert wird. Dieses Stück faktischer Gemeinsamkeit kann dann als Basis weiterer Anstrengungen auch in begründender Rede dienen. Dabei *kann* die Veränderung der Orientierungssysteme soweit gehen, daß nicht nur ein wechselseitiges *Verständnis*, sondern auch ein *Einverständnis* in strittigen Fragen möglich wird und die Kontroverse somit im Konsens beendet wird. Dies kann hier nur als Möglichkeit angedeutet werden. Ob dies zum Erfolg führt, kann nur *von den Teilnehmern* einer konkreten Kontroverse gezeigt werden (vgl. Lueken 1992: 293f.).

Der hier skizzierte Vorschlag stellt *keine theoretische Lösung* des Inkommensurabilitätsproblems dar, sondern eine *Möglichkeit*, die von den Vertretern inkommensurabler Positionen im Falle einer Kontroverse genutzt werden kann. Ob auf diesem Weg tatsächlich eine Überwindung der Kontroverse erreicht wird, liegt in den Händen der Teilnehmer. Dieser Vorschlag erfordert von den Teilnehmern, ihr eigenes Orientierungssystem zur Disposition zu stellen, und verlangt gegebenenfalls auch eine Veränderung ihrer Positionen. Sollten die Konfliktgegner hierzu die Bereitschaft prinzipiell *nicht mitbringen*, wird sich eine Kontroverse zwischen inkommensurablen Positionen auch *nicht überwinden* lassen. Im Ergebnis bedeutet dies, daß sich auf die oben skizzierten Grundfragen der Wissenschaftstheorie keine generellen, von Personen und Situationen abstrahierten Antworten geben lassen. Statt dessen müssen diese Antworten von den beteiligten Akteuren in ihrer konkreten Situation immer wieder von neuem gewonnen werden.

1.7.5. Perspektivenwechsel: Von der Beobachter- zur Teilnehmer- perspektive – zur Konkretisierung des Luekenschen Vorschlages

Inkommensurabilität wurde zunächst als eine besondere Relation zwischen Orientierungs-systemen eingeführt, die sich in bezug auf ein übergeordnetes Beurteilungssystem fest-stellen läßt. Eine solche Definition als *dreistellige Relation* liegt offenbar auch der oben zitierten Untersuchung von Burrell und Morgan (1979) zugrunde. Die beiden Autoren stellen die Inkommensurabilität der verschiedenen Paradigmen in Relation zu dem von ihnen konstruierten Bezugsrahmen aus einer *Beobachterperspektive* fest. Aufgrund ihrer Lektüre sozialwissenschaftlicher Forschungsarbeiten behaupten sie, die Autoren dieser Arbeiten würden unüberbrückbare Positionen vertreten. Jedoch kann es sich bei der Un-tersuchung von Burrell und Morgan, sofern sie eine zutreffende Beschreibung der For-schungspraxis darstellen soll, allenfalls um eine *Momentaufnahme* handeln. Wohin sich diese Praxis in Zukunft entwickeln wird und wohin sie sich entwickeln soll, kann damit nicht begründet werden (vgl. Willmott 1993: 709; Weaver/Gioia 1994: 571). Die zukünf-tige Entwicklung der sozialwissenschaftlichen Forschung und ihrer Theorien wird nämlich nicht von ihren Beobachtern, sondern von ihren *Teilnehmern* gestaltet. Ob dabei unverein-bare Positionen überbrückt werden oder nicht, ist keine Frage, die gleichsam von außen ein für alle Mal beantwortet werden könnte. Sie ist vielmehr eine Sache der Teilnehmer an kontroversen Diskursen (vgl. Weaver/Gioia 1994: 577).

Bei Gareth Morgan deutet sich schon bald eine Veränderung seiner Position an, die ein *anderes Verständnis von Inkommensurabilität* zuläßt, auch wenn er letztlich einer relativi-stischen Auffassung verhaftet bleibt. Das erwähnte Buch von Burrell und Morgan (1979) sollte als ein Versuch verstanden werden, einen Möglichkeitsraum für sozialwissenschaft-liche Forschungsarbeiten aufzuspannen, aus dem Wissenschaftler für ihre eigenen For-schungsarbeiten Orientierungshilfen schöpfen und Alternativen zur naturwissenschaftlich geprägten Vorgehensweise finden können. Nach einer ersten Reaktion aus der Fachwelt auf dieses Buch veranstaltete Morgan eine große Tagung, zu der Vertreter der verschiede-nen Paradigmen eingeladen wurden. In seinem 1983 veröffentlichten Tagungsband "Beyond Method" beschreibt er den Versuch, die Verfechter der von ihm als inkommen-surabel bezeichneten Paradigmen zu einem Gedankenaustausch zusammenzubringen, um sie ihre Positionen präsentieren und untereinander diskutieren zu lassen (vgl. hierzu die Beiträge in Morgan 1983). Der Titel dieses Buches geht auf die Auffassung Morgans zu-rück, daß sich die Probleme interparadigmatischer Diskurse nicht unter Rückgriff auf Methoden und einer gleichsam technischen Anwendung fester Regeln lösen lassen. Morgan spricht in diesem Buch nur wenig von Inkommensurabilität, dagegen um so mehr von "conversation" und "engagement" (vgl. Morgan 1983: 14). Angesichts der Methoden-vielfalt in der Forschungspraxis tritt Morgan dafür ein, sozialwissenschaftliche Forschung weniger als einen Beobachtungsprozeß zu verstehen, in dem der Forscher ein allgemein anerkanntes, objektives Wissen über seinen Forschungsgegenstand erlangt, sondern als einen Prozeß der Interaktion zwischen den Forschern und ihrem Untersuchungsobjekt. In diesem Prozeß entsteht Wissen, das potentiell auch *anders* sein kann, je nachdem, welche Interessen den Forscher leiten und welche Methoden er dabei anwendet. Wesentlich dabei ist die Erkenntnis, daß eine Trennung zwischen dem Forscher und seinem Untersuchungs-gegenstand, wie sie im Subjekt-Objekt-Modell konzeptionalisiert ist, in den meisten Fäl-len nicht sinnvoll praktiziert werden kann, weil sich der Forschungsgegenstand der Sozi-alwissenschaften gegen seine Verobjektivierung sperrt und darüberhinaus "subjektive" Elemente auf seiten des Forschers die Erzielung "objektiver" Ergebnisse verhindern.

Morgan empfiehlt daher, diese Trennung aufzugeben und Forscher und Untersuchungsgegenstand als eine *interagierende Einheit* zu betrachten (vgl. Morgan 1983: 368ff.). Dies betrifft den Organisationsforscher, der Fragen zur Praxis des Organisierens zu beanworten versucht, ebenso wie den Wissenschaftstheoretiker, der kritisch über die Forschungspraxis selbst nachdenkt. Auch der Wissenschaftstheoretiker darf sich demzufolge nicht "neben" die Forschungspraxis stellen und diese wie einen Gegenstand alternativlos beschreiben. Statt dessen muß auch er als ein Teilnehmer dieser Praxis verstanden werden. Dieser Perspektivenwechsel läßt sich als eine praktische Annäherung an die Vorschläge von Lueken (1992) deuten.

Morgan (1983) will die Unterschiede und Übereinstimmungen zwischen den Theorien und Paradigmen nicht mehr von außen mit Hilfe eines Beurteilungssystems höherer Ordnung feststellen, sondern dies den Vertretern der Orientierungssysteme *selbst* überlassen (vgl. hierzu auch Grimes/Rood 1995: 167ff.; Jacques 1992: 587ff.; Scherer 1995: 181ff.). Der Wissenschaftstheoretiker soll also nicht mehr die Unterschiede und Übereinstimmungen der Forscher und ihrer Orientierungssysteme gleichsam vom Schreibtisch aus bestimmen. Vielmehr soll dies von den Teilnehmern an den Diskussionen während dieses Symposiums selbst erst kritisch erarbeitet werden; ein Symposium – wie von Morgan organisiert – kann dabei lediglich als Anstoß der Diskussionen dienen (vgl. Morgan 1983: 16).

Was bedeutet dies nun für die kritische Rolle des Wissenschaftstheoretikers? – Der Wissenschaftstheoretiker kann seine Außenperspektive verlassen und selbst zum *Teilnehmer* wissenschaftlicher Diskussionen in den Fachwissenschaften werden, wo es ja, wenn das Problem der Inkommensurabilität auftritt, immer auch um methodische Fragen, Fragen der Erkenntnistheorie, des Rationalitätsbegriffs etc. geht (vgl. Janich 1997: 99). In diesen Fragen ist der Wissenschaftstheoretiker "Fachmann" und kann als Teilnehmer der Diskussion versuchen, seine Rolle als "Hüter der Rationalität" zu erhalten und zur Geltung zu bringen. Dies bedeutet nicht, daß er damit gleich eine unantastbare "Richterrolle" einnimmt (vgl. Lueken 1992: 19). Während nämlich in der Gerichtsverhandlung die Geltung von Gesetzen nicht bezweifelt wird – es wird lediglich über die Anwendung der Gesetze gesprochen (vgl. Günther 1988) –, sind das Beurteilungssystem des Wissenschaftstheoretikers und dessen Regeln prinzipiell offen für jede Kritik. Da es kein unbezweifelbares Beurteilungssystem geben kann, aus dem sich Regeln wissenschaftlichen Arbeitens *ableiten* und gleichsam *technisch anwenden* lassen, muß sich der Wissenschaftstheoretiker im Zweifel sogar auf eine Diskussion seines Beurteilungssystems einlassen. Die Frage nach der Rationalität wissenschaftlichen Handelns ist nämlich nicht ausschließlich eine Frage nach deren Regeln.

> "Die Vernünftigkeit von Maßstäben stützt sich nicht allein auf Regeln und Maßstäbe, die sich einfach anwenden lassen. Auch sie ist eine gemeinsame Sache von Teilnehmern, nicht primär eine Sache von Prinzipien und Definitionen" (Lueken 1992: 19, vgl. hierzu auch grundlegend Kambartel 1989).

Die Diskussion um das Inkommensurabilitätsproblem wirft zwar, das zeigen die Paradigmendiskussionen in der Organisationstheorie, zunächst die Frage nach immer neuen, besseren Vergleichsmaßstäben auf. Die damit eintretenden Begründungsprobleme veranlassen aber dazu, diese Frage letztlich als ein Problem der geeigneten Auseinandersetzung *zwischen* den Vertretern konkurrierender Orientierungssysteme aufzufassen. Wie gezeigt wurde, läßt sich dabei nicht prinzipiell ausschließen, daß die Vertreter inkommensurabler Positionen in der direkten Auseinandersetzung ihre Differenzen zumindest partiell überwinden. Gleichwohl haben viele Autoren zurecht darauf hingewiesen, daß im Prinzip immer die *Gefahr* besteht, daß der Dialog zwischen den Vertretern konkurrierender Orientierungssysteme *verzerrt* werden könnte. Im folgenden Schlußabschnitt soll untersucht werden, wie ein geeigneter Modus in der Auseinandersetzung konkurrierender Orientierungssysteme gefunden werden kann. Damit wird der Entwurf weiter ausdifferenziert, wie der Diskurs zwischen Vertretern unterschiedlicher Perspektiven geführt und eine begründete Lösung erreicht werden sollte. Es ist ganz klar, daß es dabei um die Frage nach der *sinnvollen Organisation der Erkenntniskritik* geht, zu der die oben skizzierte Teilnehmerperspektive eine, wie ich meine, fruchtbare Perspektive eröffnet hat.

Schließlich kann man hier noch einwenden, daß die Forscher auf dem Morgan-Symposium ja offenbar keine Einigung in allen strittigen Fragen erzielen konnten. Damit wird aber die prinzipielle Eignung dieses Verfahrens nicht in Frage gestellt. Es zeigt ja nur eine *Möglichkeit* auf, und es liegt an den Teilnehmern, diese Möglichkeit zu nutzen. Es können sich nämlich nur Wissenschaften "den scheinbaren Luxus des *Non-liquet*" (Lorenzen 1985: 16), also der Nicht-Entscheidung, leisten. In der Praxis, insbesondere in der Unternehmenspraxis muß dagegen entschieden werden. Wissenschaftler können es also in vielen Fällen beim Reden belassen, Unterschiede und Konflikte zwischen ihren Positionen also eher auf sich beruhen lassen, während in der Unternehmenspraxis "gehandelt" werden muß.

1.8. Zur Rolle der Sprache bei der Organisation der Erkenntniskritik

Daß Wissenschaft in erster Linie ein *Redegeschäft* ist, leuchtet unmittelbar ein, auch wenn dies in der organisationstheoretischen Diskussion lange Zeit unbeachtet blieb. Wissenschaftler halten Vorträge, schreiben Aufsätze, diskutieren praktische und theoretische Probleme. Wann immer Wissenschaftler etwas besonderes mitzuteilen haben, eine neue Erkenntnis, eine Entdeckung, eine Erfindung, eine Idee, eine Kritik, sie äußern sich sprachlich. Die sogenannte sprachkritische Wende in der Philosophie ("linguistic turn") hat die Bedeutung der Sprache ins rechte Licht gerückt und deutlich gemacht, daß jeder *Weltbezug* zuallererst *durch Sprache* ermöglicht wird, weil die Wirklichkeit "nicht redet, sondern schweigt" (Kamlah/Lorenzen 1973:143). Selbst Philosophen, die einer empiristischen Tradition verhaftet sind, haben sich diesen Einsichten angeschlossen bzw. dieselben sogar mitentwickelt; Karl Popper ist hier eines der prominentesten Beispiele. So wie in der Philosophie die Rede über den Charakter der "Realität" durch die Rede über die Rolle der Sprache abgelöst wurde, läßt sich auch für die Organisationstheorie ein stärkeres *Bewußtsein von den Funktionen der Sprache* für das Forschungsobjekt "Organisation" und zu seiner Erforschung selbst feststellen, und dies offenbar nicht nur bei den interpretativen Ansätzen (vgl. Astley/Zammuto 1992). Auch kontingenztheoretische (vgl. z.B. Hinings/Greenwood 1988) und institutionentheoretische Ansätze (vgl. z.B. Abrahamson 1996a) haben die Bedeutung der Rolle der Sprache für die Organisation und ihre Erforschung inzwischen entdeckt. Sogar bei den ökonomischen Ansätzen, die lange Zeit auf die "scheinbare" Objektivität ihrer Semantik und die Exaktheit ihrer deduktiven Ableitungen vertrauten, macht sich eine gewisse sprachkritische Skepsis breit (vgl. z.B. McCloskey 1983, 1994).

Gegenwärtig läßt sich in der aktuellen Diskussion allerdings ein Trend erkennen, die Rolle der Sprache sogar noch zu überhöhen und damit falsch zu verstehen. Viele Forscher konzentrieren sich nur noch darauf, die Strukturen der Sprache selbst zu analysieren. Dies gilt insbesondere für Abhandlungen, die die "postmoderne Philosophie" für die Organisationstheorie rezipieren (vgl. Cooper/Burrell 1988 sowie zum Überlick Hassard/Parker 1993). Mit ihnen hat eine "neue Beliebigkeit des Denkens" (Brunkhorst 1990) Einzug in die Organisationstheorie gehalten. Unter einer solchen, ausschließlich auf Sprachstrukturen abstellenden, Perspektive ist im Prinzip alles möglich, da jede Überlegung an einem beliebigen Punkt ihren Anfang nehmen und sich von dort via Sprache, sei es nun durch strenge Logik oder durch intuitive, ästhetische oder sonstwie geartete Ableitungen, weiterspinnen kann. Jedes "Sprachspiel" scheint seine eigene Rationalitätsform zu entwickeln, so daß die Rede von "wahr" und "falsch", "richtig" und "ungerecht" ihren eigentlichen pragmatischen Sinn zu verlieren scheint. Wissenschaft und Praxis scheinen sich auf ihre je eigenen "Sprachspiele" zurückzuziehen, ohne daß sich offenbar ein gemeinsamer Bezugspunkt mehr ausmachen läßt (vgl. Astley/Zammuto 1992). Und selbst innerhalb der Wissenschaft und der Praxis existieren mehrere "Moden" und "Rhetoriken" nebeneinander her (Kieser 1997c), an denen die Diskurse scheinbar beliebig anknüpfen können (Kieser 1995, 1997c).

Wer heutzutage eine Tagung der Kommission "Organisation" im Verband der Hochschullehrer für Betriebswirtschaft besucht, kann sich einen Eindruck von den derzeit gebotenen Sprachspielen verschaffen. Er wird sich vielleicht aber auch wundern, daß dort im Prinzip alles, sofern dies nur in der gebotenen Würde erfolgt, vorgetragen werden kann und dabei vieles unwidersprochen bleibt. Die Kritik wird dabei zumeist in zwei Varianten vorgetragen: Es werden Mängel in der internen Konsistenz des vorgetragenen Sprachspiels moniert oder aber es wird angeregt, noch diesen oder jenen Ansatz, diese oder jene theoretische Perspektive in die Analyse einzubeziehen. *Konsistenz* und *Vollständigkeit* scheinen jedenfalls besonders zu beachtende Kriterien wissenschaftlicher Sprachspiele zu sein. Bemerkenswert ist allerdings, daß *Forschungszwecke* selbst nur selten hinterfragt werden. Dies ist eigentlich verwunderlich, da sich in jüngster Zeit immer mehr Organisationswissenschaftler Gedanken zum rechten *Verhältnis zwischen Theorie und Praxis* machen (vgl. z.B. Kieser 1995, zu Knyphausen-Aufseß 1997, Osterloh/Grand 1998). Daß es um dieses Verhältnis nicht zum besten bestellt ist, wird dabei nicht nur in Deutschland, sondern auch in den USA konstatiert (vgl. z.B. Daft/Lewin 1993, Hambrick 1994).

Beim Theorie-Praxis-Verhältnis geht es unter anderem um die Frage, welche Rolle die Theorie zur Praxis einnehmen *soll*. Dabei geht es selbstverständlich auch um die Rolle der (Organisations-)Wissenschaft als bedeutende Lieferantin von Theorien. Daß diese Frage nicht mit Hilfe empirischer Tests von Hypothesen beantwortet werden kann, dürfte klar sein. Es soll nämlich gerade nicht darum gehen, die Forschungspraxis schlichtweg zu beschreiben, sondern eine *kritische Perspektive* zu ihr zu entwickeln, um damit zu einer rechten Bestimmung der Rolle der Theorie zu kommen. Es muß bestimmt werden, wie das Verhältnis gestaltet sein *soll;* hierfür reichen Beschreibungen nicht hin.

Eine hierfür fruchtbare Perspektive läßt sich jedoch gewinnen, wenn man, wie oben schon angedeutet, *Theorietreiben bzw. Wissenschaftreiben* konsequent als ein *Handeln* ansieht. Dies gilt dann selbstverständlich auch für das Sprechhandeln, das innerhalb der wissenschaftlichen Tätigkeit vollzogen wird. Handeln wurde weiter oben dadurch definiert, daß man zum Handeln auffordern kann, daß man es tun oder unterlassen kann, und daß es gelingen oder mißlingen kann (vgl. Janich 1992a: 15, 1997: 101). Daß dies auch für das Sprechhandeln zutrifft, läßt sich leicht einsehen. Hinsichtlich des Gelingens oder Mißlingens sprachlicher Handlungen sind jedoch zusätzliche Bemerkungen nötig. Oben wurde bereits zwischen Verständnis und Einverständnis unterschieden. Beides nämlich kann bei Sprechhandlungen gelingen oder mißlingen. Das heißt, es kann zum Scheitern der Kommunikation kommen, wenn die Sprecherabsicht mißlingt, sich verständlich zu machen.

Eine weitere, ganz andere Art des Mißlingens liegt dagegen vor, wenn die sprachlichen Handlungen zwar verstanden werden, wenn der Adressat der Sprechhandlung jedoch der Aufforderung, die mit ihr zum Ausdruck gebracht wird, aus welchen Gründen auch immer, nicht nachkommt (vgl. Janich 1997: 104ff.).

Dort, wo Aufforderungen oder Behauptungen bezweifelt werden, lassen sich in einem besonderen Verfahren, dem *Diskurs*, Klärungen über die Berechtigung dieser Zweifel herbeiführen. Diskurse sind dabei nicht notwendig tatsächliche Diskussionen, sondern "*idealisierte Argumentationsgänge* zur Begründung oder Widerlegung von Behauptungen" (Janich 1997: 114). Als Minimalforderungen für ein solches Verfahren läßt sich anführen, daß Begründungen oder Widerlegungen *explizit gegeben* und mit dem *Anspruch auf Zustimmungsfähigkeit* vorgetragen werden, wobei der Anspruch auf Zustimmungsfähigkeit nicht bloß die Kompatibilität auf der sprachlichen Ebene betrifft, sondern eine *praktische Übereinstimmung* (vgl. Kambartel 1991). Der Anspruch auf Zustimmung kann nämlich als ein sinnvolles *Mittel zur Organisation der Lebensverhältnisse* angesehen werden, in der Lebenspraxis ebenso wie in der Wissenschaft (vgl. Janich 1997: 112).

Genau diesen Punkt scheinen insbesondere "postmoderne Ansätze" zu übersehen, wenn sie lediglich auf die Anknüpfung von Sprachspielen an andere Sprachspiele abstellen, ohne die pragmatische, d.h. die handlungspraktische Dimension in ihre Betrachtung einzubeziehen. Ob ein Verständnis oder ein Einverständnis hergestellt werden kann, ob das Anknüpfen an oder der Übergang zwischen Sprachspielen gelingt, zeigt sich nämlich nicht ausschließlich auf der Sprachebene, sondern *im konkreten Handeln selbst* (Kambartel 1991). Zwar führen alle Begründungen oder Widerlegungen nur von Sätzen zu Sätzen bzw. von Aussagen zu Aussagen, jedoch braucht sich damit noch lange nicht jeder Versuch zur Kritik in einem scheinbar beliebigen Sprachspielrelativismus zu verlieren.

> "Der Mittelweg zwischen bloßem Relativismus auf der einen Seite und dem Anspruch auf eine Absolutbegründung … auf der anderen Seite liegt … darin, daß jeder Diskurs zur Begründung oder Widerlegung einer These wegen ihrer handlungsleitenden Rolle Kohärenz zu einer bisher erfolgreich geübten Praxis hat" (Janich 1997: 119).

Was die *Organisation der Kritik* anbetrifft, so besteht in unserer Kultur schon lange eine Praxis des Begründens, Bezweifelns und Widerlegens, die nicht erst durch die Wissenschaften in die Welt gebracht wurde. Diese Praxis kann verschiedene Formen annehmen, deren Gelingen am konkreten Handeln selbst kontrolliert wird. Die Diskurstheorie Habermasscher Prägung hat versucht, die Diskurspraxis anhand verschiedener Kriterien zu normieren (vgl. Habermas 1973 sowie zuletzt 1996: 62). "Unvoreingenommenheit", "Zwanglosigkeit" und "Nicht-Persuasivität" wurden als derartige Kriterien auch in der konstruktiven Philosophie diskutiert. In jüngster Zeit hat Kambartel (1989, 1992) allerdings darauf aufmerksam gemacht, daß der Diskurs nicht erst durch die Definition der Wissenschaftler oder der Philosophen in die Welt kommt. Vielmehr sind derartige Bemühungen als *Erläuterungen einer schon bestehenden Praxis* zu verstehen. Das heißt Kritik und Erkenntniskritik müssen bereits – zumindest ansatzweise – Teil unserer Lebenspraxis sein, erst dann ist es möglich, sie näher auf den Begriff zu bringen.

Insofern ist also die Organisation der Erkenntniskritik gleichsam der verlängerte Arm der Organisation unser Lebensverhältnisse selbst. Die Organisation unserer Sprechhandlungen liefert uns so Hinweise zur Organisation der Kritik. Die Organisation der Erkenntniskritik kann dann auch dazu dienen, Erkenntnisse über das Organisieren selbst zu erlangen. Damit wird kein zirkuläres Verhältnis beschrieben, sondern gleichsam eine Spirale, die von einer bestimmten "Kulturhöhe" zu einer höheren, weiterentwickelteren Form führen kann (vgl. Janich 1998). Grundgedanke ist dabei, daß das, was sich im Leben praktisch bewährt hat, Teil unserer primären Praxis wird und als Basis zur Kritik dessen dienen kann, was problematisch ist. In diesem, am Ende manchem Leser vielleicht bescheiden erscheinenden, Sinne bleibt die "Kritik der Organisation" möglich und gegen postmoderne und relativistische Strömungen begründbar.

Die Fähigkeit des *Erstaunens* über den Gang der Welt ist Voraussetzung der Möglichkeit des Fragens nach ihrem Sinn.

Max Weber

2. Max Webers Analyse der Bürokratie

Alfred Kieser

Einen Staat ohne eine nach bürokratischen Prinzipien aufgebaute Verwaltung können wir uns heute kaum vorstellen. Dabei gibt es diese Einrichtung noch gar nicht so lange. Als in dem sich herausbildenden absolutistischen Zentralstaat Frankreichs ein Verwaltungsapparat aufgebaut wurde - in erster Linie zum Eintreiben der Steuer -, wurde dieser als eine revolutionäre Neuerung angesehen (zur Geschichte der Bürokratie s. Wunder 1986; Jacoby 1984; Fritz 1982; Hattenhauer 1980). Erst im 19. Jahrhundert setzte jene starke Verbreitung des Verwaltungapparates ein, die den Zeitgenossen das Gefühl gab, mit einem grundlegenden Wandel der Herrschaft konfrontiert zu sein. In der zweiten Hälfte desselben Jahrhunderts entstanden auf dem Kontinent auch die ersten größeren Industrieunternehmen, deren Verwaltungen nach ähnlichen Prinzipien gestaltet waren wie die öffentlichen; die Angestellten dieser Unternehmen wurden noch Beamte genannt, und in vielen Fällen kamen sie auch aus dem Staatsdienst, dessen Organisationsprinzipien sie auf die Unternehmungsverwaltungen übertrugen.

Diese Verdichtung bürokratischer Strukturen - die sich abzeichnende *Organisationsgesellschaft* - weckte das Interesse von Journalisten, Romanciers und Wissenschaftlern. Letztere widmeten sich vor allem der Klärung folgender Probleme (Albrow 1972): Was unterscheidet die Bürokratie von anderen - früheren - Formen der Verwaltung? Welche Auswirkungen hat sie auf ihre Mitglieder? Sind diese nur Rädchen in einem Getriebe, oder sind sie notwendigenfalls fähig, die Bürokratie grundlegend zu ändern? Ist die *Bürokratie* nur ein neutrales Instrument, oder entfaltet sie eine Eigendynamik, gegen die sich die Herrscher eines Staates nur schwer durchsetzen können? Im Hinblick auf die langsam entstehende Demokratie wurde folgende Frage als besonders brisant gesehen: Regieren die Volksvertreter oder die Bürokraten?

Den umfassendsten Ansatz zur Verfolgung dieser Fragen entwickelte Max Weber. Er stellte die Bürokratie in einen Zusammenhang mit dem Prozeß der *Rationalisierung*, d.h. mit der sich im Laufe der Geschichte steigernden *Fähigkeit des Menschen, sich mit der natürlichen und sozialen Umwelt geistig auseinanderzusetzen und gestaltend in sie einzugreifen*. Weber war nicht nur einer der Begründer der Soziologie, seine Analysen zur Bürokratie machten ihn insbesondere zum Wegbereiter der modernen Organisationstheorie.

2.1. Entstehungsgeschichte

Einer der erwähnten Kritiker der Bürokratie war der - inzwischen resignierte - Reformer der preußischen Verwaltung, Freiherr vom Stein, der in einem Brief aus dem Jahre 1821 das Grundübel der Bürokratie darin erblickt,

"... daß wir fernerhin von besoldeten Buchgelehrten, Interessenlosen, ohne Eigenthum seyenden Buralisten regiert werden ... Diese 4 Worte enthalten den Geist unserer und ähnlicher geistlosen Regierungsmaschinen; besoldet, also Streben nach Erhalt und Vermehrung der Besoldeten; - buchgelehrt, also lebend in der Buchstabenwelt, und nicht in der wirklichen; - interessenlos, denn sie stehen mit keiner der den Staat ausmachenden Bürgerklasse in Verbindung; sie sind eine Kaste für sich, die Schreibkaste; - eigenthumslos, also alle Bewegungen des Eigenthums treffen sie nicht; es regne oder scheine die Sonne, die Abgaben steigen oder fallen, man zerstöre alte hergebrachte Rechte, oder lasse sie bestehen, ... alles das kümmert sie nicht. Sie erheben ihren Gehalt aus der Staatskasse und schreiben, schreiben, schreiben im stillen mit wohlverschlossenen Thüren versehenen Bureau, unbekannt, unbemerkt, ungerühmt und ziehen ihre Kinder wieder zu gleich brauchbaren Schreibmaschinen an" (Hattenhauer 1980: 212).

40 Jahre später stellt J.S. Mill in seinen "Considerations on Representative Government" (1861, Neudruck 1948) Vergleiche zwischen verschiedenen Herrschaftstypen an und argumentiert, daß neben der direkten Demokratie nur noch eine andere Form über staatspolitische Fähigkeiten verfüge: die Bürokratie. "Die Regierungsarbeit wird von Berufsbeamten wahrgenommen, und damit ist das Wesen der Bürokratie gegeben" (1948: 178). Diese Form der Herrschaft "häuft Erfahrungen an, macht sich erprobte und wohlüberlegte traditionelle Maximen zu eigen und sorgt dafür, daß die Leute, die effektiv über Wohl und Wehe des Volkes entscheiden, die erforderliche Sachkenntnis besitzen" (Mill 1948: 179). Die Bürokratie ist also, so Mill, effizienter als etwa die feudalistische Verwaltung, in der Adelige Herrschaftsgewalt erben und diese unprofessionell und häufig nach Maßgabe egoistischer Interessen ausüben. Mill sieht aber auch die Kehrseiten: "Die Krankheit, die Bürokratien befällt und an der sie zugrunde gehen, ist die Routine. ... Eine Bürokratie wird unweigerlich zur Pedantokratie" (Mill 1948: 179). Nur solange eine Regierung "menschlich" bleibt und über die notwendige Originalität des Denkens verfügt, hat sie die Möglichkeit, sich über die mittelmäßigen Spezialisten der Bürokratie hinweg- und eigene Vorstellungen durchzusetzen. Die ausgebildeten Beamten der Bürokratie sollen deshalb möglichst Vertretern des Volkes unterstellt werden (Mill 1948: 180).

Wiederum 50 Jahre später geißelte der englische Soziologe Spencer (1885: 33) die Bürokratien auf dem Kontinent:

"Je mehr die Macht einer wachsenden Verwaltungsorganisation zunimmt, um so mehr nimmt die Macht der restlichen Gesellschaft ab, deren weiteres Wachstum einzudämmen und unter Kontrolle zu halten. Durch die in einer sich entwickelnden Bürokratie immer mannigfaltigeren Möglichkeiten, Karriere zu machen, werden eben die Schichten, die von ihr beherrscht werden, verführt, ihre Ausweitung zu fördern, weil damit Familienangehörigen und Verwandten zunehmend gesicherte und achtbare Arbeitsplätze geboten werden" (Mill 1948: 33).

Der italienische Staatsphilosoph und Politiker Mosca äußerte 1896 (deutsch 1950) die Ansicht, daß eine Bürokratie für den modernen Staat eine Notwendigkeit darstelle, sah jedoch auch die Gefahr, daß eine gewählte Volksvertretung außerstande sein könnte, sie unter Kontrolle zu halten. Zwischen Demokratie und Bürokratie bestehe ein gewisser Widerspruch. Er schlug vor, in der Verwaltung neben fest angestellten Beamten auch ehrenamtlich tätige Beamte anzustellen, die eine Art direkte Kontrolle des Volkes über die Bürokraten ausüben sollten (Mosca 1950: 125f.).

Ungefähr um die gleiche Zeit setzte sich auch der deutsche Wirtschaftshistoriker Schmoller (1894) mit der Bürokratie auseinander. Jede Gesellschaft, führt er aus, bestehe aus drei Teilen: aus dem Führer, seinem Stab und der Masse des Volkes (1898). Der Führungsstab durchläuft vier Entwicklungsstadien: Im ersten - der primitiven Gesellschaft - unterscheiden sich staatliche Ämter nicht von anderen gesellschaftlichen Rollen. Im nächsten Stadium, der Feudalgesellschaft, werden Verwaltungsämter erblich. Im Dritten, das bereits in der Antike anzutreffen war, werden Ämter nur kurzfristig übernommen und durch das Los oder durch Wahlen besetzt. Im Vierten wird das Beamtentum zum Lebensberuf und weist eine Karrierestruktur auf. Dazu gehören (Schmoller 1894: 31):

"... die lebenslängliche geldbezahlte Berufsarbeit des Beamten und festgeordnete Amtscarrieren mit einer specialisirten Vorbereitung ..., wobei die Ernennung der Beamten durch das Staatsoberhaupt die Regel bildet, und ein im einzelnen ausgebildetes Amtsrecht die Lebensstellung, die Rechte und Pflichten der Beamten ordnet. Diese Amtsverfassung ist das Ergebniß der fortschreitenden Arbeitstheilung; sie steht im Zusammenhang mit der socialen Klassenbildung, wie alle älteren Culturvölker sie entwickelten; sie setzt eine gewisse Ausbildung des Amtswesens bereits voraus ...; sie wird gefördert durch die höheren Formen des Unterrichts und der Schule, die neben der Familie sich gebildet haben; sie reift vor allem infolge der vordringenden Geldwirthschaft, welche an die Stelle des Unterhalts in der Familie des Herrn oder der Landdotirung die Bezahlung der arbeitstheiligen Leistungen durch Gehalte zu setzen gestattete."

Der Beamte verpflichtet sich freiwillig und vertraglich, seine Arbeit und Energie in den Dienst der Verwaltung zu stellen. Ein solches Ämtersystem sei zu großen Leistungen fähig und für den modernen Staat sei es unabdingbar, so Schmoller. Aber auch er sieht dessen Schattenseiten: die Gefahr, daß die Bürokratie wuchert, ein Eigenleben entfaltet und sich dem Willen der Herrschenden entzieht. Mit der Zeit

"... werden die Institutionen etwas für sich Bestehendes, unter Umständen Versteinertes, ja dem Fortschritt und den lebenden Persönlichkeiten, den führenden Geistern feindliches, sie Hemmendes. Sie müssen dann reformirt oder beseitigt werden" (Schmoller 1894: 142).

An diese Diskussion knüpfte Weber an. Weber wurde 1864 in Erfurt geboren. 1869 zog die Familie nach Berlin, wo der Vater eine Stelle als besoldeter Stadtrat antrat und später als Vertreter der Nationalliberalen in den Reichstag einzog. 1882 begann Weber in Heidelberg ein Jurastudium, das er nach drei Semestern in Berlin fortsetzte und dort mit Promotion (1889) und Habilitation (1892) abschloß. Darüber hinaus erwarb er auch die Berechtigung zur Ausübung des Anwaltberufs. Nach einer Professur in Freiburg (1894-1896) übernahm er eine Professur in Heidelberg, wo er bis 1919 blieb. Dann nahm er einen Ruf an die Universität in München an, wo er 1920 starb. Als Forscher erwarb Weber bereits zu seinen Lebzeiten Weltruhm. Heute ist er zum hervorragendsten Klassiker der Sozialwissenschaften avanciert, weil sich sein Werk "als Konvergenzpunkt und Inspirationsquelle bestimmter neuerer Entwicklungstendenzen und Umorientierungen ... erwies" (Weiß 1989: 14; zur Biographie s. Fügen 1985; Mitzman 1970; Baumgarten 1964; Bendix 1964; Weber, Marianne 1950; König/Winckelmann 1963; sehr lesenswert und informativ auch Green 1980, ein Buch über die Richthofen-Schwestern, in der intensiv auf Weber eingegangen wird, da er mit einer von ihnen auf vielfältige Weise verbunden war; kritisch zu diesen Biographien Käsler 1989).

2.2. Rationalisierung als Leitidee

Ein zentrales Interesse Webers galt dem *Prozeß der Rationalisierung.* Die Rationalisierung sah er auf *drei Ebenen* voranschreiten (Gabriel 1979: 19ff.; s.a. Albrow 1990: 114ff.):

(1) Auf der *Ebene der Institutionen* bezeichnet sie die *zunehmende Berechenbarkeit und Beherrschbarkeit der Probleme der natürlichen und sozialen Welt durch Wissenschaft, Technik und Organisation.* Rationale Institutionen sind u.a. die moderne Naturwissenschaft, die das theoretische Wissen in eine mathematische Form bringt und mit Hilfe kontrollierter Experimente prüft, aber auch der systematische Betrieb der universitär organisierten Wissenschaften, der institutionalisierte Kunstbetrieb, die wissenschaftlich systematische Rechtslehre sowie die Organe der Rechtssprechung, die modernen Staatsverwaltung und auch das kapitalistische Unternehmen, das die Trennung von Haushalt und Betrieb voraussetzt, formell freie Arbeit unter Effizienzgesichtspunkten organisiert und wissenschaftliche Erkenntnisse für die Verbesserung der Produktionstechnik und die Arbeitsgestaltung nutzt (Weber 1988a I: 3).

"Rationalisierung nennt Weber jede Erweiterung des empirischen Wissens, der Prognosefähigkeit, der instrumentellen und organisatorischen Beherrschung empirischer Vorgänge" (Habermas 1981a: 228).

(2) Auf der zweiten Ebene, der Ebene der *Weltbilder* oder *Glaubenssysteme,* kennzeichnet Rationalisierung einen *Prozeß, in dessen Verlauf magische Elemente zugunsten religiöser zurückgedrängt werden, konkrete religiöse Vorstellungen abstrakteren weichen und schließlich die religiöse Ethik ihre Verbindlichkeit einbüßt.*

(3) Die *dritte Ebene* ist die der *praktischen Lebensführung:* Auf ihr bedeutet Rationalisierung, daß die *Lebensführung des Individuums zunehmend methodisch und konsistent nach eigenen Wertorientierungen gestaltet* wird.

2.3. Rationalisierung auf der Ebene der Weltbilder: Die Entzauberung der Welt

Ausgangsbasis der Analyse Webers ist das *magische Weltbild,* das einen *"Zaubergarten"* (Weber 1988a I: 484, II: 370f.) zeichnet: Die Welt ist voller Geister, Götter und Dämonen; "wilde, durch nichts motivierte dei ex machina durchschwirren die Welt und können *alles* machen; nur Gegenzauber hilft" (Weber 1988a I: 484).

"Dem primitiven Menschen ist die Welt weder unbeseelt noch leer, sondern vielmehr lebensstrotzend; und seine Individualität beweist dieses Leben im Menschen, im Tier, in der Pflanze und in allen dem Menschen begegnenden Erscheinungen - im Donnerschlag, im plötzlichen Schatten, in der unheimlich-öden und fremden Waldlichtung, im Stein, der ihn plötzlich stößt, wenn er auf der Jagd über ihn stolpert. Wo und wann ihm auch eine solche Erscheinung entgegentritt, immer ist sie ein 'Du', niemals ein 'Es'" (Frankfort u.a. 1954: 12).

Ein magisches Weltbild verhindert Weltbeherrschung. Nicht einmal einen Baum kann der Mensch fällen, wenn diese Tat einen "Baumgott" erzürnt:

"Jede Änderung eines Brauchs, der irgendwie unter dem Schutz übersinnlicher Mächte sich vollzieht, kann die Interessen von Geistern und Göttern berühren. Zu den natürlichen Unsicherheiten und Gehemmtheiten jedes Neuerers fügt so die Religion mächtige

Hemmungen hinzu: Das Heilige ist das spezifisch Unveränderliche" (Weber 1972: 249).

Eine *grundlegende Funktion von Weltbildern* ist die *Erklärung des als ungerecht wahrgenommenen Leidens*. Im magischen Weltbild wird es als ein Symptom geheimer Schuld interpretiert:

> "Der dauernd Leidende, Trauernde, Kranke oder sonst Unglückliche war, je nach der Art seines Leidens, entweder von einem Dämon besessen oder mit dem Zorn eines Gottes belastet, den er beleidigt hatte" (Weber 1988a I: 241f.).

*Magische Weltbild*er sind *monistisch*: Natürliches und Übernatürliches sind nicht voneinander zu trennen. Auf einer höheren Stufe der Rationalität sind *dualistische Weltbilder* anzusiedeln, in denen die natürliche von einer übernatürlichen Welt getrennt ist, Götter in ein Jenseits verpflanzt sind. Die Entwicklung zum dualistischen Weltbild wird eingeleitet durch die Herausbildung eines "Götterpantheons", in dem die zunächst "ungeordneten" Götter allmählich "spezialisiert" - mit spezifischen Zuständigkeiten versehen - und in eine hierarchische Ordnung gebracht werden (Weber 1972: 262f.). Die Hierarchisierung entfernt die "höheren" Götter mehr und mehr von der Welt, bewirkt deren partielle *Entzauberung* und löst einen *Trend zum Monotheismus* aus. Ins Jenseits verfrachtete Götter stehen einem auf die Weltbeherrschung gerichteten praktischen Handeln nicht mehr so stark im Wege: Unbeseelte Bäume lassen sich leichter fällen als beseelte. Die Hierarchisierung der Götterwelt zwingt darüber hinaus, die Lebensführung systematischer - rationaler - zu gestalten: Die Möglichkeit, für jedes Problem einen spezifischen Gott anrufen zu können, ohne sich weiter um Inkonsistenzen zwischen ihrem Wirken kümmern zu müssen, nimmt ab. Wenn es mehrere Götter gibt, kann man durchaus einen um Genügsamkeit und einen anderen um Reichtum bitten. Existiert nur einer, muß man sich eher für eine Richtung entscheiden.

Die Herausbildung eines religiös-dualistischen Weltbildes ist jedoch nicht unbedingt mit der *Entwicklung eines Strebens nach Weltbeherrschung* verbunden. Sie kann auch mit einer Tendenz zur mystischen Kontemplation, zur Gottesvereinigung, einhergehen, wie Weber anhand des Hinduismus aufzeigt (1988a I: 536ff.). Daß das abendländische Weltbild eine Entwicklung nahm, die einer mystischen Versenkung außerordentlich feindlich war, lag nach Weber vor allem an der *jüdischen Religion*, die *extrem magiefeindlich* war.

> "Indem ... das Judentum das Christentum ermöglicht und ihm den Charakter einer im wesentlichen magiefremden Religion mit auf den Weg gegeben hat, vollbrachte es gleichzeitig eine große wirtschaftsgeschichtliche Leistung. Denn die Herrschaft der Magie außerhalb des Geltungsbereiches des Christentums ist eine der schwersten Hemmungen für die Rationalisierung des Wirtschaftslebens gewesen" (Weber 1958: 318).

Jahwe war ein Gott des Handelns und der Geschichte, ein persönlicher, allmächtiger, von der Kreatur durch eine unüberbrückbare Kluft geschiedener Schöpfer und Herr der Welt, ein "himmlischer König von furchtbarer Majestät" (Weber 1988a III: 326, 239ff., 323ff.).

Eine Dynamik zur Rationalisierung lösten vor allem die *jüdischen Propheten* aus, denn "immer bedeutet ... die prophetische Offenbarung ... einen einheitlichen Aspekt des Lebens, gewonnen durch eine bewußt einheitliche sinnvolle Stellungnahme zu ihm" (Weber 1972: 275).

> "Weil der Gott, der durch ihren Mund redete, ein furchtbarer, unnahbarer Gott war, deshalb konnten die Propheten keine weltflüchtigen, im Jenseitigen schwelgende My-

stiker sein, sondern mußten, hineingestellt in die Kämpfe dieser Welt, zur Vollstreckung der göttlichen Heilsabsichten beitragen" (Abramowski 1966: 73).

Im Gegensatz zu indischen Prophetien läßt die jüdische also keine Weltflucht in Form der mystischen Kontemplation und Gottesvereinigung zu; vielmehr fordert sie zum aktiven Handeln auf.

Der *mittelalterliche Katholizismus* enthielt als heidnisches Erbe einige Elemente, durch die der mit der jüdischen Prophetie in Gang gesetzte Rationalisierungsprozeß zunächst gebremst wurde: die Verehrung der Heiligen, die zwischen den Gläubigen und dem fernen Gott vermitteln, die Unterscheidung zwischen einer "Virtuosenreligiösität", der sich die Mönche unterwerfen müssen, und einer weniger strengen Religiösität für die einfachen Gläubigen sowie vor allem die Institution der Beichte, durch deren Gnade sich der Sünder jederzeit wieder in den Zustand der Unschuld zurückversetzen kann:

"Dem Katholiken stand die *Sakramentsgnade* seiner Kirche als Ausgleichsmittel eigener Unzulänglichkeit zur Verfügung: Der Priester war ein Magier, der das Wunder der Wandlung vollbrachte und in dessen Hand die Schlüsselgewalt gelegt war. Man konnte sich in Reue und Bußfertigkeit an ihn wenden, er spendete Sühne, Gnadenhoffnung, Gewißheit der Vergebung und gewährte damit die *Entlastung* von jener ungeheuren *Spannung*, in welcher zu leben das unentrinnbare und durch nichts zu lindernde Schicksal des Calvinisten war" (Weber 1988a I: 114).

Diese Zugeständnisse des Katholizismus an die Unzulänglichkeit der Gläubigen schränkt die Reformation erheblich ein: Sie schafft jegliche "Gnadenökonomik" und die Beichte als Sakrament ab. Protestanten waren auf sich selbst verwiesen, um über den richtigen Glauben den Zustand der Gnade zu erlangen (sola fide). Das Mönchtum wurde abgeschafft - jeder muß von nun an ein Mönch sein. Luther verweist die Gläubigen nachdrücklich auf die *Berufsarbeit*, indem er sie als die *einzige gottgefällige Lebensweise* kennzeichnet. Konnte der Katholik seine Hoffnungen ganz auf das ewige Leben richten, so ist der lutherische Protestant wesentlich stärker auf die *Bewährung in dieser Welt* verwiesen. Nach Weber haften dem Berufskonzept Luthers jedoch noch starke traditionelle, konservative Züge an: Jeder sollte in dem Beruf bleiben, in den er nach Gottes Fügung hineingestellt war; treue Pflichterfüllung, nicht rastlose Arbeit war gefordert; nur nach standesgemäßer Nahrung, nicht nach Gewinn, sollte der Gläubige streben (Weber 1988a I: 63ff., 126ff., 1984: 66ff.).

Erst in der puritanischen Sektenreligiösität, vor allem im *Calvinismus*, findet für Weber "jener große religionsgeschichtliche Prozeß der Entzauberung der Welt, welcher mit der altjüdischen Prophetie einsetzte und im Verein mit dem hellenischen, wissenschaftlichen Denken, alle magischen Mittel der Heilsuche als Aberglaube und Frevel verwarf" (Weber 1988a I: 94f.), seinen Abschluß. Im Calvinismus wurde *rastlose* Berufsarbeit zur asketischen, gottgefälligen Übung; "aktive innerweltliche Askese" (Weber 1988a I: 82) war gefordert. Diese Forderung war eine Konsequenz der *Prädestinationslehre*: Durch einen unerforschbaren und unabänderlichen Ratschluß hatte Gott einen Teil der Menschheit zu ewigem Seelenheil, einen anderen zu ewiger Verdammnis verurteilt (Weber 1988a I: 88ff., 1984: 119ff.). Angesichts dieser "unmenschlichen" Lehre mußte es für den Gläubigen zur vordringlichsten Sorge werden zu erkennen, ob er zu den Auserwählten gehöre. Es setzte sich die Auffassung durch, daß die "Heiligen" durch rastlose Berufsarbeit und durch einen asketischen Lebensstil erkennbar seien.

"Askese - das bedeutete Vernichtung der Unbefangenheit triebhaften Lebensgenusses, beständige und planvolle Selbstkontrolle, Unterdrückung aller Affekte und aller kreatürlichen Sinnlichkeit, Überwindung des status naturae durch bewußte, wache, willenhafte Selbstbeherrschung und Distanzierung von der kreatürlich verworfenen Welt. Durch diese rational-asketische Diszipliniertheit der Lebensführung unterschied sich der Wandel der Auserwählten und Wiedergeborenen von der unmethodischen Haltung der Verworfenen" (Abramowski 1966: 31).

Der Calvinist "konnte ... nicht hoffen, Stunden der Schwäche und des Leichtsinns durch erhöhten guten Willen in andern Stunden wettzumachen, wie der Katholik und auch der Lutheraner" (Weber 1988a I: 114). Tiefe und Innigkeit des Glaubenslebens konnten keine Gnadengewißheit verschaffen, sondern nur energisches Handeln und rationale Bewältigung der Berufsaufgaben.

"Aus der Beziehung zum überweltlichen Gott und zur kreatürlich verderbten ethisch irrationalen Welt folgte ... die absolut unendliche Aufgabe immer erneuter Arbeit an der ethisch rationalen Bewältigung und Beherrschung der gegebenen Welt: die rationale Sachlichkeit des 'Fortschritts'" (Weber 1988a I: 527).

Im calvinistischen Weltbild waren Gott und Welt durch eine ungeheure Kluft getrennt - die *Welt* war *restlos entzaubert.*

"Und zur entzauberten Welt schuf der Calvinismus den rational lebenden, auf sich selbst gestellten aktivistischen Menschen, dem die rationale 'Bemächtigung', 'Beherrschung' und 'Umgestaltung' von Natur, Gesellschaft und Wirtschaft zum religiösen Beruf wurde" (Abramowski 1966: 34).

Der Puritanismus erhob die Tätigkeit des Unternehmers zum religiösen Beruf und befreite sie damit vom Makel der Minderwertigkeit, der ihr nach katholischer und auch lutherischer Auffassung anhaftete. Er ermöglichte so dem modernen Unternehmer "ein ungeheuer gutes - sagen wir getrost: ein *pharisäisch* gutes - Gewissen beim Gelderwerb, wenn anders er sich nur in legalen Formen vollzog". Darüber hinaus stellte die puritanische Askese den Unternehmern "nüchterne, gewissenhafte, ungemein arbeitsfähige und an der Arbeit als gottgewolltem Lebenszweck lebende Arbeiter zur Verfügung" (Weber 1988a I: 198), denn es "liegt auf der Hand, wie mächtig das *ausschließliche* Streben nach dem Gottesreich durch Erfüllung der Arbeitspflicht als Beruf und die strenge Askese, welche die Kirchenzucht naturgemäß gerade den besitzlosen Klassen aufnötigte, die 'Produktivität' der Arbeit im kapitalistischen Sinn des Wortes fördern mußte" (Weber 1988a I: 200f.; zum empirischen Nachweis s. Braun 1965).

Diese religiöse Prämierung des Erwerbsstrebens bewirkte in Verbindung mit der geforderten asketischen Lebensführung eine *Tendenz zu steigender Kapitalbildung;* da die Puritaner Gewinn nicht durch ein Leben in Luxus verschwenden konnten, mußten sie ihn investieren.

"Das sittlich wirklich Verwerfliche ist nämlich das *Ausruhen* auf dem Besitz, der *Genuß* des Reichtums mit seiner Konsequenz von Müßigkeit und Fleischeslust, vor allem der Ablenkung von dem Streben nach 'heiligem' Leben" (Weber 1984: 167).

Im 18. Jahrhundert begann der Puritanismus zu "verweltlichen" oder zu "verbürgerlichen". Der Markt prämierte die Calvinisten und so blieb den Andersgläubigen über kurz oder lang nicht viel anderes übrig, als sich die Methoden der Calvinisten zu eigen zu machen (Bogner 1989: 127ff.). Die Wirtschaft löste sich aus dem Zusammenhang religiöser Bindungen und theologischer Begründungen und etablierte sich als eigengesetzlicher, nicht mehr gott-, sondern menschengewollter Kulturbereich (Abramowski 1966: 39):

"Der Puritaner *wollte* Berufsmensch sein, - wir *müssen* es sein. Denn indem die Askese aus den Mönchszellen heraus in das Berufsleben übertragen wurde und die innerweltliche Sittlichkeit zu beherrschen begann, half sie an ihrem Teile mit daran, jenen mächtigen Kosmos der modernen, an die technischen und ökonomischen Voraussetzungen mechanisch-maschineller Produktion gebundenen, Wirtschaftsordnung zu erbauen, der heute den Lebensstil aller einzelnen, die in dieses Triebwerk hineingeboren werden - *nicht* nur der direkt ökonomischen Erwerbstätigen -, mit überwältigendem Zwange bestimmt ... Indem die Askese die Welt umzubauen und in der Welt sich auszuwirken unternahm, gewannen die äußeren Güter dieser Welt zunehmende und schließlich unentrinnbare Macht über den Menschen, wie niemals zuvor in der Geschichte. Heute ist der Geist - ob endgültig, wer weiß es? - aus diesem Gehäuse entwichen. Der siegreiche Kapitalismus jedenfalls bedarf, seit er auf mechanischer Grundlage ruht, dieser Stütze nicht mehr" (Weber 1984: 188).

Der asketische Protestantismus hat nach Weber nicht das *System* des Kapitalismus hervorgebracht, aber der rationale kapitalistische Geist und der "Berufsmensch" sind vom Calvinismus entscheidend mitgeprägt worden.

2.4. Rationalisierung auf der Ebene der Institutionen: Die Bürokratie

Die Rationalisierung auf der Ebene der Weltbilder korrespondiert mit einer Rationalisierung auf der Ebene der Institutionen, wobei Weber letzteren Rationalisierungsprozeß in seiner historischen Entwicklung nicht im einzelnen rekonstruiert (allerdings unterzieht er verschiedene historische Institutionen einer detaillierten Analyse, s. Breuer 1991). Statt dessen entwickelt er *Idealtypen der Herrschaft* mit jeweils unterschiedlicher Rationalität, die nur punktuell mit historischen Beispielen in Verbindung gebracht werden. Die Entwicklung von Idealtypen verfolgt dabei das Ziel, "nicht das Gattungsmäßige, sondern umgekehrt die Eigenart von Kulturerscheinungen scharf zum Bewußtsein zu bringen" (Weber 1982: 202). Idealtypen sind keine Beschreibungen der Realität; es sind "Steigerungen und Verknüpfungen bestimmter beobachtbarer Einzelerscheinungen unter bestimmten Gesichtspunkten und insofern gedankliches Konstrukt" (Kocka 1986: 20). Die Konfrontation des Idealtypus mit der Realität fördert jedoch das *Verstehen*: Es geht nämlich "um die Bestimmung des 'Abstands' zwischen Theorie bzw. Modell einerseits und Realität andererseits, um die Veränderung des Abstands in der Zeit und um die Erklärung dieses Abstandes und seiner Veränderung" (Kocka 1986: 21).

Konstruktionsprinzip der Herrschaftstypologie ist eine Differenzierung der Herrschaft nach *Geltungsgründen*. Gründe für die Geltung einer Herrschaft liegen immer dann vor, wenn sich das soziale Handeln an der Vorstellung vom Bestehen einer legitimen Ordnung orientiert, also nicht bloß aus Gewohnheit oder Sitte, materiellen Interessen, Nützlichkeitserwägungen oder ähnlichem heraus erfolgt. Selbstverständlich können auch solche Motive als Grundlage für Herrschaftsgebilde dienen, doch sind diese dann, so Weber, wenig stabil. Erst eine Herrschaft, die bei den Beherrschten den Glauben an die Vorbildlichkeit oder Verbindlichkeit der etablierten Ordnung zu wecken vermag, hat Aussicht auf dauerhafte Sicherung (Weber 1988c: 475, 1972: 16). Nach Weber gibt es nur drei Legitimationsgründe - Charisma, Tradition und Legalität (Weber 1972: 124):

- Die *charismatische Herrschaft,* die auf der "außeralltäglichen Hingabe an die Heiligkeit oder die Heldenkraft oder die Vorbildlichkeit einer Person und der durch sie offenbarten oder geschaffenen Ordnungen" beruht; in ihr wird "dem charismatisch qualifizierten *Führer* als solchem kraft persönlichen Vertrauens in Offenbarung, Heldentum oder Vorbildlichkeit im Umkreis der Geltung an dieses sein Charisma gehorcht";

- die *traditionale Herrschaft,* die "auf dem Alltagsglauben an die Heiligkeit von jeher geltender Traditionen und die Legitimität der durch sie zur Autorität berufenen" basiert; in ihr wird der Gehorsam "der Person des durch Tradition berufenen und an die Tradition (in deren Bereich) gebundenen *Herren* kraft Pietät im Umkreis des Gewohnten" entgegengebracht. Traditionalistisch ist etwa die Herrschaft des Sippenältesten über den Stamm, des Haus- und Grundherren über Hausgenossen, Leibeigene, Hörige und Freigelassene, dann des Fürsten über Beamte, Ministerialen, Vasallen und Untertanen (Abramowski 1966: 128);
- die *legale Herrschaft,* bei der die Legitimitätsgeltung *rationalen* Charakter hat und "auf dem Glauben an die Legalität gesetzter Ordnungen und des Anweisungsrechts der durch sie zur Ausübung der Herrschaft Berufenen ruhen"; Gehorsam wird der "legal gesatzten sachlichen *unpersönlichen Ordnung* und dem durch sie bestimmten *Vorgesetzten* kraft formaler Legalität seiner Anordnungen und in deren Umkreis" entgegengebracht.

Charismatische und traditionale Herrschaft sind vorrationale Formen der Herrschaft, die legale Herrschaft ist dagegen eine rationale. *Kennzeichen der Rationalität* sind vor allem *Sachlichkeit, Unpersönlichkeit und Berechenbarkeit* (Gabriel 1979: 32). *Die reinste Form legaler Herrschaft ist die Bürokratie* (Weber 1972: 126). Sie steht unter dem

"... Prinzip des 'sine ira et studio'. Ihre spezifische ... Eigenart entwickelt sie umso vollkommener, je mehr sie sich entmenschlicht, je vollkommener heißt das hier, ihr ... die Ausschaltung von Liebe, Haß und aller rein persönlichen, überhaupt aller irrationalen, dem Kalkül sich entziehenden Empfindungselemente aus der Erledigung der Amtsgeschäfte gelingt" (Weber 1972: 563).

Daß es sich bei der Bürokratie um einen besonderen Typ des Verwaltungsstabes handelt, wird deutlich, wenn man sie mit früheren, recht unterschiedlichen Formen der Verwaltung vergleicht, in denen z.B. Fürsten Gebiete für einen König verwalteten, die dann wiederum Gebiete zur Verwaltung an niedrigere Adelige übertrugen. Auf jeder Verwaltungsebene entlohnten sich die Herrscher nach eigenem Ermessen aus den "Pfründen", d.h. den Steuereinnahmen, und auch eventuell eingesetzte Beamte konnten sich selbst in gewissen Grenzen durch Ausnutzung übertragener Rechte schadlos halten.

Ein *bürokratischer Verwaltungsstab* setzt sich im Gegensatz dazu - mit Ausnahme des Leiters - aus hauptberuflichen und mit festen Gehältern entlohnten *Beamten* zusammen, und er besitzt eine besondere *Struktur:* Während der Leiter seine Position auf beliebige Art (durch Wahl, Erbmonarchie usw.) erlangen kann, beruht die Position der *Beamten* auf einem *"Kontrakt".* Sie werden aufgrund ihrer *Fachqualifikation* ausgewählt, mit *festen Gehältern* entlohnt und haben eine *langfristige Zukunftssicherung.* Das ihnen zugewiesene Amt stellt ihren *Hauptberuf* dar, den sie in festgelegten Zeiten in eigens dafür eingerichteten Amtsstätten auszuüben haben. Sie besitzen *kein Eigentum an dem Amts- oder Betriebsvermögen,* haben eine *vorgezeichnete Laufbahn* vor sich und sind einer *einheitlichen Amtsdisziplin und Kontrolle* unterworfen (Weber 1972: 126f.).

Noch im späten 18. Jahrhundert trafen diese Merkmale der Bürokratie auf die Verwaltungen der absolutistischen Staaten nicht generell zu (Dipper 1991: 208ff.): Recht sprachen z.T. noch die Gutsherren. Nur für ganz wenige Beamtenlaufbahnen gab es Eingangsprüfungen oder bestimmte Eingangsvoraussetzungen, und wenn sie es gab, waren sie für Adelige nicht erforderlich. Viele Probleme wurden nicht nach vorgegebenen generellen

Regeln gelöst, sondern in Kollegien fallweise beraten. Die Beamten bezogen neben Geld- noch Naturalzahlungen; so war es bspw. in der Kurpfalz üblich, daß der Kurfürst dem Beamten "Besoldungsgüter" zuwies. Gebühren und "Sporteln" waren regelmäßig Teil der Einkünfte von Beamten mit Publikumsverkehr, was naturgemäß Willkür, Parteilichkeit und Korruption Tür und Tor öffnete. Die Zahlung von "Handsalben" an die Verwaltung galt als vollkommen normales Mittel zur Durchsetzung des eigenen Interesses.

Über die genannten hinaus weist die *Struktur* der Bürokratie vor allem folgende Merkmale auf (Weber 1972: 125ff., 551f., 559ff.):

- Es besteht eine "feste Verteilung der für die Zwecke des bürokratisch beherrschten Gebildes erforderlichen, regelmäßigen Tätigkeiten als amtlicher Pflichten" (Arbeits- teilung). Jedes Mitglied (insbesondere des Verwaltungsstabes) hat feste Zuständigkei- ten (Kompetenzen, Entscheidungsbefugnisse), d.h. einen sachlich abgegrenzten Be- reich von Leistungspflichten (ein *Amt* bzw. einen *Aufgabenbereich* oder eine *Stelle*) und die zur Erfüllung dieser Pflichten notwendige *Befehlsgewalt* (*Weisungsbefug- nisse*). Die Kompetenzen werden dabei nicht individuell und im Einzelfall auf die per- sönlichen Eigenschaften der Mitglieder hin konzipiert, sondern durch *Regeln* (Gesetze oder Verwaltungsreglements) *personenunabhängig und generell* festgelegt, und es werden solche *Personen* gesucht und *eingestellt*, die *aufgrund ihrer Ausbildung* geeig- net erscheinen, ein derart vorgegebenes Aufgabengebiet zu übernehmen. So wird eine Struktur geschaffen, in der einzelne Mitglieder ausgetauscht werden können, ohne daß sie geändert werden muß.

- Es gibt eine *Amtshierarchie* (einen Instanzenzug), "d.h. ein festgeordnetes System von Über- und Unterordnung ... unter Beaufsichtigung der unteren durch die oberen", um eine Abstimmung zwischen den einzelnen Aufgabenbereichen zu ermöglichen. Die Kompetenzen sind auch in dieser vertikalen Sicht voneinander abgegrenzt. Die obere Instanz verfügt nicht über das Recht, "die Geschäfte der 'unteren' einfach an sich zu ziehen". Ebenso sind die Befehlsgewalten fest verteilt und "in den ihnen etwa zuge- wiesenen ... Zwangsmitteln durch Regeln fest begrenzt". Treten Konflikte zwischen den Aufgabenbereichen auf oder überschreiten einzelne Aufgaben die Kompetenzen eines Bereiches, so wird die nächsthöhere Instanz eingeschaltet. Dahinter steht die An- nahme, daß höhere Instanzen nicht nur einen größeren Bereich überschauen, sondern zudem auch über höhere Qualifikationen verfügen, so daß sie in der Lage sind, durch Anweisungen die Aktivitäten zu ordnen. Schließlich sieht der hierarchische Instanzen- zug neben dem Befehlsweg auch einen festgeregelten Appellationsweg (Berufung und Beschwerden) von unten nach oben vor.

- Die Amtsführung (modern: Aufgabenerfüllung) erfolgt "nach generellen, mehr oder minder festen und mehr oder minder erschöpfenden, erlernbaren Regeln" in Form *technischer Regeln* oder *Normen*. Sie beziehen sich auf die mit den Leistungen zu er- zielenden Erfolge, die Festlegung von Kompetenzen und Verfahren zur individuellen Aufgabenerfüllung sowie auf den sog. Dienstweg, der Regelungen darüber enthält, wer mit wem kommunizieren darf oder muß. Die Anwendung dieser Regeln erfolgt durch Subsumption unter Normen oder durch Abwägung von Zielen und Mitteln.

- Die Aufgabenerfüllung beruht auf Schriftstücken (Akten). Neben der schriftlichen Fi- xierung der meisten Regeln (Kodifizierung der Verwaltungsordnung) wird vor allem die *"Aktenmäßigkeit"* aller Vorgänge betont. Die Kommunikation zwischen den ein- zelnen Mitgliedern erfolgt - über den Dienstweg - zumeist schriftlich durch Briefe, Formulare, Aktennotizen usw., und auch die individuellen Überlegungen zu einzelnen

Fragen und erst recht die getroffenen Entscheidungen sollen schriftlich festgehalten werden. Diese Akten, die aufzubewahren sind, sollen die Kontrollierbarkeit der in der Bürokratie vorgenommenen Maßnahmen und einen kontinuierlichen Fortlauf der Geschäfte bei einem Wechsel der Amtsinhaber sicherstellen.

Das Entscheidende ist, daß die Regeln, nach denen sich Bürokratien richten, "rational gesatzt" sind. Der Übergang von einem "System unverbrüchlicher, weil als heilig geltender Normen, deren Verletzung magische oder religiöse Übel im Gefolge hat" (Weber 1988a I: 270) zu einem System rational gesatzter Normen ist für Weber der entscheidende Schritt in die Moderne. "Denn überall fehlt ursprünglich der Gedanke: daß man Regeln für das Handeln, welche den Charakter für Recht besitzen, also durch 'Rechtszwang' garantiert sind, als Normen absichtlich schaffen könne, vollständig" (Weber 1972: 445).

Zu den *historischen Voraussetzungen* der Bürokratie gehört zunächst die Entwicklung der *Geldwirtschaft* und speziell die Herausbildung eines festen Steuersystems. Durch sie erst wurde eine Geldentlohnung und vor allem die Sicherung stetiger, fester Einkünfte für die Beamten möglich (Weber 1972: 556f.). Die *Ausweitung der Verwaltungsaufgaben* tritt hinzu. Neben machtpolitischen Bedürfnissen der Herrscher (stehendes Heer, entwickeltes Finanzwesen) sind es vor allem *wachsende kulturbedingte Ansprüche an den Staat,* die zu dieser Ausdehnung geführt haben (Weber 1972: 560): Aufgaben im Bereich der Justiz, des Schutzes der Ordnung (Polizei) und der Erziehung sowie vor allem "die mannigfachen sog. 'sozialpolitischen' Aufgaben, welche der moderne Staat teils von den Interessenten zugeschoben bekommt, teils, sei es aus machtpolitischen, sei es aus ideologischen Motiven, usurpiert" (Weber 1972: 516). In die gleiche Richtung wirken auch die mit der technischen Entwicklung entstandenen zweckmäßigerweise "gemeinwirtschaftlich zu verwaltenden Verkehrsmittel (öffentliche Land- und Wasserwege, Eisenbahnen, Telegraphen usw.)" (Weber 1972: 561).

Eine weitere Voraussetzung der Bürokratie besteht in der *"Konzentration der sachlichen Betriebsmittel"* in der Hand des Herrn" bzw. der Regierung (Weber 1972: 566, 825ff.). Der absolutistische Fürst schuf sich ein eigenes Heer, einen eigenen Verwaltungsapparat und eigene Finanzquellen und "expropriierte" damit die lokalen adeligen Herrscher, um dann wiederum durch den modernen Staat selbst enteignet und zum "Organ" herabgedrückt zu werden (Weber 1972: 574f.).

Auch die mit der Herausbildung der Bürokratie einhergehende *Rationalisierung des Rechts* kennzeichnet den Weg zum modernen Staat (Weber 1972: 387-513; Bendix 1964: 294ff.). Der Staat wird zur Quelle des gesamten positiven Rechts, indem er Rechtsnormen durch Entscheidungen selbst setzt. Zudem garantiert und erzwingt er notwendigenfalls die Einhaltung der Rechtsnormen. Das Recht wird berechenbar.

Weber zeigt *Parallelen zwischen der staatlichen Bürokratie und der modernen Kapitalwirtschaft* auf. Wie der moderne bürokratische Staat die politischen Sondergewalten expropriierte und eine "Konzentration" der Herrschaftsmittel und -rechte herbeiführte, so kam es im Wirtschaftssystem zu einer allmählichen Enteignung selbständiger Kleinproduzenten durch kapitalistische Großbetriebe (Weber 1988b: 321f., 510f., 1988d: 458f.). Der "fachgeschulten Beamtenorganisation" entspricht die *rationale Arbeitsorganisation* (Weber 1988a I: 8), die auf zwei aufeinander aufbauenden Prinzipien basiert: formell freie Arbeit und Rechenhaftigkeit im Sinne rationaler Kalkulation und Buchführung:

"Die Arbeiterkonzentration innerhalb der Werkstatt erfolgte zu Beginn der Neuzeit zum Teil noch durch Zwang: Arme, Obdachlose, Verbrecher wurden in die Fabrik gepreßt. ... Aber gerade im 18. Jahrhundert setzte sich überall der Arbeitsvertrag anstelle unfreier Arbeit durch. Er bedeutete: Ersparung an Kapital, indem der Kapitalbedarf für den Ankauf von Sklaven wegfiel; Abwälzung des Existenzrisikos auf den Arbeiter, während der Tod des Sklaven einen Kapitalverlust für den Herrn bedeutete; Wegfall der Sorge für die Reproduktion der Arbeiterschaft, während der Sklavenbetrieb an der Frage der familienmäßigen Reproduktion der Sklaven scheiterte; Möglichkeit rationaler Arbeitszerlegung, die nur nach rein technischer Zweckmäßigkeit fragt und, obwohl Vorläufer vorhanden waren, doch erst durch die Konzentration der Arbeit in der Werkstatt zum Grundsatz erhoben worden ist; endlich Möglichkeit exakter Kalkulation, die wiederum nur durch die Verbindung von Werkstatt und freier Arbeit geschaffen werden konnte" (Weber 1958: 159).

Staatliche Bürokratie und Kapitalismus bedingen sich gegenseitig:

"Die Forderung nach einer nach Möglichkeit beschleunigten, dabei präzisen, eindeutigen, kontinuierlichen Erledigung von Amtsgeschäften wird heute an die Verwaltung in erster Linie von seiten des modernen kapitalistischen Wirtschaftsverkehrs gestellt. Die ganz großen modernen kapitalistischen Unternehmungen sind selbst normalerweise unerreichte Muster straffer bürokratischer Organisation" (Weber 1972: 562).

Die *Bürokratie* ist *an Effizienz* anderen Formen der Verwaltung, etwa feudalen, ehren-, nebenamtlichen oder kollegialen *eindeutig überlegen*:

"Ein voll entwickelter bürokratischer Mechanismus verhält sich (im Vergleich zu anderen Formen der Verwaltung, d. Verf.) ... wie eine Maschine zu den nichtmechanischen Arten der Güterzeugung. Präzision, Schnelligkeit, Eindeutigkeit, Aktenkundigkeit, Kontinuierlichkeit, Diskretion, Einheitlichkeit, straffe Unterordnung, Ersparnisse an Reibungen, sachlichen und persönlichen Kosten sind bei streng bürokratischer ... Verwaltung durch geschulte Einzelbeamte gegenüber allen kollegialen oder ehren- und nebenamtlichen Formen auf das Optimum gesteigert. Sofern es sich um komplizierte Aufgaben handelt, ist bezahlte bürokratische Arbeit nicht nur präziser, sondern im Ergebnis oft sogar billiger als die formell unentgeltliche ehrenamtliche. ... Vor allem aber bietet die Bürokratisierung das Optimum an Möglichkeit für die Durchführung des Prinzips der Arbeitszerlegung in der Verwaltung nach rein sachlichen Gesichtspunkten, unter Verteilung der einzelnen Arbeiten auf spezialistisch abgerichtete und in fortwährender Übung immer weiter sich einschulende Funktionäre" (Weber 1972: 561f.).

Die Effizienz der Bürokratie beruht also zunächst auf ihrer *Maschinenartigkeit*. Das Netz der Behörden und die Aufgabenbereiche innerhalb einer Behörde, bis hinunter zu den einzelnen Stellen, können planvoll so konstruiert werden, daß Reibungsverluste minimiert werden. Die Mitglieder einer bürokratisch strukturierten Verwaltung sind "Paragraphen-Automaten", deren Arbeitsergebnis ebenso berechnet werden kann "wie man die voraussichtliche Leistung einer *Maschine* kalkuliert" (Weber 1988b: 322).

Ein weiterer Grund für die überlegene technische Effizienz der Bürokratie ist die in ihr verwirklichte *Arbeitsteilung*, die es ermöglicht, Arbeitsanforderung und Qualifikation - Spezialisierung - der Beamten aufeinander abzustimmen, und die zu einer Kumulierung des Fachwissens bei den jeweiligen Spezialisten führt.

Schließlich trägt zur Effizienz von Bürokratien weiterhin bei, daß den *Beamten jeglicher Eigensinn ausgetrieben* wird. Sie sind auf formalen Gehorsam festgelegt, der den einzelnen so handeln läßt, "als ob er den Inhalt des Befehls um dessen Selbst willen zur Maxime seines Verhaltens gemacht habe und zwar *lediglich* um des formalen Gehorsamsverhältnisses halber, ohne Rücksicht auf die eigene Ansicht über den Wert oder Unwert des Befehls als solchen" (Weber 1972: 123). Voraussetzung des formalen Gehorsams ist eine *umfassende Disziplinierung*: In der Bürokratie hat der Beamte die Amtsgeschäfte von seiner eigenen Person zu trennen; er ist zu "unbeirrter Sachlichkeit" angehalten.

2.5. Bürokratien als "stahlharte Gehäuse"

Ein *zentrales Kulturproblem der modernen Gesellschaft* resultiert nach Weber aus einem *Konflikt zwischen der Rationalisierung der Institutionen,* die u.a. zur Bürokratie und rationalen Arbeitsorganisation führte, und der *Rationalisierung auf der Ebene der praktischen Lebensführung* (Gabriel 1979: 37ff.).

Rationalisierung auf der Ebene der praktischen Lebensführung bedeutet: die Lebensführung methodisch und konsistent nach eigenen Wertorientierungen - nach freiem Ermessen - zu gestalten. "Freiheit verwirklicht sich für Weber ... in tätigem, selbstverantwortlichem Handeln in dieser (rationalisierten) Welt und zugleich in illusionsloser Distanz zu ihr, in tapferem Auf-Sich-Selbst-Stehen, in Wachheit, Bewußtheit, Entschiedenheit des Wollens, im beständigen Sich-Rechenschaft-Ablegen über Motive und Folgen des eigenen Tuns" (Abramowski 1966: 162). Der moderne Mensch hat sich der religiösen und traditionalen Fesseln entledigt, er ist ein rational planender und gestaltender Mensch geworden, "dem das eigene Schicksal durch die virtuose Handhabung rationaler Herrschafts-, Gesellschafts- und Wissenschaftstechnik in die Hand gegeben zu sein scheint. Er hat die Welt zu seinem 'Gegenstand' und 'Material' gemacht, um in souveräner Weise darüber zu verfügen" (Abramowski 1966: 162f.).

Der Rationalisierungsprozeß hat nun aber aus den Institutionen "stahlharte Gehäuse" werden lassen, die ein Eigenleben führen, die wuchern und sich verfestigen, die vom Mittel der Daseinsbewältigung zu selbständigen Zwecken werden. Sie engen den Bewegungsspielraum des Menschen ein, stellen seine Entscheidungsfreiheit und Selbstverantwortung in Frage. "Die der Rationalisierung des menschlichen Verhaltens entsprungene Rationalität der modernen Verhältnisse richtet sich gegen den Menschen selbst" (Abramowski 1966: 163).

Weber beklagt eindringlich, daß die Verfolgung des Prinzips der Rechenhaftigkeit in kapitalistischen Arbeitsorganisationen und in Bürokratien deren Entpersönlichung vorantreibt und damit ein selbstverantwortliches Handeln unmöglich macht:

"In den Privatbetrieben der Großindustrie sowohl wie in allen modern organisierten Wirtschaftsbetrieben überhaupt reicht die 'Rechenhaftigkeit', der rationale Kalkül, heute schon bis auf den Boden herunter. Es wird von ihm jeder Arbeiter zu einem Rädchen in dieser Maschine und innerlich zunehmend darauf abgestimmt, sich als ein solches zu fühlen und sich nur zu fragen, ob er nicht von diesem kleinen Rädchen zu einem größeren werden kann" (Weber 1988d: 413).

"Geronnener Geist ist ... jene lebende Maschine, welche die bürokratische Organisation mit ihrer Spezialisierung der geschulten Facharbeit, ihrer Abgrenzung der Kompetenzen, ihren Reglements und hierarchisch abgestuften Gehorsamsverhältnissen darstellt. Im Verein mit der toten Maschine ist sie an der Arbeit, das Gehäuse jener Hörigkeit der Zukunft herzustellen, in welche vielleicht dereinst die Menschen sich ... zu fügen gezwungen sein werden, wenn ihnen eine rein technisch gute und das heißt:

eine rationale Beamtenverwaltung und -versorgung der letzte und einzige Wert ist, der über die Art der Leitung ihrer Angelegenheit entscheiden soll" (Weber 1972: 835).

Doch nicht nur für ihre Mitglieder ist die Bürokratie ein stahlhartes Gehäuse, auch *die Außenstehenden,* die Bürger, stoßen sich an ihr, werden von ihr reglementiert. Das *persönliche Element* des individuellen Herrschers, sei es Gnade oder Willkür, wird in der Bürokratie bewußt ausgeschaltet und durch die Bindung der Verwaltung an formale Regeln ersetzt. Der einzelne Bürger, für den die Bürokratie "unentrinnbar" ist, verliert seine Abhängigkeit vom individuellen Herrscher bzw. den individuellen Mitgliedern des Verwaltungsstabes, gewinnt jedoch *keine Unabhängigkeit,* sondern wird in eine *neue Abhängigkeit von den formalen Regeln der Bürokratie und ihrer Handhabung* versetzt (Weber 1972: 128, 569, 834f.). Die als *Stärke der Bürokratie* gepriesene Sachlichkeit und Berechenbarkeit der Verwaltung erweisen sich aus der Sicht eines Teils der Interessenten zugleich als ihre größte *Schwäche.* Sachliche Erledigung dient letztlich nur bestimmten Interessen. Sachliche Erledigung, Erledigung "ohne Ansehen der Person ... ist auch die Parole des Marktes und aller nackt ökonomischen Interessenvertretungen überhaupt" (Weber 1972: 562). *Formale Gleichbehandlung ist nicht identisch mit einer ausgewogenen Berücksichtigung von Interessen:*

"Die 'Rechtsgleichheit' und das Verlangen nach Rechtsgarantien gegen Willkür fordern die *formale* rationale 'Sachlichkeit' der Verwaltung im Gegensatz zu dem persönlichen freien Belieben und der Gnade der alten Patrimonialherrschaft. Das 'Ethos' aber, wenn es in einer Einzelfrage die Massen beherrscht ..., stößt mit seinen am konkreten Fall und der konkreten Person orientierten Postulaten nach *materieller* 'Gerechtigkeit' mit dem Formalismus und der regelgebundenen kühlen 'Sachlichkeit' der bürokratischen Verwaltung unvermeidlich zusammen. ... Insbesondere ist den besitzlosen Massen mit einer formalen 'Rechtsgleichheit' und einer 'kalkulierbaren Rechtsfindung' und Verwaltung, wie sie die bürgerlichen Interessen fordern, nicht gedient" (Weber 1972: 565, 468f.).

"Die einer formalen Rechtsgleichheit entsprechende allgemeine 'Ermächtigung', daß 'jedermann ohne Ansehen der Person' beispielsweise eine Aktiengesellschaft gründen ... dürfe, bedeutet natürlich in Wahrheit die Schaffung einer Art von faktischer 'Autonomie' der *besitzenden* Klassen als solcher, die ja allein davon Gebrauch machen können" (Weber 1972: 419).

"Das formale Recht eines Arbeiters, einen Arbeitsvertrag jeden beliebigen Inhalts mit jedem beliebigen Unternehmer einzugehen, bedeutet für den Arbeitsuchenden praktisch nicht die mindeste Freiheit in der eigenen Gestaltung der Arbeitsbedingungen und garantiert ihm an sich auch keinerlei Einfluß darauf. Sondern mindestens zunächst folgt daraus lediglich die Möglichkeit für den auf dem Markt Mächtigeren, in diesem Fall normalerweise den Unternehmer, diese Bedingungen nach seinem Ermessen festzusetzen, sie dem Arbeitsuchenden zur Annahme oder Ablehnung anzubieten und - bei der durchschnittlich stärkeren ökonomischen Dringlichkeit seines Arbeitsangebots für den Arbeitsuchenden - diesem zu oktroyieren" (Weber 1972: 439).

Ein Problem der Bürokratie ist auch, daß sie eine gewisse *Eigengesetzlichkeit* entwickelt und in ein *Spannungsverhältnis zum Organisationsherrn* treten kann. Genau die Eigenschaften, die die Überlegenheit der Bürokratie gegenüber jeder anderen Form der Verwaltung begründen, können dazu führen, daß aus dem Mittel ein Zweck an sich wird. Vor allem die "Überlegenheit des berufsmäßig Wissenden" (Weber 1972: 572), das im Amt erworbene Fach- und Dienstwissen, versetzt die Beamtenschaft in die Lage, sich der politischen Steuerung zu entziehen und eigene Interessen zu verfolgen: "Stets ist die Frage, wer *beherrscht* den bestehenden bureaukratischen Apparat? Und stets ist seine Beherrschung dem *Nicht*-Fachmann nur begrenzt möglich: der Fach-Geheimrat ist dem Nicht-Fachmann als Minister auf die Dauer meist überlegen in der Durchsetzung seines Willens" (Weber 1972: 128f.).

2.6. Wege aus den "stahlharten Gehäusen"

Weber schlägt als Ausweg aus dem durch die Bürokratie heraufbeschworenen Dilemma vor: *An die Spitze der bürokratischen Stäbe sollen charismatische Führer und an die Spitze der Industriebetriebe selbstverantwortliche Unternehmer gestellt werden.* Der aus freier Eigenverantwortung handelnde Führer soll auf der Basis persönlicher Wertvorstellungen der gesellschaftlichen Entwicklung die Richtung weisen und verhindern, daß der bürokratische Apparat, dessen er sich bedient, ein Eigenleben entwickelt (Mommsen 1982: 50). (Neuerdings wird wieder - aus den gleichen Gründen, die Weber dazu veranlaßten - nach dem charismatischen Topmanager gerufen; z.B. Bass 1986.)

Dem Parlament traut Weber diese Rolle des Widerparts gegen die Bürokratie nicht zu. Die Bürokratisierung der Parteien und das Vordringen der plebiszitären Demokratie hat nämlich den Abgeordneten von "einem 'Herren' des Wählers zum Diener der *Führer der Parteimaschine"* (Weber 1972: 124) werden lassen. Das Parlament ist nicht mehr der Diskussionsort unabhängiger Persönlichkeiten, vielmehr bindet der Fraktionszwang den Abgeordneten weitgehend an die von den Führern der "Maschine" vorweg getroffenen Entscheidungen. Die Reden eines Abgeordneten sind im allgemeinen "keine persönlichen Bekenntnisse mehr, noch viel weniger Versuche, die Gegner umzustimmen. Sondern sie sind amtliche Erklärungen der Partei, welche dem Lande 'zum Fenster hinaus' abgegeben werden ... Die Parteien haben ihre Spezialexperten für jede Frage, wie die Bürokratie ihre zuständigen Beamten" (Weber 1988b: 344).

Die Massendemokratie hat zur Folge, "daß der politische Führer nicht mehr aufgrund der Anerkennung ... im Kreise einer Honoratiorenschicht zum Kandidaten proklamiert, dann kraft seines Hervortretens im Parlament zum Führer wird, sondern daß er das Vertrauen und den Glauben der Massen an sich und also seine Macht mit massendemagogischen Mitteln gewinnt" (Weber 1988b: 393). Weber sieht dies im Grunde positiv: als eine "cäsaristische" Form der Führerauslese. Und er definiert die "plebiszitäre" oder *"Führerdemokratie"* als "eine Art der charismatischen Herrschaft, die sich unter der *Form* einer vom Willen der Beherrschten abgeleiteten und nur durch ihn fortbestehenden Legitimität verbirgt" (Weber 1972: 156). "Im großen Parteiführer der Gegenwart sieht Weber das Charisma, das wir in seiner genuinen Form bereits in der Gestalt des Propheten ... kennengelernt haben, in institutionalisierter und verfassungsmäßig gebändigter Form wiederaufleben" (Abramowski 1966: 156). Der plebiszitäre Führer hat sich jedoch an die "Spielregeln" des parlamentarischen Systems zu halten. Die amerikanische Verfassung ist nach Weber geeignet, charismatische Führer hervorzubringen; das englische Parlament schätzt er jedoch als stärker und eher geeignet ein, den charismatischen Führer in Schranken zu halten (Mommsen 1982: 65). Er plädiert in seinen politischen Schriften für eine Direktwahl des Reichspräsidenten (Mommsen 1982: 53).

In seiner berühmten Rede "Politik als Beruf" macht Weber auch deutlich, welche "innere charismatische Qualität" den echten charismatischen Führer vom bloßen Demagogen unterscheidet: die Tugenden der Leidenschaft, des Augenmaßes und des Verantwortungsgefühls; leidenschaftliche, dienende Hingabe an die politische Aufgabe, Augenmaß für die in der gegebenen Situation liegenden Möglichkeiten und Risiken, besonders aber Verantwortungsbewußtsein, ohne das alles politische Tun und Machtstreben leer und sinnlos ist (Weber 1988b: 545ff.).

Dennoch: Wie Hitler und das Dritte Reich später zeigen, ist *Webers kaum eingeschränkte Bejahung des emotionalen, demagogischen Elements im Kampf um Wählerstimmen nicht unproblematisch*:

> "Wenn man ... die Aufgabe und Fähigkeit zur Setzung gesellschaftlicher Werte allein den großen Massenführern zuschreibt und es ihnen freistellt, sich ihre Massengefolgschaft mit massendemagogischen Mitteln zu schaffen, dann ist eine klare Abgrenzung demokratischen Führertums gegenüber dem 'Führerprinzip' faschistischen Musters nicht mehr gewährleistet" (Mommsen 1982: 68).

Die Erfahrung mit faschistischen Herrschaftsformen hatte Weber freilich noch nicht.

> "Will man Webers cäsaristischer Variante der demokratischen Idee gerecht werden, so muß man sie in ihrem geschichtlichen Zusammenhang sehen. Weber erwartete eine Gefahr für die Freiheit des europäischen Menschen nicht von 'charismatischen Revolutionen', sondern von der Erstarrung der sozialen Beziehungen und des politischen Betriebs im Gefolge der zunehmenden Rationalisierung und Bürokratisierung der Gesellschaft, ein Prozeß, der nach seiner Ansicht schon in sein kritisches Stadium getreten war" (Mommsen 1982: 68; s.a. Schluchter 1998).

Im Prinzip weist eine personalistische Form demokratischer Herrschaftsausübung jedoch auch einige *Vorteile* auf: eine geringere Anfälligkeit gegenüber inneren Krisen, besonders gegenüber der Parteizersplitterung, einen engeren, unmittelbareren Kontakt der Regierung mit den breiten Massen des Volkes als im reinen Kabinettsystem, eine geringere Abhängigkeit von pressure groups (Mommsen 1982: 70).

2.7. Würdigung

2.7.1. Zur Methode

Weber will über ein "Verstehen" des sozialen Handelns zu seiner "Erklärung" vorstoßen:

> "Soziologie ... soll heißen: eine Wissenschaft, welche soziales Handeln deutend versteht und dadurch in seinem Ablauf und seinen Ursachen ursächlich erklären will" (Weber 1972: 1).

In Übereinstimmung mit Dilthey *lehnt* Weber einen *Methodenmonismus* ab (Rossi 1986). Die "Erkenntnis der *Wirklichkeit* in ihrer ausnahmslos und überall vorhandenen qualitativ-charakteristischen Besonderung und Einmaligkeit" ist derjenigen der Wissenschaften entgegengesetzt, die die Absicht haben, "durch ein System möglichst unbedingt allgemeingültiger Begriffe und Gesetze, die extensiv und intensiv unendliche Mannigfaltigkeit des empirischen Gegebenen zu ordnen" (Weber 1988c: 4f.).

Weber will soziales Handeln deutend verstehen, indem er den *Sinn* erforscht, der diesem Handeln zugrunde liegt (Käsler 1979: 176). Dies soll vor allem dadurch erreicht werden, daß die Handlung in einen "Zusammenhang" gestellt wird, d.h. "einen uns verständlichen *Sinnzusammenhang* gewinnt (rationales Motivationsverstehen)".

"'Erklären' bedeutet also für eine mit dem Sinn des Handelns befaßte Wissenschaft so viel wie: Erfassung des Sinnzusammenhangs, in den, seinem subjektiv gemeinten Sinn nach, ein aktuell verständliches Handeln hineingehört" (Weber 1972: 4).

Weber spricht vom "subjektiv gemeinten Sinn" und macht so deutlich, daß dieser Sinn "weder der sein muß, der das aktuelle Handeln *tatsächlich* bestimmt, noch daß das Individuum sich über seine 'wirklichen', für sein Handeln *tatsächlich* wirkungsvollen Motive *bewußt* sein muß" (Käsler 1979:176; s.a. Lindner 1989: 361).

Letztlich muß man auf externe Determinanten, gesellschaftliche Normen bspw., rekurrieren, wenn man herausfinden will, welche Motive das Handeln eines Individuums geleitet haben könnten. In den meisten Fällen kann man den Handelnden ja nicht befragen. Weber sah das im Prinzip auch schon so. Um den subjektiven Sinn erschließen zu können, muß man nach Weber die gesellschaftlichen Sinnzusammenhänge kennen, die alle *intersubjektiv* verbindlichen, d.h. "gültigen", Sinn- und Wertsetzungen einer Gesellschaft beinhalten, an denen sich einzelne Handelnde und Gruppen orientieren. Auch der (vermeintlich) subjektive Sinn ist ein sozialer, d.h. ein am gesellschaftlichen Sinnzusammenhang orientierter und vermittelter.

"Das für die verstehende Soziologie spezifisch wichtige Handeln nun ist im speziellen ein Verhalten, welches

1. dem subjektiv gemeinten Sinn des Handelnden nach auf das *Verhalten anderer* bezogen,

2. durch diese seine sinnhafte Bezogenheit in seinem Verlauf *mitbestimmt* und also

3. aus diesem (subjektiv) gemeinten Sinn heraus verständlich *erklärbar* ist"
(Weber 1988c: 429).

Sinn ist für Weber immer ein Sinn, über den sich die Handelnden aus den situativen Bedingungen heraus verständigen können.

Sinn ist aber auch in den Weltbildern in objektivierbarer Weise enthalten. Und schließlich kann Sinn auch funktional für andere, zunächst nicht gemeinte Zusammenhänge sein, ohne daß diese Übertragung vom Handelnden intendiert sein muß.

"Betrachtet man bspw. die Weberschen Untersuchungen zur Kulturbedeutung des Protestantismus, so lassen sich dort alle diese Varianten ablesen. Der Protestantismus kann in diesen Studien als die untersuchte 'Sinnwelt' aufgefaßt werden, in der Handelnde und miteinander interagierende Individuen und Gruppen subjektive Sinnentwürfe und Handlungsprojekte zu realisieren suchen. Dieses derart bestimmte, 'sinnhafte' Handeln seinerseits war funktional für die Entstehung des Kapitalismus. Nur dadurch konnte ein bestimmter religiöser Sinn den Kapitalismus so stark beeinflussen, daß er dieser Wirtschaftsform als funktional adäquat ('sinnhaft adäquat') wirkte. Die religiöse Sinnwelt war der kapitalistischen Wirtschaftsordung funktional und umgekehrt; die Vermittlungsebene war, wie wir sahen, das soziale, 'sinnhafte' Handeln einzelner und von Gruppen" (Käsler 1979: 177 f.).

Soweit Webers Konzept des "Verstehens". Wie verknüpft er nun aber "Verstehen" und "Erklären"?

Ein zu erklärendes Ereignis muß mit einem vorhergegangenen Ereignis in einen kausalen Zusammenhang gebracht werden, und dies bringt "die Aussscheidung einer Unendlichkeit von Bestandteilen des wirklichen Herganges als 'kausal irrelevant'" mit sich (Weber 1988c: 273). Für die Auswahl schlägt Weber ein *Gedankenexperiment* vor: Die Zurechnung eines Ereignisses zu seinen "Ursachen", d.h. zu vorhergehenden Ereignissen, die wir von einem besonderen Gesichtspunkt aus für kausal relevant halten, "vollzieht sich in Gestalt eines Gedankenprozesses, welcher eine Serie von *Abstraktionen* enthält"; und unter diesen ist "die erste und entscheidende ... nun eben die, daß wir von den tatsächlichen kausalen Komponenten des Verlaufs eine oder einige in bestimmter Richtung abgeändert *denken* und uns fragen, ob unter den dergestalt abgeänderten Bedingungen des Hergangs der (in den 'wesentlichen' Punkten) gleiche Erfolg oder *welcher andere* 'zu erwarten gewesen' wäre" (Weber 1988c: 273).

Dieses Verfahren "bedeutet zunächst jedenfalls die Schaffung von - sagen wir ruhig - *Phantasiebildern* durch Absehen von einem oder mehreren der in der Realität faktisch vorhanden gewesenen Bestandteile der 'Wirklichkeit' und durch die denkende Konstruktion eines in Bezug auf eine oder einige 'Bedingungen' abgeänderten Herganges" (Weber 1988c: 275; s.a. Albrow 1990: 135ff.).

"Um ... zu einem kontrollierbaren 'Verstehen' und 'Erklären' gelangen zu können, führt Weber den idealtypischen Grenzfall der *vermeintlichen*, d.h. hypothetischen, Geltung absoluter Zweck- und Richtigkeitsrationalität ein, d.h. er unterlegt die Frage, wie denn gehandelt worden *wäre*, wenn diese Rationalität gegolten *hätte*. Ein derartiges 'Verstehen' fragt dann nicht nur nach dem subjektiv gemeinten Sinn des oder der Handelnden, sondern mißt zugleich den *Grad der Abweichung* von einem konstruierten 'Richtigkeitstyp' "(Käsler 1979: 179).

"Richtigkeitstypen" sind *Idealtypen*, welche soziale Phänomene nicht "abbilden", dennoch für ihre Untersuchung unerläßlich sind. Begriffe wie "Kapitalismus" oder "Stadtwirtschaft", oder auch "Imperialismus", "Feudalismus", "Merkantilismus" usw. sind Idealtypen, die "durch abstrahierende Zusammenfassung dessen, was *mehreren* konkreten Erscheinungen gemeinsam ist" (Weber 1988c: 193) gewonnen werden. Es sind "Hypothesen" über die Wirklichkeit:

"*Ob* es sich um reines Gedankenspiel oder um eine wissenschaftlich fruchtbare Begriffsbildung handelt, kann *a priori* niemals entschieden werden; es gibt auch hier nur einen Maßstab: des Erfolges für die Erkenntnis konkreter Kulturerscheinungen in ihrem Zusammenhang, ihrer ursächlichen Bedingtheit und ihrer *Bedeutung*. Nicht als Ziel, sondern als *Mittel* kommt mithin die Bildung abstrakter Idealtypen in Betracht" (Weber 1988c: 193).

Die Erklärungsfähigkeit der Kulturwissenschaften hängt von der "'Fruchtbarkeit' der in Erfahrungsregeln übersetzten Interpretationsperspektiven (ab). In der Tat drücken diese wohl eine Regelmäßigkeit des Verhaltens aus, die empirisch festgestellt werden kann, es sind aber keine eigentlichen 'Gesetze'" (Rossi 1986: 41).

Sie sind aber auch nicht bloß heuristische Technik, d.h. Technik, die einen auf bisher unerkannte Zusammenhänge aufmerksam macht (Mommsen 1982: 217). Sie müssen mit empirischer Evidenz untermauert werden können. Jedes verstehende bzw. denkende Verfahren bedient 'sich selbstredend ... fortwährend der 'Kontrolle' durch 'Erfahrung' in *logisch* gleichem Sinn wie die Hypothesen der 'Naturwissenschaften'" (Weber 1988c: 428).

In Webers Methode ist somit der *Gegensatz zwischen Verstehen und Erklären* im Prinzip *aufgehoben*: "'Verstehen' ... und 'Erfahren' ... sind ... keine Gegensätze, denn jedes 'Verstehen' setzt (psychologisch) 'Erfahrung' voraus und ist (logisch) nur durch Bezugnahme auf 'Erfahrung' als geltend demonstrierbar" (Weber 1988c: 115).

Das Zusammenspiel von Erklären und Verstehen hat Weber in seinen eigenen empirischen Arbeiten überzeugend demonstriert (Schmidt 1980).

2.7.2. Kritik an der Protestantismus-These

Kaum eine andere sozialwissenschaftliche Analyse hat ein so großes Echo - häufig auch ein kritisches - gefunden wie Webers Arbeiten zum Einfluß der puritanischen Ethik auf den Geist des Kapitalismus. Die Diskussion setzt sich bis in unsere heutige Zeit fort. Mit der noch zu seinen Lebzeiten aufkommenden Kritik hat sich Weber temperamentvoll auseinandergesetzt - und letztlich keinen Satz zurückgenommen (zu Kritik und Antikritik s. Weber 1982). Für ihn waren die vorgebrachten Einwände bestenfalls Mißverständnisse, die er in späteren Auflagen seiner protestantischen Ethik in Form von Fußnoten ausräumte (Abramowski 1966: 39 ff.).

So wurde etwa der Einwand erhoben, *Gewinnstreben* habe es *schon lange vor dem Auftreten puritanischer Sekten* gegeben. Der "kapitalistische Geist" ist jedoch gerade nicht mit Gewinnstreben schlechthin gleichzusetzen, das "zu allen Epochen aller Länder der Erde, wo die objektive Möglichkeit dafür gegeben war" zum Vorschein kam (Weber 1984: 12). Wesentlich für Weber ist die *asketische Disziplinierung des urwüchsigen Erwerbstriebes*, seine Einbettung in eine "rationale Lebensführung". Genau diese Haltung unterschied den puritanischen Geschäftsmann von früheren Geschäftemachern.

Weiter wurde Weber kritisch entgegengehalten, die asketischen protestantischen Sekten hätten Reichtum nicht weniger stark verdammt als Luther und somit dem Profitstreben, auch in gemäßigter Form, eigentlich keinen Vorschub leisten können. Dieser Einwand zielt an Webers Analyse vorbei. Er will ja gerade zeigen, "wie *trotz* der 'antimammonistischen' *Lehre* doch der Geist dieser asketischen *Religiosität* ... den ökonomischen Rationalismus geboren hat, weil sie das Entscheidende: die, asketisch bedingten, rationalen *Antriebe* prämiierte. Darauf allein kommt es ja an und eben dies ist ja doch die Pointe des hier Vorgetragenen" (Weber 1984: 246, Anm. 198). Die Herausbildung einer ökonomisch rationalen Lebensführung ist eine *unbeabsichtigte und unvorhergesehene Folge* einer konsequenten Disziplinierung des religiösen Strebens nach Seelenheil. Insoweit gehen auch Vorwürfe ins Leere, Weber habe das "Wesen" der calvinistischen Theologie verkannt (Kraus 1930; Strauss 1956). Ernstzunehmender ist in diesem Zusammenhang vielleicht die neuerdings vorgetragene Kritik, Weber habe übersehen, daß die Prädestinationslehre im anglo-amerikanischen Calvinismus aufgeweicht worden sei und somit von ihr kaum ein starker, auf eine innerweltliche Askese gerichteter Druck ausgegangen sein könne. Die Kronzeugen des Calvinismus, die Weber bemühe, hätten im übrigen eher eine periphere Bedeutung gehabt (Dickson/McLachlan 1989; MacKinnon 1988; Zaret 1992; Davies 1992).

Auch hat Weber den *asketischen Protestantismus nie als den alleinigen oder auch nur als den zentralen kausalen Faktor des Kapitalismus angesehen*, was ihm ebenfalls vorgeworfen wurde:

"Daß die bloße Tatsache der konfessionellen Zugehörigkeit eine bestimmte Entwicklung ökonomischer Art derart rein aus dem Boden stampfen könnte, daß baptistische Sibirier unvermeidlich zu Großhändlern, calvinistische Bewohner der Sahara zu Fabrikarbeitern würden - diese Meinung wird man mir nicht imputieren wollen" (Weber 1982: 30; s.a. Segre 1989).

Für Weber ist das Auftreten des kapitalistischen Geistes nur eine, wenn auch eine wichtige Facette eines umfassenden Rationalisierungsprozesses, an dem nicht nur Wirtschaft und Religion beteiligt sind, sondern auch Staat, Gesellschaft, Recht, Technik, Wissenschaft und Kunst, die untereinander wiederum in vielfältigen Wechselbeziehungen stehen.

Schließlich wurde noch die Frage aufgeworfen, ob der Calvinismus auf die Entstehung des Kapitalismus *überhaupt einen Einfluß kausaler Art* gehabt habe. Drei Argumente werden ins Feld geführt:

(1) Nicht der asketische Protestantismus habe den Kapitalismus begünstigt, sondern umgekehrt, der Kapitalismus den Protestantismus: Hart arbeitende, energische und erfolgreiche Geschäftsleute hätten versucht, ihrem Gewissen und ihrem Lebensstil eine moralische Rechtfertigung zu geben, indem sie sich dem asketischen Protestantismus zuwandten.

(2) Die höheren Leistungen der asketischen Protestanten ließen sich nicht durch ihre Religion erklären, sondern durch ihren gesellschaftlichen Status als verfolgte Minderheit, der ihnen den Zugang zur Universität oder zum Staatsdienst verschlossen und sie in den Kommerz gedrängt hätten, wo sie dank eines engen Zusammenhalts und angestachelt durch den Wunsch, aus ihrer geächteten Stellung herauszukommen, besonders erfolgreich gewesen seien.

(3) Ein Zusammenhang zwischen Calvinismus und geschäftlichem Erfolg ließe sich empirisch nicht nachweisen.

Das dritte Argument kann schnell zurückgewiesen werden. Empirische Untersuchungen zeigen, daß in denjenigen Gebieten Deutschlands, Frankreichs und Englands, in denen Anhänger asketischer protestantischer Sekten siedelten, der wirtschaftliche Fortschritt besonders ausgeprägt war (Landes 1983: 36). Das zweite Argument steht nicht notwendigerweise im Widerspruch zu Webers Analyse, in der nicht explizit ausgeschlossen wird, daß durch einen Minderheitenstatus erzeugte Verhaltensdispositionen die religiös bedingten verstärken.

Eigentlich hat Weber überhaupt *keinen kausalen Zusammenhang* postuliert, und somit greift auch das erste Argument nicht. Er fragt lediglich: "ob und inwieweit religiöse Einflüsse bei der qualitativen Prägung und quantitativen Expansion jenes 'Geistes' über die Welt hin *mit*beteiligt gewesen sind und welche konkreten *Seiten* der auf kapitalistischer Basis ruhenden Kultur auf sie zurückgehen" (Weber 1984: 77). Damit nimmt Weber nicht mehr, aber auch nicht weniger an als eine "Wahlverwandtschaft" zwischen "gewissen Formen des religiösen Glaubens und der Berufsethik" (Dülmen 1988: 92). Die Annahme, daß Calvinismus und Kapitalismus sich *gegenseitig* bedingten, widerspricht Webers Argument nicht.

2.7.3. Kritik an Webers Analyse der Bürokratie

Webers These von der zunehmenden Beschneidung individueller Handlungsspielräume, von der Verhinderung eines selbstverantwortlichen rationalen Handelns in den stahlharten Gehäusen rationaler Institutionen, hat *breite Zustimmung* in den Sozialwissenschaften gefunden (Haferkamp 1989). So beklagen Gerth/Mills (1946: 50, 73) in Übereinstimmung mit Weber, daß Technik und Bürokratie aus den Menschen kleinlaute Typen gemacht haben, denen jeglicher Mut, jegliche Spontanität und Phantasie fehlen. Webers Analyse aufgreifend und mit marxistischen Konzepten in Verbindung bringend, registriert Marcuse (1967) die Ausbildung einer totalitären, uniformen Massengesellschaft. Sein "eindimensionaler Mensch" der technokratischen Gesellschaft des "Fachmenschentums" ist ein vereinheitlichtes Wesen, dessen Bewußtsein und Handeln von den verfestigten bürokratischen Strukturen verengt und ausgerichtet ist. In neueren *Theorien der Entfremdung* werden Elemente der Theorien Webers und Marx', die in ihren Analysen der *Auswirkungen* des Kapitalismus nicht so weit auseinanderliegen wie in der Analyse seiner Entstehung, in Verbindung gebracht (Israel 1985; Löwith 1973).

Auch Habermas (1981b: 449ff.) greift Webers These auf, indem er ausführt, daß der Individualismus zweckrationale Systeme entstehen ließ, die nun den Individualismus selbst aufheben. Die Systemwelt greift in die "Lebenswelt" über, "kolonisiert" diese.

Sehr anschaulich schildert Ritzer (1995) die "MacDonaldisierung der Gesellschaft": Nach dem Diktat der Rationalisierung essen wir genormtes Essen in genormten Restaurants, wohnen in Siedlungen mit genormten Häusern, haben vorbereitetes Essen à la MacDonald im Kühlfach, machen Urlaub in Feriendörfern, in denen die Zerstreuung professionell organisiert ist, zappen uns durch Fernsehprogramme, in denen standardisierte Spiele- und Talkshows geboten werden. Das Entfalten von Initiative wird von uns nicht mehr gefordert.

Webers These stimmt sicherlich auch mit unserer *Alltagserfahrung* überein. Daß man mitunter kaum eine Chance hat, sich gegen staatliche oder privatwirtschaftliche Bürokratien durchzusetzen, haben viele von uns schon am eigenen Leibe erfahren; wir hören es auch von anderen und werden mit solchen Schicksalen in Fernsehspielen und Romanen (Schwenger 1984; Bosetzky 1980; Richartz 1976; Kafka 1926) konfrontiert. Den "idealistischen" Sozialarbeiter, der versucht, sich eigenverantwortlich an selbstgewählten Werten zu orientieren und an der Bürokratie eines Sozialamtes scheitert, weil er erfahren muß, daß die Vorschriften die Probleme nicht wirklich lösen, aber auch er seine eigenen Vorstellungen nicht durchsetzen kann, können wir uns gut vorstellen. Vielleicht mutiert er zum zynischen oder zum peniblen Bürokraten, der in der Anwendung der Regeln letztlich eine Möglichkeit sieht, sich vom Problemdruck zu befreien - die anonymen Regeln übernehmen die Funktion von Sündenböcken; vielleicht scheidet er auch aus dem Sozialamt aus und wählt einen anderen Beruf.

Andererseits ist aber auch offensichtlich, daß *Individualität und Kreativität mit der Entwicklung der Bürokratie eher zugenommen hat* - auch schon zu Webers Zeit (Haferkamp 1989). In Unternehmungen und auch in öffentlichen Verwaltungen kam und kommt es laufend zu Innovationen, deren Urheber keine charismatischen Persönlichkeiten sind, sondern "ganz gewöhnliche" Mitarbeiter.

Auch in Kunst und Wissenschaft, die beide nach Weber ebenfalls einer zunehmenden Bürokratisierung unterliegen, hat die Individualisierung zugenommen. Die Kunstszenen sind außerordentlich lebendig; laufend werden neue Stile kreiert, selbst da, wo Kunst in Bürokratien - in Akademien etwa oder in Museen - verwaltet wird. In den modernen Wissenschaften ist eine Vielzahl von miteinander konkurrierenden Theorien auszumachen (man denke nur an die Organisationstheorien). "In der *Wissenschaft* geht heute alles, und dies ist anerkannte Lehrmeinung. Es wird für Hedonismus plädiert" (Haferkamp 1989: 478).

Selbst in politischen Organisationen werden Freiräume ständig ausgebaut und in Anspruch genommen: "So geht das Verweigern von militärischen Handlungen in vielfältiger Form vor sich: von der verbliebenen Bereitschaft zum Dienst in Sanitätskompanien bis hin zum Totalverweigern. Über alle diese Handlungen wird ernsthaft diskutiert und Gerichtsverfahren sind anhängig, in denen ihre Rechtmäßigkeit geprüft wird" (Haferkamp 1989: 476).

Organisationen setzen zwar dem individuellen Handeln stets Grenzen, diese werden aber - von gelegentlichen Rückbildungen, die durch politische Verwerfungen bedingt sind, abgesehen - immer weiter hinausgeschoben. Vor allem weil unser Verlangen nach Freiheit in und von Organisationen ständig zunimmt, stoßen wir uns immer noch an diesen Grenzen - und unsere Kinder werden sich an den inzwischen noch weiter hinausgeschobenen Grenzen stoßen -, was uns dann vielleicht in Erstaunen versetzen wird, denn verglichen mit unserer Situation werden sie größere Freiheiten gewonnen haben.

Müssen wir aus dieser Argumentation den Schluß ziehen, daß Webers Charakterisierung der Beziehung zwischen Organisation und Individuen falsch ist?

Sie ist vielleicht unvollständig. Luhmann (1975a: 203ff., 1972: 68ff.) führt in seiner auf Weber aufbauenden Analyse des Verhältnisses zwischen Individuum und Organisation neue Aspekte ein (Gabriel 1979). Für ihn ist wesentlich, daß *Person und Organisation im Laufe der Zeit zunehmend entkoppelt* wurden (dazu mehr in Kap. 5 und 8) . So sind *Organisationen nicht darauf angewiesen* - und diese Folge hat die Entkopplung u.a. -, *daß sich ihre Mitglieder mit den Organisationszielen identifizieren.* Organisationen können ihre Ziele auch erreichen, wenn sich die Mitglieder lediglich durch Anreize wie Geld, Aufstiegsmöglichkeiten sowie professioneller Anerkennung ihrer Leistung in eng umrissenen Aufgabenbereichen an die Organisation gebunden fühlen. *Organisationsmitglieder sind nur partiell in die Organisation eingebunden*, was auch u.a. darin zum Ausdruck kommt, daß sie *gleichzeitig in mehreren Organisationen Mitglied* sein können. Organisatorische Rollen gestatten *Rollendistanz*, und diese puffert gewissermaßen Organisation und Individuum gegeneinander ab.

Greifen wir, um das Gemeinte deutlich zu machen, noch einmal das Beispiel des Sozialarbeiters auf. Wenn er mit den bürokratischen Vorschriften und Strukturen nicht einverstanden ist, kann er seine abweichende Meinung gegenüber den Betroffenen und seinen Vorgesetzten zum Ausdruck bringen. Da er nur partiell in die Organisation eingebunden ist, kann er sich auch noch zusätzlich in privaten Initiativen zur Unterstützung sozial Unterprivilegierter engagieren; er kann an die Öffentlichkeit herantreten (solange er nur Unzulänglichkeiten des Systems und nicht konkrete Mißstände seines Amtes anprangert, kann ihm das nicht als Illoyalität ausgelegt werden), er kann versuchen, seine konträren Auffassungen in einer Partei zur Geltung zu bringen usw. Daß er mit allen diesen Bemühungen letzten Endes vielleicht doch keinen Erfolg hat, ist in diesem Zusammenhang nicht das Entscheidende. Entscheidend ist vielmehr, daß die *moderne Organisationsgesellschaft dem Menschen vielfältige Möglichkeiten bietet, sein Handeln an eigenen Wertvorstellungen auszurichten, so daß er seine Identität den Ansprüchen der Organisation gegenüber verteidigen und aufrechterhalten kann.* Vor allem der Umstand, daß er gleichzeitig in mehreren Organisationen aktiv sein kann, erlaubt ihm dies; er *kann seinen Individualismus u.a. in der Wahl der verschiedenen Organisationsmitgliedschaften zum Ausdruck bringen.* Stellen wir uns zwei Angestellte einer Chemieunternehmung vor. Der eine ist aktives Mitglied bei den Grünen, bei Greenpeace und in der Gewerkschaft; der andere ist in der FDP, im Verband der Akademischen Chemiker und im Golfclub engagiert. Sagen diese unterschiedlichen Spektren von Mitgliedschaften nicht viel über die Wertorientierungen dieser Individuen aus?

"Die Mitgliedschaftsrolle ... (verhindert) ein Ausgreifen des Sozialsystems auf die Gesamtpersönlichkeit der Teilnehmer und sichert sie vor totalen Ansprüchen des Systems. ... Die Formalisierung der Mitgliedschaft eröffnet einen Toleranzbereich, in dem eine Selbstdarstellung als Person und die Entwicklung einer persönlich-individu-

60

ellen Verhaltenslinie in Grenzen möglich wird. ... Was sie (die Mitgliedschaftsrolle, d. Verf.) normiert, ist lediglich die Pflicht zur sozialen Darstellung von Konsens und Unterwerfung unter die Formalstruktur ... Entfremdet erscheint dann für Luhmann gerade derjenige, der sich gegen die strukturellen Vorkehrungen trotzdem an das System verliert, indem er sich mit ihm identifiziert" (Gabriel 1979: 108).

Darüber hinaus haben Organisationen auch Mechanismen ausgebildet, um mit abweichenden Meinungen in den Reihen ihrer Mitglieder umzugehen, was sich etwa in der Institutionalisierung der Mitbestimmung oder im Wandel der Führungsstile von eher autoritären zu kooperativen zeigt.

Eine mehr oder minder starke Identifikation mit dem System kommt vor, wird aber nicht vorausgesetzt. (Interessant in diesem Zusammenhang ist jedoch, daß Unternehmungen neuerdings durch "Unternehmenskultur" versuchen, eine stärkere wertorientierte Einbindung ihrer Mitarbeiter herbeizuführen; Kieser 1991.)

Entfaltung der Persönlichkeit und Organisation sind also für Luhmann *kein Widerspruch*: Im Gegenteil: Organisationen haben sich so entwickelt und können zunehmend so ausgestaltet werden, daß der Person Spielräume für eigenständiges Handeln bleiben. Neu entstehende Organisationen und Gruppierungen bieten immer mehr Möglichkeiten für multiple Mitgliedschaften. Diese Entwicklung war jedoch zu Webers Zeit noch nicht so stark ausgeprägt wie heute. Beamte und Angestellte waren damals zu einer wesentlich strikteren Loyalität verpflichtet.

Eine *andere Frage* ist freilich, *ob die Freiheiten, die die zweckrational gestaltete Systemwelt der Person bietet, eine geeignete Ausgangsbasis darstellen, um die immer dringenderen ungelösten Probleme der "menschlichen Lebenspraxis" zu lösen*: Welthunger, Entwicklungsgefälle, kriegerische Auseinandersetzungen und atomare Selbstvernichtung, Zerstörung von Umwelt und ganzheitlicher Lebensqualität durch den ökonomisch-technischen Fortschritt (Ulrich 1986: 22). Das Unvermögen der zweckrationalen Institutionen, "Steuerungskrisen" (Habermas 1981b: 565ff.), die in den genannten Problemen zum Ausdruck kommen, bewältigen zu können, war ja die zentrale Sorge Webers. Diese Problematik besteht weiter fort:

"Die Wiederherstellung des Primats der Lebenswelt vor übermächtigen und zunehmend eigensinnigen Prozessen der Systemrationalisierung ist heute ... die fundamentale Herausforderung für die fortgeschrittenen Industriegesellschaften" (Ulrich 1986: 387).

Indessen, auf charismatische Führer setzen die heutigen Gesellschaftswissenschaftler ihre Hoffnungen nicht mehr. Die *Lösung* wird eher in der *Schaffung von "praktischen Kommunikationsmöglichkeiten"* gesehen, *die eine Verständigung zwischen Gestaltern und Betroffenen über vernünftige Lösungen ermöglichen* (siehe Kap. 1). Maßnahmen dazu schließen Änderungen der Unternehmungsverfassung in Richtung auf eine "demokratische Verständigungsordnung" und eine "kommunikative Rationalisierung des Managements" mit ein (Ulrich 1986: 341ff.).

2.7.4. Weiterentwicklungen

Kritik an Weber resultiert häufig aus einem *Mißverständnis* (Mayntz 1971): Empirisch orientierte Soziologen interpretierten Webers Idealtyp der Bürokratie nicht als ein Instrument, das *Verstehen* fördern soll, sondern als Beschreibung der Wirklichkeit. Und dann stellten sie in empirischen Untersuchungen fest, daß reale Bürokratien dem Idealtyp nicht entsprechen. Obwohl auf einem Mißverständnis beruhend, erwies sich diese Kritik als äußerst fruchtbar. Sie führte dazu, daß die idealtypische Beschreibung in Hypothesen transformiert wurde, die sich besser als der Idealtyp mit der Empirie konfrontieren lassen.

Im einzelnen sind es drei Argumente, die Weiterentwicklungen ausgelöst haben (ausführlich Müller 1978):

(1) Bürokratische Organisationen weisen in der Wirklichkeit *vielfältige Variationen* auf und können daher durch einen Einheitstyp nicht zutreffend charakterisiert werden.

(2) Die bürokratische Organisationsform ist *nur unter bestimmten Bedingungen technisch effizient*; Webers Effizienzhypothese muß daher situativ relativiert werden.

(3) Jede bürokratische Organisation weist auch *dysfunktionale Wirkungen* auf, die die technische Effizienz beeinträchtigen.

Zu (1): Differenzierung des Bürokratiebegriffs

Empirische Analysen von Organisationen zeigten, daß die von Weber herausgestellten Strukturprinzipien in verschiedenen Organisationen unterschiedlich stark ausgeprägt sind. Während es Weber auf diese Variationen nicht ankam, da er die bürokratische Herrschaft von anderen, früheren Herrschaftsformen abgrenzen wollte, wurden diese Abweichungen für solche Organisationssoziologen wichtig, die vergleichende Analysen von öffentlichen Verwaltungen oder Unternehmungen anstrebten.

Die Merkmale der Bürokratie, von Weber als Konstanten formuliert, wurden zu *Variablen* umdefiniert und operationalisiert. Mit Hilfe von Skalen kann nun ermittelt werden, wie stark Arbeitsteilung, Regelgebundenheit, Aktenmäßigkeit usw. ausgeprägt sind (Pugh et al. 1963: 291; Hall 1962, 1963; Udy 1959).

Als nächstes nahmen sich Organisationsforscher der Frage an, ob diese *Strukturmaße miteinander korrelieren*. Eine hohe Korrelation würde darauf schließen lassen, daß Bürokratisierung nur eine Dimension darstellt; Organisationen wären dann mehr oder minder bürokratisch.

Als erster zeigte Udy (1959), daß Variablen zur Kennzeichnung von Organisationsstrukturen kaum miteinander korrelieren. Später wurden diese Ergebnisse vor allem von der Forschergruppe um Pugh bestätigt (Pugh/Hickson 1976). D.h., es gibt nicht nur mehr oder minder stark bürokratisierte Organisationen, sondern sehr unterschiedliche Arten von Organisationen.

Zu (2): Situative Relativierung der Effizienzhypothese

Diese Ergebnisse warfen nun folgende Frage auf: Auf welche Einflußfaktoren sind unterschiedliche Ausprägungen der Merkmale von Organisationsstrukturen zurückzuführen? Es wurde darauf hingewiesen, daß Webers Hypothese von der technischen Effizienz der bürokratischen Organisationsform nur unter ganz bestimmten Bedingungen gelte und daher situativ relativiert - auf die Bedingungen, in denen sich Organisationen befinden - zurückgeführt werden müsse. So argumentierte etwa Litwak (1961: 121), "daß es unterschiedliche Organisationsmodelle gibt, deren jeweilige Effizienz von der Natur der Arbeit und den jeweiligen Aufgaben, die auszuführen sind, abhängt". Er stellt dem Bürokratiemodell ein alternatives Strukturmodell gegenüber, in dem bürokratische Regeln weitgehend durch offene zwischenmenschliche Kooperation substituiert sind. Er argumentiert, daß das Bü-

62

rokratiemodell nur dann effizient sei, wenn eine Organisation *gleichförmige Aufgaben* zu bewältigen habe (z.B. Fließbandfertigung von Massengütern, öffentliche Verwaltung). Bei ungleichförmigen Aufgaben erweist sich seiner Ansicht nach das alternative Modell als effizienter, da es wesentlich weniger starr ist und eine Anpassung an sich ändernde Aufgabenstellungen erlaubt. Er zeigt auch, daß die meisten Organisationen es gleichzeitig mit gleichförmigen und ungleichförmigen Aufgaben zu tun haben (z.B. Laboruntersuchungen und chirurgische Operationen in einem Krankenhaus, Fertigung und Forschung in einem Industriebetrieb) und daher in einzelnen Teilbereichen das eine Modell, in anderen jedoch das andere Modell angebracht ist. Solche Überlegungen mündeten in den *Situativen Ansatz*, mit dem wir uns in Kapitel 6 beschäftigen.

Zu (3): Dysfunktionale Wirkungen bürokratischer Organisationen

Studien zu den dysfunktionalen Auswirkungen der Bürokratie konzentrieren sich auf die öffentliche Verwaltung. Dysfunktionale Wirkungen lösen häufig "Circuli vitiosi" - Teufelskreise - aus: Versuche, Dysfunktionen zu beseitigen, verstärken diese, anstatt sie zu beseitigen; die verschärfte Dysfunktion intensiviert die das Gegenteil erreichenden Versuche ihrer Bekämpfung ....

Merton (1940) bezweifelt generell, daß Bürokratien effizient sind. Ihre Effizienz wird vor allem durch ihre *Starrheit* in Frage gestellt. Die von den Verwaltungsbeamten geforderte Genauigkeit und Zuverlässigkeit in der Anwendung von Regeln bewirken, daß *Regeln, die als Mittel zum Zweck gedacht waren, zum Selbstzweck werden*. Wenn die Regeln nicht mehr adäquat sind, weil sich die Anforderungen an die Bürokratie gewandelt haben, halten sich die Beamten um so buchstabengetreuer an sie, um die erwartete Kritik mit dem Argument kontern zu können: "Wir haben die Regeln genau beachtet". Hinzu kommt, daß die Beamten eine Gruppensolidarität entwickeln, die notwendige Veränderungen der Bürokratie zusätzlich erschwert.

Selznick (1943) zeigt auf, wie *Abteilungen* sich *eigene Ziele* setzen, die den Zielen der Bürokratie zuwiderlaufen können. Werden neue Abteilungen eingerichtet, um diesen Tendenzen entgegenzuwirken, werden nur zusätzliche Abteilungsziele und damit zusätzliche Konflikte geschaffen.

Crozier (1964: 187ff.) sieht die Ursache dysfunktionaler Wirkungen der Bürokratie vor allem in *Machtkämpfen*. Treten in Bürokratien Störungen auf, weil aufgrund geänderter Anforderungen an die Bürokratie die Regeln nicht mehr adäquat sind, so nutzen die Beamten diese Schwierigkeiten in aller Regel aus, um ihre Position zu stärken. Diese Machtkämpfe erschweren eine problemadäquate Anpassung der Regeln an die geänderten Umweltanforderungen:

> "Die Rigidität bei der Aufgabendefinition, Aufgabenanordnung und im Netz der zwischenmenschlichen Beziehungen bedingt eine mangelhafte Kommunikation mit der Umwelt ebenso wie unter den verschiedenen Gruppen selber. Die sich ergebenden Schwierigkeiten führen nicht zu einer Anpassung des Organisationsmodells, sondern werden von Einzelnen und Gruppen dazu benutzt, ihre Positionen im Machtkampf innerhalb der Organisation zu verbessern. So kommt es zu neuem Druck nach Unpersönlichkeit und Zentralisierung, weil dies die einzige Lösung des Problems ist, persönliche Privilegien zu erhalten und auszubauen" (Crozier 1964: 194).

Weitere Dysfunktionen und Circuli vitiosi in Stichworten:

Schwerfälligkeit und Langsamkeit durch Aktenmäßigkeit: Die geforderte schriftliche Fixierung aller Vorgänge verursacht Kosten und irritiert die Entscheider, die sich durch Aktenberge durcharbeiten müssen. Viele schriftliche Informationen sind kurz nach ihrer Fixierung bereits überholt (Luhmann 1972: 194 f.).

Stellenvermehrung: Abteilungsleiter entwickeln eine Neigung, zur Steigerung des eigenen Machtpotentials und ihrer Entlohnung die Zahl der ihnen zugeordneten Stellen über das Notwendige hinaus zu vermehren. In Verbindung mit der Unübersichtlichkeit der Information führt dieses Streben auch dazu, daß überflüssig gewordene Stellen nicht oder nicht zügig abgebaut werden. Mit der Aufgabe, diese Entwicklung einzudämmen, werden neue Stellen betraut, die die Ursachen der Stellenvermehrung jedoch nicht außer Kraft setzen können.

Tendenz zum Übermaß an Vorschriften: Vorschriften beeinträchtigen die Entscheidungsfreude. "Immer wiederholte Hinweise auf Paragraphen führen zu engherziger Anwendung der Bestimmungen. Schließlich werden die Beamten so *bürokratisch*, daß sie selbst auf angebliche Unvollständigkeiten der Vorschriften hinweisen..." (Couvé 1955: 49). Überschüssige Präzisionsarbeit wird für Beamte leicht zur "Lebensaufgabe"; sie verschafft ihnen Sicherheit und schützt sie vor Neuerungen, die mit Belastungen verbunden sind. Die Folge sind immer detailliertere Vorschriften, die sich grundlegenden Änderungen immer hartnäckiger widersetzen.

Konflikte zwischen Spezialisten und Bürokraten: Bürokratien kommen nicht mehr ohne Spezialisten aus. Diese fühlen sich an bürokratische Regeln weniger stark gebunden als die Bürokraten. Ihr Einsatz erzeugt deshalb Konflikte, die weniger den Sachfragen als der Verteidigung von Machtpositionen dienen (Scott 1971: 207 ff.):

> "So findet man zuweilen an den merkwürdigsten Stellen einen Aufwand an Scharfsinn, Argumenten und Begründungen, der vom Problem her kaum verständlich ist, sondern als Auswurf eines langen Stellungskrieges entstand" (Luhmann 1972: 367).

Die Beseitigung solcher Dysfunktionen ist das Ziel von Reformen der Verwaltung. Als Kritik an Webers Konzept der Bürokratie können sie nicht herhalten. Weber wollte lediglich zeigen, daß Bürokratien effizienter sind als Verwaltungsformen, die ihnen vorausgingen. Und nichts lag ihm ferner, als eine Managementlehre zur Erhöhung der Effizienz von Verwaltungen abzufassen.

An die Stelle des Klassenkampfes sollte und
muß endlich die Klassenverständigung treten
und das Taylorsystem weist einen angenehmen und gangbaren Weg dorthin.

Gustav Winter

Sklaven von Pedanten zu sein - welch ein
Schicksal für die Menschheit!

Michail Bakunin

3. Managementlehre und Taylorismus

Alfred Kieser

3.1. Managementlehre als Lehre von der "guten Praxis"

Eine bestimmte Art der Managementlehre gibt es, seit sich die Menschen bewußt mit der
Gestaltung von Arbeit beschäftigen. Ihr liegt die folgende "Methode" zugrunde: *Man identifiziert gute, d.h. bewährte, Praxis und versucht, diese in Regeln zu fassen, damit andere
sie ebenfalls verwirklichen können.* So entstehen *Leitfäden für Praktiker.*

Frederick Taylor "verwissenschaftlichte" die Managementlehre, indem er "bewährte" Praxis nicht nur identifizierte und in Regeln kleidete, damit sie die Unternehmer auf breiter
Front umsetzen konnten, sondern sie um eine Methode zur Optimierung der Organisation
anreicherte. Sein Ansatz übte einen ungeheuren Einfluß auf die Organisationsgestaltung
aus, der bis heute anhält, auch wenn er heftig kritisiert wurde.

3.1.1. Beispiele aus vier Jahrtausenden

Das älteste bekannte Beispiel eines "Management-Leitfadens" stammt aus dem *Alten
Ägypten*, in dem der Bau der Pyramiden große organisatorische Probleme aufwarf (Wren
1987: 12ff.; George 1972: 4ff.). So schätzt man, daß über 100.000 Männer 20 Jahre lang
mit dem Bau der Cheopspyramide beschäftigt waren. Die Planungs-, Transport- und Per-
sonalverwaltungsaufgaben, die in den Händen der Militärbürokratie lagen, müssen im-
mens gewesen sein. Ungefähr 2700 v. Chr. hielt Ptah-hotep, ein Wesir des Königs Issi,
bewährte Praktiken auf Papyrusrollen fest, um sie späteren Generationen überliefern zu
können. Im Jahre 2000 v. Chr. wurde dieser Leitfaden neu aufgelegt und noch 1500 v.
Chr. als Lehrbuch in Schulen verwendet. In ihm findet sich etwa die folgende Regel:

> "Solltest Du einer von denen sein, an den Petitionen herangetragen werden, so höre Dir
> in Ruhe an, was der Antragsteller zu sagen hat. Weise ihn nicht zurück, bevor er sich
> enthüllen konnte und bevor er gesagt hat, weswegen er gekommen ist. ... Es ist nicht
> notwendig, daß alle seine Bitten gewährt werden, aber gutes Zuhören ist Balsam für
> das Herz" (George 1972: 6).

In modernen Texten zur Personalführung lassen sich ähnliche Formulierungen finden.
Auch Regeln zur Gestaltung eines hierarchischen Leitungssystems, über die Art, in der

Planung und Kontrolle durchgeführt werden sollen, und über das Anlegen von Akten sind in altägyptischen Texten nachzuweisen (George 1972: 6 ff.).

Eine organisatorische Aufgabe außerordentlichen Umfangs war auch die Verwaltung des ausgedehnten *Chinesischen Reiches der Choudynastie* (1122-249). Etwa um 1100 v. Chr. wurde ein Handbuch zur Verwaltung des Reiches herausgegeben, das Anweisungen für alle öffentlichen Ämter enthielt. Die Anweisungen für das höchste Amt, den Premierminister, lauten etwa (George 1972: 12):

> "Acht Methoden sind ihm an die Hand gegeben, um das Land zu regieren: Die erste ist der Ritus und der Gottesdienst zur Kontrolle der Gesinnung des Volkes (heute würde man sagen: die Unternehmenskultur, A.K.), die zweite der Einsatz von Statuten und Regeln zur Kontrolle der Oberbeamten, die dritte Entlassung und Einstellung zur Kontrolle der unteren Beamten. Die vierte Bezüge und Status zur Kontrolle der Gelehrten, die fünfte Steuern und Zuschüsse zur Kontrolle der Ressourcen, die sechste Zeremonien und Bräuche, um die Volksmassen zu kontrollieren, die siebte Bestrafung und Belohnung, um die Stärke des Landes zu demonstrieren, die achte Landwirtschaft und andere Beschäftigungen, um das Volk zu erhalten."

Regeln zur Organisation oder *Organisationsprinzipien* betreffen häufig die *Arbeitsteilung* (Friedmann 1956). Bereits im *Alten Griechenland* waren bestimmte Arbeiten so stark geteilt, daß für den einzelnen Arbeiter nur wenige Handgriffe übrigblieben. Für diese wurde ein bestimmter Rhythmus festgelegt, der den Arbeitern durch Flötenmusik und Gesang vorgegeben wurde. Aber nicht nur das Arbeitstempo wurde durch die Musik festgelegt; der Text des Gesangs beschrieb auch die einzelnen Operationen (Glotz 1926: 272ff.). *Zeit- und Bewegungsstudien* und das Fließband mit festen Taktzeiten hatten hier ihre Vorläufer. Eine anschauliche Schilderung der Vorteile der Spezialisierung findet sich in Platons Politeia (1958: 107f.):

> "Soll ... zum Beispiel der Ackermann als einer Nahrung für viere herbeischaffen und vierfache Zeit und Mühe wenden auf die Hervorbringung des Getreides und es dann den andern mitteilen oder, um diese sich nicht kümmernd, nur für sich allein den vierten Teil dieses Getreides ziehen in dem vierten Teil der Zeit, von den übrigen dreien aber einen auf den Bau des Hauses verwenden, einen andern, um sich Kleidung, noch einen, um sich Schuhe zu machen, sondern allein für sich selbst das Seinige alles verrichten? Vielleicht ... ist wohl das erste leichter als das andere, ... denn ... jeder einzelne (ist) dem andern nicht sehr ähnlich geartet ..., sondern von Natur verschieden und jeder zu einem anderen Geschäft geeignet. ... (Der) Ackersmann ... wird sich nicht selbst den Pflug machen können, wenn er recht gut sein soll, noch auch die Hacke und die andern zum Ackerbau gehörigen Werkzeuge. Ebensowenig der Baumeister, und auch dieser bedarf vielerlei. Desgleichen der Weber und der Schumacher?"

Im *Mittelalter* wurden organisatorische Regeln vor allem in Klöstern verfaßt. So gab es Regeln zur Einrichtung zweckmäßiger Hierarchien, zur Prognose des Verbrauchs an Rohstoffen, zur Einrichtung von Projektorganisationen für besondere Vorhaben und Arbeitsteilung in Werkstätten (Kieser 1987b). Außerhalb des Klosters, in den Zünften, herrschte jedoch die Auffassung vor, daß die traditionelle Art der Arbeit die einzig legitime sei. Die in Regeln festgehaltene "gute Praxis" war also nicht die ökonomisch effiziente, sondern die durch Tradition geheiligte.

Im *Merkantilismus* setzte sich dann jedoch die Auffassung durch, daß der "Volkswohlstand" durch Eingriffe in die Wirtschaft, durch die Gründung von Arbeitshäusern und Manufakturen etwa, gesteigert werden könne. Diese Grundüberzeugung fand ihren Niederschlag in Managementleitfäden. Im Jahr 1676 gab der "Projektemacher" - heute würde man ihn Unternehmensberater nennen - Krafft eine Schrift mit dem Titel "Ein Beyspiel ... wohlgemeinter ... Projecte, um fleißige Arbeiter zu Manufakturen zu bekommen und denen fleißigen Armen zu helfen" heraus, in der sich folgende Regel zur Arbeitsteilung findet:

"Denn in einer Manufaktur wird eigentlich Waare, die aus vielerley Arbeit oder Theilen besteht, in großer Menge, schönster Feine und Accuratesse, und in kurtzer Zeit zum Handel und Verkehr von allerhand Arbeitern, unter der Direction eines oder etlicher verfertigt, davon jede Art von Arbeitern, z.B. bey einer Gewehr-Fabrique, eine Arbeit und ein Stück nach einer gewißen Vorschrift allein machet, sich darauf besonders leget, eine besondere Fertigkeit und Übung darinne erlanget, und also eine eintzige Arbeit und ein eintziges Stück ... in der möglichsten Schönheit herfür bringet. Eine andere Sorte macht wieder eine andere dazu gehörige Arbeit, und ein ander Stück auf gleiche Weise, u.s.f. Endlich passen einige alle Stücke zusammen, oder sie appretiren endlich die gantze Waare, biß alles zur Vollkommenheit gebracht ist. Und das heißt eigentl. eine Manufactur, die in einer rechten Anstalt zu ihrem Zweck mit vielen Leuten auf- und eingerichtet ist" (Krafft 1676, zitiert in Forberger 1958: 5).

Hundert Jahre später zeigte Adam Smith in seiner "Untersuchung über das Wesen und die Ursachen des Volkswohlstandes" (1908/20; 1776 in England erschienen) die Vorteile der Arbeitsteilung anhand des Beispiels einer Stecknadelmanufaktur in etwas eleganteren Formulierungen, aber mit im wesentlichen den gleichen Argumenten auf:

"Einer zieht den Draht, ein anderer richtet ihn, ein dritter schrotet ihn ab, ein vierter spitzt ihn zu, ein fünfter schleift ihn am oberen Ende, damit der Kopf angesetzt werden kann; die Verfertigung des Kopfes erfordert zwei oder drei verschiedene Verrichtungen; das Ansetzen desselben ist ein eigenes Geschäft, das Weißglühen der Nadeln ein anderes; ja sogar das Einstecken der Nadeln in Papier bildet ein Gewerbe für sich. So ist das wichtige Geschäft der Stecknadelfabrikation in ungefähr 18 verschiedene Verrichtungen geteilt, die in manchen Fabriken alle von verschiedenen Händen vollbracht werden, während in anderen ein einziger Mensch zwei oder drei derselben auf sich nimmt. Ich habe eine kleine Fabrik dieser Art gesehen, wo nur zehn Menschen beschäftigt waren, und manche daher zwei oder drei verschiedene Verrichtungen zu erfüllen hatten. Obgleich nun diese Menschen sehr arm und darum nur leidlich mit den nötigen Maschinen versehen waren, so konnten sie doch, wenn sie sich tüchtig daran hielten, ... täglich über 48000 Nadeln machen. ... Hätten sie dagegen alle einzeln und unabhängig gearbeitet und wäre keiner für dies besondere Geschäft angelernt worden, so hätte gewißt keiner 20, vielleicht nicht eine Nadel täglich machen können" (Smith 1908: 7f.).

Dieser Effekt war nach Smith vor allem drei Ursachen zuzuschreiben:

"erstens der gesteigerten Geschicklichkeit von jedem einzelnen Arbeiter, zweitens der ersparten Zeit, welche gewöhnlich bei dem Übergange von einer Arbeit zur andern verloren geht, und endlich der Erfindung zahlreicher Maschinen, welche die Arbeit erleichtern und abkürzen, und einen Mann in Stand setzen, die Arbeit vieler zu verrichten" (Smith 1908: 10).

Als dann in England die Industrielle Revolution einsetzte, entstand ein Bedarf an Managementleitfäden zur Gestaltung der neuartigen Fabriken (Berg 1980: 182ff.). In seinem 1835 erschienenen Buch "The Philosophy of Manufactures" stellte Ure die folgenden Regeln zur Organisation der Arbeit und zur Stellenbesetzung auf:

"Das Prinzip des Fabriksystems ist es, das Geschick des Arbeiters durch mechanische Wissenschaft zu ersetzen und den Arbeitsprozeß in seine wesentlichen Bestandteile zu zerlegen, um eine Arbeitsteilung zwischen den Arbeitern herbeizuführen. In der handwerklichen Fertigung war die mehr oder weniger qualifizierte Handarbeit gewöhnlich das teuerste Element der Fertigung. ... In der automatischen Werkstatt wird die angelernte Arbeit mehr und mehr verdrängt und wird schließlich durch reine Maschinen-Aufseher ersetzt.

Aufgrund der Unzuverlässigkeit der menschlichen Natur kommt es vor, daß gerade die geschicktesten Arbeiter die eigensinnigsten und die am schlechtesten zu führenden sind. Demzufolge sind sie auch die am wenigsten passenden Bestandteile eines mechanischen Systems, in dem sie durch gelegentliche Irregularitäten dem Ganzen großen Schaden zufügen können.

Das größte Ziel des modernen Manufakturiers ist es deshalb, durch die Vereinigung von Arbeit und Wissenschaft die Aufgaben dieser Arbeiter auf die Ausübung von Handfertigkeit und Wachsamkeit zu reduzieren - Fähigkeiten, die, wenn sie auf einige Handgriffe konzentriert werden können, bei Kindern schnell zur Perfektion gebracht werden können" (Ure 1835: 20ff.).

1832 (4. Aufl., 1835!) hatte der Mathematiker Babbage seinen Leitfaden "On the Economy of Machinery and Manufactures" herausgebracht. Er wies zunächst auf einen Vorteil der Arbeitsteilung hin, den Smith übersehen hatte, nämlich:

"Daß, nachdem das Werk in mehrere Prozesse geteilt ist, deren jeder verschiedene Grade von Geschicklichkeit oder Stärke erfordert, der Fabrikherr sich in den Stand versetzt sieht, von beiden Eigenschaften genausoviel in Anspruch zu nehmen, als jeder Prozeß verlangt; wenn dagegen ein einziger Arbeiter das Werk vollenden sollte, so müßte er so viel Geschicklichkeit und so viel Kraft besitzen, daß er einerseits dem schwierigsten und andererseits dem mühsamsten der verschiedenen Prozesse gewachsen wäre" (Babbage 1835: 175).

Die Personalkosten können also gesenkt werden, wenn für die verschiedenen Tätigkeiten unterschiedlichen Schwierigkeitsgrades genau die jeweils benötigte Qualifikation gekauft wird. Dieses Gestaltungsregel wurde das *Babbage-Prinzip* genannt.

Wie Ure hebt er die disziplinierende Wirkung von Maschinen hervor:

"Einer der merkwürdigsten Vorteile, die wir den Maschinen verdanken, besteht in der Sicherstellung, die sie uns gegen die Unachtsamkeit, Trägheit oder Spitzbüberei der Arbeiter gewähren" (Babbage 1835: 54).

Babbage widmete sich auch der *Organisation der Verwaltung:*

"Wir haben bereits erwähnt, daß die Teilung der Arbeit, was einigen unserer Leser vielleicht paradox erscheinen dürfte, sich mit gleichem Erfolg und gleicher Zeitersparnis auf geistige Operationen anwenden läßt" (Babbage 1835: 191).

Er demonstriert dies anhand des Problems, logarithmische und trigonometrische Tafeln zu berechnen. Mit herkömmlichen Techniken kann ein Mensch zu seinen Lebzeiten mit dieser Aufgabe nicht fertig werden. Babbage schlug nun das folgende Verfahren vor (1835: 191ff.): Die ganze Berechnungsarbeit ist zweifach nebeneinander durchzuführen, damit Rechenfehler mit einer großen Wahrscheinlichkeit aufgespürt und ausgemerzt werden können. Drei Arbeitsgruppen sind für jeden Berechnungsprozeß einzurichten. Die erste Gruppe sollte aus einigen der führenden Mathematiker bestehen und die Aufgabe haben, das am besten geeignete Berechnungsverfahren zu entwickeln. Die zweite Gruppe sollte etwa acht Personen mit guten mathematischen Kenntnissen umfassen, die das Verfahren in Berechnungsformulare umsetzen und die Durchführung des Arbeitsprozesses insbesondere im Hinblick auf Fehler überwachen. Die dritte Gruppe schließlich, bestehend aus 60 bis 80 Personen, fast ohne arithmetische Kenntnisse, sollte nichts anderes als einfache Additionen oder Substraktionen ausführen, und das Ergebnis in Formularen festhalten, die dem Berechnungsgang entspechend vorbereitet waren.

In Deutschland erschienen die ersten Managementleitfäden für Fabrikanten nach 1870 als Reaktion auf eine Wirtschaftskrise, in der Ineffizienzen schmerzlich spürbar wurden (Kocka 1969). Besonders die *Organisation der Verwaltung* scheint größere Probleme aufgeworfen zu haben, denn ihr vor allem widmen sich diese Leitfäden. Der "ingenieurhafte" Ansatz, mit dem Ure und Babbage an die Organisation der Fertigung herangingen, kommt nun auch bei der Gestaltung der Verwaltung zum Tragen: Die Autoren sind Techniker oder Personen, die mit Technik und Technikern zu tun hatten, und sie fordern, daß die Verwaltung maschinengleich - berechenbar - gemacht werden soll:

> "Ein industrielles Geschäft ist am besten mit einer Uhr zu vergleichen, bei der ein Rad ins andere eingreift und die zuletzt dem Eigenthümer auch zeigt, was die Glocke geschlagen. Die Arbeit des Verwalters gleicht ganz derjenigen des Uhrenmachers, der das Räderwerk einzurichten, in Gang zu setzen und zu reguliren hat" (Bourcart 1874: 16).

Eine solche Berechenbarkeit kann durch *Formalisierung* - die schriftliche Fixierung der Verwaltungsvorgänge - erreicht werden. Diese reduziert die Abhängigkeit von den Privatbeamten, wie Bourcart (1874: 101) betont:

> "Die Angestellten, die Gehülfen wechseln, ein Verwalter folgt dem anderen; aber das Geschäft soll nicht darunter leiden, das Erfahrene nicht vergessen, seinen Gang fortgehen und immer verbessern. Dazu gehört eine gute Tradition, und diese einzuführen, ist keine Kleinigkeit. - Die Tendenz der Angestellten ist: unentbehrlich zu werden, wenn sie auch nicht mehr nützen. Der Angestellte bewirkt diess, indem er Alles im Kopfe behält und nichts bucht; er weiss dann Alles, und ohne ihn geht es gar nicht mehr. Aus diesem Grunde ist es wichtig, dass die Tradition einer Fabrik durch die Buchung geregelt und verstärkt werde.
>
> Stirbt oder geht morgen ein Angestellter fort, so läuft das Geschäft dann dennoch seinen ruhigen Gang fort.
>
> Deswegen ist das schriftliche Verfahren in der Industrie von so grosser Wichtigkeit."

Die ersten Management-Leitfäden der deutschen Industrialisierung waren also vor allem *Anleitungen für eine umfassende und zweckmäßige Formalisierung*. Sie beschreiben die einfache und doppelte Buchhaltung, die Anlage von Fakturbüchern, Bestellbüchern, Korrespondenzbüchern, Personalien-Büchern, Kalkulationsbüchern, Registraturbüchern, Rezept- und Geheimnisbüchern, Kundenbüchern, Zeitgebrauchbüchern, Materialbedarfsbüchern, Statistiken usw. (Nyhoegen 1908; Schmidt 1901; Tolkmitt 1894; Roesky 1878; Bourcart 1874). Abbildungen illustrieren ausführlich, wie diese Bücher oder entsprechende Karteien anzulegen sind. Hinweise auf Druckereien, die Vordrucke liefern, werden gegeben. Es mangelt auch nicht an praktischen Hinweisen, wie man Ordnung in das System der vielen Bücher bringen und gleichzeitig eine Geheimhaltung wichtiger Unterlagen sicherstellen kann. Auszüge aus der Gewerbeordnung sind ebenso enthalten wie Verhaltensregeln für die "erste Hülfe bei Unglücksfällen" (Nyhoegen 1908: 128). Daß diese

Managementleitfäden zum Teil mehrmalige hohe Auflagen erreichten, deutet darauf hin, daß sie sich in Praxis und Ausbildung einer großen Beliebtheit erfreuten.

Etwas mehr Systematik brachte der Franzose Henri Fayol (1841-1925), ebenfalls Ingenieur, in die Managementlehre ein. In seinem Buch "Administration Industrielle et Générale" (1916) formulierte er 14 "Prinzipien": (1) Arbeitsteilung, (2) Autorität, (3) Disziplin, (4) Einheit der Auftragserteilung, (5) Einheit der Leitung, (6) Unterordnung des Einzelinteresses unter das allgemeine Interesse, (7) gerechte Entlohnung, (8) Zentralisation, (9) hierarchische Organisation, (10) Ordnung, (11) ausgleichende Gerechtigkeit, (12) Firmentreue der Mitarbeiter, (13) Initiative, (14) Gemeinschaftsgeist. Unter diesen Überschriften finden sich etwa folgende Regeln (1916: 21):

"Für eine Verrichtung jedweder Art darf der Angestellte nur von einem Leiter Befehle empfangen.

Dieses ist die Regel für die 'Einheit der Auftragserteilung'; sie ist von allgemeiner und dauernder Notwendigkeit. ... Wird sie verletzt, so wird die Autorität geschwächt, die Disziplin gefährdet, die Ordnung gestört und die Stabilität bedroht."

"Unter Disziplin (versteht man) die Achtung vor den festgelegten Vereinbarungen, die sich äußert in Gehorsam, Dienstbeflissenheit, Tätigkeit und den äußeren Zeichen der Achtung. Sie verpflichtet sowohl den höchsten Leiter als auch den niedrigsten Arbeitnehmer.

Die wirksamsten Mittel, sie herzustellen und zu erhalten sind:

1. geeignete Leiter in allen Posten,

2. klare und billige Dienstordnungen,

3. gerechte Anwendung der Sanktionen."

Und zu den Sanktionen heißt es dann:

"Das Interesse der Unternehmung gestattet nicht, die Anwendung gewisser Sanktionen, die geeignet sind, gegen die Disziplin verstoßende Handlungen zu verhindern oder ihre Häufigkeit zu verringern, zu vernachlässigen. Die Erfahrungen und der Takt des Leiters haben sich bei der Auswahl der Art und des Grades der Sanktionen zu bewähren; diese können sein: Ermahnung, Verwarnung, Geldstrafen, Enthebung, Degradierung und Entlassung; Individualität und Umstände sind dabei zu berücksichtigen."

In den 30er und 40er Jahren wurden solche Kataloge von Regeln oder Organisationsprinzipien vor allem in den USA ergänzt und zu sehr detaillierten Vorstellungen darüber ausgearbeitet, wie Unternehmungen effizient zu führen sind. Zu den maßgeblichen Autoren, die heute zumeist als die "klassischen Managementtheoretiker" bezeichnet werden (Massie 1965), gehören Gulick/Urwick (1937), Davis (1939), Brown (1945), Mooney (1947), Dale (1952), Brech (1957) sowie Koontz/O'Donnell (1964).

Große Bedeutung erlangten vor allem die Arbeiten von Gulick/Urwick, die unmittelbar an Fayol anknüpften und sieben Prinzipien herausstellten, welche die *Hauptfunktionen von Managern* charakterisieren sollten: Planung, Organisation, Stellenbesetzung (staffing), Führung (directing), Koordination, Berichten (reporting) und Budgetierung. Solche Funktionslisten bestimmen in mehr oder weniger modifizierter Form die Managementliteratur bis in die Gegenwart (Staehle 1989: 22ff.).

Organisation ist für Urwick (1961: 57) "die Entscheidung, jene Tätigkeiten zu bestimmen, die für einen bestimmten Zweck (oder Plan) erforderlich sind, und diese Tätigkeiten in Gruppen aufzuteilen, die Einzelpersonen zugewiesen werden können". Bei der Lösung dieser "technischen" Aufgabe (Urwick 1937) kommt es darauf an, zunächst von allen personellen Aspekten vollkommen zu abstrahieren und einen logischen Plan ("blueprint") für die Aufgabenverteilung und -erfüllung zu entwerfen, um die Rationalität der Aufgabenerfüllung sicherzustellen.

Zu seiner "Methode" bemerkt Urwick (1937: 49):

> "Die Grundannahme dieses Beitrages besteht darin, daß es Prinzipien gibt, zu denen man induktiv durch das Studium menschlicher Erfahrungen mit Organisation gelangt, und die die Gestaltung menschlichen Zusammenwirkens leiten sollten. Diese Prinzipien können als ein technisches Problem untersucht werden, unabhängig von dem Ziel des jeweiligen Betriebes, den Personen, aus denen er sich zusammensetzt, oder anderen verfassungsmäßigen, politischen oder sozialen Ideen, die hinter seiner Gründung stehen."

Auf dieser "Methode" basierende Managementlehren gibt es heute noch zuhauf. Sehr populär ist etwa das Buch von Peters/Waterman (1983) "Auf der Suche nach Spitzenleistungen" geworden - es wurde weltweit über 5 Millionen mal verkauft. Die persönlichen Erfahrungen sind bei Peters/Waterman zwar durch "empirische Untersuchungen" bei besonders erfolgreichen Unternehmungen ersetzt, deren Ergebnisse jedoch nicht mit der erforderlichen wissenschaftlichen Akkuratesse wiedergegeben werden. In diesem Buch finden sich etwa folgende Prinzipien:

> "Statt 250 Ingenieure und Marketingleute in 15monatiger Isolation über einem neuen Produkt brüten zu lassen, bilden sie (die erfolgreichen Unternehmen, d. Verf.) Teams von 5 bis 25 Mitarbeitern, die neue Ideen häufig innerhalb weniger Wochen bei einem Kunden erproben, oft mit billigen Prototypen ... .
>
> Trotz beachtlicher Größe wurde keines der von uns untersuchten Unternehmen bei näherer Betrachtung nach einer regelrechten Matrixstruktur geführt; die es mit dieser Form versucht hatten, waren wieder davon abgekommen. In den exzellenten Unternehmen sind die grundlegenden Strukturen und Systeme von eleganter Einfachheit. Die oberste Führungsebene ist knapp besetzt; nicht selten führt eine weniger als 100köpfige Zentrale ein Milliarden-Unternehmen" (Peters/Waterman 1983: 36ff.).

Also: keine Mehrfachunterstellungen, sondern Bestätigung des Fayolschen Prinzips der Einheit der Auftragserteilung.

Im Grunde sind alle *Managementmoden*, wie sie in Bestsellern und Managementzeitschriften propagiert werden, Sammlungen von relativ einfachen Prinzipien. Sie geben den Managern *Leitbilder* - vereinfachende, bestimmte "Erfolgsfaktoren" in den Vordergrund stellende Beschreibungen guter Praxis - an die Hand, jedoch *keine exakten Methoden* (Kieser 1996).

3.1.2. Kritik der einfachen Managementlehre

Organisationsprinzipien sind für die Praxis *attraktiv*, weil sie die *Komplexität des Gestaltungsproblems reduzieren*. Aus folgenden Gründen *garantieren* sie jedoch *keine effiziente Organisation*:

(1) *Keine Spezifizierung der Bedingungen, unter denen Organisationsprinzipien gültig sind:* Sind Organisationsprinzipien präzise, so lassen sich immer Situationen identifizieren, auf die sie offensichtlich nicht passen. Nehmen wir ein eklatantes Beispiel. Lange Zeit versuchte die Managementlehre, ein Organisationsprinzip zur *Leitungsspanne*, d.h.

zur Zahl der Mitarbeiter, die einem Vorgesetzten zu unterstellen sind, zu formulieren. Hat ein Vorgesetzter zu viele Mitarbeiter, ist er überlastet; er kann sie nicht mehr effizient koordinieren. Hat er zu wenige, ist er nicht ausgelastet, seine - teure - Kapazität wird nicht ausgenutzt, was zur Folge haben kann, daß er häufig in die Kompetenzen der Mitarbeiter eingreift. Welches ist nun aber die "richtige", die "optimale" Leitungsspanne? Einige Vertreter der Managementlehre argumentierten (z.B. Gulick/Urwick 1937: 52f.), eine Leitungsspanne von sechs sei die optimale und formulierten ein entsprechendes Organisationsprinzip. In der Praxis ließen sich nun aber Fälle identifizieren, in denen Leitungsspannen von 30 und mehr von den Vorgesetzten gut zu bewältigen waren. Es kommt wohl auf die *Bedingungen* an: Verrichten die Mitarbeiter gleichartige Tätigkeiten, die zudem hochgradig routinisiert sind, kann die Leitungsspanne größer sein als bei sehr unterschiedlichen und sehr innovativen Tätigkeiten.

Auch vom Prinzip der Einheit der Auftragserteilung wird in der Praxis häufig abgewichen, indem *Matrixorganisationen*, Mehrfachunterstellungen von Mitarbeitern, eingerichtet werden. In letzter Zeit weichen auch immer mehr Unternehmungen vom Prinzip der größtmöglichen Arbeitsteilung ab und übertragen Stellen ganzheitliche Aufgaben. Für sämtliche Organisationsprinzipien lassen sich "Abweichungen" formulieren, die sich unter Hinweis auf bestimmte Bedingungen gut begründen lassen.

Organisationsprinzipien können also *keine generelle Gültigkeit* beanspruchen. Sie sind immer nur unter bestimmten Bedingungen gültig, die von den Verfassern jedoch häufig nicht spezifiziert werden. Sie stellen Hypothesen dar, die einen hohen Allgemeinheitsgrad beanspruchen, aber offensichtlich nicht allgemein gültig sind. Auch ist ihr *empirischer Bewährungsgrad gering*. An die Stelle empirischer Überprüfungen tritt die Versicherung "erfahrener Experten", daß sie "gute Praxis" widerspiegeln. Wegen ihrer mangelnden Generalisierbarkeit und unzureichenden empirischen Fundierung bezeichnet sie Simon (1976: 26ff.; March/Simon 1958: 25ff.) als "Sprichwörter", Folklore oder Bauernregeln.

Allerdings: Häufig sind Organisationsprinzipien nicht sehr präzise, geben nur eine ungefähre Lösungsrichtung an: Mehr Arbeitsteilung ist besser als weniger; Formalisierung hilft, die Verwaltung effizient zu machen; Mehrfachunterstellungen bringen Konflikte mit sich und sind deshalb möglichst zu vermeiden, usw. Auch präzise Organisationsprinzipien werden in der Praxis häufig nur als *Lösungsstrategien* interpretiert: als Vorgaben, die man nicht buchstabengetreu, sondern nur in der Tendenz zu verfolgen habe.

(2) *Wertgeladenheit*: Organisationsprinzipien sind *nicht wertneutral*; sie stellen bestimmte Ziele und Aspekte der Gestaltung in den Vordergrund und abstrahieren von anderen. Die Auffassung, daß sich die organisatorische Gestaltung am *Maschinenmodell* zu orientieren habe, daß Fertigung und Verwaltung *hochgradig arbeitsteilig* zu organisieren seien, daß *Standardisierung* und *Formalisierung* - eine schriftliche Fixierung von Abläufen - von Vorteil seien, zieht sich wie ein roter Faden durch die zitierten Regeln (Clancy 1989: 77ff.). Weshalb dies "gute Praxis" sein soll, wird nicht ausreichend begründet. Es fehlt eine exakte Definition der "guten Praxis". *Ökonomische Effizienz* wird angesprochen, aber sicherlich spielt auch *Herrschaftssicherung* eine Rolle. Die Bezugnahme auf allgemein akzeptierte Werte wie Wettbewerbsfähigkeit der heimischen Wirtschaft, Vollbeschäftigung, Kreativität und Innovationsfähigkeit ist darüber hinaus ein zentrales Element von Managementbestsellern.

Organisationsprinzipien und die hinter ihnen stehenden Ideologien bestätigen sich selbst. Wie Piore/Sabel (1985: 28ff.) aufzeigen, hat sich das Maschinenmodell, das die *Massenproduktion* zum Ziel hat, vor allem deswegen durchgesetzt, weil die maßgeblichen Akteure - Staat, Unternehmer und nicht zuletzt die Gewerkschaften - von seiner Richtigkeit überzeugt waren. Sie schufen Rahmenbedingungen, unter denen das Maschinenmodell erfolgreich sein *mußte*. Auch eine prinzipiell andere Richtung der industriellen Entwicklung ist vorstellbar: die Maschinisierung kleinerer Einheiten der Produktion bei weitgehender Erhaltung qualifizierter ganzheitlicher Arbeit. Der Vorteil einer solchen "Gestaltungsphilosophie" hätte vor allem in der wesentlich höheren Flexibilität der Produktion gelegen. In einzelnen Regionen und Sparten war dieses Modell überlebensfähig, weil es dort mehr oder weniger zufällig auf günstige Bedingungen traf. Da diese Bedingungen in denjenigen Sparten und Regionen jedoch wegfielen, in denen die entscheidenden Akteure von den Vorteilen der Massenfertigung und des Maschinenmodells überzeugt waren, und darangingen, die Bedingungen umzugestalten, gerann die Ideologie zu ökonomischen und technischen "Sachzwängen": Unternehmungen, in denen dieser Gestaltungspilosophie nicht gefolgt wurde, hatten nur geringe Überlebenschancen:

> "Massenproduktion setzte sich im Reich der Ideen ebenso durch wie im Reich der Praxis. Und der zweite Sieg machte den ersten noch bedeutender. In Remscheid, St. Étienne und Lyon verwiesen Geographen und Geschäftsleute immer noch auf die Vitalität handwerklicher Produktion; doch die Erfolge der Massenproduktion verringerten ihre Fähigkeit, diese Vitalität zu erklären - mürrisch oder wehmütig sprachen sie von ihrer eigenen Erfahrung als einer glücklichen, aber unerklärlichen Ausnahme innerhalb der modernen Entwicklung. Und je unschlüssiger ihre Verteidigung des handwerklichen Modells wurde, um so leichter wurde es für 'moderne' Bürokraten, Ingenieure und Industrielle, den Wandel der Industrie zur Massenproduktion voranzutreiben ... . Industrialisierung (wurde) zu einem Synonym für Massenproduktion, und das Paradigma der Massenproduktion erlangte eine selbstverständliche Gültigkeit" (Piore/Sabel 1985: 59).

Ortmann (1995: 9ff., 150ff.) spricht in diesem Zusammenhang von "Lock-in": Investitionen in bestimmte Techniken und/oder Organisationsstrukturen bestätigen den Glauben an die Effizienz dieser Lösungen und der Glaube trägt dann wieder zu ihrer Verbreitung bei.

(3) *Vergangenheitsorientierung und damit konservierende Wirkung:* Organisationsprinzipien fixieren Lösungen, die sich in der Vergangenheit bewährt haben. Veränderungen der an die Organisation herangetragenen Probleme können zur Folge haben, daß bestimmte Organisationsprinzipien nicht mehr adäquat sind. Je stärker sich die Organisationsprinzipien jedoch in den Köpfen der Organisationsgestalter verfestigt haben, desto geringer ist die Wahrscheinlichkeit, daß neue Lösungsmuster in die Diskussion eingebracht werden. Die Lösung wird vielmehr in Modifikationen der bewährten Organisationsprinzipien gesucht.

Man kann die Entwicklung von Organisationen evolutionstheoretisch interpretieren (dazu mehr in Kap. 8). Auf der Basis dieses Konzepts kommt man zu folgenden Beurteilungen von Organisationsprinzipien: Sie schränken die Varianz - die Bandbreite - organisatorischer Innovationen insofern ein, als Vorschläge außerhalb der herrschenden Philosophie nicht als legitim angesehen werden. In dieser theoretischen Perspektive scheinen aber auch einige *positive Aspekte von Organisationsprinzipien* auf: Organisationsprinzipien sorgen dafür, daß bestimmte Lösungsmuster der herrschenden Philosophie unter den Praktikern eine *schnelle Verbreitung* finden. Die hinter den Regeln stehende, generell akzeptierte Managementphilosophie oder *Ideologie befreit die Manager von Legitimitätsproblemen.* Diejenigen Leitfäden, die wirksame Unterstützung bieten, werden sich in aller Regel gegen die weniger brauchbaren durchsetzen. ("Brauchbar" kann jedoch *auch* heißen: den

Herrschaftsinteressen der mächtigen Akteure entgegenkommend.) Sie bieten den Praktikern somit *nützliche Orientierungshilfen* und *bewahren* sie *vor eklatanten Fehlern* in der organisatorischen Gestaltung. Ohne Managementleitfäden hätte bspw. der Prozeß der Industrialisierung sicherlich mehr Zeit in Anspruch genommen.

(4) Modewellen: Es gibt einerseits die konservierende Wirkung "altbewährter" Organisationsprinzipien, die etwa spürbar wird, wenn neue Gruppenarbeitskonzepte sich nur zögerlich gegen tayloristisches Denken durchsetzen. Andererseits gibt es aber auch ein unaufhörliches Auf und Ab von Organisationsmoden wie Lean Management, Unternehmenskultur, Total Quality Management, Business Process Reengineering usw. Sorgen nicht gerade solche wertgeladenen *Leitbilder* dafür, daß sich Altbewährtes nicht verfestigen kann, daß immer wieder neue Organisationslösungen ausprobiert werden? Nun, ob sich eine Organisationsmode durchsetzt, ist eine empirische Frage. Häufig wird durch Bestseller, Artikel in Managementzeitschriften, Seminare und Konferenzen ein großer Wirbel erzeugt, wenn sich die Nebelwolken verzogen haben, stellt man jedoch fest, daß die herrschende Organisationspraxis nur peripher verändert wurde (Kieser 1996). In einer empirischen Untersuchung wurde festgestellt, daß in vielen Reorganisationsprojekten sich lediglich das *Reden* über die Organisation ändert, nicht aber die Organisationsstrukturen oder die Abläufe. Wenn die Initiatoren einer Reorganisation und die Betroffenen ihre (unverändert gebliebenen) Organisationsstrukturen übereinstimmend in anderen Worten darstellen, gewinnen sie und Außenstehende leicht den Eindruck, eine strukturelle Änderung sei erfolgreich implementiert worden (Brunsson/Olsen 1993). Häufig haben Organisationsmoden auch die Aufgabe, alte Prinzipien und Methoden in neuem Licht erscheinen zu lassen, um ihnen eine stärkere Durchsetzungskraft zu verleihen. In vielen Unternehmungen werden unter Schlagworten wie Lean Management oder Reengineering alte Programme der Gemeinkostenreduktion abgewickelt. Mit dem Argument, offensichtlich würden viele Unternehmungen der eigenen Branche ihre Organisationen derzeit nach neuen Konzepten ummodeln und da müsse man, um die eigene Wettbewerbsfähigkeit nicht zu gefährden, mithalten, kann man diese alten Programme aber viel wirksamer durchsetzen.

Bleibt die Frage, weshalb sich Organisationsmoden so schnell abwechseln und immer tollere Blüten treiben? Für Bestsellerautoren, Journalisten von Managementzeitschriften, Seminarveranstaltern und manche Professoren ist es ein Geschäft. Diese Akteure können sich die Bälle gegenseitig zuspielen, um eine Mode "zu machen". Manager hingegen greifen Organisationsmoden auf und geben sie Projekten mit auf den Weg, weil es von ihnen erwartet wird. Erfolgreiche Manager müssen aktiv sein, Wandel initiieren. Organisationsmoden befördern in Managern einerseits die Angst, den Anschluß zu verpassen. Andererseits helfen sie auch, diese Angst zu überwinden, indem sie ihnen "Paketlösungen" - Leitbilder - zur Verfügung stellen, auf die sie zurückgreifen können; sie legitimieren, sie entheben die Manager, die sich auf sie berufen und entsprechende Aktivitäten in der Unternehmung einleiten wollen, einer ausführlichen Begründung. Sie befreien sie von dem Risiko, eine falsche Entscheidung zu fällen. Moden und die aus ihnen abgeleiteten Leitbilder können auch zum Ausbau von Machtpositionen eingesetzt werden. Wer Reorganisationsprojekte einleitet und durchführt, kann nicht Opfer werden. Er profitiert von dem Projekt und sei es auch nur dadurch, daß er als agiler, durchsetzungsfähiger Manager apostrophiert wird.

Moden, auch Managementmoden, motivieren, immer neue Lösungen auszuprobieren, und mitunter lassen die einzelnen Moden nützliche Ideen und Techniken zurück, die beibehalten werden, auch wenn man nicht mehr groß davon spricht. So tragen Moden, wenn schon

74

nicht durch Revolutionen, so doch durch eine Akkumulation von vielen kleinen übrigblei-
benden Schritten zum Wandel der Organisationen bei. Die Evolution kann sogar aus Moden etwas machen, was Mandeville (1724/1988: 18f.) bereits vor über 250 Jahren erkannte
(man braucht für "das Gesetzwerk" nur "die organisatorische Gestaltung" einzusetzen und
für "Rechte" "Regeln"):

"Ihr Hang zur Abwechslung indessen
Bei Kleidern, Mobiliar und Essen
War töricht, und doch trieb er wie
Ein Schwungrad an die Industrie.
Auch das Gesetzwerk unterlag,
Ganz wie die Tracht, dem Zeitgeschmack.
So galt, was sich zunächst geschickt,
Ein halb Jahr später als Delikt;
Durch stetes Modeln an den Rechten
Verbessert' man auch manche schlechten:
Was Klugheit nicht vermocht zur Zeit,
vermochte Unbeständigkeit."

3.2. Die "Verwissenschaftlichung" der Managementlehre

3.2.1. Scientific Management

Taylor, der Begründer des Scientific Management, brachte das "wissenschaftliche Experiment", das sich in den Naturwissenschaften bewährt hatte, in die Managementlehre ein
und verhalf ihr damit zu einer *dramatischen Steigerung ihrer Lösungsmächtigkeit. Weber
hat den Prozeß der Rationalisierung beschrieben, den Taylor im Bereich der Arbeitsorganisation vorangetrieben hat.*

Taylor wurde 1856 als Sohn wohlhabender Quäker (also Anhänger einer asketischen protestantischen Sekte!) geboren (zur Biographie Kakar 1970; Copley 1923; in poetischer
Komprimierung Enzensberger 1975: 100f.). Sein Erfindergeist und sein Hang zu exakten
Methoden regten sich früh. Als Kind litt er unter Alpträumen, die nach seinen Beobachtungen jedoch nur auftraten, wenn er auf dem Rücken lag. Also konstruierte er als
Zwölfjähriger aus Strapsen und Holzstiften eine "Alptraum-Vermeidungs-Maschine", die
ihn aufweckte, sobald er sich im Schlaf auf den Rücken drehte. Er liebte Ballspiele, ver-
leidete seinen Mitspielern aber die Freude, indem er die Regeln übertrieben genau nahm:
Zunächst vermaß er das Spielfeld exakt; beim Spielen ging er dann eher systematisch-
analytisch als intuitiv vor. Beim Crocket bspw. versuchte er, Schlagstärke und Winkel, in
dem der Ball zu treffen war, genau zu berechnen. Beim Waldlauf experimentierte er ständig, um denjenigen Schritt ausfindig zu machen, mit dem er die größte Distanz mit dem
geringsten Energieaufwand zurücklegen konnte. Solche Angewohnheiten ließen ihn als
Sonderling erscheinen - bis an sein Lebensende vermittelte er diesen Eindruck. Ein College, das er zur Vorbereitung eines Jurastudiums an der Harvard University besuchte,
mußte er wegen eines - wohl psychosomatischen - Augenleidens abbrechen. Er begann
eine Lehre als Werkzeugmacher und Maschinist, wobei er völlig das Verhalten gewöhnli-
cher Arbeiter annahm - sich wie sie kleidete, redete und fluchte. 1878 trat er als einfacher
Arbeiter in die Midvale Stahlwerke ein, stieg aber schnell zum Maschinisten, Vorarbeiter
und Techniker auf. In der Nacht betrieb er anhand von Fernkursen ein Ingenieurstudium
(sein Augenleiden war auf wundersame Weise verschwunden), wobei er durch sorgfälti-

ges Experimentieren herausfand, daß er am fittesten blieb, wenn er nach Arbeitsende bis Mitternacht studierte, dann einen Dauerlauf einlegte und sich um 5 Uhr wieder zur Arbeit erhob. 1883 erwarb er ein Ingenieur-Diplom und avancierte zum Chefingenieur. Bei Midvale entwickelte Taylor seine Zeit- und Bewegungsstudien und sein System der Prämienentlohnung; er konstruierte leistungsfähige Werkzeuge und Maschinen und führte Experimente zur Erhöhung der Effizienz des Maschinendrehens durch. Widerstand der Arbeiter gegen seine Reorganisationsmaßnahmen brach er mit harter Hand. 1890 ging er als Generaldirektor zur Manufacturing Investment Co., Philadelphia, die Papierfabriken betrieb, scheitert jedoch mit seinen Plänen, die Produktion zu rationalisieren. Daraufhin wurde er 1893 Unternehmensberater (Consulting Engineer). Einer seiner wichtigsten Kunden wurde die Bethlehem Steel Company. 1915 ist er gestorben.

Taylor ersetzte, und darin liegt seine innovatorische Leistung, universelle Organisationsprinzipien zum Teil durch die Vorgabe einer Methode. Wir haben oben gesehen, daß es außerordentlich schwierig ist, *präzise und allgemeingültige* Organisationsprinzipien zu entwickeln, da unterschiedliche Ausgangsbedingungen, von denen die Angemessenheit des Prinzips abhängt, nur unzureichend berücksichtigt werden können. Wenn nun statt eines Organisationsprinzips - einer fertigen Lösung, deren Abhängigkeit von bestimmten Bedingungen nicht weiter problematisiert wird - eine Lösungs*methode* vorgegeben wird, die beschreibt, wie unter Berücksichtigung unterschiedlicher Ausgangsbedingungen ein gewünschtes Ziel realisiert werden kann, dann verfügt der Organisationsgestalter über wesentlich effektivere Informationen. Die Lösungsmethode, mit der Taylor einfache Organisationsprinzipien zum Teil ersetzte, war das *Experiment*.

Am Problem der *Auswahl des optimalen Werkzeugs* läßt sich der Einsatz des "wissenschaftlichen Experiments" anschaulich darstellen. Geht es bspw. darum, die "optimale Schaufel" für Erdarbeiten zu bestimmen, so geht Taylor folgendermaßen vor:

"Für einen erstklassigen Schaufler gibt es eine bestimmte Gewichtslast, die er jedesmal mit der Schaufel heben muß, um die größte Tagesleistung zu vollbringen. Welches ist nun diese Schaufellast? Wird ein Arbeiter pro Tag mehr leisten können, wenn er jedesmal zwei, drei, fünf, zehn, fünfzehn oder zwanzig kg auf seine Schaufel nimmt? Das ist eine Frage, die sich nur durch sorgfältig angestellte Versuche beantworten läßt. Deshalb suchten wir erst 2 oder 3 erstklassige Schaufler aus, denen wir einen Extralohn zahlten, damit sie zuverlässig und ehrlich arbeiteten. Nach und nach wurden die Schaufellasten verändert und alle Nebenumstände, die mit der Arbeit irgendwie zusammenhingen, sorgfältig mehrere Wochen lang von Leuten, die ans Experimentieren gewöhnt waren, beobachtet. So fanden wir, daß ein erstklassiger Arbeiter seine größte Tagesleistung mit einer Schaufellast von ungefähr 9 1/2 kg vollbrachte, d.h. er leistete mit einer Schaufellast von 9 1/2 kg mehr als mit einer solchen von 11 kg oder 8 1/2 kg" (Taylor 1913: 68).

Für andere Materialen als Erde sind andere Schaufelgrößen optimal; sie lassen sich auf die gleiche Weise bestimmen. Damit ist das Experimentieren jedoch noch nicht abgeschlossen: Die am besten geeigneten Arbeiter, die Bewegungsabläufe, das Entlohnungssystem usw. - alles dies läßt sich im Prinzip im kontrollierten empirischen Experiment bestimmen. Zunächst wird, wie von Taylor beschrieben, der Lohn hochgesetzt, um ein zuverlässiges Arbeiten zu erzielen. Ist das optimale Werkzeug und dann der optimale Bewegungsablauf bestimmt, wird mit dem Lohn experimentiert. Um einen Parameter zu optimieren, müssen jeweils die anderen konstant gehalten werden.

Das methodische Prinzip - das Experiment - ist eingebettet in ein *Programm* - in ein *System strategischer Gestaltungsziele* (Ebbinghaus 1984: 48ff.), die den Charakter allgemeiner Organisationsprinzipien haben:

(1) Trennung von Hand- und Kopfarbeit:

Nicht nur im Handwerk, auch in der frühen Fabrik brachte der *Arbeiter* ein *reichhaltiges Erfahrungswissen* in seine Arbeit ein: Er plante seine Arbeitsabläufe, wählte die Werkzeuge aus, richtete die Maschinen ein, bediente die Maschinen usw. Darin sah Taylor eines der Grundübel der Arbeitsorganisation, denn er war davon überzeugt, daß Arbeiter dieses Wissen zu *Drückebergerei* nutzen:

> "Das stillschweigende oder offene Übereinkommen der Arbeiter, sich um die Arbeit zu drücken, d.h. absichtlich so langsam zu arbeiten, daß ja nicht eine wirklich ehrliche Tagesleistung zustande kommt ..., ist in industriellen Unternehmungen fast allgemein gang und gäbe" (Taylor 1913: 12).

Ursache dieser Drückebergerei ist zum einen der "Trugschluß, der von Urzeiten her fast allgemein unter den Arbeitern verbreitet ist, daß eine wesentliche Vergrößerung der Produktion jedes Mannes und jeder Maschine schließlich dazu führen muß, eine große Anzahl von Arbeitern brotlos zu machen" (Taylor 1913: 14), zum anderen entspringt es aber auch "dem angeborenen Instinkt und der Neigung der Menschen, nicht mehr zu arbeiten, als unumgänglich nötig ist" (Taylor 1913: 18). Der Taglohn kommt diesem Instinkt entgegen:

> "Wenn ein von Hause aus energischer Mensch auch nur wenige Tage an der Seite eines Faulenzers arbeitet, so ist seine Schlußfolgerung ganz berechtigt und verständlich: 'Warum soll ich mich anstrengen und hart arbeiten, wenn dieser Faulpelz dieselbe Bezahlung wie ich erhält und nur die Hälfte von dem leistet, was ich leiste?'" (Taylor 1913: 19).

Auch Stücklöhne schaffen keine Abhilfe, denn:

> "Hat erst ein Arbeiter erlebt, daß der Lohn pro Stück zwei- oder dreimal herabgesetzt wurde als Folge davon, daß er angestrengter gearbeitet und seine tägliche Produktion erhöht hatte, so wird er wahrscheinlich jedes Verständnis für den Standpunkt des Arbeitgebers verlieren und den festen Vorsatz fassen, keine weiteren Lohnerniedrigungen mehr zuzulassen, wenn er sie irgendwie durch Zurückhalten mit der Arbeit verhindern kann" (Taylor 1913: 23).

Selbst wenn die Arbeiter anständig arbeiten, bleibt das Ergebnis suboptimal, denn die *"Faustregel-Methoden"*, welche die Arbeiter auf der Basis ihrer Erfahrung anwenden, sind *unökonomisch* (Taylor 1913: 25). Die *Aufgabe des Managements* ist es deshalb,

> "... die große Masse des traditionellen Wissens, welches in der Vergangenheit in den Köpfen der Arbeiter, in ihrer Geschicklichkeit und Fertigkeit lag und welches sie sich durch jahrelange Erfahrung erworben haben, systematisch zu sammeln. Die Aufgabe, diese große Masse traditioneller Kenntnisse zu sammeln, zu sichten, zu tabulieren und in vielen Fällen auf bestimmte Gesetze, Regeln und sogar mathematische Formeln zu reduzieren, muß von den 'scientific managers' übernommen werden. Wenn diese Gesetze, Regeln und Formeln schließlich durch die persönliche Mitarbeit des Managements auf die tägliche Arbeit aller Arbeiter eines Betriebes übertragen sind, müssen sie erstens zu einer wesentlichen Erhöhung und qualitativen Verbesserung der Ausbeute jedes Arbeiters führen, und zweitens die Unternehmensleitung in die Lage versetzen,

höhere Löhne zu zahlen; und drittens werden sie ihr höhere Gewinne bringen" (Taylor 1912: 40).

Bei seinem ersten großen Experiment hat Taylor deutlich gemacht, wie diese Aufgabe zu realisieren ist. Er hatte beobachtet, daß Drehbänke vom Bedienungspersonal für die gleichen Aufgaben sehr unterschiedlich eingestellt wurden und dementsprechend unterschiedliche, meist suboptimale Leistungen erbrachten. 26 Jahre lang experimentierte er, protokollierte dabei 30 000 bis 40 000 Versuche und verbrauchte 40 000 kg Stahl und Eisen sowie 150 000 bis 200 000 Dollar. Zwölf Parameter wurden von ihm berücksichtigt: Materialqualität des Werkstücks und des Werkzeugs, Spanstärke und -breite, Kühlung, Schneidzeit und Schneidwinkel des Werkzeugs sowie seine Schneidfläche, Durchmesser des zu bearbeitenden Werkstücks, Druck auf die Schneidfläche des Werkzeugs, Durchzugskraft, Geschwindigkeits- und Vorschubwechsel der Maschine. Die von ihm zunächst aufgestellten Einstellungstabellen wurden von dem hinzugezogenen Mathematiker Carl Barth anschließend in Gleichungssysteme und schließlich in einen Spezialrechenschieber umgesetzt, der es ermöglichte, für jeden Einzelfall die optimalen Einstellungswerte mit geringem Rechenaufwand zu ermitteln. Taylor hatte auch herausgefunden, daß die Schneidwerkzeuge unter gewissen Umständen mit weit höheren Drehgeschwindigkeiten als den bislang üblichen benutzt werden konnten und daß sich bei Einführung eines besonderen Chrom-Tungsten-Stahls noch günstigere Werte erzielen ließen. Dafür erhielt Taylor ein Patent. Die Kombination der aus diesem "Schnellstahl" gefertigten Werkzeuge auf einer Drehbank mit dem Barthschen Rechenschieber bedeutete auf der Pariser Weltausstellung von 1900 eine Sensation, da sie eine Produktionssteigerung um mehr als 100 Prozent erbrachte (Taylor 1906).

Der Grundsatz, wissenschaftliche Werte an die Stelle von Faustregeln zu setzen, wurde aber vor allem durch die *"Zeit- und Bewegungsstudien"* verwirklicht, die im Laufe der Zeit zu immer höherer Perfektion gebracht wurden. Die *"analytische Arbeit der Zeitstudie"* besteht nach Taylor aus folgenden Schritten:

"(a) Die Arbeit des Ausführenden ist in einfache Elementarbewegungen zu unterteilen.

(b) Alle überflüssigen Bewegungen sind zu ermitteln und auszuschalten.

(c) Die Art und Weise, wie mehrere geschickte Arbeiter jede Elementarbewegung ausführen, ist nacheinander zu ermitteln, und mit Hilfe der Stoppuhr ist das in dem betreffenden Gewerbe bekannte schnellste und beste Verfahren zur Verrichtung jeder dieser Elementarbewegungen festzustellen.

(d) Jede Elementarbewegung ist zusammen mit der entsprechenden Zeitangabe zu beschreiben und so zu klassifizieren, daß sie zu jeder Zeit schnell wieder aufzufinden ist. Die Klassifizierung dieser Bewegungen, um sie schnell wieder aufzufinden, ist das schwierigste Element des Zeitstudiums. ...

(e) Der Zuschlag, der auf die tatsächliche Arbeitszeit eines guten Arbeiters gegeben werden muß, um unvermeidbare Verzögerungen, Unterbrechungen, kleinere Betriebsstörungen usw. auszugleichen, ist zu studieren und festzustellen.

(f) Der Zuschlag, der die Neuheit einer Arbeit für einen guten Arbeiter während der ersten Male, da er sie ausführt, in Betracht zieht, ist zu untersuchen und aufzuschreiben. ...

(g) Der Zeitzuschlag, der für Erholung und für die Überwindung körperlicher Müdigkeit notwendige Zwischenzeit zu gewähren ist, ist zu untersuchen und aufzuschreiben" (zitiert n. Witte 1928: 52f.).

78

Zeitstudien wurden nicht nur auf qualifizierte Arbeiten wie das Maschinendrehen angewendet, sondern auch auf sehr einfache, z.B. auf das Verladen von Roheisen. Dieses ist
nach Taylor

"... typisch für die vielleicht roheste und einfachste Form von Arbeit, die man überhaupt von einem Arbeiter verlangt. Die Hände sind das einzige Werkzeug, das zur
Anwendung kommt. ... Einen intelligenten Gorilla könnte man so abrichten, daß er ein
mindest ebenso tüchtiger und praktischer Verlader würde als irgendein Mensch. Und
doch liegt in dem 'richtigen' Aufheben und Wegschaffen von Roheisen eine solche
Summe von weiser Gesetzmäßigkeit, eine derartige Wissenschaft, daß es auch für den
fähigsten Arbeiter unmöglich ist, ohne die Hilfe eines Gebildeten die Grundbegriffe
dieser Wissenschaft zu verstehen oder auch nur nach ihnen zu arbeiten" (Taylor 1913:
43).

Um herauszufinden, wieviel ein Mensch bei schwerer körperlicher Arbeit maximal leisten
kann, ließ er die Arbeitsbewegungen von zwei "erstklassigen" Arbeitern beobachten, analysieren, aufzeichnen und ihre Ausführungszeit mit der Stoppuhr messen. "So hofften wir
endgültig feststellen zu können, den wievielten Teil einer Pferdekraft ein Mann leisten
kann, d.h. wieviele Meterkilogramm Arbeit ein Arbeiter in einem Tag billigerweise zu
verrichten imstande ist" (Taylor 1913: 58). Für die Hofarbeiter der Bethlehem Steel
Company, dem Ort dieser Untersuchung, die bis dahin durchschnittlich 12,5 t Roheisen
verluden, hatte diese "Wissenschaft" zur Folge, daß sie nun "billigerweise" 47 t Roheisen
pro Tag zu schleppen hatten.

(2) Pensum und Bonus:

Dieses Prinzip ist eng mit dem der Trennung von Hand- und Kopfarbeit verbunden.

"Keinem tüchtigen Lehrer würde es einfallen, einer Schulklasse ein unbestimmtes Pensum zum Lernen aufzugeben. Jeder Schüler bekommt täglich ein scharf umgrenztes
Pensum vom Lehrer auf. Nur auf diese Weise macht der Schüler den entsprechenden
systematischen Fortschritt. ... Wir alle sind erwachsene Kinder und das Gleiche gilt für
uns. Der Durchschnittsarbeiter wird zur größten eigenen Zufriedenheit wie zu der seines Arbeitgebers arbeiten, wenn er täglich eine bestimmte Arbeit, die ein richtiges Ta-
gewerk für einen guten Arbeiter darstellt, zugewiesen bekommt" (Taylor 1913: 129).

Ein *Bonus* oder eine *Prämie* sorgen dafür, daß die Arbeiter sich auch tatsächlich kräftig
bemühen, die vorgegebene Tagesleistung zu erreichen:

"Es genügt ... nicht, das tägliche Pensum für jeden Arbeiter festzusetzen. Er muß auch
eine erhebliche Belohnung - eine Prämie - ausgezahlt erhalten, so oft er sein Pensum in
der ihm zugemessenen Zeit erledigt" (Taylor 1913: 130).

Mit der Berechnung von Pensum und Bonus wären die Meister jedoch überfordert. Daraus
zog Taylor zwei Konsequenzen:

"1. Die Arbeiter sowohl als die Meister und Vorarbeiter sollen von aller geistigen und
Schreibarbeit befreit werden und nur für die Ausführung zu sorgen haben. Jegliche
Leitungs- und Überlegungsarbeit und das dazu gehörige Schreibwerk soll in einem der
Werkstatt direkt anzugliedernden 'ARBEITSBÜRO' vereinigt werden. Die Meister
bleiben nur in der Werkstätte und verwenden ihre ganze Zeit auf Überwachung der
Arbeiter und Anleitung der Leute.

2. Das Unterordnungs- oder militärische System (das Einliniensystem, d. Verf.) wird verlassen und dafür das 'Funktions- oder Tätigkeitssystem' eingeführt" (Taylor 1920: 47f.).

Im einzelnen hatte das Arbeitsbüro u.a. folgende Aufgaben:

"Die vollständige Zerlegung der eingegangenen Aufträge in Einzelaufträge. Die Zeitbestimmung für jede Handarbeit. ... Die Materialverwaltung. ... Vorausbestimmung der Zeitpunkte für Besetzung der Werkbänke. Die Erledigung aller Anfragen der Verkaufsabteilung ... Die Ermittlung der Herstellungskosten und der Gesamtkosten der Werkstätte und ihre Darstellung in monatlichen Übersichten. Die Lohnauszahlung und Verrechnung. ... Die Werkstättenaufsicht. ... Die Verfolgung eiliger Aufträge. Die Sorge für die Verbesserung des Systems" (Taylor 1920: 53f.).

Das *Funktionsmeistersystem* sah so aus: Einige der Aufgaben, die bisher die Meister zu verrichten hatten, sollten ins Arbeitsbüro verlagert werden (Taylor 1920: 44-50): (1) "Der Arbeitsverteiler schreibt ... die täglichen Anweisungen für die Ausführungsmeister, die insbesondere den Gang der Werkstücke über die Werkbänke regeln." (2) Der Unterweisungsbeamte sollte die Meister und Arbeiter über die Ausführung der Arbeit unterrichten und auf der Unterweisungskarte eintragen, mit welchem Material und Werkzeug zu arbeiten und wie die Maschine einzustellen war. (3) Der Zeit- und Kostenbeamte fertigte auf der Basis von Zeitstudien Zeitkarten an, auf denen die für jede Arbeitstätigkeit ermittelte Normalzeit und der entsprechende Lohn eingetragen wurden. Die in der Werkstatt weiterhin zu erbringenden Meisterfunktionen sollten auf fünf Meister verteilt werden, die sämtlich mit Weisungsbefugnissen gegenüber den Arbeitern ausgestattet waren:

(1) "Der Aufsichtsbeamte sorgt für Aufrechterhaltung der nötigen Disziplin und straft bei wiederholter Pflichtverletzung". (2) Der Vorrichtungsmeister sollte darauf achten, daß immer ein Werkstück bearbeitet, die Arbeit nach den Ausführungsbestimmungen getan wurde und alle Hilfsmittel und Materialien rechtzeitig zur Verfügung standen. (3) Der Geschwindigkeitsmeister sollte die Laufgeschwindigkeit der Maschinen überwachen und die Arbeitsintensität kontrollieren. (4) Der Prüfmeister war für die Qualität und Kontrolle der Arbeitsprodukte verantwortlich und (5) der Instandhaltungsmeister für die korrekte Wartung von Maschinen, Werkzeug und Arbeitsplatz. Bei sehr kleinen Werkstätten konnten mehrere Funktionen einem Meister zugeteilt werden.

Für den einzelnen Arbeiter hatte das System zur Folge, daß er Arbeitsanweisungs- und Zeitkarten erhielt, die ihm detailliert die Art der Ausführung und die maximale Zeitdauer seiner Arbeit vorschrieben. Damit die qualifizierten Mitarbeiter des Arbeitsbüros keine Zeit verlören, sollten Boten die schriftlichen Vorgaben in die Werkstatt bringen.

Die Einrichtung eines Arbeitsbüros führte zu einer *Zunahme der "unproduktiven" oder indirekt produktiven Stellen*. Taylor war der Überzeugung, daß diese Personalkosten durch die Senkung der erforderlichen Qualifikationen bei den ausführenden Stellen und durch die bessere Ausnutzung der Leistungsfähigkeit der Arbeiter mehr als kompensiert würden:

"Es hieße die Vorteile des Systems schlecht ausnutzen, wenn nicht beinahe an allen Arbeitsmaschinen geringer bezahlte Arbeitsleute anstatt der geschulten Facharbeiter angestellt würden. Die völlige Trennung der geistigen und vorschreibenden Arbeit von der ausführenden Arbeit in der Werkstätte und die Übernahme derselben in das Arbeitsbureau, die genauen und unzweideutigen Anweisungen über alle Einzelheiten der Arbeit und die eingehende Anleitung der Leute durch die Ausführungsmeister ermöglichen dieses selbst bei der vielgestaltigen Arbeit der Maschinenfabriken" (Taylor 1920: 51f.).

Dieser Grundsatz stellt eine *Weiterentwicklung des Babbage-Prinzips* dar (S. 68).

Was die *Entlohnung* anbelangt, so galt bei Taylor der Grundsatz: "Hohe Löhne bei niedrigen Herstellkosten" (Taylor 1920: 4). Die Arbeiter sollten gegen hohen Lohn angestrengt arbeiten, aber es sollte nur die Leistung von ihnen verlangt werden, die sie "lange Jahre hindurch ohne Einbuße ihrer Gesundheit leisten können" (Taylor 1920: 5). Der "wissenschaftlich" ermittelte Stücklohn sollte die Regel, Zeitlohn die Ausnahme sein. Durch seine Experimente glaubte er, diejenige Höhe an Bonuszahlungen ermittelt zu haben, bei der die Arbeiter mit der ihnen möglichen Höchstleistung arbeiten, nämlich

"... bei einer Lohnerhöhung von etwa 30% über dem Durchschnitt. ... Für gewöhnliche Tagesarbeit, die zwar keine besondere Geistesanstrengung oder Geschicklichkeit, aber ungewöhnliche körperliche Arbeit und Anstrengung verursacht, sind 50 bis 60% Mehrlohn erforderlich. Bei Arbeitern, von denen große Geschwindigkeit und einige Denkarbeit verlangt wird, ... erhöht die Rate auf 70 bis 80% Mehrlohn, und endlich bei Arbeiten, welche Eingelerntsein, Geschicklichkeit, Geistesgegenwart bei körperlicher Anstrengung erfordern ... muß der Lohn um 80 bis 100% über den bestehenden Satz heraufgesetzt werden" (Taylor 1920: 6).

Bei Nichterreichung des Pensums waren *Bestrafungen* fällig:

"Gewisse Elemente der Arbeiterschaft sind grobschrötig und dickfellig und meistens geneigt, eine milde Behandlung als Furchtsamkeit oder Schwäche der Leitung auszulegen. Bei diesen Leuten muß die Strenge in Wort und Tat solange gesteigert werden, bis der erwünschte Erfolg erzielt ist" (Taylor 1920: 115f.).

Als Strafen schlägt Taylor vor: "1. Lohnabzüge, 2. Aussperrung von der Arbeit über kürzere oder längere Zeit, 3. Geldstrafen und 4. Austeilen von Ordnungsmarken und Anwendung der Mittel 1-3". Die Strafgelder sollten in Unfall-Krankenkassen oder betriebliche Altersversicherungen eingezahlt werden, damit "ihr alleiniger Zweck, die Disziplin aufrechtzuerhalten, offen zutage (liegt) und ... von allen besseren Elementen der Arbeiter anerkannt und gutgeheißen" wird.

Auch die Meister sollten Prämien erhalten. Bei ihrer Festsetzung ließ sich Taylor einiges einfallen, um die Pensen für die Arbeiter hoch zu halten und gleichzeitig ihre Erfüllung sicherzustellen:

"Der die Arbeiter in der *Werkstatt* beobachtende Meister erhält eine Prämie, die im direkten Verhältnis zu der Anzahl der das Pensum ausführenden Arbeiter steht, während die Prämie des 'time study man', der die Höhe dieses Pensums bestimmt, im Gegenteil, im direkten Verhältnis zu der Zahl der das Pensum *nicht ausführenden* Arbeiter wächst" (Ermanski 1925: 292).

(3) Auslese und Anpassung der Arbeiter:

"Es wird zur Pflicht der Leitung, den Charakter, die Natur und die Leistung jedes Arbeitenden planmäßig zu studieren, um einerseits seine Hemmungen, andererseits aber, was noch wichtiger ist, seine Entwicklungsmöglichkeiten zu kennen. Auf Grund dieser Kenntnisse sind die Arbeiter systematisch anzulernen, es ist ihnen zu helfen und sie sind zu unterstützen, bis sie schließlich so weit gekommen sind, um die ihren Fähigkeiten entsprechende höchste Stelle, die sie auszufüllen in der Lage sind, einzunehmen" (Taylor 1912: 42).

Dieser Grundsatz hat die Schaffung eines "erstklassigen Arbeiterstamms" zum Ziel. Darunter versteht Taylor

"... eine Arbeitervereinigung der leistungsfähigsten Leute ..., zusammengehalten durch das Bestreben, besonders hohe, aber redlich verdiente und von niemandem mißgönnte Löhne zu erreichen" (Taylor 1912: 44).

Zunächst werden *Tests zur Arbeiterauslese* eingesetzt. Um bspw. flinke Arbeiterinnen zu erkennen,

"... werden ... Versuche angestellt, um den sog. 'persönlichen Koeffizienten' verschiedener Menschen zu bestimmen. Das geschieht folgendermaßen: Ein Gegenstand, z.B. der Buchstabe A oder B, wird in Sehnähe des zu Untersuchenden gebracht, der im Augenblick, wo er den Buchstaben erkennt, eine bestimmte Handlung vorzunehmen, z.B. auf den Knopf einer elektrischen Klingel zu drücken hat. Die Zeit, welche zwischen dem Augenblick, wo der Gegenstand in sein Gesichtsfeld tritt, und dem Augenblick, wo er das Klingelzeichen gibt, verstreicht, wird durch ein Präzisionsinstrument genau aufgezeichnet" (Taylor 1913: 93).

Im übrigen vertraut Taylor auf den Selektionsmechanismus - auf die *"moralische Wirkung"* (Taylor 1920: 112) - *von Pensum und Bonus*. So ergab "eine sorgfältig angestellte Umfrage" nach Einführung des Taylor-Systems,

"... daß von 140 Arbeitern nur zwei als Trinker bezeichnet werden konnten. Damit soll nicht gesagt sein, daß die Leute völlig abstinent waren. Aber ein Gewohnheitstrinker hätte nicht Schritt halten können (und wäre wohl entlassen worden, d. Verf.). Die meisten sparten Geld und lebten besser als je zuvor. Sie bildeten die beste Gruppe von Taglöhnern, die ich jemals beisammen gesehen habe. Sie betrachteten ihre Vorgesetzten, ihren Meister und Lehrer als ihre besten Freunde, nicht als rücksichtslose Placker, die sie um ihr bißchen Lohn bringen wollten. ... Es wäre absolut unmöglich gewesen, Streit zwischen diesen Leuten und ihren Brotherren zu säen" (Taylor 1913: 75).

Wer sich für eine bestimmte Arbeit nicht eignet, wird zu seinem eigenen Vorteil einer anderen Arbeit zugeteilt, wie Taylor am Beispiel der Roheisenverladung erläutert:

"Was die methodisch richtige Auslese der Arbeiter betrifft, so war unter 75 Roheisenarbeitern tatsächlich nur ein Mann von acht körperlich fähig, 47 1/2 t pro Tag zu verladen. Mit dem besten Willen konnten die anderen sieben nicht Schritt halten. ... Der achte ... war mehr vom Schlag eines Stieres, ... so einfältig, daß er für die meisten Arbeiten unbrauchbar war.

Viele werden die Entlassung der sieben von je acht Roheisenverladern bedauern. Dieses Mitleid ist jedoch vollkommen unbegründet, da fast alle ohne weiteres eine andere Tätigkeit in den Bethlehem-Stahlwerken fanden. Tatsächlich sollte man bedenken, daß es für die Leute eine Wohltat war, von dieser Tätigkeit, zu der sie nicht taugten, befreit zu werden. Es war für sie der erste Schritt, Arbeit zu finden, für die sie sich besonders eigneten und bei der sie füglich dauernd höhere Löhne fanden, nachdem sie richtig eingeschult waren" (Taylor 1913: 64, 67).

(4) Die Versöhnung zwischen Arbeitern und Management durch Herrschaft von Experten:

Ein weiteres Ziel Taylors war die *Aufhebung der Konflikte zwischen Arbeitgebern und Arbeitnehmern*:

> "Die große geistige Umwälzung, die sich nach Annahme von 'Wissenschaftlicher Betriebsführung' auf beiden Seiten vollzieht, offenbart sich dadurch, daß die Aufmerksamkeit zunächst von der Teilung des Überschusses abgewendet wird und daß beide Teile gemeinsam daran gehen, den Umfang dieses Überschusses so zu erhöhen, daß die Frage seiner Verteilung zu keinerlei Streitigkeiten mehr Anlaß gibt. ... Der Überschuß wird sowohl den Arbeitern eine bedeutende Erhöhung ihrer Löhne als auch den Fabrikanten eine Erhöhung ihrer Gewinne ermöglichen. ... An Stelle von Streitigkeiten - ein herzliches brüderliches Zusammengehen, und an Stelle eines Gegeneinanderarbeitens - ein gemeinsames Streben! An Stelle eines mißtrauischen Aufpassens - gegenseitiges Vertrauen!" (Taylor 1912: 28-30).

Die "rationale Wissenschaft" sollte sowohl die Tyrannei der Arbeitgeber als auch den kämpferischen Widerstand der Arbeiter überflüssig machen. Sie würde den "Kuchen" so groß machen, daß der Streit um dessen Verteilung zur Nebensache geriete. Die Unternehmer mußten nur die *Herrschaft über den Produktionsprozeß in die Hände der rationalen und am öffentlichen Wohl orientierten "scientific managers", der Ingenieure*, legen, die unbestechlich auf der Basis ihres Wissens die optimale Lösung für Arbeitgeber und Arbeitnehmer - für die ganze Gesellschaft - berechnen würden.

3.2.2. Rezeption und Weiterentwicklungen des Scientific Management

In den USA:

Die *Voraussetzungen für eine Rezeption des Taylorismus* waren nach der Jahrhundertwende *in allen Industrienationen* günstig. Der technische Fortschritt bei den Maschinen hatte den potentiellen Ausstoß an Zwischenprodukten in den einzelnen Fertigungsabschnitten dramatisch erhöht und ließ das Fehlen einer effizienten Arbeitsorganisation schmerzlich hervortreten: Material- und Zwischenläger wuchsen an, dennoch konnten die Maschinen nicht ausgelastet werden, Kundenaufträge wurden nicht fristgerecht erledigt, in der Fertigung kam es trotz verzweifelter Bemühungen der Meister häufig zu chaotischen Zuständen (Landes 1983: 220ff.; Litterer 1961). In den USA wurden die geschilderten Probleme noch dadurch verschärft, daß die in der zweiten Hälfte des 19. Jahrhunderts einwandernden *Arbeitskräfte* vorwiegend aus Osteuropa kamen und nur eine *geringe Qualifikation* mitbrachten. Die menschliche Arbeitsleistung blieb weit hinter der Maschinenproduktivität zurück. Die *Organisation der menschlichen Arbeit* wurde zum *Engpaßfaktor*.

Ein schneller Erfolg war Taylor trotzdem nicht beschieden (Burchardt 1977: 58ff.). Taylor und seine Schüler waren zwar sehr rührig, ihre Ideen in Vorträgen, Zeitungsartikeln und universitären Lehraufträgen zu verbreiten, dennoch griffen die Unternehmer die propagierten Methoden nur zögerlich auf. Taylor selbst schätzte, daß 1914 zwischen 150 000-200 000 Arbeiter unter seinem System arbeiteten, was einem Prozentsatz von 1,5-2% der damaligen amerikanischen Industriearbeiterschaft entspricht (Drury 1922: 104f.).

Im Jahr 1911 kam es jedoch zu einem Ereignis, das Taylor zu großer Popularität verhelfen sollte: Vor der Interstate Commerce Commission wurde eine Klage verschiedener Unternehmungen gegen die Preispolitik der Eisenbahngesellschaften verhandelt (Merkle 1980: 58 ff.). Der Anwalt der Unternehmungen baute seine Anklage auf der Behauptung auf, daß nur das Mißmanagement der Eisenbahngesellschaften zu den exorbitanten Preiserhöhungen geführt habe. Durch Anwendung des Taylor-Systems könnten die Eisenbahngesellschaften "eine Million Dollar pro Tag" einsparen. Als Zeugen holte er Experten des Scientific Management vor die Kommission; den Begriff Scientific Management hatte der Anwalt übrigens in den Vorgesprächen mit diesen Zeugen geprägt.

> "Die Auseinandersetzung der Zeugen des Scientific Management mit denen der Eisenbahngesellschaften wurde in der populären Presse als eine Auseinandersetzung des Lichts mit der Finsternis hochgespielt. Artikel zum Scientific Management erschienen nicht nur in technischen und verwandten Zeitschriften, sondern auch in Zeitschriften für Intellektuelle, Frauenmagazinen und in der Gelben Presse. Der Boom war losgebrochen" (Merkle 1980: 59).

Ein Effizienz-Fieber (efficiency craze) griff um sich: Kirchen gründeten Komitees für kirchliche Effektivität, die Pfadfinder richteten Effektivitätskurse ein, der Außenminister gab einen Effektivitätsempfang für das Diplomatische Corps, New York veranstaltete eine Effektivitätsausstellung mit Taylor als Hauptredner (Vahrenkamp 1977: LXXVI) und in Kursen wurde Hausfrauen beigebracht, den Haushalt effizient zu führen (Krell 1984: 41ff.). Universitäten wurden Effektivitätsanalysen ebenso unterworfen wie Schulen und die öffentliche Verwaltung. Scientific Management ging eine *Allianz mit dem Fortschrittsdenken* ein. Getragen wurde die Taylorismus-Bewegung vor allem von den Collegeabsolventen der Mittelschicht, die im Scientific Management eine Technik sahen, die ihnen als Experten Einfluß nicht nur auf das Geschehen in den Unternehmungen, sondern auf die gesellschaftliche Entwicklung schlechthin verschaffen würde (Haber 1964: 116). Scientific Management wurde "universitätsfähig". Aus ihm sollten sich die *moderne Arbeitswissenschaft*, das *moderne Fertigungsingenieurwesen* und *Operations Research* entwickeln.

In den Unternehmungen indessen kam der Taylorismus immer noch nicht so recht voran. 1917 schätzte ein Experte, daß lediglich 149 Industriebetriebe mit 52 000 Arbeitern taylorisiert seien. Ein Taylorismus-Kritiker konnte nur 20 taylorisierte Unternehmungen ausmachen (Burchardt 1977: 63). Eine neuere Untersuchung (Nelson 1975: 68 ff.) kommt auf 18 taylorisierte Unternehmungen bis 1917. Die Schüler Taylors, Gantt, Barth und Gilbreth (zu ihnen s. Ebbinghaus 1984: 68ff.; Haber 1964: 31ff.), waren als Berater erfolgreicher als ihr Lehrmeister (Merkle 1980: 43ff.). Viele Unternehmungen hatten jedoch aus Furcht vor Auseinandersetzungen mit ihren Arbeitern und den Gewerkschaften sowie vor Beeinträchtigungen ihres Rufs die Methoden Taylors heimlich eingesetzt. *Keine Unternehmung*, selbst wenn sie von Taylor oder seinen Schülern beraten wurde, *verwirklichte das System ohne Modifikationen*. Das *Funktionsmeistersystem fand* von allen Vorschlägen Taylors *den geringsten Anklang* (Chandler 1977: 277).

Für die schleppende Verbreitung waren zunächst technische Gründe verantwortlich: Nur ein kleiner Teil der Betriebe - Taylor bezifferte ihn auf etwa 17% - kam überhaupt für eine Taylorisierung in Frage: *größere Betriebe mit Serienproduktion*. Viele Unternehmungen scheuten den *hohen Aufwand einer Reorganisation*, die nach Taylors eigener Einschätzung zwei bis vier Jahre in Anspruch nahm, tatsächlich um einiges länger dauerte (Merkle 1980: 31). Taylorisierung brachte eine *Aufblähung des mittleren Managements* mit sich, und viele Unternehmer waren skeptisch, ob die zu erzielenden Produktivitätsgewinne diese Steigerung der indirekten Kosten kompensieren würden. Auch befürchteten sie *ge-*

werkschaftliche Opposition und Arbeitskämpfe, obwohl Taylor versicherte, daß es bei *korrekter* Einführung seines Systems noch nie zu einem Streik gekommen sei; einen Streik im Watertown Heeres-Arsenal schob er seinem Schüler Gantt in die Schuhe (Merkle 1980: 31).

Vor allem aber gefiel es den Unternehmern nicht, daß nun die Männer im Arbeitsbüro das Kommando übernehmen und sie somit einen *Machtverlust* erleiden sollten (Kakar 1970: 179 ff.; Copley 1923 II: 420). In ihrer Ablehnung des Taylorismus wurden sie unterstützt vom etablierten mittleren Management, das befürchtete, durch Taylorismus-Experten verdrängt zu werden oder zumindest eine Einbuße an Autorität zu erleiden (Kakar 1970: 134 ff.; Haber 1964: 35). So beschwerte sich Taylor:

> "Immer wieder finden wir auf seiten des Management große Widerstände, wenn es sich darum handelt, daß dessen Angehörige neue Pflichten auf sich nehmen und zu verwirklichen haben. Auf seiten der Arbeiter stoßen wir - verglichen damit - auf nur geringe Widerstände, wenn es um Erfüllung der neuen Pflichten für die Zusammenarbeit geht" (Taylor 1912: 43, s. auch 153, 212).

Die *Gewerkschaften* mußten sich besonders herausgefordert fühlen, denn Taylor hatte immer wieder betont, sein System würde sie überflüssig machen. 1911 verabschiedete die American Federation of Labor (AFL) eine Resolution gegen das "Speeding System", in der die Mitglieder aufgefordert wurden, dem Taylor-System jeden nur denkbaren Widerstand entgegenzusetzen (Nadworny 1955), in der u.a. zu lesen war:

> "Nicht nur Eure Größe, Breite und Dicke kann erfaßt werden, sondern auch Eure Härte, Formbarkeit und generelle Diensttauglichkeit können gemessen und gespeichert und dann nach den Erfordernissen eingesetzt werden. Die Wissenschaft holt so das meiste aus Euch heraus, bevor Ihr auf dem Abfallhaufen landet" (zitiert in Kakar 1970: 183).

Im August dieses Jahres inszenierten die Gewerkschaften einen Streik im Watertown Heeres-Arsenal, als Taylor dort sein System einzuführen begann (Aitken 1960).

Diese gewerkschaftlichen Aktivitäten führten 1911 zur Einberufung eines *Senatskomitees zur Untersuchung des Taylor-Systems*. Die Ideologie der Versöhnung zwischen Arbeitgebern und Arbeitnehmern wurde von Taylor vor allem in seinen Aussagen vor diesem Komitee entwickelt. Der Untersuchungsbericht deckte zwar die Mängel des Taylor-Systems auf, dennoch ergriff der Gesetzgeber keine Maßnahmen. Immerhin setzten die Gewerkschaften 1915 ein Verbot von Zeitstudien und tayloristischen Prämien in öffentlichen Verwaltungen und öffentlichen Unternehmungen durch (Copley 1923: 351f.).

Während des 1. Weltkrieges konnten sich dann die im AFL zusammengeschlossenen Gewerkschaften den Appellen zur Mitwirkung an der "patriotischen Effizienz" nicht entziehen. Die den Taylorismus wesentlich entschiedener bekämpfende und militantere IWW (Industrial Workers of the World) hatte einige ihrer Führer in militanten Auseinandersetzungen mit der Polizei, bei denen damals noch scharf geschossen wurde, durch Todes- oder langjährige Gefängnisstrafen und damit an Einfluß verloren. Es kam zu einer *Annäherung von AFL und Tayloristen*. Die Gewerkschaften akzeptierten, daß der Taylorismus ein probates Mittel zur Erzielung von Lohnsteigerungen sei, und die Tayloristen plädierten nun für die Einbeziehung der Gewerkschaften in Tarifverhandlungen (Ebbinghaus 1984: 142ff.). Den radikalen Gewerkschaftsführern des IWW wurde der Wind völlig aus den Segeln genommen, als *Lenin* den *Taylorismus als Mittel zur Steigerung der Produktion der sozialistischen Wirtschaft pries* (Tatur 1979; Beissinger 1988; Ebbinghaus 1984: 170ff.; Baumgarten 1924).

Für die Rationalisierung der Produktion in den Vereinigten Staaten wurde jedoch der *Fordismus* bedeutsamer als der Taylorismus. Ford (1923: 93) selbst hat seine Gestaltungsprinzipien wie folgt beschrieben:

"1. Ordne Werkzeuge wie Arbeiter in der Reihenfolge der bevorstehenden Verrichtungen, so daß jeder Teil während des Prozesses der Zusammensetzung einen möglichst geringen Weg zurückzulegen hat.

2. Bediene dich der Gleitbahnen oder anderer Transportmittel, damit der Arbeiter nach vollendeter Verrichtung den Teil, an dem er gearbeitet hat, stets an dem gleichen Fleck - der sich selbstverständlich an der handlichsten Stelle befinden muß - niederlegen kann. Wenn möglich, nutze die Schwerkraft aus, um den betreffenden Teil dem nächsten Arbeiter zuzuführen.

3. Bediene dich der Montagebahnen, um die zusammenzusetzenden Teile in handlichen Zwischenräumen an- und abfahren zu lassen.

Das Nettoresultat aus der Befolgung dieser Grundregeln ist eine Verminderung der Ansprüche an die Denktätigkeit des Arbeitenden und eine Reduzierung seiner Bewegungen auf das Mindestmaß. Nach Möglichkeit hat er ein und dieselbe Sache mit nur ein und derselben Bewegung zu verrichten."

Das Prinzip, die Stellen und Maschinen entlang des Fertigungsflusses anzuordnen und die zu bearbeitenden Produkte an ihnen vorbeizuführen, wobei die Arbeitsintensität durch die Geschwindigkeit des Bandes bestimmt wird, übernahm Henry Ford von den Schlachthäusern, in denen bereits um 1850 Fließbänder eingesetzt worden waren (Giedion 1987: 244 ff.). Wie bei Taylor wurden die einzelnen Werkzeuge und Verrichtungen experimentell optimiert.

Weitere Elemente des Fordismus waren (Hinrichs 1981: 192): Eine *weitgehende Typisierung des Produkts*: Nur ein Modell - Modell T - wurde gefertigt und dieses nur in einer Farbe: schwarz. Dies erlaubte einen höheren Maschinisierungsgrad als bei anderen Automobilproduzenten, auch die Lagerkosten und die Kosten des Kundendienstes konnten auf diese Weise gesenkt werden. Für alle Tätigkeiten, die sich für eine Maschinisierung anboten, wurden *in eigenen Maschinenbauabteilungen Maschinen entwickelt*. Weiterhin wurde größter Wert auf die *Austauschbarkeit der Teile* gelegt, die durch eine *präzise Fertigung* zu erreichen war. So konnten Anpassungsarbeiten per Hand und damit Stockungen des Fließbands vermieden werden.

Während Taylors Ansatz stark auf Verfahrensrichtlinien abstellte und den Einsatz von Experten für Planung, Koordination und Experimente vorsah, war bei Ford die Koordination der arbeitsteiligen Verrichtungen quasi in die Konstruktion des Fließbandes "hineinprogrammiert". So war bei Ford ein Arbeitsbüro, das für 40 000 Arbeiter zuständig war, nur mit vier Beamten besetzt (Hinrichs 1981: 195).

Ford beteuerte zwar, er habe von Taylor nicht profitiert, neuere Untersuchungen kommen jedoch zu dem Schluß, daß der Fordismus vom Taylorismus inspiriert war. So waren viele der Ingenieure Fords Anhänger des Taylorismus (Nevins 1954: 468, 474).

Dank seiner neuartigen Fertigungsmethoden konnte Ford die Produktionszeit für ein Auto von 12,5 Stunden auf 93 Minuten senken und die Löhne bei einer Verkürzung der Arbeitszeit auf 8 Stunden verdoppeln. Der Chef der AFL feierte Ford als fortschrittlich und sozial, während einige seiner Unternehmerkollegen ihn als Verräter beschimpften (Ebbinghaus 1984: 135ff.).

Es ist indessen fraglich, welchen Anteil das Fließband an dieser Produktivitätssteigerung hatte. Wirtschaftshistoriker, die sich auf der Basis alter Dokumente sorgfältig mit dieser Frage auseinandersetzten, kamen zu folgenden Ergebnissen (Williams et al. 1993): Zwischen 1909 und 1916 stieg die Produktivität im Fordschen Werk Highland Park um das Dreifache. Zwei Drittel dieses Produktivitätsgewinns sind jedoch für 1910 bis 1911 zu verzeichnen, *einem Zeitraum, in dem Ford das Fließband noch gar nicht eingeführt hatte.* Auch ein zweiter großer Produktivitätssprung, der von 1913 bis 1914 realisiert wurde, kann kaum dem 1913 eingeführten Fließband zugerechnet werden, weil insgesamt hundert Mannstunden ins Auto eingingen, die Arbeitsersparnisse an den einzelnen Bändern aber, soweit dies aus den Aufzeichnungen rekonstruierbar ist, *insgesamt* allenfalls zwischen 1 ½ und 11 Stunden betrug.

Worauf waren die Produktivitätssteigerungen aber zurückzuführen, wenn nicht auf das Fließband. Williams et al. zufolge waren es *zahlreiche kleine Verbesserungen,* die einen "smooth, continuous flow" der Produktion ermöglichten. Das Fließband unterstützte diesen Produktionsfluß, war aber nicht seine Ursache. Der Witz an der Geschichte ist, daß diese Produktivitätsfortschritte nicht nur für standardisierte Massenprodukte realisiert werden konnten, sondern auch für variantenreichere Produktionen, diese Produktivitätserhöhungen also nicht Massenproduktion voraussetzten (s.a. Ortmann 1995: 16ff.). Später hieß es dann häufig, Massenproduktion sei das unvermeidliche Opfer für Produktivität.

Mit der Zeit hatten die Unternehmer auch die Erfahrung gemacht, daß die Anwendung des Taylorismus ihre Macht nicht schmälerte. Weder waren sie gezwungen, das System als Paketlösung zu übernehmen, noch mußten sie sich den Ingenieuren ausliefern, wenn sie sich zu einer systematischen Rationalisierung der Produktion entschlossen: Sie bestimmten, was die Ingenieure rationalisieren sollten, und auch weitgehend, welche Methoden dabei angewendet werden sollten. Wenn ihnen ein Berater und die von ihm vertretenen Methoden nicht paßte, riefen sie einen anderen. Taylorismus wurde zum Sammelbegriff für Methoden der Rationalisierung - der *systematischen Optimierung der Arbeitsorganisation.*

In Deutschland:

Die Demonstration des Schnellstahl-Drehens auf der Pariser Weltausstellung von 1900 erregte auch die Aufmerksamkeit deutscher Ingenieure (Burchardt 1977: 70ff.). Das dazugehörige Buch Taylors - "On the Art of Cutting Metals" (1906) - wurde kurz nach seinem Erscheinen ins Deutsche übersetzt. Die Ausführungen Taylors zur Organisation stießen jedoch auf ein nur geringes Interesse, was auch darin zum Ausdruck kommt, daß "Shop Management" erst sechs Jahre nach der Originalausgabe übersetzt wurde. Das Taylor-System wurde zwar in Ingenieur-Fachzeitschriften diskutiert, zu Anwendungen in der Industrie kam es jedoch nur in wenigen Fällen (so bei Bosch, wo deswegen ein Arbeitskampf ausbrach; Homburg 1978). Mit der Übersetzung von "Principles of Scientific Management" zwei Jahre nach Erscheinen des Originals erhielt die Taylorismus-Rezeption in Deutschland neue Impulse. Es erschienen einige Bücher, die das Taylor-System aufgriffen und es "germanisierten", d.h. seine *Ideologie stärker auf die Wertvorstellungen deutscher Unternehmer hin ausrichteten* (Guillén 1994: 91ff.). So schrieb der AEG-Ingenieur von Moellendorff, mittels der Taylorisierung könne die Technik "den zähen Schlamm der Interessen" überwinden und in den Dienst der Gemeinschaft treten. Taylor erscheine zwar als reiner Technokrat, schrieb er in einem Aufsatz mit dem Titel "Germanische Lehren aus Amerika", doch tatsächlich wolle dieser über das rein Praktische das Intuitive erheben, also "den Willen der Germanen". Eine taylorisierte Volkswirtschaft werde "beseelt sein wie ein taciteisches Germanendorf"; es biete sich eine Chance, die Übel des wirtschaftlichen Liberalismus wie Unordnung, egoistisches Profitdenken, Willkür und Kurzsichtigkeit wirksam zu bekämpfen (Moellendorff 1914).

In der Kriegswirtschaft wurde das Streben nach Rationalisierung der Produktion, insbesondere der Rüstungsproduktion, verstärkt, wobei tayloristische Methoden immer wieder ins Gespräch gebracht wurden; der Zeit- und Rohstoffmangel ließ jedoch keine grundlegende Reorganisation zu.

In der zweiten Kriegshälfte wurde der Taylorismus von einer kleinen, aber publizistisch außerordentlich regen Gruppe um von Moellendorff, der mit seinem Generaldirektor, Walter Rathenau, von der AEG in die Kriegsrohstoffabteilung des Kriegsministeriums übergewechselt war, mit gemeinwirtschaftlichen Ideen in Verbindung gebracht. In seiner 1916 erschienenen Schrift "Deutsche Gemeinwirtschaft" forderte Moellendorff die "Gemeinwirtschaft" aller Staatsbürger - eine "zugunsten der Volksgemeinschaft planmäßig betriebene, gesellschaftlich kontrollierte Volkswirtschaft", die überwiegend von wirtschaftlichen Selbstverwaltungsorganen getragen werden sollte (Moellendorff 1916: 15ff., 32, 39f.). Die Ideen Moellendorffs wurden von den Unternehmern heftig kritisiert, fanden jedoch Unterstützung bei Technikern, antiliberalen Publizisten und bei seinem Vorgesetzten Rathenau.

Nach Kriegsende sah man angesichts der katastrophalen Wirtschaftslage die Notwendigkeit, mit dem Taylorismus "der todkranken deutschen Volkswirtschaft tatkräftig auf die Beine zu helfen" (Winter 1920: VIII).

Die Gewerkschaften wollten in dieser Situation nicht abseits stehen: "Man muß sparen und haushalten mit allem. So auch mit Menschenkräften und Material. Wenn man sich hinreichend mit dem Taylor-System beschäftigt hat, kann man zu keinem anderen Schluß kommen, als daß es eingeführt werden muß", meinte etwa der Leiter der Berliner Betriebsräteschulung 1922 (zitiert in Spitzley 1980: 67). Auch die SPD entdeckte die positiven Seiten einer Rationalisierung (Maier 1970: 48).

Rationalisierung wird, in den Worten Schmalenbachs (Schmalenbach 1927: 503) zum "erlösenden Wort".

"Rationalisierung wird zur Projektionsfläche für zahllose Zuschreibungen, Sehnsüchte und Verschleierungen, wird zur Zauberformel, die den Spuk beendet, zum Traum, der von den Alpträumen des Krieges und der Inflation befreit, wird zum 'frommen Tanz' von Pflicht und Nüchternheit und Diensterfüllung, der den Tanz von 'Hunger und Hysterie, Angst und Gier, Panik und Entsetzen' (so Klaus Mann, A.K.) beendet, wird zum neuen Fieber, das Gesundheit für alle bringt (so der Gewerkschaftsführer Tarnow)" (Freyberg 1989).

Als Träger eines umfassenden Rationalisierungsprogramms boten sich vor allem die Ingenieure an. Moellendorff, inzwischen Unterstaatssekretär im Reichswirtschaftsamt, sprach vom "Auftrag einer vollkommenen Technisierung" an die Ingenieure, nachdem Politik und Wirtschaft gescheitert seien. Ihre wissenschaftliche Ausbildung würde es den Ingenieuren ermöglichen, die jeweils objektiv beste Lösung zu finden und so "der neutrale Punkt im Getriebe der gesellschaftlichen Motive" zu werden (Zitate aus Burchardt 1977: 81, 84). Schrittmacher der fordistischen Massenfertigung war vor allem die elektrotechnische Industrie (Wittke 1996). Vor allem in neu gegründeten Unternehmen, die Konsumgüter wie Rundfunkgeräte und elektronische Haushaltsgeräte (Waschmaschinen, Staubsauger, Wäschemangler, Kühlschränke) produzierten, wurde das Fließverfahren eingeführt. Diese elektronischen Konsumgüter lösten in der Zeit zwischen den Weltkriegen eine große Nachfrage aus, welche dann wieder die Einführung von Methoden der Massenfertigung rechtfertigten.

Die Proponenten Taylors waren sich mit den Kritikern insoweit einig, daß die *Anwendung des Taylor-Systems nicht dazu führen* dürfe, *qualifizierte Arbeit zu verdrängen:*

> "Wir würden auch bald mit unserem Latein in unserem deutschen Maschinenbau zu Ende sein, wenn wir auf die geistige Mitarbeit unserer Arbeiter verzichten wollten. ... Es muß immer wieder betont werden, daß unsere gelernte Arbeiterschaft nicht mit Kulis und Handlangern auf eine Stufe gestellt werden kann. Die Verhältnisse liegen eben bei uns anders wie in Amerika. Unsere Industrie wird schneller wieder konkurrenzfähig werden und dauernd stark bleiben, wenn wir das Wissen und die Erfahrung unserer Arbeiter ausnutzen" (Frenz 1920: 83, 42).

Nicht nur im Vergleich mit den USA, deren Arbeiterschaft sich zu einem großen Teil aus Einwanderern zusammensetzte, stellte höhere Qualifikation die Einführung des Taylorismus vor andere Bedingungen. Auch die *Meister* waren *besser ausgebildet,* und so erschien der weitgehende Ersatz ihrer Qualifikation durch Arbeitsbüro und Funktionsmeister noch weniger opportun als in den USA, wo ein ausgeprägter Mangel an ausgebildeten Meistern vorherrschte. Auch war der *gewerkschaftliche Organisationsgrad höher,* und die Gewerkschaften sahen sich insbesondere als Interessenvertreter der qualifizierten Arbeiter. Den Unternehmern schien eine generelle Dequalifizierung ebenfalls nicht opportun, denn die Lehrlingsausbildung in Verbindung mit dem beruflichen Schulwesen hatte sich als höchst tauglich erwiesen, nicht nur um die Lücke zwischen Schulentlassung und Militärdienst zu schließen. So wurde der *Taylorismus in Deutschland nicht mit der Konsequenz eingeführt wie in den USA*: Qualifizierte Facharbeit wurde weitgehend ausgespart, die Meister gaben weniger Kompetenzen an das Arbeitsbüro ab (Lane 1989: 147).

Die Standesorganisation der Ingenieure, der Verein Deutscher Ingenieure (VDI), wurde zum wichtigsten Promotor des Taylorismus. 1918 gründete der VDI einen Ausschuß für wirtschaftliche Fertigung (AWF), der sich zunächst der Normung als einer Quelle der Rationalisierung zuwandte (Freyberg 1989: 288ff.; Pechhold 1974: 43ff.). 1919 setzte dieser einen Unterausschuß für Zeitstudien ein. 1924 ging das Arbeits- und Zeitstudium an den Reichsausschuß für Arbeitszeitermittlung (REFA) über, der vom Gesamtverband Deutscher Metallindustrieller und vom VDI gegründet worden war. REFA veröffentlichte Leitfäden für die Praxis, in denen die Methoden des Taylorismus weiterentwickelt wurden, veranstaltete Kurse und Konferenzen. Nach dem 2. Weltkrieg wurde REFA als von Arbeitgeberverbänden und den Gewerkschaften gemeinsam getragener Verein neu gegründet. Die verbindende Gemeinwohlorientierung war ja schon vor dem Weltkrieg angelegt worden. Der erste Vorsitzende umriß die Ziele des Bundesverbands mit folgenden Worten:

> "Im Mittelpunkt aller wirtschaftlichen Erwägungen und Planungen steht der arbeitende Mensch. Ihm zu helfen, ihm den harten Alltag zu erleichtern, ist der Zweck allen Schaffens. Und wenn es dem REFA gelingt, mit dazu beizutragen, daß das Sozialprodukt vermehrt - und gleichzeitig die Bedingungen für die menschliche Arbeit gebessert werden, so wird diese Arbeit im Endergebnis nicht nur zu einer Erleichterung der wirtschaftspolitischen Lage, sondern gleichzeitig auch zu einer allgemeinen Besserstellung

des arbeitenden Menschen, zu einer Vermehrung der Freizeit und zu einer besseren Lebensgestaltung führen" (zitiert in Pechhold 1974: 129).

REFA veranstaltet heute noch Kurse zur Ausbildung von Ingenieuren und veröffentlicht Leitfäden zur Rationalisierung. Die Methoden Taylors und seiner Schüler wurden modifiziert, verfeinert und ergänzt, aber nicht durch grundlegend neue Ansätze ersetzt.

Auch in Deutschland veränderte der Taylorismus das *Alltagsleben* nachhaltig. Als Beispiel sei auf die "Frankfurter Küche" verwiesen (Noever 1992). Wie viele andere Architekten hatte sich auch Margarethe Schütte-Lihotzky einer strengen tayloristisch-orientierten Planung unterworfen (selbst die funktionale Orientierung des Bauhauses war vom Taylorismus beeinflußt). Jeder Handgriff und jeder Schritt in ihren Räumen waren berechnet. Auch die Frankfurter Küche ist ein tayloristisch-organisierter Arbeitsraum, der der Hausfrau jede überflüssige, zeitraubende Bewegung ersparen soll. Gründliche Untersuchungen der Schritt- und Griffersparnis beim Arbeiten in der Küche führten zum Entwurf eines "Laboratoriums" mit einer Breite von 1,90m und einer Länge von 3,44m. In dieser Modellküche wurden zahlreiche Innovationen realisiert: u.a. die Anordnung von Spülbecken und Abtropfgestell; die Kochkiste neben dem Herd, in dem Speisen langsam über den Tag gegart werden konnten; die Aufbewahrung trockener Lebensmittel wie Reis, Linsen, Zukker in Aluminiumschütten mit Schnauze, so daß das Kochgut direkt in den Kochtopf befördert werden konnte; die künstliche Beleuchtung durch eine Schiebelampe an einer Schiene, die das benötigte Licht zum Arbeitsplatz brachte; das an der Wand befestigte Bügelbrett, das auf den Rand des Spülbeckens aufgelegt wurde. Die Wandschränke in Kopfhöhe hatten praktische Schiebetüren mit Glasfenstern. Der blaue Anstrich der eingebauten Küchenmöbel sollte die Fliegen fernhalten. In Frankfurt wurde diese Küche etwa zehntausend Mal eingebaut. Architekten in anderen Ländern griffen dieses Konzept auf. Die modernen Einbauküchen sind allesamt Abkömmlinge der Frankfurter Küche. Der Architekt Walter Gropius, von 1919-1928 Direktor des Bauhaus in Weimar (ab 1925 in Dessau), verband wie sein französischer Kollege Le Corbusier in seiner Architektur Taylorismus und Fordismus mit Ästhetik. Gropius zufolge sollte ein Bauwerk die Rationalität des technischen Denkens zum Ausdruck bringen (Guillén 1994: 104ff.; Hughes 1989: 312ff.). Die Architekten als Künstler wollten über den Funktionalismus hinausgehen, die Grundsätze und Werte der modernen Technik vollständiger symbolisieren. Darüber hinaus förderte Gropius die Massenproduktion von Häusern mit Fertigbauteilen. So etwas wie ein "Wohn-Ford" stellte er sich vor. Der von den europäischen Architekten geprägte Stil, der wesentlich von der Ingenieurkultur der USA inspiriert worden war, beeinflußte dann wieder die Architektur in den USA.

3.2.3. Kritik des Scientific Management

Die "Wissenschaftliche Betriebsführung" ist eine *Wissenschaft ohne Theorie*. Das "wissenschaftliche" Experiment, das ihr das Odium verlieh, eine ebenso exakte Wissenschaft zu sein wie die Naturwissenschaften, ergibt noch keine Theorie. Es kommt immer darauf an, was man mit einer Methode macht. Auch die Naturwissenschaften sind ja nicht deswegen Theorien, *weil* sie das Experiment einsetzen. Das Experiment ist lediglich ein Hilfsmittel, Theorien zu überprüfen.

Anders bei Taylor: Er setzte das Experiment nicht zur Überprüfung von Hypothesen ein, sondern zur Lösung von Problemen der organisatorischen Gestaltung.

Mehr implizit als explizit enhält das System Taylors zwar auch *Hypothesen*; diese werden jedoch als *nicht überprüfungsbedürftige Annahmen* in die Argumentation eingeführt. Zum Verhalten der Organisationsmitglieder etwa werden von Taylor folgende Annahmen getroffen (Merkle 1980: 291f.):

(1) Der Mensch ist von Natur aus faul und nur auf sein Vergnügen bedacht.

(2) Glück erreicht der Mensch nur durch Konsum.

(3) Deshalb ist er zur Arbeit nur durch finanzielle Anreize zu motivieren.

(4) Da (1) und (2) im Widerspruch stehen, muß der Mensch seine Natur durch Disziplin überwinden, um Glück zu erreichen.

(5) Da der Mensch, zumindest der körperlich arbeitende Mensch, aufgrund von Einsicht dies nicht schafft, muß er rigiden Regeln unterworfen werden.

(6) Ingenieure, die die "Wissenschaft" zur Erhöhung der Produktivität beherrschen, können diese Regeln am besten konstruieren. Auf diese treffen die Annahmen (1) bis (5) nicht zu und deshalb setzen sie ihr Wissen ein, um den Arbeitern zu Einkommen, Konsum und Glück zu verhelfen.

Zur Organisation enthält der Taylorismus folgende Annahmen (Merkle 1980: 288): Die Effizienz von Organisationen wird erhöht durch weitestgehende Arbeitsteilung, Ersatz von Erfahrungswissen durch Scientific Management-Wissen, Ersatz der persönlichen Steuerung und Kontrolle durch unpersönliche Steuerung und Kontrolle in Form von Arbeitsrichtlinien und Plänen. Diese Annahmen sind nichts anderes als Organisationsprinzipien, auf welche dann das Experiment als Methode aufgesetzt wird.

Diese Annahmen werden durch Beispiele aus der persönlichen Erfahrung Taylors "empirisch untermauert". Einer systematischen empirischen Überprüfung werden sie nicht unterzogen. Es wird auch nicht die Frage aufgeworfen, ob Einstellungen und Verhaltensweisen von Arbeitern nicht von bestimmten - veränderbaren - Bedingungen abhängen könnten. Eigentlich hätte es auch schon zu Zeiten Taylors verwundern müssen, daß Ingenieure ganz andere Menschen sein sollen als Arbeiter. Die Annahmen werden vielmehr als unumstößliche Wahrheiten postuliert.

Hat nun aber Taylor nicht die Annahmen über die Organisation einer empirischen Überprüfung unterzogen, indem er Ergebnisse vorlegte, die "beweisen", daß sein System zu erheblichen Effizienzsteigerungen führt? Und hat er damit nicht auch indirekt seine Annahmen zum Verhalten der Arbeiter untermauert, denn diese liegen der Anwendung seines Systems zugrunde? Die Tagesleistung der Roheisenverlader bei Bethlehem Steel stieg von 12,5 t auf 47 t, die durchschnittlichen Kosten für Transport und Verladung einer Tonne Roheisen sanken von 0,072 $ auf 0,033 $, einschließlich aller "Bureau- und Werkzeugspesen, die Löhne und Gehälter aller Aufsichtsbeamten wie Meister, Beamte, Bureauangestellte, Zeitstudienleute usw." (Taylor 1913: 74).

Dieser "Beweis" ist nicht stichhaltig: Zum einen hat Taylor die Geschichte der Rationalisierung der Roheisenverladung - es ist übrigens, sieht man vom Schnellstahldrehen ab, das eher eine technische als eine organisatorische Rationalisierung war, das einzige mit Ergebnissen untermauerte Beispiel in "Die Grundsätze" - nicht korrekt dargestellt: Er hat den Rationalisierungserfolg maßlos übertrieben, um nicht zu sagen: Er hat die *Daten manipuliert* (Wrege/Perroni 1974). Zum anderen waren die damaligen Kostenrechnungssysteme noch keineswegs so ausgereift, daß eine eindeutige Erfolgsmessung möglich gewesen wäre. Und schließlich ändern sich bei einem mehrjährigen Rationalisierungsprozeß so viele Rahmenbedingungen - Technik, Produktionsprogramm, Absatz usw., daß eine kausale Zurechnung einer Steigerung der Wirtschaftlichkeit auf die organisatorische Rationalisierung nur sehr ungenau möglich ist. *Taylor überzeugte mehr durch die Logik seiner Argumentation* - die freilich von zweifelhaften Annahmen ausging - *als durch empirische Belege.* Er überzeugte auch durch Rhetorik. Die zahlreichen Beispiele erfolgreicher Reorganisation, die er in seine Veröffentlichungen einstreute, folgen narrativen Strukturen, wie sie in Märchen und Mythen zu finden sind. So handelt es sich bspw. bei dem Roheisenverlader Smith, der in Wirklichkeit Schmidt hieß, offensichtlich mehr um eine literarische Figur als um die exakte Wiedergabe eines realistischen Falls. Taylors Erzählungen folgen einem einfachen Muster: "Am Ende des Erzählprogramms ist durch die Einführung der Methoden des Scientific Management 'der Drache besiegt', sprich, der 'minderwertige Teil der Arbeiterschaft' ist entlassen worden, und die Ausgangsopposition ist ausgeglichen. Die verbliebenen Arbeiter leisten ein gerechtes Tagwerk, die Kosten sind minimiert, das *Wunschobjekt*, Wohlstandsgewinne für Arbeitgeber, Arbeiter und die Allgemeinheit ist erreicht" (Wupper-Tewes 1995: 66).

Im Taylorismus wurden die *aufeinander bezogenen Logiken der industriellen Entwicklung und der Managementlehre konsequent weiterentwickelt.* Taylors Annahmen zum Verhalten der Arbeiter und zur Effizienz der Organisation waren mit denjenigen von Ure und Babbage identisch. Der Taylorismus erschien logisch und überzeugend, weil er *die den Prozeß der Industrialisierung vorantreibenden Gestaltungsprinzipien nicht wirklich in Frage stellte, sondern lediglich ihre Lösungsmächtigkeit erhöhte.* Und für die *Unternehmer* war sein System nach anfänglichen Irritationen wegen der vermeintlichen Machtübertragung an die Ingenieure auch deshalb *attraktiv, weil es ihre Herrschaft festigte.* Autoren wie Edwards (1981), Braverman (1977) oder Marglin (1977) sehen im Umstand, daß der Taylorismus dem Verlangen der Unternehmer, ihre Kontrolle über die Arbeiter auszubauen, auf perfekte Weise nachkam, die Hauptattraktion dieser "Wissenschaft".

Andererseits: Daß Ford den Preis für ein Auto erheblich senken, gleichzeitig die Löhne verdoppeln und sogar noch einen erklecklichen Gewinn einstreichen konnte, ist schon ein überzeugender Beleg dafür - nicht nur für die Praktiker -, daß durch eine systematische Rationalisierung der Arbeitsorganisation eine Produktivitätssteigerung zu erzielen ist. Auch dürfte es schwerfallen abzustreiten, daß tayloristische Methoden an der enormen Produktivitätssteigerung der amerikanischen Industrie nach dem 1. Weltkrieg einen Anteil hatten: Um über 50% stieg sie zwischen 1919 und 1927 im Vergleich zu lediglich 5% in den 20 Jahren davor (Vahrenkamp 1977: LXXII; zu Schätzungen von Produktivitätssteigerungen in Deutschland s. Freyberg 1989: 23ff.).

Dem Taylorismus kann also Wirksamkeit nicht abgesprochen werden. Diese wurde aber nicht erzielt, weil dem Taylorismus eine gute Theorie zugrundelag, sondern letztlich weil seine Anwendung tatsächlich die Kontrolle des Managements über die Arbeiter ausbaute und damit zur Disziplinierung der Arbeiter wesentlich beitrug. Der Taylorismus war eine *Ideologie, die sich durch praktischen Erfolg bestätigte.*

"In den Ford-Fabriken hatten die Ingenieure die Vollmacht, Arbeitsplätze zu gestalten und Zeitvorgaben festzusetzen, ansonsten hätten die Fließbänder nicht laufen können - man kann nicht hunderte von Arbeitsplätzen an ein Fließband binden, ohne die Arbeiter einer strikten Kontrolle zu unterwerfen. Das Ford Management unterwarf sie einer solchen Kontrolle, Wissenschaft her oder hin, und produzierte eine Menge Autos - dies und nicht Scientific Management rechtfertigte ihre Autorität" (Stinchcombe 1990: 61).

Selbst die *Methoden Taylors verdienen das Attribut wissenschaftlich nicht.* Sie waren in einem hohen Maße *manipulativ.* Sehen wir uns das Schaufel-Experiment (S. 76) etwas näher an. Legt man Kriterien an, die für sozialwissenschaftliche Experimente gelten, so fallen die folgenden Mängel auf (Spitzley 1980: 68f.):

(1) Taylors Analyse bezieht sich auf eine *zu kleine Stichprobe,* in diesem Fall nur auf zwei oder drei Arbeiter.

(2) Es handelt sich *nicht um eine Zufallsauswahl,* sondern um sorgsam ausgesuchte "erstklassige" Arbeiter.

(3) Diese werden in eine *Extremsituation* gebracht und in dieser untersucht: doppelter Lohn bei einem für erstklassig erachteten Ergebnis und Entlassung bei vermuteter Leistungszurückhaltung.

(4) Die Versuchspersonen werden während eines verhältnismäßig *kurzen Zeitraums* beobachtet. *Kontroll- und Folgeuntersuchungen* werden *nicht vorgenommen,* so daß Spätfolgen möglicher Überbeanspruchung nicht bemerkt werden können.

Jeder dieser Mängel ist so schwerwiegend, daß einer von ihnen bereits ausreichte, den wissenschaftlichen Anspruch als unbegründet erscheinen zu lassen. Die höchst zweifelhaften Ergebnisse solcher Experimente werden aber mit dem Etikett "wissenschaftlich" gegen Kritik immunisiert.

Taylor versichert zwar, daß das Pensum so festgesetzt würde, daß die Arbeiter "lange Jahre hindurch ohne Einbuße ihrer Gesundheit" (Taylor 1920: 5) arbeiten könnten; eine *wissenschaftliche Definition von Gesundheit* wird aber *nicht vorgelegt;* es werden keine Kriterien des Gesundheitsverschleißes und auch keine Untersuchungsmethoden dazu geliefert (Spitzley 1980: 69f.). Das Taylor-System vertraut offensichtlich der Einschätzung durch den "scientific manager". Dessen subjektive Einschätzung wird jedoch zu einem Urteil im Namen der Wissenschaft erhoben. Die "langsame Wirkung der Ermüdung, die die Kräfte der Arbeiter untergräbt und deren Folgen erst nach längerer Zeit in Erscheinung treten, werden übersehen", befand bereits 1923 der französische Physiologe Lahy (1923: 122). Und auch der deutsche Betriebsingenieur Frenz (1920: 36) hatte schon 1920 erkannt: "Es gibt, diese Erfahrung wird mir jeder Praktiker bestätigen, überall einige Arbeiter, die durch die Aussicht auf hohen Verdienst Leistungen vollbringen, welche ihre Gesundheit auf die Dauer schädigen müssen". Die Wissenschaftliche Betriebsführung zwingt den Arbeiter systematisch, "sich in dem, was die Arbeit betrifft, selbst zu überbieten" (Lahy 1923: 112). Nicht zu Unrecht werden deshalb die Prämien Taylors als *"Überanstrengungsprämien"* bezeichnet (Friedmann 1952: 51). Dazu eine Anekdote, die sich im Zusammenhang mit der Übernahme des Taylorsystems durch die Renault-Werke im Jahre 1913 ereignete, an der auch ein englischer Ingenieur beteiligt war:

"Als der englische Ingenieur Pittsburgh besuchte, war er erstaunt darüber, daß er nur junge und kräftige Arbeiter antraf, und er fragte den Amerikaner, der ihn herumführte: 'wo sind eigentlich die alten Arbeiter?' Zunächst antwortete der Amerikaner nichts; dann, als Fraser nochmals nachdrücklich fragte, bot er ihm sein Zigarrenetui an und sagte so nebenbei: 'Nehmen Sie doch eine Zigarre, und während wir rauchen, wollen wir uns den Friedhof ansehen'" (Vahrenkamp 1976: 23).

Aus volkswirtschaftlicher Sicht kann sich Taylorisierung folglich als *Fehlrationalisierung* erweisen, wie Söllheim (1922: 238) bereits 1922 erkannte:

"Die Gesamtlebensleistung des Arbeiters ... muß das Bestimmende für die Produktionspolitik sein und nicht die augenblickliche Leistung. ... Wir müssen also stets in Rechnung ziehen, daß frühzeitig verbrauchte Arbeiter nicht nur eine ungeheure Gefahr sind, sondern daß sie dem Staate ungeheure Kosten verursachen (Erwerbslosenfürsorge, Armenpflege, Fürsorgeanstalten, Gefängnisse). Nicht gerechnet sind dabei die rein persönlichen Opfer, die der Betroffene täglich bringt (Lebensaufopferung, frühe Sterblichkeit, Siechtum, körperliche und sittliche Verwahrlosung der Kinder durch das Schwinden der häuslichen Erziehungskräfte, größere Kindersterblichkeit, Notlage)."

Auch steht die von Taylor geforderte *hochgradige Spezialisierung der Handarbeit nicht unbedingt in Übereinstimmung mit den menschlichen Bedürfnissen.*

"Wie die 'Wissenschaftliche Betriebsführung' kein Instrumentarium zur Bestimmung einer Obergrenze der Arbeitsintensität entwickelt, so wenig bildet sie eine Methodik zur Begrenzung der Arbeitsteilung heraus. Unbegrenzte Spezialisierung, Bindung des Arbeiters an einen möglichst kleinen Tätigkeitskreis und Verlagerung jeder geistigen Arbeit ins Arbeitsbüro machen den *Menschen* erst zu der *Einzweckmaschine,* als die die 'Wissenschaftliche Betriebsführung' ihn von Anfang an sehen will" (Spitzley 1980: 75f.).

Sie *muß* den Menschen so sehen, nur so paßt er ins System (zur Normalisierung des Menschen nach technischen Kriterien im Taylorismus s. vor allem auch Wupper-Thewes 1995).

Der Taylorismus reduziert den Menschen auf das Meßbare und kann damit der Komplexität, die sein Handeln ausmacht, nicht gerecht werden. Dieser Vorwurf trifft zu großen Teilen auch die *moderne Arbeitswissenschaft* (Krell 1984: 137ff.).

Höchst problematisch im Taylorismus ist auch die *systematische Dequalifizierung der Arbeiter.* So stellte das gewerkschaftliche Mitglied der Senatskommission, Frey, (1919: 42) fest:

"Die dem System anhaftende Neigung zur Spezialisierung stützt sich besonders, wächst und wird verewigt durch die fortschreitende Ansammlung und Systematisierung aller überlieferter, handwerksmäßiger Kenntnisse des Arbeiters in der Hand des Arbeitgebers. Im Besitze dieser Kenntnisse und einer Vorarbeiterschaft von Beamten, die diese anzuwenden hat, erklären die Vertreter der wissenschaftlichen Betriebsführung, daß sie weder der gelernten Arbeit im bisherigen Sinne bedürfen, noch irgendeine Art der Lehrlingsausbildung noch nötig haben, ausgenommen die Ausbildung der Vorarbeiterschaft."

Tatsächlich ging in den USA nach dem 1. Weltkrieg die Ausbildung von Facharbeitern drastisch zurück.

"Die Folgen der eingeschlagenen Strategie sind nicht aufzuhalten: Wird der Produktionsprozeß darauf ausgerichtet, daß er bei der überwältigenden Mehrheit der Arbeiter weder Intelligenz noch Geschicklichkeit erfordert, besteht auch kaum eine ökonomische Notwendigkeit, diese auszubilden. Und umgekehrt: Wenn die Arbeiter 'ungebildet' sind, muß die Arbeit so lange zerlegt werden, bis sie auch von Ungelernten ausgeführt werden kann. Der Teufelskreis ist geschlossen" (Spitzley 1980: 79).

Solange der Markt Massenprodukte aufnimmt, zeitigt eine Strategie der Dequalifizierung nicht unbedingt gravierende Nachteile. Es gibt jedoch Anzeichen dafür, daß die *Produktvariabilität* und die *Innovationsraten,* die anspruchsvolle Abnehmer und ein härterer Konkurrenzkampf mit sich bringen, einen *verstärkten Einsatz qualizierter Arbeiter erforderlich machen.* Konnte Ford noch über mehrere Jahre hinweg sein Modell T in einheitlicher Ausstattung produzieren und war auch der VW-Käfer noch ziemlich standardisiert, so verließen bereits Ende der 80er Jahre nur etwa zwei bis drei ausstattungsgleiche Golf-

Modelle - bei einer Jahresproduktion von annähernd 1 Mio. Pkw dieses Typs - die Werke (Pries u.a. 1990: 21f.). Diese Tendenz setzt sich fort.

Nun gibt es *Versuche*, diese vom Markt geforderte *Variabilität der Produktion durch flexible Automatisierung und Mechanisierung in Fortschreibung der Ure-Babbage-Taylor-Ford-Gestaltungsphilosophie zu gewährleisten.* CIM - Computer Integrated Manufacturing - erscheint als der Schlüssel dazu:

"Der sehr differenzierte und verfeinerte technologische Anspruch industriell gefertigter Güter führt zur vermehrten Produktvariation und schneller Produktsubstitution. Durch gleichzeitige Steigerung der Arbeitskosten kanalisiert sich die Entwicklung der zukünftigen Produktionsstruktur auf eine Automatisierung mit hoher Flexibilität und Produktivität zugleich. Die Konsequenz ist also die rechnerintegrierte automatisierte Fabrik. ... Die Rechnerintegration stellt den Kern der zukünftigen Produktionserneuerung dar. Sie verfolgt das Ziel einer automatischen Fertigung von variablen Produktprogrammen, einer kontinuierlichen Optimierung der Ablaufsteuerung, einer direkten Regelung von Materialfluß und -bearbeitung sowie einer dynamischen Disposition aller Fertigungsmittel. ... Es entsteht eine neue Produktionsstruktur, die ... als maschineller Organismus mit programmierter und damit gespeicherter Intelligenz zu automatischer Gütererzeugung fähig ist. ... In dieser höheren Entwicklungsstufe wird die Fabrik Maschinenintelligenz benötigen" (Spur 1984: IVf.).

Die bisherigen Ergebnisse deuten jedoch darauf hin, daß *Einsatz von Menschenintelligenz die Rationalisierung bei flexibler Fertigung auf erfolgreichere und vor allem kostengünstigere Weise bewältigt* als Maschinenintelligenz. Wenn dem so ist, wird wieder der qualifizierte Arbeiter benötigt. Einige Unternehmungen experimentieren nicht nur mit *Qualitätszirkeln*, in denen die Arbeiter *neben* ihrer Routinetätigkeit über Verbesserungen der Produktionsverfahren nachdenken, sondern mit *umfassenden Konzepten der Gruppenarbeit*, nach denen Arbeit wieder entspezialisiert oder integriert wird und die Arbeiter einer Gruppe ihre Arbeit selbst koordinieren. Als größtes Hindernis bei der Verfolgung dieser *"nicht-tayloristischen"* - *"anthropozentrischen"*- Alternative erweist sich der *"versteinerte Taylorismus"* (Brödner 1985: 61ff.).

"Die größten Hindernisse liegen schließlich in den Denkzwängen des Maschinendenkens, die sich in den Köpfen der Manager wie der Arbeiter und ihrer Interessenvertreter festgesetzt haben. Sie verhindern bereits im Ansatz, über alternative Formen von Produktionstechnik und Arbeitsorganisation nachzudenken und sich diese mit der notwendigen Konsequenz vorzustellen. Da aber neue Produktionskonzepte nur durch die Köpfe hindurch zu verwirklichen sind, nur in die Tat umgesetzt werden können, wenn sie zuvor in den Köpfen als Vorstellungen existierten, muß sich das Denken zunächst von seinen Zwängen befreien" (Brödner 1985: 165f.).

Von der Gestaltungsphilosophie des Taylorismus, in der "Individuen nicht Aktivposten darstellen, sondern als Fehlerquellen gelten" und in der die "ideale Organisation so geplant wird, daß sie sich selbst von menschlichen Irrtümern oder menschlichen Interventionen freimacht und im Selbstlauf Produktionsergebnisse und vorhersagbaren Gewinn hervorbringt" (Kanter 1983: 17f.), geht immer noch eine starke Überzeugungskraft aus.

Es kann also sein, daß sich tayloristische Zentralisierungs- und Automatisierungskonzepte langfristig gegenüber dem "anthropozentrischen Konzept" behaupten und durchsetzen, was dann aber nicht der Beweis dafür ist, das erstere effizienter sind, sondern nur dafür, daß sich (wieder einmal) eine Ideologie selbst bestätigt, indem aus Denkfiguren "Sachzwänge" werden (Piore/Sabel 1985).

3.3. Weiterentwicklungen

3.3.1. Praxisorientierte Organisationsliteratur

Auf die Gestaltung der Verwaltungsorganisation läßt sich das vom Taylorismus als Methode favorisierte Experiment nur sehr eingeschränkt anwenden. Zwar gibt es noch heute Ansätze, in denen die tayloristische Arbeitsgestaltung auf die Büroarbeit übertragen wird, diese kommen aber *nur für manuelle Routinearbeiten* in Betracht. Und wie in der Fertigung bringt die Automatisierung solche Arbeiten auch in der Verwaltung mehr und mehr zum Verschwinden.

Für die Gestaltung der umfassenden Struktur - für Entscheidungen über Alternativen der Abteilungsstruktur, des Leitungssystems oder der Kompetenzenverteilung - läßt sich das Experiment nicht einsetzen: Die Unternehmung könnte die Erprobung von Alternativen nicht überleben. Einfache Organisationsprinzipien sind ebenfalls nicht anwendbar, denn auch für die Verwaltung gilt: Unterschiedliche Ausgangsbedingungen verlangen unterschiedliche organisatorische Lösungen. Zum Teil windet sich die Managementliteratur aus diesem Dilemma, indem sie sich auf das *Aufzeigen von Lösungsalternativen* beschränkt. So wird bspw. ausgeführt, daß es sowohl Einlinien- als auch Mehrlinien (Matrix-)systeme, verschiedene Formen des Projektmanagements, sowohl große als auch kleine Leitungsspannen, schwächere oder stärkere Arbeitsteilung, Abteilungsbildung nach dem Prinzip der Verrichtung und nach dem Prinzip des Objekts gibt, daß man Koordination durch hierarchische Weisungen, durch Planung und durch Selbstabstimmung in Gremien herbeiführen kann, usw. Die meisten Lehrbücher und Praxisleitfäden der Organisation enthalten solche Auflistungen von Lösungsalternativen.

Oft werden auch, um den Praktikern die Auswahl unter organisatorischen Lösungsalternativen zu erleichtern, *prinzipielle Vor- und Nachteile der verschiedenen Alternativen* einander gegenübergestellt. Als ein "prinzipieller Vorteil" des Einliniensystems wird etwa die leichte Zurechnung von Verantwortlichkeiten herausgestellt und als ein "prinzipieller Nachteil" die Länge des Dienstweges, während es als Vorteil von Mehrliniensystemen gesehen wird, daß unterschiedliche Fachkompetenzen direkt in Anweisungen für die Ausführenden umgesetzt werden können, was aber wieder mit dem Nachteil einer schwierigen Zurechnung von Verantwortlichkeiten bei auftretenden Fehlern verbunden ist. Noch einen Schritt weiter gehen Ausführungen, in denen versucht wird, die *Bedingungen zu identifizieren, unter denen bestimmte organisatorische Gestaltungsalternativen vorteilhafter als andere sind* (s. z.B. Hill/Fehlbaum/Ulrich 1989). Solche Überlegungen münden in den *Situativen Ansatz* (Kap. 6). Solange Aussagen dieser Art jedoch nicht in systematischer Weise empirisch fundiert sind, bleiben sie Hypothesen ohne empirische Bewährung, die lediglich auf gute Gründe und Erfahrungen ihrer Verfasser verweisen können.

3.3.2. Umfassende Managementkonzepte: z.B. Harzburger Modell

Praktiker tun sich jedoch häufig schwer mit Managementleitfäden, in denen Alternativen aufgezeigt und diskutiert werden. Sie bevorzugen immer noch einfache, eindeutige Regeln - ein umfassendes Regelwerk für die Probleme des Managements. Das in den 50er bis 70er Jahren außerordentlich erfolgreiche, in einigen Unternehmungen noch heute praktizierte "*Harzburger Modell*", das auch als "*Führung im Mitarbeiterverhältnis*" bezeichnet wird, kommt diesem Bedürfnis in idealer Weise entgegen (Höhn 1987). Es wird geschätzt, daß von 1956 bis 1972 mehr als 250.000 deutschsprachige Manager in Seminaren mit diesem Regelwerk vertraut gemacht wurden (Hickel 1974: 110).

Die Grundprinzipien dieses Managementkonzepts sind (Höhn 1971):

"1. Die betrieblichen Entscheidungen werden nicht mehr allein von einem oder wenigen Männern an der Spitze der Unternehmung getroffen, sondern jeweils von den Mitarbeitern auf den Ebenen, zu denen sie ihrem Wesen nach gehören.

2. Die Mitarbeiter werden nicht mehr durch Einzelaufträge geführt, sondern müssen innerhalb eines fest umrissenen Bereiches selbständig im Rahmen der Gesamtzielsetzung des Unternehmens tätig werden. ...

3. Die Vorgesetzten treffen in den ihnen unterstellten Bereichen nur noch in den Fällen, die die Kompetenzen ihrer Mitarbeiter überschreiten, Entscheidungen. ...

4. In einer Allgemeinen Führungsanweisung werden die führungstechnischen Grundprinzipien der Führung im Mitarbeiterverhältnis niedergelegt und für das gesamte Unternehmen verbindlich erklärt.

5. Stellenbeschreibungen legen im einzelnen die Aufgaben fest, die jeder Stelleninhaber zu erfüllen hat."

Das Harzburger Modell bietet also vor allem eine Lösung für das folgende Problem: *Wie kann die Unternehmungsleitung gut strukturierbare Aufgaben auf das untere und mittlere Management delegieren, ohne dabei das Risiko laufen zu müssen, daß die delegierten Entscheidungen im Ergebnis der Unternehmungspolitik widersprechen?* Auf die Mitarbeiter werden scharf umrissene einfache Aufgaben delegiert und in den Führungsanweisungen und Stellenbeschreibungen wird detailliert festgelegt, wie sie diese Aufgaben im einzelnen auszuführen haben. Das Etikett "Führung im Mitarbeiterverhältnis" macht nun aber neugierig, wie mit Nicht-Routine-Problemen verfahren wird. Erweckt es doch den Eindruck, daß der ehemalige SS-Standartenführer Höhn, der als Weggefährte Werner Bests (über den Herbert (1996) eine sehr lesenswerte Biographie vorgelegt hat) zum führenden Kreis der Organisatoren und Ideologen der Gestapo und der SS gehörte, einen Lernprozeß in Richtung auf eine Demokratisierung der Unternehmung durchlaufen hat. Treten Probleme auf, die den in der Stellenbeschreibung festgelegten Kompetenzbereich eines oder mehrerer Mitarbeiter überschreiten, muß der nächsthöhere Vorgesetzte eingeschaltet werden (Höhn 1974: 41). Es kommt zu einem *Mitarbeitergespräch* (ein Mitarbeiter und der Vorgesetzte) oder zu einer *Mitarbeiterbesprechung* (mehrere Mitarbeiter und der Vorgesetzte). Schauen wir uns einige Anweisungen zu diesen Institutionen, die auch in den Allgemeinen Führungsanweisungen festgelegt sind, etwas näher an (Höhn 1974: 47ff.):

Zur "thematischen Vorbereitung":

"Geht es ... um Probleme, bei denen mit einer stark gefühlsbetonten Reaktion zu rechnen ist, so wird der Vorgesetzte auf die vorherige Mitteilung des Themas verzichten. Er muß sonst befürchten, daß sich eine Gruppeneinheitsmeinung bildet oder starre Fronten unter den Mitarbeitern entstehen. Dies gefährdet den Erfolg der Mitarbeiterbesprechung."

Zur "Diskussionsleitung":

"Hält der Vorgesetzte die Äußerung eines Mitarbeiters für falsch, so stellt er sie im Mitarbeiterkreis zur Diskussion. Auf diese Weise erreicht er oft eine Berichtigung durch die Kritik der Mitarbeiter untereinander, ohne selbst Stellung nehmen zu müssen."

Zur "Gesprächstaktik":

> "Eine von einem Mitarbeiter aufgeworfene Frage, die der Vorgesetzte in diesem Kreis nicht behandelt wissen möchte, muß er aus der Diskussion ausklammern. Er darf sich auch durch wiederholte Fragen der Mitarbeiter nicht dazu verleiten lassen, Probleme aufzugreifen, die nicht zum Thema gehören."

Zum "Abschluß":

> "Die Beendigung der Mitarbeiterbesprechung wird durch den Diskussionsleiter herbeigeführt. Etwaige Versuche von Mitarbeitern, die Besprechung durch Wiederholungen in die Länge zu ziehen, hat der Vorgesetzte dabei freundlich, aber bestimmt zu unterbinden." Nach der Beendigung des Gesprächs trifft der Vorgesetzte die Entscheidung, entweder sofort oder nach einiger Zeit, "um seinen Mitarbeitern dadurch deutlich werden zu lassen, daß er ihre Argumente bei seiner Entscheidungsfindung sorgfältig abgewogen hat."

"Führung im Mitarbeiterverhältnis" bedeutet also: Der Vorgesetzte eignet sich das Wissen seiner Mitarbeiter an, wobei er die zu behandelnden Themen abgrenzt und alternative Probleminterpretationen abblockt, um dann autoritär die Entscheidung zu treffen. Argumente, welche die Mitarbeiter als bedeutsam für die Lösung des anstehenden Problems sehen, können vom Vorgesetzten abgeschnitten werden.

Somit unterscheidet sich die "Führung im Mitarbeiterverhältnis" nicht wesentlich von der Führerversammlung einer SS-Standarte:

> "Der Standartenführer sagt in der Führerversammlung, nachdem er die Unterführer angehört hat: 'Wir machen das so.' Damit meint er nicht sich im pluralis majesticus, sondern er will sagen, *in ihm habe sich der Wille der Gemeinschaft gebildet*. Er weiß, nachdem er die verschiedenen Ansichten gehört hat, was er nun richtungsgebend der Gemeinschaft zu sagen hat. Dabei ist er kein Diktator, sondern das, was er beschließt, ist entstanden aus Gemeinschaftsgeist" (Höhn 1934: 42).

In den 50er und 60er Jahren führte das rapide Wachstum vieler Unternehmungen zu einem "organisatorischen Wildwuchs" und zur Überlastung der oberen Führungsebenen. Das *Harzburger Modell half dem Topmanagement, sich die Routineprobleme vom Hals zu schaffen, ohne die Kontrolle über die Unternehmung zu verlieren* (Hickel 1974: 127). Für die Mitarbeiter war eine *Steuerung durch bürokratische Regelungen häufig angenehmer als durch autoritäre Vorgesetzte*, deshalb erfuhren sie das Harzburger Modell als Fortschritt, obwohl es ihre Entscheidungskompetenzen und Möglichkeiten der Mitwirkung an wichtigen Entscheidungen nicht wirklich erweiterte. In den 70er und 80er Jahren nahm dann die Umweltdynamik für viele Unternehmungen zu und die nach dem Harzburger Modell geformten und bürokratisierten Strukturen erwiesen sich als zu starr, so daß die Manager nach anderen Lösungen suchen mußten (Guserl 1973).

Das Bedürfnis nach umfassenden Systemen von Organisationsprinzipien ist jedoch immer noch stark und so kommen immer neue Managementleitfäden auf den Markt, die diesem Bedürfnis entsprechen.

Das Harzburger Modell wurde abgelöst von *Management by Objectives (MbO)-Konzepten,* in denen Ziele, die jeder Mitarbeiter mit seinem Vorgesetzten zu vereinbaren hatte, an die Stelle von Stellenbeschreibungen und Verfahrensrichtlinien traten (Raia 1974). Und neuerdings ist es die *Unternehmenskultur,* die eine flexible Steuerung der Mitarbeiter im Sinne der Unternehmensleitung gewährleisten soll (Peters/Waterman 1983; kritisch: Ebers

1985). Damit sind wir wieder bei den Organisationsmoden, die wir bereits kritisch beleuchtet haben (S. 74).

Fürchte Dich nicht! Ich räche nichts Böses,
sondern zwinge zum Guten. Hart ist meine
Hand, aber liebreich mein Gemüt.

*Inschrift an einem holländischen Arbeitshaus,
1667*

4. Human Relations-Bewegung und Organisationspsychologie

Alfred Kieser

Die Hawthorne-Experimente, in denen zunächst in tayloristischer Manier der Effekt der Beleuchtungsstärke auf die Arbeitsleistung gemessen wurde, haben *zufällig* zur Entdeckung der Bedeutung "menschlicher Beziehungen" in der Arbeit geführt und damit die folgenreiche Human Relations-Bewegung ausgelöst - so eine *Legende*, die in vielen Lehrbüchern gesponnen wird.

Wie wir im folgenden zeigen, war die Bedeutung "menschlicher Beziehungen" in der Arbeit schon lange vor der Human Relations-Bewegung erkannt und in der Unternehmungsführung berücksichtigt worden. Die Hawthorne-Experimente bewirkten nicht mehr - aber auch nicht weniger - als eine *wissenschaftliche Legitimation* dieser Praxis.

Diese Legitimation sorgte dann aber für eine nachhaltige Verbreitung "menschlicher Beziehungen" in der Arbeit und für das *Aufblühen der Organisationspsychologie*. Organisationspsychologische Konzepte wurden jedoch immer komplexer und verloren dadurch an Wert für die Praxis. Als Reaktion darauf entstanden Ansätze der *Organisationsentwicklung* und der *Humanisierung der Arbeit*.

Dieses Kapitel widmet sich fast ausschließlich der Entstehungsgeschichte der Human Relations-Bewegung und bestimmten Weiterentwicklungen. Zum einen hat dies pragmatische Gründe: Die *Organisationspsychologie* bildet heute eine *eigene, außerordentliche umfangreiche Theorienlandschaft*. Der Versuch, auch nur ihre wichtigsten Ansätze zu Hauptaussagen zusammenzufassen, würde ein eigenes Buch erfordern. Wir konzentrieren uns deshalb auf die in der Entstehungs- und in der Weiterentwicklungsphase besonders interessanten *Beziehungen zwischen Theorie und Praxis*.

Man kann im übrigen geteilter Meinung sein, ob Theorien der Organisationspsychologie überhaupt unter die Organisationstheorien einzureihen sind. Sie beschäftigen sich nicht mit Organisationen per se - bspw. mit ihrer Entstehung oder ihrem globalen Wandel in Abhängigkeit von gesellschaftlichen Entwicklungen -, sondern vorwiegend mit dem *Verhalten von Menschen in Organisationen*. Die Organisation wird nicht selbst erklärt, sondern nur als Bedingungsrahmen in die Erklärung eingeführt (s. die Ausführungen zu Makro- und Mikroansätzen in Abschnitt 1.2).

4.1. Entstehungsgeschichte

4.1.1. Human Relations als Reparaturbetrieb

Daß die Herstellung "menschlicher Beziehungen" zu Arbeitern ein wichtiger Produktionsfaktor sein kann, wurde Unternehmern bereits während der *Industrialisierung* bewußt -

besonders schmerzlich vor allem dann, wenn die Vernachlässigung dieses Faktors Probleme zeitigte. Ein solches stellte aus Sicht der Unternehmer zweifelsohne die in der zweiten Hälfte des 19. Jahrhunderts aus der Arbeiterbewegung hervorgegangene *Sozialdemokratie* dar, die aus dem "Manchesterliberalismus" ihre gewichtigsten Argumente gewann. Weitere Probleme in diesem Zusammenhang waren eine *starke Fluktuation* sowie eine für viele Unternehmungen spürbar werdende *Verknappung des Arbeitskräfteangebots*, die nicht nur zu einer Stärkung des Selbstbewußtseins der Arbeiter beitrug, sondern auch die Unternehmer mehr und mehr den *Vorteil eines an die Unternehmung innerlich gebundenen Arbeiterstamms* erkennen ließ.

So findet sich *bereits vor der Jahrhundertwende* in vielen Managementschriften die *Empfehlung, menschliche Beziehungen zu den Arbeitern aufzubauen*. Roesky (1878: 13f.) schreibt bspw.:

"Man schiebt den Socialdemokraten die ganze Last der Verderbniss unserer Arbeiter in die Schuhe, resp. den Führern dieser Partei. ...

Die Accorde wurden immer mehr und mehr gedrückt. ... Die Folgen konnten nicht lange ausbleiben ... und so kann man mit Fug und Recht sagen, die Socialdemocratie ist theilweise durch die Gewinnsucht einzelner unvernünftiger Arbeitgeber hervorgerufen, es trifft diese wenigstens ein grosser Theil der Schuld."

Der Unternehmer Oechelhaeuser (1886: 87f.) mahnt seine Kollegen:

"Das Benehmen der Arbeitgeber und ihrer Beamten gegen die Arbeiter ist eins der wichtigsten Momente in der Sicherung des sozialen Friedens, wirkt oft mehr als alle materiellen Opfer. Äusserlich ist die Behandlung des Arbeiters unstreitig eine bessere geworden, schon weil derselbe sich nicht mehr gefallen läßt, was ihm früher geboten wurde. Allein diese arithmetische Kälte, diese bloß rechnerische Beziehung zum Arbeiter, die noch in weitem Umfang Platz greift, entfernt sie oft noch mehr vom Arbeitgeber als schroffe Behandlung."

Und 1870, auf einer Konferenz über die Arbeiterfrage in Bonn, ruft der elsässische Fabrikant Dieterle aus:

"(In) uns müssen wir Arbeitgeber den Schaden und die Heilung suchen. Die Hauptsache ist, daß Arbeiter und Arbeitgeber moralisch und menschlich wieder zusammenkommen; der soziale Riß ist entstanden dadurch, daß sie einander fremd wurden; nun ist das die Aufgabe, daß wir die Herzen der Arbeiter wieder gewinnen, und die Herzen gewinnt man dadurch, daß man sein Herz gibt" (zitiert in Geck 1931: 124).

In der Concordia - der Zeitschrift eines Kreises evangelischer Unternehmer - schreibt der Unternehmer Brunner (1872, zitiert nach Walter-Busch 1977: 243):

"Dem Hochmuth, der Lieb- und Herzlosigkeit von oben ... antwortet der Hass, der Neid, der Trotz und die Rachsucht von unten ... Der Mensch ist eben kein Stück Holz oder Eisen, er ist auch kein Ochse oder Esel, den man bloss um's Futter an seinen Wagen spannen kann ... ein Jeder bringt ein Stück Herz und Gemüth mit, das je nach seiner Behandlung entweder eine heitere oder eine finstere, eine saure und zuletzt bittere Stimmung annimmt. ... Die Zufriedenheit unserer Arbeiter liegt darum in unserem wohlverstandenen eigenen Interesse."

In den *20er Jahren* kam dann wieder eine Zeit, in der sich Unternehmer um den Fleiß ihrer Arbeiter sorgten und darüber, daß sie in die Arme radikaler Gewerkschaften getrieben werden könnten (die folgende Darstellung der Entwicklung in Deutschland stützt sich weitgehend auf Hinrichs 1981: 146ff.). Nach dem Ersten Weltkrieg kam es zu einer *starken Geldentwertung*. Viele Arbeiter hatten sich *Hoffnung auf eine grundlegende Veränderung der ökonomischen und politischen Verhältnisse* gemacht, die sich bald als gegenstandslos erwies. Vor allem jedoch sah man in der *taylorisierten Arbeit eine der Hauptursachen einer um sich greifenden Arbeitsunlust:*

"Sicher ist, daß die Taylorbewegung das allgemeine Interesse für betriebswirtschaftliche Fragen geweckt hat; aber gerade in der abendländischen Kultur ist ein tiefes Sehnen nach mehr Berufsbefriedigung, nach Berufsfreude, Berufsstolz und Berufsglück erwacht. Durch Organisation und wissenschaftliche Fundierung allein ... kann unser Wirtschaftsleben und unsere Kultur nicht zur alten Höhe emporblühen,"

schreibt der Chefredakteur des ADGB-Organs "Die Arbeit" (Striemer 1923: 77).

Auch außerhalb gewerkschaftlicher Kreise registrierte man betroffen einen generellen *Rückgang der Arbeitsfreude*. Der Sozialpolitiker Heinz Marr beklagt in seiner Schrift "Über die Arbeitsgesinnung unserer industriellen Massen" die Überbleibsel "proletarischen Denkens und Fühlens" und fordert, den verschütteten, "zähen, unterbewußten Beharrungswillen geschichtlich-geformter volklicher Eigenart" wieder zu erwecken. Gegen "deutsche Übermarxisten" vorgebrachte moralische Appelle zur freudigen Wiederaufnahme ungeliebter Arbeit könnten jedoch nicht fruchten; die "Bildungsschicht" dürfe die Möglichkeiten einer wohlverstandenen *"Vermenschlichung" der Arbeit* unter Berufung auf technische Sachzwänge nicht länger brach liegen lassen, sondern müsse der "Arbeitsentseelung" und "Abflachung" der Industriearbeiter entgegentreten. "In der Fabrik, Freunde, wird nicht gesungen, da herrscht 'wissenschaftliche Betriebsweise'!" (Marr 1924: 3ff.). Die Lösung dieses Problems sieht er vor allem in der *Arbeitspädagogik* - einer Art innerbetrieblichen Indoktrination.

Ernst Horneffer, Professor an der Universität Gießen, plädiert 1922 in einem Vortrag vor der Vereinigung der deutschen Arbeitgeberverbände dafür, der Philosophie des Sozialismus mit einer *Philosophie der Volks- und Werksgemeinschaft* gegenüberzutreten:

"Geht man der Sache auf den Grund, dann stellt sich bald heraus, daß das, was wir als das große Verhängnis in unserem Volke betrachten, der Gegner, mit dem wir uns auseinanderzusetzen haben, nämlich der Sozialismus, selbst eine Philosophie ist. ... Aber ich meine, unsere Verhältnisse sind so trostlos und so schaurig geworden, daß wir alle Kräfte heranholen müssen, über die wir überhaupt verfügen, woher sie auch kommen mögen" (Horneffer 1922: 1,3).

Es gelte, mit allen verfügbaren Mitteln "die Gemeinsamkeit von Persönlichkeit und Masse" wieder herbeizuführen, um das Verhältnis der Abhängigen zu den Schöpferischen auf der Basis einer weitblickenden Unternehmerinitiative konfliktfrei gestalten zu können:

"Das beste nämlich und das idealste ... ist es, wenn derjenige, dem die Führung zugefallen ist ..., psychologisch so weit vorausschaut, daß die Abhängigen gar nicht dazu kommen, mit irgendwelchen Forderungen an die führenden Persönlichkeiten heranzutreten. ... Die Führung ist dann so weitblickend, daß sie im voraus die Verhältnisse so gestaltet, daß die Abhängigen, die Geführten, ihre Lage gar nicht als drückend empfinden, gar nicht mit Forderungen an die Führer herantreten. Sehen Sie, so machen es kluge und weise Eltern mit ihren Kindern" (Horneffer 1922: 7).

Bei Josef Winschuh, zunächst Sozialsekretär, dann Syndikus eines Preß- und Walzwerkes in Düsseldorf, nehmen solche Forderung konkretere Formen an. Er empfiehlt, mit den Mitteln der "sozialen Hygiene", der Standes- und Geselligkeitspflege sowie der "kostenlosen oder doch wohlfeilen Bereitstellung geistiger und materieller Genüsse" eine Atmosphäre in der Werkstatt zu schaffen, "in der sich möglichst reibungsarm arbeiten, leiten und produzieren läßt" (Winschuh 1923: 10). Eine derartige Werkspolitik könne sich langfristig bezahlt machen in "größerer Arbeitsfreudigkeit, Hebung des Korpsgeistes, gesteigerte Anhänglichkeit an die Arbeitsstätte, Beseitigung oder Abschwächung von Reibungen, Befriedigung unruhiger Ansprüche" (Winschuh 1923: 163). Winschuh rät zur *Einsetzung eines "Sozialsekretärs"*, dessen Aufgaben darin bestehen solle, einen Puffer zwischen Werksleitung und Arbeiterschaft zu bilden, um gegebenenfalls "Unruhen, die terroristischen Charakter haben", vom "Gehirn der Fabrik" fernzuhalten (Winschuh 1923: 35, 32). Er dürfe weder "zu Vertrauensseligkeit und zu übertriebener Philanthropie" neigen noch ehemaliges Gewerkschaftsmitglied sein; er müsse eine "zweckmäßige Gesinnung" sowie eine "elastische, anpassungsfähige Erscheinung" aufweisen und über die Fähigkeit "zu imponieren und zu suggerieren" verfügen (Winschuh 1923: 37, 40f.). Zu den Aufgaben des Sozialsekretärs zählt insbesondere die Fühlungnahme mit dem Betriebsrat, die sorgfältige Beobachtung und statistische Auswertung der gewerkschaftlichen Organisationen und Aktivitäten im Betrieb und die laufende Unterrichtung der Werksleitung über das werkspolitische Klima.

Noch weiter gehen die Empfehlungen des Sozialpsychologen Willy Hellpach. 1922 gibt er mit dem bei Daimler-Benz arbeitenden Diplomingenieur Richard Lang eine Studie über die *"Gruppenfabrikation"* heraus, in der er zunächst beklagt, daß die moderne taylorisierte Fabrik "eine Art Inventarstück des proletarischen Klassenbewußtseins" geworden sei (Hellpach 1922: 7). Das Zusammenpferchen der Arbeiter in Mietskasernen, politischen Massenversammlungen und auch in der Fabrik könne, so Hellpach, nur negative Auswirkungen auf die Arbeiter haben:

"Diese dreifältige Massierung der Fabrikarbeiterschaft in Fabrik, Mietskasernen und Versammlung - in Werk, Dasein und Muße - ist eine wesentliche Basis des 'proletarischen Klassenbewußtseins' geworden. ... Denn welches sind die psychologischen Attribute einer so gewaltigen räumlichen Anmassung von Menschen, einer Einpferchung des Menschen in Masse sein ganzes Leben hindurch? Welche ist die Massenstimmung, die sich daraus entwickeln muß?" (Hellpach 1922: 173)

Die Antwort gibt Hellpach selbst: Die Zusammenballung der Arbeiter in diesen drei Bereichen löst "das mindestens dumpfe Gefühl einer unbedingten Zusammengehörigkeit" gegenüber der Werkleitung aus. Durch die Taylorisierung habe der Arbeiter den Bezug zum Produkt verloren: "Er sieht das Ergebnis nicht" (Hellpach 1922: 25).

Moralische Appelle an die "Arbeitsfreude" könnten unter tayloristischen Arbeitsbedingungen nichts bewirken, die Arbeitsbedingungen selbst müßten geändert werden. Dem Gedanken der *"industriellen Humanität"* (Hellpach 1922: 56) müsse zumindest partiell durch Umstellung der Reihenfertigung auf *Gruppenfabrikation* Geltung verschafft werden. Lang hatte bei Daimler-Benz bereits mit dieser Fertigungsorganisation Erfahrung gesammelt: Er hatte Fabrikationsgruppen eingerichtet, denen ein in sich geschlossener Bestandteil des Fabrikationsprozesses übertragen worden war. Eine solche Arbeitsgruppe war von anderen Arbeitsgruppen relativ unabhängig. Sie fertigte aus Rohteilen vollständige Teilprodukte (Lang 1922: 84ff.). Die in der *Humanisierung der Arbeit* propagierte Gruppenfertigung hatte hier ihren Vorläufer, allerdings waren Anreicherungen der Arbeitsinhalte und eine Selbstregulierung der Arbeitsgruppe nicht vorgesehen:

"Alle Romantik, die von einer Möglichkeit träumt, das Dasein des Fabrikarbeiters zu 'heben', zu 'beseelen', zu 'veredeln', indem seine Arbeit durch personelle Integration, d.h. durch Wiederverlegung grösserer Fertigungskomplexe in sein Urteil, seinen Geschmack, sein Interesse, seine 'Hand' 'befriedigender', 'gehaltvoller', 'sinnvoller' gestaltet wird, ist - nur Romantik" (Hellpach 1922: 91).

Noch einen Schritt weiter als Hellpach/Lang geht Rosenstock (1922), indem er die *räumliche Dezentralisierung der Produktion durch Einrichtung kleiner rechtlich selbständiger Werkstätten* fordert. Gruppen qualifizierter Arbeiter sollten mit Billigung der Ursprungsfabrik "Gliedbetriebe" gründen können. Arbeitsmittel und Rohmaterialien sollten von der Ursprungsfabrik dem Gliedbetrieb geliefert werden, der verpflichtet sein sollte, Aufträge der Ursprungsfabrik auszuführen, jedoch auch andere Aufträge übernehmen können sollte. Die Geschäftsführung sei in Eigenverantwortung durchzuführen, die Ursprungsfabrik solle jedoch ein Recht der Einsichtnahme in die Bücher erhalten. In einem Fall hat Rosenstock mit einer solchen Betriebsform experimentiert; Nachahmer hat sein Modell jedoch nicht gefunden.

In den USA sahen sich die Unternehmer um diese Zeit offensichtlich mit ähnlichen Schwierigkeiten konfrontiert (die folgende Darstellung stützt sich auf Bendix 1960: 374 ff.). In einer Management-Zeitschrift des Jahres 1920 findet sich unter dem Titel "Wie man den Bolschewismus bekämpft" etwa folgende Klage:

"Der Zusammenbruch, den die Arbeitsmoral heute in den USA erleidet, ist voller Gefahren für die ganze Nation. Nur wenige wollen heute noch mehr arbeiten, als absolut erforderlich ist. Einige Arbeiter wollen sogar für Nichtstun bezahlt werden. ... Es gibt heute bei uns in Amerika eine gewissen Entschlossenheit, nicht mehr zu arbeiten oder zumindest sowenig wie irgend möglich zu leisten. Viele Tausend Arbeiter denken so. Das ist für unsere Nation eine noch größere Gefahr, als die Roten es jeweils sein könnten (o.V. 1920: 265, zitiert nach Bendix 1960: 375).

Taylorisierung und Fordisierung hatten wohl nicht zu der erhofften dauerhaften Disziplinierung der Arbeiter geführt.

Auch in den USA gelangten die Unternehmer somit zu der Einsicht, daß Wissenschaftliche Betriebsführung und der Kampf der Arbeiter um ihre Existenz nicht ausreichten, um die Arbeiter in einem ausreichenden Maß zu motivieren. Das Bild der Manager vom Arbeiter änderte sich und als Folge davon änderten sich auch die *Empfehlungen, wie Manager mit den Arbeitern umzugehen hätten*:

"Manager und Personalfachleute fingen an, sich Gedanken über die 'wirklichen' Wünsche ihrer Arbeitnehmer zu machen. Einige behaupteten, die Arbeiter verlangten die Anerkennung, daß ihre Arbeit genausoviel wert sei wie die ihrer Arbeitgeber, sie wollten auf ihre Arbeit stolz sein können. Die ganze Gewerkschaftsbewegung sei ein Beweis dafür, daß die Arbeiter darum kämpften, 'einen anerkannten Platz in der Gesellschaft zu erlangen'. ... Ein Manager ... schlug vor, das Management möge den Arbeitnehmern die vom Unternehmen verfolgte Politik und die grundlegenden wirtschaftlichen Angelegenheiten des Betriebs erklären - so einfach und klar, wie etwa Vater oder Mutter den Kindern das Familienprogramm erklären; auf diese Weise könne man die Bereitschaft zur Mitarbeit der Arbeitnehmer gewinnen" (Bendix 1960: 387f.).

Man beklagte, daß die *Taylorisierung der Arbeit* zur Opferung der Individualität und

"... letzten Endes zu einem Verlust des schöpferischen Interesses seitens der Arbeitnehmer geführt hatten. Natürlich ist es unmöglich, die früheren unmittelbaren persönlichen Kontakte wiederherzustellen ... Man müsse ... einen Weg finden, ... das schöpferische Interesse wieder zu erwecken, den Geist des Handwerks wieder zu beleben und die Intelligenz der Arbeitnehmer ihren Beitrag zum Management leisten zu lassen. Wir müssen das Interesse und Vertrauen der Arbeitnehmer am Unternehmen und Geschäftsgeschehen gewinnen" (o.V. 1921, zitiert nach Bendix 1960: 388).

"Betrachte die Arbeiter als menschliche Wesen, zeige, daß Du Dich für ihre persönlichen Erfolge und ihre Wohlergehen interessierst" - so wurde in Management-Zeitschriften an Unternehmer und Manager appelliert (Bendix 1960: 388f.).

Um 1930 waren solche Ansichten schon weit verbreitet:

"Die Unterlassung der Behandlung der Arbeiter als 'menschliche Wesen' galt als Ursache für mangelnde Arbeitsmoral, schlechte Leistungen, Verantwortungslosigkeit und Konfusion. Das Management fand sich von seinem eigenen Wortführer angeklagt, daß es versäume, dem Arbeitnehmer das zu gewähren, 'was doch jedes menschliche Wesen vom Leben verlangt, nämlich: Achtung vor der Persönlichkeit, die Würde des Menschen, ein Milieu, das er begreifen kann, die Gewißheit, daß er vorwärtskommen wird'" (Bendix 1960: 389; das Zitat im Zitat stammt aus einer Management-Zeitschrift).

Vom Manager wurde *eine andere Art der Menschenführung* gefordert, als sie bisher üblich gewesen war:

"Es hat in einigen Fällen so etwas gegeben wie Taktlosigkeiten, Mangel an Wohlwollen, es fehlte auch am Willen, die modernen demokratischen Tendenzen in der Industrie zu verstehen - aber das wirkliche Problem liegt in der Vernachlässigung der Fragen der Organisation zwischenmenschlicher Beziehungen in unseren Betrieben, und das angesichts der Tatsache, daß wir leitenden Angestellten und Manager der praktischen Menschenführung fähig sind, wenn wir es nur wollen" (o.V. 1923: 7, zitiert nach Bendix 1960: 395).

Ein *neuer Typ des Managers* wurde propagiert. 1918 listete eine Management-Zeitschrift, die jährlich solche Listen veröffentlichte, als Merkmale einer "erfolgreichen Führungspersönlichkeit" auf: Intelligenz, Befähigung, Begeisterungsfähigkeit, Ehrlichkeit und Fairneß. Zehn Jahre später hieß es: der Autorität würdig sein; bereit sein, Neues aufzunehmen und von Untergeordneten zu lernen (!); ernstlich darauf bedacht sein, seine Mitarbeiter sich entfalten zu lassen, imstande sein, Kritik an sich und seinen Maßnahmen zu ertragen; fähig sein, Fehler zuzugeben. Es wurde ausdrücklich hervorgehoben, daß solche Eigenschaften "nicht notwendigerweise angeboren sind, sondern durch Schulung entwickelt werden können" (o.V. 1926: 332, zitiert nach Bendix 1960: 397).

Eine solche Schulung der Manager erfolgte in Kursen wie denen von Dale Carnegie, der auch als Autor außerordentlich erfolgreich war - und dessen Schriften heute noch in hoher Zahl verkauft werden (Carnegie 1926). Er lehrte die Teilnehmer seiner Kurse, in welcher Weise man seine Mitmenschen durch solche Künste wie "Takt, Lob, Bescheidenheit und ein klein wenig Heuchelei" beeinflussen kann (Carnegie 1936: 99). Erfolg hing nach Carnegie vor allem von der Fähigkeit ab, "Freunde zu gewinnen und Menschen zu beeinflussen" (so der Titel der 1936 erschienenen Neuauflage des Buches von 1926).

4.1.2. Die Psychotechnik als Ergänzung des Taylorismus

Die Psychotechnik hatte weniger die zwischenmenschlichen Beziehungen als die *psychologische Auswahl für und Anpassung des individuellen Arbeiters an den Arbeitsprozeß zum Gegenstand.* Sie war in gewisser Weise die *Fortsetzung des Taylorismus mit den Mitteln der Psychologie.* Zeitgenössische Beobachter urteilten:

"Diese praktische Wirtschaftspsychologie (die Psychotechnik, d. Verf.) ... entstand, als Psychologen versuchten, die ganz unpsychologisch gedachten und formulierten Gedanken Taylors psychologisch nachzudenken und in psychologische Form zu gießen" (Lipmann 1925: 56).

"Der Mensch der Psychotechnik ist ein Betriebsfaktor. Es erwies sich als notwendig, diesen Betriebsfaktor genau zu studieren, selbst Tiefenpsychologie zu treiben. Aber zunächst in keiner anderen Absicht, als man etwa die Lager einer Welle untersucht" (Eliasberg 1926: 81).

Einer der Begründer der Psychotechnik war Hugo Münsterberg (eines seiner Hauptwerke liegt inzwischen als Neudruck vor: Münsterberg 1997), ein deutscher Psychologe, Professor an der Harvard University, aber auch an der Berliner Universität lehrend. Ihm ging es darum, den "hilflosen Dilettantismus" des Scientific Management bei der Behandlung psychologischer Probleme durch den umfassenden Ansatz der "biologischen Rationalisierung" zu ersetzen (Hinrichs/Peter 1976: 42). An die Stelle der "Hetzvogtmethoden" des Taylorismus sollte eine *Psychologie der individuellen Differenzen* treten. Mit Hilfe experimenteller Methoden sollten die individuellen psychischen Qualitäten des *einzelnen Arbeiters* - Ermüdbarkeit, Belastbarkeit und Wiederherstellbarkeit, Disposition zum Lernen durch Übung und Wiederholung, Neigung zum Vergessen sowie Tendenz zum Nachahmen, zur Ausbildung von Geschicklichkeit und Beharrlichkeit und zur Beeinflußbarkeit des Arbeitsrhythmus - erfaßt werden, um sie bei der Gestaltung von Arbeitsprozessen wirkungsvoller berücksichtigen zu können. Auch sollten die Motive der Arbeiter und ihre Gegenmotive aufgedeckt werden, um sie leistungssteigernd in Ansatz bringen zu können:

"So wie die Musik dem Soldaten den Marsch erleichtert, so kann die Arbeiterschaft durch manches Unterhaltungsmittel in Arbeitsstimmung und Arbeitsfreude festgehalten werden" (Münsterberg 1914: 386, 401f.).

Während Taylor ausschließlich auf die Hebelwirkung des Lohnanreizes vertraute, bezog Münsterberg etwa auch die Frage der *Lohngerechtigkeit* bzw. die Art, wie diese vom Management suggeriert werden kann, in die Motivbildung mit ein:

"Die Suggestion, daß Zumessen des Lohns auf einer sozialen Ordnung beruhe, die grundsätzlich ungerecht ist und die den Arbeiter seiner wirklichen Früchte beraubt, ihn und die Seinen zu niedrigster Lebensführung zwingt, während der wirkliche Lohn für das Werk seines Schweißes mühelos denen zufließt, die niemals ihre Hände zur Arbeit gebrauchen, muß hemmend, lähmend, zerstörend auf die psychophysische Wirtschaftskraft zurückwirken. Die Suggestion dagegen, daß wahres Glück nicht von der äußeren Höhe der Lebenshaltung, sondern von der gewissenhaften Erfüllung der Lebenspflichten abhängt, und auch der geringste Arbeiter an seiner Stelle ein Vollwertiges zum Fortschritt der Menschheitskultur beiträgt, kann alle Unlust hemmen, und eine Arbeitsfreudigkeit schaffen, durch die automatisch die Leistung selbst gesteigert und verbessert wird" (Münsterberg 1914: 402).

Zum Münsterbergschen Instrumentarium gehörte auch eine "*Ruhigstellung" des Arbeiters durch eine abendliche Alkoholvergiftung:*

"Es mag für die Gesamtarbeit des gesunden Durchschnittsarbeiters durchaus nützlich sein, daß die Nachwirkungen der motorischen Erregung des Tages durch eine schwache Alkoholvergiftung des Abend beseitigt werden, und daß jene Abstumpfung und

Einengung des Bewußtseins hervorgerufen wird, welche die Mühen und Sorgen des Tages auslöschen und schließlich den Schlaf sichern" (Münsterberg 1914: 398). Münsterberg entwickelte differenzierte *Testverfahren für die "Eignungsauswahl"* und setzte diese in zahlreichen Industrieunternehmungen ein.

Der Erfolg der Psychotechnik in den USA fand auch in *Deutschland* Widerhall. Bald nach dem 1. Weltkrieg entstanden erste Ansätze zur wissenschaftlichen Personalauslese bei Spezialeinheiten der Armee sowie Auswahlverfahren, mittels derer ungelernte Arbeitskräfte zum Ersatz gelernter Arbeitskräfte ausgelesen werden sollten; Kriegsbeschädigten wurde eine Berufsberatung auf psychotechnischer Grundlage zuteil (Hinrichs/Peter 1976: 46). Zu den reflektierteren Autoren, die sich mit Psychotechnik auseinandersetzten, gehörten Kurt Lewin, den wir weiter unten als Begründer der Organisationsentwicklung kennenlernen werden und de Man (beide werden vorgestellt in Walter-Busch 1996: 143ff.).

1918 wurde in Berlin der "Ausschuß für industrielle Psychotechnik" gegründet, dem Vertreter aus Industrie und Wissenschaften angehörten. Man wollte die Auslese von Arbeitskräften für bestimmte Tätigkeiten mit Hilfe psychotechnischer Eignungstests auf eine objektive wissenschaftliche Grundlage stellen. Im gleichen Jahr wurde an der TH-Berlin-Charlottenburg die erste Hochschulforschungsstätte für industrielle Psychotechnik eingerichtet, die bald nach ihrer Gründung zu einem "Wallfahrtsort der Psychotechnik für Industrielle und Ingenieure" (Seltz 1994: 12) wurde.

Viele Unternehmungen setzten Betriebspsychologen ein; oft übernahmen aber auch die Rationalisierungsingenieure, in Kursen entsprechend ausgebildet, zusätzlich psychotechnische Aufgaben (Hinrichs 1981: 225).

Im Jahre 1931 erfaßte das RKW 209 psychotechnische Forschungsstellen (RKW 1931: 82ff.). Allein im Bereich der öffentlichen Stellen wurden nach Angaben des RKW pro Jahr etwa 80 000 Personen nach psychotechnischen Methoden untersucht.

Die Psychotechniker waren außerordentlich erfindungsreich, um die menschliche Arbeitskraft mittels geeigneter Apparate zu vermessen. Untersucht wurden Sinnestüchtigkeit, Gedächtnis- und Intelligenzleistungen, Willensstärke, Aufmerksamkeit, Emotionalität und Arbeitseinstellung. Häufig waren die Prüfapparate Nachbildungen einzelner oder mehrerer Komponenten des Arbeitsfeldes, für das getestet wurde. Wer sich bspw. um den Posten eines Chauffeurs bewarb, mußte mit einem Metallstift möglichst schnell einen mit Nägeln abgesteckten Parcour auf einem Brett "abfahren". Bei jeder Berührung des Stifts mit einem Nagel wurde mittels eines elektrischen Kontakts ein Piepton ausgelöst, der aufgezeichnet wurde. Man mußte die Strecke auf dem Brett möglichst schnell und mit möglichst wenigen Karambolagen bewältigen. Bewerber für die Feuerwehr in Dresden wurden durch einen sogenannten "Handzitterschreiber" ("Tremograph") oder mit Hilfe der sogenannten "Wassergefäßprobe" getestet, bei der der Bewerber ein Wassergefäß halten mußte; die Menge des nach einem unerwarteten Schrecksignal verschütteten Wassers wurde als objektives Maß für die Schreckhaftigkeit genommen (Seltz 1994: 19). Vielleicht finden wir in einigen Jahren Assessment-Center genauso komisch!

Ende der 20er Jahre gerieten die Methoden der Psychotechnik zunehmend unter den Beschuß der Universitäts-Psychologen, welche die Validität der Tests anzweifelten. Diese Kritik, aber auch Enttäuschungen der Praxis, die sich von den Verfahren mehr erhofft hatte, lösten eine *Krise der Psychotechnik* aus (Schuster 1987: 311ff.; Rüegsegger 1986: 141ff.).

4.1.3. Human Relations als Wissenschaft: Von Beleuchtungsexperimenten zur Erleuchtung der Wissenschaftler in den Hawthorne-Experimenten

1923 initiierte das National Research Council (NRC) ein Forschungsprogramm, in dem *Zusammenhänge zwischen der Arbeitsplatzbeleuchtung und der Arbeitsleistung* untersucht werden sollten (Roethlisberger/Dickson 1939: 15ff.; Walter-Busch 1989: 83ff., 1996: 170ff.; Gillespie 1991). Einige Experimente im Rahmen dieses Programms fanden ab 1924 in den Hawthorne-Werken der Western Electric Company statt. Ein Zusammenhang zwischen Beleuchtungsstärke und Arbeitsleistung konnte in ihnen nicht ermittelt werden. Es dämmerte den Versuchsleitern, daß dafür im Experiment nicht kontrollierte *psychische Störfaktoren* verantwortlich sein könnten. Ihr Verdacht wurde erhärtet, als sie in einer Arbeitsgruppe das Licht bis auf Mondscheinstärke reduzierten und die Arbeiterinnen immer noch eifriger als vor dem Experiment arbeiteten, sogar noch Wohlbefinden äußerten. Schummrige Beleuchtung würde sie weniger ermüden als helle, fanden sie (Roethlisberger/Dickson 1939: 17). In einer anderen Versuchsgruppe kündigten die Versuchsleiter an, die Lichtstärke werde allmählich gesteigert, tatsächlich schraubten die Techniker jedoch unter den Augen der Arbeiterinnen in gewissen Zeitabständen nur Glühbirnen gleicher Lichtstärke ein. Die Arbeiterinnen waren jedoch überzeugt, daß es immer heller wurde, gaben zu Protokoll, immer besser arbeiten zu können, und leisteten auch mehr. Daraufhin gaben die Versuchsleiter kund, nun würden sie die Beleuchtungsstärke wieder schrittweise reduzieren, ließen die Techniker aber wiederum nur identische Glühbirnen einsetzen. Die Arbeiterinnen sahen es dunkler werden, fanden ihre Arbeit beschwerlicher und leisteten weniger.

Nun waren die Versuchsleiter fest davon überzeugt, daß *psychische Faktoren einen starken Einfluß auf die Arbeitsleistung* hatten. Dies war, so Roethlisberger (1941: 15) rückblickend "die größte Erleuchtung ..., eine Erleuchtung ganz anderer Art als die Erleuchtung, die man von den Beleuchtungsexperimenten erwartet hatte". Die Versuchsleiter schlossen aus dieser Erkenntnis zunächst jedoch nicht, daß es sich nicht mehr lohne, die Wirkung materieller Arbeitsbedingungen experimentell zu erforschen; *psychische Störgrößen* müßten dabei jedoch *systematisch kontrolliert* werden.

Unter Kontrolle psychischer Faktoren wollten sie nun untersuchen, wie sich unterschiedlich über den Arbeitstag verteilte und unterschiedlich lange *Arbeitspausen* sowie ein *kürzerer Arbeitstag* auf die Leistung auswirken. Sie wählten sechs Arbeiterinnen aus, die in einem *gesonderten Testraum* Telefonrelais montieren sollten (*Relay Assembly Testroom - Phase 1*). Um psychische Störgrößen auszuschalten, hielt man es vor allem für erforderlich, zwischen Versuchsleitern und den Arbeiterinnen eine Beziehung "gegenseitigen Vertrauens aufzubauen, so daß deren Reaktionen nicht von allgemeinen Mißtrauensbekundungen verzerrt würden" (Roethlisberger/Dickson 1939: 20). Vertrauen sollten die Arbeiterinnen vor allem dadurch gewinnen, daß *Veränderungen der Versuchsbedingungen* - die Gestaltung der Pausen etwa - mit ihnen *abgesprochen* wurden. Sollte dennoch Mißtrauen aufkommen, so wollte man diesem mit einem *kooperativen Führungsstil* begegnen. Ein Beobachter war ständig anwesend und zu seinen Aufgaben gehörte es auch, eine "freundliche Beziehung" zu den Arbeiterinnen herzustellen und aufrechtzuerhalten: "Er war bestrebt, etwaige Bedenken zu zerstreuen, die sie bezüglich des Tests hatten, und deshalb verkehrte er täglich auch auf informelle Weise mit ihnen" (Roethlisberger/Dickson 1939: 37).

Ein Beispiel soll das Eingehen auf die Arbeiterinnen illustrieren: Als man feststellte, daß sie einen gewissen Widerwillen gegen die regelmäßig stattfindenden medizinischen Untersuchungen entwickelten, lud man sie im Anschluß an die zweite Untersuchung zu einem gemütlichen Treffen mit den Angestellten des werksärztlichen Dienstes ein. Während dieses ersten Treffens kam die Anregung, zum nächsten Kuchen und Eis mitzubringen. Die Versuchsleiter stimmten zu und von da ab fanden nach den Untersuchungen regelmäßig solche "Kuchenpartys" statt.

Zu den vertrauensbildenden Maßnahmen gehörte auch die *Änderung des Verfahrens zur Berechnung des Wochenlohns* fünf Wochen nach Beginn des Experiments. Der Wochenlohn bemaß sich nun direkt nach der Anzahl der von den Arbeiterinnen als Gruppe montierten Relais und nicht wie sonst üblich nach der Anzahl der im Werk insgesamt gefertigten Relais. Auch wurde den Arbeiterinnen garantiert, daß sie mindestens soviel Geld wie früher verdienen würden.

Die *Arbeit im Testraum* war insofern *einfacher* als die der übrigen Relaismontiererinnen, als *weniger Relais-Typen* zu fertigen waren. Schließlich erhielten die Arbeiterinnen noch *Lunches auf Kosten der Unternehmung*, über deren Zusammenstellung die Versuchsleiter sich ebenfalls Gedanken machten und sich mit den Arbeiterinnen abstimmten.

Im April 1928 wurde der Professor für Psychologie der Harvard University, Elton Mayo, zu einer wissenschaftlichen Begleitung der Experimente hinzugezogen (zur Person und zum geistigen Hintergrund Mayos s. Walter-Busch 1996: 156ff.). Zum Relay-Assembly-Test steuerte er vor allem *wissenschaftliche Interpretationen der Versuchsergebnisse* bei.

Nach zwei Jahren war der Output der Versuchsgruppe um durchschnittlich 30% gestiegen. Die Interpretation dieses Ergebnisses bereitete insofern Probleme, als verschiedene Bedingungen gleichzeitig experimentell verändert worden waren, nämlich: (1) die Aufgabe (weniger Typen), (2) Erholungspausen und Reduzierung der Arbeitszeit, (3) das Entlohnungssystem und (4) der Führungsstil. In welchem Umfang waren diese Faktoren für die Leistungssteigerung verantwortlich? Für die Bedeutung des ersten Faktors sprach die Tatsache, daß eine Arbeiterin der Testgruppe, die mehr Typen als die anderen zu fertigen hatte, die geringste Leistungssteigerung erzielte (Roethlisberger/Dickson 1939: 87). Die Versuchsleiter fanden jedoch "keine schlüssige Evidenz" zur Stützung der Annahme, die einfachere Aufgabe habe signifikant zur Leistungssteigerung beigetragen (Roethlisberger/Dickson 1939: 89). Für den Erklärungswert des zweiten Faktors, Erholungspausen und kürzere Arbeitszeit, sprach zwar der Umstand, daß die Leistung aller Arbeiterinnen zurückging, als sie wieder zur regulären Arbeitszeit zurückkehrten. Die Versuchsleiter verwarfen aber auch diesen Erklärungsfaktor mit dem Argument, daß weder Leistungskurven noch medizinische Tests auf Ermüdungserscheinungen unter der regulären Arbeitszeit hinwiesen (Roethlisberger/Dickson 1939: 87).

Somit blieben zwei Erklärungsfaktoren übrig: Lohnsystem und Führungsstil. Um entscheiden zu können, welche Erklärungsbeiträge zur Leistungssteigerung diesen Faktoren jeweils zukomme, entschlossen sich die Versuchsleiter zu zwei weiteren Experimenten.

Das erste dieser Experimente war das *Relay-Assembly-Group-Experiment, Phase II*. Es verfolgte das Ziel, "die Testraum-Situation ... mit Ausnahme der Entlohnungsmethode unter Einsatz einer anderen Gruppe von Arbeiterinnen zu reproduzieren. Da die Entlohnungsmethode die einzige Abweichung von der üblichen Situation war, hoffte man, irgendwelche signifikanten Änderungen im Output vernünftigerweise auf diesen Faktor zurückführen zu können" (Roethlisberger/Dickson 1939: 129).

Einer Gruppe von fünf Arbeiterinnen wurde innerhalb der Relais-Montage, also nicht in einem abgeschlossenen Testraum, dieselbe Art der Entlohnung gewährt wie der Testgruppe der Phase I. *Ziemlich schnell stieg der Output dieser Gruppe um 12,6%* (Roethlisberger/Dickson 1939: 131f.). Dieses Experiment löste aber soviel Unruhe bei den übrigen Arbeiterinnen in der Abteilung aus, die ebenfalls dieses Entlohnungssystem forderten, daß es nach neun Wochen abgebrochen werden mußte. Daraufhin sank der Output der Gruppe auf 96,2% - gemessen am Stand vor dem Experiment.

In einem dritten Experiment - in der *Phase III* - "sollte die Testraum-Situation dupliziert werden mit Ausnahme des Lohnsystems. Falls ... der Output einen Trend wie in Phase I aufweisen sollte, so würde dies nahelegen, daß Lohnanreize nicht der dominierende Faktor in dieser Situation waren" (Roethlisberger/Dickson 1939: 129).

Der *Vergleich zwischen Phase I und III* ist jedoch *problematisch*, weil die Aufgaben der beiden Testgruppen sehr unterschiedlich waren. Die Gruppe der Phase III verarbeitete Isoliermaterial (Mica Splitting). Zudem hatte diese Gruppe vor Eintritt in das Experiment ein anderes Lohnsystem als die Relais-Montiererinnen, nämlich Einzelakkord. Auch wurden Arbeitszeit und Pausen auf eine andere Weise variiert als in Phase I.

Die Mica-Splitting-Gruppe der Phase III erzielte eine *durchschnittliche Outputsteigerung von 15%* über 14 Monate hinweg. Danach sank der Output über 12 Monate ab, bis dieses Experiment schließlich wegen der Wirtschaftskrise und der durch sie ausgelösten Entlassungswelle aufgegeben wurde.

Die Versuchsleiter verglichen die Outputsteigerung von 15% der Phase III mit der Outputsteigerung von 30% in Phase I und kamen zu dem Schluß, daß 15% Outputsteigerung als "die höchstmögliche, der Änderung der Lohnanreize zurechenbare Outputsteigerung" angesehen werden könne (Roethlisberger/Dickson 1939: 160). Sie waren sich des spekulativen Charakters dieser Schätzung bewußt, beharrten jedoch darauf, daß (1) die Outputsteigerung in Phase I auf keinen Fall ausschließlich auf Lohnanreize allein zurückzuführen sei und daß (2) Lohnanreize nur in Verbindung mit "interpersonalen Beziehungen" ihre Wirkung voll entfalten würden.

Die Versuchsleiter und mit ihnen die Unternehmungsleitung waren nach diesen Experimenten von der motivationssteigernden Wirkung eines mitarbeiterorientierten Führungsstils überzeugt. Wie aber konnte man die Vorgesetzten dazu bringen, einen solchen Führungsstil zu praktizieren? Es war Mayo, der die Idee hatte, die Vorgesetzten in "nicht direktiver" Gesprächsführung zu trainieren. Vorgesetzte, die gelernt hätten zuzuhören, würden mehr Verständnis für ihre Mitarbeiter entwickeln und aufgrund dieser Erfahrung ihren Führungsstil ändern: "Wenn die Mehrheit der Vorgesetzten als Interviewer trainiert wird ..., dann wird die Industrie in eine neue und bisher nicht für möglich gehaltene Ära der aktiven Zusammenarbeit eintreten, die einen für unmöglich gehaltenen Fortschritt der Menschheit gestattet", schrieb Mayo 1929 an seinen Dekan (zitiert nach Walter-Busch 1989: 91).

Es wurde ein *Interviewprogramm* gestartet, an dem viele von Mayo und seinen Mitarbeitern geschulte haupt- und nebenamtliche Interviewer teilnahmen. Zwischen 1928 und 1930 wurden über 21.000 Interviews von durchschnittlich 90 Minuten Dauer durchgeführt (Roethlisberger/Dickson 1939: 189ff.). Die Ergebnisse der Interviews wurden *Schulungen der Vorgesetzten* zugrundegelegt, die in der Form von Workshops abgehalten wurden. In diesen Workshops befleißigten sich die Schulungsleiter ebenfalls einer nichtdirektiven Gesprächsführung (Roethlisberger/Dickson 1939: 206ff.).

"Gemäß diesen Regeln geführte Gespräche wirkten auf zahlreiche Mitarbeiter alsbald sehr motivierend. Auch konnten ausgewählte Materialien aus den Interviews in der Vorgesetztenschulung ausgezeichnet gebraucht werden. Immer mehr Vorarbeiter und Meister, denen sie vorgeführt wurden, begannen einzusehen, daß ihre uneinfühlsam autoritären Führungspraktiken die latente Kooperationsbereitschaft vieler Untergebener verschütteten. Mayos nicht-direktive Gesprächsführungsmethodik wies ihnen den Weg zur Erschließung neuer, unerwartet starker Quellen der Mitarbeitermotivation" (Walter-Busch 1989: 91).

Heute würde man sagen: Das Interviewprogramm und die sich daran anschließenden Schulungen wiesen Merkmale eines *Organisationsentwicklungsprozesses* auf.

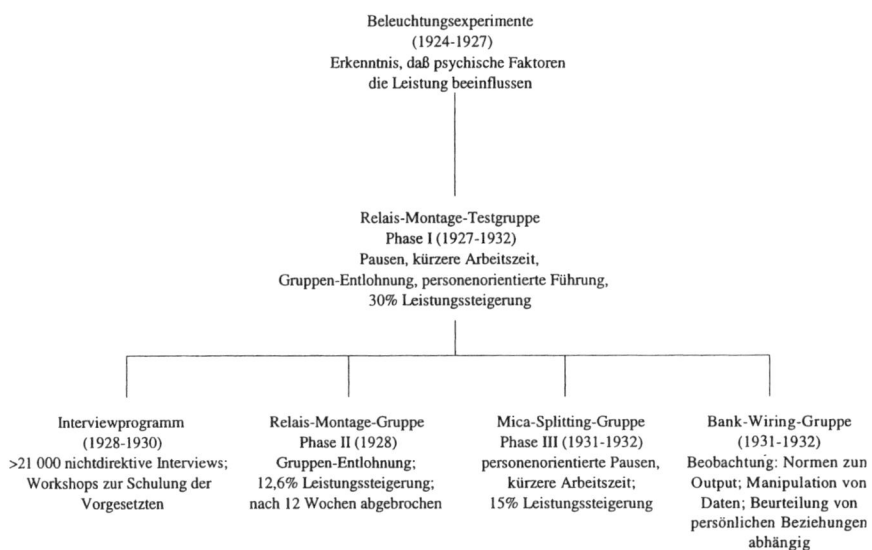

Abb. 4.1: Das Hawthorne-Forschungsprogramm

Ihre Experimente hatten die Forscher u.a. darauf aufmerksam gemacht, daß *Einflüsse der Arbeitsgruppe in einem starken Maße das Arbeitsverhalten ihrer einzelnen Mitglieder prägen.* Diesen Einflüssen wollte man in der letzten Studie des Hawthorne-Forschungsprogramms - der *Beobachtung der Bank Wiring-Gruppe,* einer mit der Fertigung elektrischer Spulen beschäftigten Gruppe - auf die Spur kommen (Roethlisberger/Dickson 1939: 380ff.). 14 Arbeiter (neun Wickler, drei Löter und zwei Qualitätsinspekteure) wurden *in einem separaten Raum* einer intensiven Beobachtung unterzogen. Die Beobachter hatten die Aufgabe, das Vertrauen der Arbeiter zu erwerben und alle wichtigen Ereignisse zu registrieren. Diese Studie, die von Anfang November 1931 bis Ende August 1932 dauerte, zeitigte u.a. die folgenden Ergebnisse (Roethlisberger/Dickson 1939: 445): Gruppen entwickeln *Normen zur angemessenen Tagesleistung*, die ihre Mitglieder davon abhalten, ihr Leistungspotential voll auszuschöpfen. Die Mitglieder von Arbeitsgruppen *frisieren* ihre *Leistungsdaten*, um besonders gute und besonders schlechte Leistungen, welche die Aufmerksamkeit der Vorgesetzten erregen und Maßnahmen auslösen könnten, nicht aufscheinen zu lassen. Arbeiter schaffen sich eine *Leistungsreserve.* Die Ergebnisse der *Quali-*

tätsprüfungen der Inspektoren *spiegeln* ihre *persönlichen Beziehungen* zu den einzelnen Arbeitern *wider*. Abb. 4.1 gibt eine Übersicht über die wichtigsten Stationen der umfangreichen Hawthorne-Studien.

4.1.4. Hawthorne in der Kritik: Ideologie oder Wissenschaft?

Nach Hawthorne hielten die "menschlichen Beziehungen" auf breiter Front Einzug in den Unternehmungen der USA - zumindest in den größeren. Um die Motivation ihrer Mitarbeiter zu steigern, vertrauten Unternehmungen nicht mehr allein auf Lohnanreize, sondern setzten auch Psychologen ein, die nach Ursachen etwaiger Arbeitsunzufriedenheit fahnden und Maßnahmen zu deren Beseitigung konzipieren sollten. Vor allem aber schulten sie ihre Manager in Human Relations-Techniken.

Die Human Relations-Bewegung löste die Taylorismus-Fordismus-Bewegung jedoch nicht ab, sie *erweiterte lediglich das Methodenarsenal der "Rationalisierungsbewegung"*. Die tayloristische Arbeitsgestaltung wurde nicht prinzipiell in Frage gestellt; lediglich der Umgang mit den Arbeitern wurde revidiert (Schein 1965: 51).

Die Human Relations-Bewegung stand zwar in der Tradition früherer Managementideologien, Hawthorne hatte jedoch *neue Akzente gesetzt, die den geänderten Führungserfordernissen in großen Unternehmungen Rechnung trugen*. Bendix (1960: 436f.) vergleicht die Human Relations-Bewegung mit der Einführung von Etikettevorschriften für das höfische Verhalten, das mit der Durchsetzung des Absolutismus im 15. und 16. Jahrhundert "Mode" wurde und den Adel dazu brachte, auf "seine üblichen Räubereien (zu) verzichten und sich den äußerlich (!) friedlichen Manieren der Hofgesellschaft anzupassen". Und er weist auf den zwiespältigen Charakter einer solchen Anpassung hin. Hinter der Fassade der höfischen Sitten wurden häufig genug Intrigen gesponnen. Und so kann auch Human Relations dazu dienen, Arbeiter auf geschickte Weise zu manipulieren.

War die Human Relations-Bewegung ein Erfolg der Wissenschaft?

Kritiker meinen, daß die *Hawthorne-Forscher* selbst *hochgradig ideologisch befangen* waren, daß sie Ergebnisse erzielen wollten, von deren Richtigkeit sie bereits vor dem Experiment tief überzeugt waren und die ihre Auftraggeber von ihnen erwarteten, und daß sie dazu ihre *Daten - wenn auch zum größten Teil unbewußt - verfälschten*.

Carey (1967) behauptet, die Hawthorne-Experimente stützten eher die These, *Lohnanreize* seien *wichtiger als Human Relations*, also gerade das Gegenteil von dem, was die Forscher zeigen wollten, hatten sie doch ihre Ergebnisse 1935 in einer Pressemitteilung mit der Überschrift versehen "Effizienz von Industriearbeitern durch Human Relations stärker beeinflußt als durch Wissenschaftliche Arbeitsplanung" (Walter-Busch 1989: 114).

Carey kann zur Untermauerung seiner These gewichtige Argumente anführen:

(1) *Evidenz, die für einen starken Einfluß der Lohnanreize spricht, wird von den Hawthorne-Forschern systematisch heruntergespielt:* So wird von ihnen bspw. die Hypothese, daß Ruhepausen, ein kürzerer Arbeitstag und einfachere Aufgaben für die Leistungssteigerungen mitverantwortlich gewesen sein könnten, voreilig, d.h. ohne empirische Überprüfung, ausgesteuert. Hypothesen, die die Hawthorne-Forscher nicht favorisieren, müssen Evidenz *zu ihrer Bestätigung* aufweisen können; bei Hypothesen, die sie favorisieren, geben sie sich damit zufrieden, daß *keine widersprechende Evidenz* vorliegt.

In Phase II, in der nur das Lohnsystem geändert wurde, stieg der Output *ziemlich schnell* um 12,6 Prozent. Als dieses Experiment abgebrochen werden mußte, weil die übrigen

Arbeiterinnen ebenfalls vehement dieses Lohnsystem forderten, sank der Output unter das Ausgangsniveau. Unvoreingenommene Interpreten würden dies als Evidenz für die starke Wirkung von Lohnanreizen werten (Viteles 1932: 187). Nicht so Roethlisberger/Dickson (1939: 134, 158, 577), welche die Outputsteigerungen, ohne irgendwelche unterstützenden Fakten anzuführen, auf einen Wettbewerb zwischen dieser Testgruppe und derjenigen der Phase I zurückführen.

In Phase III (Mica Splitting) wurden alle Bedingungen der Phase I repliziert mit Ausnahme des Lohnsystems. Die erzielte Outputsteigerung von 15 Prozent werten die Hawthorne-Forschung als Evidenz, daß Lohnanreize maximal 15 Prozent Leistungssteigerung erreichen und dies nur in Verbindung mit Human Relations. Carey (1967: 409) kommt zu ganz anderen Schlüssen:

"Freundliche Führung und Einführung eines bevorzugten Lohnsystems führte in Phase I zu einer Steigerung des gesamten Outputs um 30%. In Phase III erbrachte die freundliche Führung ohne Änderung des Lohnsystems keine Steigerung des gesamten Outputs, sondern eine weniger als kompensierende Outputsteigerung pro Arbeitsstunde während einer Periode, in der die Wochenarbeitszeit von 55 1/2 auf 46 1/6 Stunden reduziert wurde. Die Interpretation hätte lauten können, daß eine Überschreitung einer Wochenarbeitszeit von ca. 48 Stunden keine oder nur eine unwesentliche Outputsteigerung erbringt - ein Befund, der bereits viele Jahre vorher gut begründet worden war. Eine solche Interpretation hätte dazu geführt, die Leistungssteigerung von 30% eindeutig dem bevorzugten Lohnsystem zuzurechnen."

(2) *Die "freundliche Führung" war so freundlich nicht:* Kaum war die Testgruppe der Phase I eingerichtet, warf "das Ausmaß des Schwätzens, an dem sich alle Arbeiterinnen beteiligten", ein Problem auf, weil es "die Konzentration auf die Arbeit reduzierte" (Roethlisberger/Dickson 1939: 21, 53). Zwölf Monate nach Beginn des Experiments wurden vier Arbeiterinnen zum Abteilungsleiter zitiert und ermahnt, das Schwätzen einzustellen (Roethlisberger/Dickson 1939: 38). Weitere Ermahnungen folgten. Der Abteilungsleiter drohte den Arbeiterinnen, daß sie "in die reguläre Abteilung zurückversetzt und in den schwerwiegendsten Fällen sogar entlassen würden, falls keine Besserung eintrete" (Whitehead 1938 I: 111f.). Zwei Arbeiterinnen zeigten sich von diesen Ermahnungen besonders unbeeindruckt. "Jeder Versuch, sie zu ermahnen, löste die Antwort aus: 'Wir dachten, Sie möchten, daß wir so arbeiten, wie es uns gefällt', denn dies war es, was ihre Vorgesetzten ihnen zu Beginn der Studie gesagt hatten" (Roethlisberger/Dickson 1939: 53). Als das Schwätzen immer noch nicht nachließ, griff man zu disziplinarischen Maßnahmen: Die Arbeiterinnen mußten Fehler beim Montieren sofort melden. Auf diese Weise hoffte man, ihre Konzentration auf die Arbeit zu lenken. Schwätzen wurde unmittelbar in der Arbeitssituation unterbunden. Fünf Monate nach Beginn des Experiments wurden die Vorgesetzten gebeten, den Arbeiterinnen einen Hinweis zu geben, daß sie, "sollten sie sich nicht bessern, keine kostenlosen Lunches mehr bekämen" (Whitehead 1938 I: 16). Die Arbeiterinnen, vor allem die zwei besonders widerborstigen, wurden von nun an "beständig ermahnt" (Whitehead 1938 I: 116ff.). Die Versuchsleiter kamen schließlich zu dem Schluß, die erwähnten zwei Arbeiterinnen zeigten nicht "die 'richtige' geistige Haltung". Eine von ihnen wurde zur Unternehmensleitung zitiert, die ihr vorwarf, "launisch, unaufmerksam und unkooperativ" zu sein (Roethlisberger/Dickson 1939: 55). Während dieser Zeit stagnierte die Leistung der Testgruppe, ging in manchen Wochen sogar zurück. Nach elf Wochen strenger, aber unwirksamer disziplinarischer Maßnahmen und acht Monate nach Beginn des Experiments wurden die beiden besonders renitenten

Arbeiterinnen wegen "grober Aufsässigkeit" und schlechter Leistungen aus der Testgruppe entfernt (Roethlisberger/Dickson 1939: 53ff.).

Mayo, der erst nach der Versetzung der beiden Arbeiterinnen zu dem Experiment hinzugezogen wurde, schrieb an den Repräsentanten der Rockefeller-Stiftung, dem Financier des Mayo-Instituts: "Ein Mädchen, das ursprünglich der Testgruppe angehörte, soll kommunistisch geworden sein (was reported to have 'gone bolshevik') und wurde versetzt" (zitiert nach Walter-Busch 1989: 104). In einem anderen Brief brachte Mayo die kritische Haltung dieser Arbeiterin mit der bei ihr diagnostizierten Anämie in Verbindung (Walter-Busch 1989: 111). Generell war er der Ansicht, daß klassenkämpferische Einstellungen psychopathologischer Natur und therapierbar seien. In Übereinstimmung mit dieser Hypothese berichtete er, daß die Arbeiterin, von ihrer Anämie genesen, auch von ihrer Kritik an der Unternehmung abließ (Bramel/Friend 1981: 871).

Die beiden Arbeiterinnen wurden durch zwei andere ersetzt, die vom Abteilungsleiter ausgesucht worden waren und die "am Test teilzunehmen wünschten" (Roethlisberger/Dickson 1939: 56, 60). Sie erzielten *unmittelbar* Leistungen, die über derjenigen aller bisherigen Arbeiterinnen der Testgruppe lagen. Eine der beiden neuen Arbeiterinnen war die einzige Italienerin der Gruppe. Ihre Schwester starb, kurz nachdem sie in die Testgruppe eingetreten war, und nun mußte sie den Hauptanteil des Familieneinkommens bestreiten. Sie übernahm sofort eine Führungsrolle in der Gruppe, in der *nach ihrem Eintritt* die Leistung beständig anstieg. Wiederholt forderte sie ihre Kolleginnen auf, schnell zu arbeiten, da sie auf den erzielbaren Mehrverdienst dringend angewiesen sei (Whitehead 1938 I: 122f.).

Angeregt durch die Kritik Careys gruben Franke/Kaul (1978) die Aufzeichnungen des Relay-Assembly-Tests, Phase I, aus dem Hawthorne-Archiv aus, unterwarfen sie einer multivariaten statistischen Analyse (welche die Hawthorne-Forscher nicht durchgeführt hatten) und erzielten folgendes Ergebnis:

"Multiple Regressionen über 23 Perioden ... zeigen, daß drei Variablen - disziplinäre Maßnahmen des Managements (der Austausch der renitenten Arbeiterinnen, d. Verf.), die ökonomischen Auswirkungen der Depression und die Erholungspausen - den größten Teil der Varianz im quantitativen Output der Gruppe insgesamt und im allgemeinen der individuellen Arbeiterinnen erklären" (Franke/Kaul 1978: 636).

Den relativ größten Erklärungsbeitrag steuerte eine Variable bei, die den Austausch der beiden Arbeiterinnen markierte. Jedoch: "Die Auswirkungen des Entlohnungssystems ... sind im Vergleich mit den drei angeführten Variablen gering" (Franke/Kaul 1978: 636). Franke/Kaul schlußfolgern: "Das Fehlen einer größeren unerklärten Varianz ... deutet darauf hin, daß die nicht erhobenen Interventionen der Führung und andere soziale Maßnahmen in ökonomischer Hinsicht nicht sehr bedeutend waren" (Franke/Kaul 1978: 636f.; s.a. die Kritik dieser Analyse durch Wardwell 1979 und die Erwiderung von Franke 1979).

Schlaifer (1980) von der Harvard University (!) kritisiert das Erklärungsmodell von Franke/Kaul, konstruiert ein alternatives, in dem "eine kontinuierliche Funktion der Zeit als erklärende Variable" eingeführt wird, und kommt zu dem Ergebnis, daß "in ökonomischer Hinsicht die nicht erhobenen Variablen (kooperative Führung, soziale Interventionen, d. Verf.), für welche die Zeit eine Annäherung darstellt, die wichtigsten erklärenden Variablen sind" (Schlaifer 1980: 1005).

In seiner Erwiderung setzt sich Franke (1980) ausführlich mit den Einwänden Schlaifers auseinander, führt eine erneute statistische Analyse auf einer umfangreicheren Datenbasis durch und kommt zu dem Schluß, daß das ursprüngliche Modell von Franke/Kaul den Daten adäquat ist.

Diese Auseinandersetzung demonstriert überzeugend, daß *Daten und statistische Analysen keine eindeutige Falsifikation erlauben,* weil die Erkenntnisinteressen der Forscher Datensammlung und -auswertung an vielen kritischen Punkten beeinflußt.

Walter-Busch (1989) hat ebenfalls noch einmal die Originalaufzeichnungen der Hawthorne-Experimente gesichtet. Um Aufschluß über die angemessene Interpretation zu erhalten, führt er jedoch keine statistischen Analysen durch, sondern versucht, über die Auswertung von Aussagen der Beteiligten Aufschluß zu erhalten. Sein Ergebnis: Die Hawthorne-Versuchsleiter maßen den Lohnanreizen als Motivationsfaktor eine viel größere Bedeutung zu als die Hawthorne-Forscher Mayo, Roethlisberger, Dickson und Whitehead (Walter-Busch 1989: 121). *Die Arbeiterinnen im Testraum schätzten sowohl die lockere Atmosphäre in der Testgruppe als auch die höhere Entlohnung.* Beide Faktoren trugen *ihren eigenen Aussagen nach* zu ihren Leistungssteigerungen bei. Eine der beiden aus dem Experiment entlassenen Arbeiterinnen hielt, wie eine ihrer Kolleginnen in einem Interview berichtete, ihre Leistung zurück, weil sie befürchtete, die Leistungen der Testgruppe würden über kurz oder lang benutzt, um die Akkordsätze zu drücken:

"Irene hatte die Vorstellung, daß die Ergebnisse des Testraums eines Tages den Mädchen in der regulären Abteilung aufgezwungen werden könnten" (zitiert nach Walter-Busch 1989: 112, s.a. Bramel/Friend 1981).

Weshalb haben die akademischen Berichterstatter der Hawthorne-Experimente die Ergebnisse selektiv präsentiert und interpretiert? Daß sie Ergebnisse geradeheraus getürkt hätten, kann man ihnen nicht vorwerfen, denn sie haben die Daten, die gegen ihre Interpretation sprechen, nicht unterdrückt.

Die Harvard-Forscher erlagen dem *Zeitgeist.* Die großzügig finanzierten Hawthorne-Experimente boten ihnen die einmalige Gelegenheit, ihre Ansichten und Lehren empirisch zu untermauern und damit deren Verbreitung zu fördern. Praktiker, die, wie wir gesehen haben, schon lange vor den Experimenten von der Bedeutung "menschlicher Beziehungen" überzeugt waren, erwarteten im Grunde von den Forschern ebenfalls eine *Bestätigung* ihrer Überzeugungen. Die Hawthorne-Experimente wurden nicht aufgelegt, um Hypothesen rigoros Falsifizierungsversuchen im Popperschen Sinne zu unterwerfen, sondern um sie zu verifizieren.

"Wenn die Motive des Berichterstatters sich mit den mitunter konfligierenden Zielen der Erweiterung des akademischen Wissens und der Propagierung einer sozialen Reform vermengen, dann kann die Zuverlässigkeit unter den Prioritäten der Situation leiden - Prioritäten, die stark von dem Versuch beeinflußt werden, ein besonderes System zu fördern. ... Alternative Hypothesen werden zu gegnerischen Positionen, die neutralisiert werden müssen, und nicht zu alternativen Interpretationen, die eine sorgfältige Überprüfung verdienen. Wissenschaftliche Zurückhaltung wird unterminiert, in dem Maße, in dem Empfehlungen in Foren von Managern verteidigt werden" (Yorks/Whitsett 1985: 27).

In der praktischen Anwendung wird Wissenschaft immer auch politisch - und sozialwissenschaftliche Forschung läßt sich nie von ihrem Anwendungszusammenhang lösen.

4.2. Hawthorne und die Folgen:
Der Aufschwung der Organisationspsychologie

Die Verbreitung der Human Relations in der Praxis ging einher mit einem *enormen Aufschwung der Organisationspsychologie an amerikanischen Universitäten.* Nach dem Zweiten Weltkrieg wurden auch an deutschen Universitäten neue Lehrstühle für Arbeits- und Organisationspsychologie eingerichtet.

Die wichtigsten Gebiete der Organisationspsychologie sind u.a. (s. etwa Ulich 1994; Gebert/Rosenstiel 1992; Greif/Holling/Nicholson 1989; Frey/Hoyos/Stahlberg 1988; Lorsch 1987; Weinert 1987): Arbeitsmotivation, Arbeitszufriedenheit, Erfassung psychischer Belastungen im Arbeitsprozeß und Maßnahmen ihrer Reduzierung, Führung, Einflüsse der Arbeitsgruppe auf das Arbeitsverhalten ihrer Mitglieder, Gestaltung von Technik unter Berücksichtigung psychischer Auswirkungen, Entscheidungsverhalten von Individuen und Gruppen, Feststellung der Eignung von Personen für bestimmte Tätigkeiten, Qualifizierung, Konfliktmanagement.

Für alle diese Themengebiete ist folgende *Entwicklung typisch:* Einfache Theorien wurden schnell durch komplexere abgelöst; es entwickelten sich mehrere, miteinander konkurrierende komplexe Theorien, die alle auf empirische Evidenz und/oder auf erfolgreiche Anwendungen in der Praxis verweisen konnten. Praktiker, die zur Lösung ihrer Probleme organisationspsychologische Theorien heranziehen wollten, sahen sich mit mehreren, sich teilweise widersprechenden Theorien konfrontiert, ohne über griffige Auswahlkriterien zu verfügen. In solchen Fällen pflegen Praktiker Theorien bzw. "wissenschaftliche" Berater nach denselben Kriterien auszuwählen, die sie bei anderen Dienstleistungen heranziehen: Empfehlungen von Geschäftsfreunden, Renommee des Anbieters, Übereinstimmung des Angebots mit den eigenen Werthaltungen, Auftreten des Anbieters usw. Häufig greifen Praktiker auf einfachere Theorien zurück, die in Wissenschaftlerkreisen schon längst ad acta gelegt sind, weil sie diese plausibler finden als die komplexen.

Skizzieren wir eine solche Entwicklung kurz am Beispiel der *Führungstheorien* (Worpitz 1991; Seidel/Jung 1987). Am Beginn der Entwicklung standen *Persönlichkeitstheorien der Führung,* die von der Annahme ausgingen, daß es vor allem bestimmte Persönlichkeitseigenschaften sind, die erfolgreiche Führer von weniger erfolgreichen unterscheiden. Alle möglichen, den erfolgreichen Führer prägenden Eigenschaften wurden in diesem Zusammenhang diskutiert und z.T. auch empirisch analysiert: Intelligenz, rhetorische Fähigkeiten, Leistungsmotivation, Durchsetzungsfähigkeit, Kontaktfreude bis hin zu Körpergröße und Gewicht oder Neigung zur Hypochondrie. Versuche, den Einfluß solcher Eigenschaften auf den Führungserfolg empirisch nachzuweisen, waren nicht sehr ermutigend, und deshalb wurde die Persönlichkeitstheorie in der Wissenschaft zu den Akten gelegt. Man hatte erkannt: Bestimmte *Eigenschaften* - Intelligenz etwa - werden von verschiedenen Personen *in ganz unterschiedlicher Weise in Verhalten umgesetzt* und weiterhin ist zu berücksichtigen, daß auch die *Situation* mit darüber entscheidet, welche Eigenschaften und welches Verhalten zu Erfolg verhelfen. Ein Führungsverhalten, das am Fließband erfolgreich ist, muß dies nicht unbedingt auch in einer Forschergruppe sein. In der Praxis ist die Persönlichkeitstheorie jedoch nie ganz fallengelassen worden - zu attraktiv war die Vorstellung, daß es auf den "großen" Führer an der Spitze ankommt und daß man dazu geboren sein muß - und in neuerer Zeit erfährt sie in Form des *Assessment Center* eine eindrucksvolle Renaissance (Neuberger 1995a).

Die Wissenschaft wandte sich, nachdem Persönlichkeitstheorien empirische Tests nicht bestanden hatten, dem *Führungsverhalten* zu. Lange Zeit mühte man sich um den Nachweis, daß ein *personenorientierter Führungsstil* - ein Führungsstil, der die Human Relations in den Vordergrund stellt - generell mit einer hohen Produktivität verbunden ist. Die Hawthorne-Experimente markieren den Anfang dieses Bemühens. Der Nachweis gelang nicht. Man erkannte, daß der Führer nicht nur gute Beziehungen zu den Geführten herstellen, sondern auch *sachorientiert* führen muß - Ziele setzen, Aufgaben strukturieren, Termine vorgeben, den Zusammenhang zwischen Zielerreichung und Belohnungen klarstellen muß usw. Führungserfolg, so die These des *Weg-Ziel-Ansatzes* (der Führer muß sowohl den *Weg* zur Zielerreichung gestalten als auch die *Zielerreichung* selbst belohnen) liegt in der gelungenen Verknüpfung von personen- und aufgabenorientiertem Führungsverhalten (Neuberger 1995a).

Welches Führungsverhalten angemessen ist, hängt jedoch, so eine weitere Erkenntnis der Führungsforschung, in einem hohen Maße von der *Situation* ab. Sind bspw. die Aufgaben der Gruppe durch organisatorische Vorgaben oder durch Technik bereits strukturiert, muß der Führer weniger aufgabenorientiert führen; weisen die Mitarbeiter bereits eine hohe Identifikation mit der Gruppenaufgabe und mit den Unternehmungszielen auf, ist auch weniger Personenorientiertheit erforderlich.

Solche Überlegungen kommen in *situativen oder kontingenztheoretischen Ansätzen der Führung* zum Tragen (Neuberger 1995a; Staehle 1989: 322ff.; Schreyögg 1987). Es gibt sehr viele davon, was nicht verwundern muß: Die Zahl an relevanten Aspekten der Situation und an möglichen Variationen des Führungsverhaltens sind sehr hoch. Es ist unmöglich, sie alle in einem Ansatz zu berücksichtigen und alle denkbaren Situations-Verhaltenskonstellationen in ihren Auswirkungen auf den Führungserfolg (den zu messen ohnedies sehr problematisch ist) empirisch zu erfassen (Neuberger 1995a). Situative Führungsmodelle müssen sich also notwendigerweise auf überschaubare Gruppen von Variablen konzentrieren - und das sind dann jeweils andere.

Offen bleibt in Situationstheorien der Führung, ob Vorgesetzte überhaupt in der Lage sind, ihr Verhalten in Abhängigkeit von der Situation zu variieren bzw. wie sie dazu gebracht werden können.

Mit dieser kurzen Skizze der Entwicklung der Führungstheorien haben wir beileibe nicht alle modernen Führungstheorien erfaßt. So gibt es u.a. noch (Neuberger 1995a; Staehle 1989; Kieser/Reber/Wunderer 1995): attributionstheoretische, mikropolitische, rollentheoretische, lerntheoretische, tiefenpsychologische, charismatische, evolutionstheoretische oder systemtheoretische Modelle der Führung. Sie alle weisen auf relevante Aspekte der Führung hin. Der Praktiker, der Führungstheorien konsultiert, um Ratschläge zu erhalten, ist eher verwirrt:

> "Am bloßen Volumen gemessen stellt sie (die Führungsforschung, d. Verf.) die größte Gruppe empirischer Studien innerhalb der Human Relations-Tradition dar, vielleicht sogar innerhalb aller organisatorischen Analysen. ... Viel wurde gelernt über Individuen und Kleingruppen im Prozeß der Führung; vor allem haben wir jedoch gelernt, daß unsere einfachen Modelle in allen oder in den meisten Fällen nicht angemessen sind, und wenn sie angemessen sind, erklären sie nicht viel Varianz. Die Modelle wurden immer komplexer" (Perrow 1986b: 95).

4.3. Weiterentwicklungen

4.3.1. Organisationsentwicklung als Flucht aus der Komplexität

(1) Ansätze der Organisationsentwicklung:

Die Organisationspsychologie ließ die Praktiker jedoch nicht im Stich, sondern entwikkelte für sie einen Ansatz, der einen Ausweg aus dieser Komplexität eröffnete: die Organisationsentwicklung (OE).

Sie geht von folgender *Basisüberlegung* aus: Wenn es nicht möglich ist, aufgrund empirischer Ergebnisse vorzugeben, wie soziale Prozesse zu gestalten sind, die Motivation, Zufriedenheit und damit Effizienz der Organisation herbeiführen, kann man dann wenigstens vielleicht die *Organisationsmitglieder in die Lage versetzen, ihre Probleme selbst zu erkennen, selbst interpersonelle Beziehungen experimentell zu erproben und selbst organisatorische Bedingungen zu schaffen, die ihren Bedürfnissen und den Anforderungen des Unternehmens angemessen sind.* Konkret: Wenn man über keine gesetzmäßigen Zusammenhänge verfügt, um bspw. ein Führungsverhalten zu entwerfen und vorzugeben, das den Bedürfnissen der Mitarbeiter und den Zielen der Organisation entspricht, so kann man u.U. Vorgesetzte und Mitarbeiter veranlassen, sich über Probleme der Führung zu verständigen und in gemeinsamer Übereinkunft Änderungen auszuprobieren, bis sie einen Modus gefunden haben, der ihren Bedürfnissen und den Zielen der Organisation Rechnung trägt. Also: Nicht Hilfe durch präzise Angabe des zu erreichenden Endzustands und der erforderlichen Schritte dahin, sondern *Hilfe zur Selbsthilfe* ist, was die OE anbietet.

Die Gesellschaft für Organisationsentwicklung (GOE 1983) versteht unter OE einen

"... längerfristig angelegten, organisationsumfassenden Entwicklungs- und Veränderungsprozeß von Organisationen und der in ihr tätigen Menschen. Der Prozeß beruht auf Lernen aller Betroffenen durch direkte Mitwirkung und praktische Erfahrung. Sein Ziel besteht in einer gleichzeitigen Verbesserung der Leistungsfähigkeit der Organisation (Effektivität) und der Qualität des Arbeitslebens (Humanität)."

Daneben gibt es noch viele andere, voneinander erheblich abweichende Definitionen (Trebesch 1982). Einige gemeinsame Tendenzen lassen sich aus ihnen dennoch herauslesen:

- Der *Prozeß*, nicht irgendein Inhalt der Organisationsänderung, *steht im Vordergrund*.
- Der Prozeß wird *von den Betroffenen getragen*; "Betroffene zu Beteiligten machen", ist ein wichtiges Motto.
- Erforderlich ist die *Mitwirkung eines Beraters*, der jedoch keine Lösungen vorgeben, sondern die Problemlösung lediglich mittels geeigneter "Interventionen" aktivieren, unterstützen und strukturieren soll.
- *Ziele der Unternehmung* - Effizienz, Flexibilität, Innovationsfähigkeit - *und Ziele der Organisationsmitglieder* - Persönlichkeitsentfaltung und Selbstverwirklichung - *sollen und können gleichzeitig und gleichgewichtig* verfolgt werden.

Als Begründer der OE gilt der Psychologe Kurt Lewin. Im Jahre 1945 führte er Gruppenexperimente durch, um Hypothesen zur Gruppendynamik zu überprüfen (Pieper 1988: 43ff.; Comelli 1985: 51ff.). Zufällig kamen einige Versuchspersonen hinzu, als die Forscher Protokolle der Gruppen-Sitzungen auswerteten. Die Konfrontation der Versuchspersonen mit den Daten über das eigene Verhalten sowie die Diskussion mit anderen Versuchspersonen und den Forschern lösten dramatische Reaktionen aus. Zum Beispiel bestritten viele Teilnehmer zunächst die Richtigkeit einer bestimmten Beobachtung über ihr Verhalten; als andere Teilnehmer jedoch die Beobachtung bestätigten, stellten sie erstaunt fest, daß ihr Verhalten von anderen anders wahrgenommen wurde als von ihnen selbst.

Dies war nach Lewin die Geburtsstunde einer neuen Methode zur Gestaltung sozialer Beziehungen, die darauf beruhte, daß Teilnehmer einer Trainingsgruppe, die mit Feedback zu ihrem eigenen Verhalten und zu den Auswirkungen dieses Verhaltens auf andere konfrontiert werden, in beträchtlichem Maße *Selbsterkenntnis* gewinnen, ihre *Erkenntnisse über Reaktionen anderer erweitern* und wertvolle *Erfahrungen über das Verhalten in und über die Entwicklung von Gruppen* sammeln können.

In der Praxis war so etwas wie OE wohl schon früher eingesetzt worden. Wir erinnern uns: Im Hawthorne-Programm wurden die Arbeiterinnen über Veränderungen der experimentellen Bedingungen konsultiert und das Führungstraining für Vorgesetzte fand in Workshops unter nichtdirektiver Gesprächführung statt. Nun aber wurde ansatzweise eine *Theorie der Partizipation* entwickelt. Die Praxis griff begeistert zu: Es gibt heute kaum mehr einen Prozeß der Veränderung in Organisationen, der nicht Elemente der OE enthält. Nachdem viele Praktiker schon immer mehr oder minder systematisch nach dieser Methode vorgegangen war, erhielten sie nun den "Segen" der Wissenschaft dazu gereicht.

Die Theorie der Partizipation baut auf einem Modell von Lewin (1946) auf, in dem Veränderungen von Personen in einem Drei-Phasen-Schema erfaßt werden. In der ersten Phase, dem *"Auftauen"*, kommt es darauf an, die Individuen dahin zu bringen, tradierte Einstellungen, Werte und Verhaltensweisen in Frage zu stellen. In der zweiten Phase, der *"Änderung"*, müssen die Individuen für neue Einstellungen, Werte und Verhaltensweisen zugänglich werden und bereit sein, diese zu übernehmen. Sollen die neuerworbenen Wertemuster und Fähigkeiten ebenso selbstverständlich wie zuvor die alten das Handeln leiten, müssen sie in der Phase des *"Wiedereinfrierens"* durch entsprechende Maßnahmen stabilisiert werden.

Drei Ansätze der OE lassen sich unterscheiden: am Individuum, an in der Organisation bestehenden Gruppen und an der Organisationsstruktur orientierte (Übersichten über Ansätze und Techniken bei Porras/Robertson 1992; Thom 1992; Neuberger 1991: 247ff; Mailick/Hoberman/Wall 1988; Pieper 1988: 65ff.; Göpel-Gruner 1983: 62ff.; Trebesch 1980; Beer 1976).

Der *am Individuum orientierte Ansatz* basiert auf dem *Laboratoriumstraining*. Man spricht auch von T-Groups, Encounter-Gruppen oder Sensitivity Training. Individuen - meist sind sie nicht miteinander bekannt - kommen zusammen und analysieren die in ihrer Gruppe ablaufenden sozialen Prozesse. Die Aufgabe des OE-Beraters besteht darin, diese Analyse zu unterstützen, indem er bspw. Beobachtungen der Gruppenprozesse, Diskussionsanregungen, Rollenspiele oder "Interventionen" anderer Art einbringt.

Das Laboratoriumstraining geht von folgenden Annahmen aus:

(a) Eine Analyse gerade stattfindender sozialer Prozesse - eine Analyse im "Hier und Jetzt" - erzielt bessere Lernerfolge als ein passives Rezipieren der Erfahrungen anderer (was bspw. in Vorträgen über Führungsverhalten angestrebt wird).

(b) Gefühle, Reaktionen und Beobachtungen von Personen, mit denen man interagiert, sind die wichtigsten Informationen für diesen Analyseprozeß; *gesellschaftliche Normen verhindern* jedoch, *daß Gefühle und subjektive Wertungen des Verhaltens des jeweils anderen in der täglichen Interaktion ausgetauscht werden.*

(c) Im Laboratoriumstraining können diese *Normen durch geeignete Techniken (z.B. Rollenspiele) durchbrochen* werden, wodurch Gefühle, Reaktionen und Beobachtungen der Interaktionspartner der Analyse zugänglich werden - man erfährt, wie man von anderen erlebt wird.

(d) Diese Selbstanalyse führt zu einem *"Auftauen" der angelernten "falschen" Verhaltensweisen*; die Gruppensituation ermutigt aber auch zum *Ausprobieren neuer Verhaltensweisen.*

(e) Die in der Laboratoriumsgruppe gewonnenen neuen Verhaltensweisen lassen sich *auf soziale Prozesse in der Organisation übertragen.*

Ein Auszug (s. S. 122) aus einem fiktiven Bericht eines erfahrenen Trainers vermittelt einen Eindruck, wie es in solchen Laboratoriumssitzungen zugeht (Sichrovsky 1988).

Lassen sich die in Laboratoriumssitzungen erarbeiteten Erkenntnisse und Fähigkeiten auf den Organisationsalltag übertragen? Kaum, konstatieren Porras/Berg (1978: 263f.) auf der Basis einer Auswertung von 35 quantitativen Untersuchungen: "Die Befunde stimmen mit der Ansicht überein, daß OE-Interventionen durch T-Gruppen, Encounter-Gruppen und Sensitivity-Gruppen keine starke Wirkung auf auf Prozesse und Ergebnisse der Organisation haben". Auch Campbell/Dunnette (1968: 98) urteilen in einer früheren Auswertung vorliegender empirischer Analysen, "die Annahme, daß T-Gruppen-Training einen positiven Nutzen für Organisationen haben", stehe "auf tönernen Füßen". Allenfalls für das Individuum ergebe sich ein Nutzen.

Perrow (1986b: 94f.) macht darauf aufmerksam, daß *Laboratoriumsgruppen* häufig eingesetzt werden, *um Macht in Organisationen zu verschleiern*, spricht ihnen jedoch ebenfalls gewisse positive Effekte auf teilnehmende Individuen nicht ab:

"Wir sollten T-Gruppen preisen, weil sie für Manager bewirken, was Hasch und andere Drogen, Rockkonzerte und Videoclips bei der jüngeren Generation auslösen. Die Suche nach Authentizität und Spontaneität sollte nie aufhören, und wenn sie in der Verkleidung der Produktivitätserhöhung stattfinden muß, so seis drum. Die Gruppenteilnehmer werden erfrischt zu einer Welt der Hierarchien, des Konflikts, der Autorität, der Dummheit und der geistigen Brillanz zurückkehren, und die Hierarchien und das alles werden nicht verschwinden. Die meisten Organisationen bleiben hochautoritäre Systeme; einige setzen sogar T-Gruppen ein, um dieses fundamentale Faktum zu verbergen."

Die Schwierigkeiten, im Laboratoriumstraining erworbene Einsichten und Fertigkeiten auf den Organisationsalltag zu übertragen, gaben den Anstoß, OE-Bemühungen an in der Unternehmung bereits bestehenden Gruppen anzusetzen, also an Abteilungen, Arbeitsgruppen, Komitees usw. Die zentrale Annahme dieses *an Gruppen orientierten Ansatzes* lautet: Wenn Mitglieder bestehender organisatorischer Einheiten zusammen den Prozeß des Auftauens, Experimentierens und der Stabilisierung durchmachen, dann läßt sich das Übertragungsproblem besser lösen.

Die wichtigsten Techniken dieses Ansatzes sind (Schein 1969):

(a) *Prozeß-Beratung:* Ein externer Berater - auch Change Agent genannt - wohnt gewöhnlichen, in der Organisation ablaufenden Problemlösungsprozessen - bspw. Sitzungen bestimmter Komitees - bei. Er steuert keine inhaltlichen Problemlösungsbeiträge bei, sondern beschränkt sich darauf, die Gruppe mit von ihm registrierten, ihm vor dem Hintergrund seiner Erfahrung auffällig erscheinenden Ereignissen, Verhaltensweisen und zutage getretenen Einstellungen zu konfrontieren, auf ungenutzte

Kommunikations- und Interaktionsmöglichkeiten hinzuweisen, geeignete atmosphärische Bedingungen herzustellen, in blockierten Situationen zwischen den Kontrahenten zu vermitteln, Hilfestellung zur Strukturierung der Gruppenprozesse zu geben, einzelnen Personen in schwierigen Situationen beizustehen usw.

"Also, Sie möchte ich nicht als Vorgesetzten haben", sagt Thomas Fiedler zu Gerhard Messinger.

"Warum? Wieso nicht? Sie kennen mich doch gar nicht!"

"Aber so wie Sie hier versuchen, ständig alles an sich zu reißen, kann ich mir nicht vorstellen, daß einer wirklich selbständig unter Ihnen arbeiten kann."

"Das ist doch eine Frechheit, was Sie da sagen. In jahrelanger Arbeit habe ich mir meine jetzige Position erkämpft, und meine Mitarbeiter sind eher Freunde von mir als Untergebene." Thomas Fiedler glaubt, endlich einen Bereich gefunden zu haben, der eine Empfindlichkeit von Gerhard Messinger entblößt. So stichelt er weiter mit seinen Bemerkungen. Er macht sich lustig über das Chefgehabe, die Überheblichkeit und die Intoleranz. Er führt mit einigen Beispielen aus der Gruppenarbeit vor, wie seiner Meinung nach Gerhard Messinger seine Macht einsetzt und wie wenig Interesse er an den Empfindungen der anderen in der Gruppe hat. Er schließt seinen Angriff mit den Worten:

"Wäre ich Ihr Vorgesetzter, ich würde Ihnen keine Personalverantwortung geben, sondern Sie als Stabsmann an Sachproblemen arbeiten lassen."

Gerhard Messinger ist völlig perplex ...

Eine stillschweigend akzeptierte Hierarchie gerät ins Wanken. In den wenigen Tagen hatte sich Gerhard Messinger eine gewisse Vormachtstellung erobert, die von allen mehr oder weniger widerstandslos anerkannt worden war. Natürlich wurde auch er immer wieder kritisiert, aber eben nur kritisiert und nicht wirklich angegriffen. Thomas Fiedler, der von den meisten als nett, aber harmlos angesehen wurde, hat sich plötzlich auf eine Ebene vorgewagt, die ihm keiner zutraute.

..."Was fehlt ihm denn, Ihrer Meinung nach?" mischt sich jetzt doch Ida Perger ins Gespräch ein ...

"Führer sind starke Persönlichkeiten", antwortet ihr Gerhard Messinger. "Technische Kenntnisse allein genügen nicht. Man ist ein Führertyp oder ist keiner. Die fehlenden Eigenschaften lassen sich nicht erlernen."

"Und wer hier unter uns ist ein Führertyp, und wer ist keiner?" fragt ihn Ludwig Vogel.

"Das läßt sich nicht so einfach sagen, das müßte man ..." Gerhard Messinger reagiert zögernd und will nicht recht antworten. Doch jetzt sind plötzlich wieder die anderen da. Sie wollen es wissen, wollen eine direkte Meinung zu jeder und jedem hören, drängen ihn immer wieder, werfen ihm Feigheit vor, daß er nur so lange stark sei, solange er in Allgemeinheiten rede.

"Na los! Fangen Sie schon an! Nur keine Hemmungen. Wir fressen Sie schon nicht", sagt Paula Ilic, und sofort setzen andere nach.

"Ich will Ihnen helfen", sagt Robert Steiner (der Trainer, d. Verf.), der sich bisher zurückhielt. "Nehmen Sie an, Sie würden ein Unternehmen gründen und mit neuem Personal besetzen. Wir hier in der Gruppe stehen Ihnen zur Verfügung. Wem würden Sie welche Stellung geben!"

Gerhard Messinger blickt einen nach dem anderen an, fährt sich mit den Fingern um den Mund, holt tief Luft und bläst sie durch seine vibrierenden Lippen wie ein Baby aus.

"Also", beginnt er, "das ist nicht einfach. Aber ich will es versuchen." (Er verteilt die Posten seines Unternehmens, d. Verf.).

"Mit dieser Analyse haben Sie sich endgültig entlarvt", wirft ihm Thomas Fiedler als erster vor. "Bei Ihnen gibt es nur Chefs und Untertanen, aber keinen Mittelbau. Sie sehen die Mächtigen und die Sklaven, so wie ich es mir gedacht habe. Begriffe wie Middle-Management sind Ihnen fremd. Der Aufbau eines Systems aus Verantwortung und Führung in verschiedenen Ebenen geht über Ihr Vorstellungsvermögen hinaus. Führen heißt, sich ersetzbar machen. Aber so weit denken Sie nicht. Aus Ihnen spricht die Angst des Führers, der um seinen Einfluß bangt. Traurig, traurig, eigentlich tun Sie mir leid. Ich möchte nicht in Ihrer Haut stecken." ...

(b) *Survey-Feedback:* Zusätzlich kann der OE-Berater *Fragebogen* einsetzen, die in der Regel von der Klienten-Gruppe mit seiner Unterstützung entwickeln werden. U.a. wird nach Führungs-, Entscheidungs-, und Kommunikationsproblemen gefragt. So finden sich Formulierungen wie die folgenden: "Fällt es Ihnen schwer, sich mit Problemen an den Vorgesetzen zu wenden?"; "Wie stark sind die Mitarbeiter an Entscheidungen beteiligt, die ihre Arbeit betreffen?" Die Fragebogen werden von den Gruppenmitgliedern ausgefüllt, und dann werden die Auswertungen in Gruppensitzungen analysiert und interpretiert. Nachdem Konsens über die Schwachstellen der Gruppenarbeit hergestellt wurde, erarbeiten und vereinbaren die Gruppenmitglieder Aktionen, die zu einer besseren Zusammenarbeit und effizienteren Aufgabenerfüllung führen sollen.

(c) *Konfliktlösungstechniken* werden eingesetzt, um Konflikte abzubauen und die Zusammenarbeit zwischen Gruppen oder Abteilungen zu verbessern.

Als Prototyp dieser Techniken kann die *Konfrontationssitzung* angesehen werden, in der die Mitglieder zweier Abteilungen zunächst getrennt voneinander Merkmale und Verhaltensweisen aufzeichnen, die sie selbst und die andere Abteilung kennzeichnen. Die Ergebnisse werden präsentiert und von den Abteilungsmitgliedern in getrennten Sitzungen reflektiert. Daraufhin wird gemeinsam der Versuch unternommen, eine gemeinsame Aufstellung der wichtigsten Sachverhalte, die zwischen den Abteilungen als kontrovers gesehen werden, auszuarbeiten. Auf der Grundlage dieses Konfliktkatalogs entwickeln die Teilnehmer Regeln der Kooperation, mit denen die Konflikte unter Kontrolle gebracht, ihrer dysfunktionalen Wirkungen beraubt und zukünftige Kooperationen effizienter gemacht werden können (Blake/Shepard/Mouton 1964).

Der Wert solcher Konfrontationssitzungen wird vor allem darin gesehen, daß gegenseitige Einschätzungen (Vorurteile) zur Sprache kommen, Stereotypen in Frage gestellt und konkrete Schritte zum Konfliktabbau und zu einer konstruktiven Zusammenarbeit erarbeitet werden.

(d) *Integrierte Ansätze* gehen von der Annahme aus, daß eine höhere Effektivität von OE-Interventionen erreicht werden kann, wenn mehrere Ansätze parallel verfolgt werden. Solche "OE-Pakete" enthalten in der Regel: Führungstrainings, Analyse von Gruppenprozessen, Verankerung von Verhaltensvorschriften in Führungsrichtlinien usw. Der bekannteste Ansatz dieser Art ist das von Blake/Mouton (1968) entwickelte *Managerial Grid*.

Auch der an Gruppen orientierte Ansatz kann das *Übertragungs-Problem nicht restlos überwinden: Die formale Organisationsstruktur setzt häufig Restriktionen, die einer dauerhaften Veränderung des Verhaltens im Wege stehen.*

Aus dieser Erkenntnis zog der *strukturale Ansatz der OE* den Schluß, daß die Organisationsstruktur in den OE-Prozeß mit einzubeziehen sei. Er geht von folgenden Annahmen aus (Kieser 1987a):

(a) *Die Gestaltung von Organisationsstrukturen läßt sich nicht als ein "Expertenproblem" fassen*: Vorliegende Organisationstheorien liefern keine eindeutigen Aussagen, welche Organisationsstrukturen unter gegebenen Bedingungen effizient sind. Insbesondere ist es für Experten unmöglich herauszufinden, welche Organisationsstrukturen den Bedürfnissen und Problemen der Betroffenen angemessen sind. Zum einen halten die Betroffenen Informationen häufig aus Mißtrauen zurück, zum anderen sind sie sich ihrer Wünsche an eine Organisationsstruktur nur zum Teil bewußt. Ein Bauherr, vom Architekten nach seinen Vorstellungen gefragt, hat in aller Regel auch Schwierigkeiten, seine Wünsche *präzise* zu äußern.

(b) *Nur in einer aktiven Beteiligung am Gestaltungsprozeß können die Betroffenen ihre Anforderungen an die Organisationsstruktur entwickeln: Sie lernen ihre Anforderungen in dem Maße kennen, in dem sie im Konzipierungsprozeß mit alternativen organisatorischen Lösungen vertraut werden.* Der Bauherr lernt seine *konkreten* Wünsche an das Haus auch erst durch die Konfrontation mit alternativen Entwürfen des Architekten kennen. Zudem kann durch eine Beteiligung der Betroffenen ihr Mißtrauen abgebaut werden.

(c) Die Beteiligung der Betroffenen am Reorganisationsprozeß bedarf der *Einbettung in eine Projektorganisation sowie der Unterstützung durch geeignete Methoden.* Die Betroffenen verfügen nur über eine begrenzte zeitliche Kapazität zur Mitwirkung am Reorganisationsprozeß. In der Regel werden nicht alle Betroffenen beteiligt werden können, sondern nur Repräsentanten, und auch die häufig nicht hauptamtlich. Und Betroffene gehen mit dem Handikap eines Wissensdefizits gegenüber den Experten an die Aufgabe der Organisationsgestaltung heran. Die Kommunikation zwischen den Betroffenen und den Experten ist zudem durch Interessengegensätze belastet. Unter diesen Bedingungen ist eine konstruktive Zusammenarbeit nur zu erwarten, wenn Methoden oder Techniken zu Verfügung stehen, die den Nicht-Experten einen Zugang zu den Problemen und eine aktive Mitarbeit erleichtern. Diese Techniken müssen die Diskussion strukturieren, den Betroffenen "effiziente Interventionsmöglichkeiten" zur Einbringung ihres spezifischen Wissens und ihrer Interessen bieten. Sie müssen die Komplexität der Probleme der Reorganisation handhabbar und auf diese Weise einer Partizipation auch durch Nicht-Experten zugänglich machen (Beispiele in Siemens 1974 sowie Mumford/Welter 1984).

(2) Kritik der Organisationsentwicklung:

Konsens über den Ist-Zustand der Gruppe oder der Organisation herzustellen, wird in der OE als ein wichtiger erster Schritt des Änderungsprozesses angesehen. Neuberger (1991: 256) bezweifelt, daß dies überhaupt gelingen kann:

"Ein Sachbearbeiter im Personalwesen sieht eine Organisation möglicherweise aus anderem Blickwinkel als eine höhere Vorgesetzte im Controlling oder ein Arbeiter im Materiallager. Was ändert eine OE-Maßnahme bei diesen Personen? Ihre höchst subjektiven Ansichten? Welcher offiziellen, objektiven, gültigen, vorherrschenden Sicht sollen sie angeglichen werden? Resultiert am Ende einer gelungenen OE eine gemeinsame und einheitliche Ansicht 'der Organisation'? Sollen Personen vor allem offener oder wirksamer über ihre jeweiligen Ansichten miteinander reden können - und wäre dies (schon) *Organisations*-Entwicklung?"

Der *kritischste Punkt* ist das *Machtverhältnis zwischen Betroffenen auf der einen, Experten und Organisationsspitze auf der anderen Seite*. Die OE postuliert, die verschiedenen Interessen zum Ausgleich bringen zu können. Wenn die OE diesem Anspruch nicht gerecht werden kann, dann muß sie sich den *Vorwurf* gefallen lassen, *unter dem Deckmantel des Machtausgleichs und der Harmonie Machtunterschiede zu verschleiern und damit zu zementieren, die Mitarbeiter unter Vorspiegelung falscher Tatbestände zur Akzeptierung organisatorischer Änderungen - u.U. gegen ihre Interessen - zu bewegen, sie zu manipulieren, ideologisch zu sein*. Diesen Vorwurf erhebt Breisig (1990a: 336):

"Hinter vielen OE-Projekten stehen nackte Rationalisierungsvorhaben mit einem 'sozialen Tarnmantel', der ihre Durchführung und Durchsetzung erleichtern bzw. erst ermöglichen soll.

Als überwiegend prozeßorientierte Strategie eignet sich OE als Forum der Scheinbeteiligung besonders gut. Es besteht die Gefahr, daß sich die Beteiligungsangebote auf den Verlauf der Veränderungsprozesse und die Ausfüllung der 'Zulieferungs-' und Akzeptanzsicherungsfunktion beschränken und innerhalb dieses Rahmens regelrecht verpuffen, ihn nicht verlassen (dürfen). Durch die Harmoniethese und das Ziel der Entbürokratisierung wird die Illusion genährt, mit Hilfe von OE könnten bestehende Herrschaftsstrukturen aufgebrochen werden. Oft ist OE jedoch höchstens geeignet, sie zu verschleiern und dadurch im Gegenteil zu festigen..." (s. a. Kappler 1980: 218).

Eine rigorose kritische Überprüfung der OE nährt diesen Verdacht. Zunächst erregt Mißtrauen, daß die *Begriffe "Effizienz der Unternehmung" und "Humanität"* vage gehalten, nicht operationalisiert werden. Hinzu kommt, daß die *theoretische Absicherung der OE höchst unzureichend* ist (Trebesch 1984). Die Theorie bietet somit wenig Anhaltspunkte, bestimmte Techniken als ungeeignet zur Erreichung der Ziele der OE zu identifizieren. Damit ist einem *opportunistischen Verhalten der OE-Berater* Tür und Tor geöffnet (Pieper 1988: 77ff.; Kubicek/Leuck/Wächter 1980: 312f.).

"OE-Praktiker verheißen die gleichzeitige Erfüllung humaner und ökonomischer Ziele. Daß an dieses unwahrscheinliche Ergebnis geglaubt wird, ist vermutlich vor allem damit zu erklären, daß die Verbindung von Effizienz, Produktivität, Flexibilität, Problemlösefähigkeit einerseits mit Partizipation, Authentizität, Selbstverwirklichung und Gesundheit andererseits eine solche große Attraktivität besitzt, daß kritische Realitätsprüfung ausgeschaltet wird. Es besteht die Neigung, kontrafaktisch zu glauben, was man sich wünscht. Dies wird unterstützt durch die Marketingstrategie der OE-Anhänger; auch wenn sie von ihrer Mission durchdrungen und von ihrem Beitrag zu einer besseren Arbeitswelt überzeugt sind, so bleibt doch als wesentliches Faktum, daß die meisten ihr Geld mit diesem Produkt verdienen und es deshalb so vermarkten müssen, daß Nachfrage erzeugt und befriedigt wird" (Neuberger 1991: 258).

Auch Breisig (1990a: 336f.) gibt zu bedenken, daß *die finanzielle Abhängigkeit der OE-Berater von ihren Auftraggebern mit ihrer Neutralität und ihrem Bemühen um Interessenausgleich* ins Gehege kommen kann:

"(Der) in der Literatur stets aufs Neue beschworene Mythos des pädagogisch motivierten und beiderlei Interessenlagen berücksichtigenden Beraters (muß) bezweifelt, zumindest relativiert werden. Diese Vorstellung kommt der eines Samariters im Dienst der Organisation nahe, der bescheiden im Hintergrund Anstöße zur Besserung im allseitigen Interesse gibt. Dabei gerät allzu leicht die finanzielle Abhängigkeit (insbesondere des externen Beraters) aus dem Blickfeld. Es ist ausschließlich die Unternehmensleitung, die die Entscheidung trifft, ob ein Berater und wenn ja welcher aus dem hart umkämpften 'Beratermarkt' verpflichtet werden soll. Selbst der aufrichtigste OE-Berater läuft in diesem Spannungsfeld zwischen pädagogischem Änderungsanspruch und ökonomischer Abhängigkeit Gefahr, ausschließlich solche Probleme aufzugreifen, deren schnelle und für den Klienten (sprich: die Unternehmensleitung) bequeme Lösung sein Honorar gerechtfertigt erscheinen läßt. Wenn aber die Honorarabhängigkeit des Beraters die Wahl der Interventionspunkte weitgehend bestimmt, ist die Wahrscheinlichkeit groß, daß von dem plakativen Humanisierungsanspruch letztlich nicht viel übrig bleibt."

Interessant in diesem Zusammenhang ist, daß die Vertreter der OE offenlassen, was mit dem verkündeten Produktivitätsgewinn geschieht (Kubicek/Leuck/Wächter 1980). Implizit wird folgende Regelung vorgeschlagen: Die "Betroffenen" können mit der erhöhten Arbeitszufriedenheit zufrieden sein und müssen deshalb nicht in formal geregelter und einklagbarer Weise an den zu erwartenden Einkommenszuwächsen beteiligt werden.

OE-Berater sind eingebunden in Machtstrukturen und politische Manöver, die sie selbst nicht immer durchschauen und, wenn sie sie durchschauen, häufig nicht aufdecken und konterkarieren können bzw. wollen:

"Wer eine Beraterin beizieht, sucht eine Koalitionspartnerin in einer innerbetrieblichen Machtfrage. ... Die Beraterin kann dann als Behältnis für viele Problemdefinitionen ('alte Rechnungen'), Sündenbock, Opferlamm, Mülleimer, Sprachrohr, Schiedsrichterin etc. ge- oder mißbraucht werden" (Neuberger 1991: 264; daß hier Berater*innen* angesprochen werden, soll nicht heißen, daß Frauen als besonders leicht mißbrauchbar angesehen werden, sondern ist Ausdruck des Bemühens um eine geschlechtsneutrale Sprache).

Weil solche politischen Spiele außerordentlich komplex und undurchschaubar sind, wird OE-Beratern empfohlen, sie in "kollegialer Supervision" zu reflektieren; kaum einer hält sich jedoch an diese Empfehlung.

Betroffene zu "gleichberechtigten" Beteiligten zu machen, ist im Rahmen vorherrschender OE-Praxis ein so gut wie unmögliches Unterfangen. Die Betroffenen müssen sich den Spielregeln der OE unterwerfen, die theoretisch nur schwer begründbar sind. Sie müssen Werte wie Humanisierung, Selbstverwirklichung, Autonomie usw. akzeptieren, weil sie sonst im Grunde auch nicht "mitspielen" können:

"Das kann dazu führen, daß der Organisationsentwickler - weil aufgeklärter - auch genüber uneinsichtigen Personen an seiner Mission festzuhalten hat: ein Beispiel für gutgemeinte Entmündigung! Es liegt ein Paradox in der These, daß z.B. einerseits der Wert 'Selbstbestimmung' realisiert werden soll, daß dieser Wert aber andererseits vorgegeben ist und nicht durch die Beteiligten (selbstbestimmt) in Frage gestellt werden darf" (Neuberger 1991: 269).

Besonders problematisch ist die Beteiligung dort, wo komplexe, dem Laien schwer zugängliche organisatorische Probleme gelöst werden müssen wie etwa bei der Gestaltung von EDV-Systemen. Hier ist die *Mitwirkung von Experten* erforderlich, die ihr Fachwissen zur Ausübung von *Expertenmacht* einsetzen können, bspw. indem sie bestimmte Lösungen als sachlich notwendig ausgeben. Die im strukturalen Ansatz vorgesehenen Techniken zur Strukturierung der Diskussion können hier nur sehr begrenzt Abhilfe schaffen. Regelmäßig wird zwar gefordert, daß die beteiligten Betroffenen auch zu schulen seien, damit sie mit den Experten fachlich besser mithalten können; in den meisten Fällen wird aber ein Know-how-Gefälle und damit ein Hebel zur Aktivierung von Expertenmacht verbleiben. Kubicek (1979) empfiehlt deshalb, Betroffene und Experten nicht OE-gerecht in gemeinsamen Gruppen Lösungen erarbeiten zu lassen; Betroffene müßten vielmehr ein einklagbares Recht darauf haben, eigene Experten auszuwählen, um mit ihnen zusammen ihre Interessen widerspiegelnde, den Lösungen der organisationseigenen Experten u.U. widersprechende Gegenkonzepte zu entwickeln. Zur Lösung anfallender Konflikte verweist er auf die gesetzliche Mitbestimmung, die auszuweiten sei. Nur durch sie könne vermieden werden, daß die "echten" Interessen der Betroffenen dem Harmoniedruck und der Expertenmacht zum Opfer fallen. In ähnlicher Weise sieht Rose (1980) den gravierendsten Schwachpunkt konventioneller OE-Ansätze in der *Vernachlässigung des Problems der Partizipationskompetenzen* der Betroffenen. Solange diese nicht genügend fachliche und soziale Fähigkeiten aufweisen, um Management und Experten "mit gleichen Waffen" begegnen zu können, läuft OE seiner Ansicht nach unweigerlich auf Machtausübung und Machtverschleierung hinaus. In seiner "arbeitsorientieren OE" legt er konsequenterweise den Schwerpunkt auf den Prozeß der Qualifizierung, auf die Schaffung von Kompetenzen, aufgrund derer die Organisationsmitglieder Partizipationschancen überhaupt erst nutzen können. Und auch Schienstock/Müller (1978) weisen in diese Richtung, wenn sie kritisieren, daß in der OE "organisatorischer Wandel bisher kaum als politisches Problem gesehen wird, bei dem primär gesellschaftliche und betriebliche Interessen bestimmend sind". Die Interessen der verschiedenen Gruppen in der Unternehmung seien z.T. so verschieden, daß von der Möglichkeit einer harmonischen Lösung nicht immer ausgegangen werden könne. Folglich ist ihrer Meinung nach das Harmoniekonzept der OE um ein (politisches) *Verhandlungskonzept* zu ergänzen:

"Zwei oder mehrere Parteien ... stimmen grundsätzlich darin überein, ein sie gemeinsam betreffendes Problem auf kooperative Art und Weise zu lösen. Bezüglich der von ihnen zu vereinbarenden Problemlösung besteht zwischen ihnen allerdings ein Dissens. Dieser Interessenskonflikt wird auf dem Verhandlungswege ausgetragen" (Schienstock/Müller 1978: 379; ähnlich Ulrich 1986: 441).

Nicht alle Probleme lassen sich mit OE harmonisch lösen. Echte Interessengegensätze müssen auf politischem Wege ausgetragen werden.

In einer *funktionalen Analyse* kommen Gabriel/Kießler (1980: 61) zu dem Schluß, daß die Anwendung von OE-Verfahren eben nicht die Funktion hat - gar nicht haben kann -, Interessen von Management und Betroffenen in der Gestaltung zu einem Ausgleich zu bringen, sondern *ausschließlich* diejenige, *organisatorische Änderungsprozesse zu legitimieren:* Änderungsprozesse, die sich der OE bedienen, werden eher als legitim wahrgenommen und deshalb eher akzeptiert als autoritär durchgesetzte Änderungen:

"Das Verfahren sorgt von Anfang an dafür, daß Ziele sich nicht entwickeln können, da der Relevanzrahmen undiskutiert vorgegeben, systemisch differenziert wird (nur die unmittelbaren Probleme des Gestaltungsbereichs werden zur Diskussion gestellt, nicht ihre übergeordneten Bedingungen, d. Verf.) und aus Mangel an Überblick, Zeit und Macht von den Organisationsmitgliedern nur noch vertrauensvoll angenommen werden kann. Dies ist eine Reduktionsleistung des Verfahrens, das über Vertrauensmechanismen abläuft."

Ist OE aufgrund der vorgetragenen Kritik in toto abzulehnen? Maßnahmen der Organisationsgestaltung werden auf jeden Fall ergriffen, auch wenn die Betroffenen auf eine Beteiligung verzichten. Diese können dann aber nicht darauf vertrauen, daß, weil Organisationstheorien die Organisationsgestaltung leiten, ihre Bedürfnisse und Probleme dabei ausreichend berücksichtigt werden: Oft besitzen die Organisationsgestalter nur sehr lückenhafte organisationstheoretische Kenntnisse, und im übrigen sind die Informationen, die Organisationstheorien zur Berücksichtigung der Bedürfnisse der Betroffenen bereithalten, dürftig und widersprüchlich. Und selbst wenn das theoretische Wissen über Organisationen umfassend und nicht widersprüchlich wäre, ginge es *bei der Organisationsgestaltung immer auch um Politik*: darum, welche Interessen in welchem Umfang zu berücksichtigen sind.

Beteiligung verschiedener Interessengruppen bietet - wie von der OE vorgesehen - die Chance, die Interessen dieser Gruppen in der Organisationsgestaltung zum Tragen zu bringen - sofern die Beteiligung nicht eine Quasi-Beteiligung ist, die von echter Beteiligung ablenken will. Wie wir gesehen haben, *kann* OE zu diesem Zweck eingesetzt werden. Andererseits liegt es immer auch an den Betroffenen, ob sie sich "einwickeln" lassen. Aus einer "Pseudobeteiligung" läßt sich eher eine "echte" Beteiligung machen als aus überhaupt keiner Beteiligung: Diejenigen, die OE einsetzen, können von den Betroffenen an den Ansprüchen der OE gemessen, unter Rechtfertigungsdruck gesetzt werden. Bei Nichtbeteiligung ist eine solche Herausforderung nicht möglich. Und wenn sich die Beteiligung auf die gesetzliche beschränkt, kommen weitergehende Partizipationsziele des Managements, welche die Betroffenen einfordern könnten, erst gar nicht ins Spiel. Es kann also sinnvoll sein, mit Methoden einverstanden zu sein, denen man außerordentlich kritisch gegenübersteht - vor allem dann, wenn der Nichteinsatz dieser Methoden keine besseren Lösungen verspricht (ähnlich Breisig 1990b). Wir sind also nicht ganz so skeptisch wie Gabriel/Kießler.

Auf jeden Fall sollten die Betroffenen jedoch ein Modell vor Augen haben, in dessen Richtung die OE weiterzuentwickeln ist. Ein solches Modell entwirft Pieper (1988: 263ff.) mit der "diskursiven OE". Bausteine einer OE, die eine *echte* Partizipation ermöglicht, sind nach Maßgabe dieses Modells: (1) Die *verbindliche, formal geregelte Einräumung von Partizipationsmöglichkeiten,* (2) die *Vermittlung von Partizipationskompetenz* und (3) die Schaffung einer *"gemeinsamen normativen Basis,* vor deren Hintergrund konkrete Partizipationsfälle kritisiert und umgestaltet werden können" (Pieper 1988: 327f.). Regeln der Zusammenarbeit, die die normative Basis bilden, müssen diskursiv entwickelt werden. Das - nie erreichbare - Modell eines geeigneten Diskurses ist der *herrschaftsfreie Diskurs*.

Heute werden basis-demokratische Ansprüche mit der OE kaum noch in Verbindung gebracht. Es ist weitgehend akzeptiert, daß OE nicht mehr ist als ein Ansatz, mit dem betroffene Mitarbeiter motiviert werden, ihre Kenntnisse und Erfahrungen in die Detaillierung eines vom Topmanagement verabschiedeten Rahmenkonzepts einer mehr oder minder umfassenden organisatorischen Änderung einzubringen. OE ist heute in erster Linie *Trainingsinstrument*, kein Ansatz zur Erweiterung der Partizipationsrechte in Reorganisationsprozessen (Kieser et al. 1998; Wolff 1995). Es geht vor allem darum, durch die Mitwirkung der Betroffenen innerhalb gesteckter Grenzen die alten Routinen und subjektiven Organisationstheorien, die das Handeln in der intendierten Organisation erschweren, durch intensive Kommunikation in Schulungen, Gruppenübungen, Workshops usw. durch neue zu ersetzen, wobei diese Veranstaltungen nicht selten zu quasi religiösen Bekehrungen ausarten (Ackers/Preston 1997). Das "Empowerment" der Mitarbeiter im Änderungsprozeß und in der zu realisierenden neuen Organisation erweist sich häufig genug als Dezentralisierung der Befugnis auf Gruppen und Individuen, mit höheren Anforderungen qualitativer Art und stärkerer Arbeitsbelastung fertig zu werden (Faust et al. 1998).

4.3.2. Humanisierung der Arbeit

In Deutschland wie auch in anderen Ländern sind Initiativen zur Humanisierung der Arbeit (HdA) von den *Gewerkschaften* ausgelöst worden. 1973 hatte der Vorsitzende des DGB Leitlinien zur Gestaltung von Arbeitsplätzen formuliert, deren Beachtung zur "Selbstverwirklichung des Menschen in der Arbeit" beitragen könne (Strauss-Fehlberg 1978: 95): *Schaffung von Entscheidungs- und Gestaltungsmöglichkeiten für den Arbeitnehmer, Verantwortung und Abwechslung bei der Arbeit, Möglichkeiten zur Aufnahme sozialer Kontakte durch und bei der Arbeit, Abbau der Trennung von Entscheidung, Ausführung und Kontrolle, Aufhebung übertriebener Arbeitsteilung (durch job rotation, job enlargement und job enrichment), Abbau unnötig aufgebauschter Hierarchien, Arbeit als Möglichkeit für Lern- und Weiterbildungsprozesse, Neubestimmung von Leistungsnormen.*

Diese Forderungen haben sich alle großen politischen Parteien zu eigen gemacht - wer hätte ihnen auch zu widersprechen gewagt, solange sie mit dem Zusatz "im Rahmen des Möglichen" versehen waren - und - was dann nicht mehr ganz so selbsverständlich war - in politisches Handeln umgesetzt (Kreikebaum/Herbert 1988: 72ff.).

Im *Betriebsverfassungsgesetz von 1972 wurden die Betriebspartner verpflichtet, arbeitswissenschaftliche Erkenntnisse zu beachten.* In § 91 heißt es u.a., daß bei "Änderungen der Arbeitsplätze, des Arbeitsablaufs oder der Arbeitsumgebung, die den gesicherten arbeitswissenschaftlichen Erkenntnissen über die menschengerechte Gestaltung der Arbeit offensichtlich widersprechen, ... der Betriebsrat angemessene Maßnahmen zur Abwendung, Milderung oder zum Ausgleich der Belastung verlangen kann."

Damit stellte der Gesetzgeber - in völliger Überschätzung der Leistungsfähigkeit sozialwissenschaftlicher Forschung (Gerum 1981: 123ff.) - auf eine quasi-naturwissenschaftliche Beweisführung ab:

> "(Auch) wenn beispielsweise methodisch und statistisch gesicherte Belastungsbereiche ermittelt werden, ist es immer noch ein Problem der normativen Festlegung, ab welchen Grenzwerten Belastungen nicht mehr zumutbar oder erträglich sind. Die Grenzziehung für 'menschengerecht' ist somit ein empirisches *und* normatives Problem" (Oechsler 1988: 159).

Um "gesicherte arbeitswissenschaftliche Erkenntnisse" zu gewinnen, aber auch um dem Gedanken der HdA politisch Nachdruck zu verleihen, hat die SPD-Bundesregierung von 1974 ein *umfangreiches Forschungsprogramm zur HdA initiiert.*

Während seiner fünfzehnjährigen Laufzeit wurden im Rahmen des Programms etwa 2.000 Vorhaben mit ca. 1,7 Mrd. öffentlicher Zuwendungen gefördert. Weitere Vorhaben kamen im Rahmen des Nachfolgeprogramms "Arbeit und Technik" hinzu (Volkholz 1991: 9).

Was hat es gebracht?

Zunächst einmal die Erkenntnis, daß Human Relations-Maßnahmen, solange die Arbeitsgestaltung nicht in die Überlegungen einbezogen werden, immer auch die Funktion haben, eine gegebene Arbeitsgestaltung als unveränderbar zu deklarieren und die Arbeitnehmer mit den Problemen, die aus ihr resultieren - etwa starke Arbeitsteilung oder Monotonie - zu versöhnen. Die HdA-Bewegung hat gezeigt - und das ist ihr großes Verdienst -, daß die

Arbeitsgestaltung eine wesentliche Determinante der Arbeitsunzufriedenheit ist und daß man sie nicht als gegeben hinnehmen muß.

Eine geschlossene Theorie der HdA liegt bisher allerdings noch nicht vor und damit auch keine "gesicherten arbeitswissenschaftlichen Erkenntnisse". Zielvorgaben begründen noch keine Theorie. Sie lassen lediglich bestimmte Probleme in den Vordergrund treten, zu deren Lösung Theorien herangezogen werden müssen. Unter Umständen müssen bestehende Theorien erweitert und neue Ansätze formuliert werden. Die Kriterien, die Wissenschaftler an eine humane Arbeitsgestaltung anlegen, sind immer noch weitgehend dieselben, die am Beginn der HdA-Initiativen standen. Wir haben sie oben aufgelistet. Maßnahmen, die die Arbeitsgestaltung in Richtung auf die Kriterien verändern und gleichzeitig zu einer Erhöhung der Arbeitszufriedenheit führen - also bspw. die Arbeiter nicht überfordern - werden als HdA-gerecht gewertet. Da nicht erwartet werden kann, daß solche Maßnahmen erfolgen, wenn sie die Effizienz der Unternehmung reduzieren, kommt noch Wirtschaftlichkeit als Kriterium hinzu - dieses Kriterium steckt den Rahmen des Möglichen ab. Ein wesentliches Anliegen des HdA-Programms war es, an Beispielen zu zeigen, daß Wirtschaftlichkeit und Humanisierung in weiten Bereichen miteinander vereinbar sind.

HdA-Projekte waren von vornherein auf die praktische Gestaltung bezogen; die Anwendung von Theorien hatte vor allem eine *Legitimierungsfunktion.* Unter dieser Konstellation ist es nicht verwunderlich, daß das HdA-Programm weniger Fortschritte in der Organisationstheorie zeitigte als Weiterentwicklungen von *Techniken,* die mit den unterschiedlichsten Theorie-Versatzstücken abgesichert wurden: Techniken zur Erfassung von physischen und psychischen Belastungen, zur Ermittlung der Arbeitszufriedenheit, zur Evaluierung der Auswirkungen von HdA-Maßnahmen, zur Ermittlung von Qualifizierungsbedürfnissen und - bereitschaft usw. Außerhalb ergonomischer Problemstellungen hat sich kaum ein Konsens über Standards der Gestaltung oder über die angemessenen Erfassungs- und Bewertungstechniken herausgebildet (den Stand der Diskussion vermitteln Ulrich/Conrad-Betschart/Baitsch 1989).

Auf einer allgemeinen Ebene ist die Anwendung von HdA-Kriterien nicht problematisch. Wer kann schon widersprechen, wenn gefordert wird, *soweit wie möglich* Fremdbestimmung durch Selbstbestimmung zu ersetzen, physische und psychische Belastungen abzubauen, soziale Isolation aufzuheben usw. Schwieriger wird es, wenn im konkreten Fall die Kriterien mit Prioritäten versehen werden müssen, wenn entschieden werden muß, welchen Kriterien im Konfliktfall Vorrang einzuräumen ist und wo die Grenzen des Möglichen liegen. Können solche Entscheidungen über die Köpfe der Betroffenen hinweg erfolgen? Wird diese Frage verneint, müssen *HdA-Projekte grundsätzlich als OE-Projekte* durchgeführt werden. Und damit handelt sich HdA alle Probleme ein, die mit OE verbunden sind.

Ein Ergebnis des HdA-Programms war auf jeden Fall eine *kritischere Einschätzung der OE.* In aus dem HdA-Programm finanzierten Projekten mußten die Betroffenen und der Betriebsrat an der Konzipierung und Implementierung von Maßnahmen beteiligt werden; auch eine wissenschaftliche Begleitforschung war Bedingung. Die - häufig negativen - Erfahrungen kritischer Wissenschaftler mit der OE haben zur Reflexion dieses Ansatzes und zu bemerkenswerten Weiterentwicklungen geführt (z.B. Fricke 1976). Fast alle Autoren, die im vorangegangenen Abschnitt mit Kritik zur OE zitiert wurden - auch die Autoren, die im ersten Kapitel zu den Schwierigkeiten der Umsetzung wissenschaftlicher Erkenntnisse in der Unternehmungspraxis zu Wort kamen -, waren an HdA-Projekten beteiligt.

Eine große Zahl "humanisierter" Arbeitsplätze hat das Programm indessen nicht hervorgebracht. *Viele Projekte wurden - oft nach Verausgabung einiger Millionen DM - eingestellt*, weil die durch den OE-Prozeß induzierten Konflikte eskalierten (Derschka/Gottschall 1980). Ein weiterer großer Teil des bereitgestellten Geldes floß in *Rationalisierungsprojekte*, die HdA-mäßig verbrämt wurden: "Bei den Projekten handelt es sich ganz selten um einen direkten Humanisierungsbeitrag. Meine Aufgabe besteht darin, für die Kunden Humanisierungsakzente aus technischen Innovationsvorhaben herauszufiltern - Nebenprodukte hochzustilisieren", äußerte sich freimütig ein Unternehmensberater, der sich auf das Ergattern öffentlicher Mittel spezialisiert hatte (zitiert in Derschka/Gottschall 1980: 46).

Als relativ zufriedenstellend aus der Sicht der Beteiligten wurden Projekte angesehen, die sich auf ergonomische Maßnahmen beschränkten.

Somit haben *nur wenige der abgeschlossenen Projekte zu alternativen Arbeitsorganisationen mit erweiterten Arbeitsinhalten und Entscheidungsspielräumen für die Arbeitnehmer geführt, und wenn, dann jeweils nur für wenige.* Z.B.: Nach einem 1977 abgeschlossenen Projekt, das über zehn Mio. DM verschlungen hatte, blieben in einem VW-Werk ganze zehn Arbeiter übrig, die an einer "menschenfreundlichen" Anlage mit Pufferzonen Dieselmotoren in kleiner Stückzahl fertigten. Der Rest arbeitete weiter am Fließband. "Für die bei VW vorherrschende Aufgabenstellung der Massenproduktion ist die Gruppenmontage aus technisch-wirtschaftlicher Sicht keine Alternative", konstatierte lapidar der Abschlußbericht (Derschka/Gottschall 1980: 41). Immerhin zeigten andere Projekte auf, daß Humanisierung und Effizienz *unter bestimmten Bedingungen* sich nicht widersprechen müssen (zu einer Bilanzierung des HdA-Programms s.a. Volkholz 1991).

Hätte der Markt es den Automobil- und anderen Unternehmungen weiterhin erlaubt, Massenfertigung im alten Stil weiter zu betreiben, wären "echte" HdA-Projekte wohl vereinzelte Public Relations-Maßnahmen geblieben (nichts anderes waren auch die vielgepriesenen teilautonomen Arbeitsgruppen bei Volvo.) Aber *der Druck des Marktes nach Produktvariabilität* (s. S. 94) *hat die Intention des HdA-Programms mit einiger Verspätung schließlich doch noch zur Geltung kommen lassen.* So konstatieren Kern/Schumann 1984: 49, 98), daß aufgrund des Marktdrucks in der Automobildindustrie

"... dem Taylorismus (noch nicht) endgültig der Garaus" gemacht worden ist, daß aber "Organisationsinnovation in Richtung integrativer Strukturen inzwischen gefragt ist. Ideen für eine solche Organisationsentwicklung sind in den Asservatenkammern der Organisationswissenschaften durchaus vorhanden. Es gab schon in der Vergangenheit eine Reihe von praktischen Experimenten der Organisationsentwicklung - im Zusammenhang mit den Überlegungen zur 'quality of working-life' in den USA, des soziotechnischen Gestaltungskonzepts in England und Skandinavien, auch der 'Humanisierung des Arbeitslebens' in der Bundesrepublik -, die viele jetzt brauchbare Gedanken und Ergebnisse abgeworfen haben...

Der Humus, den ein am Gedanken der Professionalisierung orientiertes Konzept braucht, auf daß es gedeihen und Früchte tragen kann, hat sich gebildet."

HdA hat also dazu beigetragen, daß tayloristische Arbeitsgestaltung in Frage gestellt wurde. Wie wir im vorangehenden Kapitel ausführten, ist die Auseinandersetzung zwischen der tayloristischen und alternativen Gestaltungsideologien jedoch noch längst nicht entschieden.

...it is precisely in the realm where human behavior is *intendedly* rational, but only *limited*
so, that there is room for a genuine theory of
organization and administration.

Herbert A. Simon

...though I early found out how to behave ef-
fectively in organizations, not until I had
much later relegated economic theory and
economic interests to a secondary - though in-
dispensable - place did I begin to understand
organizations or human behavior in them...

Chester I. Barnard

5. Die Verhaltenswissenschaftliche Entscheidungstheorie

Ulrike Berger und Isolde Bernhard-Mehlich

5.1. Erkenntnisinteressen

Seit dem Ende der 30er Jahre bildete sich mit den "klassischen" Arbeiten von Barnard
(1938), Simon (1976, erstmals 1945), March/Simon (1958) und Cyert/March (1963) eine
einflußreiche Organisationstheorie heraus, die im deutschsprachigen Raum bisweilen
"Verhaltenswissenschaftliche Entscheidungstheorie" genannt wird. Diese Organisationstheorie ist insofern eine *Entscheidungstheorie*, als sie Entscheidungsprozesse zum Ansatzpunkt der Organisationsanalyse wählt. So nennt z.B. Simon als Ziel seines Buches
Administrative Behavior "to show how organizations can be understood in terms of their
decision processes" (Simon 1976: IX). Denn: "(D)ecision-making processes hold the key
to the understanding of organizational phenomena" (Simon 1976: XL) Die Theorie ist
verhaltenswissenschaftlich ("behavioral"), weil sie die Entscheidungsprozesse nicht als
Entscheidungslogik, sondern als menschliches Entscheidungsverhalten begreift, dessen
empirische Merkmale und Bestimmungsgründe es zu untersuchen gilt.

Das Erkenntnisinteresse dieser Theorie gilt der *Frage, wie Organisationen ihren Bestand
durch Anpassung an eine komplexe und veränderliche Umwelt sichern*. Dieses Bestands-
und Anpassungsproblem wird als Problem menschlichen (Entscheidungs-) Verhaltens
formuliert, wobei den Annahmen über die entscheidungsrelevanten menschlichen Eigenschaften eine zentrale Bedeutung zukommt (March/Simon 1958: 6; Barnard 1938: 14).
Hier stehen die beschränkten kognitiven und motivationalen Kapazitäten des Entscheiders
im Vordergrund: *Die Theorie baut auf den zwei Prämissen auf, daß Menschen nur über
begrenzte Informationsverarbeitungskapazitäten verfügen, und daß ihre Bereitschaft, sich
in Organisationen zu engagieren, begrenzt ist.*

Das Bestandsproblem von Organisationen wird dementsprechend in zwei Teilprobleme
zerlegt, die verschiedene Arten von Entscheidungen zum Gegenstand haben (Simon 1976:
XI, 110ff.; Barnard 1938: 187f.). Ein Teil der Theorie bezieht sich auf *Entscheidungen
"in" Organisationen*. Damit sind Entscheidungen gemeint, die von verschiedenen organisationalen Mechanismen gesteuert und koordiniert, die Erfüllung der Ziele und Überle-

benserfordernisse der Organisation anstreben. Die Analyse dieser Entscheidungen ist um das Konzept der *begrenzten Rationalität* herum organisiert. In ihrem Zentrum steht das Problem, daß Entscheidungen in Organisationen die Anpassung der Organisation an eine komplexe und veränderliche Umwelt sichern müssen, die sich den beschränkten kognitiven Kapazitäten der Entscheidungssubjekte als unüberschaubar und unsicher darbietet. Es geht also um die Frage, wie rationale "Organisationsentscheidungen" von Individuen mit begrenzter Informationsverarbeitungskapazität unter der Bedingung komplexer und veränderlicher Umwelten, d.h. unter Unsicherheit, möglich sind (s. Kap. 5.2.3.).

Der andere Teil der Theorie bezieht sich auf Entscheidungen, die den Entscheidungen "in" Organisationen vorausgesetzt sind, und "außerhalb" oder "an der Grenze" von Organisationen stattfinden. Es handelt sich dabei um die Entscheidungen von Individuen, sich einer Organisation anzuschließen und in ihrem Sinne zu handeln. Dabei geht es um die Frage, unter welchen Bedingungen Individuen an Organisationen teilnehmen und dazu motiviert sind, die für den Organisationsbestand erforderlichen Beiträge zu erbringen. Das Problem besteht hier in der - prinzipiellen - Differenz zwischen den Bestandserfordernissen und Zielen der Organisation auf der einen und den persönlichen Bedürfnissen und Zielen der Individuen auf der anderen Seite. Die Analyse der persönlichen *"Teilnahme- und Beitragsentscheidungen"* interessiert sich für die Anreize, die zur Überbrückung dieser Differenz nötig sind und stellt dabei das Konzept des *"Gleichgewichts von Anreizen und Beiträgen"* in den Mittelpunkt ihrer Überlegungen (s. Kap. 5.2.2.).

Die Verhaltenswissenschaftliche Entscheidungstheorie setzt wie die *neoklassische Theorie der Unternehmung* ("theory of the firm") an Entscheidungen, d.h. an rationalen Wahlakten, an. Die Analyse dieser Wahlakte unterscheidet sich jedoch in dreierlei Hinsicht deutlich von der neoklassischen Analyse (Simon 1957c: 170ff.; zur Statistischen Entscheidungstheorie und Spieltheorie vgl. Simon 1979: 503ff.). Sie ersetzt erstens die neoklassischen Prämissen der vollständigen Information und unbegrenzten Rationalität der Entscheider durch die Prämissen unvollständiger Information und begrenzter Rationalität. Im Unterschied zur neoklassischen Theorie nimmt sie zweitens an, daß die Ergebnisse der Entscheidungen von den Charakteristika der Entscheidungsprozesse – etwa von der bestehenden Machtverteilung - beeinflußt werden und mit ihnen variieren. Mit dieser Prämisse der "sensitivity of outcomes to process" (Simon 1979: 509) und dem entsprechenden Interesse an Entscheidungsprozessen rückt drittens auch die Organisation, innerhalb derer diese Prozesse ablaufen, als Entscheidungsdeterminante und unabhängige Variable in das Zentrum der Analyse. Im Unterschied dazu ignoriert die Neoklassik die Merkmale der Organisation - z.B. ihre Strukturen und Programme, ihre unterschiedlichen Mitglieder und ihre Entscheidungs- und Steuerungsprobleme - und faßt "den Unternehmer" oder "die Unternehmung" als einheitlich handelnde Entscheidungsträger.

5.2. Hauptaussagen und -konzepte

5.2.1. Das Organisationskonzept der Verhaltenswissenschaftlichen Entscheidungstheorie

Chester I. Barnard (1938: 65ff.) definiert formale *Organisationen als Systeme bewußt koordinierter Handlungen oder Kräfte von zwei oder mehr Personen* (Barnard 1938: 73ff.). An diesem Konzept ist zweierlei bemerkenswert:

(1) Organisationen bestehen nicht aus Menschen, Maschinen, Räumen etc., sondern aus *Handlungen*. Mit diesem Organisationskonzept verarbeitete Barnard seine Erfahrung als Topmanager, daß Führungskräfte von Unternehmen, Parteien, Kirchen etc. mit gleichartigen Probleme zu tun haben. Er führt Führungsprobleme auf den all diesen konkreten und unterschiedlichen "kooperativen Systemen" gemeinsamen Kern zurück, Systeme bewußt koordinierter Handlungen zu sein. Die Analyse der allen Systemen gemeinsamen Führungsprobleme und Führungsfunktionen, denen letztlich sein Erkenntnisinteresse gilt, setzt die Analyse dieses gemeinsamen Kerns - der formalen Organisation - voraus.

Werden Organisationen als Handlungssysteme gefaßt, sind die *Menschen*, die diese Handlungen vollziehen, *nicht Bestandteil des Systems*. Personen, verstanden als komplexe psychische Systeme, werden daher ebenso als Umwelt der Organisation konzipiert wie die physische und soziale Umwelt, z.B. die von der Organisation verwendeten Maschinen und Gebäude oder Gesetze (Barnard 1938: 66ff.). Diese auf den ersten Blick irritierende Konzeptualisierung der Personen als Umwelt der Organisation kommt der Analyse verschiedener empirisch relevanter Phänomene entgegen. Sie ist z.B. mit dem Sachverhalt vereinbar, daß Organisationen bestehen bleiben und ihre Identität wahren können, auch wenn im Lauf der Zeit die Teilnehmer wechseln, aus deren Handlungen sie bestehen. Auch wird dem Umstand Rechnung getragen, daß Menschen in modernen Gesellschaften in aller Regel gleichzeitig Mitglieder vieler verschiedener Organisationen sind, zu denen sie jeweils nur einen Teil ihrer gesamten Aktivitäten beitragen (s. dazu auch Kap. 2.7.3). So steuert z.B. ein Student Studierleistungen zum Handlungssystem Universität, sportliche Aktivitäten zum Sportverein und politische Aktivitäten zu einer Partei bei, ohne Bestandteil eines dieser Handlungssysteme zu sein, d.h. in ihm aufzugehen. Schließlich, und das ist in unserem Zusammenhang das Wichtigste, erlaubt es diese begriffliche Strategie, die Differenz von Organisationshandeln und persönlichen Handlungen, Organisationszwecken und persönlichen Zwecken oder von "organizational man" und Person zu erfassen.

Barnard und seine Nachfolger begreifen also Organisation als *unpersönliches*, d.h. von eigenen Überlebensbedürfnissen und Zielen gesteuertes, Handlungssystem. Mit der Entscheidung, an der Organisation teilzunehmen, findet gleichsam eine "Entpersönlichung" der Mitglieder statt (Barnard 1938: 84). Damit wird ihr Handeln in der Organisation nicht von ihren persönlichen, sondern von den Gesichtspunkten der Organisation geleitet. Sie vollziehen Handlungen und erfüllen Zwecke, die, wie z.B. das Schreiben eines Berichts durch einen Angestellten, im Prinzip nichts mit ihrer Person zu tun haben und ohne persönliche Bedeutung für sie sind (Barnard 1938: 77). Dieses unpersönliche "Organisationshandeln" kann den persönlichen Bedürfnissen und Zielen auch direkt widersprechen und, in diesem Sinne, Selbstverleugnung voraussetzen.

(2) Organisationen bestehen aus den Handlungen verschiedenartiger *"Teilnehmer"* (*"participants"*). Zu den "Teilnehmern" zählen alle Individuen, die koordinierte Beiträge zum Organisationsbestand leisten und dafür Gegenleistungen erhalten. Der Begriff Koordination, verstanden als zielgerichtete Abstimmung verschiedener Handlungen aufeinander, wird dabei in einem weiten Sinne verwendet: Er umfaßt z.B. die Koordination durch das Management ebenso wie die durch den Markt. Zu den "Teilnehmern" von Unternehmen zählen demnach nicht nur die Beschäftigten, sondern z.B. auch Aktionäre, Kreditgeber, Kunden und Lieferanten. Dieser weite Teilnehmerbegriff ist von der Absicht geleitet, die Aufmerksamkeit auf die Teilnahmeentscheidungen aller Personengruppen, von deren Beiträgen der Organisationsbestand abhängt, zu lenken und damit das ganze Spektrum

von Motiven und Erwartungen zu erfassen, denen die Organisation gerecht werden muß (Simon 1957c: 172).

Während die Verhaltenswissenschaftliche Entscheidungstheorie die Organisationsmitglieder in die Umwelt der Organisation verweist und die Organisation in dieser Hinsicht sehr eng als System von Handlungen faßt, zieht sie also die Grenzen der Organisation in bezug auf die dazugehörenden Handlungen ungewöhnlich weit: Sie versteht neben den Handlungen der Mitglieder auch die üblicherweise der Umwelt zugerechneten Beitragshandlungen aller anderen "Teilnehmer" als Bestandteil der Organisation. Die formale Organisation besteht also z.B. im Fall der Unternehmung nicht nur aus der Arbeit der Beschäftigten, sondern auch aus der Übertragung von Geld, Kapital und Waren durch Kunden, Aktionäre, Kreditgeber und Lieferanten. Diese ungewöhnliche - und unseres Erachtens problematische - Ausweitung des Organisationsbegriffs bleibt für wesentliche Teile der Verhaltenswissenschaftlichen Entscheidungstheorie folgenlos: Wir sehen daher von den wenigen Ausführungen der Autoren zu den Nichtmitgliedern ab.

5.2.2. Teilnahme- und Beitragsentscheidungen

5.2.2.1. Gleichgewicht von Anreizen und Beiträgen

Die Verhaltenswissenschaftliche Entscheidungstheorie analysiert, wie bereits erwähnt, Organisationen unter dem Gesichtspunkt des Organisationsbestands und der Anpassung an die Umwelt. Um ihren Bestand oder ihr *Gleichgewicht* zu sichern, müssen Individuen zu ausreichenden Beiträgen – Arbeit, Kapital, Zahlungen usw. – an die Organisation motiviert werden: "The individual is always the basic strategic factor in organization. Regardless of his history or his obligations he must be induced to cooperate, or there can be no cooperation" (Barnard 1938: 139). Das Gleichgewicht der Organisation gegenüber der Umwelt oder das "externe Gleichgewicht" der Organisation (Barnard 1938: 83) wird dementsprechend als Gleichgewicht zwischen den von der Organisation angebotenen Anreizen ("inducements") und den Beiträgen ("contributions") der Teilnehmer als *Anreiz-Beitrags-Gleichgewicht* beschrieben.

Dieses umfaßt die folgenden zentralen Aussagen (Simon 1976: 110ff.; March/Simon 1958: 84ff.; Simon 1957c: 172; Barnard 1938: 92f.): Formale Organisationen motivieren die Individuen durch Anreize zur Teilnahme. Im Rahmen ihrer Teilnahme leisten die Individuen Beiträge. Diese Beiträge sind die Quelle, aus der Organisationen die "Vergütungen" ("payments") schöpfen, die sie den Teilnehmern als Anreize bieten. Individuen leisten nur so lange Beiträge, wie sie die gebotenen Anreize als mindestens gleich groß oder größer als ihre Beiträge wahrnehmen. Organisationen befinden sich nur so lange im Gleichgewicht, wie die Beiträge ausreichen, so viele Anreize zu schaffen, daß die Individuen zu weiteren ausreichenden Beiträgen motiviert werden.

Überlebensfähigkeit oder "Vitalität" der Organisation bedeutet also die Fähigkeit, diese Balance von Befriedigung und Belastung bei den Teilnehmern zu erzeugen. Diese Balance wird einerseits von den Motiven und Bedürfnissen der Individuen und andererseits davon bestimmt, welche Alternativen die Individuen wahrnehmen, wobei die beiden Faktoren nicht unabhängig voneinander sind. Von den Bedürfnissen des Individuums hängt es ab, wie groß der Nettonutzen seiner Teilnahme an der Organisation im Vergleich zum Nettonutzen der wahrgenommenen Alternativen ist: "It may be postulated that each participant will remain in the organisation if the satisfaction (or utility) he derives from the net balance of inducements over contributions (measured in terms of their utility to *him*) is greater than the satisfaction he could obtain if he withdrew" (Simon 1957c: 173; Hervorhebung im Original). Da Bedürfnisse und wahrgenommene Alternativen - und damit die Balance von Befriedigung und Belastungen - sich ständig verändern, bedeutet "Vitalität" auch die Fähigkeit, sich an diesen ständigen Wechsel anzupassen. Die Fähigkeit von Organisationen, sich an komplexe und dynamische Umwelten anzupassen, wird also letztlich als Fähigkeit beschrieben, ständig eine neue Balance zwischen den fluktuierenden subjektiven Nutzen und Belastungen der Teilnehmer herzustellen.

Barnard (1938: 139ff.) bleibt nicht bei der Formulierung dieser abstrakten Gleichgewichtsbedingungen stehen, sondern befaßt sich eingehender mit der Balance von Anreizen und Beiträgen. Seine Überlegungen zu einer *Ökonomie der Anreize* setzen dabei zunächst an den *Bedürfnissen* der Individuen an und gehen davon aus, daß materielle Bedürfnisse und Anreize nicht die Vorrangstellung verdienen, die ihnen in der klassischen Ökonomie und häufig auch in der zeitgenössischen Führungspraxis zugeschrieben wird: "Notwithstanding the great emphasis upon material incentives in modern times and especially in current affairs, there is no doubt in my mind that, unaided by other motives, they constitute weak incentives beyond the level of the bare physiological necessities" (Barnard 1938: 143).

Barnard und mit ihm Simon (1976: 111ff.) sowie March/Simon (1958: 83ff.) verzichten darauf, eine abgeschlossene Liste nicht-materieller Bedürfnisse und ihrer relativen Bedeutung zu präsentieren. Sie nehmen vielmehr an, daß die Bedürfnisse und Anreize mit den Individuen, der Zeit und dem Organisationstyp variieren und beschreiben daher Quellen möglicher Anreize ohne Anspruch auf Vollständigkeit und Allgemeingültigkeit. Eine Quelle nicht-materieller Anreize können die mit der Teilnahme verbundenen sozialen Beziehungen sein. Hier spielen vor allem die vom Human-Relations-Ansatz "entdeckten" informalen Beziehungen eine Rolle. Auch die Qualität der Arbeit und Merkmale der mit der Teilnahme verbundenen Position können Anreize bieten, so etwa die Möglichkeit, Handwerksstolz zu entwickeln, Macht auszuüben oder Prestige zu gewinnen. Aber auch von der Organisation als solcher, von ihrem Zweck, ihren Strukturen und Verfahren oder ihrem Prestige, können wichtige Anreize zur Teilnahme ausgehen. So kann z.B. der Organisationszweck in religiösen oder politischen Organisationen für die ehrenamtlichen Teilnehmer den wesentlichen oder einzigen Anreiz ausmachen, oder es ist die Teilnahmeentscheidung von Arbeitskräften u.U. dadurch motiviert, daß die fragliche Organisation ein hohes Prestige genießt oder gesellschaftlich anerkannte Verfahren und Strukturen benutzt.

Ob die von einer Organisation angebotenen materiellen und nicht-materiellen "Vergütungen" genügend Anreize bieten, um die Individuen zur Teilnahme zu bewegen, hängt, wie bereits erwähnt, auch von den *wahrgenommenen Alternativen* ab (Barnard 1938: 85). Diesen von Barnard nur kurz erwähnten Gedanken führen March/Simon (1958: 100ff.) auf Basis der zeitgenössischen empirischen Forschung vor allem für die Teilnahmeentscheidungen der Arbeitskräfte aus, d.h. für die Frage, unter welchen Bedingungen Arbeitskräfte einer Organisation beitreten, in ihr bleiben oder sie verlassen (March/Simon 1958: 100ff.).

Organisationen bieten aber nicht nur objektive "Vergütungen" z.B. in Form von Geld, Status, Gütern oder Dienstleistungen und moralischen Organisationszwecken an, die dazu dienen, die gegebenen Bedürfnisse der Individuen zu erfüllen. Sie versuchen auch, und diesem Gesichtspunkt widmet vor allem Barnard (1938: 149ff.) Aufmerksamkeit, die Bedürfnisse und die Nutzenfunktionen der Individuen so zu beeinflussen, daß diese die angebotenen "Vergütungen" als ausreichende Anreize wahrnehmen. Die dabei verwendeten Instrumente reichen vom Ausschluß derjenigen Teilnehmer, die nicht die erwünschten

Beiträge leisten, und der so erzeugten Furcht und "Beitragsmotivation" bei den verbleibenden Teilnehmern über die Rekrutierung von Individuen mit der "passenden" Motivationsstruktur, über Werbung bis zur Indoktrination oder "Einimpfung von Motiven" (Barnard 1938: 152) durch Erziehung oder Propaganda.

5.2.2.2. Herrschaft, Mitgliedschafts- und Leistungsmotivation

Die Teilnahmeentscheidung gewährleistet noch nicht, daß die Teilnehmer bereit sind, die notwendigen bzw. erwarteten Beiträge zu erbringen und ihre Entscheidungen "in" Organisationen von den unpersönlichen Gesichtspunkten der Organisation leiten zu lassen. Bei der Überbrückung dieser Kluft zwischen persönlichem und unpersönlichem Handeln schreibt die Verhaltenswissenschaftliche Entscheidungstheorie den Herrschaftsbeziehungen in Organisationen eine wesentliche Funktion zu. Mit dieser Brückenfunktion zwischen Organisation und Individuum nimmt das Konzept *Herrschaft* oder, synonym verwendet, *Autorität*, eine zentrale Stelle in der Theorie ein (Simon 1976: 123ff.; Simon 1957a: 2f.; Barnard 1938: 161ff.).

Barnards Herrschaftsbegriff weist Parallelen zum Herrschaftsbegriff Max Webers auf. Herrschaft wird nicht mit Hilfe von Aussagen über das Verhalten des Herrn beschrieben, sondern mit Aussagen über das Verhalten der der Herrschaft "Unterworfenen" (zur Begründung dieses Herrschaftskonzepts und zur Rolle von Sanktionen vgl. Simon 1976: 129ff.). Herrschaft wird nicht definiert als Besitz und Nutzung von Sanktionspotentialen oder "Macht", vermittels derer ein bestimmtes Verhalten des Untergebenen erzwungen wird. Vielmehr wird der Blick auf die Untergebenen gerichtet und deren Bereitschaft - worauf immer sie beruhen mag - sich zu "unterwerfen". Eine Herrschaftsbeziehung liegt diesem Sprachgebrauch zufolge dann und nur dann vor, wenn eine Person akzeptiert, daß andere über ihr Handeln entscheiden und es bestimmen, und zwar unabhängig davon, ob sie deren Entscheidung für angemessen hält oder nicht.

An dieser Stelle zeigt sich unserer Ansicht nach, daß die Ausweitung des Teilnehmerbegriffs auf Kunden und andere "normale" Vertragspartner problematisch ist. Diese Teilnehmer gehen mit ihrer Teilnahmeentscheidung keine Herrschaftsbeziehung mit ihren Vertragspartnern ein. Damit unterscheiden sie sich unter einem zentralen Gesichtspunkt der Theorie deutlich von den Mitgliedern, die sich mit ihrer Teilnahmeentscheidung einer Herrschaftsbeziehung unterwerfen. Hierzu gehören vor allem die Beschäftigten aller Hierarchiestufen. Während Barnards Ausführungen zur Herrschaft sich unterschiedslos auf alle Teilnehmer beziehen, unterscheiden March/Simon (1958: 90) in dieser Hinsicht die Beschäftigten ausdrücklich von anderen Teilnehmern.

Mit ihrer Teilnahmeentscheidung akzeptieren die Beschäftigten innerhalb eines gewissen Rahmens die Herrschaft der Vorgesetzten als Mitgliedschaftsbedingung. Sie erkennen an, daß ein Teil ihres Handelns für die gesamte Zeit ihrer Teilnahme von Befehlen oder anderen Vorgaben der Vorgesetzten geleitet wird. Sie akzeptieren also die Entscheidungen der Vorgesetzten als Prämissen ihrer Entscheidungen und werden in dem gesteckten Rahmen "Instrumente" zur Erreichung der Organisationsziele (Simon 1957a: 3). Dabei verzichten sie darauf, und das unterscheidet Herrschaft von anderen Arten des Einflusses wie z.B. Überzeugung oder Indoktrination, von ihrer eigenen kritischen Urteils- und Entscheidungsfähigkeit Gebrauch zu machen: "Acceptance of authority by the employee gives the organization a powerful means for influencing him - more powerful than persuasion, and comparable to the evoking processes that call forth a whole program of behavior in response to a stimulus" (March/Simon 1958: 90).

Der Herrschaftscharakter des Beschäftigungsverhältnisses beruht auf der *Besonderheit des Arbeitsvertrags* gegenüber den mit anderen Teilnehmern abgeschlossenen Verträgen (Simon 1991b: 129; March/Simon 1958: 90f.; Simon 1957d). Diese besteht darin, daß der Arbeitsvertrag unbestimmt ist, d.h. nicht alle während der Vertragsdauer von den Arbeitskräften zu erbringenden Leistungen sind nach Art und Menge im voraus spezifiziert. In dieser Hinsicht unterscheidet sich der Arbeitsvertrag aber nicht von anderen Verträgen, denn auch viele andere Verträge sind unvollständig und verschieben die Spezifizierung einzelner Tatbestände auf die Zukunft. Der wesentliche Unterschied besteht darin, daß der Arbeitsvertrag ein auf relative *Dauer* gestelltes Herrschaftsverhältnis oder eine *Hierarchie* konstituiert. Damit ist gemeint, daß der Arbeitsvertrag die künftige Spezifizierung der zu erbringenden Leistung in die Entscheidungsbefugnis einer Seite - des Arbeitgebers - legt. Die Arbeitnehmer verkaufen mit dem Abschluß des Arbeitsvertrags nicht eine bestimmte Arbeit, sondern ihre Arbeitskraft. Mit diesem Verkauf akzeptieren sie das Recht des Nutzers, ihnen Art und Menge ihres Handelns vorzuschreiben. Diese Herrschaft des Nutzers über die Beschäftigten ist aber, wie bereits erwähnt, nicht unbeschränkt. Sie bezieht sich nur auf einen bei Vertragsabschluß explizit oder implizit abgesteckten Bereich möglicher Handlungen, den Barnard "zone of indifference" und Simon "zone of acceptance" nennt: Nur innerhalb dieser *Indifferenzzone* akzeptiert der Untergebene die Autorität des Vorgesetzten. Wie groß die Indifferenzzone ist, und welche Art von Beiträgen in ihren Rahmen fallen, ist eine Frage der Balance von Anreizen und Beiträgen.

Die Anerkennung der Herrschaft als Mitgliedschaftsbedingung bietet keine Gewähr dafür, daß die Beschäftigten hinreichend motiviert sind, die erforderlichen Beiträge oder Leistungen zu erbringen (Barnard 1938: 230). Die Verhaltenswissenschaftliche Entscheidungstheorie begreift die Sicherung der *Leistungsmotivation* ("motivation to produce") als ein fundamentales Problem, das mit Hilfe von Herrschaft bearbeitet, aber aus mehreren Gründen nicht aus der Welt geschafft werden kann. Weil der Arbeitsvertrag die Arbeit inhaltlich nicht bestimmt, bleibt das Problem, die zur Erzeugung der erwünschten Leistungsmotivation notwendige Balance von Anreizen und Beiträgen zu erzeugen, den Vorgesetzten als Daueraufgabe erhalten.

Eine Lösung des Problems scheitert zum andern auch wegen der *prinzipiell begrenzten Reichweite von Herrschaft* (Simon 1991b: 33ff.). Damit ist gemeint, daß es über weite Strecken nicht möglich ist, den Beschäftigten ihr Handeln im Detail vorzuschreiben und die Erfüllung der Vorschriften durch Sanktionen zu erzwingen. Ein Grund für die "relative Machtlosigkeit" von Herrschaft (Simon 1976: 227) besteht darin, daß die Erstellung und Anpassung detaillierter Handlungsprogramme sowie die Kontrolle und Überwachung der Untergebenen in sehr komplexen und veränderlichen Situationen zu kostspielig sein kann. In vielen Fällen ist es zudem nicht möglich, Ergebnisse oder Leistungen für Sanktions- und Steuerungszwecke hinreichend genau einzelnen Individuen zuzurechnen. Das wesentliche Problem besteht aber darin, daß die Organisation, repräsentiert durch die Vorgesetzten, nicht über die gleichen Informationen verfügt und - entgegen Taylors Grundannahmen - verfügen kann, wie ihre Untergebenen. Außer bei extremen Routineentscheidungen fehlen den Vorgesetzten die für angemessene Entscheidungen ihrer Untergebenen notwendigen Detailkenntnisse der Situation oder der "facts of the case" (Simon 1976: 238); umgekehrt besitzen die Untergebenen in dieser Hinsicht ein Informationsmonopol. *Organisationen sind daher darauf angewiesen, daß die Beschäftigten einen Teil der für ihre Entscheidungen notwendigen Entscheidungsprämissen selbständig setzen.* Um zu gewährleisten, daß diese Prämissen im Sinne der Organisation ausfallen, bedienen sich Organisationen anderer, nichtdirektiver Einflußmechanismen, wie z.B. der Schulung, Beratung oder Indoktrination. Anders als der Herrschaftsmechanismus schreiben diese Mechanismen den Beschäftigten ihr Verhalten nicht vor, sondern versuchen, sie zu *selbständigem Handeln im Organisationsinteresse* zu bewegen. Sie setzen dabei zum einen am *Wissen* und den kognitiven Fähigkeiten zu rationalen Organisationsentscheidungen an. Einen anderen Ansatzpunkt für Einflußnahmen der Organisation stellt die *Loyalität* oder, synonym verwendet, *Identifikation* der Beschäftigten mit der Organisation dar. Unter Identifikation ist die Bereitschaft zu verstehen, Handlungsalternativen unter dem Gesichtspunkt ihrer Folgen für die Organisation - und nicht für die eigene Person - zu bewerten und zu wählen (Simon 1976: 205). Die Frage, wie diese - von Herrschaft nicht erzwingbare - Bereitschaft gewährleistet werden kann, die persönlichen Gesichtspunkte zugunsten der Organisation zurückzustellen, und sich in diesem Sinne als *Organisationspersönlichkeit* zu verhalten, verweist auf die Theorie der Anreize und Beiträge und auf die Funktion der Führungskräfte. Eine wichtige Rolle spielen dabei einige der oben erwähnten immateriellen Anreize, so z.B. ein zur Identifikation einladender - etwa als moralisch oder gesellschaftlich nützlich geltender - Organisationszweck oder das Prestige der Organisation.

5.2.3. Entscheidungen in Organisationen

Die Verhaltenswissenschaftliche Entscheidungstheorie konzeptualisiert, wie bereits erwähnt, Entscheidungen in Organisationen als von organisatorischen Bedingungen beeinflußtes oder begrenztes Entscheidungsverhalten von Individuen. Die Frage nach dem Entscheidungsverhalten in Organisationen läßt sich somit in zwei Teilfragen gliedern:

(1) Wie treffen Individuen Entscheidungen?

(2) Wie beeinflussen Organisationen das Entscheidungsverhalten von Individuen?

5.2.3.1. Individuelles Entscheidungsverhalten: Das Konzept der begrenzten Rationalität

Den zentralen Ausgangspunkt aller Überlegungen zum Entscheidungsverhalten von Individuen bildet das Konzept der *begrenzten Rationalität* ("*bounded rationality*"), wie es Simon (1976) formuliert hat. Demnach handeln Individuen zwar intentional rational, jedoch verhindern kognitive Grenzen der Informationsaufnahme und -verarbeitung, daß das Individuum objektiv rationale Entscheidungen treffen kann. Von objektiver Rationalität wird in der neoklassischen Nationalökonomie und den Modellen der normativ-analytischen Entscheidungstheorie ausgegangen, die postulieren, daß Entscheider alle Entscheidungsalternativen kennen, jede Alternative im Hinblick auf alle ihre Folgen bewerten und schließlich die Alternative auswählen, die den optimalen Zielerfüllungsgrad verspricht (Simon 1976: 80).

Vor allem in dreierlei Hinsichten macht Simon die begrenzte Rationalität der Entscheider dafür verantwortlich, daß in der Realität Entscheidungen nicht dem Idealbild der objektiven Rationalität standzuhalten vermögen (Simon 1976: 81f.):

(1) *Unvollständigkeit des Wissens*: Das Wissen über die Bedingungen, die die Konsequenzen von Entscheidungsalternativen beeinflussen, ist immer fragmentarisch. Eine ge-

naue Bewertung der verschiedenen Entscheidungsalternativen, wie in Modellen der neoklassischen Ökonomie unterstellt, übersteigt generell die kognitiven Kapazitäten der Entscheider.

(2) *Schwierigkeit der Bewertung zukünftiger Ereignisse*: Selbst wenn die Konsequenzen von Entscheidungsalternativen exakt vorhersehbar wären, bleibt die Schwierigkeit vorherzusehen, wie zukünftige Ereignisse bei deren Eintritt bewertet werden. Die Vorfreude auf zukünftige Ereignisse und die beim Eintritt des Ereignisses schließlich empfundenen Gefühle klaffen oftmals auseinander.

(3) *Begrenzte Auswahl an Entscheidungsalternativen*: Schließlich wendet Simon gegen die Annahme der objektiven Rationalität ein, daß Entscheider niemals alle möglichen Entscheidungsalternativen in Betracht ziehen können.

Trotz begrenzter Rationalität müssen Individuen Entscheidungen treffen. Sie verwenden dabei einige Entscheidungsregeln, die erlauben, daß ihre Entscheidungen auch unter der Bedingung begrenzter Rationalität vernünftig und intelligent ausfallen. Von zentraler Bedeutung ist in diesem Zusammenhang das Konzept des *"satisficing"* (Simon 1976; March/Simon 1958), demzufolge Individuen in den meisten Entscheidungssituationen mit der Suche nach befriedigenden Lösungen und nicht nach optimalen befaßt sind. Das Auffinden der optimalen Lösung setzt voraus, daß alle potentiellen Alternativen auf ihre Ergebnisse hin verglichen werden, um herauszufinden, welche Alternative der fest definierten Zielvorgabe am nächsten kommt. Aufgrund der begrenzten Rationalität der Entscheider wird jedoch in der Realität meist die erste brauchbare Alternative gewählt, womit ein umfassender Vergleich aller Alternativen entfällt. Als Beispiel führen March/Simon (1958: 141) die Suche nach einer Nadel in einem Heuschober an: Die optimale Lösung bestünde darin, die spitzeste Nadel zu finden, eine befriedigende Lösung liegt im Auffinden einer Nadel, die ausreichend spitz ist, um damit nähen zu können.

An diesem Beispiel lassen sich gleichzeitig die Konsequenzen des Konzepts der begrenzten Rationalität für Konzepte des Suchverhaltens zeigen (Simon 1979: 502f.). Suchkosten werden in Entscheidungsprozessen nicht berechnet, da sie dem Individuum unbekannt sind. Da - um im obigen Beispiel zu bleiben - das Individuum nicht weiß, ob sich im Heuschober noch eine spitzere Nadel befindet und wieviel Zeit die Suche nach dieser beanspruchen würde, kann das Kosten/Nutzen-Verhältnis einer erweiterten Suche nicht im voraus bestimmt werden. Deshalb bricht das Individuum die Suche ab, sobald es eine befriedigende Lösung für sein Problem gefunden hat.

Was eine befriedigende Alternative ist, ergibt sich aus dem *Anspruchsniveau*. Mit diesem Konzept knüpft die Theorie der begrenzten Rationalität an eine empirische Forschungstradition der Psychologie an, die auf Kurt Lewin zurückgeht (Simon 1979: 503). Diese Forschungen haben gezeigt, daß Anspruchniveaus nicht statisch sind, sondern mit den Erfahrungen der Individuen variieren. Kann ein gegebenes Anpruchsniveau über längere Zeit nicht erreicht werden, senkt der Entscheider in der Regel seine Ansprüche. Umgekehrt können Anpruchniveaus auch erhöht werden, wenn gegebene Anspruchniveaus ohne größere Mühe erreicht werden. Beispielsweise wird ein Arbeitsuchender seine Anforderungen an eine für ihn zufriedenstellende Arbeitsstelle senken, wenn er sich mehrere Monate vergeblich beworben hat. Auf der anderen Seite wird ein mit seiner Arbeitsstelle sehr zufriedener Angestellter, dem sich viele Beschäftigungsalternativen bieten, seine Anforderungen an eine zufriedenstellende Stelle mit der Zeit erhöhen. Dies verweist auf die im Zusammenhang der Anreiz-Beitrags-Theorie erläuterte Feststellung, daß die Teilnahmemotivation von den Bedürfnissen und den wahrgenommenen Alternativen des Individuums abhängt, wobei die letzteren die ersteren beeinflussen (March/Simon 1958: 83). Aus diesem Mechanismus läßt sich eine Tendenz zu einem Gleichgewichtszustand zwischen Anspruchsniveau und Zielerreichung folgern: Das Anspruchsniveau wird wahrscheinlich meist sehr nahe beim tatsächlich erreichten Niveau der zuletzt erbrachten Leistung liegen (March/Simon 1958: 182f.).

Ein weiterer wichtiger Mechanismus, der der Überforderung der Entscheider entgegenwirkt, ist darin zu sehen, daß Individuen ihrer Entscheidung eine subjektive, vereinfachte *Definition der Situation* zugrundelegen (vgl. Simon 1976). Der Entscheider betrachtet demzufolge nicht alle Aspekte eines Entscheidungsproblems, vielmehr wird die Definition des Entscheidungsproblems von den subjektiven Wahrnehmungs- und Deutungsmustern, den Erfahrungen und den Wertvorstellungen des Entscheiders beeinflußt. Diese subjektive Definition der Situation geht mit *selektiver Wahrnehmung* einher (vgl. Simon 1976: 90): Das Individuum widmet seine Aufmerksamkeit bevorzugt den Dingen, die in seinen subjektiven Bezugsrahmen passen (March/Simon 1958: 150ff.).

Weiterhin kann Komplexität bei sich oft wiederholenden Situationen - bei Routineentscheidungen - durch *habituelles Verhalten* verarbeitet werden. Ein bestimmter Stimulus (oder eine bestimmte Situation) löst im Individuum bestimmte Reaktionsweisen aus, die ohne Nachdenken gewohnheitsmäßig ausgeführt werden. Damit erspart sich der Entscheider dank seines Gedächtnisses den Informationsverarbeitungsprozeß in Situationen, die häufig oder regelmäßig vorkommen (Simon 1976: 84-92).

5.2.3.2. Organisatorische Einflüsse und Begrenzungen: Der Umgang der Organisation mit Komplexität und Unsicherheit

Die Prämisse der begrenzten Rationalität bildet nicht nur den Ausgangspunkt für die Analyse des individuellen Entscheidungsverhaltens, sondern auch den Kern der Theorie der Organisationsentscheidungen. Sie wirft nämlich das zentrale Problem auf, wie trotz der im Verhältnis zur komplexen und unsicheren Umwelt beschränkten kognitiven Ausstattung der Individuen rationales Organisationshandeln ermöglicht wird: "... elaborate organizations ... can only be understood as machinery for coping with the limits of man's abilities to comprehend and compute in the face of complexity and uncertainty" (Simon 1979: 501). Die Funktion der Organisation, Komplexität und Unsicherheit zu reduzieren, steht also im Mittelpunkt der Betrachtung. Ein wesentlicher Teil der Theorie der Organisationsentscheidungen besteht dementsprechend in der Analyse der organisatorischen Mechanismen, die für die Entscheider die Komplexität und Veränderlichkeit der Umwelt reduzieren und ihn in eine vereinfachte Entscheidungssituation versetzen. Simon (1976: 102f.) nennt die folgenden:

- Arbeitsteilung
- standardisierte Verfahren
- Herrschaft und Hierarchie
- Kommunikation
- Indoktrination.

Diese Mechanismen beeinflussen die Entscheidungen des Individuums, indem sie ihm einen Teil seiner *Entscheidungsprämissen* vorgeben: Sie versehen ihn zum einen mit bestimmten Wissensbeständen und Theorien über Kausalzusammenhänge etc. und beeinflussen so seine "*Sachprämissen*" ("factual premises"). Sie versehen ihn zum anderen mit Informationen über wünschenswerte Zustände, d.h. mit Zielen und Bewertungskriterien, womit seine *Wertprämissen* ("value premises") beeinflußt werden (Simon 1976: 223). Die Entscheidungen der Individuen sind aber - darauf macht Simon nachdrücklich aufmerksam - nicht gänzlich von der Organisation determiniert und determinierbar. Neben den von der Organisation gesetzten Prämissen bleibt immer noch - mehr oder weniger viel - Raum für persönliche Prämissen (Simon 1976: XXXVII, 123; Simon 1964: 13f.).

Wir wenden uns nun etwas eingehender den oben genannten *Mechanismen der Vereinfachung von Organisationsentscheidungen* zu.

Herrschaft und *Indoktrination*: Diese beiden Mechanismen streifen wir nur kurz, da wir sie bereits im Zusammenhang mit der Teilnahmeentscheidung beschrieben haben. Während es dort um das Problem ging, wie Teilnehmer zu Organisationshandeln, d.h. dazu gebracht werden können, ihre persönlichen Wünsche und Vorstellungen zugunsten der Organisation zurückzustellen, geht es jetzt um die Frage, wie unpersönliches Organisationshandeln angesichts begrenzter Rationalität möglich ist. Nachdem also oben die Entpersönlichungs-Funktion von Herrschaft und Indoktrination angesprochen war, gerät hier ihre Vereinfachungsfunktion in den Blick. In der Perspektive des Konzepts der begrenzten Rationalität erweisen sich Herrschaft und Indoktrination als Mechanismen der Reduktion von Komplexität: Durch Herrschaft und Indoktrination engt die Organisation die Verhaltensmöglichkeiten der Individuen ein und entlastet sie in diesem Sinne von einem Übermaß an Komplexität und Unsicherheit.

Arbeitsteilung: Organisationen machen das komplexe Problem der Sicherung des Organisationsbestands dadurch bearbeitbar, daß sie es in Teilprobleme zergliedern und die Arbeit unter ihren Mitgliedern aufteilen. Sie übersetzen zunächst die vielfältigen, teilweise unklaren und konkurrierenden Überlebensbedingungen, d.h. die Erwartungen der verschiedenen Teilnehmer (Organisationsmitglieder, Kunden, Lieferanten etc.), in verschiedene Organisationsziele (zu diesem Übersetzungsprozeß s. Kap. 5.2.3.3.). Durch die immer weitere Zerlegung dieser Ziele in Subziele und die Zuordnung dieser Subziele zu einzelnen Abteilungen und Stellen werden diese sodann mit zunehmend operationalen und konsistenten Zielen versorgt. In Abgrenzung zu klassischen Konzeptionen der Organisation (z.B. bei Weber) betont die Verhaltenswissenschaftliche Entscheidungstheorie damit, daß die einzelnen Abteilungen relativ eigenständige Ziele verfolgen, die teilweise sogar in Widerspruch zueinander stehen können. Die Abteilungen sind relativ lose gekoppelt ("loosely coupled" vgl. Orton/Weick 1990; Weick 1976).

Für die Entscheider verengt sich dadurch der entscheidungsrelevante Wirklichkeitsausschnitt: Sie brauchen ihre Aufmerksamkeit ("attention-focus") nur wenigen Folgen ihres Handelns zu widmen und können viele Folgen ausblenden oder "neutralisieren" (March/Simon 1958: 156). So kann sich der Personalmanager bei seinen Entscheidungen auf Personalgesichtspunkte beschränken und dabei von Problemen des Rechnungswesens, der Produktion und des Marketings abstrahieren, weil er weiß, daß sie an anderer Stelle bearbeitet werden. Die Arbeitsteilung reduziert also Komplexität für die Individuen durch die Eingrenzung ihres Horizonts. Die Orientierung an Subzielen fördert zudem unter Umständen die Identifikation der Organisationsmitglieder mit ihrer Arbeit (March/Simon 1958: 157).

Bei all diesen positiven Funktionen löst aber die Arbeitsteilung - wie alle Vereinfachungsmechanismen - das Problem von Komplexität und Unsicherheit nicht auf und schafft sich zudem u.U. ihre eigenen Probleme. Sie kann inkonsistente Bestandserfordernisse und damit Zielkonflikte nicht beseitigen, sondern stellt nur eine immer unvollkommene Bearbeitungsform dar. Indem sie die einzelnen Abteilungen mit relativ konsistenten Zielen versorgt, bereitet sie den Grund für Konflikte zwischen den Abteilungen: Im Fall von Interdependenzen, die zur Kooperation verschiedener Abteilungen zwingen, können sich die verschiedenen Bestandserfordernisse in Interabteilungskonflikten Luft machen (March/Simon 1958: 41f., 121ff.). Ein weiterer dysfunktionaler Effekt von Arbeitsteilung kann darin bestehen, daß sie zu stark routinisierten Tätigkeiten führt, die die Teilnahme- und Leistungsmotivation der Mitglieder beeinträchtigt.

Kommunikation: Eng mit den bisher beschriebenen Mechanismen ist die Funktion von Kommunikationskanälen verbunden. Über spezifische, formalisierte Kommunikationskanäle fließen allen Mitgliedern ausgewählte Informationen zu, die ihren Horizont und ihre Verhaltensmöglichkeiten einengen und ihr arbeitsteiliges Handeln koordinieren. So werden spezifische schriftliche und mündliche Informationen in allen Richtungen der Hierarchie kommuniziert, es "fließen" z.B. mündliche Befehle, schriftliche Anweisungen sowie Regeln von oben nach unten und Informationen in Form von Berichten, Statistiken etc. von unten nach oben.

Eine selektive Kommunikation und damit Beeinflussung und Einschränkung der Entscheidungsprämissen findet dabei nicht nur in der - direktiven und nichtdirektiven - Kommunikation von oben nach unten, sondern in allen Richtungen statt. Auf allen Ebenen der Organisation werden Informationen gefiltert, d.h. im Lichte subsystemspezifischer und persönlicher Perspektiven ausgewählt und verdichtet. Auf allen Ebenen wird zudem Unsicherheit absorbiert. Unter *"Unsicherheitsabsorption"* verstehen March/Simon (1958: 164f.), daß eindeutige Schlußfolgerungen aus mehrdeutigen Informationen gezogen und kommuniziert werden. Die Möglichkeit, Unsicherheit absorbieren zu können, verleiht dem jeweiligen Mitglied unter Umständen erheblichen Einfluß, da die Korrektheit der Schlußfolgerungen von den Empfängern der "eindeutigen" Information in der Regel nicht überprüft werden kann: "Both the amount and the locus of uncertainty absorption affect the influence structure of the organization" (March/Simon 1958: 165). Unabhängig von den formalen Herrschaftsstrukturen und Kompetenzregelungen wird auf diese Weise ein Großteil von (Vor-)Entscheidungen faktisch von Stellen getroffen, die in diesem Sinne Unsicherheit absorbieren (March/Simon 1958: 167).

Standardisierte Verfahren und Programme: Durch standardisierte Verfahren wird generell entschieden, wie bestimmte Aufgaben ausgeführt werden sollen. Dies entlastet das Organisationsmitglied bei sich wiederholenden Aufgaben von der Notwendigkeit, neue Lösungsmöglichkeiten zu entwickeln (Simon 1976: 102).

Solchen standardisierten Verfahren oder Programmen widmen vor allem March/Simon (1958) Aufmerksamkeit. Relevant ist hierbei die Unterscheidung zwischen *Ausführungsprogrammen* ("performance programs") - in der deutschen Literatur oft auch Konditionalprogramme genannt (Luhmann 1975b) - und *Zweckprogrammen* (Simon 1965: 58ff.). Ausführungsprogramme schreiben dem Individuum ein bestimmtes Verhalten bei Eintritt eines bestimmten Stimulus vor. Sie "ersparen" ihm damit die Suche nach eigenen Lösungen und erzeugen zudem ein hohes Maß an Berechenbarkeit. Am Beispiel der Sachbearbeitung von Anträgen auf Wohngeld im Sozialamt kann dies illustriert werden: Das Vorliegen bestimmter, in Regeln und Gesetzen fest definierter, Tatbestände - z.B. die Unterschreitung eines festgesetzten Einkommenslimits und eine bestimmte Anzahl an Kindern des Klienten - wirken beim Sachbearbeiter als Stimuli, einen bestimmten Betrag an Wohngeld zu gewähren. Die Informationssuche danach, ob tatsächlich ein Notstand vorliegt, aber auch die Abstimmung und Koordination mit Vorgesetzten und Kollegen entfällt, da mit Kenntnis einiger formalisierbarer Informationen das Programm in Gang gesetzt werden kann. Die Klienten auf der anderen Seite können bei Vorliegen der entsprechenden Voraussetzungen damit rechnen, Wohngeld zu beziehen. Ausführungsprogramme garantieren somit ein regelmäßiges und berechenbares Entscheidungsverhalten beim Auftauchen gleichartiger Fälle. In gewisser Weise sind Ausführungsprogramme das organisatorische Pendant zu habituellem Entscheiden des Individuums.

Während Ausführungsprogramme in gleichartigen und gut strukturierten Situationen, d.h. in Routinefällen angewendet werden können, vereinfachen *Zweckprogramme* die Entscheidungsfindung in komplexeren Entscheidungssituationen. Dem Entscheider sind in diesem Fall Ziele oder Zwecke vorgegeben, die Wahl der geeigneten Mittel bleibt ihm jedoch überlassen. Die Ziele werden in zweckprogrammierten Entscheidungen durch das jeweilige Subziel der Abteilung vorgegeben. So werden in der Personalabteilung Personalprogramme, in der Marketingabteilung Marketingprogramme etc. entwickelt.

Bei der Entwicklung der Programme wird kein omnipotenter Planer (Simon 1964: 15f.) vorausgesetzt, der in der Lage ist, die Gesamtheit der arbeitsteilig bearbeiteten Programme zu überblicken und zu koordinieren. Nicht nur die Ausführung, sondern auch die Entwicklung der Programme erfolgt schrittweise und arbeitsteilig: An einer Stelle können immer nur Problemausschnitte der gesamten Organisation bearbeitet werden (March/Simon 1958: 190). Eine Koordination der Programme wird nur dann erforderlich, wenn der Output eines Programms als Input für ein anderes Programm benötigt wird. In diesem Falle bilden sich durch kollektive Lernprozesse mit der Zeit zweckmäßige Routinen aus, die die arbeitsteilig bearbeiteten Programme koordinieren. Die geronnene Erfahrung der Organisationsmitglieder kann somit die bewußte Abstimmung und Planung des Gesamtprozesses ersetzen.

5.2.3.3. Der Zielbildungsprozeß

In unseren Ausführungen zum Anreiz-Beitrags-Gleichgewicht und zur Arbeitsteilung haben wir bereits angedeutet, wie Barnard und Simon die Herkunft der Organisationsziele erklären. Organisationsziele haben für sie vor allem die Funktion, die vielfältigen Teilnehmererwartungen, d.h. Überlebenserfordernisse der Organisation, in vom Organisationshandeln anzustrebende Zustände zu übersetzen. Mit diesem Blick auf die Herkunft der Ziele ist aber die Entstehung und Veränderung von Organisationszielen noch nicht hinreichend erklärt: Der Prozeß, in dem die vielfältigen und konkurrierenden Erwartungen der Teilnehmer in Organisationsziele übersetzt werden, bleibt daher im Dunkeln. Diese Lücke füllen Cyert/March (1963), indem sie von der Annahme ausgehen, daß die Organisationsziele das Resultat eines Prozesses sind, in dem die Organisationsteilnehmer auf der Basis ihrer verschiedenen individuellen Ziele Organisationsziele aushandeln. Manche Teilnehmer sind in Subkoalitionen organisiert. Subkoalitionen bilden z.B. Arbeiter, Angestellte, Manager, Aktionäre, aber auch Kunden und Lieferanten, wobei die verschiedenen Koalitionen und Individuen unterschiedliche Erwartungen an die Organisation herantragen.

Der Zielbildungsprozeß ist als eine Folge von Verhandlungsprozessen zu verstehen, in die die Koalitionsmitglieder ihre unterschiedlichen Interessen einbringen. Dabei postulieren Cyert/March, daß aktive und passive Gruppen in der Organisation existieren, und daß lediglich die aktiven am Zielbildungsprozeß teilhaben. Die Passivität eines Teils der Mitglieder begründen sie mit der Höhe von Ausgleichszahlungen (Lohn, Status, Arbeitsbedingungen, Dividenden etc.): Passive Gruppen verzichten auf die Teilnahme am Zielbildungsprozeß, da ihre Interessen durch die Höhe der Ausgleichszahlungen befriedigt sind. Als Beispiel nennen Cyert/March die Subkoalition der Aktionäre, die sich dieser Interpretation zufolge aus dem Zielbildungsprozeß zurückziehen, da ihre Interessen und Erwartungen durch die Dividende und den Gewinn am Aktienhandel bereits erfüllt sind.

Mitglieder, die nicht passiv sind, bringen persönliche Ziele (höheres Einkommen, interessantere Aufgaben, Karriere usw.) und ihre Vorstellungen, welches die richtigen Ziele für die Organisation wären, in die Verhandlungen ein. Die Teilnehmer an diesen Verhandlungen versuchen, sich gegenseitig von der Vorteilhaftigkeit ihrer jeweiligen Zielvorstellungen zu überzeugen, setzen aber auch Mikropolitik ein. Unter Umständen finden auch Abstimmungen statt. Auf jeden Fall sind Ziele, die von dazu legitimierten Gremien verabschiedet werden, *offizielle Ziele der Organisation*.

Manche Ziele werden zunächst nur in vager, genereller und nicht operationalisierter Form formuliert. Beispielsweise können sich die Koalitionsmitglieder darauf einigen, die Effizienz der Prozesse zu erhöhen. Ein derartiges Ziel sagt noch nichts über konkrete Maßnahmen aus, symbolisiert jedoch den Konsens zwischen den Koalitionsmitgliedern. Erst in den alltäglichen Verhandlungsprozessen (im "day-to-day bargaining") werden Ziele operationalisiert und stabilisiert. Cyert/March gehen dabei davon aus, daß alle Unternehmen zumindest folgende Ziele verfolgen: Produktionsziel, Lagerhaltungsziel, Umsatzziel, Marktanteilsziel und Gewinnziel (Cyert/March 1963: 40ff.). Alle diese Ziele sind als Zufriedenheitsniveaus formuliert.

In Verhandlungen werden diese Ziele konkretisiert und gegebenenfalls verändert. Veränderungen durch Anpassung an veränderte Teilnehmerbedürfnisse und -konstellationen sind jedoch Grenzen gesetzt. Ein Stabilisierungsmechanismus besteht darin, daß einmal ausgehandelte Ziele nachfolgenden Entscheidungen als Prämissen zugrundegelegt werden. Die Fülle vergangener Entscheidungen und ihre "sunk costs" schränken die Möglichkeit ein, ständige Zielanpassungen vorzunehmen. Vor allem in älteren Unternehmen stellen auch die Organisationsstrukturen einen Stabilisierungsfaktor der ausgehandelten Ziele dar.

Es kann nicht davon ausgegangen werden, daß die Teilnehmer an Zielverhandlungen in der Lage sind, Ziele so festzulegen, daß sie konsistent sind. Das heißt, daß bei den Versuchen, die Ziele zu realisieren, wahrscheinlich Konflikte auftreten werden. Cyert/March gehen davon aus, daß diese Zielkonflikte über verschiedene *"Quasi-Lösungen"* handhabbar gehalten werden können (Cyert/March 1963: 117f.):

Lokale Rationalität: Entscheidungsprobleme werden in Subprobleme zerlegt, so daß einzelne Subsysteme der Organisation (Abteilungen) immer nur für bestimmte Problemausschnitte zuständig sind. Die Organisation handelt demnach nicht in dem Sinne rational, daß die verfolgten Subziele sich hierarchisch und in konsistenter Form aus einem alles überragenden Organisationsziel ableiten lassen, vielmehr werden in den verschiedenen Abteilungen verschiedene, teilweise auch widersprüchliche Subziele verfolgt. Die Abteilung Marketing kann z.B. Umsatzziele und Marktanteilsziele formulieren und umsetzen, ohne dabei mit den Maßnahmen der Produktion zur Erreichung der Produktions- und Lagerhaltungsziele zu kollidieren. Dieses Argument ist uns bereits aus den Ausführungen zur Arbeitsteilung bekannt. Während dort die sachliche Vereinfachungsfunktion im Mittelpunkt stand, betonen Cyert/March hier den sozialen Aspekt. Es geht ihnen um die Funktion der Arbeitsteilung zwischen Abteilungen, trotz konfligierender Ziele die Handlungsfähigkeit der Organisation zu garantieren.

Anspruchsniveauorientierte Entscheidungsregeln: Zielkonflikte können auch dadurch abgeschwächt oder verringert werden, daß lediglich befriedigende und keine optimalen Entscheidungen angestrebt werden. Denn: Optimale Lösungen sind schwerer als befriedigende Lösungen mit anderen Zielvorstellungen in Einklang zu bringen. Hier greifen Cyert und March also das "satisficing"-Konzept von Simon auf und beziehen es auf die soziale Dimension: Die Orientierung an brauchbaren Lösungen kommt nicht nur den kognitiven Grenzen der Entscheider entgegen, sondern erleichtert auch die Kompromißbildung.

Organizational slack: Konfliktdämpfend wirkt auch das Vorhandensein überschüssiger Ressourcen, d.h. von Ressourcen, die nicht überlebensnotwendig sind. Solche Überschußkapazitäten, für die Cyert/March (1963: 36) den Begriff "organizational slack" verwenden, lassen sich auch als Zahlungen an die Mitglieder umschreiben, die über die erforderlichen Anreize zur Teilnahmemotivation hinausgehen. Überschußkapazitäten erlauben die friedliche Koexistenz konkurrierender Ziele: "organizational slack" mildert somit Kämpfe um knappe Ressourcen (zu weiteren Funktionen von "organizational slack" vgl. March 1988b: 4). Aus diesem Grunde gewinnen Zielkonflikte bei Knappheit besondere Schärfe.

Sequentielle Zielverfolgung: Schließlich können inkompatible Ziele auch nacheinander verfolgt werden. Eine Organisation kann z.B. eine Zeitlang die Produktentwicklung in den Vordergrund ihrer Aufmerksamkeit stellen und anschließend vorrangig Kostensenkungsmaßnahmen verfolgen.

Geht es bei den bis jetzt geschilderten Mechanismen um den Umgang mit Konflikten innerhalb der Organisation, heben Cyert und March drei weitere Modi "intelligenten" Verhaltens im Umgang mit Komplexität und Unsicherheit hervor, die sich vor allem auf den Umgang mit unsicheren Umweltbedingungen beziehen.

(1) *Stabilisierung der Umwelt*: Organisationen trachten danach, Unsicherheit zu vermeiden. Ein wichtiger Ansatz dazu besteht darin, die Umwelt durch aktive Einflußnahme berechenbar zu machen ("negotiated environment"). Zu diesem Zwecke schließen Unternehmungen z.B. langfristige Lieferverträge mit Lieferanten ab, treffen Preisabsprachen mit Konkurrenten oder dringen auf die Etablierung verbindlicher Verhaltenskodizes (Cyert/March 1963: 118f.; s.a. Pfeffer/Salancik 1978).

(2) *Suchverhalten*: Nicht gelöste Probleme bzw. die Unterschreitung von Anspruchniveaus lösen eine problemorientierte Suche aus. Suchverhalten in Organisationen wird demnach durch Probleme initiiert. Die Suche nach Lösungen orientiert sich dabei an einfachen Regeln ("simple-minded search"), d.h. meist wird in der Nähe von Lösungen gesucht, die in vorangegangenen, ähnlich gelagerten Entscheidungssituationen erfolgreich waren. Erst wenn dieses Verfahren nicht zum Erfolg führt, werden komplexere Entscheidungsregeln ausprobiert, die zu innovativen Lösungen führen können (Cyert/March 1963: 121ff.).

(3) *Organisatorisches Lernen*: Aus der schrittweisen Anpassung der Ziele, der Aufmerksamkeitsregeln (gegenüber der Umwelt) und der Suchregeln an die organisatorischen Erfahrungen ergibt sich ein Lernen der Organisation. Damit ist die Vorstellung verbunden, daß der organisatorische Evolutionsprozeß mit einer Verbesserung des organisatorischen Verhaltens einhergeht. Cyert/March (1963: 99) charakterisieren die Organisation als ein *adaptiv rationales System* und grenzen sich damit von klassischen Sichtweisen ab, die die Organisation als umfassend rational betrachten.

5.3. Weiterentwicklungen

5.3.1. Entscheidungen in mehrdeutigen Situationen: Das Mülleimer-Modell ("garbage can")

Eine Forschergruppe um James G. March hat die Verhaltenswissenschaftliche Entscheidungstheorie seit den 70er Jahren ständig erweitert (March 1988a; March/Olsen 1976a; March/Olsen 1972). Das Interesse dieser Forscher konzentriert sich auf Entscheidungs- und Lernprozesse in Situationen von *"Mehrdeutigkeit"* oder *"Unklarheit"* (*"ambiguity"*). "Mehrdeutige" Situationen, von den Autoren auch *"Organisierte Anarchien"* genannt (March/Olsen 1976a) sind durch folgende Merkmale gekennzeichnet (March 1988a: 277f., 282ff.; March/Olsen 1976a: 12):

(1) *Beschränktes Wissen* und *unvollkommene Technologien*: Es fehlt an Wissen über die Umwelt und über die entscheidungsrelevanten Kausalbeziehungen: Weder sind eindeutige Verfahren oder Technologien bekannt, mit deren Hilfe ein gegebenes Ziel sicher erreicht werden kann, noch lassen sich Ereignisse ex post eindeutig den von der Organisation ergriffenen Maßnahmen als Folgen zurechnen. Auch die Vergangenheit oder Geschichte der Organisation ist nicht eindeutig zu erkennen und zu verstehen: Was geschehen ist, warum es geschehen ist, und ob das Geschehene notwendig war, ist unklar.

(2) *Inkonsistente und unoperationale Ziele*: Die Ziele sind schlecht definiert oder inkonsistent. Sie sind instabil und ändern sich im Verlauf des Entscheidungsprozesses in unvorhersehbarer Weise. Auch sind sie nicht unabhängig vom Wissen, sondern interagieren mit diesem: Mit neuem Wissen können auch neue Präferenzen entstehen, d.h. neue Ziele "gelernt" und alte "verlernt" werden. Ziele sind daher nicht notwendig der Entscheidung vorausgesetzt, sondern werden manchmal erst nachträglich ge- oder erfunden (March 1976: 69ff.).

(3) *Wechselnde Teilnehmer und Aufmerksamkeit*: Die Individuen nehmen gleichzeitig an mehreren Entscheidungsprozessen teil und widmen diesen unterschiedliche Aufmerksamkeit. Die Teilnahme einzelner Individuen an verschiedenen Entscheidungen und ihre Aufmerksamkeit für diese ändern sich im Lauf der Zeit. Aus diesem Grund bleibt bei einzelnen Entscheidungen die Zusammensetzung und Aufmerksamkeit der Teilnehmer nicht stabil, sondern fluktuiert in unvorhersehbarer Weise.

Entscheidungen in solchen "mehrdeutigen" Situationen werden von den Entscheidungsmodellen, denen die besondere Aufmerksamkeit der älteren Texte galt - die Modelle programmgesteuerter Entscheidung und politischer Zielbildung - , nicht angemessen beschrieben. Zweck- und Konditionalprogramme setzen klare Zwecke voraus, Konditionalprogramme zudem vollkommene Technologien. Das Modell einer politischen Aushandlung von Zielen durch verschiedene Koalitionsteilnehmer nimmt zwar eine Vielzahl konfligierender Ziele an, setzt aber voraus, daß die einzelnen Teilnehmer relativ eindeutige Ziele verfolgen (Cohen/March/Olsen 1976: 24). Auch das Modell organisationalen Lernens oder adaptiver Rationalität von Cyert und March setzt voraus, daß die Folgen des eigenen Handelns relativ klar erkannt und dem Handeln kausal zugerechnet werden können, und daß diese Folgen relativ eindeutig - als Erfolge oder Mißerfolge - beurteilt werden können (March/Olsen 1976a: 55). Dies setzt Klarheit über das, was geschehen ist, d.h. über die "Geschichte", relativ gute Kenntnisse der Kausalzusammenhänge und klare Ziele voraus. Alle Modelle abstrahieren schließlich von den Komplikationen, die durch fluktuierende Teilnahme entstehen können, und setzen voraus, daß im Lauf der Zeit die Teilnehmer und ihre Aufmerksamkeit relativ stabil sind.

Ein Teil der Entscheidungs- und Lernprozesse in Organisationen finden in vergleichsweise eindeutigen Situationen statt und folgt dem Muster der geschilderten, relativ einfachen, Modelle. Für mehrdeutige Situationen müssen jedoch komplexere Modelle entwickelt werden.

Entscheidungssituationen mit unklaren Zielen, unvollkommenen Technologien und fluktuierenden Teilnehmern oder "organisierte Anarchien" sind nach Ansicht der Autoren in manchen Organisationen, wie z.B. Universitäten oder Schulen, die Regel, kommen aber bisweilen auch in anderen Organisationen vor. Reorganisationen fallen bspw. ebenfalls darunter (Kieser et al. 1998; Kreuter 1996). Unter der Bedingung "organisierter Anarchie" weisen auch die Entscheidungsprozesse "anarchische" Züge auf, die im *"Mülleimer-Modell" der Entscheidung* ("garbage can concept"; Cohen/March/Olsen 1976, 1972) beschrieben werden. Dieses Modell sprengt die in anderen Modellen - dem ökonomischen Rationalmodell wie den Modellen programmgesteuerter und politischer Entscheidung - vorausgesetzte Ordnung der Entscheidungselemente. In den einfacheren Modellen sind die Elemente des Entscheidungsprozesses - Entscheidungsgelegenheiten, Probleme, Lösungen und Teilnehmer - eindeutig einander zugeordnet oder "fest aneinander gekoppelt": Es ist klar, welche Art von Problemen bei welchen Entscheidungsgelegenheiten gelöst werden, welche Lösungen dabei in Frage kommen, und welche Teilnehmer dafür zuständig sind. Unter der Bedingung "organisierter Anarchie" besteht kein solch fester Zusammenhang zwischen den Elementen: Es ist unklar, welche Lösungen zu welchen Problemen passen, welche Probleme bei welcher Entscheidungsgelegenheit behandelt werden, und welche Personen für die Entscheidung zuständig sind. Die Koppelung der Elemente wird von dem jeweiligen *Kontext des Entscheidungsprozesses* beeinflußt. Das Ergebnis derartiger Entscheidungsprozesse hängt somit in einem hohen Maße auch davon ab, wieviele und welche anderen Entscheidungsgelegenheiten sich gleichzeitig ergeben, mit welchen Problemen es die Organisation gerade zu tun hat, welche Lösungen sich zur Zeit anbieten, wie die Teilnehmer ihre Zeit und Aufmerksamkeit auf verschiedene Entscheidungen verteilen, und wieviel Zeit für die Entscheidungen zur Verfügung steht.

Das Mülleimer-Modell ist ein Versuch, derartige kontext- und zeitabhängige Entscheidungsprozesse zu beschreiben und zu ermitteln, wie die Entscheidungsprozesse und -ergebnisse unter verschiedenen Bedingungen variieren. Es vergleicht Entscheidungsgelegenheiten mit Mülleimern, in die verschiedene Teilnehmer vielfältige Entscheidungsprobleme und Lösungen hineinwerfen. Dabei beschreibt es die "Kopplung" der Elemente des Entscheidungsprozesses, d.h. von Problemen, Lösungen, Teilnehmern und Entscheidungsgelegenheiten, als vergleichsweise zufälliges "Zusammenfließen" relativ unabhängiger und aus äußeren Quellen stammender "Ströme":

(1) *Probleme*: Probleme werden von verschiedenen Personen innerhalb und außerhalb der Organisation in die Organisation hineingetragen. Sie können allen möglichen Organisations- und Lebensbereichen entstammen und z.B. mit Arbeitsunzufriedenheit, Familienangelegenheiten, Karriere, Geld, Status oder den von den Massenmedien gerade artikulierten Menschheitskrisen zu tun haben.

(2) *Lösungen*: Lösungen sind nicht nur Antworten auf Probleme, sondern auch Angebote, die Nachfrage suchen. Sie tauchen daher unter Umständen vor den Problemen, für die sie eine Lösung sein können, in der Organisation auf. So sind z.B. Computer in man-

chen Fällen nicht Lösungen für ein die Organisation bedrängendes Problem, sondern vorhandene Angebote, für die ein passendes Problem erst gesucht werden muß.

(3) *Teilnehmer*: Wieviel Zeit und Aufmerksamkeit verschiedene Teilnehmer einer Entscheidung widmen hängt nicht nur von den Merkmalen dieser Entscheidung, sondern auch von der Zahl und den Merkmalen anderer, gleichzeitig stattfindender Entscheidungsprozesse ab.

(4) *Entscheidungsgelegenheiten*: In Organisationen gibt es regelmäßig Anlässe, bei denen Entscheidungen erwartet werden, so z.B. der Abschluß von Verträgen, die Einstellung, Beförderung oder Entlassung von Arbeitskräften oder die Beschaffung neuer Technologien. An diese Anlässe können sich viele Probleme, Lösungen und Teilnehmer "anlagern", die nur bedingt mit "der Sache" zu tun haben: Die Entscheidung kann z.B. zum Anlaß genommen werden, alte Rechnungen zu begleichen, die Verteilung von Status oder Macht zu verändern oder zu zementieren, die eigene Bedeutung und Fähigkeit zur Schau zu stellen oder sich am Mitentscheiden zu erfreuen. Entscheidungen sind also nicht nur als Anlässe zur Lösung von Problemen zu verstehen, sondern bieten viele andere Gelegenheiten: "Decisions are a stage for many dramas" (March/ Olsen 1976b: 12).

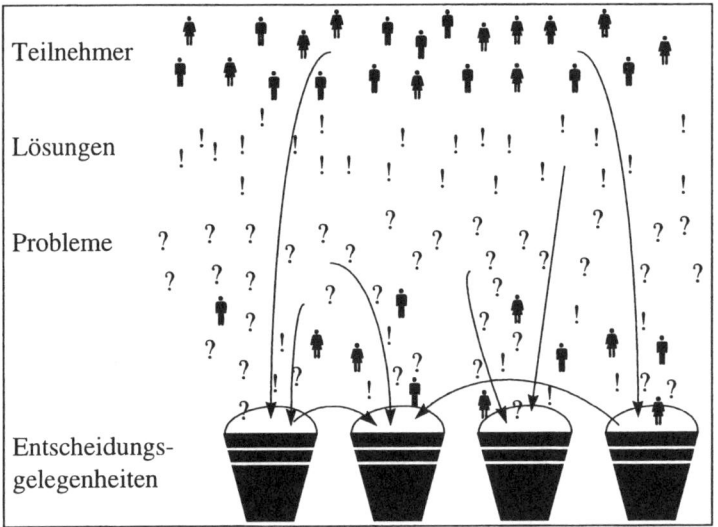

Abb. 5.1: Das Mülleimer-Modell (nach March 1994)

Angesichts solcher Bedingungen liegt die Annahme nahe, daß manche Probleme, die in "organisierten Anarchien" nach einer Lösung suchen, nicht gelöst werden, d.h. auf keine passende Entscheidungsgelegenheit oder Lösung stoßen oder keine kompetenten Teilnehmer finden, die sich ihrer annehmen. Umgekehrt ist es auch möglich, daß relativ einfache und problemlose Entscheidungen gefällt werden, weil zum Zeitpunkt der Entscheidung keine schwierigen Probleme die Entscheidungsgelegenheit belasten. Das Mülleimer-Modell unterscheidet in diesem Zusammenhang drei "*Entscheidungsstile*":

(1) Entscheidung durch *Übersehen* (*"by oversight"*): In diesem Fall können die Entscheider schwierige Probleme aus ihren Überlegungen ausklammern oder "übersehen", weil sich zum Zeitpunkt der Entscheidung noch keine solchen Probleme an die Entscheidung geheftet haben. Wenn es gelingt, die Entscheidung schnell zu treffen, bevor solche Probleme die Möglichkeit haben, von anderen Entscheidungen zu "fliehen" und sich an die in Frage stehende Entscheidungsgelegenheit anzulagern, kann relativ problemlos und mit einem Minimum an Zeitaufwand entschieden werden. So kann z.B. eine Führungsposition in einer Organisation problemlos mit einem männlichen Bewerber besetzt werden, wenn Probleme der Frauenemanzipation sich (noch) nicht an derartige Rekrutierungsentscheidungen geheftet haben, sondern bei Entscheidungen über familienfreundliche Arbeitszeitmuster und gleiche Bezahlung verweilen.

(2) Entscheidung durch *Flucht* (*"by flight"*). Dieser Entscheidungsstil kennzeichnet Entscheidungen, bei denen lange und ohne Erfolg versucht wird, bestimmte Probleme zu lösen, bis die Probleme zu andereren Entscheidungsgelegenheiten abwandern oder "fliehen". Nach der Flucht kann - wie im ersten Fall - relativ problemlos entschieden werden. So ist denkbar, daß eine lange Zeit strittige Entscheidung über neue Arbeitszeitregelungen problemlos gefällt wird, nachdem das Problem der Frauenemanzipation in diesem Zusammenhang nicht mehr zur Geltung gebracht wird, sondern entmutigt zur Entscheidung über Betriebskindergärten "geflohen" ist.

(3) Entscheidung durch *Problemlösung*. Auch dieser von den meisten Entscheidungsmodellen vorausgesetzte Fall kann bei Entscheidungen, die sich nach dem Muster des Mülleimer-Modells vollziehen, vorkommen. So ist es möglich, daß sich bei der Entscheidung über neue Arbeitszeitregelungen genügend Beteiligte für ein familienfreundliches Modell engagieren, Unternehmensberater gleichzeitig ein von allen akzeptiertes Modell präsentieren und das Problem der Frauenemanzipation mit der Einführung dieser Arbeitszeitregelung für geraume Zeit "vom Tisch" ist, d.h. als gelöst gilt.

Die gerade in Wandlungsprozessen verschärfte Knappheit der kritischen Ressourcen Zeit oder Energie, welche die Teilnehmer neben ihrem Arbeitspensum für das normale Tagesgeschäft aufzubringen imstande sind, erhöht die Schwierigkeiten: Probleme und Teilnehmer wechseln häufig von Arena zu Arena, ohne daß Probleme gelöst werden. Probleme und Teilnehmer tendieren dann dazu, sich gegenseitig aufzuspüren und sich von Entscheidungsgelegenheit zu Entscheidungsgelegenheit zu verfolgen. Bei den Entscheidungsträgern kann so der Eindruck entstehen, daß sie stets mit denselben Problemen befaßt sind, zwar in etwas anderem Kontext, aber zumeist ergebnislos.

Wie effektiv Entscheidungen verlaufen, hängt von drei Faktoren ab: Erstens von der Zahl der jeweils in der Organisation *"aktivierten", d.h. virulenten, Probleme.* Zweitens von der Zahl der *latenten Probleme.* Das sind solche Probleme, die zwar existieren, aber bislang noch nicht "entdeckt" und keiner Entscheidungsgelegenheit zugeordnet wurden. Die *Entscheidungszeit*, der dritte effektivitätsbestimmende Faktor, bezieht sich auf die Zeit, die notwendig ist, um eine Entscheidung zu treffen. Sie variiert in Abhängigkeit von den beiden anderen Faktoren.

In der Modellierung des Mülleimer-Konzepts für Computer-Simulationen und empirische Studien zeigte sich, daß ein Faktor nur auf Kosten der anderen Faktoren optimiert werden kann. Es muß also ein Kompromiß gefunden werden, mit dem die Organisation am besten zurechtkommt. Das Garbage Can-Konzept zeigt bspw. auf, daß bei unterschiedlich ausgeprägten Graden der Partizipation an der Lösung komplexerer Probleme wie etwa Reorganisationen mit unterschiedlichen Schwierigkeiten zu rechnen ist. Verteilen sich die Teilnehmer auf wenige Entscheidungsgelegenheiten auf mittleren und höheren Ebenen, können zwar die Probleme weniger leicht zu anderen Entscheidungsgelegenheiten abwandern, es kommt aber zu langen Entscheidungszeiten bis hin zur Blockierung. Ein Abbruch der Reorganisation ist eine häufige Folge dieser Ausgangssituation. Werden dagegen viele Entscheidungsgelegenheiten – viele Projektgruppen – eingerichtet, reicht u.U. die Energie der Teilnehmer nicht aus. Der Prozeß gerät in Gefahr zu versanden. Die Strategie, nur wenige "hochrangige" Entscheidungsgelegenheiten einzurichten – die Reorganisation von oben nach Maßgabe der "Bombenwurfstrategie" "durchzudrücken" – bietet kaum einen Ausweg, da dabei leicht Detailprobleme der Umsetzung übersehen werden und wegen der fehlenden Einbeziehung von Managern der unteren Ebenen Widerstand aktiviert wird.

Der Prozeß ist zudem stark geprägt vom zeitlichen Zusammentreffen von Problemen und Lösungen. Probleme, die frühzeitig auftauchen, werden wahrscheinlich eher gelöst, und zwar zuungunsten derjenigen Probleme, die später auftauchen oder relativ unwichtig sind. Für die Lösung von Detailproblemen oder Problemen, die erst relativ spät sichtbar werden, reicht meistens die Energie nicht mehr aus.

Es ist weniger wahrscheinlich, daß Probleme in Entscheidungsgelegenheiten gelöst werden, denen eine hohe Wichtigkeit bzw. Aufmerksamkeit beigemessen wird, denn solche Entscheidungsgelegenheiten ziehen viele Probleme an. In Entscheidungsgelegenheiten, die nicht wichtig genommen werden, reicht dagegen häufig die eingebrachte Energie nicht zur Problemlösung aus. Folglich haben Probleme in Entscheidungsgelegenheiten von mittlerer Wichtigkeit die größten Chancen gelöst zu werden.

March (1994: 205f.) sieht grundsätzlich drei Arten von Einstellungen gegenüber Entscheidungsprozessen nach dem Mülleimer-Konzept. Jede Art der Betrachtung hat bestimmte Vorteile, aber auch blinde Flecken:

Der *Reformer* versucht, alle irrationalen Elemente so gut wie möglich aus dem Unternehmen zu verbannen, weil er sie als schädlich und vermeidbar betrachtet. Er versucht, die zeitliche und inhaltliche Ordnung von Problemen, Lösungen und Teilnehmern nach Kriterien wie Ursächlichkeit, Realität und Intentionalität zu gestalten. Er möchte die Systematik des Prozesses erhöhen, indem er Ziele setzt und vor allem indem er den Prozeß durch eine Vision einer gewissen Steuerung unterwirft. Die Vertreter des Mülleimer-Konzepts halten dies jedoch für eine letztlich nur begrenzt wirksame Strategie, weil sie die Komplexität des Reorganisationsprozesses nur scheinbar vereinfacht. Wie bereits oben angedeutet, führt etwa der Versuch, die Teilnahme von Akteuren, Problemen und Lösungen einzuschränken dazu, daß Probleme übersehen werden.

Pragmatiker versuchen, Mülleimer-Prozesse für ihre eigenen Zwecke zu nutzen. Sie sehen sie als unvermeidlich, aber auch als nützlich an und versuchen, Vorteile aus dem Umstand zu ziehen, daß Aufmerksamkeit eine knappe Ressource darstellt. Dem einzelnen Akteur geben Cohen/March (1974) folgende Regeln an die Hand, Entscheidungen zu den eigenen Gunsten zu beeinflussen:

(1) Investiere Zeit! Da Zeit eine knappe Ressource ist, bietet jemand, der seine Zeit zur Verfügung stellt, ein wertvolles Gut an (was sich meistens auszahlt) – die Entscheidung wird "ausgesessen".

(2) Harre aus! Gewinne und Verluste in einer Entscheidungssituation sind teilweise nur einer bestimmten Konstellation von Aufmerksamkeit zuzuschreiben. Zu einem anderen Zeitpunkt ist erfolgreiche Durchsetzung durchaus möglich.

152

(3) Tausche Status gegen Substanz! Für viele Teilnehmer sind symbolische Ergebnisse wichtiger als inhaltliche Substanz. Jemand, der bereit ist, in die andere Richtung zu tauschen, ist bei diesem Handel im Vorteil.

(4) Ermögliche die Teilnahme der Gegner! Mülleimer-Entscheidungsprozesse können eine frustrierende Angelegenheit sein und ihnen bald die Lust an einer aktiven Teilnahme verderben bzw. dazu führen, daß sie ihr Anspruchsniveau senken.

(5) Überlade das System! Ein einzelner Vorschlag kann leicht abgeschmettert werden. Aber jemand mit vielen Projektvorschlägen wird sicher einige davon durchbringen können. Termine können benutzt werden, um den Fluß von Problemen zu kanalisieren.

(6) Stelle Mülleimer bereit: Schiebe potentiell irrelevante Probleme in Entscheidungssituationen ab, in denen sie keinen Schaden anrichten.

(7) Manage unauffällig! Segle die Organisation, statt mit ihr Motorboot zu fahren. Steuere durch kleine, aber wirkungsvolle Eingriffe.

(8) Interpretiere die Geschichte! Kontrolliere die Definition dessen, was passiert, und nutze so den Umstand, daß neue Teilnehmer über die Geschichte nicht so gut informiert sind, zu deinem Vorteil.

Enthusiasten hingegen entdecken in Mülleimer-Entscheidungsprozessen Elemente von Eleganz. Für sie sind solche Prozesse Ausdruck einer besonderen Art organisatorischer Intelligenz. Konfusion und Unkoordiniertheit sind lediglich Symptome. Dahiner liegt eine besondere Art der organisatorischen Anpassung. Die Dynamik des Flusses von Problemen und Lösungen wird als eine Art Markt verstanden, in dem Lösungen zu passenden Problemen finden und vice versa. Das zeitgebundene Zusammentreffen der Ströme wird als intelligenter Weg zur Ordnung der Aufmerksamket der Teilnehmer gesehen. Ambivalente Zielsetzungen verhindern eine frühzeitige Einengung der Teilnehmer und lassen Raum für Änderungen und Anpassungen, die sich im Verlauf des Entscheidungsprozesses ergeben. Garbage Can-Prozesse erfüllen auch die Funktion einer Pufferung von Inkonsistenzen. Entscheidungen können leichter durchgesetzt werden, weil sie weniger endgültig erscheinen. Schließlich bieten Garbage Can-Prozesse auch Arenen für die Austragung von Konflikten und die Diskussion von Problemen der verschiedensten Art, ohne daß die tagtägliche Arbeit darunter leidet. So meint March (1976), daß eine "technology of foolishness" von großer Bedeutung für die unternehmerische Innovations- und Veränderungsfähigkeit sein könnte. Sie besteht darin, bewußt scheinbar "irrationale" Elemente in Unternehmen zu integrieren – Spielwiesen zu schaffen. Ein weiteres Element der "Unvernunft" könnte bspw. die zeitweise Außerkraftsetzung organisationaler Regeln und Kommunikationsmuster sein oder auch die bewußte Duldung eines bestimmten Ausmaßes von mehr oder weniger verdeckt vorhandenen Ressourcenüberschüssen, Puffern oder Reserven in Unternehmen (organizational slack). Gerade im Zuge der Modewelle der Schlanken Produktion oder der Schlanken Verwaltung gehen viele Organisationen dazu über, Doppelarbeit durch parallel und relativ autonom arbeitende Gruppen, "unnütze" Vielfalt und Überschüsse an Ressourcen radikal auszumerzen (meistens mit Unterstützung von Beratern, die sich auf das Ausschöpfen von organizational slack – etwa durch Kostenreduzierungsprogramme, Gemeinkostenwertanalyse usw. – spezialisiert haben). Dadurch gefährden Organisationen ihr Wandlungs- und Innovationspotential (Staehle 1991). Die Fehlerhäufigkeit und der Streß nehmen zu, die Spielräume für Kreativität und Lernen sowie die Flexibilität nehmen ab. Das Potential, aus dem die Organisation eigentlich in der Zukunft ihren Erfolg schöpfen sollte, wird zerstört, etwa durch Einsparungen bei der Qualifikation der Mitarbeiter, durch zu starkes Ausdünnen der Personaldecke bspw. im mittleren Management und die

Streichung frei verfügbarer Mittel mit denen sonst "unvernünftige" oder ungenehmigte Experimente und Projekte bestritten werden. Mülleimer-Prozesse lassen sich nach Auffassung des Enthusiasten am ehesten mit "sanften" bzw. indirekten Mitteln lenken, die die Eigendynamik dieser Prozesse ausnutzen bzw. nicht direkt in sie eingreifen. Von großer Bedeutung sind daher vor allem Strategien zur Lenkung von Aufmerksamkeit wie Leitbilder, Visionen, Geschichten und Mythen. Eine Vision kann als Koordinationsinstrument Orientierung über erwünschte Probleme und Problemlösungen geben. Wichtig ist darüber hinaus auch die symbolische Aufmerksamkeitsverteilung des Managements: Mit einer Vision macht die Unternehmensleitung deutlich, welchen Projekten sie vor allem ihre Aufmerksamkeit widmet. Sie sollte aber vermeiden, allzugroßes Aufheben um zentrale Projektgruppen zu veranstalten, da dadurch die Einschätzung deren Wichtigkeit erhöht wird, wodurch weitere Teilnehmer und Probleme angelockt werden. Von Meetings, die unter hoher interner und öffentlicher Aufmerksamkeit stattfinden, sollte man nicht erwarten, daß sie entscheidend zur Problemlösung beitragen. Von solchen, an denen das Management nur geringes aktives Interesse zeigt, allerdings auch nicht (weitere konzeptionelle und empirische Analysen zu diesem Konzept finden sich in Takahashi 1997; Collins/Munter 1990; Magjuka 1988)

5.3.2. Organisatorisches Lernen in mehrdeutigen Situationen

Wie oben (Kap. 5.2.3.3.) bereits ausgeführt, liegt den Studien der frühen verhaltenswissenschaftlichen Entscheidungstheorie die Annahme zugrunde, daß Organisationen sich adaptiv rational verhalten, daß sie schrittweise aus ihren Erfahrungen lernen. Sie ersetzen bspw. Entscheidungsregeln, die nicht (mehr) so recht auf die Umwelt passen, durch bessere. Die diesem Konzept des organisatorischen Lernens zugrunde liegenden Annahmen sind von March und seinen Kollegen in jüngerer Zeit erheblich revidiert worden (die meisten Aufsätze der March-Schule zum organisatorischen Lernen sind enthalten in Cohen/Sproull 1996). Um diese Revisionen verstehen zu können, ist es zweckmäßig, sich vor Augen zu führen, welche Voraussetzungen erfüllt sein müssen, damit Organisationen lernen können. Zunächst müssen Mitarbeiter *erkennen, an welchen Stellen der Organisation Probleme vorliegen,* und sie müssen Ideen haben, wie diese besser gelöst werden können. In anderen Worten: Bevor die Organisation lernen kann, müssen zumindest einzelne Mitarbeiter lernen (*Wahrnehmung der richtigen Probleme*). Diese müssen sich, nachdem sie Probleme der existierenden Praktiken identifiziert haben, entschließen, ihre *Erkenntnisse in Aktivitäten umzusetzen* (*Umsetzen in individuelle Handlungen*). Beispielsweise müssen sie ihre *Vorgesetzten und Kollegen überzeugen, daß bestimmte Probleme anders als bisher gelöst werden sollten.* Nachdem sie einen tragfähigen Konsens erzielt haben, muß die *neue Problemlösung dauerhaft im Regelsystem der Organisation oder in den subjektiven Skripten und Organisationsmodellen – Regeln und Annahmenbündel der Individuen, die ihr Verhalten steuern – verankert* werden (*Umsetzen in Handlungen der Organisation*). Und schließlich muß *überprüft* werden, *ob sich die neue Art des Problemlösens in einer besseren Leistungsfähigkeit der Organisation niederschlägt* (*Ziehen der Richtigen Schlußfolgerungen zur Wirksamkeit der Änderung*). Wenn die Ergebnisse nämlich mit der neuen Vorgehensweise nicht besser werden, als sie es mit der alten waren, hat die Organisation nicht das Richtige gelernt. Um in Zukunft besser lernen zu können, muß man sich dann fragen, wie man solche Irrwege vermeiden kann.

So einfach sich diese Schritte anhören, so schwer ist es, sie in der Praxis durchzuführen. Nehmen wir zur Illustration einmal an, ein Controller eines Geschäftsbereichs eines größeren Unternehmens käme eines Tages zu dem Schluß, das bestehende Rechnungswesen enthalte eine gravierende Ungenauigkeit, die zu falschen unternehmerischen Entscheidungen führt und folglich geändert werden muß (*Wahrnehmung der richtigen Probleme*). Er fragt sich, ob er diese Überlegungen anderen mitteilen und versuchen soll, eine Änderung des Rechnungswesens herbeizuführen (*Umsetzen in individuelle Handlungen*). Wer auf Mängel hinweist, macht sich nicht unbedingt beliebt, besonders dann nicht, wenn andere im Unternehmen für das kritisierte System verantwortlich sind, und erst recht nicht, wenn diese anderen sich auf den oberen Hierarchieebenen befinden. Man kann sich nicht sicher sein, andere von der Bedeutung und Richtigkeit seiner Überlegungen überzeugen zu können. Und schließlich besteht auch noch die Gefahr, daß man selbst einem Denkfehler unterlegen ist, daß der Fehler des Rechnungswesens bspw. nicht so schwerwiegende Konsequenzen hat, wie man zunächst angenommen hatte. Wenn man aber eine Änderung durchzusetzen versucht und dabei scheitert, wirkt sich das nicht unbedingt vorteilhaft auf das eigene Ansehen, die Karriere und damit die Motivation aus. Es kann also gut sein, daß unser Controller erst gar nicht versucht, seine Vorgesetzten und Kollegen und das zentrale Controlling an seinem Lernen teilhaben zu lassen. Ist er aber bereit, das Risiko des Scheiterns einzugehen, hat er mit großer Wahrscheinlichkeit einen langen beschwerlichen Weg vor sich: Er muß über viele Gespräche nicht weniger erreichen, als das zentrale Controlling, das sich nicht gerne von einem Controller nachgeordneter Ebenen belehren läßt, zu einer Revision der Richtlinien zum Rechnungswesen zu veranlassen. Die verantwortlichen Stellen müssen durch organisatorische Festlegungen im Rechnungswesen, im Informationssystem, in den Abläufen usw. eine *dauerhafte Verankerung* des neuen Handelns herbeiführen.

Nehmen wir jedoch an, unserem Controller sei es gelungen, einen Prozeß anzustoßen, an dessen Ende eine Revision des Rechnungswesens steht (*Umsetzen in Handlungen der Organisation*). Nun kommt es darauf an herauszubekommen, ob die Entscheidungen, die auf Informationen des neuen Rechnungswesens basieren, tatsächlich besser geworden sind, ob nun bestimmte Probleme besser bewältigt werden (*Ziehen der Richtigen Schlußfolgerungen zur Wirksamkeit der Änderung*). Dies zu ermitteln, ist alles andere als einfach, denn nicht nur das Rechnungswesen hat sich geändert, auch viele andere Faktoren innerhalb und außerhalb des Unternehmens waren, während das Rechnungswesen geändert wurde, einem Wandel unterworfen. Es gibt keine einzige Entscheidungssituation im Unternehmen, die genau einer Entscheidungssituation vor der Änderung des Rechnungswesens gleicht, die also eine objektive Basis liefern könnte für die Einschätzung, ob die nun erzielten Ergebnisse *auf Grund des geänderten Rechnungswesens* besser sind. Eine solche Einschätzung, ob die Ergebnisse besser geworden sind bzw. ob sie ohne die Änderung des Rechnungswesens nicht noch schlechter ausgefallen wären, *ist immer von Interpretationen abhängig*. Die Befürworter der Änderung tendieren zu einer positiven Interpretation, ihre Gegner eher zu einer negativen.

Ganz besonders schwierig wird die Einschätzung der Qualität neu etablierter Problemlösungen, wenn diese nur selten zum Einsatz kommen, wenn es sich etwa um Problemlösungen zum Kauf eines Unternehmens, Outsourcing wichtiger Prozesse oder Umgestaltung der Arbeitsorganisation (bspw. Einführung von Gruppenarbeit) handelt. Vielleicht erkennt man nach einer Weile, daß eine bestimmte Entscheidung falsch gewesen ist, es ist aber sehr schwer anzugeben, welche Änderungen im Entscheidungs*prozeß* erforderlich sind, um in Zukunft solche Fehler zu vermeiden.

Fassen wir zusammen: Organisatorisches Lernen im Sinne einer kontinuierlichen Verbesserung setzt voraus, daß in allen Bereichen der Organisation ständig Zyklen wie der in Abb. 5.1 wiedergegebene ablaufen:

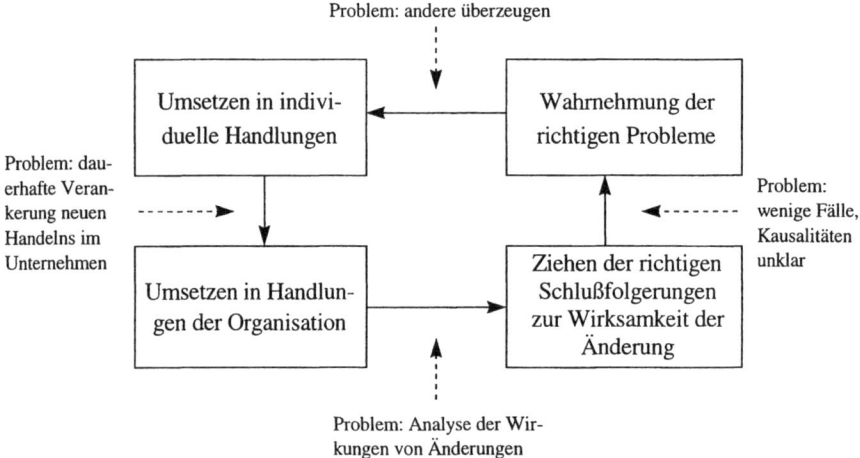

Abb. 5.2: Ein vollständiger Lernzyklus

Lernen in Organisationen setzt voraus, daß mit neuen Lösungen experimentiert wird. Organisationen, die an bewährten Lösungen festhalten und bei auftretenden Problemen die alten Rezepte lediglich intensiver anwenden, erfahren nie, ob es nicht bessere Lösungen gibt. Das Experimentieren hat aber zwei wesentliche Voraussetzungen (March/Olsen 1995; March/Olsen 1975): (1) Die Bereitschaft, Risiken einzugehen, und (2) die Bereitschaft, das Experiment mit einer neuen Problemlösung fortzusetzen, auch wenn erste Erfahrungen negativ sind. Denn nur wenn ein neuer Kurs eine Weile durchgehalten wird, kann man mit einiger Sicherheit sagen, ob er gegenüber der bisherigen Lösung eine Verbesserung bringt. Auch muß die neue Lösung mit einiger Entschiedenheit eingeschlagen werden. Ein zaghaftes Ausprobieren, eine nur geringe Investition in eine neue Lösung, liefert keine eindeutigen Ergebnisse, weil die Beurteilungsbasis, die in diesem Fall durch das Experiment geschaffen wird, zu klein ist, um bestimmte Ergebnisse unzweifelhaft dem Experiment zurechnen zu können.

Ein Problem für das organisatorische Lernen liegt darin, daß diejenigen Faktoren, welche die Bereitschaft zum Experiment fördern, auch die Ungeduld im Umgang mit den Ergebnissen des Experiments steigern. Der *Mut zum Risiko* hängt von den Erfahrungen in der Vergangenheit ab. Sind die Führungskräfte der Ansicht, daß sich der Erfolg der Organisation im großen und ganzen etwa im Rahmen der Erwartungen oder des Üblichen bewegt, werden sie durch mittelgroße Fehlschläge eher zu Experimenten veranlaßt als durch mittelgroße Erfolge (Kahneman/Tversky 1979). Allerdings sind in dieser Situation ausgelöste Experimente meist nur Variationen bewährter Lösungen (Leitbilder, Techniken, Strategien, Managementkonzepte usw.). Die Bereitschaft, völlig neuartige Wege zu gehen, ist eher bei außergewöhnlichen Mißerfolgen – in einer schweren Krise – oder bei außergewöhnlichen Erfolgen zu erwarten (March/Shapira 1992; Levinthal/March 1981). Im ersten Fall wächst die Einsicht, daß eine Zielerreichung oder gar das Überleben der Organisation unter Beibehaltung der bisherigen Routinen extrem gefährdet ist. Und ein außergewöhnlicher Erfolg macht die Entscheider kühn - sie meinen, sich das Risiko von Experimenten leisten zu können. Auch stärkt Erfolg das Selbstbewußtsein. Man traut sich eher zu, auch gewagtere Experimente erfolgreich zu Ende bringen zu können (March/Shapira 1987).

Generell stehen Führungskräfte vor folgendem *Dilemma: Sollen sie das vorhandene Wissen vertiefen (exploitation) oder in den Erwerb von Wissen über alternative Lösungswege investieren (exploration)* (March 1991)? Diese Entscheidung vom Ausmaß des vergangenen Erfolgs bzw. Mißerfolgs abhängig zu machen, wozu, wie wir gesehen haben, Entscheidungsträger in Organisationen neigen, ist höchst gefährlich. Es gibt unzählige Beispiele, in denen sich Unternehmen guter Umsatzzuwächse und Gewinne erfreuten, keine Veranlassung sahen, neue Lösungen, bspw. neue Produkttechnologien, auszuprobieren und so die Gefahr einer alternativen Technik zu spät erkannten. Und als sie sie erkannten, versuchten sie, ihre alten Stärken weiter auszubauen, die ihnen lange Zeit, manchmal für Jahrzehnte, eine führende Stellung auf dem Markt verschafft hatten. Die Segelschiffbauer, die auf die Erfindung des Dampfschiffes mit immer raffinierteren Takelagen reagierten, gehörten etwa zu dieser Gruppe von Organisationen wie auch die Hersteller mechanischer Uhren oder von Radioröhren (Foster 1986).

Es kommt also vor allem darauf an, die Bereitschaft zum Experimentieren zu fördern. Ein notwendiger erster Schritt dazu ist, die Erkenntnis zu vermitteln, daß die Konzentration des Lernens auf das Bewährte mit erheblichen Gefahren verbunden ist. Organisationen, gerade die erfolgreichen, müssen erkennen, daß sie in Gefahr sind, in einen Circulus vitiosus zu driften – in die *Kompetenz-Falle* (Vertrautheits-Falle) zu tappen (Herriott et al. 1985). Weil Alternativen (andere Strategien, andere Technologien) weniger sicher sind und die Erfolge, die sie in Aussicht stellen, in weiter Zukunft liegen, investiert die Organisation lieber in die Vervollkommnung der angestammten Tätigkeitsfelder. Die Organisation wird immer besser in den Tätigkeiten, die sie schon gut beherrscht. Sie verzichtet darauf, andere Tätigkeitsfelder zu erforschen und auf ihnen Erfahrungen zu sammeln. Etwas allgemeiner formuliert: (March/Olsen 1975: 215): (1) Erfolg verleitet dazu, die Suche immer mehr auf diejenigen Bereiche zu konzentrieren, denen die Organisation ihren Erfolg verdankt. Auf diese Weise wird die Chance beschnitten, Fortschritte in solchen Bereichen zu erkennen, die in der eigenen Organisation noch keine Rolle spielen, gleichwohl aber für die eigenen Ergebnisse bedeutsam werden können. (2) Ein begrenztes Suchfeld führt auch dazu, daß nur in einem sehr engen Feld praktische Erfahrungen aggregiert werden. (3) Um das praktizierte Suchverhalten zu rechtfertigen, werden Bereiche, in denen die Organisation nicht tätig ist, subjektiv als generell wenig erfolgversprechend wahrgenommen. Ihr Potential wird systematisch unterschätzt.

Vom Erfolg gerät man so leicht in die Krise. Stellen Organisationen jedoch fest, daß sie gegenüber anderen in einen schwer aufholbaren Rückstand geraten sind, tappen sie leicht in die *Falle der Inkompetenz* (Levinthal/March 1993; Levitt/March 1988): Sie suchen nach guten Alternativen, da solche aber schwer zu finden sind, mündet diese Suche häufig in Enttäuschungen. Selbst wenn sie aussichtsreiche Alternativen erspürt haben, verlieren sie häufig zu schnell die Geduld, denn neue Lösungen (Techniken, Strategien) zu erforschen, erfordert viel Zeit. Weil Organisationen in solchen Situationen ungeduldig sind, neigen sie dazu, bei kleinen Erfolgen ihre Erwartungen schneller hochzuschrauben, als auf

Grund der Entwicklung gerechtfertigt ist. Bleiben dann die Erfolge hinter den Erwartungen zurück, werden sie leicht vorschnell zu Mißerfolgen erklärt. Diese Mißerfolge können dann dazu führen, daß die Organisation die Erforschung bestimmter Alternativen abbricht – zu früh abbricht – und weitere neue Wege erforscht. Mißerfolge verstärken die Ungeduld und die Ungeduld produziert weitere Mißerfolge, was eine Ausweitung der Suche und die Produktion von noch mehr Mißerfolgen nach sich ziehen kann. Ein Ausweg aus dieser Falle tut sich nur dann auf, wenn man auf eine Alternative stößt, die trotz der relativen Unerfahrenheit der Organisation schnelle Erfolge nach sich zieht.

Der Weg in die Inkompetenz-Falle (oder besser: Unerfahrenheits-Falle) wird, wie wir gesehen haben, häufig vorbereitet durch die *Kompetenz-Falle*. Was aber kann eine Organisation tun, um sich gegen die Kompetenz-Falle zu wappnen? Sie muß bereit sein, ein gewisses Minimum in die Erforschung alternativer Felder zu investieren, ohne die "Ausbeutung" der angestammten Felder zu vernachlässigen. Ein wichtiger Schritt zur Förderung der Exploration, der Erforschung neuer Wege, ist, dafür Sorge zu tragen, daß solche Versuche angemessen honoriert werden – nicht unbedingt in Form von Geld, sondern vor allem in Form der persönlichen Anerkennung (Levinthal/March 1993). Auch ist *Toleranz gegenüber Mißerfolgen,* vor allem gegenüber Mißerfolgen auf neuen Feldern, eine Grundtugend für Organisationen (Kanter 1983). Erforderlich ist weiter, in neuen Feldern andere Maßstäbe für Erfolg anzulegen als in den angestammten. Der Aufbau von Kompetenzen erfordert Zeit. Auch muß aus Gründen, die wir oben dargelegt haben, darauf geachtet werden, daß die Ansprüche an das neue Gebiet nach anfänglichen Erfolgen nicht zu schnell nach oben schnellen.

Um die Tauglichkeit alternativer Lösungswege einschätzen zu können, muß die Organisation die mit ihnen erzielten Ergebnisse auswerten. Sie muß bspw. feststellen, ob eine neue Kostenrechnung, die Einführung einer Prozeßkostenrechnung etwa, oder eine neue Vertriebsorganisation zu besseren Erkenntnissen bzw. Ergebnissen führt als die bisherigen Lösungen. Sie muß ermitteln, ob die neuen Lösungen zur Leistungsfähigkeit der Organisation beitragen. Das ist alles andere als einfach.

Erfolge und Mißerfolge sind sozial konstruiert (March/Olsen 1995; Levinthal/March 1993; mehr dazu in Kap. 10). Die Entscheidungsträger müssen die Daten, die in der Organisation gesammelt wurden, interpretieren, beurteilen und auf ihrer Basis längerfristige Prognosen abgeben. Dabei spielen subjektive Überzeugungen und Wünsche eine große Rolle. Die an der Beurteilung neuer Verfahren beteiligten Personen sind nicht unvoreingenommen. Die einen waren etwa verantwortlich für die Einführung des neuen Systems und haben ein persönliches Interesse daran, daß es als erfolgreich deklariert wird. Die anderen waren gegen die Einführung und möchten ebenfalls beweisen, daß sie recht hatten, nicht zuletzt auch, um ihr Ansehen in der Organisation zu heben, ihren Einfluß zu erhöhen oder ihre Chancen für eine Karriere zu verbessern.

Ob ein neues Verfahren als Erfolg oder Mißerfolg deklariert wird, hängt auch von den Erwartungen ab, die mit seiner Einführung verbunden waren (March/Shapira 1992; March/Shapira 1987). Wenn die Erwartungen hochgespannt waren, ist man leichter mit dem Urteil Mißerfolg zur Hand als bei bescheideneren anfänglichen Ansprüchen. Für die Befürworter einer neuen Lösung ergibt sich hier ein *Dilemma*: Um die Erprobung einer neuen Lösung durchsetzen zu können, müssen sie hochgespannte Erwartungen wecken. Diese können aber auch dazu führen, daß die ersten Ergebnisse von vielen Beteiligten als enttäuschend eingestuft werden. Dies wiederum kann dazu führen, daß Experimente, die bei durchschnittlichen Erwartungen als äußerst vielversprechend eingestuft würden, nur als Fehlschläge erlebt werden.

Die Beurteilung von Experimenten wird, wie wir bei der Darstellung des Lernzyklus und seiner Unterbrechungen gesehen haben, durch Entwicklungen in der Umwelt zusätzlich erschwert (March 1994): Da sich die Umwelt ständig ändert, wird häufig die gegenwärtige Situation nicht als "typisch" empfunden. Auch unterliegt die Umwelt nicht selten einer starken Dynamik, die auf anderen Faktoren beruht als auf denen, die die Organisation selbst verändert hat. Dies bedeutet, daß sich viele Faktoren gleichzeitig mit der Einführung einer neuen Lösung verändern. Es kommt zu einer Undurchschaubarkeit der Umwelt, die Interpreten viele Möglichkeiten bietet, Deutungen zu erfinden. Wer mit einer bestimmten Deutung nicht einverstanden ist, hat große Schwierigkeiten, "harte Evidenz" ins Feld zu führen, um sie aus den Angeln zu heben. Letzten Endes finden deshalb häufig diejenigen Interpretationen die größte Akzeptanz, die sich am besten in die allgemein akzeptierten Interpretationsmuster einfügen, also in die Annahmen, die – oft unausgesprochen und unhinterfragt – die *Organisationskultur* ausmachen. Die *Macht* der Interpreten spielt selbstverständlich auch eine Rolle. Die Geschichten, die mächtige Interpreten anbieten, haben größere Chancen, sich durchzusetzen als die Deutungsangebote der Mitarbeiter der unteren Hierarchieebenen.

Ein häufiger Interpretationsfehler besteht darin, die Auswirkungen menschlichen Handelns zu überschätzen. Auch rechnen Menschen Erfolge vorwiegend sich selbst, d.h. ihren Maßnahmen zu und Mißerfolg den Umständen, dem "mangelnden Glück", dem sich häufig, man weiß das aus dem Fußball, "Pech" hinzugesellt. Vor allem Personen auf den oberen Ebenen der Hierarchie neigen dazu, ihren Einfluß auf den Gang der Dinge zu überschätzen. Was diese Personen auf diese Ebenen gebracht hat, ist die Überzeugung anderer, daß sie dank ihrer Fähigkeiten der Organisation zu Erfolgen verholfen haben. Und sie müssen davon selbst überzeugt sein. Weiterhin ist zu berücksichtigen: Wenn die Wahrheit unangenehm ist, neigen Menschen dazu, Interpretationen, die ihr Selbstwertgefühl nicht in Frage stellen, mehr Glauben zu schenken, auch wenn andere Interpretationen angesichts der Daten eine höhere Plausibilität aufweisen.

Die Bewertung von Experimenten wird weiter durch den Umstand erschwert, daß andere Organisationen ebenfalls Experimente durchführen, ebenfalls neue Wege ausprobieren. Der Erfolg der eigenen Maßnahmen ist aber stets abhängig von dem Verhalten der Wettbewerber. Bekommen Konkurrenten lediglich mit, daß die eigene Organisation in die Erkundung eines neuen Verhaltens investiert, kann schon allein diese Information einige von ihnen veranlassen, ebenfalls Aktivitäten auf diesem Feld einzuleiten. Diese Reaktion führt dann dazu, daß für die eigene Organisation die Chancen auf einen Erfolg sinken.

Organisationen benötigen vor allem *Geduld*, um ihr Lernen durch Auswertung der Reaktionen der Umwelt zu verbessern (March/Olsen 1995; Lounamaa/March 1987; Levinthal/March 1981). Geduld bedeutet, daß erste negative Ergebnisse nicht zum Abbruch eines Experiments führen. Die Organisation kann dann eine größere Stichprobe von Fällen für die Analyse eines Experiments ansammeln. Geduld bedeutet weiter, daß die Organisation Erfahrungen im Umgang mit dem neuen Lösungsweg akkumuliert, was wiederum die Wahrscheinlichkeit von Erfolg erhöht.

Die Ideologie und die Rhetorik, die sich um *Organisationsmoden* ranken, können helfen, die Ausdauer zu erhöhen. Ideologien produzieren Gläubige, und Gläubige lassen sich nicht so leicht vom "rechten Weg" abbringen, auch durch anfängliche Schwierigkeiten nicht. Anfängliche Schwierigkeit bestärken sie eher in ihren Intentionen.

Aus der Theorie des Experiments kann man weiter die Empfehlung ableiten, daß es besser ist, *nicht so viele neue Maßnahmen auf einmal* einzuleiten. Werden viele Faktoren gleichzeitig geändert, ist es kaum möglich festzustellen, welche Ergebnisse in der Umwelt welchen dieser Änderungen zuzuordnen sind.

Ein großer Teil des organisatorischen Lernens findet nicht über eigene Experimente, sondern über die *Auswertungen der Experimente anderer Organisationen* statt (Levitt/March 1988). Man bildet sich ein Urteil über die Erfolgsträchtigkeit eines neuen Lösungsweges, indem man Organisationen beobachtet, die dabei sind, diese zu erforschen. Bei einem solchen "Stellvertreterlernen" muß sich die beobachtende Organisation jedoch im klaren darüber sein, daß die zur Verfügung stehenden Informationen in einem hohen Maße verzerrt, d.h. von dem Bestreben geprägt sind, ein möglichst positives Bild in der Öffentlichkeit zu zeichnen.

5.4. Würdigung

Die Verhaltenswissenschaftliche Entscheidungstheorie hat einen starken Einfluß auf die Weiterentwicklung der Organisationstheorie und -forschung ausgeübt. Sie hat einerseits - nicht nur durch ihre theoretischen Bemühungen, sondern auch durch eigene empirische Studien - eine Fülle von Arbeiten angestoßen, die Entscheidungsprozesse in Organisationen empirisch erforschten (s. Kap. 5.4.1.). Sie hat andererseits aufgrund ihrer ungewöhnlich komplexen Anlage viele andere Ansätze angeregt (vgl. dazu z.B. Williamson 1990) oder Gedanken vorweggenommen, die später in wichtigen organisationstheoretischen Konzepten Bedeutung erlangten (s. Kap. 5.4.2.).

5.4.1. Empirische Studien

Bei den empirischen Untersuchungen über Entscheidungen in Organisationen handelt es sich zum größten Teil um Fallstudien, in denen eine komplexe und innovative Entscheidung bzw. die Fülle von Einzelentscheidungen, aus denen solche Entscheidungen bestehen, nachgezeichnet wird. Hier sind zunächst einige von den Urhebern der Verhaltenswissenschaftlichen Entscheidungstheorie durchgeführte Fallstudien zu erwähnen. In einer frühen Studie wurde u.a. die Verwendung von Daten des Rechnungswesens bei Entscheidungen in großen Unternehmen untersucht (Simon et al. 1954). Cyert/March (1963: 47ff.) berichten über vier Fallstudien, bei denen die Informationssuche und Alternativenbewertung sowie die verschiedenen Interessenkonstellationen der Organisationsteilnehmer im Vordergrund standen. Untersucht wurde der Entscheidungsprozeß bei der Anschaffung neuer Kräne zur Erhöhung der Arbeitssicherheit in einer Unternehmung der Schwerindustrie, bei der Suche nach einem neuen Standort für eine Abteilung einer Unternehmung der Bauindustrie und bei der Auswahl einer Unternehmensberatung und eines DV-Systems in einem weiteren Unternehmen (zu den beiden letzten ausführlich Cyert/Simon/Trow 1956). Neuere Fallstudien, die sich auf das Mülleimermodell beziehen, untersuchen z.B. Entscheidungsprozesse in Universitätsverwaltungen (March/Olsen 1986) oder bei Reorganisationsprozessen (Kreuter 1996).

Weitere empirische Studien (Auswertungen in Müller 1984): Neben diesen Untersuchungen wurden im Kontext der Verhaltenswissenschaftlichen Entscheidungstheorie eine Fülle weiterer empirischer Studien durchgeführt. Bower (1970) zeigt u.a. die Bedeutung des mittleren Managements in den Ressourcenallokationsprozessen einer Unternehmung. Im

160

Rahmen des Konzepts von Cyert/March analysiert Carter (1971a, 1971b) sechs strategische Planungsentscheidungen und relativiert bzw. erweitert deren Rahmen um einige Gesichtspunkte. So macht er auf die Bedeutung von Akteuren verschiedener Hierarchieebenen für die Ergebnisfindung aufmerksam, betont die Relevanz bilateraler Aushandlungsprozesse und zeigt, daß Entscheidungen nicht immer durch Probleme stimuliert werden, sondern oftmals gelegenheitsabhängig sind. Ferner ist die Studie von Pettigrew (1973) hervorzuheben, in der die Bedeutung des Einsatzes von Macht bei der Anschaffung eines EDV-Systems in einer Großhandelsunternehmung gezeigt wird. Mintzberg et al. (1976) analysieren die Struktur von 25 verschiedenen, schlecht- strukturierten Entscheidungen.

In der deutschsprachigen Betriebswirtschaftslehre haben vor allem Forschergruppen um Witte ("Columbus-Projekt") sowie um Kirsch einschlägige Untersuchungen als Beiträge zu einer "Empirischen Theorie der Unternehmung" (Witte) vorgelegt. Kirsch und seine Schüler untersuchen Reorganisationsprozesse in Unternehmungen (Gabele 1978; Dumont du Voitel et al. 1976; Kirsch et al. 1975a, 1975b, 1978). Das "Columbus"-Projekt (Witte/Hauschildt/Grün 1988) analysiert innovative Entscheidungsprozesse - die Ersteinführung von EDV in deutschen Unternehmen, Behörden und Verbänden zu Beginn der 60er Jahre - anhand von Dokumentenanalysen wie Verkaufsunterlagen von EDV-Herstellern, deren Schriftverkehr mit Anwendern etc. Die Studien lassen z.B. die Relevanz verschiedener Konstellationen von Fach- und Machtpromotoren erkennen (Witte 1973), revidieren die Vorstellung eines eindeutigen und geordneten Ablaufs verschiedener Entscheidungsphasen (Witte 1968) und zeigen, daß sich Ziele oftmals erst im Entscheidungsprozeß herauskristallisieren (Hauschildt 1977; Hamel 1974).

Die hier angesprochenen - und viele andere - empirische Studien bieten reiches Anschauungsmaterial für die von der Verhaltenswissenschaftlichen Entscheidungstheorie herausgearbeiteten Charakteristika komplexer Entscheidungsprozesse. Sie sind allerdings mit zwei Problemen behaftet:

(1) *Generalisierungsproblem*: Es ist unklar, inwieweit die Ergebnisse von Fallstudien auf andere Organisationen übertragbar, d.h. generalisierbar sind. So räumt auch Simon ein, daß zwar die Befunde vieler Fallstudien die Annahmen der Verhaltenswissenschaftlichen Entscheidungstheorie stützen, ihre Auswertung für eine allgemeine Theorie von Entscheidungen jedoch problematisch sei (Simon 1976: 508).

In den 60er und 70er Jahren hofften viele Autoren, die Probleme der Auswertung von Fallstudien mit Hilfe von Computersimulationen lösen zu können (Cohen/March/Olsen 1972; Bonini 1963; Clarkson 1962; Cyert/Feigenbaum/March 1959; eine Übersicht geben Dutton/Starbuck 1971). In der Folgezeit verloren Computersimulationen in der Organisationsforschung an Attraktivität.

(2) *Reliabilitätsproblem*: Die empirische Erforschung von Entscheidungen in Organisationen ist auch aus Gründen problematisch, die die Verhaltenswissenschaftliche Entscheidungstheorie selbst erklären kann. Die Charakteristika von Entscheidungen in Organisationen machen es schwierig, bestimmte Prozesse und Einflußfaktoren aufzudecken und die ermittelten Phänomene zu deuten: Ex post-Rationalität, Prozesse und Motive, die das Tageslicht scheuen, nichtindendierte Folgen von Handlungen, Fiktionen etc. sind auch für den Forscher nur schwer zu durchschauen und nachzuzeichnen. Aus diesem Grunde besteht hierbei die Gefahr subjektiv gefärbter Interpretationen in besonderem Maße.

5.4.2. Theoretischer Rahmen

Die zentralen Gesichtspunkte der Verhaltenswissenschaftlichen Entscheidungstheorie - Bestandssicherung, begrenzte Rationalität und begrenzte Motivation - rücken sehr differenzierte und komplexe Prozesse und Beziehungen in den Blick. Dabei setzen die hier vorgestellten Hauptwerke unterschiedliche Akzente. So widmet Barnard (1938) den Teilnahmeentscheidungen und den damit zusammenhängenden motivationalen, affektuellen und manipulativen Aspekten besondere Aufmerksamkeit, während Simon seine Ausführungen zum Anreiz-Beitrags-Gleichgewicht und zur Ökonomie der Anreize als notwendige Abschweifung bezeichnet (1976: XI) und sich primär den Entscheidungen in Organisationen und ihren kognitiven Aspekten zuwendet (Simon hat kognitive Prozesse auch außerhalb eines organisationstheoretischen Rahmens erforscht und ist - zusammen mit Alan Newell - einer der Begründer der "artificial intelligence"; einen Hinweis auf diese von uns ausgeblendeten Arbeiten gibt Simon 1979, 1991c). Beide verstehen ihre Texte nicht als ausgearbeitete Theorie, sondern eher als Vorarbeiten oder "Prolegomena" zu einer Theorie (Simon 1979: 500; Barnard 1938: XIIf.). March/Simon thematisieren Teilnahme- und Organisationsentscheidungen relativ gleichgewichtig: Der Mitgliedschafts- und Leistungsmotivation ist der erste, den Entscheidungen in Organisationen der zweite Teil von "Organizations" (1958) gewidmet. Dieses Buch ist der Versuch, die eigenen Überlegungen zu systematisieren, in die Form empirisch überprüfbarer Hypothesen zu bringen und auf die Ergebnisse der zeitgenössischen empirischen Forschung zu beziehen. Angesichts florierender empirischer Forschungen zu den motivationalen Aspekten der Teilnahmeentscheidung (in der Tradition der Human-Relations-Bewegung) und des unterentwickelten Forschungsstandes in Bezug auf die kognitiven Aspekte von Organisationsentscheidungen bleibt die empirische Fundierung des zweiten Teils zwangsläufig hinter der des ersten zurück. Während alle anderen Arbeiten eine allgemeine Organisationstheorie anstreben, beschränken sich Cyert/March (1963) auf einen spezifischen Organisationstypus, die Unternehmung. Von besonderem Interesse ist dabei ihre Aufmerksamkeit für Zielkonflikte und den politischen Charakter von Entscheidungen in Organisationen. Die vor allem mit dem Namen March verbundenen Weiterentwicklungen (March 1994, 1988a; March/Olsen 1976a) konzentrieren sich schließlich auf Probleme von Entscheidungen und Lernen unter der Bedingung von Ambiguität. Von Seiten der Autoren gibt es keine Gesamtdarstellung, die die verschiedenen Teile und Gesichtspunkte systematisch integrierte: "There is no agreement on a set of assumptions, no canonical form of analysis. Rather we have several clusters of ideas about organizations and decisions in them" (March 1981: 207). In der Organisationssoziologie Luhmanns (1981a, 1981b, 1968, 1964) sind wesentliche Annahmen und Erkenntnisse der Verhaltenswissenschaftlichen Entscheidungstheorie in einen systemtheoretischen und äquivalenzfunktionalistischen (s.u.) Rahmen integriert. March führt in einer neueren Publikation (1994) systematisch in das Thema "How Decisions Happen" ein und greift dabei Ideen und Befunde aus verschiedenen sozialwissenschaftlichen Disziplinen auf.

Die Systematik und Gewichtung der vorliegenden Arbeit beruht auf unserer Interpretation, stellt also nicht die einzig richtige oder mögliche dar. Das gilt im Übrigen auch für die folgende Würdigung: Entgegen einer teilweise vernichtenden Kritik, die vor allem Barnard (Perrow 1986b), aber auch Simon, der puren Ideologieproduktion und Affirmation zeihen (Kilduff 1993; Storing 1962; Krupp 1961) finden wir eher den positiven Beitrag der Verhaltenswissenschaftlichen Entscheidungstheorie - ihre Komplexität - beeindruckend und heben sie dementsprechend hervor (s. Kap. 5.4.2.1.). Auch halten wir den an die

162

funktionale Analyse der Verhaltenswissenschaftlichen Entscheidungstheorie geknüpften Vorwurf der Affirmation - das heißt eines *Werturteils* über die Wünschbarkeit des Organisationsbestandes, die alle Mittel rechtfertigt - für ein Mißverständnis und heben demgegenüber auf die *Wertbeziehung* (Weber 1968) oder die Selektivität dieses Ansatzes ab (s. Kap. 5.4.2.2.).

5.4.2.1. Komplexität der Theorie

Die Verhaltenswissenschaftliche Entscheidungstheorie zeichnet ein im Vergleich zu anderen Ansätzen ungewöhnlich komplexes Bild von Organisationen. Mit Hilfe weniger Grundannahmen und -konzepte entwickelt sie einen theoretischen Rahmen, der vielfältige und teilweise widersprüchliche Charakteristika von Organisationen systematisch in den Blick rückt und erklärt. So versteht sie Organisationen als offene Systeme, die gleichwohl in gewissem Sinn gegenüber der Umwelt geschlossen sind (1). Sie konzeptualisiert Organisationen zudem als Systeme rationaler Handlungen und Entscheidungen, geht also von einem Konzept der Handlungsrationalität aus, hebt aber zugleich dieses Rationalitätskonzept in einem umfassenderen Konzept von Systemrationalität auf (2).

(1) "Offenes" und "geschlossenes" System

Die Verhaltenswissenschaftliche Entscheidungstheorie ist als Analyse offener, d.h. mit der Umwelt interdependenter, Systeme angelegt. Die Aktivitäten und Strukturen der Organisation, ihr Überleben, Wandel und Untergang sind ohne Bezug auf die Umwelt nicht zu verstehen. Als Quelle von Ressourcen übt die Umwelt einen Anpassungsdruck aus, der die Handlungsmöglichkeiten der Organisation einschränkt: "The survival of an organization depends upon the maintenance of an equilibrium of complex character in a continuously fluctuating environment of physical, biological, and social materials, elements, and forces, which calls for readjustment of processes internal to the organization" (Barnard 1938: 6).

Obwohl die Theorie überwiegend die internen Strukturen und Prozesse von Organisationen analysiert, ist der explizite Bezug auf die Umwelt kein folgenloses "Lippenbekenntnis". Er prägt vielmehr die beiden grundlegenden Verhaltensprämissen und damit die ganze Theorie. Die Prämisse der begrenzten Motivation gewinnt ihre Bedeutung innerhalb der Theorie daher, daß die Organisationsmitglieder als Umwelt der Organisation begriffen werden, und die Theorie damit von einer konstitutiven Differenz zwischen Organisation und Person ausgeht. In dieser Hinsicht unterscheidet sich die Verhaltenswissenschaftliche Entscheidungstheorie systematisch von Taylors "Wissenschaftlicher Betriebsführung" und vom "Human Relations"-Ansatz und deren Prämisse einer prinzipiellen Harmonie zwischen den Bedürfnissen der Organisation und der Person. Während diese Ansätze Differenzen zwischen Organisationszielen und persönlichen Zielen als vermeidbare Folgen von falschem Bewußtsein und Managementfehlern verstehen und Techniken zu ihrer Beseitigung entwerfen, hält die Verhaltenswissenschaftliche Entscheidungstheorie die Kluft zwischen Organisation und Person für ein grundsätzliches Bestandsproblem, das bearbeitet, aber nicht gelöst werden kann. Wenn Barnard eine der wesentlichen Funktionen der Führungskräfte darin sieht, die Mitglieder zur Identifikation mit der Organisation und zur Entwicklung eines Wir-Gefühls zu bewegen - und er damit auf die Bedeutung von "weichen" Erfolgsfaktoren wie *Corporate Identity*, *Organisationskultur* und *symbolischer Führung* (vgl. dazu Scott 1991) abhebt -, spricht er diese Differenz zwischen Organisation und Individuum an: Nur weil die Organisationsmitglieder andere Zwecke haben als die Organisation, muß ihnen der Glaube an einen wertvollen Organisationszweck "eingeflößt" werden; nur weil sie nicht zur Organisation gehören, wird die Erzeugung von Wir-Gefühl zum (Führungs-)Problem.

Auch die Prämisse der begrenzten Rationalität - und damit die funktionale Analyse der Organisationsstrukturen - rührt aus dem Umweltbezug der Theorie her: Die Informationsverarbeitungskapazität der Individuen ist nicht "an sich", sondern in Bezug auf die Komplexität und Veränderlichkeit der Umwelt begrenzt. Organisationsstrukturen reduzieren die Komplexität und Veränderlichkeit der Umwelt und versetzen den Entscheider in eine vereinfachte *"Entscheidungsumwelt"*. Sie grenzen seinen Horizont und seine Handlungsmöglichkeiten ein und erlauben ihm dadurch, innerhalb dieser Grenzen rationale Entscheidungen zu fällen (Simon 1976: 80, 100ff.; Barnard 1938: 45). "Begrenzte Rationalität" hebt also nicht nur negativ auf defizitäre Informationsverarbeitungskapazitäten, sondern auch positiv darauf ab, daß Organisationsstrukturen durch Begrenzung der Handlungsmöglichkeiten Komplexität reduzieren und dadurch rationales Handeln erst ermöglichen. Angesichts der Komplexität der Welt - so der allgemeinere und mit der *Institutionalistischen Organisationstheorie* geteilte Gedanke (vgl. dazu Kap. 10) - setzt rationales Handeln die Einschränkung von Handlungsmöglichkeiten durch soziale Institutionen und Organisationen voraus: Rationales Handeln ist immer *"sozial konditioniertes"* oder *"institutionalisiertes"*, d.h. eingegrenztes Handeln.

Diese funktionale Erklärung von Organisationsstrukturen lenkt den Blick auf *"funktionale Äquivalente"* (Luhmann 1964b) und damit auf die Möglichkeit verschiedenartiger Strukturen. Komplexität kann durch unterschiedliche Organisationsstrukturen - und externe Institutionen - reduziert werden: Verschiedene Mechanismen sind in Bezug auf diese Vereinfachungsfunktion äquivalent. So grenzen z.B. Herrschaft und hierarchische Strukturen die Handlungsmöglichkeiten der Untergebenen ebenso ein wie professionelle Regeln, und sind Hierarchie und internalisierte professionelle Regeln in dieser Hinsicht funktionale Äquivalente. Dieser Blick auf funktionale Äquivalente klärt darüber auf, daß gegebene Organisationsstrukturen nicht notwendig, sondern nur eine von vielen Variationsmöglichkeiten sind (Simon 1976: 101).

Der Bezug auf die Umwelt liefert auch Ansatzpunkte für eine *situative Organisationsanalyse,* d.h. die Annahme, daß die angemessene Organisationsstruktur mit der jeweiligen Situation variiert (vgl. dazu Kap. 6). Als Kriterium für die Angemessenheit von Strukturen bietet sich in diesem theoretischen Rahmen deren Fähigkeit an, rationale Entscheidungen bei beschränkter Informationsverarbeitungskapazität der Entscheider zu ermöglichen (Simon 1976: 240f.; die Analyse verschiedener Organisationsstrukturen unter dem Gesichtspunkt der Informationsverarbeitung hat J. Galbraith 1977, 1973 weitergeführt).

Die Verhaltenswissenschaftliche Entscheidungstheorie analysiert Organisationen unter dem Gesichtspunkt ihrer Anpassung an die Umwelt, nimmt aber *keinen deterministischen Zusammenhang zwischen Organisation und Umwelt* an: Organisationen sind zwar von der Umwelt abhängig und in ihren Entscheidungs- und Gestaltungsmöglichkeiten von ihr eingeschränkt, sind ihr aber nicht passiv ausgeliefert. Sie errichten und verändern vielmehr selbständig oder "autonom" ihre Grenzen gegenüber der Umwelt und sind in diesem Sinne "geschlossene" Systeme. Sie versuchen einerseits, durch Absprachen und andere "proaktive" Anpassungsstrategien Teile der Umwelt unter ihre Kontrolle zubringen (*"negotiated environment"*) und beteiligen sich aktiv an der Gestaltung der externen Institutionen (Cyert/March 1963; zu dieser aktiven Einflußnahme auf die Umwelt vgl. den *"Resource Dependence"*-Ansatz von Pfeffer/Salancik 1978 und neuere Entwicklungen der *Institutio-*

164

nalistischen Organisationstheorie etwa bei DiMaggio 1988; vgl. dazu auch Kap. 10). Abgesehen davon können sich Organisationen nur selektiv und vermittels eigener Selektionskriterien und -mechanismen auf die Umwelt beziehen. Die Umwelt, an die sich die Organisation anpaßt, ist auch in diesem Sinne von der Organisation aktiv "gestaltet" oder "geschaffen". Ein solcher aktiver Zugriff der Organisation auf die Umwelt, für den der Begriff *"enactment"* bzw. *"enacted environment"* geprägt wurde (Weick 1979a), findet zunächst mit der Wahl der Organisationsziele statt. Mit dieser Wahl teilt die Organisation die unendlich komplexe und veränderliche Welt in zwei Teile, nämlich in einen für die Erreichung der Ziele relevanten Ausschnitt, die *Umwelt der Organisation,* und den irrelevanten Rest der Welt. Verändert sie ihre Ziele, verändert sie zugleich ihre Umwelt (Barnard 1938: 194ff.). Dieses Konzept einer durch das Organisationsziel abgesteckten Umwelt, das den Begriff *"organizational domain"* vorwegnimmt, impliziert, daß Organisationen es mit der Wahl ihrer Ziele oder "Strategien" in der Hand haben, Umwelten auszuweichen, von denen unerwünschte Anpassungserfordernisse ausgehen (vgl. dazu Child 1972). So definiert z.B. eine Privatuniversität, die sich der Eliteausbildung verschreibt, nur die besonders leistungsstarken Schulabsolventen als Bestandteil ihrer Umwelt und vermeidet damit das Problem, ihre Lehrplanung und -methoden an leistungsschwächere Studenten anpassen zu müssen. Auch mit dem begrenzten Wirklichkeitsausschnitt, der durch die Organisationsziele abgesteckt wird, gehen Organisationen selektiv - und nach Maßgabe eigener Selektionskriterien - um. Ihre Anpassungsstrategien tragen nicht der gesamten Komplexität und Veränderlichkeit ihrer Umwelt Rechnung, sondern nur der *wahrgenommenen Umwelt* ("perceived environment"): Sie orientieren sich an einem *vereinfachten Umweltmodell,* das nur wenige Elemente, Beziehungen und Veränderungen der Umwelt berücksichtigt und von den anderen abstrahiert.

(2) "Handlungsrationalität "und "Systemrationalität"

Die Verhaltenswissenschaftliche Entscheidungstheorie konzeptualisiert Organisationen als Systeme rationaler, d.h. zielgerichteter Handlungen, die auf die Erfüllung des Organisationsziels gerichtet und in diesem Sinne unpersönlich sind. Sie nimmt an, daß ein wesentlich größerer Anteil des menschlichen Handelns in formalen Organisationen rational - im Sinne von zielgerichtet - ist als das Verhalten außerhalb von Organisationen und daß dieser höhere Anteil rationalen Handelns den formalen Strukturen zu verdanken ist. Mit dem Ansatz an Entscheidungen, d.h. der rationalen Wahl zwischen Alternativen, bezieht sie sich darüber hinaus auf einen besonderen und besonders anspruchsvollen Typus rationalen Handelns.

Die Analyse von Entscheidungen im Bezugsrahmen der Verhaltenswissenschaftlichen Entscheidungstheorie zeigt jedoch, daß ein Organisationsmodell, das Organisationen als Systeme rationaler Wahlakte zur Erreichung eines gegebenen Organisationszwecks beschreibt, nur einen geringen und blassen Wirklichkeitsausschnitt einfängt. Sie zeigt erstens, daß ein erheblicher Teil des Handelns nicht Entscheidung ist, d.h. zielgerichtet zwischen Alternativen wählt, sondern Regeln anwendet und Programme oder Befehle ausführt: Angesichts begrenzter Rationalität kann nicht jedes Handeln Entscheiden sein, und muß ein Teil von den "Zumutungen" rationaler Wahl "entlastet" werden. Die Analyse zeigt zweitens, daß das Optimierungsmodell zur Beschreibung der Entscheidungen in Organisationen nicht ausreicht. Während viele Ausführungen Simons auf eine generelle Absage an das "optimizing" zugunsten des "satisficing" hinauslaufen, wird dies in anderen Äußerungen, die auf verschiedene Typen von Entscheidungen in verschiedenen Entscheidungssituationen abheben, relativiert (Cyert/March 1963; March 1981). In dieser - u.E. sinnvollen - Perspektive erscheint das ökonomische Rationalmodell als angemessene Beschreibung eines Entscheidungstyps in relativ einfachen "Entscheidungsumwelten": Optimiert werden kann vor allem in solchen Entscheidungssituationen - überwiegend auf unteren Hierarchieebenen, die die Organisation durch Vorgabe eindeutiger und konsistenter Ziele, einer überschaubaren Zahl von Alternativen und eines engen Folgenhorizonts eingegrenzt hat. Auch externe Prozesse der Komplexitätsreduktion, etwa durch den Markt oder staatliche Gesetzgebung, können zu einfachen oder "gut strukturierten" Entscheidungssituationen führen, in denen optimiert werden kann. Entscheidungen, die mehr Komplexität und Unsicherheit zu bewältigen haben, weichen vom Modell der ökonomisch rationalen Wahl mehr oder weniger dramatisch ab (vgl. dazu Becker/Küpper/Ortmann 1988): Entscheider geben sich mit brauchbaren Lösungen zufrieden, statt nach optimalen Lösungen zu suchen ("satisficing"), Lösungen werden - entgegen der Selbstdarstellung der Beteiligten - nicht vermittels sachlicher Analysen ("analytic mode") gefunden, sondern ausgehandelt oder politisch entschieden ("bargaining mode") (March/Simon 1958: 129ff.), Entscheidungen werden durch das relativ zufällige zeitliche Zusammentreffen von Entscheidungsgelegenheiten, Teilnehmern, Problemen und Lösungen bestimmt ("garbage can"). In manchen Fällen erweist sich das Muster rationaler Wahl als Fiktion: Das Handeln geht der Zielbestimmung voraus - das "Ziel" wird erst beim Handeln "gelernt" und u.U. "rationalisierend" nachgeschoben; Prozeduren der Alternativenbewertung und -wahl kaschieren und legitimieren die frühe Festlegung auf eine "Alternative"; Entscheidungsprozesse münden in Ergebnissen, die niemand intendiert hat.

Schließlich zeigt sich auch die Relevanz persönlicher Gesichtspunkte und Beziehungen: informale Kommunikationskanäle, Regeln und Führer, "Seilschaften", Cliquen und persönliche Machtkämpfe sowie das Einfließen persönlicher Merkmale, Wert- und Sachprämissen in die Entscheidungen in Organisationen erscheinen als unvermeidliche Charakteristika von Organisationen, die ihren Bestand unter der Bedingung von begrenzter Rationalität und Motivation sichern müssen .

Theorien, die Organisationen unter dem leitenden Gesichtspunkt analysieren, welche Mittel einen gegebenen Organisationszweck optimal erfüllen, lassen solche Verhaltensmuster als irrationale Abweichungen vom Modell außer Betracht. Die Analyse derartiger Phänomene unter dem Gesichtspunkt der Bestandssicherung und -probleme wirft ein anderes Licht auf sie. Sie zeigt, daß sie - bei allen möglichen Dysfunktionen (s.o.) - positive Funktionen erfüllen können und müssen. Eine solche funktionale Analyse impliziert einen Begriff von Rationalität, der nicht als Handlungsrationalität - sei es die auf das Organisationsziel bezogene "organizational rationality" des "organizational man", sei es die persönliche Ziele verfolgende "personal rationality" (Simon 1976: 76f.) -, sondern als "Systemrationalität" (vgl. Luhmann 1968) zu verstehen ist. Rationalitätskriterium ist dabei nicht die Zielgerichtetheit und -angemessenheit von Handlungen, sondern ihr Beitrag zum Systembestand. Handlungs- und Systemrationalität können, müssen aber nicht auseinanderfallen. So kann z.B. ein Entscheidungsprozeß, der alle Merkmale des Mülleimer-Modells auf sich vereint und zu einem von niemandem intendierten Ergebnis führt, ebenso systemrational sein, wie der von persönlichen Prestige- oder Machtinteressen motivierte Aufbau von "organizational slack", d.h. von überschüssigen Kapazitäten: Ein "zufällig" zustandegekommenes Arbeitszeitmodell (s. Kap. 5.3.2.) kann effizient sein und die Motivation steigern, überschüssige Kapazitäten können Konflikte dämpfen oder zu "slack-induzierten" Innovationen (Cyert/March 1963) führen.

5.4.2.2. Selektivität der Theorie

Die Perspektive der Verhaltenswissenschaftlichen Entscheidungstheorie zeigt ein sehr komplexes Bild von Organisationen, schränkt den Blick aber auch in spezifischer Weise ein. Ihre Begriffe und Hypothesen verweisen auf die Umwelt und sind für die Analyse der Interdependenzen zwischen Organisation und Umwelt geeignet. Strukturen und Veränderungen der sozialen, physischen oder psychischen Umwelt sind jedoch selbst nicht Gegenstand der Theorie: Sie werden als exogene, d.h. von der Theorie nicht zu erklärende Bedingungen und Schranken des Organisationsbestandes vorausgesetzt. Die Verhaltenswissenschaftliche Entscheidungstheorie rückt dabei nur zwei sehr allgemeine und abstrakte Merkmale der Umwelt *systematisch* in den Blick, nämlich ihre Komplexität und Veränderlichkeit auf der einen und die beschränkte Motivation der Teilnehmer auf der anderen Seite. Ihre Grundbegriffe und -annahmen sehen von "historisch spezifischen" gesellschaftlichen und politischen Institutionen, von sozialer Ungleichheit und gesellschaftlicher Machtasymmetrie ebenso ab, wie vom technischen Wandel oder von Unterschieden der Mitglieder. So abstrahiert z.B. das Zielbildungsmodell von Cyert/March von den in der Gesellschaftsstruktur wurzelnden unterschiedlichen Chancen verschiedener Teilnehmerkategorien, die Organisationsziele zu beeinflussen (Ortmann 1976), oder klammert das Mülleimer-Modell die gesellschaftlichen Faktoren aus, die für die "zufällige" Koppelung der Entscheidungselemente mitverantwortlich sind.

Beide Modelle sträuben sich indessen nicht gegen ihre Konkretisierung durch Einbeziehung gesellschaftlicher Bestimmungsfaktoren wie z.B. gesellschaftliche Ungleichheit oder Machtasymmetrie. Eine Theorie derartiger gesellschaftlicher Phänomene stellt die Verhaltenswissenschaftliche Entscheidungstheorie jedoch nicht zur Verfügung: Ihr Gegenstand sind Organisationen und nicht Gesellschaften oder gesellschaftliche Teilsysteme.

Mit der spezifischen Perspektive der Verhaltenswissenschaftlichen Entscheidungstheorie ist auch ein selektiver Blick auf ihren Gegenstand verbunden. Die funktionale Analyse der Organisation stellt die dem Systembestand dienenden Strukturen und Prozesse in ein vergleichsweise günstiges Licht und läßt ihre unter anderen Gesichtspunkten - z.B. der Selbstverwirklichung von Individuen oder der gesellschaftlichen Wohlfahrt - u.U. negativen Seiten eher im Dunklen. So bewahrt zwar die funktionale Erklärung bürokratischer Strukturen als Mechanismen zur Reduktion von Komplexität vor einer leichtfertigen Kritik der Bürokratie, neigt aber zu ihrer einseitig positiven Beschreibung: Einfache Routinetätigkeiten ohne nennenswerte Entscheidungsspielräume werden in diesem Bezugsrahmen als von den "Problemen" der Komplexität und Unsicherheit "entlastete" oder "befreite" Tätigkeiten beschrieben, komplexe Tätigkeiten mit erheblichen Entscheidungsspielräumen umgekehrt als besonders "belastet". Die funktionale Analyse der "Ökonomie der Anreize" beschreibt zwar mit aller wünschenswerten Klarheit die verschiedenen Mechanismen, vermittels derer Organisationen das Verhalten der Individuen zu steuern versuchen, zeigt aber den gleichen positiven begrifflichen "bias": Entlassungs- oder Strafandrohungen und -maßnahmen, Manipulation und Indoktrination werden ebenso als Verfahren zur Sicherung der bestandsnotwendigen "Anreize" bezeichnet wie Bezahlung oder angenehme Arbeitsbedingungen.

Diese Neigung zu einem positiven "bias" ist nicht auf ein Werturteil über die Wünschbarkeit des Systembestands zurückzuführen, sondern auf eine in der funktionalen Analyse angelegte Selektivität der Perspektive, die sich in einer positiv gefärbten Begrifflichkeit ausdrückt und bestimmte Wirklichkeitsausschnitte und -interpretationen der Aufmerksamkeit entzieht. Wer sich dieser Selektivität bewußt ist, kann den positiven "bias" der funktionalen Analyse kontrollieren und den Komplexitätsgewinn der Verhaltenswissenschaft-lichen Entscheidungstheorie nutzen.

He thought he saw an Elephant
That practised on a fife:
He looked again, and found it was
A letter of his wife.
'At length I realise,' he said,
'The bitterness of Life!'

Charles Lutwidge Dodgson
(Mathematiker und Poet, zitiert von Starbuck (1981),
der damit seinen Empfindungen bei Abfassung einer
Kritik der Arbeiten der Aston-Gruppe Ausdruck geben
will)

6. Der Situative Ansatz

Alfred Kieser

Während in der Verhaltenswissenschaftlichen Entscheidungstheorie die Entscheidungsprozesse im Vordergrund stehen, konzentriert sich der Situative Ansatz auf die Organisationsstruktur. Damit knüpft er an die Tradition der Managementtheorie an. Der Situative
Ansatz geht von folgenden Annahmen aus: Die *formale Organisationsstruktur* hat einen
starken Einfluß auf die Effizienz einer Organisation. Es gibt jedoch *keine universell effizienten Organisationsstrukturen*. Um effizient zu sein, müssen Organisationen ihre *Strukturen* an ihre jeweiligen *Situationen* anpassen: Große Organisationen müssen sich eine andere Struktur geben als kleine, Organisationen in dynamischen Umwelten eine andere als
solche in statischen, Organisationen mit Werkstattfertigung eine andere als Organisationen
mit Fließfertigung usw.

In empirischen Untersuchungen ist zu ermitteln, wie Strukturen aussehen, die sich in bestimmten Situationen bewähren. Auf der Basis der Ergebnisse solcher Untersuchungen
kann man dann Unterschiede in Organisationsstrukturen *erklären*, indem man sie auf situative Faktoren zurückführt. Man kann auch *prognostizieren*, wie eine Organisationsstruktur geändert wird, wenn sich die Situation der Organisation wandelt. Und schließlich
kann man auch *Gestaltungsempfehlungen* formulieren: Aussagen dazu, wie eine Organisation ihre Struktur anzupassen hat, wenn sich ihre Situationen ändert.

6.1. Entstehungsgeschichte

Der Situative Ansatz hat seine Wurzel in mehreren Theorien, die wir in den vorangegangenen Kapiteln dargestellt haben. Z.T. haben wir dort auch schon darauf aufmerksam gemacht, daß bestimmte Weiterentwicklungen in den Situativen Ansatz mündeten.

So stellten Soziologen bei Überprüfungen des *Weberschen Bürokratiekonzepts* mittels
empirischer Analysen fest, daß Organisationsstrukturen keineswegs dem *Idealtyp der Bürokratie* entsprechen, sondern ganz unterschiedliche Ausprägungen entlang der verschiedenen Dimensionen der Bürokratie aufweisen. Diese Erkenntnis führte zu der Frage, ob
man denn unterschiedliche Ausprägungen der Organisationsstruktur auf unterschiedliche
Situationen der Organisationen zurückführen könne, und somit zu den ersten situativen
empirischen Analysen.

Innerhalb der *Managementlehre* setzte sich in den 50er Jahren zunehmend die Erkenntnis durch, daß es keine allgemeingültigen *Organisationsprinzipien* geben könne, es sei denn, sie sind so allgemein gehalten, daß sie zur Lösung von Gestaltungsproblemen der Praxis keine präzise Hilfe leisten können. In gewisser Weise hatte ja schon Taylor erkannt, daß man organisatorische Lösungen an den spezifischen Aufgabenstellungen ausrichten muß. Seine Methode, das "wissenschaftliche Experiment", läßt sich jedoch nur auf die Gestaltung der Arbeitsorganisation, nicht jedoch auf die der umfassenden Organisationsstruktur anwenden.

Joan Woodward (1965, 1958) gehörte zu den ersten, die forderten, daß man auch in Gestaltungsempfehlungen zur globalen Organisationsstruktur die spezifische Ausgangslage der Organisation berücksichtigen müsse, und zwar auf der Basis empirischer Analysen. In einer empirischen Untersuchung in hundert Fertigungsunternehmungen Englands setzte sie ihre Forderung in die Tat um. Sie versuchte herauszufinden, in welcher Weise Strukturmerkmale wie Leitungsspannen, Zahl der Hierarchieebenen, Relationen von Leitungsstellen zu ausführenden Stellen usw. – also Merkmale der Organisationsstruktur, die in der Managementlehre schon immer starke Beachtung gefunden hatten – von der Art der eingesetzten Fertigungstechnik abhängen. Sie stellte bspw. fest, daß Unternehmungen mit Massenfertigung andere Ausprägungen dieser Merkmale aufwiesen als Unternehmungen mit Einzelfertigung.

Der Trend der Organisationsforschung in den 60er und 70er Jahren zu empirischen situativen Analysen der Organisationsstruktur steht auch in einem Zusammenhang mit dem *generellen Trend in der Sozialwissenschaft zu großzahligen quantitativen empirischen Untersuchungen*, der seinerseits jedoch auch durch die empirische Forschung im Rahmen der *Human Relations-Bewegung* ausgelöst worden war (Lammers 1978). Vor dem Hintergrund der Popperschen Wissenschaftstheorie erschien die großzahlige empirische Forschung als der Königsweg zu sozialwissenschaftlichen Theorien, die auf gesetzesartigen Aussagen aufbauen, und damit zu einer "objektiven", "exakten" Wissenschaft. Fortschritte in der EDV-Technik und die Entwicklung immer komfortablerer Statistik-Software erleichterten zudem den Umgang mit großen Datenmengen. Es lag also nahe, großzahlige quantitative empirische Studien einzusetzen, um auch über die Einflußfaktoren der Organisationsstruktur Aufschluß zu erhalten.

Am Beginn des Situativen Ansatzes standen empirische Analysen, in denen *jeweils ein Einflußfaktor* der Organisationsstruktur im Vordergrund stand (Child 1970). Eine Gruppe von Autoren beschäftigte sich etwa mit dem Einfluß der *Organisationsgröße* und stellte u.a. fest, daß *große Organisationen stärker bürokratisiert* sind *als kleine*: daß sie einen höheren Grad an Arbeitsteilung realisieren, relativ mehr Verfahrensrichtlinien einsetzen, größeren Wert auf schriftliche Aufzeichnungen legen und relativ mehr Verwaltungsstellen aufweisen (z.B.: Rushing 1966; Caplow 1956).

Eine andere Gruppe untersuchte vor allem den Einfluß der *Umwelt*. Populär wurde etwa die folgende, durch empirische Untersuchungen gestützte These von Burns/Stalker (1961): *In dynamischen Umwelten sind organische Strukturen effizient* und *in statischen Umwelten mechanistische*. Als "organisch" bezeichneten sie dabei eine Struktur, die u.a. große Leitungsspannen, wenige Hierarchieebenen, ein geringes Ausmaß an formalen Regelungen, geringe Zentralisation der Entscheidungen, einen hohen Stellenwert fachlicher Autorität und relativ geringe Qualifikationsunterschiede bei den Stelleninhabern aufweist, und als "mechanistisch" eine, die in allen diesen Dimensionen konträre Ausprägungen hat.

Zwei Forschergruppen haben entscheidend dazu beigetragen, daß sich situative Überlegungen zu einem eigenständigen Forschungsprogramm entwickelten: An der University of Chicago begründete eine Forschergruppe, zu der u.a. Peter Blau, Richard Schoenherr und Marshall Meyer gehörten, das *Comparative Organization Analysis Program*. Diese Gruppe setzte sich grundlegend mit Methoden des Situativen Ansatzes auseinander (Blau 1970, 1955; Schoenherr/Fritz 1967) und führte zahlreiche empirische Untersuchungen vor allem in öffentlichen Verwaltungen und Unternehmungen durch, die beispielgebend wurden (etwa Blau/Schoenherr 1971).

Später war es dann vor allem eine Forschergruppe um Derek Pugh an der *Aston University, Birmingham*, die den Situativen Ansatz nachhaltig prägte (Hickson/McMillan 1981; Pugh/Payne 1977; Pugh/Hickson 1976; Pugh/Hinings 1976). Diese Gruppe hat in dreierlei Hinsicht Bedeutendes für den Situativen Ansatz geleistet: Erstens hat sich Pugh, von Hause aus Psychologe, erfolgreich um eine *Verbesserung von Maßen zur Erfassung der Organisationsstruktur* bemüht, indem er fortgeschrittenere Meßmethoden aus der Psychologie in die Organisationsforschung übertrug. Zweitens hat die Aston-Gruppe die bis dahin vorherrschende Konzentration auf einen Einflußfaktor durch eine *simultane Berücksichtigung mehrerer Situations- bzw. Kontextvariablen* ersetzt. Und drittens hat sie versucht, Zusammenhänge zwischen Situation und Struktur einerseits sowie zwischen Struktur und Verhalten der Organisationsmitglieder andererseits in einem übergreifenden Konzept zu integrieren (Pugh 1981; Pugh/Hickson 1976, 1971; Inkson et al. 1970; Hinings et al. 1967; Pugh et al. 1963).

Eine Durchsicht der führenden englischsprachigen organisationstheoretischen Zeitschriften aus den 70er Jahren zeigt, daß die von der Aston-Gruppe eingeführten Methoden Normen für die quantitative vergleichende empirische Organisationsforschung gesetzt haben (Daft 1980; Schmidt 1976; Klages/Schmidt 1975).

Im Englischen bürgerte sich für diese Forschungsrichtung die Bezeichnung *contingency approach* ein. In Anlehnung daran findet sich im Deutschen oft auch die Bezeichnung "Kontingenzansatz" oder "Kontingenztheorie". Die Bezeichnung "Situativer Ansatz" wurde von Staehle (1973) in die deutsche Literatur eingeführt.

6.2. Konzeptionen und Methoden

Das Forschungsprogramm des Situativen Ansatzes läßt sich durch drei Fragestellungen umreißen (Abb. 6.1):

(1) Wie können Organisationsstrukturen beschrieben – in Begriffe gefaßt – und operationalisiert – meßbar gemacht – werden, um Unterschiede zwischen Organisationsstrukturen in empirischen Untersuchungen aufzeigen zu können?

(2) Welche situativen Faktoren oder Einflußgrößen erklären eventuell festgestellte Unterschiede zwischen Organisationsstrukturen?

(3) Welche Auswirkungen haben unterschiedliche Situation-Struktur-Konstellationen auf das Verhalten der Organisationsmitglieder und die Zielerreichung (Effizienz) der Organisation? Läßt sich für jede Situation eine Organisationsstruktur finden, die das Verhalten der Organisationsmitglieder so steuert, daß die Effizienz der Organisation gesichert werden kann?

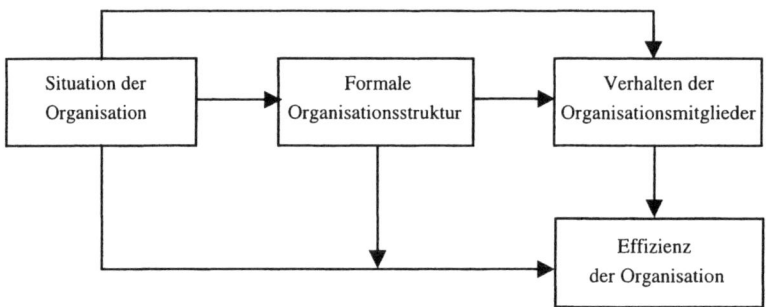

Abb.6.1: Das Forschungsprogramm des Situativen Ansatzes
(Quelle: Kieser, A./Kubicek, H. 1992, Organisation, Walter de Gruyter & Co.,
Berlin: 57)

Um diese Fragen beantworten zu können, müssen nach dem Wissenschaftsverständnis, das der vergleichenden Organisationsforschung zugrundeliegt, folgende *Voraussetzungen* geschaffen sein:

(1) eine *operationalisierte Konzeption der Organisationsstruktur*: Es ist zu klären, durch welche Variablen die Organisationsstruktur beschrieben werden soll und wie diese zu messen sind;

(2) eine *operationalisierte Konzeption der Situation*: Es ist weiterhin zu klären, welche situativen Faktoren im Hinblick auf die Erklärung von strukturellen Unterschieden als relevant anzusehen sind und wie sie gemessen werden sollen;

(3) eine *operationalisierte Konzeption des Verhaltens der Mitglieder von Organisationen und der Effizienz von Organisationen*: Es ist schließlich zu klären, welche Dimensionen des Verhaltens und der Effizienz in Abhängigkeit von der formalen Organisationsstruktur und der Situation der Organisation analysiert werden sollen und wie diese Dimensionen zu messen sind.

Sind diese Voraussetzungen gegeben, kann man Beziehungen zwischen den situativen und strukturellen Variablen auf der Basis empirischer Daten ermitteln. Um empirisch gestützte Erklärungen liefern zu können, benötigt man dann zusätzlich

(4) *Hypothesen* über die Auswirkungen der Situation auf die Organisationsstruktur sowie über die kombinierten Auswirkungen der Situation und der Organisationsstruktur auf das individuelle Verhalten der Organisationsmitglieder und die Effizienz der Organisation.

Zu (1): *Konzipierung und Operationalisierung der Organisationsstruktur*. Die Konzipierung der Organisationsstruktur in empirischen Analysen des Situativen Ansatzes baut auf dem *Bürokratiekonzept Webers* (Pugh et al. 1968, 1963; Udy 1965, 1959; Hall 1963) und auf der *klassischen Organisationslehre* (Woodward 1965, 1958) auf. Weber stellt, wie bereits in Kapitel 2 erwähnt, u.a. folgende Merkmale oder Dimensionen der bürokratischen Organisation heraus:

(a) Arbeitsteilung,

(b) Amtshierarchie (Über- und Unterordnungen),

(c) technische Regeln oder Normen,

(d) Aktenmäßigkeit.

Pugh et al. (1971, 1968) sehen, Weber modifizierend, in der "Amtshierarchie" zwei Aspekte: die Struktur der Über- und Unterordnungen, die als *Leitungssystem* oder *Konfiguration* bezeichnet wird, und die *Verteilung der Entscheidungskompetenzen* in diesem Leitungssystem. Außerdem wählen sie eine etwas andere Terminologie und gelangen auf diese Weise zu folgenden Dimensionen:

(a) Spezialisierung (Arbeitsteilung),

(b) Standardisierung oder Programmierung (Anwendung bürokratischer Regeln, Verfahrensrichtlinien),

(c) Zentralisierung (die Verteilung von Kompetenzen im Leitungssystem),

(d) Formalisierung (Aktenmäßigkeit, die schriftliche Fixierung von Verfahren, Regeln, Anweisungen usw.),

(e) Konfiguration (die äußere "Gestalt" der Struktur).

Pugh et al. argumentieren nun, daß diese Eigenschaften formaler Organisationsstrukturen nicht als Konstanten (in dem Sinne, daß jede Organisation Spezialisierung, Standardisierung, Zentralisierung usw. aufweist), sondern als *Variablen* zu konzipieren sind (d.h., Organisationen können mehr oder minder stark spezialisiert sein, mehr oder minder stark programmiert usw.).

In neueren Konzeptionen des Situativen Ansatzes werden zusätzliche Variablen zur Kennzeichnung der Koordination eingeführt (Kieser/Kubicek 1992: 73ff.). Als grundlegender Tatbestand des Organisierens wird in ihnen der *Zusammenhang zwischen Spezialisierung und Koordination* angesehen. Durch Arbeitsteilung können tendenziell wirtschaftliche Vorteile realisiert werden: Müssen in einzelnen Stellen nur wenige Tätigkeiten ausgeübt werden, so sinkt die Einarbeitungszeit, die erforderliche Qualifikation wird reduziert, die Stelleninhaber können eine große Geschicklichkeit für diese wenigen Tätigkeiten entwikkeln. Je höher aber der Spezialisierungsgrad ist, desto mehr Koordination ist tendenziell erforderlich und desto mehr *Koordinationsmechanismen* müssen eingesetzt werden. Vier Koordinationsmechanismen, die in der Organisationsstruktur verankert sind, werden unterschieden:

(a) *persönliche Weisungen*: Eine übergeordnete Instanz gibt den ihr nachgeordneten Stellen unmittelbar Koordinationsanweisungen;

(b) *Selbstabstimmung*: Bestimmte Stellen stimmen sich durch Austausch entsprechender Information selbst ab;

(c) *Programmierung* (generelle Regeln): Den Stellen werden Verfahrensrichtlinien vorgegeben, die eine Koordination zwischen ihnen sicherstellen;

(d) *Planung*: die Stellen bekommen Plandaten vorgegeben, die eine Abstimmung herbeiführen.

In die Konzeption der Organisationsstruktur gehen nur solche Variablen ein, welche die *formale Struktur* der Organisation kennzeichnen. Diese ist *unabhängig von persönlichen Eigenschaften der Organisationsmitglieder*: Die Aufgabenzuteilungen, Verfahrensrichtlinien oder Stellen zugewiesenen Kompetenzen bestehen weiter, auch wenn einzelne Stellen vorübergehend nicht besetzt sind. Einige Beispiele sollen deutlich machen, was zur formalen Organisationsstruktur zu rechnen ist und was nicht: Die Qualifikationsanforderungen sind eine Eigenschaft der Organisationsstruktur, nicht dagegen die Ausbildung der Stelleninhaber, die der formal geforderten Qualifikation entsprechen kann, aber nicht muß.

Der vom Topmanagement gepflegte Führungsstil ist keine strukturelle Eigenschaft, wohl aber die Kompetenzen, die von ihm offiziell an untere Ebenen delegiert werden.

Damit empirische Analysen durchgeführt werden können, müssen die herausgestellten Strukturdimensionen operationalisiert werden: Es müssen Indikatoren und Meßvorschriften entwickelt werden, mit deren Hilfe die Dimensionen erfaßt werden können. In den ersten empirischen Untersuchungen im Rahmen des Situativen Ansatzes erfolgte die Operationalisierung noch oft durch eine bloße Unterscheidung zwischen den beiden Merkmalsausprägungen "hoch" und "niedrig" bzw. "stark" oder "schwach", d.h. es wurden Nominalskalen entwickelt. Organisationsstrukturen wurden bspw. als stark zentralisiert oder schwach zentralisiert (stark dezentralisiert) gekennzeichnet. Beeinflußt durch die Meß- und Skalierungstechniken in der Psychologie entwickelten vor allem Pugh et al. *Intervallskalen*, die eine präzisere Messung erlauben.

In den ersten empirischen Analysen wurden strukturelle Größen auch häufig über *Wahrnehmungen der Organisationsmitglieder* erfaßt. Dabei wurden, ähnlich wie in der Meinungsforschung, Organisationsmitglieder befragt, wie sie verschiedene Eigenschaften der formalen Organisationsstruktur wahrnehmen, ob sie etwa der Meinung sind, Entscheidungen seien zentralisiert oder dezentralisiert (Hage/Aiken 1970, 1967; Hall 1963). "Objektive" Maße setzten dagegen am Vorliegen bzw. an der Abwesenheit bestimmter direkt beobachtbarer organisatorischer Manifestationen (z.B. Stellenbeschreibungen, Handbücher) an oder aber an Angaben der Organisationsspitze über die Existenz bestimmter Regelungen (Payne/Pugh 1976). Operationalisierungen dieser Art werden nach herrschender Meinung der *formalen Organisationsstruktur als einem System personenunabhängiger Regelungen* eher gerecht (Pugh/Hickson 1971).

Am Beispiel der Messung der Entscheidungszentralisation wollen wir kurz schildern, wie eine Operationalisierung über "objektive" Indikatoren erfolgt. Entscheidungszentralisation bezeichnet nach Pugh et al. eine Konzentration von Entscheidungsbefugnissen auf den oberen Hierarchieebenen. Entsprechend ist mit *Entscheidungsdezentralisation* eine relativ umfangreiche Delegation von Entscheidungen auf die unteren Hierarchieebenen gemeint.

Zur Messung der so verstandenen Entscheidungszentralisation gingen Pugh et al. (1968: 77) folgendermaßen vor: Sie erstellten eine Liste mit 37 generellen, in allen erwerbswirtschaftlichen Organisationen anzutreffenden Entscheidungen (z.B. Einstellung von Personal, Gewährung von Rabatten). Für jede dieser Entscheidungen wurde dann durch Befragung der Unternehmungsleitungen jeweils die niedrigste hierarchische Ebene ermittelt, die offiziell die Kompetenz zur Fällung dieser Entscheidung besitzt. Das Gesamtmaß für die Entscheidungszentralisation ergibt sich aus einer Aggregation: Je mehr Entscheidungen auf höheren Hierarchieebenen gefällt werden, desto höher ist die Entscheidungszentralisation. Um unterschiedlich tief gegliederte Hierarchien vergleichbar zu machen, werden die Ebenenangaben auf ein Standardschema bezogen, das die Positionen der Entscheidungsträger vier Hierachieebenen zuordnet (Pugh et al. 1968: 77; eine Übersicht über Maße der Organisationsstruktur bieten Kubicek/Welter 1985).

Anhand solcher Maße erfaßte die Aston-Gruppe die Organisationsstrukturen von 52 britischen Organisationen und werteten die gewonnenen Daten anschließend mit Hilfe von Korrelations- und Faktorenanalysen aus. Sie konnten zeigen, daß Merkmale der Organisationsstruktur keineswegs hoch miteinander korrelieren und folgerten, daß "Bürokratien keine einheitlichen Gebilde sind, sondern daß Organisationen auf verschiedene Art und Weise bürokratisch sein können. ... Die Auffassung von *dem einen* bürokratischen Typus ist nicht länger haltbar" (Pugh/Hickson 1971: 90f.).

Zu (2): *Konzipierung und Operationalisierung der Situation.* In Tab. 6.1 sind Faktoren aufgelistet, von denen angenommen wurde, daß sie die formale Organisationsstruktur beeinflussen. Im Gegensatz zu den Variablen der Organisationsstruktur, die in Anlehnung an Webers Bürokratietheorie entwickelt wurden, sind die *situativen Faktoren nicht aus einer Theorie abgeleitet,* sondern stützen sich lediglich auf Plausibilitätsannahmen.

Um dem Einfluß situativer Faktoren auf die Organisationsstruktur in empirischen Untersuchungen nachgehen zu können, müssen auch diese Faktoren operationalisiert werden, wobei wieder sowohl Wahrnehmungsmaße als auch "objektive" Maße zum Einsatz kommen. Eine vom Absatzmarkt ausgehende Dynamik läßt sich bspw. durch "harte" Daten erfassen – etwa durch Häufigkeit und Stärke von Nachfrageschwankungen, Änderungen in den Durchschnittspreisen und/oder durch die Häufigkeit, mit der neue Konkurrenten auf den Plan treten, aber auch mittels Interviews mit Organisationsmitgliedern, in denen diese nach ihren Einschätzungen solcher Größen befragt werden. Operationalisierungen über subjektive Einschätzungen werden gewöhnlich mit dem Argument verteidigt, daß sich die Organisationsgestalter nicht an der objektiven Realität orientieren können, sondern nur an ihren Wahrnehmungen dieser Realität. Dieser Argumentation ist entgegenzuhalten, daß "falsche" Wahrnehmungen u.U. zu schlecht angepaßten, ineffizienten Organisationsstrukturen führen. Was der Situative Ansatz aber letztlich ermitteln will, ist, wie sich bestimmte organisatorische Regelungen unter den *objektiven Gegebenheiten der Situation* bewähren.

Dimensionen der internen Situation
- gegenwartsbezogene Faktoren
  Leistungsprogramm
  Größe
  Fertigungstechnik
  Informationstechnik
  Rechtsform und Eigentumsverhältnisse

- vergangenheitsbezogene Faktoren
  Alter der Organisation
  Art der Gründung
  Entwicklungsstadium der Organisation

Dimensionen der externen Situation
- aufgabenspezifische Umwelt
  Konkurrenzverhältnisse
  Kundenstruktur
  Dynamik der technischen Entwicklung

- globale Umwelt
  gesellschaftliche Bedingungen
  kulturelle Bedingungen

Tab. 6.1: Einflußfaktoren der Organisationsstruktur

Zu (3): *Konzipierung und Operationalisierung des Verhaltens und der Effizienz von Organisationen in Abhängigkeit von der Situation und der Organisationsstruktur.* Der Situative Ansatz beruht auf der Annahme, daß eine Organisationsstruktur ihre Ziele nur dann effizient erreichen kann, wenn ihre Organisationsstruktur an ihre Situation angepaßt ist. *Wirkungen der Organisationsstruktur auf die Effizienz der Organisation* werden jedoch *über das Verhalten der Organisationsmitglieder vermittelt:* Mittels der formalen Organisationsstruktur soll das Verhalten der Organisationsmitglieder gesteuert werden. Und die Aktivitäten der Organisationsmitglieder führen letztlich zu Effizienz oder Ineffizienz der Organisation. Um herauszufinden, wie die Struktur die Effizienz beeinflußt, muß man also auch die Wirkungen der Struktur auf das Verhalten der Organisationsmitglieder untersuchen. In vielen Konzeptualisierungen des Situativen Ansatzes wird dieser Zusammenhang zwar klar gesehen, in empirischen Studien ist ihm bisher jedoch kaum nachgegangen worden. Zum einen liegt dies daran, daß sowohl der Einfluß der Struktur auf das Verhalten (Kieser/Kubicek 1992: 449ff.) als auch der Einfluß von Struktur und Verhalten auf die Effizienz der Organisation in empirischen Untersuchungen außerordentlich schwierig zu erfassen sind. Verhalten in Organisationen hängt von vielen Faktoren ab, u.a. auch von der Organisationsstruktur, und es ist bisher noch nicht überzeugend gelungen, den Einfluß der Organisationsstruktur zu isolieren. Das gleiche gilt für die Effizienz der Organisation, auf die ebenfalls viele Faktoren neben der Organisationsstruktur einwirken. Und die Organisationsstruktur wirkt nur indirekt über das von ihr induzierte Verhalten der Organisationsmitglieder (Fessmann 1980).

Zu (4): *Eine Theorie.* Eine Theorie, aus der testbare Hypothesen abgeleitet werden, stand nicht am Beginn des Situativen Ansatzes. Die Forscher begnügten sich damit, in statistischen Analysen signifikante Zusammenhänge zwischen Strukturdimensionen und situativen Faktoren zu ermitteln. Stieß man auf solche, wurden sie als Beeinflussungen der Struktur durch die jeweiligen situativen Faktoren interpretiert und mittels Ad-hoc-Annahmen "erklärt". So wurde ein positiver Zusammenhang zwischen Umweltdynamik und Dezentralisierung etwa mit dem Hinweis plausibel gemacht, daß eine Organisation schneller reagieren könne, wenn nicht erst noch viele Hierarchieebenen überwunden werden müssen, bevor endgültige Entscheidungen zur Lösung der von der Umwelt aufgeworfenen Probleme getroffen werden können. Ob aus empirisch ermittelten Regelmäßigkeiten und derartigen Plausibilitätsargumenten eine Theorie resultiert, wird im Abschnitt zur Kritik noch zu diskutieren sein.

6.3. Ergebnisse empirischer Untersuchungen

Einen umfassenden Überblick über die Ergebnisse des Situativen Ansatzes können wir hier nicht geben (s. dazu: Frese 1992: 111ff.; Kieser/Kubicek 1992). Wir wollen deshalb beispielhaft Ergebnisse aus drei Untersuchungsfeldern präsentieren: Einflüsse von Organisationsgröße, Umwelt und Fertigungstechnik auf die Organisationsstruktur.

Die Analyse des Zusammenhangs zwischen Organisationsgröße und Organisationsstruktur ist sozusagen das Paradestück des Situativen Ansatzes: Es wurden sehr hohe Korrelationen ermittelt, die sich in verschiedenen Kulturen und über die Zeit als relativ stabil erwiesen. Ergebnisse dieser Art brachten manche Organisationsforscher dazu, von "Gesetzen" der Organisation zu sprechen. Analysen der Zusammenhänge zwischen Fertigungstechnik und Organisationsstruktur erbrachten weniger konsistente Ergebnisse. Nur für ältere Fertigungstechniken konnten einige stabile Zusammenhänge mit der Organisationsstruktur ermittelt werden, und somit zeigt gerade dieses Untersuchungsfeld die Grenzen des Situativen Ansatzes auf.

6.3.1. Der Einfluß der Organisationsgröße

Die Organisationsgröße wird in der Regel über die Zahl der Organisationsmitglieder erfaßt. Werden in empirischen Analysen *große Organisationen* mit kleinen verglichen, so weisen erstere eine *signifikant höhere Spezialisierung und Professionalisierung* (Einsatz von Spezialisten mit einer hohen Qualifikation wie Juristen, Wissenschaftler, Spezialisten für Öffentlichkeitsarbeit usw.), *einen stärkeren Einsatz von Programmierung und Planung, eine stärkere Formalisierung sowie eine stärkere Dezentralisierung auf* (Child 1972; Blau/Schoenherr 1971; Pugh et al. 1969).

Diese Zusammenhänge lassen sich plausibel interpretieren: Je mehr Stellen eine Organisation hat, desto mehr Möglichkeiten zur *Spezialisierung* besitzt sie, und da Spezialisierung tendenziell mit ökonomischen Vorteilen verbunden ist, kann angenommen werden, daß größere Organisationen die gebotenen ökonomischen Vorteile nutzen und stärker spezialisieren.

In empirischen Untersuchungen in Großbritannien und Deutschland konnte dieser Zusammenhang mit großer Übereinstimmung bestätigt werden, wie Abb. 6.2 zeigt. Daß die Spezialisierung, gemessen in der Zahl an Aufgaben aus einer vorgegebenen Liste, für die spezialisierte Stellen eingerichtet wurden, einen degressiven Verlauf in Abhängigkeit von der Größe zeigt, ist ebenfalls plausibel: Die Möglichkeiten, noch weiter zu spezialisieren, nehmen mit der Größe ab. Für jede Verrichtung ist irgendwann einmal ein Punkt erreicht, bei dem eine weitere Spezialisierung aus technischen und/oder ökonomischen Gründen nicht mehr sinnvoll ist.

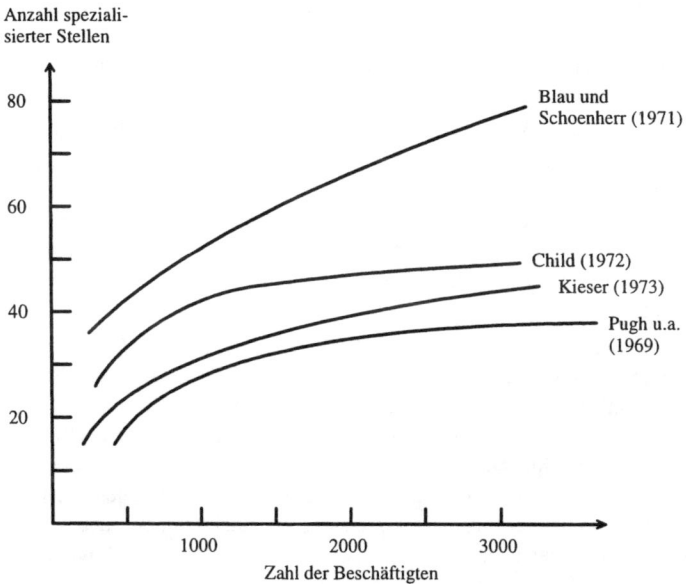

Abb. 6.2: Stellenspezialisierung in Abhängigkeit von der Organisationsgröße
(Quelle: Kieser, A./Kubicek, H. 1992, Organisation, Walter de Gruyter & Co., Berlin: 303)

Wenden wir uns nun der *Koordination* zu. Wenn eine Organisation wächst, so werden in ihr neuartige Stellen geschaffen: Es werden bspw. Stellen für Organisatoren, für Öffentlichkeitsarbeit, Systemanalyse usw. eingeführt. Kleinere Organisationen bedienen sich zur Erledigung solcher Aufgaben der Dienste anderer Organisationen oder sie lassen sie von Stellen mit anderen Aufgaben miterledigen. Die Einrichtung solcher neuartigen Stellen führt dazu, daß die Verschiedenartigkeit der Stellen – ihre *Heterogenität* – zunimmt. Je unterschiedlicher aber die Stellen sind, die ein Vorgesetzter zu koordinieren hat, desto schwieriger ist seine Aufgabe, desto kleiner muß entsprechend die Zahl der ihm nachgeordneten Stellen – seine Leitungsspanne - sein. Gleichzeitig gibt es in wachsenden Organisationen aber auch einen Trend zur Schaffung *homogener Stellen* innerhalb der verschiedenen Stellenkategorien, indem etwa zu vorhandenen Vertriebs-, Buchhaltungs- oder Instandhaltungsstellen neue hinzugefügt werden. Und je ähnlicher die Aufgaben der jeweils nachgeordneten Stellen sind, desto einfacher gestaltet sich für den Vorgesetzten die Koordination und desto mehr Mitarbeiter kann er ceteris paribus koordinieren, desto größer ist seine Leitungsspanne (Child 1984; Schneider 1972). Zunehmende Heterogenität von Stellenaufgaben führt also tendenziell zu einer Verringerung der *Leitungsspannen* und damit zu einer Zunahme der *Leitungsintensität* (Relation von indirekt zu direkt produktiven Stellen), während die Zunahme homogener Stellen die Leitungsspannen tendenziell erhöht und damit die Leitungsintensität senkt.

Daneben beeinflussen jedoch auch die eingesetzten *Koordinationsinstrumente* die Leitungsspannen: Je stärker ein Vorgesetzter durch Selbstabstimmung, Programmierung und Planung von einer Koordination durch persönliche Weisungen entlastet wird, desto größer ist tendenziell seine Leitungsspanne. Bei zunehmender Spezialisierung in der wachsenden Organisation werden die einzelnen Stellenaufgaben einfacher, was eine *Programmierung* erleichtert, und es vermehren sich Stellen innerhalb bestehender Kategorien, was die Anwendung gleicher oder ähnlicher Programme in mehreren Stellen ermöglicht. Es ist folglich anzunehmen, daß die *Programmierung mit der Organisationsgröße zunimmt.*

Planung setzt qualifizierte Fachkräfte voraus und, wenn komplexe Planungsalgorithmen eingesetzt werden sollen, auch leistungsfähige Hard- und Software. Beide Faktoren können in größeren Organisationen eher wirtschaftlich eingesetzt werden. Also ist anzunehmen, daß auch die *Planung mit der Organisationsgröße intensiviert* wird. Und mit der Zunahme von Programmierung und Planung steigt wohl auch der *Formalisierungsgrad*, weil komplexe, aufeinander bezogene Programme und Planungssysteme der schriftlichen Fixierung bedürfen.

Weiterhin kann angenommen werden, daß die *Entscheidungszentralisierung* mit der Organisationsgröße *abnimmt*. Je größer eine Organisation ist, desto mehr Entscheidungen müssen in ihr gefällt werden. Je größer eine Organisation ist, desto mehr Entscheidungen müssen folglich auf nachgelagerte Hierarchieebenen delegiert werden, um eine Überlastung der oberen Hierarchieebenen zu vermeiden. Da eine Delegation jedoch immer mit dem Risiko verbunden ist, daß Entscheidungen auf den unteren Ebenen einander und der generellen Unternehmungspolitik widersprechen, ist anzunehmen, daß die Unternehmungsleitung sich erst dann zu einer Delegation entschließt, wenn durch eine Vorgabe von Programmen und Planungsdaten dieses Risiko der Entscheidungsdelegation reduziert worden ist. Zwischen der Organisationsgröße und der Entscheidungsdezentralisierung erwarten wir also einen positiven Zusammenhang, der sich noch intensiviert, wenn Programmierung und Planung stärker ausgeprägt sind.

Alle diese Annahmen zum Zusammenhang zwischen Organisationsgröße und strukturellen Größen des Koordinationszusammenhangs konnten in empirischen Untersuchungen gestützt werden. Viele einfache Korrelationen nahmen dabei – die für Sozialwissenschaften sehr hohen – Werte zwischen 0,5 und 0,7 an (Kieser/Kubicek 1992: 300ff.).

Kommen wir noch einmal auf die Auswirkungen der Organisationsgröße auf die *Leitungsintensität* - die Relation von indirekt produktiven Stellen zu produktiven Stellen – zurück. Es ist anzunehmen, daß ab einer gewissen Organisationsgröße mit weiterem Wachstum die Zahl ähnlicher Stellen schneller zunimmt als die Zahl neuartiger Stellen, d.h. daß der Trend, der auf eine Vergrößerung der Leitungsspannen und damit auf eine Verringerung der Leitungsintensität hinwirkt, der stärkere ist: Bevor in einer wachsenden Organisation Bedarf nach neuartigen Stellen wie Justitiariat oder Öffentlichkeitsarbeit akut wird, haben in der Regel schon relativ starke Erweiterungen innerhalb der bestehenden Stellenkategorien stattgefunden. Ab einer gewissen Größe können, falls nicht neuartige Technologien oder Verwaltungsprozeduren auf den Plan treten, kaum noch neuartige Stellen zu den bereits existierenden hinzugefügt werden; die Organisation verfügt schon über Stellen jeglicher Art.

Dem Zusammenhang zwischen Größe und Leitungsintensität wurde in vielen empirischen Untersuchungen nachgegangen (Montanari/Adelman 1987; Coates/Updegraff 1980; Ford 1980; Ford/Slocum 1977; Zusammenfassung und Kritik früherer Studien in Travers 1979). In ihrer Gesamtheit legen diese den Schluß nahe, daß die Leitungsintensität mit der Größe einer Organisation eher ab- als zunimmt. Diese Analysen kämpfen jedoch – bisweilen erfolglos – mit erheblichen methodischen Schwierigkeiten (Marsh/Mannari 1989; Montanari/Adelman 1987; McKinley 1987; Ford 1980; Freeman/Hannan 1975). Sie vernachlässigen auch, daß Manager in größeren Organisationen über mehr Raum für politische Manöver zur Erhöhung ihrer Macht via Vergrößerung ihrer Abteilungen verfügen.

6.3.2. Der Einfluß der Umwelt

Wir hatten oben (Abschnitt 6.1.) bereits über die empirisch untermauerte These von Burns/Stalker (1961) berichtet, die besagt, daß mechanistische – bürokratische – Strukturen in statischen Umwelten effizient sind und organische in dynamischen. In einer sehr einflußreichen Untersuchung argumentierten nun Lawrence/Lorsch (1969), daß nicht *die gesamte Organisationsstruktur in einer einheitlichen Weise von der Umwelt geprägt sei.* Vielmehr müsse davon ausgegangen werden, daß verschiedene Bereiche oder Abteilungen in unterschiedlicher Weise mit Anpassungsmaßnahmen und Innovationen beschäftigt sind, und demzufolge können *verschiedene Bereiche einer Organisation mit recht unterschiedlichen Umwelten* konfrontiert sein. Den Kern des Konzepts von Lawrence/Lorsch bilden nun zwei Hypothesen:

(1) Die *Organisationsstruktur der Untereinheiten* ist von der *Dynamik ihrer spezifischen Umweltsegmente geprägt:* Abteilungen in dynamischen Umwelten weisen größere Leitungsspannen, weniger Hierarchieebenen, einen geringeren Formalisierungsgrad und einen geringeren Programmierungsgrad auf als Abteilungen in statischen Umwelten.

(2) *Je unterschiedlicher die Organisationsstrukturen der verschiedenen Abteilungen und je unterschiedlicher damit die Orientierungen ihrer Mitglieder, desto schwieriger gestaltet sich die Koordination und desto aufwendigere Koordinationsmechanismen müs-*

sen eingesetzt werden, um ein Zusammenwirken der verschiedenen Abteilungen hinsichtlich des gesamten Anpassungsprozesses zu erreichen.

Z.B. weisen die Abteilungen der Ideengenerierung (z.b. Forschungs- und Entwicklungsabteilung, Marketingabteilung) und die Abteilungen, auf die Aufgaben der Ideenimplementierung entfallen (z.b. Produktionsabteilung), sehr unterschiedliche Organisationsstrukturen auf, was vorwiegend durch unterschiedliche Umwelten bedingt ist, so reichen Hierarchie und Programmierung als Abstimmungsinstrumente für die Sicherstellung eines Innovationserfolges nicht aus, sondern es müssen neben sie zusätzliche Koordinationsmechanismen treten. Zusätzliche Koordinationsmechanismen werden insbesondere dadurch geschaffen, daß eine bestimmte organisatorische Einheit, etwa ein Stab oder ein Ausschuß, mit der Koordinationsaufgabe betraut wird. Alternativ kann eine bestimmte funktionale Einheit, etwa der Verkauf, zusätzlich zu ihrer sonstigen Aufgabe die Verantwortung für die abteilungsübergreifende Koordination zugeteilt erhalten. Nach den Ergebnissen der empirischen Untersuchungen von Lawrence/Lorsch zeichnen sich *erfolgreiche Koordinationseinheiten* durch *folgende Eigenschaften* aus:

- Die Ausprägung der relevanten strukturellen Eigenschaften ist so beschaffen, daß die Koordinationseinheit innerhalb der zu koordinierenden Einheiten eine *mittlere Position* einnimmt. Das heißt, ihre Leitungsspannen, ihr Standardisierungsgrad, ihre Kommunikationsintensität usw. nehmen etwa den Mittelwert der zu koordinierenden Abteilungen ein.
- Der Einfluß der Koordinatoren stützt sich vor allem auf *Fachkompetenz.*
- Ein Großteil der *formalen Entscheidungsbefugnisse* ist auf der Ebene angesiedelt, auf der sich die zu koordinierenden Abteilungen befinden, ist also *dezentralisiert.*
- Die bevorzugte *Konfliktlösungsmethode* im Rahmen der Koordination ist die *direkte, offene problembezogene Konfrontation.* Bei weniger erfolgreichen Koordinatoren sind auch Konfliktlösungsmethoden anzutreffen, die sich einerseits als "Durchsetzung kraft höherer Position", als "Beilegungsstrategien" oder auch als "Unter-den-Teppich-Kehren" beschreiben lassen.

Auf dem Konzept von Lawrence/Lorsch aufbauend entwickelte Khandwalla (1977) ein noch differenzierteres Modell und unterzog es empirischen Überprüfungen.

6.3.3. Der Einfluß der Fertigungstechnik

In älteren Untersuchungen wurde die Fertigungstechnik meist über Nominalskalen erfaßt, die etwa Kategorien wie Werkstatt-, Fließ- und automatische Prozeßfertigung umfaßten. Jede dieser Fertigungstechniken, so wurde angenommen, ist mit spezifischen Ausprägungen der Leistungserstellungsprozesse und der formalen Organisationsstrukturen verbunden.

Tab. 6.2. gibt einen Überblick über die zu erwartenden Zusammenhänge. Die in der Tabelle enthaltenden Annahmen lassen sich wie folgt begründen:

Die geringen Stückzahlen der *Werkstattfertigung* bedingen eine im Vergleich zu anderen Fertigungstechniken geringe Spezialisierung: Die einzelnen Stellen müssen mit einer Vielzahl unterschiedlicher Anforderungen fertig werden; das verbietet eine weitgehende Aufspaltung der Verrichtungen (1). Die Unterschiedlichkeit der zu fertigenden Produkte schafft einen relativ hohen Koordinationsbedarf (2), erschwert aber eine detaillierte Vorausplanung der Fertigung. Die Koordination dürfte weitgehend den persönlichen Anweisungen der Meister und Vorarbeiter und/oder der Selbstabstimmung der Arbeiter überlassen bleiben (3).

Fertigungstechnik	Werkstattfertigung geringe Mechanisierung	Fertigung nach dem Fließprinzip, hohe Mechanisierung	automatisierte Fertigung, hohe Starrheit
Spezialisierungsgrad	(1) niedrig	(4) hoch	(7) niedrig
Koordinationsbedarf	(2) hoch	(5) innerhalb der Fertigung: niedrig, zwischen unterstützenden Abteilungen der Fertigung: hoch	(8) innerhalb der Fertigung: hoch
Wodurch wird Koordinationsbedarf befriedigt?	(3) persönliche Weisungen, Selbstbestimmung	(6) Programmierung, Planung	(9) Selbstabstimmung persönliche Weisungen, Planung

Tab. 6.2: Annahmen über Auswirkungen der Fertigungstechnik auf die Organisationsstruktur (Quelle: Kieser, A./Kubicek, H. 1992, Organisation, Walter de Gruyter & Co., Berlin: 312)

In Fertigungen nach dem *Fließprinzip* sind Verrichtungen zunächst auf einzelne Produkte spezialisiert. In den einzelnen Stellen werden jeweils auch nur wenige Tätigkeiten ausgeführt. Die Spezialisierung ist sehr hoch (4). Der dadurch induzierte Koordinationsbedarf wird jedoch weitgehend durch die in die Fertigung "hineinprogrammierte" Koordination abgedeckt. Für die Meister in der Fertigung oder auch für die Arbeiter bleiben so nur noch wenige Koordinationsprobleme übrig (5). Anders verhält es sich mit den Verrichtungen, die mit der Fertigung in einem mittelbaren Zusammenhang stehen. Fertigungen nach dem Fließprinzip stellen hohe Anforderungen an die Materialwirtschaft – Stockungen führen zu hohen Kosten – und, soweit verschiedene Produkte in ein- und derselben Fertigungssrtaße gefertigt werden, an die Arbeitsvorbereitung. Auch der Umfang und die Bedeutung solcher Abteilungen wie Instandhaltung, Fertigungseinrichtung und Qualitätskontrolle dürften mit zunehmender Mechanisierung steigen. Im Hinblick auf diese unterstützenden Abteilungen ist von einem steigenden Koordinationsbedarf auszugehen (5). Dieser Koordinationsbedarf wird zum Teil durch Programmierung befriedigt – die technologische Programmierung findet ihre Ergänzung in einer organisatorischen Programmierung – und zum Teil durch Planung (6).

Für die *automatisierte Fertigung* (Prozeßfertigung) kann eine geringere Spezialisierung angenommen werden: Die automatisierten Aggregate führen jeweils mehrere Verrichtungen aus, die bei anderen Fertigungsformen noch Arbeitern übertragen sind. Automaten und nicht mehr die eigentlichen Fertigungsobjekte sind Gegenstand der menschlichen Arbeit. Die durch Automaten bedingten personellen Verrichtungen lassen sich aber nicht so stark spezialisieren. Betreuung eines Automaten bedeutet Kontrolle dieses Automaten, Beseitigung von Störungen, Sicherung der Materialbereitstellung usw. – ein Bündel von Verrichtungen, d.h. weniger Spezialisierung (7). Die größere Komplexität der Aufgaben in der Fertigung bringt einen höheren Koordinationsbedarf mit sich (8). Aus der Art der Verrichtungen der Arbeiter bei automatisierter Fertigung kann geschlossen werden, daß dieser Koordinationsbedarf *innerhalb der Fertigung* stärker als bei anderen Fertigungstechniken durch Selbstabstimmung befriedigt wird: Es kommt auf schnelle, aber auch abgestimmte Reaktionen des einzelnen Automatenkontrollers an, und die wird durch autonomes Handeln und schnelle gegenseitige Verständigung eher garantiert als durch hierarchische Weisungen, denen aber wegen ihrer Flexibilität ebenfalls noch große Bedeutung zukommt. Was die Koordination zwischen der Fertigung und unterstützenden Abteilungen betrifft, so ist weiter von einer relativ großen Bedeutung der Planung auszugehen: Die automatisierte Fertigung erfordert einen reibungslosen Materialzu- und -abfluß.

In empirischen Untersuchungen konnten diese Zusammenhänge weitgehend bestätigt werden (Übersicht in Fry 1982). Allerdings legten sie auch Modifikationen der Annahmen nahe. So stellten Kern/Schumann (1970) bspw. fest, daß eine Automatisierung der Fertigung nicht durchweg Stellen mit geringer Spezialisierung und anforderungsreichen Tätigkeiten entstehen ließ – der Anlagenkontrolleur oder der Meßwart waren Beispiele dafür -, sondern immer auch Stellen mit einfachen, repetitiven hochspezialisierten Teilaufgaben. Sie bezeichneten diesen Tatbestand als *Polarisierung.*

Die in der Tabelle enthaltenen Annahmen zur *Koordination* konnten etwa in Analysen der Leitungsspannen der Meister gestützt werden. Diese spiegeln den Koordinationsbedarf und das Ausmaß, in dem Koordination durch persönliche Weisungen erbracht wird wider. Ist der Koordinationsbedarf hoch und wird er vorwiegend durch persönliche Weisungen erbracht, so kann ein Meister nur eine kleine Zahl von Arbeiter überwachen und anleiten. Woodward ermittelte die in Abb. 6.3 wiedergegebenen Durchschnittswerte für die Leitungsspannen der Meister in Abhängigkeit von der Fertigungstechnik.

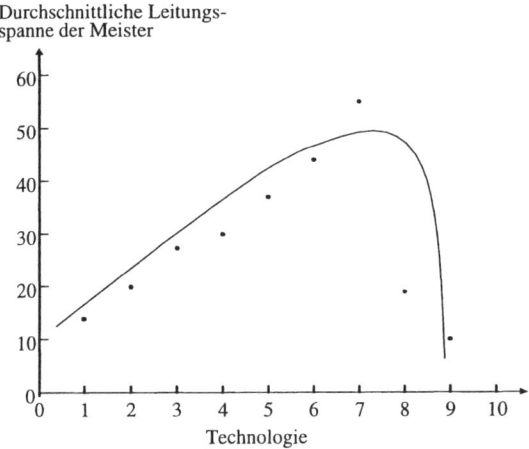

Abb. 6.3: Durchschnittliche Leitungsspannen der Meister in Abhängigkeit von der Fertigungstechnik (nach Woodward 1965: 62)

In empirischen Analysen des Einsatzes *neuerer Fertigungstechniken*, die unter Begriffen wie CAM oder CAD subsumiert werden, wurde festgestellt, daß die gleichen Fertigungstechniken mit unterschiedlichen arbeitsorganisatorischen Lösungen kombiniert werden. Oder es wurde festgestellt, daß ähnliche Fertigungsprobleme mit unterschiedlichen Technik-Organisations-Kombinationen gelöst werden. Diese Ergebnisse stellen die Grundannahme des Situativen Ansatzes in Frage, die besagt, daß situative Faktoren wie die Fertigungstechnik die Organisationsstruktur *determinieren.* Wir kommen gleich darauf zurück.

6.4. Kritik und Weiterentwicklungen

6.4.1. Endogene Kritik

Endogen ist eine Kritik, die auf methodische Mängel eines Ansatzes hinweist, ihn aber nicht generell in Frage stellt, während eine exogene Kritik die Fundamente eines Ansatzes attackiert (z. Kritik am Situativen Ansatz s. auch Frese, E. 1992: 190ff.; Türk 1989). Die Argumente der endogenen Kritik am Situativen Ansatz sind relativ schnell abgehandelt:

(1) *Wichtige Situations- und Strukturmerkmale werden nicht erfaßt:* Konzeptionen der Organisationsstruktur wurden im Laufe der Zeit differenzierter, und auch Konzeptionen der situativen Einflußfaktoren wurden ständig erweitert. Dies ist ein Prozeß, der mit Sicherheit noch nicht abgeschlossen ist. Wissenschaftlicher Fortschritt kommt u.a. dadurch zustande, daß Konzepte aufgrund neuer oder widersprüchlicher Befunde oder auch neuer Einsichten erweitert und verfeinert werden.

(2) *Die verwendeten Maße sind nicht gültig, nicht zuverlässig und über verschiedene Studien hinweg nicht vergleichbar:* Die Konstrukte "Organisationsstruktur" und "Situation" sind außerordentlich komplex. Es verwundert deshalb nicht, daß Forscher über die angemessenen Operationalisierungen heftig streiten. Bedenklich ist jedoch, daß in den meisten Untersuchungen nicht einmal der Versuch unternommen wird, Gültigkeit und Zuverlässigkeit der Maße nach den Standards der empirischen Sozialforschung zu prüfen (Kubicek/Welter 1985; Starbuck 1981). Problematisch ist weiterhin, daß in Untersuchungen, die aufeinander Bezug nehmen, häufig unterschiedliche Maße zur Erfassung der gleichen Strukturdimensionen eingesetzt werden, obwohl in empirischen Analysen festgestellt wurde, daß unterschiedliche Operationalisierungen – etwa solche mittels Wahrnehmungen oder mittels "objektiver" Tatbestände erfaßter – zu unterschiedlichen Ergebnissen führen (Kubicek 1980; Payne/Pugh 1976; Zündorf 1976; Pennings 1973).

(3) *Die verwendeten statistischen Verfahren sind nicht angemessen:* Häufig werden verschiedene Indizes oder Maße zu einem Gesamtmaß aggregiert, nachdem in Analysen festgestellt wurde, daß sie hoch korrelieren. Dagegen wird eingewendet, daß die durch die Aggregation vorausgesetzte Substituierbarkeit der organisatorischen Sachverhalte, für die die Indizes stehen, nicht immer gegeben ist (Kubicek/Welter 1985; Starbuck 1981; Greenwood/Hinings 1976; Donaldson/Child/Aldrich 1975).

An Analysen des Zusammenhangs zwischen Situations- und Strukturvariablen wird kritisiert, daß die üblicherweise angewendeten Korrelations- und Regressionsmethoden nur lineare Zusammenhänge erfassen, nicht-lineare Zusammenhänge aber nicht ausgeschlossen werden können.

(4) *Die Stichproben sind nicht repräsentativ und nicht vergleichbar:* Um empirische Befunde verallgemeinern zu können, wird in der empirischen Sozialforschung gefordert, daß die untersuchte Stichprobe repräsentativ für die gemeinte Grundgesamtheit sein soll. Bezogen auf Organisationen ist die Zusammensetzung dieser Grundgesamtheit jedoch nicht bekannt. Ein anderes Problem stellt die geringe Bereitschaft zur Gewährung von Interviews dar. Wegen des hohen Erhebungsaufwandes bleiben die Beteiligungsquoten meist gering. Viele Forscher stellen daher ihre Stichprobe nach der Beteiligungbereitschaft der Organisationen zusammen. Soweit überhaupt Replikationen, d.h. Überprüfungen von Ergebnissen auf der Basis weiterer Stichproben, vorgenommen wurden, haben sich abweichende Ergebnisse eingestellt, die nachträglich auf Un-

terschiede in den Stichproben zurückgeführt wurden (Greenwood/Hinings 1976; Donaldson/Child/Aldrich 1975).

(5) *Der Informationsgehalt der empirisch gestützten Ergebnisse des Situativen Ansatzes ist gering:* Typische Ergebnisse des Situativen Ansatzes sind etwa:

- Je größer eine Organisation, desto höher ist ihre Entscheidungsdezentralisation.
- Je größer die Produktdiversifikation einer Organisation – je größer die Zahl unterschiedlicher Leistungen in ihrem Angebot – , desto intensiver ist der Einsatz formaler Planung.
- Je stärker der Konkurrenzdruck, dem eine Organisation ausgesetzt ist, desto höher ist ihre Entscheidungsdezentralisation.

Wir erfahren also bspw., daß Organisationen, die unterschiedliche Leistungen anbieten, mehr Gebrauch von dem Koordinationsinstrument Planung machen als Organisationen mit einem weniger diversifizierten Produktionsprogramm. Wir erfahren jedoch nicht, *welche Arten von Plänen auf welche Weise* erstellt werden. Der Verzicht auf Informationen über den *Inhalt* struktureller Regelungen ist der Preis für die größere Allgemeingültigkeit der Aussagen. Allgemeingültigkeit wird hergestellt, indem von nicht direkt vergleichbaren inhaltlichen Details abstrahiert wird und sich die Betrachtung auf die umfangs- und intensitätsmäßigen Aspekte beschränkt. Eine solche Beschränkung führt dazu, daß Korrelationen zwischen Situation- und Strukturdimensionen stets nur *globale* und teilweise recht *abstrakte* Beziehungen aufzeigen.

Entsprechend *gering ist die Unterstützung, die der Situative Ansatzes der Organisationsgestaltung bietet.* Die Information, daß eine Organisation bei Zunahme ihrer Größe Entscheidungen delegieren muß, ist für Praktiker nicht sonderlich überraschend. Diese interessiert wesentlich mehr, *welche Entscheidungen* zweckmäßigerweise den oberen Ebenen vorbehalten bleiben sollen, auf *welche Ebene genau* bestimmte Entscheidungen zu delegieren sind, *welche Vorkehrungen* im einzelnen getroffen werden müssen, damit sich das Risiko der Entscheidungsdelegation in Grenzen hält, usw.

Indes: Auch der geringe Informationsgehalt bisheriger Ergebnisse des Situativen Ansatzes ist kein irreparabler Mangel. Werden situative Analysen auf einzelne Branchen beschränkt, kann die Erfassung der Organisationsstruktur und der situativen Faktoren wesentlich präziser erfolgen, denn dann sind sowohl die durch die Situation verursachten Probleme als auch die zur Lösung im Prinzip zur Verfügung stehenden strukturellen Regelungen in einem höheren Maße vergleichbar. In einem Einzelhandelsunternehmen für Oberbekleidung gibt es bspw. eine begrenzte Zahl an Möglichkeiten, die Koordination für den Einkauf organisatorisch zu gestalten. Diese lassen sich relativ präzise erfassen, und es kann dann analysiert werden, unter welchen Bedingungen sich welche dieser Möglichkeiten bewähren (Binzberger 1983). Großzahlige Analysen können durch intensivere Fallstudien ergänzt werden. Eine derartige situative Analyse ist dann nicht mehr so verschieden von dem Vorgehen eines Unternehmungsberaters, der ja auch versucht, mehr oder minder systematisch herauszubekommen, welche Lösungen sich unter welchen Bedingungen bewähren, und der sein Geschäft zu einem wesentlichen Teil darauf aufbaut, Lösungen, die sich in einer Unternehmung oder in einer Gruppe von Unternehmungen in einer bestimmten Situation als effizient erwiesen haben, auf eine andere Unternehmung zu übertragen, die sich in einer ähnlichen Situation befindet, aber eine schlechtere organisatorische Lösung realisiert hat. Es käme darauf an, ein solches Vorgehen des Unternehmungsberaters systematischer, nachvollziehbarer zu machen. Solche branchenbezogenen Analysen sind bisher jedoch noch kaum durchgeführt worden.

6.4.2. Exogene Kritik

Die Fundamentalkritik stellt grundlegende Annahmen des Situativen Ansatzes in Frage. Sie löste Weiterentwicklungen aus, von denen wir einige darstellen. Auch diese Weiterentwicklungen enthalten jedoch, wie wir zeigen werden, immer noch problematische Annahmen.

(1) Die Situation determiniert nicht die Organisationsstruktur:

Wie Schreyögg (1978: 229) zeigt, liegen dem Situativen Ansatz die folgenden Annahmen zugrunde:

(a) *Es gibt nur jeweils eine richtige (kongruente), die "Lebensfähigkeit" erhaltende Strukturform* für die Anforderungen, die die situativen Faktoren stellen, d.h. für die Gestaltung von Organisationsstrukturen besteht innerhalb der gegebenen situativen Bedingungen keine Wahlmöglichkeit.

(b) Die *situativen Faktoren* sind von der Organisation als *gegeben* zu betrachten, d.h. die Organisation kann auf sie keinen Einfluß nehmen.

(c) Für die Organisation ist *eine bestimmte Art und ein bestimmtes Maß (Niveau) ökonomischer Effizienz (Rationalität) verbindlich;* diese sind als solche von der Organisation nicht beeinflußbar.

Alle diese Annahmen können mit guten Gründen infrage gestellt werden:

(a) Wie empirische Studien zeigen, liegt Entscheidungen zur Organisationsgestaltung *bestenfalls begrenzte Rationalität* zugrunde (March/Olson 1976a). Zur Bewertung von Alternativen der Organisationsgestaltung stehen keine Optimierungsalgorithmen zur Verfügung, die Anspruch auf Realitätsnähe erheben könnten. Werden organisatorische Alternativen Kosten-Nutzen-Analysen unterzogen, so dienen diese eher der Ex-Post-Legitimierung der Entscheidung als ihrer Vorbereitung (Blumberg/Gerwin 1981).

(b) Weil eine Identifikation der optimalen Organisationsstruktur nicht möglich ist, kann die *Existenz unterschiedlicher Organisationsstrukturen, die* für bestimmte Situationen eine *gleichgute Lösung bieten*, a priori *nicht ausgeschlossen* werden.

(c) Das *Management* hat nicht nur die Wahl, sich an eine gegebene Situation anzupassen, es *kann*, zumindest in gewissen Grenzen, *die Situation auch verändern* (Child 1972). Es kann bspw. das Kaufverhalten seiner Kunden durch Werbung, Bestechung oder andere Maßnahmen verändern. Es kann sich sogar neue Märkte schaffen. Meist stehen unterschiedliche Aggregate der Fertigungtechnik zur Wahl, unter denen das Management auswählen kann. Die Hersteller von Fertigungstechnik sind auch bereit, Modifikationen vorzunehmen, wenn der Abnehmer das wünscht. Auch auf die anderen situativen Faktoren kann das Management einwirken.

(d) *Organisationen mit "suboptimalen" Organisationsstrukturen werden vom Markt nicht gnadenlos eliminiert.* Märkte sind unvollkommen, d.h. in einem gewissen Umfang tolerieren sie Suboptimalität. Eine Unternehmung kann eine weit unterdurchschnittliche Problemlösung auf einem Gebiet durch eine überdurchschnittliche auf einem anderen kompensieren. Eine Unternehmung, die etwa eine schlecht angepaßte Vertriebsorganisation hat, kann dies u.U. durch eine hervorragende Qualität ihrer Produkte ausgleichen.

Wenn wir alle diese Abschwächungen der Annahmen des Situativen Ansatzes berücksichtigen, können wir nicht mehr mit starken Korrelationen zwischen Situation und Organisationsstruktur rechnen. Die Ergebnisse streuen notwendigerweise, weil die Situation die Struktur nicht determiniert, sondern lediglich eine "Entsprechung innerhalb gewisser Bandbreiten organisatorischer Lösungen" fordert.

Am Beispiel der *neuen Fertigungstechniken* wollen wir die Art des Zusammenhangs zwischen Situationsfaktoren und Organisationsstruktur etwas eingehender betrachten. Wir greifen dabei nur eine Komponente moderner Fertigungstechnik heraus: CNC-Maschinen. Diese Maschinen sind programmierbar. Die Programme werden entweder direkt an der Maschine erstellt oder mittels eines Datenträgers eingegeben, der an anderer Stelle, etwa in einem zentralen Programmierbüro, mit einem Programm versehen wird. Dabei sind Korrekturen auf der Basis von Testläufen unvermeidlich; sie erfolgen in der Regel direkt an der Maschine.

Der Einsatz von CNC-Maschinen erfordert folgende Tätigkeiten: Programmieren und Planen, Maschine vorbereiten und rüsten, Steuerung vorbereiten und rüsten, Maschine bedienen und überwachen, Kontrolle und Wartung (Bühner 1986: 11). Die Art der Zuordnung dieser Tätigkeiten auf Stellen entscheidet über die Arbeitsorganisation. In einer Untersuchung im Maschinenbau der Klein- bis Mittelserienfertigung stellten Hirsch-Kreinsen/ Springer (1984) fest, daß Unternehmungen bei Einführung von CNC-Maschinen recht unterschiedliche Arbeitsorganisationen realisieren:

(a) *Zentrale Planung und Steuerung*: Der Fertigungsablauf wird in einer zentralen Arbeitsvorbereitung, die Stellen für NC-Programmierung umfaßt, weitgehend zentral geplant und gesteuert. Die anforderungsreichen Stellen der NC-Programmierung werden mit Technikern oder Facharbeitern mit Zusatzqualifikation besetzt. Mit einer solchen zentralisierten Koordination der Fertigung waren zwei Formen der Arbeitsorganisation *in der Werkstatt* verbunden:

- *Polarisierung*: Die in der Fertigung verbleibenden Aufgaben werden auf eine Weise gebündelt und Stellen zugewiesen, daß einerseits Stellen mit hohen Qualifikationsanforderungen entstehen, andererseits Stellen mit einfachen repetitiven Tätigkeiten. Zu letzteren gehören etwa die Stellen der "Spanner", deren Tätigkeit sich weitgehend auf die Überwachung und Beschickung der Maschinen beschränkt und die mit angelernten Arbeitskräften besetzt werden. Ihre Tätigkeiten werden von der Arbeitsvorbereitung exakt vorgeplant. Die mit Facharbeitern besetzten anforderungsreichen Stellen, die "Einrichter" oder "Einsteller", haben die Aufgabe, neue NC-Programme einzufahren und vorhandene Programme zu korrigieren und zu testen. In ihnen gibt es im Gegensatz zu den Stellen der Spanner weite Handlungsspielräume.

- *Mischtätigkeit*: Die Stellen in der Fertigung werden nicht polarisiert, sondern ihnen werden durchgehend einfache, aber auch anforderungsreiche Tätigkeiten zugewiesen, so daß sie mit Facharbeitern besetzt werden müssen. In jeder Stelle werden sowohl Aufgaben der Maschinenbedienung wahrgenommen als auch Programme eingefahren, korrigiert und optimiert. Die Vorgaben der Arbeitsvorbereitung sind wenig detailliert; die Feinplanung wird dem Dispositionsspielraum der qualifizierten Fachkräfte überlassen.

(b) *Fertigungsinseln*: Eine weitere Form der Arbeitsorganisation ist durch einen weitgehenden Verzicht auf eine zentrale Planung, Steuerung und Kontrolle des Werkstattablaufs gekennzeichnet. Den mit Facharbeitern besetzten Stellen in der Werkstatt wird ein umfangreicher Komplex dispositiver und ausführender Funktionen übertragen. Gruppen von Facharbeiterstellen, die bestimmten CNC-Maschinen zugeordnet sind, werden Aufgaben der Maschinenprogrammierung, der Werkzeugvoreinstellung, des Vorrichtungsbaus, der

Teilebearbeitung sowie der Qualitätskontrolle übertragen. Die Arbeiter können die Verteilung der Aufgaben im einzelnen von Fall zu Fall weitgehend unter sich regeln. Sie müssen nicht nur über umfassende technisch-fachliche Qualifikationen, sondern auch über breite Kenntnisse der CNC-Technik und der Organisation verfügen.

Weitere Beispiele, in denen bestimmte Fertigungstechniken mit unterschiedlichen Arbeitsorganisationen kombiniert werden, ließen sich anführen (Kieser/Kubicek 1992: 317ff.). In Übereinstimmung mit dem hier ausführlicher dargestellten Beispiel zeigen sie: *Die Organisationsstruktur ist nicht durch die Technik determiniert.* Vielmehr ist es möglich, bestimmte Techniken mit unterschiedlichen Arbeitsorganisationen zu kombinieren. Daß dabei die Technik mitunter im Hinblick auf die gewünschte Arbeitsorganisation modifiziert werden muß – für eine Werkstattprogrammierung etwa müssen CNC-Maschinen anders ausgelegt sein als für eine zentrale Programmierung, auch sind andere Systeme der Arbeitsvorbereitung erforderlich –, bedeutet keine Einschränkung der Wahlfreiheit: Die Gestalter der Fertigungsorganisation können die Technik so auswählen, daß sie mit der gewünschten Arbeitsorganisation kompatibel ist.

Im Prinzip lassen sich alternative Arbeitsorganisationen in Verbindung mit neuer Technik entlang zweier Dimensionen entwickeln: (a) Spezialisierung oder Integration von Ausführungs-, Instandhaltungs-, Reparatur- und Kontrollaufgaben, (b) Zentralisierung oder Dezentralisierung von Aufgaben der Fertigungsplanung und -steuerung. Daß solche Gestaltungsalternativen im Zusammenhang mit älteren Fertigungstechniken nicht wahrgenommen wurden, daß situative Analysen Regelmäßigkeiten in den Beziehungen zwischen Technik und Arbeitsorganisation registrierten, hat vor allem zwei Gründe. Zum einen bildeten sich wohl Ansätze "guter Praxis" heraus: Es etablierten sich Organisationsprinzipien für bestimmte Techniken. (Solche können sich, nach einer Phase des Experimentierens, auch für neuere Techniken etablieren). Zum anderen war die ältere Technik rigider in dem Sinne, daß technische Alternativen, die wiederum organisatorische Alternativen ermöglichen, weniger leicht zu entwickeln waren als bei neuen Techniken, in denen Informationstechnik integriert ist. Durch eine entsprechende Ausstattung erlaubt es die Informationstechnik bspw., Programmierung in der Werkstatt oder in einer zentralen Arbeitsvorbereitung durchzuführen, wobei bei zentraler Programmierung Steuerungsdaten direkt in die CNC-Maschine überspielt werden können.

Man kann also feststellen, daß die *neue Fertigungstechnik die Arbeitsorganisation nicht nur nicht determiniert, sondern sogar noch organisatorische Gestaltungsspielräume eröffnet.*

Nun kann eingewendet werden, daß nicht alle technisch-organisatorischen Alternativen wirklich gleichwertig sind, daß in bestimmten Situationen eine bestimmte Alternative effizienter ist als die anderen. Dies mag zwar richtig sein – nur, welche Alternative die optimale ist, läßt sich nicht so leicht ermitteln. In aller Regel sind die Bedingungen, unter denen alternative technisch-organisatorische Lösungen implementiert sind, nie völlig gleich, so daß Vergleichsrechnungen keine eindeutigen Ergebnisse liefern. Die Bedingungen ändern sich zudem laufend: Die Produktionsprogramme ändern sich, die Qualifikation der Mitarbeiter nimmt durch learning by doing zu, durch bessere Instandhaltungsstrategien nimmt die Verfügbarkeit der Anlagen zu usw.

Am Beispiel der Fertigungstechnik läßt sich also zeigen, daß eine Organisation durchaus mit alternativen Organisationsstrukturen überlebensfähig sein kann. Da die – "theoretisch" nicht auszuschließende – "optimale" organisatorische Lösung nicht zu ermitteln ist, muß von mehreren gleichwertigen – äquifunktionalen – Lösungen ausgegangen werden. Situative Faktoren sind zudem beeinflußbar. So kann Fertigungstechnik modifiziert, kompatibel mit gewünschten organisatorischen Lösungen gemacht werden. Die oben herausgestellten *Grundannahmen des Situativen Ansatzes sind nicht haltbar.*

Wenn nun aber von der Aufgabenstellung und der Technik keine deterministischen Wirkungen ausgehen, welche Faktoren entscheiden dann letztlich über die Gestaltung der Arbeitsorganisation? *Ein starker Einfluß geht von der Gestaltungsphilosophie, den Leitvorstellungen, der Organisationsgestalter aus.* Organisationsgestalter, die einer tayloristischen Gestaltungsphilosophie anhängen, werden eher eine hoch arbeitsteilige, zentralistische Lösung verfolgen. Sind Organisationsgestalter jedoch der Meinung, daß hochqualifizierte Arbeiter im Rahmen einer globalen Steuerung bessere Problemlösungen zu entwickeln imstande sind als zentral gestaltende und steuernde Spezialisten allein, so tendieren sie eher zu einer dezentralen, integrativen Arbeitsorganisation (Brödner 1985). Da auch von den anderen situativen Faktoren keine deterministischen Wirkungen ausgehen, kommt Gestaltungsphilosphien und -strategien insgesamt eine große Bedeutung zu.

Daß Leitbilder oder Ideologien einen starken Einfluß auf die Organisationsgestaltung haben, hatten wir bereits in der Kritik der Managementlehre herausgearbeitet (s. Kap. 3.2.3.), und in Punkt (4) kommen wir noch einmal darauf zurück.

(2) Der Situative Ansatz enthält kein Konzept, das die Anpassung der Organisationsstruktur an die Situation erklärt.

Der Situative Ansatz postuliert, daß Organisationsstrukturen an die Situation angepaßt werden müssen. Erstaunlich ist, daß er nicht untersucht, *durch welche Prozesse* diese Anpassung zustande gebracht wird (Kieser 1988c). Wie wir bereits ausgeführt haben, kann nicht davon ausgegangen werden, daß von den gegebenen unvollkommenen Märkten eine rigorose Selektion ausgeht. Man kann höchstens annehmen, daß der Markt grobe "Fehler" in der organisatorischen Gestaltung sanktioniert. Diese Sanktion wird wohl nicht in jedem Fall so erfolgen, daß eine Organisation aus dem Markt ausscheidet. Sie gerät vielleicht in eine Krise, aus der sie eine Reorganisation herausführen kann. Um den Prozeß der Anpassung rekonstruieren zu können, müßte etwa untersucht werden, wie Organisationsgestalter "Unangepaßtheiten" der Organisationsstruktur erkennen, wie sie organisatorische Alternativen generieren und bewerten und wie sie die selektierte Alternative schließlich implementieren.

Der Situative Ansatz leistet eine *funktionale Erklärung* der Organisationsstruktur, indem er behauptet, diese müsse eine bestimmte Form haben, um den Systemerfordernissen gerecht zu werden – um funktional für das System zu sein (Silverman 1968). Im ersten Kapitel haben wir festgestellt, daß funktionalistische Erklärungen nur dann gerechtfertigt sind, wenn sie auf einen zwischen der Situation und dem Aufkommen der zu erklärenden Phänomene kausalen Mechanismus verweisen, der, wenn er schon nicht im Detail auf der Basis von Daten rekonstruiert werden kann, zumindest plausibel ist. Einen solchen Mechanismus zeigt der Situative Ansatz nicht auf. Insofern kann die von ihm vorgetragene funktionale Analyse nicht befriedigen (Burrell/Morgan 1987: 181; Turner 1977). Er muß sich den Vorwurf der *Theorielosigkeit* gefallen lassen.

(3) Der Situative Ansatz verschleiert die Ausübung von Herrschaft in Organisationen.

Organisatorische Regeln beschneiden Handlungsspielräume der Organisationsmitglieder. Durch sie wird Herrschaft ausgeübt. Beispiele dafür finden sich im Kapitel zu Managementlehre und Taylorismus: Die Verwirklichung des Prinzips der Trennung von Hand- und Kopfarbeit etwa führte dazu, daß der Einfluß der Arbeiter auf den Produktionsprozeß erheblich reduziert und derjenige des Managements erheblich gesteigert wurde. In einer Organisationsgestaltung nach dem Harzburger Modell werden Entscheidungen delegiert, aber gleichzeitig wird der Entscheidungsspielraum durch die Vorgabe von Richtlinien stark eingeschränkt. Die Mitarbeiterbesprechung dient nicht dazu, die Mitarbeiter an wichtigen Entscheidungen zu beteiligen, sondern ihrem Vorgesetzten Informationen zu verschaffen. Indem der Situative Ansatz die Ausübung von Herrschaft nicht problematisiert, legitimiert er sie: *Organisationsstrukturen werden ausschließlich als funktionale Erfordernisse der Situation interpretiert.* Es ist jedoch *nicht auszuschließen, daß Teile der Organisationsstruktur nicht durch die Situation bedingt,* sondern auf das Bestreben des Managements nach Herrschaftssicherung zurückzuführen sind. Prinzipien der Organisationsgestaltung sind immer auch ideologisch und, wie wir ebenfalls im Kapitel zur Managementlehre ausgeführt haben (Abschnitt 3.1.2.), bestätigen sich Ideologien der Organisationsgestaltung in dem Maße selbst, in dem sie sich in Organisationsstrukturen manifestieren. Indem der Situative Ansatz bestimmte Organisationsstrukturen als *funktional notwendig* darstellt, verleiht er ihnen wissenschaftliche Legitimation und *trägt damit zur Verschleierung der hinter ihnen stehenden Interessen mächtiger Akteure und der zu ihrer Durchsetzung mobilisierten Ideologien bei* (Clegg 1981; Clegg/Dunkerly 1980: 433ff.; Benson 1977: 10; Silverman 1968).

(4) Der Situative Ansatz propagiert eine konservative Organisationsgestaltung.

Der Situative Ansatz kann bestenfalls erfassen, welche organisatorischen Lösungen die Gestalter *bisher* gefunden haben, um den Anforderungen bestimmter Situationen zu entsprechen. Es ist aber nicht auszuschließen, daß es noch bessere Lösungen für bestimmte Situationen gibt als diejenigen, die sich bisher bewährt haben. In unserer Diskussion der Beziehungen zwischen Technik und Organisationsstruktur sind wir auf dieses Problem gestoßen: Diejenigen Organisationsgestalter, die sich an altbewährten Mustern orientieren, tendieren dahin, den organisatorischen Gestaltungsspielraum nicht zu nutzen, den neue Fertigungstechniken bieten. Sie replizieren bewährte – tayloristische – Arbeitsorganisationen und drängen auf Ausgestaltungen der Technik, die mit solchen Arbeitsorganisationen kompatibel sind. Tatsächlich ist beim Einsatz neuer Techniken häufig eine Orientierung an tayloristischen Gestaltungsmustern – ein *organisatorischer Konservatismus* (Child et al. 1987) – zu beobachten (Köhl et al. 1989: 252f.; Pries et al. 1989: 72ff.; Schultz-Wild et al. 1989: 172ff., 194ff.). Vieles spricht jedoch dafür, daß eine Integration von Tätigkeiten und eine Dezentralisierung von Steuerungsaufgaben beim Einsatz neuer Techniken zu höherer Effizienz führt (Brödner 1985). Der Situative Ansatz hält die Praxis somit zu einer konservativen Organisationsgestaltung an. Würde sich die Praxis an seinen Ergebnissen orientieren, nähme die Signifikanz statistischer Analysen im Rahmen des Situativen Ansatzes ständig zu (Zey-Ferrell/Aiken 1981; Schreyögg 1980, 1978). Indem er die bisherige Praxis als wissenschaftlich legitimiert, trägt er tendenziell dazu bei, daß über Alternativen nur wenig nachgedacht wird und die Akzeptanzchancen für in der Diskussion befindliche Alternativen geringer werden.

Ist es nicht eher die Aufgabe einer Organisationstheorie, Gestaltungsexperimente anzuregen und zu untersuchen, welche Vor- und Nachteile neue organisatorische Lösungen gegenüber alten aufweisen?

(5) Organisationsstrukturen lassen sich nicht "objektiv", d.h. unabhängig von Wahrnehmungen, Intentionen und Handlungen der Organisationsmitglieder konzipieren und erfassen.

Im Situativen Ansatz sind organisatorische Regelungen etwas, das unabhängig von Personen erfaßt werden kann und soll. Organisationsstrukturen werden als objektive Gegebenheiten interpretiert, die das Handeln der Organisationsmitglieder steuern. Etwa so wie ein Fels einen Spaziergänger dazu bringt, eine Richtungsänderung vorzunehmen, so veranlaßt eine Verfahrensrichtlinie ein Organisationsmitglied zu Handlungen, die nicht unbedingt in seinem Interesse, sondern in dem der Organisation sind.

Von *interpretativen oder konstruktivistischen Ansätzen* der Organisationstheorie (dazu mehr in Kap. 9) wird bestritten, daß eine solche Sicht der Wirklichkeit von Organisationen entspricht. Insbesondere wird in ihnen bestritten, daß sich das Handeln der Organisationsmitglieder stark an formalen Regelungen orientiert. *Handeln* in Organisationen wird in ihnen vielmehr als das *Ergebnis von Verständigungsprozessen* gesehen. Stabile Handlungsmuster werden nicht durch formale Regelungen, sondern durch fortgesetzte Interaktion aufrechterhalten: "Die Realität der Organisation (also auch die in formalen Regelungen intendierte Realität, d. Verf.) ist nicht etwas, was außerhalb des menschlichen Bewußtseins existiert und darauf wartet, wahrgenommen zu werden. Die Welt, wie sie Individuen erfahren, wird vielmehr intersubjektiv konstituiert" (Brown 1978: 378). Mit anderen Worten: Regeln per se sagen nicht viel über tatsächliches Handeln aus. Eine bestimmte Regel kann von verschiedenen Individuen, verschiedenen Gruppen und in verschiedenen Situationen ganz unterschiedliche Bedeutungen zugeordnet erhalten, und im Zeitablauf ändern sich diese u.U. Wenn wir eine organisatorische Regel erfaßt haben, wissen wir also noch lange nicht, wie die Organisationsmitglieder handeln. Halten sich Organisationsmitglieder strikt an die Regeln, praktizieren sie "Dienst nach Vorschrift", bricht Chaos aus. Koordiniertes Handeln von Individuen in Organisationen wird möglich, so der interpretative Ansatz, nicht weil diese sich an formalen Organisationsstrukturen orientieren, sondern weil sie in Interaktionsprozessen übereinstimmende Vorstellungen über wichtige Aktivitäten, gemeinsame Ziele und übereinstimmende Bedeutungsmuster herausbilden (Smircich 1983a; Silverman 1972, 1968). Die formale Organisationsstruktur ist aus dieser Perspektive eher eine Resultante denn eine Voraussetzung abgestimmten Verhaltens in Organisationen: Die Organisationsmitglieder können Regeln vereinbaren, um einem Konsens, der sich in Interaktionsprozessen herausgebildet hat, Stabilität zu verleihen. Regeln erschließen oft nur dem "Eingeweihten" ihren Sinn. Wenn man wissen will, was das Handeln in Organisationen bestimmt – wenn man Regelmäßigkeiten im Handeln der Organisationsmitglieder erklären will –, so muß man den interpretativen Ansätzen zufolge also eher die Ideologien, Werte, Sinnsysteme, Symbole usw. analysieren als die formale Struktur. (Eine vermittelnde Position zwischen objektivistischen und interpretativen Konzepten wird versucht in Kieser/Kubicek 1992: 449ff.).

**(6) Regelmäßigkeiten in den Beziehungen zwischen Situation und Organisations-
struktur sind von Kultur zu Kultur unterschiedlich.** -

Vertreter des Situativen Ansatzes tendieren dahin, Regelmäßigkeiten in den Beziehungen
zwischen Situation und Struktur als allgemeingültige, quasi-naturgesetzliche Zusammenhänge zu sehen. Die "Systemlogik" der Organisation ist ihrer Ansicht nach in allen
Kulturen die gleiche. Sie verweisen etwa darauf, daß in empirischen situativen Analysen
in verschiedenen Kulturen ähnliche Korrelationsmuster festzustellen sind: In japanischen
Organisationen ist bspw. Organisationsgröße ebenso mit dem Spezialisierungsgrad, dem
Dezentralisationsgrad, dem Programmierungs- und Formalisierungsgrad korreliert wie in
britischen oder schwedischen (Hickson et al. 1964). Schaut man jedoch genauer hin, so
bestehen erhebliche Unterschiede in der *Art*, wie Spezialisierung, Dezentralisierung, Programmierung und Formalisierung durchgeführt werden (Kieser/Kubicek 1992: 253ff.;
Keller 1982). Diese Unterschiede lassen sich nicht durch situative Faktoren erklären. Organisationsstrukturen sind vielmehr, dies zeigen diese Analysen, in einem hohen Maße
von der kulturellen Entwicklung geprägt. In japanischen Organisationen sind bspw. Stellenbeschreibungen unbekannt, und es finden sich ganz andere Modi der Entscheidungsfindung als in westlichen Organisationen. Dies hängt mit der stärkeren Gruppenorientierung
der Japaner zusammen, die wiederum auf die spezifischen religiösen und geistesge-
schichtlichen Entwicklungen in Japan zurückzuführen ist (Yoshino 1970). Organisationsstrukturen sind, ebenso wie Baustile oder Familienbeziehungen, Produkte der Kultur, die
nicht losgelöst von gesellschaftlichen Rahmenbedingungen interpretiert und gestaltet werden können. Und mit der Kultur ändern sich auch Organisationsstrukturen im Zeitablauf.
Regelmäßigkeiten in den Beziehungen zwischen Situation und Organisationsstruktur sind
nicht allgemeingültig.

Gegen alle diese kritischen Einwände wird der Situative Ansatz von Donaldson (1985)
verteidigt (s. auch die Diskussion in Hinings et al. 1988).

6.4.3. Weiterentwicklungen: Die Einbeziehung der Entscheider und die Konzipierung von Strukturtypen

Erweiterungen des Situativen Ansatzes bauen auf der Erkenntnis auf, daß Entscheider Einfluß auf die Gestaltung der Organisationsstruktur nehmen. Das erste dieser Konzepte, das
Konzept der strategischen Wahl, stammt von Child (1972). In ihm wird davon ausgegangen, daß die Mitglieder der "dominierenden Koalition", d.h. die Manager, die die
Kompetenz zur Gestaltung der Organisationsstruktur haben, in drei Schritten zu ihren Gestaltungsentscheidungen gelangen: Zuerst bewerten sie die Situation, in der sich die Organisation befindet, wobei sie u.a. berücksichtigen: Erwartungen wichtiger Ressourcenliefe-
ranten (Kapitaleigner, Kreditgeber, Mitarbeiter usw.), Umweltänderungen, bisher gültige
Gestaltungsphilosophien (da sie abrupte Brüche vermeiden wollen) und situative Faktoren. In einem zweiten Schritt legen sie, ausgehend von dieser Lagebeurteilung, externe
Strategien fest. Ziel externer Strategien ist es, durch Beeinflussung der Umwelt die
Markteffizienz zu steigern. In einem dritten Schritt werden dann interne Strategien bestimmt, die Aktionsparameter der Organisation wie Größe, Technik, Human-Ressourcen
und die Organisationsstruktur umfassen und auf eine Erhöhung der Effizienz der Organisation abstellen. In Abb. 6.4. ist dieses Konzept skizziert. Von Montanari (1979) ist es auf
der Basis einer Befragung von Managern modifiziert worden.

Es ist außerordentlich schwierig, in empirischen Analysen zu eruieren, in welchem Umfang den Entscheidern eine Beeinflussung situativer Faktoren gelingt und zu welchen Anteilen bestimmte Ausprägungen der Organisationsstrukturen letztlich auf Präferenzen der Gestalter und auf Einflüsse situativer Faktoren zurückzuführen sind. Es gibt zwar empirische Untersuchungen, in denen aufgezeigt wird, daß persönliche Charakteristika und Präferenzen der obersten Entscheider amerikanischer Unternehmungen, der Chief Executives, mit Ausprägungen der Organisationsstruktur korrelieren, wie stark dieser Einfluß im Vergleich mit Einflüssen situativer Faktoren ist, können diese Analysen jedoch nicht klären (Miller/Dröge/Toulouse 1988; Miller/Dröge 1986; Zusammenfassung solcher Analysen bei Breilmann 1990: 175ff.).

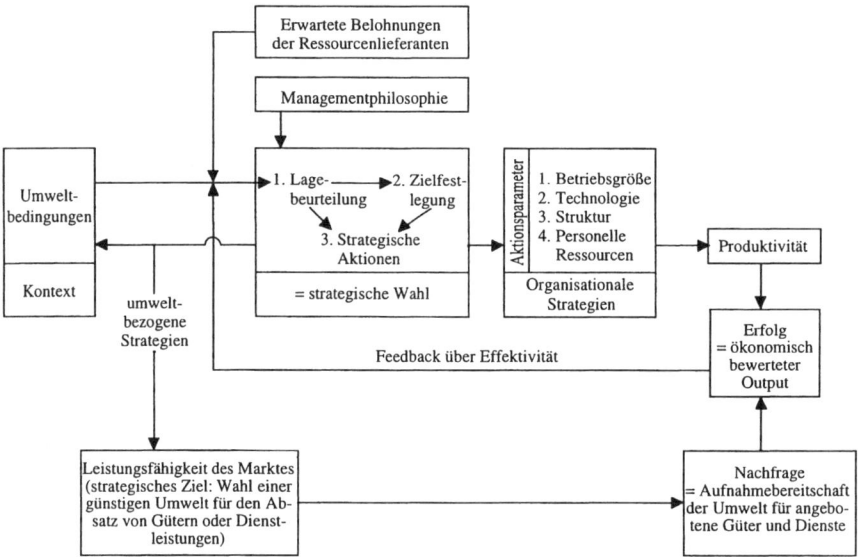

Abb. 6.4: Das Konzept der strategischen Wahl nach Child 1972 (aus: Kieser, A. (Hrsg.) 1981: Organisationstheoretische Ansätze. © Verlag Vahlen. München: 242)

Es ist auch problematisch, davon auszugehen, daß nur eine einzelne Person an der Spitze der Organisation Einfluß auf Strategien und Organisationsstrukturen nimmt. In deutschen Unternehmungen wird die Unternehmungsspitze etwa meist von Kollegialorganen (Vorstand, Geschäftsführung) gebildet, deren Mitglieder nicht unbedingt übereinstimmende persönliche Charakteristika und Präferenzen gegenüber der Organisationsgestaltung aufweisen. Hinzu kommt: Die *Organisationsstruktur* wird nicht in einem punktuellen Akt geschaffen, sondern ist das *Resultat einer Vielzahl von Projekten, die zu unterschiedlichen Zeitpunkten durchgeführt werden und an denen unterschiedliche Personen maßgeblich mitwirken.* Die mit diesen Projekten in Verbindung stehenden strategischen Maßnahmen und die jeweils vorherrschenden Präferenzen der maßgeblichen Entscheider in empirischen Untersuchungen rekonstruieren zu wollen, ist ein schier hoffnungsloses Unterfangen (Kieser/Kubicek 1992: 223).

Etwas anders sieht das Problem aus, wenn Organisationsstrukturen einer "inneren Logik" unterworfen sind, so daß den Gestaltern innerhalb eines bestimmten Grundmusters nur geringe Spielräume bleiben und ihre Einflüsse sowie diejenigen der Situation fast ausschließlich beim Übergang von einem Grundmuster zu einem anderen bedeutsam werden. Diese Einflüsse lassen sich dann, da die Zeitspannen maßgeblichen organisatorischen Wandels kürzer und die an grundlegenden Reorganisationen beteiligten Entscheider auch leichter zu identifizieren sind, mit größerer Aussicht auf Erfolg rekonstruieren. Von dieser Annahme gehen jüngere Weiterentwicklungen des Situativen Ansatzes aus. Sie postulieren, daß es typische Konstellationen der strukturellen Variablen – *Strukturtypen* - gibt, bei denen organisatorische Teillösungen in sich stimmig ineinandergreifen. Werden einzelne Strukturdimensionen verändert, so ergeben sich nach Auffassung dieser Autoren "Disharmonien" oder "Diskrepanzen", die die Effizienz der Organisation infrage stellen. Will man die Organisationsstruktur verändern, so müssen die Parameter der Organisationsstruktur gesamthaft in konzertierter Weise geändert werden. Eine Veränderung der Organisationsstruktur wird als eine Art "Quantensprung" gesehen.

Mintzberg (1979) entwickelte als einer der ersten solche Strukturtypen. Diese unterscheiden sich vor allem durch die Bedeutung, die den folgenden fünf Basiskomponenten zukommt, und durch den Umfang, den sie einnehmen:

(1) Im *Operative Core (operativen Kern)* erfolgt die Erstellung der Güter oder Dienstleistungen.

(2) *Der Strategic Apex (die strategische Spitze)* umfaßt die maßgeblichen Entscheider, deren Aufgaben sich vor allem auf die direkte persönliche Überwachung der nachgeordneten Instanzen sowie auf die Entwicklung grundlegender Strategien zur Bewältigung der von der Umwelt aufgeworfenen Probleme erstrecken.

(3) *Die Middle Line (das mittlere Management)* umfaßt alle Manager, die in einer direkten Linienverbindung zwischen dem Strategic Apex und dem Operative Core stehen. Ein mittleres Management entsteht, sobald Wachstum der Organisation den Strategic Apex in seiner persönlichen Überwachung des Operative Core überfordert. In einem gewissen Umfang müssen sich mittlere Manager selbst mit den Umwelteinflüssen auseinandersetzen, die ihren jeweiligen Bereich betreffen, und innerhalb des vom Strategic Apex festgelegten Rahmens Bereichsstrategien entwickeln.

(4) *Der Technostructure* kommt die Aufgabe zu, Arbeitsprozesse und Outputs zu standardisieren. Ihr gehören etwa Spezialisten für Arbeitsgestaltung, Planungs- und Budgetierungs-Spezialisten sowie Personalexperten an. Die von diesen Spezialisten entwickelten Programme reduzieren das in der Organisation erforderliche Ausmaß an Koordination durch persönliche Weisungen. Spezialisten der Technostructure sind auf allen Hierarchieebenen der Organisation angesiedelt. Auf der unteren Ebene führen sie hauptsächlich die Standardisierung von Arbeitsprozessen durch und sind für die Einrichtung von Systemen der Qualitätskontrolle zuständig. Auf den mittleren Hierarchieebenen gestalten sie vor allem Planungs- und Budgetierungsprozesse und auf den oberen Ebenen widmen sie sich hauptsächlich der Gestaltung von Systemen der strategischen Planung und der Entwicklung von Finanzierungssystemen zur Kontrolle der Zielerreichung der verschiedenen organisatorischen Einheiten.

(5) *Der Support Staff (unterstützende Stäbe)* umfaßt die unterschiedlichsten Funktionen von der Kantine bis zu Public Relations und Justiziariat. Von der Technostructure unterscheiden sich diese Stäbe vor allem dadurch, daß sie nicht eine Standardisierung von Prozessen *im operativen Kern* vornehmen.

In Abb. 6.5 ist der "Prototyp" einer Organisation wiedergegeben, von dem ausgehend die unterschiedlichen Proportionierungen der Strukturtypen deutlich gemacht werden können.

Die Strukturtypen Mintzbergs sind, wie bereits festgestellt, vor allem durch unterschiedliche Bedeutungen und Größen der Basiskomponenten gekennzeichnet. Unter bestimmten situativen Bedingungen – vor allem Alter der Organisation, Größe, Technik und Umwelt werden in Ansatz gebracht – erweist sich jeweils eine der fünf Konfigurationen als die effizienteste.

Drei der von Mintzberg identifizierten fünf Strukturtypen oder Konfigurationen – die Machine Bureaucracy (Maschinenbürokratie), Professional Bureaucracy (Spezialistenbürokratie) und Adhocracy ("Adhocratie") – wollen wir etwas eingehender betrachten.

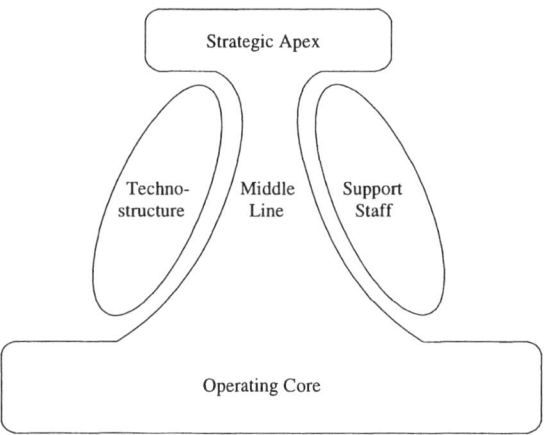

Abb. 6.5: Basiskomponenten der Organisationsstruktur (Quelle: Mintzberg 1979: 20, Abdruck mit Genehmigung von Prentice Hall, Englewood Cliffs, New Jersey)

Machine Bureaucracy: Die Machine Bureaucracy weist im operativen Kern fast nur standardisierbare Routineaufgaben auf. Eine starke Arbeitsteilung und Koordination durch Programme sind die strukturellen Hauptmerkmale des operativen Kerns. Entscheidungen sind stark zentralisiert, was in größeren Organisationen ein relativ umfangreiches mittleres Management als Transmissionsriemen zwischen dem Strategic Apex und dem Operative Core bedingt. Die Technostructure findet ein breites Betätigungsfeld und ist entsprechend bedeutsam und stark ausgeprägt. Beispiele für diesen Strukturtyp sind Unternehmungen in stabilen Umwelten sowie viele öffentliche Unternehmungen und Behörden. Graphisch ist er in Abb. 6.6 veranschaulicht.

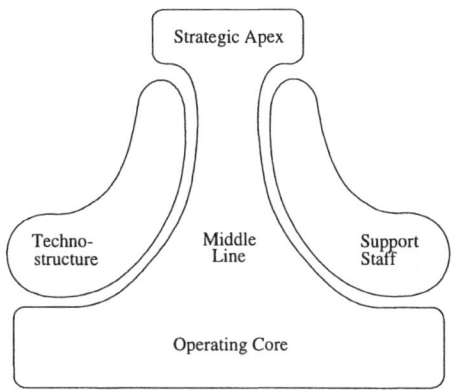

Abb. 6.6: Machine Bureaucracy (Quelle: Mintzberg 1979: 325, Abdruck mit
Genehmigung von Prentice Hall, Englewood Cliffs, New Jersey)

Professional Bureaucracy: In der Spezialistenbürokratie bilden hochqualifizierte Mitarbeiter den Operative Core. Diese standardisieren ihre Aufgaben selbst, so daß die Technostructure weitgehend entbehrlich ist. Sie nehmen eine starke Machtposition innerhalb der
Organisation ein, indem sie nicht nur die eigene Arbeit, sondern auch die der mittleren
Manager bestimmen. Da sich die Spezialisten weitgehend selbst koordinieren, fällt der
Bereich des mittleren Managements relativ klein aus. Die bevorzugten Koordinationsmechanismen sind vororganisierte Teams und aufeinander abgestimmte, von den Spezialisten
eigenständig erstellte Pläne. Der Support Staff ist voll entwickelt, da die Spezialisten auf
eine umfassende Unterstützung bei der Erfüllung ihrer Aufgaben Wert legen. Beispiele
der Spezialistenbürokratie sind Universitäten, Krankenhäuser und Forschungsinstitute in
nicht allzu dynamischen Umwelten. Die typische Konfiguration zeigt Abb. 6.7.

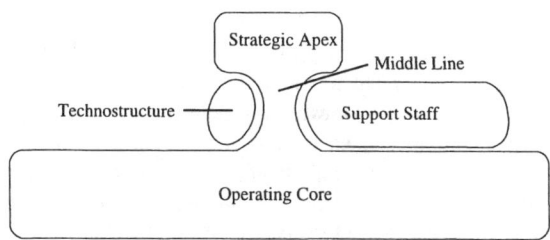

Abb. 6.7: Professional Bureaucracy (Quelle: Mintzberg 1979: 355, Abdruck mit
Genehmigung von Prentice Hall, Englewood Cliffs, New Jersey)

Adhocracy: In der Adhocracy stehen auf Innovationen zielende Projekte im Vordergrund.
Es existieren kaum konstante und starre Strukturen, vielmehr werden diese ständig neu auf
die sich ändernden Anforderungen ausgerichtet. Die Möglichkeiten zur Standardisierung
sind gering. Zwei Arten lassen sich unterscheiden: Bei der Operative Adhocracy werden

Innovationen für Abnehmer durchgeführt wie z.B. in Beratungsunternehmungen. Operative und administrative Aufgaben fallen in dieser Organisation häufig zusammen, was zur Folge hat, daß die Aufgaben des mittleren Management und des Support Staff von den Spezialisten, die Projekte abwickeln, in Personalunion wahrgenommen werden.

In der Administrative Adhocracy werden Projekte vorwiegend für organisationsinterne Zwecke durchgeführt – etwa um neue Produkte oder Produktionsverfahren zu entwickeln. D.h. in solchen Organisationen gibt es einen klar unterscheidbaren operativen Kern. High Tech-Unternehmungen sind Beispiele für administrative Adhocracies.

Die in Projekten tätigen Mitarbeiter sind auch maßgeblich an der Formulierung von Strategien beteiligt, so daß eine klare Abgrenzung von Strategic Apex und dem Bereich des mittleren Managements nicht möglich ist. Dementsprechend zeigt das "Logo" in Abb. 6.8 eine ziemlich "amorphe Masse". Während in der Operative Adhocracy diese auch die Ausführungsstellen umfaßt, läßt sich in der Administrative Adhocracy der operative Kern abgrenzen, was in der Zeichnung durch die gestrichelte Linie zum Ausdruck gebracht wird.

Während Mintzberg seine Typen analytisch gewinnt, also durch einen Ansatz, der an die Webersche Konstruktion von Idealtypen erinnert (Abschnitt 2.7.1), gewinnen Miller/ Friesen (1984) Konfigurationen empirisch, indem sie statistische Verfahren der Mustererkennung einsetzen (zu diesen beiden Vorgehensweisen s. Scherer/Beyer 1998). Sie gehen davon aus, daß eine Veränderungen der Organisations-Konfigurationen – sie sprechen von "organizational Gestalts" (Miller 1981) – nur unter starkem Anpassungsdruck zustandekommt. Anpassungsdruck wiederum baut sich dann auf, wenn eine Organisation ihre Strategie ändert – genauer: sich aufgrund von Umweltänderungen gezwungen sieht, ihre Strategie zu ändern – und die vorhandene Struktur eine Umsetzung dieser Strategie verhindert. Nicht nur die strukturelle Gestaltung orientiert sich nach Miller/Friesen an Typen oder Gestalts, sondern auch die Strategien: Es gibt bestimmte Problemsituationen, auf die es eine bestimmte Menge typischer strategischer Antworten gibt.

Als Bestätigung ihrer Annahmen werten es Miller/Friesen, daß gleichzeitige dramatische Veränderungen von Strategie- und Strukturvariablen, die bestimmten Mustern folgen, bei erfolgreichen Unternehmungen häufiger zu beobachten sind als inkrementale Veränderungen. Solche "Quantensprünge" treten bei erfolgreichen Unternehmungen jedoch nicht häufig auf. Es überwiegen deutlich die Zeitabschnitte, in denen diese Unternehmungen eine bestimmte strategische Grundausrichtung und einen Strukturtyp beibehalten, weil sie mit diesen erfolgreich fahren, und nicht unnötigerweise das Risiko eines Wandels eingehen wollen. Stetige Veränderungen der Umwelt bewirken jedoch, daß diese strategischen und organisatorischen Grundorientierungen irgendwann einmal nicht mehr zur Situation passen. Die Folge eines solchen "misfits" ist dann eine revolutionäre Veränderung, die in einer turbulenten Übergangsphase erfolgt und in eine grundlegende Veränderung der bisherigen Strategien und der bisherigen Organisationsstruktur mündet: Strategie und Struktur "rasten" sozusagen "in ein in sich konsistentes Muster ein".

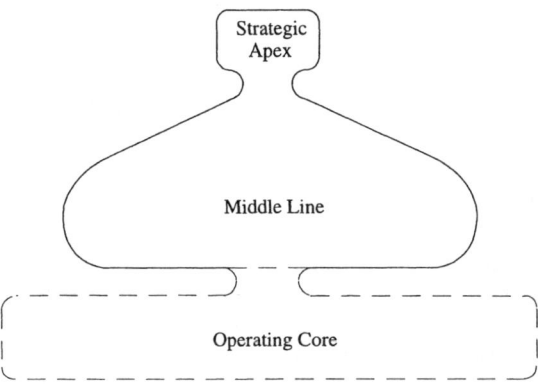

Abb. 6.8: Adhocracy (Quelle: Mintzberg 1979: 443, Abdruck mit Genehmigung von Prentice Hall, Englewood Cliffs, New Jersey)

Breilmann (1990) kritisiert am Ansatz von Miller/Friesen, daß er nicht zwingend erkläre, weshalb eine Organisation von einem bestimmten Muster zu einem anderen übergeht. Der Ansatz erkläre lediglich die Muster, nicht jedoch die Kräfte, die die Wahl einer neuen Konfiguration bestimmen. Um zu einer umfassenden Erklärung zu gelangen, hält er die Einbeziehung der Werthaltungen der maßgeblichen Entscheider für unumgänglich.

Lösen die Weiterentwicklungen die aufgezeigten Probleme des Situativen Ansatzes?

Die Weiterentwicklungen halten an der Annahme fest, daß eine Organisation erfolgreich ist, wenn ein "fit" – eine Passung – zwischen ihr und ihrer Situation hergestellt wird. Gegenüber frühen Ansätzen wird die Herstellung der Passung jedoch nicht mehr als ein Prozeß der Anpassung an eine gegebene Situation gesehen. Vielmehr kann die Situation auch geändert werden – allerdings auch nur wieder mit geeigneten, d.h. an die Situation angepaßten Strategien.

Darüber hinaus wird der Situative Ansatz um das Konzept der inneren "Stimmigkeit" erweitert: Strategien und Organisationsstruktur müssen in sich und in ihrem Verhältnis zueinander stimmig sein. Dieses Konzept der Stimmigkeit kommt unserem Bedürfnis nach Ordnung entgegen.

Lassen wir einmal dahingestellt, ob Miller/Friesen typische Konfigurationen – "Gestalts" – empirisch nachgewiesen haben: Statistische Verfahren, die Muster ausfindig machen sollen, spüren solche meist auch auf, und eine plausible Interpretation findet sich allemal. Mitunter sind Regelmäßigkeiten also ein Produkt der Wissenschaftler und haben keine Entsprechung in der Realität.

Fruchtbringender erscheint eine Verfolgung der Frage, worauf Organisationstypen, sollten sie tatsächlich zu beobachten sein, zurückzuführen sind. Zum einen können sie in der "Logik der Organisation" begründet sein: Bestimmte organisatorische Teillösungen passen "technisch" schlecht zu bestimmten anderen. Einsatz hochqualifizierter Spezialisten und eine hochgradige Zentralisierung führen bspw. zwangsläufig zu organisatorischen Konflikten und Reibungsverlusten. Passungen und Diskrepanzen solcher Art lassen sich in plausibler Weise aufzeigen und mit großer Wahrscheinlichkeit auch empirisch belegen.

Sind sie aber tatsächlich in der "Logik der Organisation" oder eher in den – veränderbaren – Überzeugungen der Organisationsmitglieder begründet? In ihrer Sozialisation lernen bspw. hochqualifizierte Spezialisten, daß sie Anspruch auf die Übertragung von bedeutenderen Entscheidungskompetenzen haben. Sie drängen auf die Einrichtung einer Professional Bureaucracy oder, das hängt von ihren Aufgaben ab, auf eine Adhocracy. Bleiben ihnen Ausgestaltungen nach ihren Präferenzen verwehrt, kommt es zu Konflikten. In anderen Kulturen werden Spezialisten vielleicht anders sozialisiert.

Strukturtypen, sollte es sie geben, haben ihre Ursache demnach mit großer Wahrscheinlichkeit nicht in der "Logik der Organisation", sondern in den Denkgewohnheiten der maßgeblichen Entscheider und in den dazu passenden Erwartungen der Betroffenen. Dementsprechend plädieren Scherer/Beyer (1998) dafür, Organisationstypen als Orientierungsrahmen – sie sprechen von "Redeinstrumenten" und "frameworks" – in strategischen Diskussionen im Management einzusetzen, "mit deren Hilfe er (der Manager, d.Verf.) die Beziehungen zwischen Strategie, Struktur und Umwelt in seiner konkreten Situation unterscheiden und besser verstehen kann".

Der Situative Ansatz erklärt nicht, weshalb Organisationen so sind, wie sie sind. Die Annahme, daß die Situation eine bestimmte Struktur determiniert, stimmt offensichtlich nicht. Die Erweiterung um die Strategie bringt auch nicht viel, denn die Situation *determiniert* auch keine Strategie und keine Strukturtypen. Wenn solche zu registrieren sind, liegt das daran, daß Organisationsgestalter in bestimmten Situationen bestimmte Strategien bevorzugen. Eine Erhebung, in der festgestellt wird, daß Strategien und Organisationsstruktur so sind wie sie sind, weil die Gestalter (und ihre Berater) sie gerne so haben, ist keine befriedigende Erklärung.

...why is there any organisation?

Ronald H. Coase

7. Institutionenökonomische Theorien der Organisation

Mark Ebers und Wilfried Gotsch

Im Mittelpunkt der Neuen Institutionenökonomie ("New Institutional Economics") steht die Analyse von *Institutionen* (z.B. Verfügungsrechte, Verträge, Hierarchien, Märkte), in deren Rahmen der ökonomische Austausch vollzogen wird. Das Ziel der Institutionenanalyse besteht darin, die Struktur, die Verhaltenswirkungen, die Effizienz und den Wandel von ökonomischen Institutionen zu erklären.

Indem die Neue Institutionenökonomie die Analyse von Institutionen an Konzepten der (neoklassischen) Mikroökonomie ausrichtet, stellt sie in Aussicht, *Wirtschafts- und Organisationstheorie miteinander zu verbinden.* Allerdings liegt bisher noch keine einheitliche "Institutionenökonomische Theorie der Organisation" vor; vielmehr wird die Programmatik einer institutionenökonomischen Organisationsanalyse ("Organizational Economics") derzeit durch drei verschiedene (einander ergänzende) Ansätze repräsentiert: die *Theorie der Verfügungsrechte* (Property Rights Theory), die *Agenturtheorie* (Agency Theory) und die *Transaktionskostentheorie* (Transaction Cost Economics).

7.1. Erkenntnisinteresse und Erklärungsmuster

Das Erkenntnisinteresse der ökonomischen Institutionenanalyse richtet sich auf zwei Grundfragestellungen: (a) *Welche (alternativen) Institutionen haben bei welchen Arten von Koordinationsproblemen des* ökonomischen *Austausches die relativ geringsten Kosten und die größte Effizienz zur Folge? (b) Wie wirken sich die Koordinationsprobleme, die Kosten und die Effizienz von Austauschbeziehungen auf die Gestaltung und den Wandel von Institutionen aus?* (Picot/Dietl/Frank 1997; Wieland 1997; Wolff 1995; Elsner 1986, 1987; Williamson 1985; Schotter 1981; Schwödiauer 1980).

Diesen Fragen geht die ökonomische Institutionenanalyse anhand eines relativ einfach konzipierten Erklärungsmusters nach, das auf den vier Komponenten "*Institution*", "*Austausch*", "*Kosten*" und "*Effizienz*" beruht. In diesem Erklärungsmuster nimmt jede Komponente einen relativen und — je nach Phase des Erklärungsprozesses — wechselnden Status als unabhängige oder abhängige "Variable" ein: "Institutionen" regulieren den "Austausch" von Gütern, Leistungen und Verfügungsrechten; dieser Austausch verursacht "Kosten"; die Kosten beeinflussen die "Effizienz" der Faktorallokation; diese wiederum entscheidet über die Vorteilhaftigkeit und die Wahl von bestimmten "Institutionen", welche den "Austausch" regulieren (und zudem unmittelbar "Kosten" der Etablierung und der Aufrechterhaltung einer institutionellen Regelung erzeugen) usw. Zu beachten ist, daß dieses Muster der Institutionenanalyse eine für analytische Zwecke vereinfachende Abstraktion darstellt. In der Realität handelt es sich weniger um eine zeitliche Abfolge als um ein simultanes Zusammenwirken der genannten Variablen.

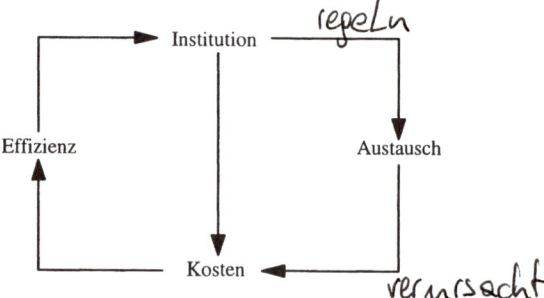

Abb. 7.1: Ökonomische Institutionenanalyse

Die verschiedenen Ansätze der Institutionenökonomie unterscheiden sich in der Spezifizierung der genannten Grundfragestellungen und ihrer Variablen. Die Besonderheiten dieser Ansätze sind Gegenstand der folgenden Abschnitte.

7.2. Theorie der Verfügungsrechte

7.2.1. Erkenntnisinteresse

Im Zentrum der Theorie der Verfügungsrechte steht die *Institution des Verfügungsrechts*. Verfügungsrechte legen fest, in welcher Weise ihr Inhaber legitimerweise über die Ressourcen verfügen kann, an denen er die Rechte innehat. Sie spezifizieren institutionalisierte Verhaltensnormen in bezug auf die Nutzung von Ressourcen, deren Einhaltung allgemein erwartet und deren Verletzung sanktioniert werden kann.

Die Theorie der Verfügungsrechte verfolgt vor allem zwei *Erkenntnisinteressen*. Sie analysiert, (1) welche Auswirkungen unterschiedliche Formen der Gestaltung und Verteilung von Verfügungsrechten auf das Verhalten ökonomischer Akteure und auf die Faktorallokation haben; und sie fragt, (2) wie sich die Entstehung von Verfügungsrechten, ihre Verteilung und ihr Wandel erklären lassen.

Zu den Begründern und bedeutsamen Vertretern der Theorie der Verfügungsrechte gehören Coase (1937; 1960), Alchian (1961; 1965), Demsetz (1964; 1967), Alchian/Demsetz (1972), Furubotn/Pejovich (1972; 1974), De Alessi (1980), North (1981) sowie Grossman/Hart (1986), Hart (1995; 1989), Barzel (1989) und Hart/Moore (1990).

7.2.2. Grundkonzepte und Annahmen

Die Theorie der Verfügungsrechte beruht auf *drei Grundbausteinen*: (1) der Annahme nutzenmaximierenden Verhaltens der Individuen, (2) dem Konzept der Verfügungsrechte, und (3) der Annahme, daß die Spezifizierung, Übertragung und Durchsetzung von Verfügungsrechten (Transaktions-)Kosten verursachen. In den letzten beiden Punkten grenzt sich die Theorie der Verfügungsrechte kritisch gegenüber traditionellen neoklassischen Annahmen ab (Krüsselberg 1983).

(1) Die Theorie der Verfügungsrechte unterstellt, daß jeder *individuelle Akteur* seinen *Nutzen zu maximieren sucht.* In die individuelle Nutzenfunktion können dabei verschiedene Ziele eingehen, neben materiellen Zielen wie Güterkonsum und Einkommen auch

200

immaterielle wie Muße, Prestige, Selbstverwirklichung oder Macht. Die individuellen Akteure bedienen sich knapper Ressourcen, um ihre jeweiligen Ziele zu erreichen. Es wird angenommen, daß die Akteure den Beitrag verschiedener Ressourcen zum Nettonutzen eindeutig bewerten können.

(2) Die in einer gegebenen Rechtsordnung geltenden *Verfügungsrechte* regeln, wer welche Ressourcen legitimerweise wann, in welcher Weise und in welchem Maße nutzen kann. Welche Nutzungsmöglichkeiten an einer Ressource einem Akteur legitimerweise offenstehen, hängt dabei von zwei Umständen ab: erstens von den besonderen *Verfügungsrechten, die der betreffende Akteur an der Ressource selbst hält*, und zweitens von den *im Kontext geltenden institutionellen Regelungen.*

(3) Die Theorie der Verfügungsrechte unterscheidet traditionell *vier Verfügungsrechte an einer Ressource* (Furubotn/Pejovich 1972: 1140; Tietzel 1981: 210): das Recht (1) die Ressource zu nutzen (usus), (2) die Erträge einzubehalten (usus fructus), (3) ihre Form oder Substanz zu ändern (abusus) sowie (4) alle oder einzelne der vorstehenden Verfügungsrechte auf andere zu übertragen (Übertragungsrecht).

Die umfassendsten Nutzungsrechte stehen demjenigen zu, der alle vier Verfügungsrechte an einer Ressource hält. Der Betreffende hat das Recht, die Ressource exklusiv zu nutzen, d.h. andere von ihrer Nutzung auszuschließen. Die Verfügungsrechte an einer Ressource können aber auch auf mehrere Individuen aufgeteilt sein. Bspw. kann ein Mieter das Nutzungsrecht an einem Haus besitzen, der Eigentümer das Recht, bauliche Veränderungen vorzunehmen und das Haus zu verkaufen, und dem Kreditgeber können im Falle der Zahlungsunfähigkeit des kreditnehmenden Eigentümers die Rechte am Ertrag sowie das Übertragungsrecht zukommen.

In welcher Weise ein Akteur eine Ressource legitimerweise nutzen darf, wird darüber hinaus auch durch die *im institutionellen Kontext geltenden Regelungen* bestimmt — oft staatlich gesatztes Recht —, die Rechte, Pflichten und Einschränkungen unabhängig von den besonderen Verfügungsrechten, die eine Person innehat, definieren. Im Falle eines Hauses werden die Verfügungsrechte des Eigentümers bspw. durch die Bestimmungen der Bauordnung, die Mietgesetze und die Gewerbeordnung eingeschränkt. *Je stärker die Nutzungsmöglichkeiten einer Ressource institutionell eingeschränkt sind und/oder je mehr die Verfügungsrechte an ihr auf verschiedene Individuen verteilt sind, desto "verdünnter" sind die Verfügungsrechte an einer Ressource* (Furubotn/Pejovich 1972: 1140).

Der Erwerb von Verfügungsrechten an einer Ressource und die Durchsetzung dieser Verfügungsrechte sind in der Regel mit Kosten verbunden. Die Theorie der Verfügungsrechte bezeichnet die Kosten, die für die Bestimmung, Übertragung und Durchsetzung von Verfügungsrechten anfallen, als *Transaktionskosten* (die Transaktionskostentheorie legt, wie wir später sehen werden, eine etwas weitere Definition zugrunde). Als Transaktionskosten sind beispielsweise die Informations-, Verhandlungs- und Vertragskosten beim Verkauf eines Gutes anzusehen, aber auch die Kosten eines Pförtners, der die Eintrittskarte in ein Kino kontrolliert, die Kosten eines Zaunes, mit dem ein Grundstück vor unbefugtem Betreten geschützt wird, oder die Kosten eines Gerichtsverfahrens, in dem Haftungsansprüche entschieden werden.

7.2.3. Hauptaussagen und Methode

Die Verfügungsrechtsstruktur und die Transaktionskosten setzen Anreize und Beschränkungen für das Verhalten und die Allokationsentscheidungen von ökonomischen Akteuren. Denn die Art und Verteilung der Verfügungsrechte an einer Ressource bestimmen, wie diese legitimerweise genutzt werden darf und wem welche Nutzungsmöglichkeiten offenstehen. Und von den (Transaktions-)Kosten der Bestimmung, Übertragung und Durchsetzung der Verfügungsrechte hängt es ab, welche Kosten den Akteuren entstehen, um die Ressourcen nutzen zu können. Die geltende Verfügungsrechtsstruktur und die entstehenden Transaktionkosten beeinflussen so den Nettonutzen, der einem Akteur aus der Ressourcennutzung erwächst.

Eine Kernaussage der Theorie der Verfügungsrechte lautet: *Akteure werden bei gegebenen institutionellen Rahmenbedingungen solche Formen der Ressourcennutzung wählen und solche Verfügungsrechtsstrukturen etablieren, die ihren Nettonutzen maximieren.* Die Verfügungsrechtstheorie postuliert in diesem Zusammenhang zwei Thesen:

(1) *Je verdünnter die Verfügungsrechte an einer Ressource, desto geringer ist c.p. der aus der Verfügung über die Ressource erzielbare* Nettonutzen. Je mehr Verfügungsrechte ein Akteur an einer Ressource hält, desto umfassender kann er sie nutzen, und desto größerer Nutzen kann ihm c.p. aus der Ressource erwachsen. Wer bspw. alle vier Verfügungsrechte an einer Wohnung hält, kann aus dieser c.p. größeren Nutzen ziehen (durch Nutzung, Vermietung, Verkauf, usw.) als ein Mieter, der lediglich ein Nutzungsrecht und begrenzte Änderungsrechte an der Wohnung besitzt. Und zwei gleichartige Häuser können von sehr unterschiedlichem Nutzwert sein, wenn rechtliche Regelungen bestimmen, daß eines der beiden gewerblich genutzt werden darf, das andere aber nicht.

(2) *Je höher die Transaktionskosten der Bestimmung, Übertragung und Durchsetzung der Verfügungsrechte an einer Ressource ausfallen, desto geringer ist c.p. der aus der Verfügung über die Ressource erzielbare Nettonutzen.* Je kostspieliger es z.B. ist, die Verfügungsrechte an einer Ressource zu spezifizieren oder zu übertragen, desto geringer ist c.p. der Nettonutzen, der aus der Übertragung (dem Kauf oder Verkauf) der Verfügungsrechte erzielt werden kann. Und je kostspieliger es für die Inhaber von Verfügungsrechten an einer Ressource ist, diese gegenüber Dritten durchzusetzen, desto wahrscheinlicher wird es, daß Dritte über die Ressource verfügen, ohne die Inhaber der Verfügungsrechte hierfür zu entlohnen.

Unter dem Gesichtspunkt der *Allokationseffizienz* sollten einem Akteur idealerweise sämtliche positiven und negativen Effekte zuwachsen, die sich aus der Nutzung der Verfügungsrechte an einer Ressource ergeben, über die der Akteur verfügt. Denn dann kann erwartet werden, daß der Inhaber eines Verfügungsrechts sämtliche aus der Nutzung des Verfügungsrechts erwachsenden Konsequenzen in seine Entscheidungen über die Ressourcennutzung einbezieht. Externe Effekte würden nicht auftreten — d.h. sämtliche Kosten und Nutzen der Ressourcennutzung würden verursachergerecht verteilt — und die Ressourcen mit ihrem gesellschaftlich maximalen Nutzen eingesetzt (Furubotn/Pejovich 1972: 1141; Coase 1960).

Die Verdünnung von Verfügungsrechten und positive Transaktionskosten erhöhen die Wahrscheinlichkeit des Auftretens externer Effekte und führen daher (gemessen am neoklassischen Ideal) *zu einer suboptimalen Faktorallokation.* Eine Verdünnung von Verfügungsrechten besteht in einigen Rechtssystemen zum Beispiel in bezug auf Bodenrechte, die nicht ausgetauscht werden können, weil sie als Gemeinschaftseigentum exklusiv und unübertragbar in der Hand des gesamten Kollektivs liegen. Insofern nicht alle Mitglieder des Kollektivs in gleicher Weise zur Bewirtschaftung des Bodens beitragen und an den Erträgen partizipieren, entstehen externe Effekte.

Transaktionskosten können gleichfalls zu externen Effekten beitragen. Denn es lohnt sich nicht immer, die Verfügungsrechte an einer Ressource vollständig zu bestimmen, zu übertragen oder durchzusetzen, weil die entstehenden Transaktionskosten den zusätzlich erzielbaren Nutzen übersteigen können. In diesen Fällen können die Ressourcen dann genutzt werden, ohne die Eigentümer der Verfügungsrechte hierfür zu entlohnen (Barzel 1989). Es ist also auf die Höhe der anfallenden Transaktionskosten zurückzuführen, wenn die Verfügungsrechte an Ressourcen nicht immer spezifiziert werden (z.b. an bestimmten Fischgründen), nicht immer durchgesetzt werden (z.b. bei unrechtmäßiger Nutzung von Ressourcen), nicht immer bezahlt werden (z.b. gebührenfreie Kaufhausparkplätze, private Telefongespräche am Arbeitsplatz) und ihre Nutzung nicht immer verursachungsgerecht entlohnt (z.b. bei Teamproduktion) oder bestraft wird (z.b. bei Umweltverschmutzung).

Die Verfügungsrechtstheorie formuliert in diesem Zusammenhang die folgende These: *Die betroffenen Akteure sind motiviert, Verfügungsrechtsstrukturen zu etablieren und Institutionen zu schaffen, welche zu einer Internalisierung externer Effekte beitragen.* Denn hierdurch können sie ihren Nettonutzen u.U. steigern. Zum Beispiel werden die Eigentümer von Mietwagen durch entsprechende Vertragsklauseln versuchen, die Mieter für entstandene Schäden haftbar machen zu können; die Eigentümer eines Parkplatzes werden durch einen Wächter versuchen sicherzustellen, daß die Nutzer des Parkplatzes Gebühren entrichten; und die Eigentümer einer Partnerschaftsunternehmung sind bestrebt, durch die Vereinbarung von Anreiz- und Kontrollsystemen zu verhindern, daß sich einzelne Partner und Beschäftigte auf Kosten der anderen Unternehmungsmitglieder vor Arbeit drücken.

Akteure werden allerdings nur dann geneigt sein, Verfügungsrechtsstrukturen und Institutionen zur Internalisierung von Externalitäten zu schaffen, wenn der Nutzen der Internalisierung deren Kosten übersteigt. Allein die Existenz von Externalitäten impliziert daher noch nicht, daß die resultierende Faktorallokation als ineffizient gelten kann. Denn jede Maßnahme, die auf eine Internalisierung bestehender Externalitäten zielt, um damit einen Anreiz zu effizienterer Faktorallokation zu setzen, verursacht Kosten, die bei der Beurteilung der Effizienz der resultierenden Verhältnisse berücksichtigt werden müssen.

Die Theorie der Verfügungsrechte erklärt eine gegebene Verfügungsrechtsstruktur dementsprechend mit den Nutzen und den (Transaktions-)Kosten, die den betroffenen Akteuren aus ihr entstehen, und mit der Behauptung, daß sich effizientere Verfügungsrechtsstrukturen langfristig durchsetzen. Sie stützt ihre Erklärung auf folgenden Kerngedanken: *Die Struktur der Verfügungsrechte sowie die Struktur und Höhe der Transaktionskosten beeinflussen die Nutzen und Schäden, die den Akteuren im Rahmen der Ressourcennutzung erwachsen, und damit die Allokationsentscheidungen der Akteure. Ein Akteur wird bei gegebenen institutionellen Rahmenbedingungen solche Formen der Ressourcennutzung wählen und solche Verfügungsrechtsstrukturen etablieren, die seinen Nettonutzen maximieren.* Gemäß der Theorie der Verfügungsrechte werden die Verfügungsrechte an einer Ressource somit letztlich so strukturiert und verteilt, daß sie jeweils von denjenigen gehalten werden, die aus ihnen den relativ größten Nettonutzen ziehen. Die Theorie bietet damit eine *funktionale Erklärung* institutioneller Regelungen.

Selbst überzeugte Vertreter der Theorie erkennen allerdings an, daß sich Verfügungsrechtsstrukturen nicht allein aus Effizienzgesichtspunkten erklären lassen. *Denn die je realisierte Verfügungsrechtsstruktur hängt auch von den Transaktionskosten ab, die für deren Bestimmung und Durchsetzung anfallen, und damit u.a. auch von der* technischen *Entwicklung, dem Wertsystem einer Gesellschaft, dem Vertragsrecht und der Effizienz der Strafverfolgungsbehörden sowie der Gerichtsbarkeit* (De Alessi 1990: 4f.; Demsetz 1967:

350). Darüber hinaus stellen Effizienzgesichtspunkte nur einen von mehreren, z.T. konkurrierenden institutionalisierten Maßstäben dar, die die Art der Nutzung von Ressourcen regeln. *Die jeweils geltende Struktur von Verfügungsrechten hängt nicht allein von der jeweils realisierbaren Allokationseffizienz, sondern auch von individuellen Präferenzen für bestimmte Verfügungsrechtsstrukturen und Eigentumsformen, von politischen Entscheidungsprozessen und historischen Traditionen ab* (De Alessi 1980: 5).

Auch wenn die Theorie der Verfügungsrechte aus diesen und anderen Gründen keine eindeutigen Effizienzaussagen treffen kann (De Alessi 1990: 13ff.; Dahlmann 1979), so kann sie doch auf der Basis ihrer drei Grundbausteine empirisch überprüfbare Hypothesen formulieren. Zur Ableitung und empirischen Überprüfung ihrer Aussagen bedienen sich Verfügungsrechtstheoretiker folgender *methodischer Vorgehensweise*. (1) Als Antecedensbedingungen legen sie eine empirisch beobachtete *Verfügungsrechtsstruktur* zugrunde und spezifizieren die *Transaktionskosten* der Bestimmung, Übertragung und Durchsetzung dieser Verfügungsrechte. (2) Sie treffen (oft implizit und selten empirisch abgesichert) Annahmen über die *Nutzenfunktion* der jeweils betrachteten Akteure. (3) Sie prognostizieren auf dieser Basis *Wirkungen der Verfügungsrechsstruktur* auf das Verhalten, die sich beziehen können (a) auf die *Art der Ressourcennutzung* durch die Akteure und/oder (b) auf die *institutionellen Regelungen*, die die Akteure einführen, um ihren Nettonutzen zu steigern (wobei wiederum oft unüberprüfte Hypothesen über die Höhe der bei alternativen institutionellen Arrangements anfallenden Transaktionskosten und über die je erzielbaren Nettonutzenzuwächse zugrundegelegt werden). (4) Diese Prognosen werden dann empirisch überprüft.

7.2.4. Anwendungsbereiche

Viele der frühen verfügungsrechtstheoretischen Studien widmeten sich der Analyse *unterschiedlicher Eigentumsformen*, insbesondere dem Vergleich von privatem und Gemeinschaftseigentum. Gemeinschaftseigentum kann typischerweise nicht exklusiv genutzt werden, und die Verfügungsrechte sind nicht übertragbar. Infolge dieser Verfügungsrechtsstruktur werden Ressourcen, die sich in Gemeinschaftseigentum befinden (z.B. Jagdgebiete, Land, Kapital) und keinen weiteren Nutzungsbeschränkungen unterliegen, intensiver genutzt als wenn sie in Privateigentum wären. Des weiteren besteht für jeden Miteigentümer individuell kein großer Anreiz, in die Erhaltung des Gemeinschaftseigentums zu investieren, da er die gesamten Aufwendungen allein tragen würde, die Investitionserträge sich jedoch auf alle Miteigentümer verteilten. Um das Gemeineigentum vor schneller Ausbeutung zu bewahren, institutionalisieren die Eigentümer oft Regelungen, die Nutzungsbeschränkungen darstellen (z.B. eine Jagdsaison, Fangquoten oder die Festschreibung einer bestimmten Produktionstechnik) oder sie überführen das Gemeinschafts- in Privateigentum (De Alessi 1980: 5ff. und die dort angegebenen empirischen Studien; Demsetz 1967).

Eine besondere Form des Gemeinschaftseigentums wurde in *jugoslawischen selbstverwalteten Betrieben* realisiert. Das Anlagevermögen der Betriebe befand sich dort in gesellschaftlichem Eigentum. Die Betriebsangehörigen konnten das Vermögen zwar nutzen, verändern und besaßen das Recht am Ertrag, konnten es aber nicht veräußern. Bis auf das Übertragungsrecht besaßen die Beschäftigten damit alle Verfügungsrechte am Vermögen ihrer Betriebe, die im kapitalistischen Wirtschaftssystem den Kapitaleignern zufallen. Unterstellt man, daß die Beschäftigten an einem möglichst hohen Nettoeinkommen interessiert waren, so führte diese Struktur der Verfügungsrechte im Vergleich zu einer Zwillingsunternehmung in Privateigentum c.p. — gemäß der Verfügungsrechtstheorie — u.a. zu geringerer Gewinnthesaurierung, d.h. höheren Ausschüttungen, sowie zu einer geringeren Investitions- und Beschäftigungsquote (Leipold 1981b; Furubotn/Pejovich 1973, 1972).

Die Theorie der Verfügungsrechte wurde darüber hinaus auch auf *Unternehmen in öffentlichem Eigentum sowie staatlich regulierte Unternehmungen* angewandt (Gröner 1983; De Alessi 1980: 19ff.; Furubotn/Pejovich 1973, 1972). Die Theorie der Verfügungsrechte postuliert, daß Entscheidungsträger in öffentlichen Unternehmen im Vergleich zu öffentlich regulierten und privatwirtschaftlichen Unternehmung geringere Anreize haben, die Ressourcen, über die sie verfügen, möglichst effizient einzusetzen. Denn marktliche Konkurrenz fehlt zumeist, und die "Eigentümer" öffentlicher Unternehmen, letztlich die Stimmbürger, üben aufgrund der fehlenden Übertragbarkeit ihrer Eigentumsrechte und hoher Informations-, Kontroll- und Durchsetzungskosten nur geringen Druck in Richtung effizienter Ressourcenallokation auf die Entscheidungsträger aus. Die Theorie der Verfügungsrechte postuliert daher, daß Entscheidungsträger in öffentlichen Unternehmen die Ressourcen, über die sie verfügen, zur Reduzierung ihrer Arbeitsbelastung einsetzen und ein insgesamt relativ höheres Kostenniveau realisieren.

Zwar bestätigen eine Reihe empirischer Untersuchungen diese Erwartung, insgesamt aber bieten die vorliegenden Befunde kein einheitliches Bild und können nicht als genereller Beleg für eine geringere Effizienz öffentlicher Unternehmen gewertet werden (Übersichten in: Pommerehne 1990; Picot/Kaulmann 1989; Millward/Parker 1983; Borcherding/Pommerehne/Schneider 1982; De Alessi 1980). Thesen zur Effizienzüberlegenheit privater Unternehmen unterstellen häufig, daß öffentliche Unternehmen dieselben Ziele verfolgen (sollten) wie private. Wenn aber statt dessen öffentliche Unternehmen eine andere Zielsetzung im Rahmen eines gemeinwirtschaftlichen Auftrags auszuführen haben, legt ein Vergleich mit privaten Unternehmungen, die nicht auf gemeinwirtschaftliche Ziele verpflichtet sind, keinen angemessenen Vergleichsmaßstab zugrunde (Jackson/Price 1994; Pommerehne 1990; Budäus 1988; Perry/Rainey 1988; Eichhorn 1986). Auch vernachlässigen Thesen zur Effizienzüberlegenheit privater Unternehmungen bisweilen, daß privatwirtschaftliche (Produktionskosten-)Effizienz häufig durch die Zurückdrängung öffentlicher Interessen, durch externe soziale Kosten und andersgeartete verteilungspolitische Regelungen ermöglicht und erkauft wird. Zudem zeigen verschiedene Arbeiten, daß in bezug auf die Bewertung der komparativen Effizienz von öffentlichen und privaten Unternehmungen die Bedeutung der Eigentumsform zugunsten anderer Erklärungsfaktoren — insbesondere der Wettbewerbssituation, dem Regulationsumfeld und den Management- und Organisationskonzepten — relativiert werden muß (Jackson/Price 1994; Parker 1993; Bishop/Thompson 1992; Pommerehne 1990; Millward 1982). So bieten differenzierte Effizienzvergleiche Belege dafür, daß öffentliche Unternehmen (bei gleichen Zielen) ähnlich effizient wie private zu wirtschaften vermögen, sobald sie unmittelbar mit privaten Unternehmungen in Wettbewerb stehen. Auch die Art und das Ausmaß staatlich-öffentlicher Auflagen und Kontrollen haben einen wesentlichen Einfluß auf die komparative Effizienz beider Unternehmensvarianten. Ebenso ist zu beachten, daß Management- und Organisationskonzepte als wesentliche Einflußfaktoren der Effizienz nur beschränkt durch die Eigentumsform determiniert sind. Die genannten Gründe legen den Schluß nahe, daß Effizienzunterschiede zwischen privaten und öffentlichen Unternehmen sich nur in beschränktem Umfang auf Eigentumsformen zurückführen lassen. Entsprechend vermag eine verfügungsrechtstheoretische Argumentation pauschale Forderungen nach einer Privatisierung öffentlicher Unternehmen nicht zu begründen.

Verfügungsrechtstheoretiker haben sich auch gefragt, *warum es überhaupt Unternehmungen gibt*, wenn doch der Markt nach herrschender neoklassischer Lehre der effizienteste Allokationsmechanismus sein soll. In seiner die Verfügungsrechtstheorie begründenden Untersuchung führt Coase (1937) die Existenz von Unternehmungen darauf zurück, daß sich durch die Internalisierung von Transaktionen in eine Unternehmung im Vergleich zum marktlichen Austausch gewisse Kosten einsparen lassen. So würden in der Unternehmung vergleichsweise geringere Vertragskosten anfallen, da bei Kombination mehrerer Produktionsfaktoren nicht für jede einzelne Transaktion Informationen über Anbieter und Preise eingeholt und jeweils gesonderte Verträge ausgehandelt werden müßten. Cheung (1983) weist ergänzend darauf hin, daß durch die Internalisierung von Transaktionen neben Vertragskosten auch Informationskosten bezüglich der Inputfaktoren sowie Meßkosten für Input- und Outputfaktoren eingespart werden können. Alchian/Demsetz (1972) präsentieren ein weiteres Argument. Sie führen die Bildung von Unternehmungen auf Skalenvorteile bei der Produktion und auf Meß- und Anreizprobleme bei der Teamproduktion zurück.

Einen weiteren großen Forschungsbereich der Theorie der Verfügungsrechte bildet die Analyse unterschiedlicher *Unternehmungsverfassungen* (z.B.: Gerum 1988; Picot 1981; De Alessi 1980: 14ff.; Furubotn/Pejovich 1972: 1149ff.). Neben der oben schon erwähnten Unternehmungsverfassung jugoslawischen Typs stand dabei vor allem die Publikumsgesellschaft im Zentrum des Forschungsinteresses. Bei der klassischen Eigentümer-Unternehmung sind alle Verfügungsrechte am Vermögen der Unternehmung in der Hand der Kapitaleigner konzentriert. Für diese bestehen daher bei funktionierendem Wettbewerb große Anreize, die Ressourcen, über die sie verfügen, effizient einzusetzen, weil die Nutzen und Schäden ihrer Entscheidungen sich unmittelbar in ihrem Einkommen niederschlagen. Die Publikumsgesellschaft realisiert hingegen idealtypisch eine Trennung von Eigentum und Kontrolle: Die Kapitaleigner besitzen die Rechte am Ertrag und das Übertragungsrecht, das Management verfügt über die Nutzungs- und Änderungsrechte an den Ressourcen der Unternehmung. Die Theorie der Verfügungsrechte postuliert nun u.a., daß diese Verfügungsrechtsstruktur von Publikumsgesellschaften im Vergleich zur Eigentümer-Unternehmung höhere Transaktionskosten nach sich zieht, weil den Eigentümern etwa Kosten für die Steuerung und Kontrolle des Management entstehen. Die Theorie postuliert ferner, daß das Management seine Interessen an Umsatz, Konsum und Prestige auf Kosten der Kapitaleigner stärker durchzusetzen vermag. Diese und andere Thesen sind wiederholt und mit widersprüchlichen Befunden empirisch untersucht und jüngst insbesondere von der Agenturtheorie vertieft analysiert worden.

In verfügungsrechtstheoretischer Perspektive wurden des weiteren die Auswirkungen unterschiedlicher Verfügungsrechtsstrukturen auf das *Innovationsverhalten von Unternehmungen* betrachtet, wobei die Identifikation *innovationsfördernder Organisationsstrukturen* im Mittelpunkt des Interesses stand (Picot/Schneider 1988). Auch die Implikationen der Theorie der Verfügungsrechte für die *Absatztheorie* (Gümbel/Stadler 1988), die *Produktionsplanung* (Zimmermann 1988), die *Gestaltung von Arbeitsverhältnissen* (De Alessi 1980), die *Personalpolitik* (Sadowski 1989), die *Finanzierungstheorie* (Schmidt 1988) und die *Rechnungslegung* (Ordelheide 1988) sind untersucht worden. Darüber hinaus analysierten Grossman/Hart (1986), in welcher Weise die Verteilung der Residualrechte der Kontrolle über Ressourcen die Verteilung der Erträge aus der Ressourcenverwendung und damit die *Investitionsentscheidungen* der Akteure ex ante sowie die Anreize zu *vertikaler Integration der Leistungserstellung* beeinflussen (vgl. hierzu auch: Hart/Moore 1990; Hart 1995; 1989).

Ein weiterer Schwerpunkt der verfügungsrechtstheoretischen Forschung liegt auf dem Gebiet *wirtschaftshistorischer Analyse*. Hier hat insbesondere North versucht, Entstehung und Wandel von Institutionen und besonderer Verfügungsrechtsstrukturen verfügungsrechtstheoretisch zu erklären (North 1990, 1984, 1981; North/Thomas 1973). Wie bei Demsetz (1967) basiert die Erklärung bei North letztlich auf einem (Transaktions-) Kosten-Nutzen-Kalkül, in dem alternative Gestaltungsformen bewertet werden, deren Bandbreite und Ausprägung durch historische, soziale, politische, technische, rechtliche, kulturelle und ökonomische Kontingenzen beschränkt sind.

7.2.5. Kritische Würdigung

Gegenüber der traditionellen neoklassischen Mikroökonomie zeichnet sich die Theorie der Verfügungsrechte in mehrfacher Hinsicht durch größere Realitätsnähe und damit größere empirische Relevanz aus. Sie berücksichtigt, daß Individuen wie auch Unternehmungen nicht nur Gewinnmaximierungsziele, sondern auch andere Interessen verfolgen; sie konzipiert Unternehmungen nicht als monolithische "black boxes", sondern erkennt an, daß Unternehmungen durch die Handlungsbeiträge von Individuen gebildet werden, die unterschiedliche Ziele und Interessen verfolgen; sie reduziert Unternehmungen nicht auf ihre Produktionsfunktionen, sondern sieht sie als differenzierte, vielseitig gestaltbare, vertraglich begründete Institutionen; sie abstrahiert nicht von den Kosten der Information und der Transaktion; und sie beleuchtet nicht nur eine Eigentumsform und eine Form der Unternehmungsverfassung, sondern arbeitet heraus, daß unterschiedliche Verfügungsrechtsstrukturen unterschiedliche Anreiz- und Verhaltenswirkungen zeitigen können. Der besondere Verdienst der Theorie liegt darin, die große *Bedeutung von Verfügungsrechten für das Verständnis und die Erklärung wirtschaftlicher Strukturen und Prozesse* wieder in den Blickpunkt gerückt und eingehend analysiert zu haben. Der *Beitrag der Theorie der Verfügungsrechte zur Organisationstheorie* besteht insbesondere (1) in der Analyse der Verhaltenswirkungen unterschiedlicher Eigentumsformen und Unternehmungsverfassungen sowie (2) in dem Angebot von Begründungen für die Existenz von Unternehmungen und für die spezifische Ausgestaltung von Verfügungsrechtsstrukturen.

Dessen ungeachtet stellen sich der Theorie der Verfügungsrechte beim Versuch, die Auswirkungen, die Entstehung und den Wandel von Verfügungsrechtsstrukturen zu erklären, eine Reihe von Problemen. Ein schwerwiegendes Problem besteht in der Konzeptualisierung und Operationalisierung der zentralen theoretischen Konzepte. Konzeptualisierungs- *und Operationalisierungsprobleme* beeinträchtigen sowohl die präzise Formulierung, die empirische Überprüfung, die Erklärungsleistung als auch die Möglichkeiten der pragmatischen Umsetzung des Ansatzes.

Jenseits hoch abstrakter Klassifikationen von Eigentumsformen (privat, öffentlich, gemeinschaftlich) und sehr allgemeiner Grundformen von Unternehmungsverfassungen (Eigentümer-Unternehmung, Publikumsgesellschaft, Genossenschaft) hat es die Theorie der Verfügungsrechte bislang noch nicht vermocht, die große *empirisch* beobachtbare *Vielfalt und Differenziertheit von Verfügungsrechtsstrukturen theoretisch-konzeptionell und empirisch-operational einzufangen*. Das Konzept der Verdünnung von Verfügungsrechten böte zwar im Prinzip die Möglichkeit, Abstufungen zumindest quantitativ und eindimensional abzubilden, aber diesbezüglich ist die Theorie der Verfügungsrechte über erste Überlegungen noch nicht hinausgekommen.

In bezug auf die beiden anderen zentralen Konzepte der Theorie der Verfügungsrechte erscheinen die Konzeptualisierungs- und Operationalisierungsschwächen noch bedenklicher. Nur selten spezifizieren die einschlägigen Arbeiten ex ante präzise die Inhalte der Nutzenfunktion, die sie den Akteuren unterstellen, oder überprüfen die Annahmen gar empirisch. Vielmehr scheint häufig der einfachere Weg gegangen zu werden, aus den beobachteten Handlungsweisen und den eingeführten institutionellen Regelungen auf die Inhalte der Nutzenfunktionen zu schließen. Bei diesem Vorgehen kann die Theorie jedoch keine Erklärungsansprüche mehr erheben, da das zu erklärende Phänomen nicht unabhängig von seinen Erklärungsfaktoren erhoben wird; die Argumentation ist dann tautologisch (vgl. zur Problematik der Nutzenfunktion De Alessi 1990: 16ff.).

Auch die *Transaktionskosten* wurden nur unzureichend konzeptualisiert und operationalisiert. Somit besteht auch hier die *Gefahr tautologischer Argumentation*. Denn der Anreiz ist groß, zur "Erklärung" der beobachteten Zusammenhänge ex post die passende Verteilung und das passende Niveau von Transaktionskosten einzuführen. *Solange die Unschärfen in der Konzeptualisierung und Operationalisierung der* Verfügungsrechtsstrukturen, *der Nutzenfunktionen der Akteure und der Transaktionskosten nicht überwunden sind, fällt es daher schwer, die Aussagen zu den Auswirkungen verschiedener Verfügungsrechtsstrukturen eindeutig zu fassen und empirisch zu überprüfen.* Damit bleiben die Erklärungen, die die Theorie der Verfügungsrechte für die empirisch beobachtbaren Verfügungsrechtsstrukturen anbietet, leerformelhaft.

Darüber hinaus scheint die Theorie der Verfügungsrechte für die *Einführung* theorieexogener *Erklärungsfaktoren* anfällig zu sein, wie z.B. die Diskussion um die teilweise widersprüchlichen Forschungsergebnisse zu den Folgen der Trennung von Eigentum und Kontrolle in Publikumsgesellschaften belegt. Dies könnte ein Indikator dafür sein, daß die Theorie der Verfügungsrechte nicht wirklich die Einflußfaktoren berücksichtigt hat, die für die Erklärung der sie interessierenden Phänomene entscheidend sind. Dies wiederum mag damit zusammenhängen, daß die Theorie der Verfügungsrechte einseitig vor allem die allokative Funktion von Verfügungsrechten betrachtet (Demsetz 1967: 350), andere Funktionen von Verfügungsrechten hingegen ausblendet. Bei der Entscheidung zwischen verschiedenen Verfügungsrechtsstrukturen stehen jedoch nicht nur höhere oder niedrigere Allokationseffizienz zur Wahl, sondern gleichzeitig verschiedene Einkommens- und Vermögensverteilungen, Leistungsniveaus, Faktorkombinationen, Arten und Intensitäten der Ressourcennutzung u.a.m. (Tietzel 1981: 235).

Daß solche von der Theorie der Verfügungsrechte nicht systematisch berücksichtigten Faktoren gleichwohl eine wichtige Rolle spielen, wird insbesondere im Rahmen ihrer Versuche deutlich, die Entstehung und den Wandel von Verfügungsrechtsstrukturen theoretisch zu fassen und empirisch zu erklären. In den empirischen wirtschaftshistorischen Arbeiten sehen sich die Forscher z.B. nicht selten gezwungen, auf theorieexogene *Erklärungsfaktoren* sozialer, kultureller, politischer oder technischer Natur zurückzugreifen (Kieser 1988b; Demsetz 1967). Wie Verfügungsrechtstheoretiker selbst anerkennen (Furubotn/Pejovich 1972: 1140; Demsetz 1967: 350), können sie die gesellschaftlichen Institutionen (wie z.B. das Vertragsrecht oder das System der Gerichtsbarkeit), die die Herausbildung besonderer Verfügungsrechtsstrukturen und die Anwendung vertragstheoretischer Erklärungsmuster überhaupt erst ermöglichen, nicht theorieimmanent erklären, sondern müssen eine Theorie der Verfassung, des Rechts oder des Staates, kurz: der

Macht und ihrer Institutionalisierung in Anspruch nehmen (Campbell/Lindberg 1990; Steinmann/Schreyögg 1984: 279ff.; Krüsselberg 1983: 73ff.; Umbeck 1981).

Alle vorgenannten Aspekte beeinträchtigen die Möglichkeit, aus der Theorie der Verfügungsrechte pragmatische Empfehlungen unmittelbar abzuleiten. Als abstraktes, allgemeines Analyseraster vermag die Theorie gleichwohl wichtige Einsichten zu vermitteln, wie ihre Weiterentwicklungen, Differenzierungen und Präzisierungen durch die Agenturtheorie einerseits und die Transaktionskostentheorie andererseits belegen.

7.3. Agenturtheorie

7.3.1. Erkenntnisinteresse

Im Mittelpunkt der Agenturtheorie steht die Institution des *Vertrages* und seine Rolle in Austauschbeziehungen zwischen einem Auftraggeber ("Prinzipal") und einem Auftragnehmer ("Agent"). Typische Beispiele für solche *Auftrags- oder Agenturbeziehungen* im Kontext von Unternehmungen sind die Beziehungen zwischen Arbeitgeber und Arbeitnehmer, Käufer und Verkäufer, Eigentümer und Geschäftsführer, Aufsichtsrat und Vorstand, Vorstand und Führungskraft, Fremdkapitalgeber und Geschäftsführer, Vorgesetztem und Untergebenem (Picot 1990: 8).

In all diesen Fällen überträgt ein Auftraggeber ("Prinzipal") zur Realisierung seiner Interessen bestimmte Aufgaben und Entscheidungskompetenzen auf der Basis einer Vereinbarung an einen beauftragten Partner ("Agenten"), der für seine Dienste eine Vergütung erhält. Die Übertragung von Aufgaben bietet für den Prinzipal den Vorteil, daß er sich die spezialisierte Arbeitskraft und den Informationsvorsprung des Agenten zunutze machen kann. Allerdings wirft die Aufgabendelegation für den Prinzipal auch ein Problem auf. Je weniger Informationen der Prinzipal über die Motive, die Handlungsmöglichkeiten und das faktische Leistungsverhalten des Agenten hat, desto größer ist für ihn das Risiko, daß der Agent nicht gemäß des vereinbarten Auftrags handelt, sondern die eigenen Interessen zum Nachteil des Prinzipals verfolgt. Der Prinzipal ist somit mit dem Problem konfrontiert, wie vertraglich sichergestellt werden kann, daß der Agent eine Leistung erbringt, die der Vereinbarung möglichst gut entspricht.

Die angesprochene Problematik bildet den Gegenstand der "Theory of Agency" (Ross 1973). Diese untersucht die *vertragliche Gestaltung der Beziehung zwischen Auftraggeber ("Prinzipal") und Auftragnehmer ("Agent") unter Bedingungen* ungleicher *Informationsverteilung und Unsicherheit sowie unter Berücksichtigung der Risikoverteilung.* Sie analysiert *typische Probleme* von Auftragsbeziehungen und erörtert, durch welche *Mechanismen* (Anreiz-, Kontroll- und Informationssysteme) sich diese Probleme effizient handhaben lassen (Laux 1990; Eisenhardt 1989; Pratt/Zweckhauser 1985; Fama/Jensen 1983a; Grossman/Hart 1983; Fama 1980; Jensen/Meckling 1976).

Im Rahmen der Agenturtheorie lassen sich eine normative und eine deskriptive Richtung unterscheiden (Eisenhardt 1989: 59f.; Jensen 1983: 334ff.). Die *normative Richtung* ("principal-agent theory") widmet sich der entscheidungslogisch-formalen Darstellung einer optimalen Vertragsgestaltung; sie abstrahiert dabei weitgehend von den empirischen Randbedingungen, unter denen Verträge geschlossen und erfüllt werden (z.B. Kiener 1990; Harris/Raviv 1979; Shavell 1979; zur Kritik des normativen Ansatzes vgl. Müller 1995). Demgegenüber weist die *deskriptive Richtung* ("positive agency theory") einen stärker empirischen Bezug auf und schließt thematisch an die Theorie der Unternehmung und die Organisationsforschung an. Wegen ihrer größeren Nähe zur Organisationsanalyse steht die zweite Richtung der Agenturtheorie im Mittelpunkt der vorliegenden Darstellung und Erörterung.

7.3.2. Grundkonzepte und Annahmen

Die Agenturtheorie baut ihre Argumentation auf drei Grundgedanken auf: (1) einem vertragstheoretischen Organisationskonzept, (2) einem Verhaltensmodell, das individuelle Nutzenmaximierung, ungleiche Informationsverteilung, Interessenunterschiede und die Risikoneigung der Akteure betont, sowie (3) der Annahme, daß eine optimale Gestaltung von Verträgen die Berücksichtigung von Agenturkosten voraussetzt.

7.3.2.1. Vertragstheoretisches Organisationskonzept

Die Agenturtheorie betrachtet Organisationen und ihre Umweltbeziehungen als Netzwerke von (impliziten oder expliziten) Verträgen (*"nexus of contracts"*), die unter den Beteiligten zur Regelung ihres ökonomischen Austausches geschlossen werden. Beispiele für solche Verträge sind Lohn-, Kauf-, Liefer-, Kredit-, Leasing- oder Versicherungsverträge. Verträge legen in verbindlicher Weise die Rechte, Zuständigkeiten und Pflichten der Austauschpartner sowie die Verteilung der Erträge fest ("rules of the game") (Cheung 1983; Fama/Jensen 1983a: 302f.; Fama 1980: 289).

Mit dem vertragstheoretischen Organisationskonzept ist die Vorstellung verbunden, daß sich die gesamte Organisation und ihre Umweltbeziehungen in *Vertragsbeziehungen zwischen Individuen* desaggregieren lassen. Entsprechend ist die Rede von "Zielen der Organisation" oder "Handlungen der Organisation" unzulässig. Organisationen sind lediglich "legal fictions which serve as a nexus for a set of contracting relationships among individuals" (Jensen/Meckling 1976: 310). Zugleich ersetzt die vertragstheoretische Netzwerkvorstellung die sonst in der Organisationstheorie übliche Unterscheidung zwischen "Organisation" und "Umwelt", deren analytische Bedeutung ebenfalls in Frage gestellt wird.

In bezug auf die Gestaltung von Verträgen nimmt die Agenturtheorie an, daß die Vertragspartner die Modalitäten der Auftragsbearbeitung in der Regel nicht präzise und umfassend in den Vertragskonditionen festlegen. Im Rahmen von Vertragsvereinbarungen lassen sich Art und Weise, Umfang und Zeitplan der Auftragserfüllung nur unvollständig bestimmen und können deshalb auch nur vage in Verträgen festgeschrieben werden (*"incomplete contracting"*). Die "Unvollständigkeit" von Verträgen ist auf unvollständige Information, Unbestimmtheit zukünftiger Umstände und auf die antizipierten Kosten der Perfektionierung eines Vertragsabschlusses zurückzuführen (Hart 1988; Hart/Holmström 1987: 128 ff). Zudem unterstellt die Agenturtheorie, daß die Vertragspartner sich der unvollständigen Spezifizierung der Auftragsbearbeitung bewußt sind und infolgedessen entsprechende Anreiz-, Kontroll- und Informationsmechanismen in die Vertragskonditionen aufnehmen, die den Unbestimmtheiten und Problemen der zukünftigen Auftragsbearbeitung kompensatorisch begegnen.

7.3.2.2. Charakterisierung der Akteure

Die Analyse von Agenturbeziehungen beruht auf der Annahme, daß die Gestaltung und die Erfüllung von Verträgen durch die *Verhaltensmaxime* einer (beiderseitig erwarteten) Nutzenmaximierung geprägt werden. Diese Prämisse umfaßt mehrere Aspekte: (a) Das Verhalten beruht auf gegebenen, stabilen und konsistenten Präferenzen. (b) Es orientiert sich an einem individuellen Nutzen. (c) Es schließt opportunistische Praktiken und damit die Anwendung von List, Betrug und Täuschung mit ein, so daß Leistungszurückhaltung, trügerische Darstellung von Leistungen oder eigeninteressierte Vertragsauslegung (u.a.m.) zum Verhaltensrepertoire gehören. (d) Die Nutzenfunktion umfaßt grundsätzlich ein breites Spektrum von Zielen, wozu monetäre Ziele wie z.B. Gehalt, Prämien, Dividenden aus Aktien oder auch nicht-monetäre Ziele wie Karriere, Prestige, Macht, Freizeit und Selbstbestätigung zählen. (e) Die Beteiligten richten ihr Verhalten (zweck-)rational aus und erwarten jeweils eine rationale Handlungsorientierung auch auf seiten des Partners, so daß das Verhalten der Beteiligten prinzipiell antizipiert und durch vertragliche Vereinbarungen im voraus gesteuert werden kann. (f) Die Partner können eine unterschiedliche Risikoneigung haben; zumeist wird dem Prinzipal eine Risikoneutralität und dem Agenten eine Risikoabneigung unterstellt.

Weiterhin schreibt die Agenturtheorie den verfügbaren Informationen und insbesondere der *ungleichen Informationsverteilung* zwischen den Vertragspartnern eine bedeutende Rolle zu. Sie unterstellt einen Informationsvorsprung des Agenten in bezug auf die sachliche Bearbeitung der Aufgaben. Eine solche Annahme wird als realistisch erachtet, da gerade in den besseren Kenntnissen, Fähigkeiten und Erfahrungen des Agenten ein wesentlicher Grund für das Interesse des Prinzipals an den Diensten des Agenten liegt. Zugleich besteht ein Informationsdefizit des Prinzipals in bezug auf das eigeninteressierte Verhalten des Agenten. Dieses Informationsdefizit des Prinzipals ergibt sich aus der mangelnden Beobachtbarkeit der Handlungssituation, der Absichten und der Aktivitäten des Agenten. Ein weiteres Informationsdefizit des Prinzipals betrifft die Ergebniskontrolle. Der Prinzipal verfügt nicht immer über alle Informationen darüber, in welchem Ausmaß das Ergebnis dem Leistungsverhalten ("effort") des Agenten oder aber Umwelteinflüssen zuzurechnen ist. Insbesondere in komplexen und unsicheren Situationen ist eine exakte Zurechnung der tatsächlichen Leistung und damit eine Effizienzkontrolle der Dienste des Agenten sehr erschwert.

Unterstellt man den Beteiligten als Handlungsmaxime das Streben nach individueller Nutzenmaximierung, dann muß mit *Zielkonflikten* zwischen den Beteiligten gerechnet werden. Während der Prinzipal an einem günstigen Ergebnis interessiert ist, orientiert sich der Agent nur an seinem eigenen Nutzenkalkül, in dessen Rahmen die Nachteile des eigenen Leistungsbeitrages (z.B. Arbeitsleid, Zeitverlust, Kosten) gegen die Vorteile (z.B. Vergütung, Karriere) abgewogen werden (Hartmann-Wendels 1992: 72f.). Der Agent wird nur dann eine für den Prinzipal optimale Leistung erbringen, wenn diese mit seinen eigenen Interessen vereinbar ist. Da eine spontane Konvergenz der Interessen des Prinzipals und des Agenten als unwahrscheinlich gilt, sind Agenturkonflikte oder -probleme zu erwarten.

Aus Sicht des Prinzipals stellt sich somit ein Bedarf an Steuerungs- und Kontrollmechanismen (*"governance mechanisms"*), die den Agenten zu einem auftragsgemäßen Leistungsverhalten veranlassen. Solche Mechanismen können sehr unterschiedlicher Art sein. Die Agenturtheorie untersucht z.B. Maßnahmen bürokratischer Kontrolle (z.B. Kontrolle des Managements durch den Aufsichtsrat), den Einbau von Anreizkomponenten in die Vergütung (z.B. Prämiensysteme, Vermögensbeteiligung) oder die Nutzung von Informationssystemen (z.B. Berichterstattungspflichten). In der Bewältigung der Agenturprobleme durch eine effiziente Einbeziehung von "Steuerungs- und Kontrollmechanismen" liegt die Hauptaufgabe der Vertragsgestaltung. Optimale Verträge lösen die Anreiz-, Kontroll- und Informationsprobleme, so daß das Leistungsverhalten des Agenten eine Pareto-optimale Ressourcenallokation ermöglicht.

7.3.2.3. Agenturkosten als Determinante der Vertragsgestaltung

Die Agenturtheorie beurteilt die Vorteilhaftigkeit alternativer Gestaltungsformen der Agenturbeziehung anhand der jeweils entstehenden Agenturkosten. Unter *Agenturkosten* werden alle Kosten verstanden, die sich aufgrund einer Abweichung vom fiktiven Ideal-zustand eines "vollkommenen Tausches" im Sinne der Neoklassik ergeben. Anders for-muliert, Agenturkosten stellen die in Kosten ausgedrückte Differenz einer Leistungs-erstellung durch einen Agenten bei vollständiger Information beider Partner ("first best solution") einerseits und einer Leistungserstellung bei ungleicher Informationsverteilung andererseits dar. Agenturkosten setzen sich aus folgenden drei Kostengrößen zusammen (Jensen/Meckling 1976: 308):

(a) Kosten jener Maßnahmen des Prinzipals, die ein höheres Maß an auftragsgemäßer Lei-stungserstellung erbringen sollen; hierzu gehören z.B. Kosten des Vertragsabschlusses, der Anreizkomponenten, der Risikoprämien, der Überwachung und der Bewertung der Auftragstätigkeit (*Steuerungs- und Kontrollkosten*);

(b) Kosten des Agenten für sein Garantieversprechen, nicht gegen die Interessen des Prin-zipals zu handeln; hierzu zählen Kosten, die dem Agenten aus den Kontrollansprüchen des Prinzipals erwachsen, so z.B. Kosten der Selbstkontrolle, der Rechenschaftstätigkeiten, der Beschaffung von Informationen über die Erwartungen des Prinzipals oder Kosten aus Schadensersatzverpflichtungen (*Garantiekosten*); und

(c) Kosten des Wohlfahrtsverlustes infolge einer Leistungserstellung durch den Agenten, die das mögliche Nutzenmaximum des Prinzipals verfehlt (*Residualkosten*).

Die größtmögliche Effizienz vertraglicher Gestaltung wäre in einer Pareto-optimalen Lösung des Agenturproblems realisiert, in der die Agenturkosten auf Null reduziert sind. Vertreter der Agenturtheorie sind sich bewußt, daß ein Pareto-Optimum immer nur eine fiktive Richtgröße sein kann, deren völlige Realisierung nur unter Bedingung vollständi-ger Information möglich ist, d.h. in einer Situation, in der sich eine Agenturproblematik nicht mehr stellt (Ross 1973: 138).

Im Rahmen der empirischen Analyse vertraglicher Regelungen schreibt die Agenturtheo-rie jenen Vertragskonstruktionen die größten Vorteile zu, die in Hinblick auf die Agentur-kosten die relativ größte Effizienz aufweisen. Zudem nimmt die Theorie in bezug auf die effizienteren Vertragskonstruktionen an, daß diese sich (unter Konkurrenzbedingungen) gegenüber alternativen Vertragskonstruktionen durchsetzen werden (Jensen 1983: 333f.). Die Wahl und der Bestand vertraglicher Regelungen werden so als das Ergebnis der Mi-nimierung von Agenturkosten interpretiert.

7.3.3. Hauptaussagen

Die Hauptthesen der Agenturtheorie werden in zwei Argumentationsschritten entwickelt: Im Mittelpunkt stehen zunächst (1) die Prinzipal-Agent-Probleme und der daraus resultie-rende Koordinationsbedarf; hieran schließt sich (2) eine Darstellung von Mechanismen

(Anreiz-, Kontroll- und Informationssysteme) an, die zur Lösung der Agenturprobleme angewandt werden bzw. in Betracht kommen.

7.3.3.1. Agenturprobleme: "hidden information" und "hidden action"

Agenturprobleme sind die Folge von Interessenunterschieden und ungleicher Informationsverteilung zwischen Prinzipal und Agent. In ihrer Klassifikation von Agenturproblemen stellt die Agenturtheorie in Rechnung, daß die Informationsverteilung in verschiedenen Phasen der Agenturbeziehung unterschiedlich ausfallen kann. Von "*hidden information*" ist die Rede, wenn vor Vertragsabschluß oder auch zwischen Vertragsabschluß und Beginn der Vertragserfüllung der Agent über Informationen verfügt, die dem Prinzipal nicht oder jedenfalls nicht kostenlos zur Verfügung stehen (Wenger/Terberger 1988; Arrow 1985). Hieraus erwächst dem Prinzipal das Risiko, daß der Agent bereits im Vorfeld seiner Auftragtätigkeit seinen Informationsvorsprung strategisch für eigene Interessen und nicht optimal zugunsten des Prinzipals einsetzt. Ungleiche Informationsverteilung bietet dem eigeninteressierten Agenten bereits vor der Vertragserfüllung die Möglichkeit, sich Vorteile durch eine unvollständige und täuschende Selbstdarstellung zu verschaffen. Dieses Problem stellt sich z.B. bei der Auftragsvergabe an einen Unternehmungsberater, wenn der Bewerber vor der Vertragsentscheidung einen Informationsvorsprung gegenüber dem nachfragenden Management besitzt, d.h. bessere Kenntnisse seiner fachlichen Eignung, Leistungsbereitschaft und Handlungsabsichten hat. Dieser Informationsvorsprung ermöglicht es dem Berater, bereits bei der Aushandlung der Konditionen seinen Interessen durch eine unrealistische Selbstdarstellung besser Geltung zu verschaffen. Ein weiteres Beispiel für die Agenturproblematik der "hidden information" ist im Verhältnis von zentraler Planungsinstanz einer Unternehmung und den ihr unterstellten Produktionsstätten anzutreffen. Die Zentrale vermag bei ihrer Planung aus den sichtbaren Ausbringungsmengen einzelner Betriebseinheiten nicht immer zu erkennen, mit welchen Planungsvorgaben die Kapazitäten der dezentralen Einheiten optimal ausgelastet sind. Der Informationsrückstand der Planungszentrale kann von den dezentralen Einheiten in Verhandlungen zur Reduzierung der Anforderungen genutzt werden.

Ein weiteres und zugleich das am häufigsten untersuchte Agenturproblem stellt "*hidden action*" dar (Wenger/Terberger 1988; Arrow 1985; Holmström 1979). In diesem Fall besteht in der Phase zwischen Beginn der Vertragserfüllung und Abschluß der Agenturbeziehung eine ungleiche Informationsverteilung zwischen den Partnern. Der Prinzipal hat keine genaue Kenntnis der Handlungsmöglichkeiten und des tatsächlichen Leistungsverhaltens des Agenten. Aufgrund seines Handlungsspielraumes ist es dem Agenten möglich, verschiedene Vorgehensweisen (Mittel) zur Zielerreichung zu wählen, die für den Prinzipal nicht (exakt) oder zumindest nicht kostenlos beobachtbar sind. Auch wenn für den Prinzipal das Ergebnis (ex post) feststellbar ist, so lassen sich hieraus keine sicheren Rückschlüsse auf die Ex ante-Entscheidungssituation und die Leistungsanstrengungen ("effort") des Agenten ziehen, da das Ergebnis ebenso von anderen Einflußfaktoren abhängig ist. So ist z.B. für den Eigentümer einer Unternehmung nicht immer erkennbar, ob das positive Geschäftsergebnis auf die Leistungen des Managements oder auf günstige Umstände zurückzuführen ist.

Die ungleiche Informationsverteilung hat Folgen für das Verhalten des Agenten. Die beschränkte Beobachtbarkeit seines Verhaltens verleitet den Agenten zu einer Reduzierung seiner Leistung ("shirking") oder zur Nutzung von Ressourcen für eigennützige Zwecke.

Die Agenturtheorie postuliert, daß Agenten solange die Leistung reduzieren oder Ressourcen zweckentfremden, wie ihre Aufträge nicht unmittelbar ihren eigenen Interessen entsprechen.

Beiden Agenturproblemen ("hidden action" und "hidden information") ist gemeinsam, daß sich Interessenunterschiede und eine ungleiche Informationsverteilung zum Nachteil für den Prinzipal auswirken. Interessenunterschiede und eine ungleiche Informationsverteilung beeinträchtigen eine unmittelbare Bindung der Handlungen des Agenten an die vertraglichen Vereinbarungen und schaffen für den Prinzipal eine problematische Situation: Je weniger Wissen der Prinzipal über den betreffenden Aufgabenbereich hat, desto mehr ist er auf die Dienste des Agenten angewiesen und desto weniger kann er unmittelbar beobachten und steuern, wie der Agent seinen Handlungsspielraum nutzt. Aufgrund dieser unvollkommenen Koordination ist mit einem suboptimalen Ergebnis der Auftragsbearbeitung zu rechnen.

7.3.3.2. Anreiz-, Kontroll- und Informationsmechanismen

Den genannten Agenturproblemen kann der Prinzipal mit der vertraglichen Einbeziehung von Mechanismen ("governance mechanisms") begegnen, die mit ihren Anreiz-, Kontroll- und Informationsfunktionen geeignet erscheinen, eine vertragsgemäße Aufgabenerfüllung durch den Agenten sicherzustellen. Die Agenturtheorie zieht die drei folgenden Grundarten einer *Disziplinierung des Agenten* in Betracht:

(a) Eine Möglichkeit besteht für den Prinzipal darin, Anreize für den Agenten zu setzen, so daß die Erfüllung seiner Ziele auch denen des Prinzipals dient (Laux/Schenk-Mathes 1992; Laux 1990, 1988a, 1988b; Harris/Raviv 1979). Eine effiziente Anreizgestaltung besteht in der *Ergebnisbeteilung des Agenten*. Je mehr sich die vertraglichen Vereinbarungen zwischen Prinzipal und Agent auf Leistungsergebnisse richten, desto stärker ist für den Agenten ein Anreiz gegeben, die Interessen des Prinzipals zu berücksichtigen (Eisenhardt 1989: 60). Ergebnisorientierte Verträge sind geeignet, die Präferenzen von Prinzipal und Agent aneinander zu binden und Zielkonflikte zu reduzieren, da die Erträge für beide Parteien von den gleichen Leistungen abhängig sind. Eine prozentuale Beteiligung des Agenten an dem Ergebnis hat für den Prinzipal auch den Vorzug, daß sich sein Bedarf an Informationen über die Handlungen und Leistungen des Agenten reduziert. Lediglich über die Verteilung des Ergebnisses muß entschieden werden. Eine Ergebnisbeteiligung bringt deshalb nur geringe Agenturkosten mit sich.

Unter folgenden Bedingungen verlieren ergebnisorientierte Verträge jedoch ihre Steuerungsfunktion: Sobald das Ergebnis nicht auf den meßbaren Leistungsbeitrag des Agenten, sondern auf Umweltfaktoren zurückzuführen ist, erhält die Vertragssituation für den Agenten einen ungewissen Ausgang. Entscheidet nicht mehr die eigene Leistung über den Umfang der Vergütung, dann wird der Umfang der erwarteten Vergütung für den Agenten unberechenbar und risikoreich. Die Verteilung des Risikos ändert sich somit zuungunsten des Agenten. Unterstellt man diesem risikoaverses Verhalten, so wird die Neuverteilung des Risikos die Forderung nach einer höheren Vergütung nach sich ziehen. Dies hat wiederum zur Folge, daß sich die Vertragskonditionen für den Prinzipal verschlechtern. Bei der Gestaltung ergebnisorientierter Verträge ist somit zu berücksichtigen, daß neben der Anreizsteuerung die Risikoverteilung eine zweite Gestaltungsgröße darstellt.

Eine gleichzeitige Optimierung der Risikoverteilung und der Anreizsteuerung impliziert immer eine Konkurrenz von Teilzielen. Dieser Fall tritt insbesondere bei Risikoneutralität des Prinzipals auf. Eine optimale Risikoallokation würde voraussetzen, daß der Prinzipal das gesamte Risiko trägt und der Agent eine feste Vergütung erhält. Allerdings ist diese Lösung im Hinblick auf die Anreizsteuerung offenkundig unbefriedigend; denn solange die erbrachte Leistung des Agenten keinen Einfluß auf dessen Vergütung hat, ist mit einer geringeren Leistungsbereitschaft zu rechnen. Die optimale Gestaltung von ergebnisorientierten Verträgen enthält somit ein Dilemma, das bestenfalls durch einen Kompromiß in der Verteilung der Ergebnisse und des Risikos gelöst werden kann (Hartmann-Wendels 1989; Harris/Raviv 1979; Shavell 1979).

(b) Eine weitere Möglichkeit der Disziplinierung des Agenten besteht in der *direktiven Verhaltenssteuerung*. Diese beruht darauf, daß Verhaltensnormen vertraglich vereinbart, deren Einhaltung kontrolliert, und deren Verletzung (negativ) sanktioniert werden. Eine solche Art der Verhaltenssteuerung hält die Agenturtheorie für nur begrenzt realisierbar, weil die Formulierung instruktiver Normen ein hohes Maß an Information auf seiten des Prinzipals voraussetzt und bei komplexen und unstrukturierten Aufgaben kaum möglich ist. Zu den Nachteilen einer direktiven Verhaltenssteuerung gehört nicht zuletzt, daß diese keinen (positiven) Anreiz zur Leistung zu erzeugen vermag. Darüber hinaus stoßen Verhaltenskontrollen an Grenzen der Beobachtbarkeit der Agentenleistung und können mit hohen Kosten verbunden sein. Aus diesen Gründen sieht die Agenturtheorie in (positiven) Leistungsanreizen eine kostengünstigere Art der Verhaltenssteuerung (Laux 1990, 1979; Laux/Liermann 1986).

(c) Zur Bewältigung von Agenturproblemen kann der Prinzipal grundsätzlich auf einen weiteren Mechanismus der Disziplinierung des Agenten zurückgreifen. Dieser besteht in einer Verbesserung des *Informationssystems*, wodurch der Prinzipal sein Wissen über das Leistungsverhalten und die Handlungssituation des Agenten steigern kann. Je mehr Informationen der Prinzipal zur Überprüfung des Agenten hat, desto stärker wird der Agent die Interessen des Prinzipals berücksichtigen (Eisenhardt 1989: 60). Indem Informationssysteme den Handlungsbereich des Agenten transparenter machen, reduzieren sich für den Agenten die Möglichkeiten zur Täuschung des Prinzipals und zur opportunistischen Ausnutzung der Situation. Maßnahmen zur Verbesserung des Informationsstandes richten sich z.B. auf eine Ausweitung der Rechenschaftspflichten des Agenten, die Einbeziehung von Leistungsvergleichen oder die Einrichtung von Kostenrechnungssystemen. Da es jedoch nicht unmittelbar im Interesse des Agenten liegt, für mehr Transparenz durch eine verbesserte Information zu sorgen, bedarf es häufig zusätzlicher Anreize und Kontrollmaßnahmen. Hierbei ist jedoch mit Agenturkosten zu rechnen, so daß auch bei dieser Strategie Lösungsansätze immer nur als Kompromiß möglich sind (Dye 1983; Christensen 1981).

7.3.4. Anwendungsbereich: Die Trennung von Eigentum und Kontrolle der Unternehmung

Da die Delegation von Aufgaben und Entscheidungsautorität häufig und vielfältig in Organisationen anzutreffen ist, besteht für die Agenturtheorie im Rahmen der Organisationsanalyse grundsätzlich ein breites Anwendungsfeld. Bisher konzentrierte sich die agenturtheoretisch ausgerichtete Organisationsforschung jedoch vor allem auf solche Agenturbeziehungen, die sich infolge der *Trennung von* Eigentum *und Kontrolle der Unternehmung* ergeben. Überträgt der Eigentümer (Prinzipal) einer Unternehmung deren Leitung auf angestellte Manager (Agenten), so entsteht damit das Problem, wie ein suboptimales Verhalten der Manager vermieden werden kann (Schmitz 1988: 83ff.;

Fama/Jensen 1983a, 1983b; Fama 1980; Jensen/Meckling 1976). Aufgrund ungleicher Informationsverteilung und divergierender Interessen muß der Eigentümer mit Agenturproblemen rechnen, so z.B. in Zusammenhang mit der Einstellung von Managern (z.B. unrealistische Selbstdarstellung), deren Vergütung (z.B. überzogene Gehälter), dem Ausmaß der von Managern erbrachten Leistungsanstrengung (z.B. "shirking"), den verfolgten Zielen der Unternehmungspolitik (z.B.: Umsatzsteigerung trotz Renditeeinbußen, Ressortegoismus) oder der Nutzung von Ressourcen der Unternehmung für die eigene Karriere (z.B. Mikropolitik, Imagepflege) und die eigene Lebensqualität (z.B. "fringe benefits").

Einen wichtigen Ansatzpunkt zur Optimierung des Managerverhaltens erblickt die Agenturtheorie in der *Anreizwirkung ergebnisabhängiger Vergütungssysteme*. In diesem Zusammenhang richten sich die Überlegungen auf verschiedene Varianten der Erfolgsbeteiligung (Ertrags-, Gewinn- und Leistungsbeteiligung) sowie der Kapitalbeteiligung (z.B.: Belegschaftsaktien, stille Beteiligung, Mitarbeiterdarlehen) von Managern. Dabei verknüpfen die diskutierten Beteiligungsmodelle meist die Erfolgs- und Kapitalbeteiligung in der Weise miteinander, daß Erfolgsanteile als Investiventgeld in eine Kapitalbeteiligung umgewandelt werden. An die Unternehmungspraxis richtet die agenturtheoretische Diskussion die deutliche Empfehlung, bestehende Vergütungssysteme zugunsten einer effizienten Anreizstruktur variabler Vergütungskomponenten zu reformieren (Murphy 1997, 1985; Jensen/Murphy 1990a; Baker/Jensen/Murphy 1988; Lambert/Larcker 1985; Rehnert 1985).

Ergebnisorientierte Vergütungssysteme sind jedoch in ihrer praktischen Handhabung mit einigen Problemen behaftet und finden nicht die (ursprünglich) von der Agenturtheorie erwartete praktische Verbreitung (Gedenk 1998; Albers/Krafft 1996; Evers 1995; Evers/Grätz/Näser 1992; Schwalbach 1991; Jensen/Murphy 1990a, 1990b). Entgegen den Empfehlungen der Agenturtheorie weisen faktische Vergütungsregelungen eine eher geringe Anbindung an Erfolgsgrößen der Unternehmung und eine noch geringere Anbindung an die tatsächliche Leistung des einzelnen Managers auf. *Erfolgskriterien beeinflussen nur moderat die Managementvergütung*. Viel stärker als erfolgsvariable Komponenten fallen im Rahmen der Gesamtvergütung fixe Komponenten (Basisentgelte, Dienstalterzulagen, Dienstwagen, Versicherungen, Aufsichtsratsmandate, Abfindungsklauseln, Altersversorgung u.a.m.) ins Gewicht. Den größten Einfluß auf das Vergütungsniveau hat dabei die Unternehmungsgröße; weitere Einflußfaktoren sind Branchenzugehörigkeit, Rang, Ressort, Lebens- und Dienstalter, Ausbildung und Titel. Die praktizierten Vergütungssysteme bringen weniger eine effiziente Anreizstruktur als vielmehr Konventionen der Vergütungspraxis, Kompromisse widerstreitender Anforderungen an Vergütungsregelungen und das Verhandlungsgeschick früherer oder aktueller Vertragspartner zum Ausdruck.

In Anbetracht derartiger Befunde hat die agenturtheoretische Diskussion eine zu einfache modelltheoretische Betrachtung der Anreizsteuerung relativiert und ergänzt (Kole 1997; Beatty/Zajac 1994; Haubrich 1994; Fudenberg/Holmström/Milgrom 1990; Jensen/Murphy 1990a, 1990b; Holmström 1987). In diesem Zusammenhang werden insbesondere folgende Problemaspekte thematisiert, die einer Ergebnisorientierung der Vergütung bestimmte Grenzen auferlegen: (a) Zwischen den globalen Erfolgsgrößen der Unternehmung und der Tätigkeit einzelner Manager besteht häufig keine eindeutige Beziehung, so daß Erfolgsanteile oft nur ungenau oder überhaupt nicht individuell zugerechnet werden können. Derartige Zurechnungsprobleme stellen sich vor allem in Hinblick auf Tätigkeiten der mittleren und unteren Managementebenen sowie in Querschnitts- und Stabstätigkeiten. (b) Probleme bereitet auch die Beurteilung der Managementtätigkeit. Denn Verfahren der

216

Arbeits- und Leistungsbeurteilung finden leicht ihre Grenzen im innovativen und einzigartigen Charakter von Managemententscheidungen sowie im prägenden Einfluß der Manager auf die Aufgabeninhalte ihrer Stelle. (c) Darüber hinaus ist auch der Trade-off zwischen Anreiz und Risikoübernahme zu beachten. Eine zu hohe Erfolgsabhängigkeit der Vergütung kann zur Reduzierung der Risikobereitschaft des Managements führen und wäre bei steigendem Risikopotential der (optimalen) Unternehmungsstrategie keine vorteilhafte Vergütungsregelung. (d) Zudem haben höhere ergebnisabhängige Vergütungen aufgrund ihrer (angenommenen) starken Verhaltenswirkungen den kontraproduktiven Effekt, daß ihre Adressaten einen (zusätzlichen) Anreiz erhielten, einen zunehmenden Teil ihrer Anstrengungen zur Beeinflussung der Erfolgsbemessung und -zuschreibung (Selbstdarstellung, Mikropolitik) einzusetzen. (e) Auch erzeugt eine detaillierte Festschreibung ergebnisorientierter Vergütungsregelungen bisweilen das Problem, daß letztere nicht mehr mit Erfordernissen einer flexiblen Anpassung an neue und unerwartete Situationen abgestimmt sind. Ergebnisindifferente Vergütungsregelungen tragen dagegen zur Entschärfung der Flexibilitätsproblematik bei. (f) Gewisse Schwierigkeiten stellen sich Beteiligungsmodellen auch in Hinblick auf die effiziente Handhabung der involvierten Zeithorizonte. Eine Beteiligung am Jahresgewinn könnte sich nachteilig auf langfristig gewinnwirksame Anstrengungen und Aufwendungen auswirken.

Derartige Problematisierungen legen die Forderung nach *"komplexen* Vergütungssystemen" (z.B. Kole 1997) nahe. Komplexe Vergütungssysteme sollen mehrdimensionale Erfolgsgrößen der Unternehmung (z.B. Gewinne, mittelfristiger Börsenwert, Marktanteile, Projektziele), verschiedene Anforderungen an Vergütungsregelungen (z.B. Anreizpotential, Risikoverteilung, Zeithorizonte, Flexibilität), die spezifischen Merkmale einzelner Managementgruppen und deren Tätigkeitsfelder sowie verschiedene Beteiligungsmodelle (z.B. Gewinnanteile, Leistungsprämien, Belegschaftsaktien) berücksichtigen. Zugleich sollen sie dem jeweiligen Trade-off zwischen Vor- und Nachteilen einzelner Vergütungsregelungen Rechnung tragen. Damit werden hohe Ansprüche an die Gestaltung von Vergütungssystemen gerichtet. Gemessen an solchen Ansprüchen ist das (agenturtheoretische) Wissen über die empirische Wirkungslogik und Effizienz komplexer Vergütungssysteme bisher jedoch erst in Ansätzen entwickelt.

Einen weiteren organisatorischen Ansatz zur Disziplinierung des Managements sehen Agenturtheoretiker in der Tätigkeit eines *Kontrollorgans in der Führungsspitze der Unternehmung* (Fama/Jensen 1983a; Fama 1980). Beispiele für ein solches Kontrollorgan in der Führungsspitze der Unternehmung stellen der Board of Directors (USA) und der Aufsichtsrat (BRD) dar. Ein solches Kontrollorgan erhält die Funktion zugeschrieben, im Interesse der Anteilseigner die Geschäftsführung zu überwachen, wichtige unternehmungspolitische Initiativen zu genehmigen, das Topmanagement zu bestellen, dessen Vergütung festzulegen und eine wechselseitige Kontrolle der Topmanager untereinander zu fördern.

In kritischerer Einstellung verdeutlichen andere Beiträge, daß der Board of Directors bzw. der Aufsichtsrat seine Kontrollkompetenz nicht in dem Maße wahrnimmt, wie es die Rollenzuschreibungen nahelegen. Es zeigt sich, daß die Kernprobleme der Agenturbeziehung zwischen Eigentümern und Managern durch den Board bzw. den Aufsichtsrat nicht grundsätzlich beseitigt, sondern bestenfalls etwas gemindert werden.

Bezüglich des Aufsichtsrates verdeutlichen Gerum/Steinmann/Fees (1988), daß dieser nur geringen unternehmungspolitischen Einfluß (über einen Katalog "zustimmungspflichtiger Geschäfte") auf den Vorstand ausübt und nur in einem geringen Umfang eine Ex ante-Kontrolle des Vorstandes praktiziert. Auch ist es dem Aufsichtsrat nur begrenzt möglich, das erzielte Unternehmungsergebnis verursachergerecht allen relevanten Einflußfaktoren zuzurechnen, besonders der Leistung einzelner Manager. (Klein-)Aktionäre sind — so Schreyögg/Steinmann (1981: 534f.) — aufgrund ihrer geringen Kenntnisse und ihres geringen Sanktionspotentials in der Regel noch weniger zu einer Managerkontrolle in der Lage. Zu ergänzen ist, daß sich für Aktionäre unter Bedingungen eines breitgesteuerten Grundkapitals die Kontrolle nicht lohnt, da die individuellen Kosten der Kontrolle den Nutzenzuwachs in der Regel überschreiten. Von einer wirksamen Kontrolle des Managements durch die Eigentümer kann insbesondere im Fall der Publikumsaktiengesellschaft nicht gesprochen werden.

Mängel in der Kontrolltätigkeit des Aufsichtsrats wurden neuerlich für eine Reihe von Unternehmungskrisen mitverantwortlich gemacht. Damit erscheint der Aufsichtsrat zusätzlich in einer problematischen Rolle. Hieran knüpfen neuere agenturtheoretische Beiträge an, die den Aufsichtsrat als Agent der Aktionäre (Knoll/Knoesel/Probst 1997) und darüber hinaus verschiedener anderer Anspruchsgruppen (Portisch 1997) problematisieren. Um den Aufsichtsrat zu einer verbesserten Kontrolle des Management zu veranlassen, wird der Praxis empfohlen, die Aufsichtsratsvergütung anreizwirksam an den Unternehmungserfolg zu binden.

Auch mit Bezug auf den Board erfährt die agenturtheoretische Position eine Relativierung durch Arbeiten, die auf die Grenzen des Board im Rahmen der Managerkontrolle hinweisen (Pfeffer 1972; Mace 1971; Rostow 1959). Diese Beiträge heben insbesondere das Argument hervor, daß das Management einen großen Einfluß auf die Zusammensetzung des Board hat, in erheblichem Umfang die Arbeit des Board bestimmt, die Unternehmungsstrategie festlegt und den Präsidenten auswählt, so daß von einer wirksamen Managerkontrolle nur in einem begrenzten Sinn gesprochen werden kann.

Eine andere Position bei der Bewertung der Kontrolleffizienz des Board nehmen Beiträge ein, die die Auswirkungen verschiedener Varianten der personellen Besetzung des Board auf Entscheidungen des Managements untersuchen (z.B.: Baysinger/Hoskisson 1990; Lorsch/Maclver 1989; Kosnik 1987). Die Ergebnisse legen nahe, die Kontrolleffizienz des Board als variable, von der Board-Zusammensetzung abhängige Größe zu verstehen. Insbesondere die Aufnahme von Externen in den Board scheint geeignet, die Kontrolleffizienz zu erhöhen.

Eine Alternative zu organisatorischen Regelungen erblickt die Agenturtheorie in der Einbeziehung von *Marktmechanismen* in die Disziplinierung des Managements (Picot/Michaelis 1984: 261ff.; Fama/Jensen 1983a, 1983b; Fama 1980). Unter Voraussetzung eines effizienten Kapitalmarktes lassen sich die Reaktionen des *Kapitalmarktes* (hier vor allem der Aktienkurs) auf die wirtschaftliche Ertragslage der Aktiengesellschaft als Erfolgsindikator des Managements interpretieren. Ein schlechtes Geschäftsergebnis und negative Zukunftsaussichten der Aktiengesellschaft führen zu einer Abwanderung von Aktionären und lassen den Aktienkurs fallen. Auf diese Weise lassen sich Marktsignale zur Bewertung des Managements verwenden. Ein Kursrückgang wird zudem von einer Verschlechterung der Kredit- und Finanzierungsmöglichkeiten der Gesellschaft begleitet und verringert die finanziellen Handlungsspielräume des Managements. Eine weitere Folge besteht in dem Reputationsverlust des Managements, der sich negativ auf die Karrierechancen der verantwortlichen Manager auswirkt.

Da Kapitalmärkte einen hohen Effizienzgrad besitzen, erscheint es plausibel, ihnen eine gewisse disziplinierende Wirkung auf Manager zuzuschreiben. Diese These sehen Picot/Michaelis (1984: 261ff.) nicht zuletzt in den Ergebnissen empirischer Studien (hierzu

Schreyögg/Steinmann 1981) bestätigt, die in einer vergleichenden Gegenüberstellung von manager- und eigentümerkontrollierten Unternehmungen keine signifikanten Unterschiede in der Effizienz beider Typen feststellen konnten.

Als weiterer Marktmechanismus, der zur Disziplinierung der Manager beitragen soll, wird der *Arbeitsmarkt für Manager* genannt (Fama 1980; Jensen/Meckling 1976: 328). Unter der Voraussetzung eines effizienten Arbeitsmarktes stehen Manager einer Unternehmung in ständiger Konkurrenz zu (potentiellen) Managern auf dem organisationsinternen wie dem externen Arbeitsmarkt. Die Arbeitskraft des Managers unterliegt so auf dem Arbeitsmarkt einer ständigen Bewertung, die sich im Angebotspreis der Arbeitskraft ausdrückt. Dieser Preis ist — so wird angenommen — entscheidend vom Erfolg bzw. Mißerfolg eines Managers abhängig. Dieser Sachverhalt trage dazu bei, daß Manager ein hohes Interesse am Erfolg der Unternehmung entfalten. Darüber hinaus liefert der Arbeitsmarkt eine wichtige Bemessungsgrundlage für die Vertragsverhandlungen zwischen Eigentümern und Managern.

Gegen die Annahme einer wirksamen Kontrolle der Manager durch den Arbeitsmarkt werden jedoch Zweifel angemeldet (z.B.: Ballwieser/Schmidt 1981: 673; Swoboda/Walland 1987; Evers 1995: 301f.). Kritische Einwände weisen darauf hin, daß "Managerqualität" schwer beobachtbar und ein Versagen des Managerarbeitsmarktes daher leicht möglich ist. Auch fehlt häufig eine zwischenbetriebliche Vergütungstransparenz als notwendige Voraussetzung einer marktgerechten Bewertung. Eine schwach entwickelte Öffentlichkeit zur Managementvergütung (nicht zuletzt infolge von Tabuisierungs- und Geheimhaltungspraktiken) schränkt die zugedachte Kontrollfunktion des Arbeitsmarktes für Manager ein.

Einen weiteren Mechanismus zur Disziplinierung der Manager identifiziert die Agenturtheorie im *Markt für Unternehmungskontrolle*. Auf diesem Markt werden ganze Unternehmungen, Betriebsstätten oder größere Eigentumsanteile verkauft und gekauft. Das spezifische "Gut" solcher Transaktionen besteht in der Verfügung über die in einer Unternehmung zusammengefaßten Produktionsfaktoren und Marktfähigkeiten. Die Agenturtheorie nimmt in bezug auf den Markt für Unternehmungskontrolle an, daß der Marktwert von Unternehmungen mit abnehmender Effizienz des Managements sinkt und hierdurch für Anleger ein Anreiz geschaffen wird, die Unternehmung zu übernehmen, um mit einem neuen Management-Team bessere Ergebnisse zu realisieren (Jarrel/Brickley/Netter 1988; Franks/Mayer 1990; Fairburn/Kay 1989; Coffee/Lowenstein/Rose-Ackerman 1988; Jensen 1988; Jensen/Ruback 1983; Manne 1965).

Auf dem Markt für Unternehmungskontrolle drohen Unternehmungsübernahmen, die selbst gegen den Willen der Manager der akquirierten Unternehmung vollzogen werden können (feindliche Übernahmen). Da die betroffenen Manager infolge einer Unternehmungsübernahme mit Nachteilen rechnen müssen (z.B. Verluste von Kontrollbefugnissen, Verschlechterung der Reputation, Beendigung des Beschäftigungsverhältnisses), wirke sich die vom Markt für Unternehmungskontrolle ausgehende Drohung einer Unternehmungsübernahme disziplinierend auf das eigeninteressierte Verhalten der Manager aus. Zugleich stellen Unternehmungsübernahmen Vorteile für die Eigentümer der Akquisitionsobjekte in Aussicht. Die Eigentümer können mit einer Steigerung des Marktwertes ihrer Kapitaleinlage und mit erhöhten Kapitalgewinnen rechnen. Darüber hinaus treten nach vollzogener Unternehmungsübernahme die neuen Eigentümer dem Management mit einer gestärkten Position gegenüber, denn ganz überwiegend handelt es sich im Fall der neuen Eigentümer um andere Unternehmungen. Auf diese Weise entstehen Netzwerke von Unternehmungen, die durch Kapitalbeteiligungen und den Austausch von Direktoren und Aufsichtsräten verflochten sind ("interlocking directorates") (hierzu auch: Windolf/ Beyer 1995; Windolf 1994). In diesen Fällen liegt die Kontrolle des Managements weder bei einem individuellen Eigentümer noch bei einem dispersen Publikum von (Klein-)Aktionären, sondern bei professionellen Managern der (viel effizienteren) übernehmenden Unternehmung(en).

Die dargestellte Sicht des Marktes für Unternehmungskontrolle als Mechanismus der Managerdisziplinierung muß jedoch deutlich relativiert werden. Denn sie beschränkt sich auf eine einseitige Betrachtung der Auswirkungen des Marktes für Unternehmungskontrolle auf die Manager-Eigentümer-Beziehungen in den Zielunternehmungen von Übernahmen. Während die beschriebene Sichtweise in bezug auf die Zielunternehmungen durchaus eine gewisse Bestätigung findet, ergibt sich auf seiten der übernehmenden Unternehmungen ein anderes Bild. Zahlreiche Untersuchungen zeigen, daß in der Mehrzahl der Übernahmen die Eigentümer der übernehmenden Unternehmungen Renditeeinbußen zu verzeichnen haben, während die Eigentümer der Zielunternehmungen einen Gewinn aus der Übernahme ziehen (z.B.: Limmack 1991; Bühner 1990a, 1990b, 1990c; Ravenscraft/Scherer 1987; Weidenbaum/Vogt 1987; Varaiya/Ferris 1987). Demgegenüber kann das Management aus Übernahmen in der Regel einen Nutzen ziehen, da die Übernahmen zu Umsatzsteigerungen und in der Folge zu höherer Vergütung, mehr Prestige und Karrierevorteilen der Manager führen. In Anbetracht dieser Ergebnisse erscheinen Unternehmungsübernahmen in einem anderen Licht, nämlich als Mittel der Manager zur eigenen Nutzenmehrung auf Kosten der Eigentümer. Wenn aber in der Gegenüberstellung von übernehmenden und übernommenen Unternehmungen die Gewinner und Verlierer in der Manager-Eigentümer-Beziehung in der genannten Weise unterschiedlich verteilt sind, muß die idealtypische Funktionsweise des Marktes für Unternehmungskontrolle in Zweifel gezogen und die Wirksamkeit der zugeschriebenen Managerdisziplinierung relativiert werden.

Darüber hinaus hat die agenturtheoretische Diskussion wenig Aufmerksamkeit der Frage gewidmet, inwieweit wirtschaftliche Vorteile einer Unternehmungsübernahme für Eigentümer- und Managementgruppen mit wirtschaftlichen Verlusten anderer Stakeholder (z.B. Arbeitnehmer) einhergehen und durch entsprechende Umverteilungen erst ermöglicht werden. Die (wenigen) Untersuchungen hierzu präsentieren kein einheitliches Bild (z.B.: Lichtenberg 1992: 45ff.; Brown/Medoff 1988). Sie belegen aber, daß Unternehmungsübernahmen häufig nicht interessenneutral gegenüber weiteren Interessengruppen der Unternehmung abgewickelt werden. Betrachtet man z.B. die Beschäftigungseffekte von Unternehmungsübernahmen, so zeigt sich, daß die Arbeitnehmerseite im Rahmen von Übernahmen häufig einen Abbau von Arbeitsplätzen hinnehmen muß.

Darüber hinaus sind verschiedene agenturtheoretische Untersuchungen zur Gestaltung der *Vertrags- und Kontrollbeziehungen in Vertriebskanälen* vorgelegt worden (Albers/Krafft 1996; Krafft 1996; Lassar/Kerr 1996).

Ein weiterer Forschungsschwerpunkt der Agenturtheorie liegt in der Analyse der Finanzierungspolitik *der Kapitalgesellschaft*. Im Mittelpunkt dieses Forschungsfeldes steht vor allem die Bedeutung von Agenturbeziehungen zwischen Managern/Eigentümern (Agenten) und Kapitalgebern (Anteilseignern und Gläubigern als Prinzipale) für die *optimale Strukturierung der Eigentums- und Finanzierungsverhältnisse der Kapitalgesellschaft* (Kochnar 1996; Hart 1995; Wosnitza 1995, 1991; Ewert 1986; Barnea/Haugen/Senbet 1985; Jensen/Smith 1985; Jensen/Meckling 1976). Entsprechende Beiträge befassen sich mit der Agenturproblematik im Rahmen der Eigenkapital- und der Fremdfinanzierung und verfolgen dabei das Ziel, die existierende Vielfalt an Finanzierungsinstrumenten, Sicherungsformen, Mitspracheregelungen und Finanzintermediären (z.B. Banken) zu erklären. Mit ihren Beiträgen hat die finanzwirtschaftliche Agenturtheorie wesentlich zur Herausbildung einer neoinstitutionalistischen Betrachtung der Finanzierungstheorie beigetragen (Schmidt 1981a, 1981b).

7.3.5. Würdigung
7.3.5.1. Probleme und Weiterentwicklungen der Theorie

Indem die Agenturtheorie Organisationen als Netzwerke von vertraglich geregelten Auftragsbeziehungen untersucht, erfaßt sie ein bedeutsames Phänomen, das die herkömmliche Organisationstheorie wie auch die neoklassische Mikroökonomie vernachlässigen, nämlich die *Abhängigkeit der Leistungserstellung von einer effizienten vertraglichen Gestaltung von Agenturbeziehungen*. Die Bedeutung der Agenturtheorie liegt darin, daß sie (anhand typischer Situationen) wichtige Grundprobleme und Entscheidungskalküle der Vertragspartner in (einfachen) Auftrags- und Leistungsbeziehungen darzulegen vermag. Zudem lassen sich für bestimmte Vertragssituationen, in denen den agenturtheoretisch postulierten Verhaltens-, Vertrags- und Steuerungsprämissen empirische Gültigkeit zukommt, in begrenztem Umfang Empfehlungen formulieren, wie das Verhalten von Auftragnehmern durch vertragliche Regelungen optimiert werden kann.

In der Sichtweise der Agenturtheorie vollzieht sich der ökonomische Austausch auf der Basis einer *Vereinbarung zwischen unvollständig informierten und nutzenmaximierenden individuellen Akteuren mit widerstreitenden Zielen*. In dieser Hinsicht weist die Agenturtheorie eine gewisse Analogie zum "Koalitionsmodell der Organisation" von Cyert/March (1963) auf, unterscheidet sich jedoch von diesem durch die Hervorhebung einer *Informationsasymmetrie* unter den Beteiligten und zudem durch eine strenge *mikroökonomische Ausrichtung*. Dabei orientiert sich die Agenturtheorie an einem Konzept des ökonomischen Austausches, das die vereinfachenden Annahmen der Neoklassik zugunsten eines *größeren Realismus* ersetzt: Unvollständige und ungleich verteilte Information, opportunistische Praktiken sowie Agenturkosten der Austauschbeziehung werden in zentraler Weise berücksichtigt.

Das agenturtheoretische Grundmodell weist eine relativ *einfache und präzise Theoriekonstruktion* auf. Diese erleichtert die Formulierung von Hypothesen über Koordinationsprobleme und hierauf bezogene Steuerungsmechanismen in Agenturbeziehungen. Diese forschungspragmatischen Vorzüge dürften wesentlich dazu beigetragen haben, daß die Agenturtheorie bereits in einer Vielzahl von empirischen Studien Anwendung gefunden hat.

Allerdings gibt das dargestellte Grundmodell der Agenturtheorie auch Anlaß zu kritischen Einwänden und konzeptuellen Erweiterungen. Indem die agenturtheoretische Institutionenanalyse nur frei ausgehandelte Individualverträge berücksichtigt, zeichnet sie ein unterkomplexes Bild der Institutionalisierung von Agenturbeziehungen. Die Fixierung auf Individualverträge unterbelichtet die *Rolle "regulativer Dritter"*, wozu vor allem die (supra-)staatliche Rechtsetzung, die gerichtliche Rechtsprechung und Kollektivvertragssysteme (Tarifverträge, Betriebsvereinbarungen) gehören. Die Fixierung auf Individualverträge wird vor allem dann problematisch, wenn nicht die agenturtheoretisch bevorzugte Manager-Eigentümer-Beziehung, sondern stärker regulierte Agenturbeziehungen zum

Gegenstand werden. Als Beispiel sei die Arbeitgeber-Arbeitnehmer-Beziehung und deren Regulation durch Arbeitsrecht und Tarifverträge genannt. Die Vorgaben externer Regulateure verleihen den Partnern in individualvertraglichen Beziehungen einen bestimmten "Status", der Rechte, Pflichten, Erlaubnisse und Beschränkungen definiert. Solche "Statusmerkmale" bilden verbindliche Ausgangs- und Rahmenbedingung der individuellen Vertragsgestaltung und stehen in den individualvertraglichen Vereinbarungen nicht zur Disposition (grundsätzlich hierzu: Streeck 1992). Dabei dürfen "Statusmerkmale" nicht nur einseitig als Beschränkungen der individuellen Vertragsfreiheit verstanden werden, sie haben ihre Funktion vielmehr in der Reduzierung von Konflikt- und Verhandlungskosten, in Schutzregelungen und der (begrenzten) Korrektur von ungleichgewichtigen Chancen der Interessenrealisierung unter Vertragspartnern. Festzuhalten bleibt, daß die Institutionalisierung von Agenturbeziehungen sich grundsätzlich auf *"Status"* und *"Vertrag"* stützen kann. Der Mainstream der Agenturtheorie erfaßt jedoch nur die individualvertragliche Gestaltungskomponente von Agenturbeziehungen.

Ein weiterer Einwand gegen die Agenturtheorie bezieht sich auf deren vertragliche Ex ante-Perspektive. Die agenturtheoretische Argumentation beruht auf der Annahme, daß ein Prinzipal einen Vertrag in vollem Bewußtsein der Risiken abschließt, die die Vertragserfüllung durch den Agenten mit sich bringt. Die Zukunft erscheint hinreichend vorhersehbar, so daß allen Problemen bereits bei Vertragsabschluß durch entsprechende Informations-, Überwachungs- und vor allem Anreizsysteme begegnet werden kann. *Die Ex ante-Perspektive vernachlässigt alle Schwierigkeiten, die sich (möglicherweise) erst bei der Vertragserfüllung einstellen.* Hierzu gehören Probleme der nachträglichen Anpassung oder Auslegung von Verträgen (Williamson 1985: 27). Ex post-Probleme aber nehmen mit wachsender Komplexität der Vertragssituation zu. Steigt die Komplexität, dann ist es immer weniger möglich, alle relevanten Situationsfaktoren der Auftragserfüllung zu antizipieren und geeignete Maßnahmen mit angemessenen Regel- und Zweckvorgaben ex ante zu bestimmen. Je größer die Komplexität einer empirischen Vertragssituation ausfällt und je mehr Probleme sich bei der Vertragserfüllung ergeben, desto weniger ist die Agenturtheorie in ihrer vorliegenden Konzeption anwendbar.

Eine weitere Relativierung des agenturtheoretischen Grundmodells ergibt sich daraus, daß Agenturbeziehungen meist *einseitig aus der Perspektive des Prinzipals* betrachtet werden (Perrow 1986a: 14f.). In dieser Sichtweise erscheint lediglich die Rolle des Agenten problematisch. Nur in bezug auf den Agenten werden opportunistische Praktiken wie Leistungszurückhaltung, Täuschung, Trug und List thematisiert und als Gefährdung für die Austauschbeziehung erörtert. Entsprechend kommt lediglich das Verhalten des Agenten als Gegenstand der vertraglichen Steuerung und Disziplinierung in den Blick. Eine solche Perspektivenbegrenzung ist in dem agenturtheoretischen Grundmodell explizit beabsichtigt. Demgegenüber wäre jedoch auch eine umfassendere Betrachtung denkbar, die auch die Gefährdung der Agenturbeziehung durch den Opportunismus und einen Informationsvorsprung des Prinzipals in Rechnung stellt. So kann z.B. ein Arbeitgeber die Beschäftigten über die Ertragslage oder die Geschäftsrisiken der Unternehmung täuschen, um Gehalts- und Lohnforderungen abzuwehren; oder er kann das Ergebnis der Mitarbeiterleistung unvollständig oder unrichtig darstellen; ebenso kann er es unterlassen, Mitarbeiter über gesundheitsgefährdende Arbeitsbedingungen aufzuklären, oder er kann Karriereaussichten von Mitarbeitern überzogen darstellen. Der Opportunismus eines besser informierten Prinzipals wurde bisher nur selten und nur ansatzweise in solchen Beiträgen berücksichtigt, die sich der (optimalen) Wahl von Entlohnungsformen widmen (Taylor 1987; Rosen 1985; Hart 1983).

Eine Relativierung und zugleich Erweiterung des agenturtheoretischen Grundmodells geht auch von der Idee eines *Multi-Agent-Modells* aus, in dem die Agenturtheorie auf Situationen mit *mehreren Agenten* angewandt wird, wie sie im Kontext von Organisationen (nicht zuletzt in Arbeitsbeziehungen) häufig anzutreffen sind (Föhr 1991: 141ff; Arrow 1985: 46ff.; Mookherjee 1984). Schließt ein Prinzipal mit mehreren Agenten, die ein Team bilden, Verträge ab, so wirken sich "hidden action" und "hidden information" noch problematischer als im Zwei-Personen-Fall aus. Wird das Arbeitsergebnis von einem Team erbracht, so stellen sich die Probleme der Leistungszurückhaltung und der suboptimalen Ressourcenverwendung nicht nur im Prinzipal-Agent-Verhältnis, sondern auch im Verhältnis der Teammitglieder untereinander. Ebenso ergeben sich erhöhte Schwierigkeiten nicht nur bei der Beobachtung der kollektiven Leistung, sondern auch bei der Feststellung des Arbeitseinsatzes einzelner Teammitglieder. Selbst wenn das gesamte Team ergebnisabhängig entlohnt wird, so ist auch innerhalb des Teams für Anreizkomponenten zu sorgen, die einzelne Team-Mitglieder disziplinieren und das "Trittbrettfahrer"-Verhalten verhindern. In Multi-Agent-Situationen muß zusätzlich geklärt werden, wie die Anreize innerhalb des Teams zu setzen sind (Holmström 1982).

Bei der Analyse von dauerhaften Agenturbeziehungen mit *mehrfachen* Vertragsperioden erweist sich als Problem, daß das agenturtheoretische Grundmodell auf eine einzige Vertragsperiode ("*single period model*") beschränkt bleibt (Barnea/Haugen/Senbet 1985: 27; Fama 1980: 304). Eine einperiodige Betrachtung blendet langfristige Austauschinteressen der Partner und sich ändernde Interdependenzen aus und ignoriert, daß rationale Vertragspartner bei mehrfachen Vertragsperioden ihre kurzfristigen Interessen mit ihren langfristigen Austauschinteressen in Beziehung setzen. Eine allzu rücksichtslose Durchsetzung kurzfristiger Interessen eines Partners zu Lasten des anderen Partners würde eine Fortsetzung der Austauschbeziehung gefährden oder die Konditionen verschlechtern. Eine dauerhafte Beziehung gibt Gelegenheit zu Lernerfahrungen und eröffnet die Möglichkeit, opportunistisches Verhalten zu sanktionieren ("Tit-for-Tat") (Axelrod 1984). Je langfristiger die Partner ihren Zeithorizont wählen und je höher sie den erwarteten zukünftigen Nutzen aus der Agenturbeziehung bewerten, desto weniger vermögen einperiodige Modelle die faktische Entscheidungsrationalität der Beteiligten abzubilden (Radner 1981).

Eine zusätzliche Erweiterung hat das agenturtheoretische Grundmodell auch durch mehrstufige *Modelle* erfahren, in denen *Organisationen als Netzwerke hintereinandergeschalteter Prinzipal-Agent-Beziehungen* untersucht werden (Bohn 1987). Mehrstufige Modelle berücksichtigen zwischen Prinzipal und Agent eine weitere Handlungsebene, die die Funktion der Kontrolle des Agenten zugewiesen erhält und in dieser Hinsicht den Prinzipal entlastet. Ein solcher "supervisor" oder Prüfer kann Mitglied der Organisation (z.B. mittlerer Manager) oder auch ein Externer (z.B. Wirtschaftsprüfer) sein. In mehrstufigen Agenturbeziehung treten Agenturprobleme nicht nur um die Anzahl der zusätzlichen Stufen vermehrt auf, es wird auch die Möglichkeit von Koalitionen zwischen Prüfer und Agent ("Seitenvertrag") berücksichtigt. In der Bildung einer Koalition zwischen Prüfer und Agent liegt eine Besonderheit mehrstufiger Modelle. Hieraus ergibt sich im Vergleich zur einfachen Agenturbeziehung für den Prinzipal das zusätzliche Ziel, eine Vertragskonstruktion zu vereinbaren, die Koalitionen zwischen Prüfer und Agent verhindert.

Im Hinblick auf die Behandlung der *Zielfestlegung* repräsentiert die Agenturtheorie kein Theoriemodell, das Auftragsbeziehungen in jeder Situation hinreichend abbildet. Die Agenturtheorie ist auf solche Entscheidungssituationen eingestellt, in denen die *Ziele* der Beteiligten *vorab gegeben* sind (Levinthal 1988: 154). "Unvollständige Information" und "begrenzte Rationalität" werden in bezug auf die Zielformulierung *nicht* in Rechnung gestellt, sie finden lediglich im Hinblick auf Maßnahmeentscheidungen und deren Umsetzung Berücksichtigung. Aufgrund dieser Orientierung an fixen Zielen vermag die Agenturtheorie keine Aussage über solche Entscheidungssituationen zu machen, die durch eine Ambiguität von Präferenzen gekennzeichnet sind. Die entscheidungsorientierte Organisationsforschung zeigt aber, daß Entscheidungen auch unter Bedingungen unklarer Präferenzen zustande kommen (March/Olsen 1976a). Zudem ist zu beachten, daß sich Ziele häufig erst im Laufe eines Handlungsprozesses konkretisieren oder gar herausbilden. Von einer generellen Vorrangstellung von Zielen gegenüber Handlungen kann nicht ausgegangen werden (March 1988a). Eine Einbeziehung dieser Problematik in die Analyse von Agenturbeziehungen ist derzeit nicht erkennbar.

7.3.5.2. Probleme der empirischen Analyse

Ein ungelöstes Problem der empirischen Analyse stellt die Operationalisierung *der Agenturkosten* dar. Bisher ist es nicht gelungen, die grundlegende Kostenvariable für Zwecke der empirischen Analyse eindeutig zu konzipieren. Schwierigkeiten bereitet vor allem eine präzise Erfassung der "Residualkosten", die sich aus der Differenz zwischen dem möglichen Nutzenmaximum und dem tatsächlich erzielten Nutzen des Prinzipals ergeben (Schneider 1987: 553ff.). Die genaue Kenntnis des "möglichen Nutzenmaximums" ist erforderlich, um den Residualverlust bestimmen und quantitativ berechnen zu können. Wie aber läßt sich das "mögliche Nutzenmaximum" ermitteln? Eine Lösung könnte in dem Hinweis bestehen, daß das mögliche Nutzenmaximum das Ergebnis jener Entscheidungen ist, die der Prinzipal in seinem wohlverstandenen Interesse selbst getroffen hätte. Solche fiktiven Entscheidungen sind jedoch nicht eindeutig zu rekonstruieren. Die Bestimmung des idealen Referenzpunktes stellt nicht nur den Agenturtheoretiker vor ein Problem, auch empirische Prinzipale können das "mögliche Nutzenmaximum" nicht präzise antizipieren. Denn der Prinzipal beauftragt einen Agenten vor allem in solchen Situationen, in denen ein Wissensvorsprung des Agenten gegeben ist. Von diesem wird erwartet, daß er bestimmte Aufgaben besser als sein Auftraggeber erfüllen kann.

Die Probleme einer genauen Ermittlung von Agenturkosten wiegen deshalb schwer, weil mit zunehmendem Wissensvorsprung des Agenten der Bedarf an Steuerung des Agenturverhaltens steigt, aber zugleich die Möglichkeiten einer Berechnung der steigenden Agenturkosten abnehmen. Für die Agenturtheorie ergibt sich hieraus eine mißliche Situation: Denn in der Reduzierung von Agenturkosten sieht die Agenturtheorie das Rationalitätskriterium für eine Optimierung der vertraglichen Regelung einer Agenturbeziehung: "Immer dann, wenn ein Bedarf an Kontrolle existiert, lassen sich Agency costs nicht berechnen" (Schneider 1987: 556).

Die genannten Operationalisierungsprobleme schränken die Genauigkeit der Theorieaussagen und die Möglichkeit ihrer empirischen Überprüfung ein. Infolgedessen vermag die Agenturtheorie keine exakten Empfehlungen an die Organisationspraxis zu formulieren: optimale Managergehälter lassen sich unter Verwendung der Theorie jedenfalls nicht genauer bestimmen als durch Intuition. Die Theorie steht in dieser Hinsicht vor einem Dilemma (Picot 1990: 11): Entweder sie beschränkt sich stärker auf Tendenzaussagen und wird damit ungenauer (qualitativ-empirische Variante) oder aber sie trifft strengere Annahmen, wodurch die Ergebnisse zwar an formaler Richtigkeit, nicht aber an Realitätsgehalt gewinnen (quantitativ-empirische Variante). Eine Lösung dieses Dilemmas ist nicht in Sicht.

7.4. Transaktionskostentheorie

7.4.1. Erkenntnisinteresse

Die Transaktionskostentheorie möchte erklären, warum bestimmte Transaktionen in bestimmten institutionellen Arrangements mehr oder weniger effizient abgewickelt und organisiert werden. Einheit der Analyse ist die *Transaktion*. Das *institutionelle Arrangement*, in dem sich der Güter- oder Leistungsaustausch vollzieht, charakterisiert die Transaktionskostentheorie in zwei Dimensionen: zum einen durch die grundlegende rechtliche Vertragsform, die die Austauschbeziehung explizit oder implizit begründet, und zum anderen durch die Mechanismen, die die Transaktionspartner vereinbaren, um möglicherweise auftretenden ungeplanten Veränderungen der Kosten- und/oder Leistungsseite der Austauschbeziehung begegnen zu können. Maßstab der *Vorteilhaftigkeit* bilden für die Transaktionskostentheorie die Kosten, die den Vertragspartnern für die ausgetauschten Güter oder Leistungen (Produktionskosten) sowie für die Abwicklung und Organisation der Transaktion (Transaktionskosten) jeweils entstehen.

Im Kern leistet die Transaktionskostentheorie damit einen Kostenvergleich alternativer institutioneller Arrangements der Abwicklung und Organisation von Transaktionen. Sie zielt darauf zu bestimmen, *welche Arten von Transaktionen (die sich in bestimmten kostenrelevanten Charakteristika unterscheiden) in welchen institutionellen Arrangements (die sich ebenfalls hinsichtlich verschiedener kostenrelevanter Charakteristika unterscheiden) relativ am kostengünstigsten abgewickelt und organisiert werden können* (Williamson 1985: 41).

7.4.2. Grundkonzepte und Annahmen

7.4.2.1. Effizienzkriterium

Für die Transaktionskostentheorie bildet der möglichst sparsame Einsatz knapper Ressourcen das Effizienzkriterium, wobei sie einerseits den Ressourcenverzehr für die Erstellung des auszutauschenden Gutes oder der Leistung berücksichtigt und andererseits den Ressourcenverzehr, der für die Abwicklung und Organisation des Austauschs selbst entsteht. Ersteren Ressourcenverzehr erfaßt sie über die Produktionskosten, letzteren über die Transaktionskosten. Bei ihrem Vergleich der Effizienz alternativer institutioneller Formen der Abwicklung und Organisation einer Transaktion legt die Transaktionskostentheorie als Effizienzkriterium dementsprechend die *Summe der jeweils anfallenden Produktionskosten und Transaktionskosten* zugrunde (Williamson 1985: 22).

Die Transaktionskostentheorie unterscheidet Ex ante- und Ex post-Transaktionskosten (Williamson 1985: 20ff.). *Ex ante-Transaktionskosten* umfassen die Kosten der Leistungen, die zum Abschluß einer vertraglichen Vereinbarung führen, insbesondere also Informations-, Verhandlungs- und Vertragskosten. *Ex post-Transaktionskosten* beinhalten die Kosten, die für die Absicherung, Durchsetzung und eventuelle Anpassung der vertraglichen Vereinbarungen entstehen. Es handelt sich insbesondere um drei Kostenarten: (1) Kosten der Überwachung und Absicherung der Einhaltung der Vereinbarungen, (2) Kosten der Lösung von Konflikten über die Interpretation und Erfüllung der Vereinbarungen und (3) Kosten von Nachverhandlungen, die entstehen, wenn die Vereinbarungen aufgrund unvorhergesehener Umstände nicht wie geplant erfüllt werden können und deshalb die Vertragskonditionen neuen Bedingungen angepaßt werden müssen.

Anders als die Verfügungsrechts- und die Agenturtheorie hebt die Transaktionskostentheorie insbesondere die Bedeutung von Ex post-Transaktionskosten hervor. Williamson (1985: 26ff.) vertritt die Auffassung, daß mögliche, im Verlauf der Austauschbeziehung auftretende Probleme von den Transaktionspartnern nicht immer antizipiert werden können, und daß die vertraglichen Vereinbarungen somit oft unvollständig sind. Im Gegensatz zur Verfügungsrechts- und Agenturtheorie ist für die Transaktionskostentheorie daher nicht allein die Gestaltung der Ex ante-Anreizstruktur für die effiziente Ressourcenallokation entscheidend, sondern die institutionelle Gestaltung des gesamten Austauschprozesses. Die Transaktionskostentheorie geht daher auch auf institutionelle Regelungen ein und sucht sie zu erklären, die — wie z.B. Sicherheitsleistungen, Garantiezusagen, Kündigungsklauseln, bürokratische Steuerungs- und Kontrollmechanismen, besondere Konfliktlösungsmechanismen (etwa Schiedsgerichte) oder Anpassungsklauseln — der Absicherung, Durchsetzung und Anpassung von Transaktionen ex post dienen.

Die große Bedeutung, die diese Ex post-Absicherungen von Austauschbeziehungen in der Transaktionskostentheorie genießen, resultiert unmittelbar aus den Verhaltensannahmen, die der Theorie zugrunde liegen. Hiermit wären wir beim zweiten Grundelement der Transaktionskostentheorie: der Charakterisierung der Akteure.

7.4.2.2. Charakterisierung der Akteure

Die Transaktionskostentheorie basiert auf *drei Verhaltensannahmen*. In der ersten Verhaltensannahme wird unter Bezugnahme auf die Verhaltenswissenschaftliche Entscheidungstheorie (s. Kap. 5) *begrenzte* Rationalität unterstellt. Die Transaktionspartner intendieren zwar, rational zu handeln, im Ergebnis gelingt ihnen dies jedoch nur unvollkommen, weil sie nur über begrenzte Informationen verfügen und ihre Informationsverarbeitungskapazität beschränkt ist.

In der zweiten Verhaltensannahme wird *Opportunismus* unterstellt. Es wird angenommen, daß Transaktionspartner bei der Gestaltung der Austauschbeziehung (a) ihr Eigeninteresse verfolgen, und es wird mit der Möglichkeit gerechnet, daß sie hierbei (b) auch List, Täuschung, Zurückhaltung von Informationen u.ä. einsetzen.

Aus den Verhaltensannahmen folgt jeweils, daß Transaktionspartner sich bei der Abwicklung einer Transaktion besonderen Problemen (Informations- und/oder Opportunismusproblemen) gegenüber sehen, die den Nettonutzen der Transaktion schmälern können. Für die Handhabung dieser Probleme können verschiedene institutionelle Regelungen getroffen werden, die unterschiedlich effizient sind.

Beide Verhaltensannahmen stellen eine notwendige Voraussetzung für die Existenz des institutionellen Gestaltungsproblems dar, welches Gegenstand der Transaktionskostentheorie ist. Besondere institutionelle Regelungen wären nicht notwendig, wenn Transaktionspartner über vollkommene Information verfügten. Denn dann könnten sie die ihnen aus einer Austauschbeziehung erwachsenden Kosten und Nutzen ex ante ebenso exakt planen wie die Konditionen des zugrunde liegenden Vertrags. Auch wenn Transaktionspartner ihre Versprechen hielten, d.h. nicht opportunistisch handeln würden, wären besondere Regelungen nicht erforderlich. Denn dann könnten die Transaktionspartner ex ante vereinbaren, die aus den unvollständigen Verträgen möglicherweise erwachsenden Transaktionsprobleme kooperativ und fair zu lösen.

Da die Informationen der Transaktionspartner aber in der Regel begrenzt sind und sie daher auch nur unvollkommen abschätzen können, ob ihre Transaktionspartner opportunistisch handeln werden, erscheint folgende *Handlungsmaxime*, die Williamson (1985: 32) aus den ersten beiden Verhaltensannahmen der Transaktionskostentheorie ableitet und deren Befolgung er im Rahmen seiner Theorie unterstellt, nachvollziehbar: *Organisiere Deine Transaktionen so, daß Dir aus Deiner begrenzten Rationalität möglichst geringe Kosten entstehen, und versuche gleichzeitig, Dich vor möglichem* opportunistischen *Verhalten Deines Vertragspartners zu schützen!*

Eine dritte, selten erwähnte Verhaltensannahme bezieht sich auf die Risikoneigung der Akteure: Die Transaktionskostentheorie unterstellt ihnen *Risikoneutralität.* Im Gegensatz zu den beiden ersten Verhaltensannahmen ist diese eindeutig kontrafaktisch. Williamson trifft sie, um die Argumentation zu vereinfachen und die Kernthesen der Transaktionskostentheorie präziser herausarbeiten zu können (Williamson 1985: 388ff.).

7.4.2.3. Determinanten der Vorteilhaftigkeit institutioneller Arrangements

Wie erwähnt bestimmt die Transaktionskostentheorie die relative Vorteilhaftigkeit der verschiedenen institutionellen Arrangements, in denen die Abwicklung von Transaktionen organisiert werden kann, anhand der Summe der jeweils anfallenden Produktions- und Transaktionskosten. Dasjenige institutionelle Arrangement gilt als effizienter, in dessen Rahmen für die Transaktion die geringeren Kosten entstehen.

Nun ist es nicht immer leicht, die für die Erstellung eines Gutes oder einer Leistung anfallenden Kosten exakt anzugeben und verursachungsgerecht zuzurechnen. Noch schwerer fällt es, die Transaktionskosten genau zu quantifizieren, die bei der Anbahnung und Abwicklung des Austauschprozesses entstehen, oder die Kontrollkosten einzelnen Transaktionen verursachungsgerecht zuzuordnen. Die Entwicklung einer Transaktionskostenrechnung steckt erst in den Anfängen (Albach 1988). Es besteht also ein Operationalisierungsproblem.

Zwar macht es die Transaktionskostentheorie gar nicht unbedingt erforderlich, Produktions- und Transaktionskosten immer exakt messen zu können. Sie ist ja nicht an der genauen absoluten Höhe dieser Kosten interessiert, sondern will nur bestimmen, in welchem institutionellen Arrangement für eine bestimmte Transaktion höhere und in welchem niedrigere Kosten anfallen. Für die Bestimmung dieser relativen Vorteilhaftigkeit genügen oft schon ungefähre Tendenzaussagen. Gleichwohl haftet Aussagen über die Vorteilhaftigkeit alternativer institutioneller Organisationsformen aber etwas Beliebiges an, solange das Operationalisierungsproblem nicht gelöst ist. Selbst eine gelungene Operationalisierung würde aber noch Fragen offen lassen. Vor allem müßte systematisch erklärt werden, von welchen Faktoren die Kosten letztlich abhängen, die für die Abwicklung und Organisation einer Transaktion in verschiedenen institutionellen Organisationsformen anfallen, um angeben zu können, welche institutionelle Form der Abwicklung und Organisation einer Transaktion für welche Transaktionen aus welchen Gründen vorteilhaft ist.

Die von Williamson angebotene Lösung beider Probleme besteht in einer *Theorie der Kostendeterminanten.* Er postuliert, daß die Höhe der Produktions- und Transaktionskosten, die für eine Transaktion in einem bestimmten institutionellen Arrangement anfallen, systematisch mit (1) bestimmten *Charakteristika der Transaktion* und (2) bestimmten *Charakteristika des institutionellen Arrangements* variieren. Die Analyse der Transaktionscharakteristika und der Charakteristika institutioneller Arrangements bilden somit das dritte und vierte theoretische Grundelement der Transaktionskostentheorie.

7.4.2.4. Transaktionscharakteristika

Nach Williamson (1985: 52ff.) wird die Höhe der Kosten, die für die Abwicklung und Organisation einer Transaktion entstehen, durch *drei* Charakteristika *der Transaktion* beeinflußt: (1) durch das Ausmaß, in dem die Transaktionspartner *transaktionsspezifische Investitionen* tätigen (asset specificity), (2) durch die mit einer Transaktion verbundene *Unsicherheit* (uncertainty) sowie (3) durch die *Häufigkeit* der Transaktion (frequency).

(1) Transaktionsspezifische Investitionen: Transaktionspartner können zur Erstellung eines auszutauschenden Gutes oder einer Leistung auf mehr oder weniger spezialisierte Inputfaktoren zurückgreifen. Wenn die Inputfaktoren auf die Erstellung bestimmter Güter und Leistungen spezifisch zugeschnitten sind, lassen sich im Vergleich zum Rückgriff auf allgemeine, d.h. für die Erstellung mehrerer unterschiedlicher Güter oder Leistungen verwendbare Inputfaktoren aufgrund von Spezialisierungsvorteilen oft Produktionskostenersparnisse realisieren.

Williamson (1991: 281) unterscheidet ohne Anspruch auf Vollständigkeit sechs *Formen transaktionsspezifischer Investitionen*: (1) standortspezifische Investitionen (z.B. der Bau eines Zuliefererwerks in unmittelbarer Nähe eines Abnehmerwerks, um Transport- und Lagerkosten zu sparen); (2) anlagenspezifische Investitionen (z.B. Maschinen zur Herstellung von Preßformen, die nur für die Erstellung eines spezifischen Produktes eingesetzt werden können); (3) Investitionen in spezifisches Humankapital (z.B. das Erlernen wenig standardisierter, unternehmungsspezifischer Planungsverfahren); (4) abnehmerspezifische Investitionen (Kapazitätserweiterungen, die nur für die Bedienung der Aufträge eines Kunden vorgenommen werden); (5) Investitionen in die Reputation (z.B. Aufbau eines Markennamens); und (6) terminspezifische Investitionen in zeitlich nur begrenzt absetzbare oder nutzbringende Güter und Leistungen (z.B. Saisonware oder Güter und Leistungen für die Just-in-Time Produktion).

Wie bereits erwähnt senken transaktionsspezifische Investitionen über die Realisierung von Spezialisierungsvorteilen die anfallenden Produktionskosten. Gleichzeitig können sie jedoch zu höheren Transaktionskosten Anlaß geben: Durch transaktionsspezifische Investitionen wird zwischen den Transaktionspartnern eine besondere Abhängigkeit begründet, denn nachdem die transaktionsspezifischen Investitionen getätigt sind, kann der Transaktionspartner nur unter Inkaufnahme schlechterer Bedingungen (geringerer Erlöse, höherer Kosten) gewechselt werden. Die Opportunitätskosten der Auflösung der Austauschbeziehung steigen an, weil die Inputfaktoren auf die Erstellung ganz bestimmter Güter und Leistungen zugeschnitten sind, in anderen Verwendungen dagegen einen sehr viel geringeren Wert besitzen. Können die Transaktionen, für die die spezialisierten Inputfaktoren eingesetzt werden, nicht wie geplant realisiert werden, dann entstehen Erlöseinbußen (maximal in Höhe der Quasi-Rente, d.h. der Erlösdifferenz zur nächstbesten Verwendung der Inputfaktoren) und Mehrkosten (Ex post-Transaktionskosten sowie Kosten der Anbahnung und des Abschlusses alternativer Austauschbeziehungen). Daher wächst das Interesse der Transaktionspartner an einer dauerhaften Austauschbeziehung.

Eine längerfristige Bindung reduziert nun zumindest teilweise den Konkurrenzdruck. Dadurch besteht für die Transaktionspartner die Möglichkeit, die Abhängigkeit des anderen jeweils opportunistisch auszunutzen. Die Transaktionspartner können auf verschiedene Weise versuchen, die Austauschbedingungen einseitig zu ihren Gunsten zu verändern. Ein Partner kann z.B. erklären, nur noch einen geringeren als den ursprünglich vereinbarten Preis zahlen zu wollen. Sofern ihm die günstigeren Alternativen offenstehen, kann er auf diese Weise versuchen, sich die Quasi-Rente der transaktionsspezifischen Investitionen des anderen Transaktionspartners anzueignen. Denn dieser wird aufgrund von Opportunitätskostenüberlegungen bereit sein, den Preis für seine Leistung so lange zu senken, bis das Erlösniveau der nächstbesten Verwendung seiner transaktionsspezifischen Investitionen erreicht ist (Klein/Crawford/Alchian 1978).

Transaktionsspezifische Investitionen erhöhen demnach den Anreiz, die der Austauschbeziehung zugrunde liegenden Konditionen explizit oder implizit "nachzuverhandeln", um die eigene Position zu verbessern. Dieses nachträgliche Feilschen um Vertragsbedingungen oder die mit der Interpretation und Erfüllung der vertraglichen Vereinbarungen auftretenden Konflikte verursachen Ex post-Transaktionskosten. Die Vereinbarung und Anwendung institutioneller Regelungen, die opportunistisches Verhalten verhindern oder einschränken sollen, verursachen gleichfalls Transaktionskosten. Diese steigen daher c.p. mit zunehmendem Ausmaß transaktionsspezifischer Investitionen.

Bei Einsatz unspezifischer Inputfaktoren entstehen diese aus opportunistischem Verhalten und dessen Bewältigung resultierenden Transaktionskosten nicht. Denn die Transaktionspartner können jederzeit ohne große Erlöseinbußen eine andere Austauschbeziehung eingehen, wenn sich die Kosten-Nutzenrelation für sie nachteilig entwickelt. Opportunistisches Verhalten wird in diesem Fall durch die Konkurrenz anderer Anbieter oder Nachfrager wirksam eingeschränkt.

Insgesamt sind die Kostenwirkungen transaktionsspezifischer Investitionen also nicht eindeutig: C.p. sinken die Produktionskosten pro Transaktion, und die Transaktionskosten steigen tendenziell.

(2) Unsicherheit: Williamson (1985: 57ff.) unterscheidet zwei Arten von Unsicherheit, denen eine Transaktion ausgesetzt sein kann: (1) *parametrische Unsicherheit*, d.h. Unsicherheit über die situativen Bedingungen der Transaktion und deren zukünftige Entwicklung; (2) *Verhaltensunsicherheit*, die sich aus der Möglichkeit opportunistischen Verhaltens des Transaktionspartners ergibt. Letzterer Kategorie lassen sich vielleicht folgende, in der Literatur oft getrennt behandelte Problembereiche systematisch zuordnen: die Unsicherheit darüber, ob und wie ein Transaktionspartner seine Verpflichtungen erfüllen kann (adverse selection: Hart/Holmström 1987), erfüllen wird (moral hazard und hold up: Williamson 1985; Fama/Jensen 1983a, 1983b; Holmström 1979) und erfüllt hat (Unsicherheit aufgrund von Meß- und/oder Zurechnungsproblemen: Barzel 1989, 1982; Alchian/Demsetz 1972).

Obwohl die parametrische und Verhaltensunsicherheit durchaus unterschiedliche Implikationen für die effiziente Gestaltung einer Austauschbeziehung haben, gilt in bezug auf beide, daß mit wachsender Unsicherheit c.p. sowohl die Ex ante- als auch die Ex post-Transaktionskosten steigen. Die ex ante anfallenden Informations-, Verhandlungs- und Vertragskosten steigen, da mit zunehmender Unsicherheit von den Transaktionspartnern mehr Kontingenzen — Eventualitäten — der Austauschbeziehung berücksichtigt werden müssen. Da die der Austauschbeziehung zugrunde liegenden Verträge aufgrund der begrenzten Rationalität der Transaktionspartner notwendig unvollständig sind, nehmen mit zunehmender Unsicherheit darüber hinaus c.p. auch die Ex post-Transaktionskosten zu. Denn wenn nicht alle Kontingenzen, die das jeweilige Kosten-Nutzenverhältnis der Transaktionspartner verändern könnten, ex ante vollständig berücksichtigt werden können, dann wird es mit wachsender Unsicherheit immer wahrscheinlicher, daß einer der Transaktionspartner oder gar beide im Verlauf der Austauschbeziehung daran interessiert sind, die Vertragskonditionen geänderten Bedingungen anzupassen. Für die Bewältigung dieser Anpassungen entstehen dann Ex post-Informations-, Verhandlungs-, Konflikt- und Vertragskosten.

Die Ex ante- sowie die Ex post-Transaktionskosten werden um so höher ausfallen, je mehr transaktionsspezifische Investitionen getätigt wurden, da für die Transaktionspartner entsprechend mehr auf dem Spiel steht. Bei geringen transaktionsspezifischen Investitionen bereitet Unsicherheit hingegen keine besonderen Transaktionsprobleme. Denn die Transaktionspartner ziehen unter dieser Bedingung aus einer dauerhaften Austauschbeziehung keine besonderen Vorteile und können die Transaktion ohne größere Erlöseinbußen auch mit einem anderen Transaktionspartner abwickeln. Opportunistisches Verhalten wird durch die Konkurrenz wirksam begrenzt.

Auf die Höhe der Produktionskosten übt eine Zunahme der Unsicherheit keinen unmittelbaren Einfluß aus.

(3) Häufigkeit: Je häufiger Transaktionspartner identische Transaktionen miteinander abwickeln, desto eher lassen sich c.p. Skalen- und Synergieeffekte realisieren. Mit steigender Häufigkeit der Transaktion sinken c.p. demnach die Produktionskosten wie auch die Transaktionskosten pro Transaktion. Ferner gilt, daß sich die Vorteile der speziell auf die Abwicklung und Organisation der Transaktionen zugeschnittenen institutionellen Regelungen mit zunehmender Häufigkeit der Transaktion c.p. immer kostengünstiger realisieren lassen. Ob diese Vorteile die Kosten der Etablierung und Nutzung spezieller institutioneller Regelungen zu rechtfertigen vermögen, hängt dabei von den anderen Transaktionscharakteristika und den Charakteristika des institutionellen Arrangements ab. Daher spielt die Transaktionshäufigkeit in transaktionskostentheoretischen Arbeiten oft eine untergeordnete Rolle.

Die folgende Übersicht faßt die C.p.-Kostenwirkungen der drei von der Transaktionskostentheorie hervorgehobenen Charakteristika von Transaktionen zusammen.

	Transaktionsspezifische Investitionen	Unsicherheit	Häufigkeit
Produktionskosten	—	0	—
Transaktionskosten	+	+	—

(+ Zunahme; 0 kein Einfluß; — Abnahme)

Tab. 7.1: Kostenwirkungen c. p. zunehmender Ausprägungen der Transaktionscharakteristika

Darüber hinaus hängen die Kosten der Bewältigung der Transaktionsprobleme aber auch von der institutionellen Form der Abwicklung und Organisation der Transaktionen ab. Die Analyse der Kostenwirkungen verschiedener institutioneller Arrangements bildet daher das vierte theoretische Grundelement der Transaktionskostentheorie.

7.4.2.5. Charakteristika institutioneller Arrangements

Die Transaktionskostentheorie definiert und differenziert alternative institutionelle Arrangements auf vertragstheoretischer Basis. Ihre Analyseeinheit ist die Transaktion, und jeder Austausch von Gütern oder Leistungen basiert auf einem impliziten oder expliziten Vertrag. Williamson stützt sich bei seiner Klassifizierung alternativer Vertragsformen weitgehend auf eine Analyse des US-amerikanischen Vertragsrechts von MacNeil (1987, 1978, 1974). Williamson (1985) unterscheidet wie dieser *drei Formen von Vertragsbeziehungen* — klassische, neoklassische und relationale —, die jeweils bestimmte institutionelle Arrangements begründen: die Abwicklung von Transaktionen über den *Markt*, über *langfristige Verträge* und in *Organisationen*.

Klassische Vertragsbeziehungen sind charakterisiert durch kurze Dauer, die präzise Bestimmung des Gegenstands und der Konditionen der Transaktion sowie eine begrenzte persönliche Interaktion der Transaktionspartner, die nicht über den diskreten Akt der Transaktion hinausgeht (MacNeil 1987: 275). Die Transaktionspartner wickeln ihre Transaktionen gemäß fixer, ex ante vertraglich festgelegter Regeln ab. Sie gehen keine über den einzelnen Tauschakt hinausweisenden Verpflichtungen ein. Anpassungen an geänderte Bedingungen erfolgen in einseitigen, zwischen den Transaktionspartnern nicht abgestimmten Akten. Konflikte werden auf dem Rechtsweg gelöst. Ein einfacher Kaufvertrag über ein Standardgut — eine Glühbirne etwa — wäre ein typisches Beispiel eines klassischen Vertrags. Klassische Vertragsbeziehungen liegen solchen Transaktionen zugrunde, die in der institutionellen Form marktlichen Austauschs zwischen autonomen Transaktionspartnern vollzogen werden (Williamson 1985: 69).

In *neoklassischen Vertragsbeziehungen* sind im Unterschied zu klassischen nicht sämtliche Bedingungen, die die Kosten und Nutzen der Transaktion beeinflussen, von den Transaktionspartnern vollständig antizipiert und im Vertrag präzise festgelegt, denn die Transaktionspartner rechnen mit vertraglichem Anpassungsbedarf. Neoklassische Vertragsbeziehungen sind daher oft durch Anpassungs- und Sicherungsklauseln sowie die Institutionalisierung privatrechtlicher Konfliktregelungsmechanismen gekennzeichnet. Aufgrund des offenen Regelungsbedarfs beschränkt sich die Abwicklung der Transaktion nicht auf einen diskreten Akt von Leistung und Gegenleistung, sondern erfordert auch noch nach Vertragsschluß ein gewisses Maß an Entscheidung, Abstimmung und Kooperation der Transaktionspartner. Die Transaktionspartner versuchen, zumindest zunächst, Konflikte über Schiedsgerichte zu lösen anstatt sie an die Gerichte zu verweisen (MacNeil 1978; Williamson 1991). Neoklassische Vertragsbeziehungen sind das Kennzeichen vieler langfristiger Verträge, z.B. langfristiger Lieferverträge, aber auch von Franchising- oder Joint Venture-Verträgen (Williamson 1985: 74f., 326ff.). Williamson bezeichnet die durch sie begründeten institutionellen Arrangements als hybride Formen.

Relationale Vertragsbeziehungen zeichnen sich im Vergleich zu neoklassischen durch eine noch weitere Auflösung des diskreten Charakters der Transaktion, durch noch größere Offenheit in der Ex ante-Definition von Leistung und Gegenleistung sowie durch die Etablierung einer sehr langfristigen Austauschbeziehung zwischen den Transaktionspartnern aus, die dadurch in eine komplexe Sozialbeziehung eingebunden werden (MacNeil 1978). Die Transaktionspartner treten in eine längerfristige Beziehung ein, die in irgendeiner Form gemeinsame Entscheidungen der Transaktionspartner und abgestimmte, bilaterale Anpassungsprozesse für den Fall erfordert, daß die Ausgestaltung der Vertragsbeziehung geänderten Bedingungen angepaßt werden muß. Konflikte werden zwischen den Parteien, ohne Einschaltung der Gerichte, gelöst (MacNeil 1974; 1978; Williamson 1991).

Typische Beispiele für relationale Vertragsbeziehungen sind unbefristete Beschäftigungsverhältnisse oder Partnerschaften. Relationale Vertragsbeziehungen kennzeichnen die institutionelle Form der Abwicklung von Transaktionen in Organisationen (Williamson 1985: 75ff.).

Entscheidend für das transaktionskostentheoretische Argument ist nun, daß sich die verschiedenen institutionellen Arrangements in bezug auf die Kosten unterscheiden, die in ihnen für die Abwicklung von Transaktionen jeweils entstehen. *Kostenunterschiede* lassen sich vor allem darauf zurückführen, wie aufwendig die institutionellen Arrangements jeweils gestaltet sind, wie stark die von ihnen ausgehenden Anreize für einen sparsamen Ressourceneinsatz sind, und wie kostengünstig sie die Transaktionsprobleme (Opportunismus- und Informationsprobleme) bewältigen können, welche infolge opportunistischen Verhaltens und der begrenzten Rationalität der Transaktionspartner möglicherweise auftreten. Dieser letzte Punkt bedarf noch etwas genauerer Erläuterung.

Institutionelle Arrangements unterscheiden sich in der Art und dem Ausmaß, in dem sie die Transaktionspartner vor opportunistischem Verhalten schützen. Zwei grundlegende Formen der Absicherung lassen sich unterscheiden: Opportunistisches Verhalten kann beschränkt werden durch Setzung entsprechender Anreize, d.h. durch Beeinflussung der Nutzen und Kosten opportunistischen Verhaltens, und/oder durch direkte Verhaltenskontrolle. Wie hoch die Kosten sind, die in einem institutionellen Arrangement aufgrund opportunistischen Verhaltens der Transaktionspartner anfallen, hängt dementsprechend von der *Anreizintensität* und dem *Ausmaß an Verhaltenskontrolle* ab, die dieses institutionelle Arrangement realisiert.

Institutionelle Arrangements unterscheiden sich auch hinsichtlich der Kosten, die in ihnen für die Handhabung der begrenzten Rationalität der Transaktionspartner entstehen. Die einer Transaktion zugrunde liegenden Verträge sind aufgrund der begrenzten Rationalität der Transaktionspartner notwendig unvollständig. Mit Ex post-Anpassungen der Austauschkonditionen muß daher gerechnet werden. Die verschiedenen institutionellen Arrangements unterstützen solche Anpassungsprozesse in unterschiedlicher Weise und unterschiedlichem Ausmaß. Wie hoch die Kosten ausfallen, die in einem institutionellen Arrangement aufgrund der begrenzten Rationalität der Transaktionspartner entstehen, hängt damit u.a. von der *Anpassungsfähigkeit* des institutionellen Arrangements an geänderte Bedingungen ab.

Dementsprechend scheinen die folgenden *Charakteristika institutioneller Arrangements* wichtige Einflußgrößen auf die Effizienz der Abwicklung und Organisation von Transaktionen darzustellen: (1) die Anreizintensität, (2) die Kontrollmechanismen, (3) die Anpassungsfähigkeit sowie (4) die Kosten der Etablierung und Nutzung des institutionellen Arrangements selbst (Williamson 1991: 277ff.).

In marktlichen Austauschbeziehungen unterstützen starke Anreizmechanismen die effiziente Abwicklung der Transaktionen. Leistungen und Gegenleistungen sind unmittelbar und eng gekoppelt sowie in einem hohen Maße monetär bewertbar. Da jede Steigerung des Nettonutzens der Transaktion den Transaktionspartnern direkt zufließt, besitzt jeder Transaktionspartner ein starkes Interesse, seine Ressourcen so effizient wie möglich einzusetzen. Dieses starke Eigeninteresse wird durch die Konkurrenz noch gesteigert, der die Transaktionspartner bei klassischen Vertragsbeziehungen aufgrund der geringen Spezifität der Güter oder Leistungen und infolge der relativ einfachen Vergleichbarkeit der Vorteilhaftigkeit verschiedener Transaktions(-partner)alternativen oft ausgesetzt sind. Die letztgenannten Faktoren tragen auch dazu bei, daß bei klassischen Verträgen keine besonders hohen Ex ante-Transaktionskosten entstehen. Die Wirksamkeit des Preismechanismus ist eine wichtige Gewähr für eine effiziente Ressourcenallokation. Er bietet darüber hinaus oft einen sehr (transaktions-)kostengünstigen Mechanismus, um eine hohe Anpassungsfähigkeit marktlich vermittelter Austauschbeziehungen an geänderte Verhältnisse (Änderungen der Nachfrage, des Angebots oder der Faktorpreisrelationen) sicherzustellen. Denn jeder Transaktionspartner kann seine Allokationsentscheidungen kurzfristig und autonom, ohne sie mit anderen abstimmen zu müssen, an die geänderten Bedingungen anpassen (autonome Anpassungsfähigkeit) (Williamson 1991: 278).

Durch die eindeutige Definition der vertraglich vereinbarten Leistungen und Gegenleistungen, die ein klassischer Vertrag bietet, erfolgen sowohl die Vereinbarung als auch die Überwachung und Durchsetzung der Vertragserfüllung ebenfalls sehr kostengünstig. Aufwendige Kontrollmechanismen sind bei klassischen Vertragsbeziehungen auch deshalb nicht notwendig, weil aufgrund der glaubhaften Drohung mit rechtlichen Sanktionen oder dem Entzug von Anschlußaufträgen oft ein starker Anreiz besteht, die Verträge zu erfüllen. Da für beide Transaktionspartner relativ einfach und genau kalkulierbar ist, was sie im Konfliktfall gewinnen oder verlieren würden, bleibt die Einschaltung der Justiz zur Konfliktlösung ein eher selten genutztes, letztes Mittel.

Die *organisationsinterne Leistungserstellung* ist demgegenüber sehr viel aufwendiger gestaltet. Dies liegt vor allem daran, daß die intern wirkenden Anreize zu effizientem Ressourceneinsatz im Vergleich zu klassischen marktlichen Austauschbeziehungen schwächer ausgeprägt sind. Ein wichtiger Grund für diese schwächere Anreizintensität besteht darin, daß Leistungen und Gegenleistungen in organisationsinternen Austauschbeziehungen infolge von Meß- und Zurechnungsproblemen oft nicht unmittelbar und eng gekoppelt sind. Diese Probleme und die fehlende direkte Konkurrenz verhindern, daß die Inputfaktoren gemäß ihrer Grenzproduktivität entlohnt werden. Interne Verrechnungspreissysteme und andere bürokratische Steuerungs- und Anreizsysteme zielen darauf, die Anreizwirkungen des Marktes intern zu simulieren und die bestehenden Anreizdefizite zu kompensieren. Aber auch die Wirksamkeit dieser Maßnahmen wird durch die Meßproblematik beeinträchtigt. Überdies entstehen Kosten für ihre Etablierung und Nutzung.

Eine weitere Implikation der Probleme der Leistungsmessung besteht darin, daß die Beschäftigten versuchen können, einen geringeren als den vereinbarten (und entlohnten) Beitrag zu leisten oder andere Inputfaktoren über Gebühr zum eigenen Vorteil auszubeuten. Um diese Möglichkeit opportunistischen Verhaltens einzuschränken, werden in Organisationen (aber auch in einigen hybriden institutionellen Arrangements) spezifische bürokratische Steuerungs- und Kontrollsysteme institutionalisiert, die ebenfalls zu einer Steigerung des Kostenniveaus beitragen.

Effizienzmindernd wirken darüber hinaus höhere Produktionskosten, welche aufgrund der beschränkten Wirksamkeit des Preismechanismus für die organisationsinterne Leistungserstellung eintreten können, etwa weil Innovationsgewinne ihren Verursachern nicht voll entgolten werden, weil Entscheidungsträger in Organisationen weniger hart selektieren als der Markt oder weil Allokationsentscheidungen politisiert und damit nicht nur auf der Basis von Effizienzkriterien gefällt werden (Williamson 1985: 148ff.).

Im Vergleich zu marktlichen Austauschbeziehungen besitzt die organisationsinterne Leistungserstellung jedoch Vorteile in Hinblick auf die Leichtigkeit, mit der die Faktorkombinationen zweckgerichtet auf die jeweiligen Erfordernisse abgestimmt und an geänderte Bedingungen angepaßt werden können (bilaterale Anpassungsfähigkeit) (Williamson 1991: 278ff.). Wenn ein Gut oder eine Leistung bspw. in anderer Qualität, Zeit oder Menge bereitgestellt werden sollen, so können die hierfür notwendigen Allokationsentscheidungen bei organisationsinterner Leistungserstellung schnell und kostengünstig vollzogen und umgesetzt werden. Denn sämtliche Inputfaktoren unterliegen der Verfügungsgewalt der Organisationsinhaber. Anders als bei marktlichen Austauschprozessen müssen daher bspw. keine neuen vertraglichen Vereinbarungen mit den Arbeitskräften getroffen werden, welche die Produkte produzieren. Etwaige Konflikte, die in bezug auf die Allokationsentscheidungen und deren Folgen entstehen, können intern über die Hierarchie entschieden werden und entwickeln sich in der Regel nicht zu einem Fall für die Gerichte. Ein weiterer Vorteil besteht in der besseren Information über die Leistungs- und Kombinationsfähigkeit verschiedener Inputfaktoren. Weil über interne Ressourcen bessere Informationen bestehen als über externe und weil Informationen intern überdies einfacher und kostengünstiger beschafft werden können (Cheung 1983), ist es möglich, Ressourcen organisationsintern in produktiverer Weise zu kombinieren als bei marktlich vermittelten Prozessen. Darüber hinaus ermöglicht die bessere Information einen effizienteren Schutz vor opportunistischem Verhalten. Denn die Wahrscheinlichkeit der Entdeckung und Sanktionierung opportunistischen Verhaltens steigt; dies wirkt abschreckend. Und weil Risiko und Form opportunistischen Verhaltens besser abgeschätzt werden können, ist es möglich, die institutionellen Absicherungen angemessener zu gestalten, zu dimensionieren und nur dann einzusetzen, wenn sie wirklich notwendig sind.

In *hybriden institutionellen Arrangements* — wie etwa langfristigen Verträgen mit Anpassungsklauseln, Sicherheitsleistungen und eigener Konfliktlösungsmaschinerie — kommen die marktlichen sowie organisatorischen institutionellen Regelungsmechanismen in unterschiedlichen Mischungsverhältnissen zum Einsatz. Sie nehmen in bezug auf alle vier von Williamson herausgestellten Einflußgrößen auf die Effizienz der Abwicklung und Organisation von Transaktionen daher eine Mittelstellung zwischen Markt und Organisation ein (Williamson 1991: 280f.).

Damit ergibt sich in Hinblick auf die für die Kosten der Abwicklung und Organisation von Transaktionen relevanten Charakteristika der drei grundlegenden alternativen institutionellen Arrangements zusammenfassend folgendes Bild:

	Markt	Hybride	Organisation
Anreizintensität	+	0	—
Außmaß bürokratischer Steuerung und Kontrolle	—	0	+
Anpassungsfähigkeit			
autonome	+	0	—
bilaterale	—	0	+
Kosten der Etablierung und Nutzung des institutionellen Arrangements	—	0	+

(+ stark; 0 mittel; — schwach)

Tab. 7.2: Kostenrelevante Charakteristika alternativer institutioneller Arrangements (teilweise verändert übernommen aus Williamson 1991: 281)

Die zentrale These der Transaktionskostentheorie besagt nun, daß eine gegebene Transaktion unter den genannten Verhaltensannahmen um so effizienter organisiert und abgewickelt werden kann, je besser die Charakteristika des institutionellen Arrangements den sich aus den Charakteristika der abzuwickelnden Transaktion ergebenden Anforderungen entsprechen.

Das der Transaktionskostentheorie zugrundeliegende Grundmodell illustriert Abb. 7.2.

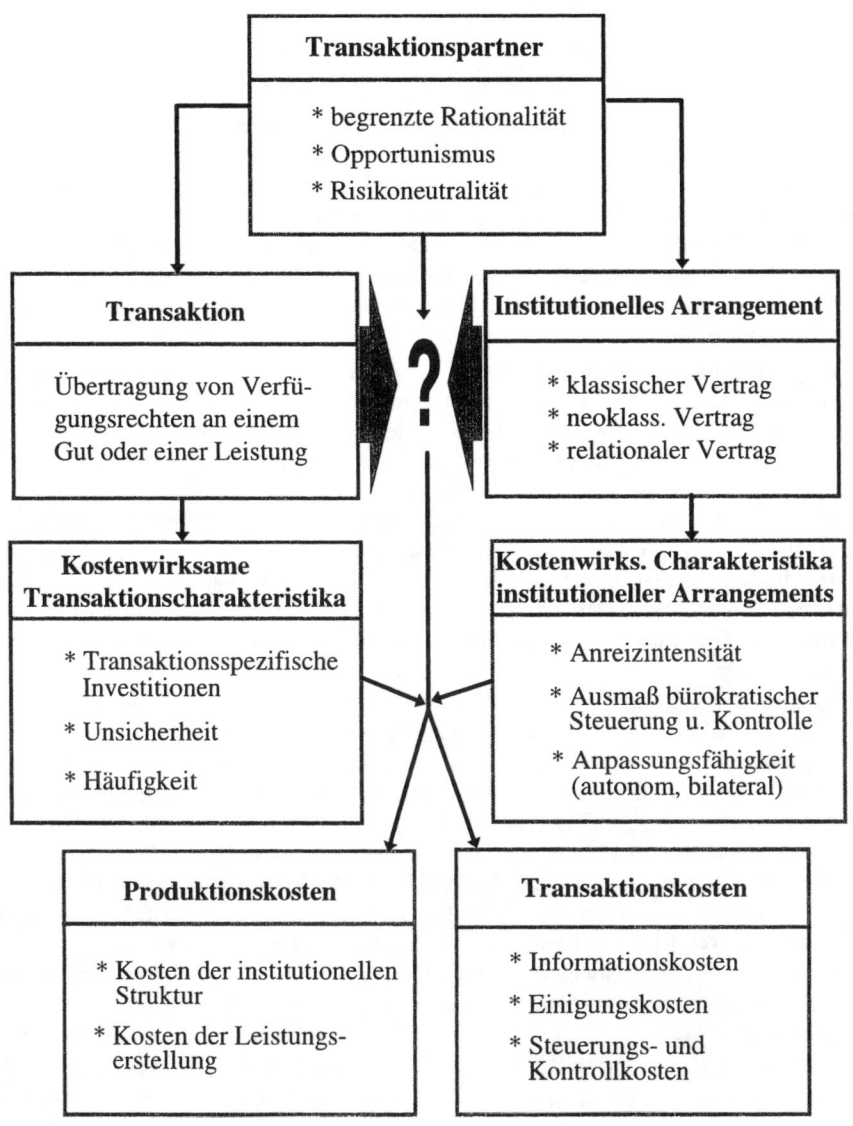

Abb. 7.2: Grundmodell der Transaktionskostentheorie

7.4.3. Hauptaussagen und Anwendungsbereiche

Bevor die einschlägigen Thesen der Transaktionskostentheorie vorgestellt werden, sollen ihre Kernargumente an einem realen Beispiel verdeutlicht werden, welches gleichzeitig den bedeutendsten Anwendungsfall der Transaktionskostentheorie illustriert: die Entscheidung zwischen Selbst- und Fremderstellung von Gütern oder Leistungen.

7.4.3.1. Die institutionelle Gestaltung einer Austauschbeziehung bei hohen transaktionsspezifischen Investitionen: Das Beispiel Fisher Body - General Motors

In der Frühzeit der US-amerikanischen Automobilindustrie waren die Karosserien der Fahrzeuge zunächst und überwiegend handgefertigte Holzkonstruktionen, die spezialisierte Zulieferer der Automobilhersteller fertigten (vgl. zum folgenden: Klein 1988; Klein/Crawford/Alchian 1978). Im Jahre 1919 vereinbarte General Motors (GM) mit seinem Karosseriezulieferer Fisher Body erstmals einen 10-Jahres-Vertrag über die Lieferung von geschlossenen Metallkarosserien, die für einen kleinen Teil der GM-Produktion verwendet werden sollten. Für die Herstellung dieser Metallkarosserien waren große Pressen erforderlich, die nur für einen spezifischen Karosserietyp verwandt werden konnten.

Ein kurzfristiger, klassischer Vertrag lag aufgrund der erheblichen transaktionsspezifischen Investitionen in diese Karosseriepressen nicht im Interesse der Vertragspartner. Fisher Body wollte die Gewähr, daß sich die Investitionen in die Pressen rentieren würden. Daher drängte das Unternehmen auf einen langfristigen Liefervertrag. Ferner lag es im Interesse von Fisher Body zu verhindern, daß GM sich über die Erpressung von Preiszugeständnissen — z.B. mittels der Drohung, weniger Karosserien abzunehmen oder sich von einem anderen Hersteller beliefern zu lassen, — die Quasi-Renten der Investition Fisher Bodys aneignen konnte, nachdem Fisher Body in die GM-spezifischen Karosseriepressen investiert hatte. Deshalb vereinbarten die beiden Unternehmen einen Exklusivvertrag, der GM dazu verpflichtete, seine Metallkarosserien ausschließlich von Fisher Body zu beziehen.

GM hatte seinerseits ein Interesse zu verhindern, daß Fisher Body seine durch den Exklusivvertrag erworbene Monopolstellung während der Laufzeit des Vertrages opportunistisch ausnutzen konnte, z.B. durch Lieferung schlechterer Qualität oder durch überhöhte Preise. Die beiden Unternehmen vereinbarten daher ebenfalls verschiedene Absicherungen und Preisbindungsklauseln: Der Abnahmepreis wurde auf 117,6% der Herstellkosten (ohne Einbeziehung der Kapitalverzinsung, d.h. auf Lohn- und Materialkostenbasis) festgelegt; der GM-Preis durfte weder höher sein als der Preis, den Fisher Body für vergleichbare Karosserien von anderen Kunden erhielt, noch höher als der Preis, den andere Hersteller für vergleichbare Karosserien verlangten; für den Fall von Konflikten über die Interpretation und Einhaltung des Liefervertrages wurde ein verbindliches Schiedsgerichtsverfahren vereinbart. Damit wies die Transaktion zwischen GM und Fisher Body typische Merkmale einer neoklassischen Vertragsbeziehung auf.

Durch diese institutionelle Form der Gestaltung ihrer Austauschbeziehung meinten die Unternehmen, sich gegen die negativen Konsequenzen möglichen opportunistischen Verhaltens ihres Transaktionspartners hinreichend abgesichert zu haben. Die bessere Absicherung schien die im Vergleich zu einem klassischen Vertrag höheren Transaktionskosten auch zu rechtfertigen. Die weitere Entwicklung der Austauschbeziehung zeigte jedoch, daß der Vertrag trotz der getroffenen Absicherungen und Konfliktlösungsmechanismen aufgrund unvorhergesehener Änderungen der Rahmenbedingungen immer noch opportunistisches Verhalten zuließ, letztlich also wie alle Verträge unvollständig war.

Nicht vorhergesehen hatten die Vertragspartner die sprunghaft ansteigende Nachfrage nach Metallkarosserien. Im Jahre 1924 besaßen 65% der von GM gefertigten Fahrzeuge Metallkarosserien. Gleichzeitig belebte sich die Konkurrenz der Automobilhersteller. GM mußte Kosten sparen. Das Unternehmen war der Ansicht, daß Fisher Body aufgrund der stark gestiegenen Produktionsmenge Skaleneffekte realisieren und die Karosserien daher zu einem günstigeren Preis an GM abgeben könne. Fisher Body allerdings hatte gar kein Interesse an einer kapitalintensiveren Fertigung, da die Unternehmen ja auf der Basis von 117,6% ihrer Lohn- und Materialkosten bezahlt wurde. Auch ein weiterer Vorschlag, der GM Kosten gespart hätte, wurde abschlägig beschieden. Fisher Body weigerte sich, die Karosseriefertigung zwecks Einsparung von Transportkosten neben die GM-Fabrik zu verlegen. Denn Fisher Body befürchtete, durch die notwendigen standortspezifischen Investitionen in eine zu große Abhängigkeit von GM zu geraten. Fisher Body konnte sich einer bilateralen Anpassung der Vertragskonditionen widersetzen, weil selbst ein Ausfall von GM als Kunde aufgrund der stark gestiegenen Nachfrage anderer Automobilhersteller zu verkraften gewesen wäre. Die langfristige, neoklassische Vertragsbeziehung konnte durch Fisher Body trotz der getroffenen Absicherungen letztlich doch opportunistisch ausgenutzt werden. Für GM resultierte dies (im Vergleich zur Möglichkeit einer bilateralen Anpassung der Vertragskonditionen) in höheren Kosten für Vorprodukte, höheren Transportkosten und in Verhandlungskosten, die sich nicht auszahlten. Darüber hinaus verhinderte die mangelnde Anpassungsfähigkeit des langfristigen Vertrags an geänderte Umstände sinnvolle Rationalisierungsinvestionen.

Nachträglich betrachtet hätte GM die resultierenden Kostennachteile vermeiden können, wenn es für die Transaktion ein institutionelles Arrangement gewählt hätte, welches sowohl vor opportunistischem Verhalten schützt als auch eine bessere Anpassungsfähigkeit gewährleistet, nämlich die interne Organisation. Tatsächlich entschloß sich GM im Jahre 1926, Fisher Body aufzukaufen, und ging in der Karosserieproduktion damit von einem institutionellen Arrangement der Fremderstellung zu einem der Eigenerstellung über.

Das Beispiel verdeutlicht, daß die Absicherung gegenüber opportunistischem Verhalten und die Anpassungsfähigkeit eines institutionellen Arrangements zwei Kernprobleme darstellen, die unter Bedingungen der Unsicherheit und hoher transaktionsspezifischer Investitionen auftreten und in unterschiedlichen institutionellen Arrangements unterschiedlich effizient bewältigt werden können. Der folgende Abschnitt spezifiziert genauer, welche institutionelle Form der Abwicklung und Organisation von Transaktionen unter welchen Bedingungen aus transaktionskostentheoretischer Sicht vorteilhaft ist.

7.4.3.2. Hauptaussagen

Wenn Transaktionen nicht mit besonderer Unsicherheit oder transaktionsspezifischen Investitionen verbunden sind, stellt der *Markt* aufgrund seiner starken Anreizintensität und der Wirksamkeit des Konkurrenzmechanismus, welcher opportunistisches Verhalten beschränkt und kostengünstige autonome Anpassungsprozesse ermöglicht, das vorteilhafteste institutionelle Arrangement dar. Neben Transaktionskostenvorteilen realisiert marktlicher Austausch im Vergleich zur organisationsinternen Erstellung von Gütern und Leistungen auch Produktionskostenvorteile, weil die Konkurrenz am Markt eine wirksamere und kostengünstigere Form der Kostenkontrolle darstellt als interne bürokratische

Regelungen. Wenn M = M(k;C), H = H(k;C) und O = O(k;C) die Kosten der Abwicklung einer Transaktion in einem marktlichen, hybriden bzw. organisationsinternen institutionellen Arrangement als Funktion des Ausmaßes transaktionsspezifischer Investitionen k und einer Konstante C angeben, dann gilt dementsprechend unter Bedingungen der Unsicherheit für k = 0, daß M(0) < H(0) < O(0).

Mit zunehmenden Ausmaß transaktionsspezifischer Investitionen und zunehmender Unsicherheit ändert sich dieses Bild jedoch: Zunächst werden langfristige, kontingente Verträge mit Sicherungsklauseln, bei hohem Niveau transktionsspezifischer Investitionen schließlich die organisationsinterne Leistungserstellung vorteilhaft. Dies läßt sich vor allem auf die unterschiedlichen Transaktionskosten zurückführen, die in den institutionellen Arrangements jeweils entstehen, da die Produktionskostenunterschiede mit steigender Spezifizität der Transaktionen ja immer geringer werden. Die Transaktionskostentheorie postuliert, daß M' > H' > O' (vgl. zum folgenden: Riordan/Williamson 1985; Williamson 1985: 90ff.).

Mit zunehmendem Ausmaß transaktionsspezifischer Investitionen werden die Transaktionspartner immer mehr voneinander abhängig. Für die Transaktionspartner steigt der Anreiz, die Abhängigkeit des anderen opportunistisch auszunutzen, um sich so viel wie möglich von dessen Quasi-Rente anzueignen. Bei klassischen Verträgen entstehen unter diesen Bedingungen hohe Verhandlungs-, Konflikt- und Einigungskosten, da diese Vertragsform den Transaktionspartnern einen starken Anreiz zur Aneignung der Quasi-Rente der transaktionsspezifischen Investitionen bietet. Zum anderen können hohe Transaktionskosten auch deshalb entstehen, weil aufgrund unvollständiger Verträge und Unsicherheit notwendige Anpassungen der Vertragskonditionen in klassischen Vertragsbeziehungen nur schwer und unter Inkaufnahme hoher Kosten geregelt und vorgenommen werden können. Ex post-Anpassungen der Vertragskonditionen werden in dieser Vertragsform nicht unterstützt. Anpassungen sind nur durch Kündigung und Vertragsneuverhandlungen zu erreichen. Diese werden hohe Transaktionskosten verursachen, weil für die Transaktionspartner aufgrund der transaktionsspezifischen Investitionen ein starker Anreiz sowohl zur Aneignung der Quasi-Rente als auch eventueller Anpassungsgewinne besteht. Aus opportunistischen Gründen angezettelte Konflikte um die Interpretation und Erfüllung der vertraglichen Vereinbarungen müßten vor Gericht geregelt werden. Unter den genannten Bedingungen ist diese Form der Konfliktregelung relativ kostspielig und führt nicht unbedingt zu ökonomisch sinnvollen Entscheidungen.

Neoklassische Verträge hingegen beinhalten besondere institutionelle Regelungen, die die Transaktionspartner — z.B. durch entsprechende Anreize, Kontrollmechanismen oder Sanktionen — vor opportunistischem Verhalten schützen und Ex post-Anpassungen der Vertragskonditionen erleichtern. Bspw. kann durch Vereinbarung von Informationspflichten, von Pfandzahlungen oder von Vertragsstrafen der Anreiz zu opportunistischem Verhalten reduziert werden; durch Anpassungsklauseln können das Spektrum möglicher Vertragsänderungen beschränkt und Verhandlungskosten begrenzt werden; durch Institutionalisierung von Schlichtungsverfahren können Konflikte fair, schnell und kostengünstig gehandhabt werden (Alchian/Woodward 1988: 74f.: Williamson 1985: 33f.). Die Vereinbarung und Nutzung dieser Regelungen verursachen zwar ihrerseits Kosten, mit zunehmendem Ausmaß transaktionsspezifischer Investitionen zahlen sich diese jedoch aus. Denn im Vergleich zu klassischen Verträgen sinkt einerseits die Wahrscheinlichkeit von Erlöseinbußen durch opportunistisches Verhalten, weil neoklassische Verträge dieses begrenzen, und andererseits fallen niedrigere Ex post-Transaktionskosten an, weil eventuell notwendige Anpassungsprozesse kostengünstiger gehandhabt werden können.

Je schwerer und teurer es aber wird, alle Kontingenzen der Austauschbeziehung in neoklassischen Verträgen zu berücksichtigen, und je größer die potentiellen Gewinne sind, die die Transaktionspartner aufgrund von Unsicherheit und transaktionsspezifischen Investitionen aus opportunistischem Verhalten erzielen könnten, desto attraktiver wird es, das Gut oder die Leistung organisationsintern zu erstellen. Insbesondere bei großer Unsicherheit und hohen transaktionsspezifischen Investitionen stellt die *organisationsinterne Leistungserstellung* das relativ günstigste institutionelle Arrangement dar, weil sich Ex ante-Transaktionskosten einsparen und Ex post-Anpassungen der Bedingungen der Leistungserstellung schnell und kostengünstig per Anweisung erwirken lassen. Die Steuerungs- und Kontrollmöglichkeiten der Organisation schränken die Möglichkeit opportunistischen Verhaltens ein, sofern durch die Internalisierung der Transaktion nicht ohnehin der Anreiz zu opportunistischem Verhalten geschwunden ist. Gleichzeitig verbessern sie den Informationsstand der Transaktionspartner und erleichtern so die effiziente Anpassung an geänderte Bedingungen.

Die folgende Abb. 7.3 illustriert die komparativen Kosten der drei institutionellen Arrangements in Abhängigkeit vom Ausmaß transaktionsspezifischer Investitionen unter Unsicherheit.

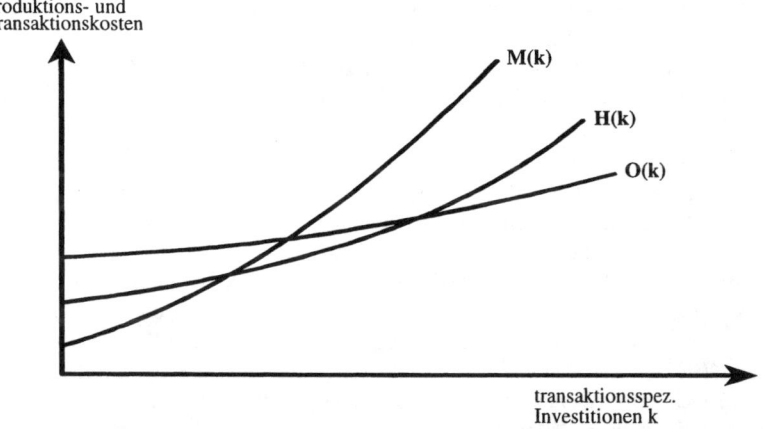

Abb. 7.3: Transaktionskosten der Abwicklung von Transaktionen in verschiedenen institutionellen Arrangements in Abhängigkeit vom Ausmaß transaktionsspezifischer Transaktionen (in Anlehnung an Williamson 1991: 284)

7.4.3.3. Anwendungsbereiche

Die allgemeine transaktionskostentheoretische Argumentation läßt sich auf viele Austauschbeziehungen anwenden. In der Tat proklamiert Williamson (1985: 41) ganz unbescheiden, daß sich die Transaktionskostentheorie auf jedes Problem anwenden lasse, welches sich als Vertragsproblem darstelle. Entsprechend weit gefächert fallen die Anwendungen der Theorie aus (vgl. Williamson/Winter 1991: 12ff.). Im folgenden kann nicht genauer auf alle diese Anwendungen eingegangen werden. Eine kurze Aufzählung einschlägiger Studien muß genügen.

Die Entscheidung zwischen Eigenerstellung und Fremderstellung und die Erklärung des realisierten Grades vertikaler Integration bildeten bislang den Hauptgegenstand der transaktionskostentheoretischen Forschung. Empirische Untersuchungen wurden in verschiedenen Branchen durchgeführt, u.a. in der Automobilindustrie (Baur 1990; Masten/Meehan/Snyder 1989; Walker/Weber 1984; Monteverde/Teece 1982), in der Flugzeugindustrie (Masten 1984), in der Aluminiumindustrie (Hennart 1988; Stuckey 1983), in der Textilindustrie (Mariotti/Cainarca 1986), in der informationstechnischen Industrie (Ulset 1996; Mosakowski 1991) und in der Elektrizitätswirtschaft (Joskow 1985). Es wurden aber auch branchenübergreifende Untersuchungen erstellt (Spiller 1985). Die Studien betrachten dabei z.T. die vertikale Integration ganzer Unternehmungen, z.T. die institutionelle Gestaltung einzelner betrieblicher Funktionsbereiche, z.B. des Absatzes (Albers/Krafft 1996; Krafft 1996; Helm 1997; Majumdar/Ramaswamy 1994; Rangan/Corey/Cespedes 1993; Anderson 1988; Heide/John 1988; John/Weitz 1988; Anderson/Coughlan 1987; Anderson/Schmittlein 1984), der Beschaffung (Walker 1994; Masten/Meehan/Snyder 1991; Walker/Poppo 1991; Monteverde/Teece 1982; Joskow 1985; Masten 1984) und der Forschung und Entwicklung (Pisano 1990). Häufig untersuchen die Forscher dabei nur die Wahl zwischen Eigen- und Fremderstellung. Einige empirische Arbeiten beziehen jedoch auch das dritte institutionelle Arrangement — langfristige neoklassische Verträge — explizit ein und prüfen, ob sich spezifische Vertragsbestimmungen (wie z.B. take-or-pay- und Preisanpassungs-Klauseln) oder die Fristigkeit von Verträgen transaktionskostentheoretisch erklären lassen (z.B.: Leffler/Rucker 1991; Goldberg/Erickson 1987; Joskow 1987; Mulherin 1986; Masten/Crocker 1985; Palay 1985, 1984; Stuckey 1983).

Empirisch untersucht wurden darüber hinaus auch die Internationalisierungsstrategien multinationaler Unternehmungen (Export, Lizenzvergabe oder Direktinvestition) (Gomes-Casseres 1989; Gatignon/Anderson 1988; Hildebrandt/Weiss 1997) sowie die institutionelle Gestaltung von internationalen strategischen Allianzen (Garcia-Canal 1996; Gulati 1995; Osborn/Baughn 1990; Parkhe 1993), von Joint Ventures (Hennart 1991; Kogut 1988; Stuckey 1983), von innovativen Unternehmungsgründungen (Picot/Schneider/Laub 1989) sowie von internationalen Regierungsorganisationen (Ebers 1993). Jones (1987) und Schmitz (1988) schließlich testeten die Erklärungskraft transaktionstheoretischer Hypothesen, die sich auf verschiedene organisatorische Strukturmerkmale beziehen (Grad vertikaler und horizontaler Differenzierung, Art der Aufgabendifferenzierung und Kontrolle, Konfiguration).

In bezug auf andere Anwendungsbereiche der Transaktionskostentheorie wurde eine Reihe konzeptioneller Vorarbeiten geleistet. Williamson/Wachter/Harris (1975) sowie Picot/Wenger (1988) versuchen bspw. die Gestaltung von Beschäftigungsverhältnissen transaktionskostentheoretisch zu erklären (Werk- vs. Arbeitsverträge, Mitbestimmungsrechte, Kündigungsschutz). Sadowski (1989) analysiert Anreiz- und Schutzwirkungen in Arbeitsverträgen. Jones (1984) und Michaelis (1985) behandeln verschiedene Grundprobleme der organisatorischen Gestaltung. Picot (1991) entwickelt ein transaktionskostentheoretisch fundiertes Instrumentarium zur Analyse und Gestaltung der Leistungstiefe von Unternehmungen, das er auch auf öffentliche Unternehmen und Verwaltungen anwendet

(Picot/Wolff 1994). Kenney/Klein (1988) fragen und erklären, warum im Filmverleih und Diamantenhandel verschiedene Artikel häufig nicht einzeln, sondern en bloc verkauft werden (block booking). Gümbel (1985) und Picot (1986) analysieren die institutionelle Struktur des Handels transaktionskostentheoretisch. Auch internationale politische Institutionen, wie z.B. der US-amerikanische Kongreß, das Louvre-Abkommen oder internationale Regime, sind in transaktionskostentheoretischer Sicht untersucht worden (Ress 1994; Yarbrough/Yarbrough 1990; Kiewiet/McCubbins 1989; Keohane 1988; Richter 1989; Weingast 1989). Williamson (1985) behandelt auf der Basis der Transaktionskostentheorie darüber hinaus die Implikationen gewerkschaftlicher Organisation von Arbeitnehmern sowie der Verteilung von Beteiligungs- und Entscheidungsrechten in Aufsichtsräten und versucht, die Konfiguration diversifizierter Unternehmungen (funktionale vs. divisionale Organisation) sowie den Bietprozeß für ein Kabelfernseh-Franchise transaktionskostentheoretisch zu erklären. Schließlich wendet er den Transaktionskostenansatz auch auf die Erklärung von Finanzstrukturen an, indem er fragt, welche Arten von Transaktionen eher durch Eigenkapital und welche eher mittels Fremdkapital finanziert werden (Kochnar 1996; Williamson 1988a).

7.4.4. Kritische Würdigung

7.4.4.1. Bedeutung für die Organisationsforschung

Obwohl es sich bei der Transaktionskostentheorie um eine relativ junge Theorie handelt, die in Teilen noch weiterentwickelt und spezifiziert werden muß, hat sie doch bereits vielfältige positive Beiträge zur Organisationsforschung und über sie hinaus auch zu anderen Forschungsgebieten geleistet (z.B. in Mikroökonomie, Industrieökonomik, Wettbewerbspolitik) (Hesterly/Liebeskind/Zenger 1990; Alchian/Woodward 1988; Zald 1987; Barney/Ouchi 1986; Bössmann 1983; Picot 1982). Dies anerkennen sogar die Kritiker der Theorie (Goshal/Moran 1996; Perrow 1986a; Granovetter 1985).

Die Transaktionskostentheorie widmet sich zentralen Problemstellungen der Organisationsforschung: der Frage nach Art und Ausmaß der Spezialisierung (konzeptualisiert über Art und Ausmaß transaktionsspezifischer Investitionen) und nach der Form der Koordination arbeitsteilig erstellter Leistungen (konzeptualisiert über alternative institutionelle Arrangements). Obwohl sie selbst einen vergleichsweise engen analytischen Fokus aufweist, trägt die Transaktionskostentheorie in mehrfacher Hinsicht zu einer *Erweiterung der Perspektive der Organisationsforschung* bei. Während andere organisationstheoretische Ansätze ihren Gegenstand häufig als unproblematisch gegeben voraussetzen, bietet die Transaktionskostentheorie ein Erklärungsangebot dafür, warum es überhaupt Organisationen gibt. Gleichzeitig begründet die Transaktionskostentheorie in differenzierter Weise, warum es vorteilhaft ist, bestimmte Arten von Transaktionen in spezifischen institutionellen Arrangements abzuwickeln und zu organisieren. Ihre Erklärung basiert dabei z.T. auf etablierten organisationstheoretischen Konzepten (begrenzte Rationalität der Entscheider, Unsicherheit, opportunistisches Verhalten der Akteure). Die Theorie führt aber auch neue Erklärungsfaktoren in die Organisationsforschung ein, so etwa die Art und das Ausmaß transaktionsspezifischer Investitionen.

Auch hinsichtlich der zu erklärenden Phänomene bringt die Transaktionskostentheorie eine Erweiterung der Perspektive der Organisationsforschung. Sie beschränkt ihre Betrachtung nicht nur auf Organisationen und deren Gestaltungsformen, sondern analysiert auch die institutionelle Gestaltung interorganisationaler Beziehungen, bspw. Joint Ventures, Franchising, die Verringerung der Fertigungstiefe durch Ausgliederung und strategische Allianzen. Und sie betrachtet nicht nur deren traditionellerweise berücksichtigte Charakteristika (z.B. ihre Anpassungsfähigkeit und Anreizintensität), sondern führt auch neue Gesichtspunkte ein, insbesondere die Art und das Ausmaß, in dem die alternativen institutionellen Arrangements wirksame Ex ante- und Ex post-Absicherungen gegen opportunistisches Verhalten und die begrenzte Rationalität der Entscheidungsträger bieten.

Darüber hinaus stellt die Transaktionskostentheorie sehr viel stärker als andere organisationstheoretische Ansätze auf den Vergleich der Effizienz alternativer Formen der Abwicklung und Organisation von wirtschaftlichen Austauschbeziehungen ab, was aus betriebswirtschaftlicher Sicht sehr begrüßenswert erscheint. Die Transaktionskostentheorie ergänzt die Organisationsforschung um ein (mikro-)ökonomisch fundiertes Erklärungsangebot für organisatorische Gestaltungsformen.

In empirischen Untersuchungen haben sich die *Thesen der* Transaktionskostentheorie *überwiegend bewährt* (Shelanski/Klein 1995). Als ein weiterer Indikator für die Leistungsfähigkeit der Transaktionskostentheorie kann die Tatsache gelten, daß sie sowohl von Mikroökonomen und Industrieökonomen (Tirole 1988; Grossman/Hart 1986; Alchian 1984), als auch von Organisationssoziologen (Jones 1987, 1984; Barney/Ouchi 1986; Ouchi 1980) und von Betriebswirten (Picot 1991, 1982; Albach 1988; Schmitz 1988; Gümbel 1985) intensiv rezipiert und zunehmend genutzt wird. Dies hängt sicherlich auch damit zusammen, daß im Zentrum der Transaktionskostentheorie zwei sowohl theoretisch als auch praktisch *bedeutende ökonomische Kernprobleme* stehen: (1) die Frage nach der *Gestaltung von Anreizsystemen*, die eine effiziente Faktorallokation gewährleisten, und (2) die Frage, welche institutionellen Arrangements unter Bedingungen der Unsicherheit und bei begrenzter Rationalität der Entscheider eine *effiziente Gestaltung und Anpassung der Leistungserstellung* an sich ändernde Bedingungen gewährleisten.

Schließlich spricht für die Theorie, daß sie *Ergebnisse anderer organisationstheoretischer Ansätze sinnvoll zu integrieren vermag*. So nimmt sie z.B. Argumente der Verhaltenswissenschaftlichen Entscheidungstheorie und der Kontingenztheorie zu den organisatorischen Implikationen von Unsicherheit auf. Hinsichtlich der zentralen Grundannahmen und Thesen gibt es Übereinstimmungen mit dem Resource Dependence-Ansatz (Pfeffer/Salancik 1978). In der Analyse der Determinanten und Wirkungen bürokratischer Steuerungs- und Kontrollmechanismen vermag die Transaktionskostentheorie Ergebnisse der Agentur- und Verfügungsrechtstheorie zu integrieren. Darüber hinaus leistet sie eine theoretische Integration bislang separat behandelter organisatorischer Problembereiche, indem sie Fragen z.B. der Gestaltung der Personal- und Finanzstruktur, der vertikalen Integration, der Vertriebsorganisation und der organisatorischen Konfiguration auf der Basis eines einheitlichen theoretischen Bezugsrahmens zu behandeln vermag. Dabei läßt sich die Transaktionskostentheorie auf allen drei Ebenen organisationstheoretischer Analyse anwenden: auf der individuellen Ebene (z.B. in bezug auf Entlohnungsformen, Ausmaß opportunistischen Verhaltens), auf der organisatorischen Ebene (z.B. in bezug auf Konfiguration, Spezialisierungsgrad, Koordinationsmechanismen) und auf der interorganisatorischen Ebene (z.B. in bezug auf vertikale Integration, Joint Ventures, Franchising, langfristige Lieferverträge).

Williamson ist sich allerdings bewußt, daß die Transaktionskostentheorie in vielfacher Hinsicht noch *unvollständig und verbesserungswürdig* ist (Williamson 1985: 390ff.). Er weiß, daß institutionelle Arrangements auch andere als die von ihm beleuchteten Charakteristika aufweisen und nicht allein der Reduktion von Unsicherheit, der Absicherung gegen Opportunismus sowie der Kostensenkung dienen und daß die Transaktionskostentheorie nur einen Teil der signifikanten Erklärungsfaktoren berücksichtigt (Williamson 1988b: 72f.).

Der *Anspruch*, den die Transaktionskostentheorie erhebt und an dem sie zu messen ist, fällt dementsprechend eng aus. Die Theorie beansprucht nicht, bereits vollständig ausgebaut zu sein. Williamson lädt vielmehr dazu ein, Lücken zu schließen und Schwachstellen zu überwinden. Die Theorie beansprucht ferner nicht, auf jedes organisationstheoretisch interessante Problem eine Antwort geben zu können. Schließlich strebt die Transaktionskostentheorie auch keine vollständigen Erklärungen institutioneller Arrangements an, sondern möchte wichtige Erklärungsfaktoren und grundlegende institutionelle Gestaltungsalternativen identifizieren (Williamson 1993: 125ff.).

7.4.4.2. Probleme der Theoriekonstruktion

Die Transaktionskostentheorie weist eine Reihe von Problemen und Schwachstellen auf, die noch der Lösung harren.

(1) Grundkonzepte

Generell verbesserungsbedürftig ist die Transaktionskostentheorie, wie Williamson (1985: 391) selbst anmerkt, in Hinblick auf die *Konzeptualisierung, Operationalisierung und Messung der abhängigen und unabhängigen Variablen.* Sowohl hinsichtlich der Transaktionscharakteristika, der Charakteristika institutioneller Arrangements als auch in bezug auf die Definition und Messung von Produktions- und Transaktionskosten besteht noch ein erheblicher Bedarf an Systematisierung, Operationalisierung und Validierung der Maße. Die Aussagefähigkeit der empirischen transaktionskostentheoretischen Untersuchungen wird bislang durch z.T. problematische und uneinheitliche Konzeptualisierungen, Operationalisierungen und Testmethoden gemindert (Masten 1995; Walker/Poppo 1991; Michaelis 1985).

(2) Verhaltensannahmen

Zwei der drei Verhaltensannahmen der Transaktionskostentheorie scheinen wenig problematisch. Die Annahme *begrenzter Rationalität* der Transaktionspartner ist in der Organisationsforschung und über diese hinaus üblich, weithin akzeptiert und bewährt. Die Annahme der *Risikoneutralität* läßt sich, obwohl sie empirisch häufig nicht zutreffen wird, ebenfalls akzeptieren, weil sie die Analyse zunächst vereinfacht und bei Bedarf modifiziert werden kann.

Von den drei Verhaltensannahmen der Transaktionskostentheorie stößt die des *Opportunismus* auf die meiste Kritik. Einige Autoren bemängeln, daß die Transaktionskostentheorie *zu enge Verhaltensannahmen* zugrundelegt, wenn sie die Motivationsstruktur der Transaktionspartner auf (opportunistisches) Streben nach Geld, Gütern und Leistungen reduziert. Sie sprechen sich im Interesse einer größeren Erklärungskraft des Ansatzes für die Einführung eines komplexeren Motivationsmodells aus. Dieses solle berücksichtigen, daß Transaktionspartner nicht immer opportunistisch handeln, ihr Handeln vielmehr u.a. auch durch das Streben nach Anerkennung und Verantwortung, durch Solidarität, Traditionen und Werthaltungen geprägt ist (Goshal/Moran 1996; Noorderhaven 1996; Barney 1990; Donaldson 1990; Griesinger 1990).

Niemand wird ernstlich bezweifeln, daß ein um diese und u.U. andere Dimensionen erweitertes Motivationsmodell realitätsnäher ist als die einfache und enge Annahme des Opportunismus. Die Frage ist nur, ob es wirklich notwendig ist, ein solches komplexeres Modell einzuführen, um die beobachteten institutionellen Regelungen erklären zu können. Williamson (1996; 1985: 391f.) vertritt die Ansicht, daß sein reduziertes Modell hinreicht, um zu korrekten Prognosen über die relative Vorteilhaftigkeit alternativer institutioneller Arrangements zu gelangen. Diese Begründung scheint jedoch insofern nicht hinzureichen, als von der Korrektheit einer Prognose nicht einfach auf die Korrektheit der Annahmen geschlossen werden kann.

U.E. läßt sich die Opportunismus-Annahme mit dem folgenden, ergänzenden Argument besser legitimieren (vgl. hierzu auch Williamson 1993): Auch wenn nicht alle Transaktionspartner regelmäßig in allen Situationen opportunistisch handeln werden, kann es aus einem *kaufmännischen Vorsichtsprinzip* dennoch sinnvoll sein, grundsätzlich mit dem Opportunismus der Transaktionspartner zu rechnen und entsprechende Vorkehrungen zu treffen. Dieses Vorsichtsprinzip ist deshalb angebracht, weil ein Akteur aufgrund seiner begrenzten Rationalität nicht sicher voraussehen kann, wer seiner Transaktionspartner wann opportunistisch handeln wird. In dieser Sicht begründet sich die Opportunismus-Annahme also nicht aus einem bestimmten Menschenbild, welches die Kritiker zu recht als einseitig zurückweisen, sondern aus der begrenzten Rationalität der Transaktionspartner.

Nun können Akteure in einigen Fällen durchaus über gute Informationen hinsichtlich des von ihrem Transaktionspartner zu erwartenden Opportunismus verfügen, z.B. weil sie schon lange in regelmäßigen Austauschbeziehungen mit diesem stehen. Oder der Transaktionspartner wird sich nicht opportunistisch verhalten, weil er an einer langfristigen Austauschbeziehung interessiert ist oder bei Dritten Reputation einbüßt. Schließlich kann sich zwischen den Transaktionspartnern ein gegenseitiges *Vertrauen* herausgebildet haben, welches Vorsichtsmaßnahmen zur Abwehr möglichen Opportunismus überflüssig erscheinen läßt. Ließen sich auch solche, wahrscheinlich nicht seltenen Situationen abbilden, ohne das einfache Grundgerüst der Theorie um neue, die Argumentation komplizierende Motivationsannahmen aufstocken zu müssen?

Eine einfache Lösung könnte darin bestehen, entgegen der bisherigen Übung, Opportunismus als (Erklärungs-)Variable und nicht als immer zu unterstellende Konstante zu konzeptualisieren. In empirischen Untersuchungen müßte das erwartete und tatsächliche Ausmaß opportunistischen Verhaltens explizit erhoben werden, anstatt Opportunismus einfach axiomatisch als Verhaltensannahme zu unterstellen. Ein solches Vorgehen würde dazu beitragen, das Verhalten von Transaktionspartnern — wie von den Kritikern gefordert — realitätsnäher und genauer abbilden zu können. Darüber hinaus ließe sich hierdurch auch — wie unten erläutert werden wird — die Erklärungskraft der Theorie verbessern. Nooteboom (1996) hat jüngst ein solches Erklärungsmodell entwickelt und mit guten Resultaten empirisch überprüft (Nooteboom/Berger/Noorderhaven, 1997).

(3) Charakterisierung und Abgrenzung institutioneller Arrangements

Im Hinblick auf die Charakterisierung und Analyse alternativer institutioneller Arrangements, welche die Transaktionskostentheorie bietet, besteht aufgrund bislang wenig genauer Konzeptualisierungen und Operationalisierungen noch viel Interpretationsspielraum. Die relativ *einfache Konzeptualisierung institutioneller* Arrangements erweist sich bei Aussagen zu einfachen institutionellen Formen, z.B. in bezug auf klassische Verträge, als nicht sonderlich problematisch. Aber bei komplexen Formen wird schnell deutlich, daß die Transaktionskostentheorie bislang noch kein analytisches Instrumentarium entwickelt hat, welches ermöglicht, deren Vielfalt und Differenziertheit in theoretisch befriedigender Weise abzubilden.

Es wird weitgehend anerkannt, daß die Transaktionskostentheorie insbesondere die spezifischen Leistungen, Probleme und Kosten relationaler Austauschbeziehungen noch genauer zu analysieren hat. Ihre *Theorie der Organisation* erscheint noch sehr *unterentwickelt* (Frese 1992: 207f.; Dow 1987; Williamson 1985: 392f.). Die verschiedenen institutionellen Gestaltungsmöglichkeiten, die zwischen den Extremen des Spot-Marktes und relationaler Vertragsverhältnisse angesiedelt sind, wurden ebenfalls bislang kaum hinreichend systematisch erfaßt (Alchian/Woodward 1988: 76f.; vgl. aber Grandori, im Druck). Die Einzelfallanalysen, die z.B. zum Franchising, zu langfristigen Verträgen, Take-or-pay-Klauseln u.ä. durchgeführt wurden, stehen noch isoliert nebeneinander.

Die von der Transaktionskostentheorie vorgenommene *Differenzierung und Abgrenzung alternativer institutioneller Arrangements* erscheint insofern problematisch, als die Theorie zwar einerseits Aussagen über unterschiedliche Strukturtypen trifft (Williamson 1991: 270), die sich durch bestimmte ihnen eigentümliche Merkmale auszeichnen, die Formen aber andererseits in der Praxis nicht trennscharf zu sein scheinen. So gibt es neoklassische Verträge, welche stark hierarchische Elemente aufweisen, etwa die Übertragung bestimmter Entscheidungsrechte an einen der Transaktionspartner (ein Merkmal, welches sonst typisch für die organisationsinterne Leistungserstellung ist). Daneben gibt es organisationsinterne Austauschbeziehungen, die Elemente marktlichen Austauschs besitzen (etwa Lieferbeziehungen zwischen den Geschäftsbereichen einer dezentralisierten Mehrproduktunternehmung) (Hennart 1993; Stinchcombe 1990: 194ff.).

(4) Vernachlässigung relevanter Einflußfaktoren

Die Erklärungsleistung der Transaktionskostentheorie wird des weiteren dadurch beschränkt, daß verschiedene relevante Einflußfaktoren auf die Wahl institutioneller Arrangements von der Theorie nicht explizit berücksichtigt werden. Einige Organisationsforscher empfinden die *Vernachlässigung von Machtaspekten* als problematisch (Perrow 1986a; Dorow/Weiermair 1984; Francis 1983). Sie weisen darauf hin, daß für die Wahl institutioneller Arrangements nicht nur deren Effizienz eine Rolle spielt, sondern auch die Machtverteilung zwischen den Transaktionspartnern und deren Streben nach Machtausweitung, z.B. nach mehr Marktmacht. Zumindest teilweise erfaßt die Transaktionskostentheorie jedoch Machtaspekte, wenn auch eher implizit. Denn transaktionsspezifische Investitionen und die Möglichkeit der Kontrolle von Unsicherheit stellen wichtige Machtbasen dar.

Desweiteren betrachtet die Transaktionskostentheorie nur die Kostenwirkungen, welche alternative institutionelle Arrangements für die Abwicklung einer bestimmten Transaktion entfalten. Sie blendet damit aus, daß institutionelle Arrangements für die Abwicklung einer Transaktion *unterschiedliche Nutzen* stiften können, die bei der Institutionenwahl und dem Effizienzkalkül berücksichtigt werden sollten (Zajac/Olsen 1993).

Die *Bedeutung der Produktionskosten für die Institutionenwahl* muß noch vertieft analysiert werden. Ihr Einfluß wird zwar grundsätzlich anerkannt (Williamson 1985) und sogar als bedeutend angesehen (Englander 1988), aber nur in Ausnahmefällen genauer analysiert (Riordan/Williamson 1985) oder in der empirischen Forschung berücksichtigt. Insbesondere bei der Analyse und Erklärung vertikaler Integration wird deutlich, wie wichtig es ist, die erzielbaren (Produktions-)Kostenvorteile explizit und genauer zu berücksichtigen. Generell müßte die Transaktionskostentheorie den Trade-off zwischen der durch transaktionsspezifische Investitionen erzielbaren Produktionskostenersparnis und den durch sie u.U. hervorgerufenen Transaktionskostensteigerungen noch stärker spezifizieren.

Dies weist auf eine weitere noch zu schließende theoretische Lücke der Transaktionskostentheorie hin, die *Erklärung des Niveaus transaktionsspezifischer Investitionen*. Üblicherweise analysiert die Transaktionskostentheorie, welches institutionelle Arrangement für eine gegebene Transaktion (damit für ein gegebenes Niveau transaktionsspezifischer Investitionen) am kostengünstigsten ist. In Anbetracht der zentralen Bedeutung, die dem Konzept transaktionsspezifischer Investitionen im Rahmen der Transaktionskostentheorie zukommt, erscheint es jedoch unbefriedigend, das Niveau transaktionsspezifischer Investitionen damit einfach als gegeben anzunehmen, anstatt es zu erklären (Ebers 1994 hat jüngst einen Erklärungsvorschlag angeboten).

Des weiteren sollte die Transaktionskostentheorie ihren Fokus nicht allein auf die Analyse der einzelnen Transaktion beschränken, sondern auch mögliche *Interdependenzen zwischen verschiedenen Transaktionen* berücksichtigen. Bspw. wird ein gegebenes institutionelles Arrangement oft nicht nur für eine, sondern für mehrere verschiedene Transaktionen genutzt werden, weil Skalen- und Synergieeffekte der Nutzung des institutionellen Arrangements bestehen. Zwischen den Charakteristika jeder einzelnen Transaktion und denen des institutionellen Arrangements braucht dann kein enger Zusammenhang zu bestehen. Dieselbe Schlußfolgerung läßt sich in ähnlicher Weise aus einer etwas anderen Perspektive begründen. Die Transaktionskostentheorie postuliert, daß sich relativ kostengünstigere institutionelle Arrangements durchsetzen, sei es, weil Entscheidungsträger kostengünstigere Lösungen ergreifen oder weil der Markt diese selektiert. Objekt dieser Wahl- bzw. Selektionsprozesse, mittels derer institutionelle Gestaltungslösungen letztlich erklärt werden, sind aber immer gesamte institutionelle Arrangements, über die durchaus mehrere, u.U. verschiedenartige Transaktionen abgewickelt werden können. Dies bedeutet, daß das Wahl- bzw. Selektionskriterium, nach dem sich die relative Vorteilhaftigkeit eines institutionellen Arrangements bestimmt, immer die Summe der Produktions- und Transaktionskosten aller in ihm anfallenden Transaktionen ist. Auch wenn eine einzelne Transaktion vielleicht im Rahmen eines anderen institutionellen Arrangements kostengünstiger abgewickelt werden könnte, wird das alte institutionelle Arrangement daher dann nicht aufgegeben, wenn durch die Ausgliederung der fraglichen Transaktion die anderen Transaktionen (z.B. aufgrund des Verlustes von Skalen- und Synergieeffekten) nur zu ungleich höheren Kosten abgewickelt werden können. Williamson (1985: 393) fordert daher zu Recht, die Interdependenzen zwischen Transaktionen, aber auch zwischen einzelnen institutionellen Arrangements, stärker zu berücksichtigen.

Eine weitere in theoretischer wie praktischer Hinsicht problematische Vereinfachung, die die Transaktionskostentheorie getroffen hat, besteht in der *Ausblendung der institutionellen Umwelt*, in der Transaktionen abgewickelt werden und in die die verschiedenen von ihr differenzierten institutionellen Arrangements eingebettet sind (Pirker 1997; Martin 1993; Zald 1987; Granovetter 1985). Ihr Fokus auf den mikroanalytischen Aspekten einzelner Transaktionen geht zu Lasten der Berücksichtigung historischer, sozialer, politischer und rechtlicher Einflüsse auf die Gestaltung und Effizienz institutioneller Arrangements. Daß die Transaktionskostentheorie die institutionelle Umwelt als gegeben unterstellt und nicht weiter berücksichtigt, ist insofern problematisch, als z.B. je nach sozialem Umfeld und historischer Situation die Effizienz alternativer institutioneller Gestaltungslösungen dramatisch unterschiedlich ausfallen kann (Granovetter 1990). So kann z.B. opportunistisches Verhalten in bestimmten Kontexten durch soziale Normen und traditionelle Standards effektiv beschränkt sein (Donaldson 1990: 373; Alchian/Woodward 1988: 77; Ouchi 1980). Entgegen den Postulaten der Transaktionskostentheorie wären dann unter Bedingungen der Unsicherheit und bei transaktionsspezischen Investitionen keine kostspieligen institutionellen Absicherungen gegen opportunistisches Verhalten zu beobachten. Darüber hinaus können soziale Mechanismen — etwa die Etablierung von Solidaritätsnormen, vertrauensbildende Maßnahmen, Organisationskultur, etc. — u.U. eine kostengünstigere Absicherung gegen opportunistisches Verhalten ermöglichen als die von Williamson diskutierten ökonomischen.

Dieses Defizit kann allerdings von der Transaktionskostentheorie zumindest teilweise überwunden werden, ohne zentrale theoretische Argumente aufgeben zu müssen. Die transaktionskostentheoretische Forschung könnte zum einen, wie etwa Ouchi (1980) vorschlägt, den Kreis der betrachteten abhängigen Variablen so erweitern, daß die genannten sozialen Mechanismen im Rahmen der Analyse institutioneller Arrangements erfaßt werden. Sie könnte zum anderen die Praxis aufgeben, auf der Seite der unabhängigen Variablen die Existenz von Opportunismus immer einfach zu unterstellen, ohne diese Annahme in den empirischen Untersuchungen explizit zu testen, d.h. sie könnte Opportunismus als Variable erfassen. Und sie könnte darüber hinaus, wie dies Williamson (1991) jüngst vorgeschlagen hat, den möglichen Einfluß der institutionellen Umwelt auf die relative Vorteilhaftigkeit alternativer institutioneller Arranagements explizit zu erfassen suchen, indem sie untersucht, wie Veränderungen im Vertragsrecht, in sozialen Normen u.ä. die Kosten verschiedener institutioneller Arrangements beeinflussen.

7.4.4.3. Empirischer Bewährungsgrad

Ob die Transaktionskostentheorie die Effizienz alternativer institutioneller Arrangements erklären kann, ist bisher *empirisch noch nicht* überprüft worden. Keine Untersuchung hat bisher direkt mittels monetärer Maße erhoben, ob die Höhe der Produktions- und Transaktionskosten, die für eine Transaktion in verschiedenen institutionellen Arrangements anfallen, tatsächlich in der postulierten Weise systematisch mit Charakteristika der Transaktion variieren (Masten/Meehan/Snyder 1991).

Die Forscher testen die transaktionskostentheoretischen Effizienzhypothesen in ihren empirischen Untersuchungen aufgrund der bestehenden Meß- und Zurechnungsprobleme, die in bezug auf die abhängige Variable "Kosten" bestehen, nicht direkt. Vielmehr prüfen sie in einem ersten Schritt (ähnlich wie die Kontingenztheorie) zunächst nur, ob die von der Transaktionskostentheorie postulierten Erklärungsfaktoren zwischen alternativen institutionellen Arrangements diskriminieren, d.h., ob bestimmte Transaktionen mit bestimmten Charakteristika regelmäßig häufiger in dem institutionellen Arrangement abgewickelt und organisiert werden, das die Theorie als das relativ kostengünstigste ausweist (Williamson 1985: 22).

Infolge der Ausblendung der zentralen abhängigen Variablen der Theorie (der Transaktions- und Produktionskosten) in den empirischen Arbeiten *überprüfen* die Forscher damit zunächst allein *Verhaltenshypothesen*. Sie überprüfen, ob Entscheidungsträger in Abhängigkeit von den Transaktionscharakteristika regelmäßig bestimmte institutionelle Arrangements wählen, aber weder, ob die Entscheidungsträger die institutionellen Arrangements aus den von der Transaktionskostentheorie postulierten Gründen wählen, noch welches in Abhängigkeit von den gegebenen Bedingungen das jeweils effizienteste institutionelle Arrangement ist (vgl. Masten 1993). Nur bei Gültigkeit dreier Annahmen, die Williamson nennt, jedoch nicht empirisch überprüft, würden signifikante Korrelationen von Transaktionscharakteristika und Charakteristika der institutionellen Formen als empirische Bestätigung der Effizienzhypothesen angesehen werden können, welche die Transaktionskostentheorie postuliert, und die Ableitung von Gestaltungsempfehlungen rechtfertigen können. Diese *drei Annahmen* lauten: (1) Die Höhe der Produktions- und Transaktionskosten, die für eine Transaktion in einem bestimmten institutionellen Arrangement anfallen, variiert in der postulierten Weise systematisch mit dem Zusammenhang bestimmter Charakteristika der Transaktion mit bestimmten Charakteristika des institutionellen Arrangements. (2) Andere als die postulierten Einflußfaktoren spielen für die Effizienz der Abwicklung von Transaktionen keine bedeutende Rolle. (3) Kostengünstigere Gestaltungslösungen setzen sich tendenziell durch, d.h., es besteht ein effektiver Institutionenwettbewerb (Williamson 1985: 22f.).

Bei Gültigkeit dieser Annahmen würden die empirisch erhobenen Korrelationen zwischen Transaktionscharakteristika und gewählten institutionellen Arrangements als Bestätigung der transaktionskostentheoretischen Effizienzhypothesen interpretiert werden können. Im Ergebnis bietet die Transaktionskostentheorie dann eine *funktionale* Erklärung der Gestaltung institutioneller Arrangements. Inwieweit die genannten Voraussetzungen gegeben sind, ist allerdings sehr umstritten.

Nur wenige Untersuchungen (Walker/Poppo 1991; Walker/Webber 1984) berücksichtigen, daß der (Institutionen-)Wettbewerb in unterschiedlichen Kontexten verschieden intensiv ausfallen kann. Aufgrund bestimmter Interessen- und Machtkonstellationen können u.U. auch weniger effiziente institutionelle Formen dauerhaft Bestand haben (Meyer/Zucker 1989). Auch kann aufgrund der begrenzten Rationalität der Entscheider sowie infolge von Meß- und Zurechnungsproblemen nicht unterstellt werden, daß die Entscheider gezielt das effizienteste institutionelle Arrangement für die Abwicklung und Organisation von Transaktionen wählen (Dow 1987: 27f.; Schneider 1985: 1241). Die Transaktionskostentheorie kann daher nicht beanspruchen, empirisch bestätigt zu haben, daß die Effizenz alternativer institutioneller Formen der Abwicklung und Organisation von Transaktionen auf der Basis der fünf Grundbausteine ihrer Theorie vollständig erklärt werden kann.

7.4.4.4. Erkenntnisbeitrag

Die Transaktionskostentheorie stellt eine logisch konsistent aufgebaute, mikroanalytisch fundierte Theorie hohen Allgemeinheitsgrades dar, die sich weniger einfacher, organisationstheoretisch etablierter Annahmen und Konzepte bedient. Sie zeichnet sich dadurch aus, daß sie auf der Basis einer geschlossenen theoretischen Konzeption mit einer kleinen Zahl von Faktoren viele verschiedene Phänomene des Gegenstandsbereichs zu erklären versucht. Hoher Allgemeinheitsgrad und Einfachheit haben jedoch ihren Preis: Die Aussagen der Transaktionskostentheorie können nur wenig genau sein. Dies stellt allerdings kein besonderes Problem der Transaktionskostentheorie dar, sondern spiegelt eine grundsätzliche Problematik wider. In Theorien hohen Allgemeinheitsgrades bleiben die besonderen Charakteristika des jeweils analysierten Einzelfalls immer außer Betracht. Zudem wird in einfachen Theorien immer nur ein Teil der tatsächlich wirksamen Einflußfaktoren berücksichtigt. Dies schränkt sowohl den theoretischen als auch den pragmatischen Nutzen der Theorie ein.

Theoretisch bietet die Transaktionskostentheorie damit einen "Tunnelblick" auf Organisationen. Dessen Stärke besteht darin, daß er in Form allgemeiner Tendenzaussagen einfache und allgemeine Erklärungen für beobachtbare Regelmäßigkeiten in den Strukturen von Organisationen und dem Verhalten ihrer Mitglieder bietet. Die Stützung ihrer theoretischen Aussagen in empirischen Untersuchungen und auch der Umstand, daß viele Ergebnisse anderer Zweige der Organisationsforschung den Thesen der Transaktionskostentheorie entsprechen, deuten darauf hin, daß die Transaktionskostentheorie tatsächlich zentrale Faktoren und Zusammenhänge erfaßt haben könnte, die für die Erklärung institutioneller Formen der Abwicklung und Organisation von Transaktionen von Bedeutung sind. Die Schwäche dieses "Tunnelblicks" liegt jedoch darin, daß er nur auf bestimmte organisatorische Phänomene und Erklärungsfaktoren gerichtet ist, andere aber ausblendet, und überdies die Besonderheiten von Einzelfällen nicht gut zu erklären vermag.

Die Transaktionskostentheorie bietet gleichwohl pragmatisch verwertbare Gestaltungsanregungen, indem sie verschiedene Möglichkeiten der Erzielung von Transaktionskostenersparnissen aufzeigt (vgl. hierzu kritisch Goshal/Moran 1996). Die erfolgreiche praktische Umsetzung der transaktionstheoretischen Erkenntnisse hängt jedoch davon ab, wie gut die Entscheidungsträger die allgemeinen Einsichten der Transaktionskostentheorie präzisieren können und wie gut ihre Gestaltungsentscheidungen den besonderen Bedingungen des Einzelfalls Rechnung tragen; für beide Aufgaben bietet die Transaktionskostentheorie nur wenig Unterstützung.

7.5. Schlußbetrachtung

Die drei dargestellten institutionenökonomischen Organisationstheorien unterscheiden sich in ihrer Theoriekonstruktion und in ihren Anwendungsmöglichkeiten. Die Besonderheiten der einzelnen Theorien lassen sich vor allem auf die getroffenen Verhaltensannahmen, die Wahl und die Beschreibung der untersuchten Institution, die Charakterisierung der Austauschsituation sowie die Bestimmung der Kosten und der Effizienz zurückführen.

Ein Vergleich der jeweils getroffenen *Verhaltensannahmen* zeigt, daß die Theorie der Verfügungsrechte sich in der Charakterisierung der Akteure auf eine individuelle Nutzenmaximierung beschränkt, während die Agentur- und Transaktionskostentheorie weitergehende Verhaltensannahmen treffen, indem sie zusätzlich Opportunismus und beschränkte Rationalität berücksichtigen. Zudem bezieht die Agenturtheorie die Risikobereitschaft und -aversion der Akteure prinzipiell in ihre Analyse ein. Die Erweiterung der Verhaltensannahmen ermöglicht es der Agentur- und Transaktionskostentheorie, das Verhalten der Austauschpartner in differenzierterer Weise darzustellen als es die Theorie der Verfügungsrechte vermag.

Auch in der Analyse von *Institutionen* weisen die Theorien Besonderheiten auf. Während in der Theorie der Verfügungsrechte die Gestaltung und die Verteilung von Verfügungsrechten den zentralen Gegenstand der Institutionenanalyse bilden, stellen Verfügungsrechtsstrukturen in der Agentur- und Transaktionskostentheorie nicht weiter thematisierte Randbedingungen für Agenturbeziehungen und Transaktionen dar. Hingegen steht in der Agentur- und Transaktionskostentheorie die Institution des Vertrages im Mittelpunkt. Hierbei richtet sich die Aufmerksamkeit vor allem auf die Probleme, die sich aus der unvollständigen Spezifizierung von Vertragskonditionen ergeben.

Agentur- und Transaktionskostentheorie unterscheiden sich jedoch in der Differenzierung des Vertragskonzepts. Während die Transaktionskostentheorie die Unterschiede zwischen klassischer, neoklassischer und relationaler Vertragsform in zentraler Weise berücksichtigt, beläßt es die Agenturtheorie bei einem viel abstrakteren Vertragskonzept, das keine vergleichbare Differenzierung vertraglicher Grundtypen vornimmt.

Von Bedeutung ist auch, daß die drei Theorien die jeweils untersuchte Institution in verschiedenartiger Perspektive betrachten. Die Theorie der Verfügungsrechte und die Agenturtheorie beschränken sich auf eine Ex ante-Betrachtung von Vertragsbeziehungen. Sie folgen damit der impliziten Annahme, daß alle Vertragsprobleme mit dem Vertragsabschluß gelöst sind. Demgegenüber betont die Transaktionskostentheorie die Notwendigkeit zu einer Perspektivenerweiterung, die eine Ex post-Betrachtung von Vertragsbeziehungen einschließt. Entsprechend untersucht die Transaktionskostentheorie auch Maßnahmen und Kosten der nachträglichen Anpassung, Absicherung und Durchsetzung von Verträgen.

Das gemeinsame Merkmal der Institutionenanalyse aller drei Theorien besteht darin, daß sie die Steuerungs- und Kontrollwirkungen untersuchen, die von Institutionen auf das Verhalten von Austauschpartnern ausgehen; die Transaktionskostentheorie berücksichtigt zusätzlich auch die Anpassungsfähigkeit institutioneller Arrangements an sich ändernde Situationen.

Besonderheiten der Theorien liegen auch in der jeweiligen Beschreibung der Austauschbeziehung. Die Theorie der Verfügungsrechte unterscheidet sich deutlich von den anderen beiden Theorien dadurch, daß sie keine spezifische Charakterisierung der Austauschbeziehung vorsieht. Dagegen beschreibt die Agenturtheorie die Austauschsituation mit Hinweisen auf die ungleiche Informationsverteilung, die Verteilung von Risiken und bestehende Unsicherheiten. Die Transaktionskostentheorie setzt etwas andere Akzente und betont neben der Häufigkeit und der Unsicherheit der Transaktion insbesondere die Problematik transaktionsspezifischer Investitionen. Trotz unterschiedlicher Schwerpunktsetzung und Begriffswahl überschneiden sich Agentur- und Transaktionskostentheorie in ihrer Beschreibung der Austauschsituation. So läßt sich jede Agenturbeziehung als Transaktion interpretieren und mit Konzepten der Transaktionskostentheorie analysieren. Eine gewisse Einschränkung muß lediglich in bezug auf die Einbeziehung der Risikoproblematik gemacht werden, die bisher nur von der Agenturtheorie berücksichtigt wird, aber grundsätzlich auch in die Transaktionskostentheorie eingebaut werden könnte.

Grundlegend für jede institutionenökonomische Erklärung ist die Feststellung, daß der Austausch selbst *Kosten* verursacht. Die Einbeziehung von Transaktions- bzw. Agenturkosten dient vor allem dazu, die *Effizienz* der Institutionenwahl und -gestaltung zu bestimmen. Allen drei Theorien liegt die Annahme zugrunde, daß die Akteure die Wahl und Gestaltung von Institutionen an einzelwirtschaftlichen Effizienzkalkülen ausrichten. Institutionen entstehen und verändern sich somit als Resultat der Bemühungen um eine kosteneffizientes Management der Austauschbeziehungen. Unter der Voraussetzung eines (von den Theorien angenommenen) effektiven Institutionenwettbewerbs wird hierdurch zugleich, wohlfahrtsökonomisch betrachtet, die Effizienz der Ressourcenallokation gesteigert.

Die Gemeinsamkeit und zugleich die grundlegende Bedeutung institutionenökonomischer Organisationstheorien liegen darin, daß sie die Organisationsanalyse gegenüber der Mikroökonomie öffnen und die *Wahl organisatorisch-institutioneller Gestaltungsvarianten auf ökonomische Kalküle zurückführen.* Damit ergänzen sie die sozialwissenschaftlich ausgerichtete Institutionen- und Organisationstheorien, in denen Knappheit und Effizienz als Einflußfaktoren der Beschaffenheit und des Wandels von organisatorisch-institutionellen Formen unterbewertet werden.

Zu den Vorzügen institutionenökonomischer Organisationstheorien gehört eine *einfache und präzise Theoriekonstruktion*. Die Theorien erreichen in bezug auf klar definierte Problemstellungen mit einer geringen Anzahl an Grundkonzepten und erklärenden Variablen einen *hohen Erklärungsgehalt* ihrer Hypothesen. Im Rahmen ihrer Prämissen lassen sich Prognosen und Gestaltungsempfehlungen formulieren. Allerdings wird eine empirische Überprüfung ihrer Erklärungen durch *ungelöste Probleme der* Operationalisierung zentraler Konzepte stark beeinträchtigt.

Die Selbstbeschränkung auf wenige und eng definierte Prämissen hat jedoch gewisse Grenzen für die Erklärung organisatorischer Phänomene zur Folge. Die getroffenen *Verhaltensannahmen* blenden solche Verhaltensweisen aus, die auf Macht, normativen Bindungen, Identitätsansprüchen oder intrinsischer Motivation beruhen. Derartige Verhaltensweisen lassen sich jedoch nicht grundsätzlich ignorieren, zumal ihre Bedeutung für die Funktionsweise und die Effizienz von Organisationen durch die Beiträge über Mikropolitik, informale Organisation, Organisationskultur und Arbeitsmotivation belegt wird.

Eine weitere Folge der gewählten Theorieprämissen besteht darin, daß Institutionen nur unter *Steuerungs-, Kontroll- und Anreizaspekten* gesehen werden. In dieser Betrachtung bleiben andere Gesichtspunkte von Institutionen unberücksichtigt. Die Perspektive der ökonomischen Institutionenanalyse grenzt z.B. Fragen nach dem Zusammenhang von Institutionengestaltung einerseits und Verteilungsgerechtigkeit, Ideologien, Macht oder Herrschaft andererseits aus.

Die Bedeutung institutionenökonomischer Theorien für die Organisationsforschung und -praxis wird auch dadurch relativiert, daß die Theorien nur auf vertragstheoretisch *interpretierbare organisatorische Phänomene* anwendbar sind. Andere organisatorische Problembereiche, z.B. Ablauforganisation, Innovation, Gruppenprozesse, vermögen die institutionenökonomischen Theorien nicht darzustellen und zu erklären.

Trotz der angedeuteten Grenzen bieten die institutionenökonomischen Organisationstheorien im Rahmen ihrer Prämissen gehaltvolle Beschreibungen und überzeugende Erklärungen organisatorischer Phänomene. Ihre Bedeutung liegt nicht allein in ihren bisherigen Anwendungen, sondern ebenso in der Verdeutlichung verschiedener Wege, Wirtschafts- und Organisationstheorie miteinander zu verbinden.

8. Evolutionstheoretische Ansätze

Alfred Kieser und Michael Woywode

Organisationen machen Prozesse der Veränderung durch: Sie verändern bspw. ihr Produktionsprogramm, um der Nachfrage besser entsprechen zu können. Dies bedingt dann u.U. den Einsatz neuer Technik und macht Anpassungen der Organisationsstruktur erforderlich. Oder: Unternehmungen verfolgen, um ihre Wettbewerbsfähigkeit zu verbessern, eine Strategie der Internationalisierung, die dann wiederum Anpassungen der Struktur und der Managementsysteme nach sich zieht. Oder: Ein Wandel in der Arbeitsorientierung der Mitarbeiter macht Änderungen in der Gestaltung der Arbeitsplätze und im Führungsverhalten erforderlich, usw.

Erklärungen solcher Änderungsprozesse stellen häufig auf die Intentionen der Gestalter ab: Die Gestalter führen Änderungen durch, weil sie bestimmte Probleme erkannt haben und bestimmte Lösungskonzepte verfolgen. Die Intentionen der Gestalter können wie geplant umgesetzt werden, und die ergriffenen Maßnahmen stellen erfolgreiche Problemlösungen dar.

Im Gegensatz dazu sind die Vertreter evolutionstheoretischer Ansätze der Meinung, daß Organisationen zu komplex sind, um durch geplante Eingriffe in berechenbarer Weise in einen gewünschten Zustand überführt werden zu können:

> "(Ein) Planer oder Ingenieur benötigt alle Daten und volle Macht, sie zu kontrollieren und zu manipulieren, wenn er die materiellen Objekte so organisieren soll, daß sie das beabsichtigte Resultat hervorbringen. Aber der Erfolg des Handelns in der Gesellschaft (und auch in Organisationen, d. Verf.) hängt von mehr besonderen Tatsachen ab als irgendjemand möglicherweise kennen kann" (Hayek 1980: 27).

Gestalter setzten folglich häufig Änderungsprozesse in Gang, die sie nur z.T. kontrollieren können: Ihre Pläne enthalten unrealistische Annahmen; ihre Maßnahmen zeitigen Konsequenzen, die sie nicht vorhersahen; ihre Maßnahmen lösen u.U. andere Probleme als diejenigen, die sie ursprünglich lösen sollten, usw. Gestalter verfügen, wie wir bereits in Kapitel 5 erfuhren, nur über "begrenzte Rationalität" und somit sind Erklärungen des organisationalen Wandels, die allein auf die Rationalität der Gestalter abstellen, zwangsläufig unvollständig.

Für die Vertreter evolutionstheoretischer Ansätze sind intentionale Eingriffe von Gestaltern zunächst nur Variationen. *Nicht die Gestalter, sondern die Auslese durch die Umwelt entscheidet letztlich darüber, welche organisationalen Variationen von Nutzen sind und überleben.*

Ansätze der Evolution von Organisationen machen meist Anleihen bei der *synthetischen Evolutionstheorie der Biologie*, deren Ausgangsbasis bekanntlich von Darwin in "Origin of Species" (Erstausgabe 1859) gelegt worden ist. Weniger bekannt ist, daß es schon vor Darwin evolutionstheoretische Ansätze in den Gesellschaftswissenschaften gab, von denen Darwin angeregt wurde (Hayek 1980: 38ff.; Wieland 1975; Lehmann 1960; Bock

1955). Der Erfolg der biologischen Evolutionstheorie gab dann aber wiederum sozialwissenschaftlichen Evolutionskonzepten einen mächtigen Auftrieb, die sich ganz bewußt "im Dunstkreis dieser wissenschaftlichen Reputation" ansiedelten (Hettlage 1982: 113).

Es dürfte sich als hilfreich für das Verständnis von Ansätzen der Evolution von Organisationen erweisen, wenn wir zunächst kurz den Evolutionsprozeß skizzieren, wie er von der synthetischen Evolutionstheorie konzipiert wird (Junker/Scherer 1988):

(1) Analyseeinheit ist nicht das Individuum, sondern die *Population,* die durch Teilhabe an einem gemeinsamen "Genpool" definiert ist. Der Genpool umfaßt die Anlagen für alle Eigenschaften, mit deren Hilfe die Individuen für die Auseinandersetzung mit ihrer Umwelt bestimmte Problemlösungen finden. Zum Beispiel: Löwen stellen ein Umweltproblem für die Population der Gazellen dar. Die Problemlösungen der Gazellen auf dieses Umweltproblem sind Fluchtreaktion und Fluchtgeschwindigkeit, die durch genetische Merkmale weitgehend festgelegt sind. Jedes Individuum weist einen Teil, niemals aber alle Merkmale des Genpools auf; es ist durch eine Auswahl dieser Merkmale, einen spezifischen *Genotyp* gekennzeichnet, der den Möglichkeitsraum seiner Problemlösungen und die sichtbaren Eigenschaften seines Phänotyps festlegt.

(2) Der Genpool wird bereichert durch das Auftreten von *Mutationen* – sprunghaft erfolgenden Veränderungen der Gene, die ungerichtet sind, d.h. in keinem nachweisbaren Zusammenhang mit den Problemlösungsbedürfnissen der Individuen stehen.

(3) Individuen besitzen die Fähigkeit zur *Selbstreplikation oder Reproduktion*: Es können Kopien gefertigt werden. Da bei diesem Prozeß die genetischen Merkmale von zwei Individuen der Population rekombiniert werden, stellt er eine weitere Quelle der Variation dar: Ein neues Individuum ist niemals eine exakte Kopie eines bereits existierenden Individuums, sondern eine Variation. Eine neugeborene Gazelle weist eine zufällige Mischung der Eigenschaften ihrer Eltern auf. Rekombinationen allein führen jedoch nicht zu einer Änderung des Genpools. Im Wege der Reproduktion wird der Genpool einer Population einerseits durchmischt und andererseits durch Mutationen um neue Eigenschaften angereichert. Kontinuität und Wandel werden durch den gleichen Prozeß erzeugt.

(4) Eine gerichtete Änderung der Zusammensetzung des Genpools erfolgt durch die *Selektion.* Diejenigen Individuen, die infolge ihrer spezifischen genetischen Merkmale über ihre phänotypischen Fähigkeiten eine bessere Anpassung an ihre Umwelt erzielen, erhalten höhere Reproduktionschancen: Die Gazelle, die über eine höhere Fluchtgeschwindigkeit verfügt, entgeht Löwenangriffen mit größerer Wahrscheinlichkeit und kann ihre genetischen Eigenschaften an mehr Nachkommen vererben als langsamere Gazellen. Selektion ist gleichbedeutend mit unterschiedlichem Fortpflanzungserfolg. Voraussetzung für die Selektion ist, daß sich eine Population in größerem Umfang reproduziert, als in einer gegebenen Umwelt erhalten und ernährt werden können – ein "struggle for existence" muß stattfinden.

(5) Durch eine räumliche Separierung von zwei Gruppen einer Population wird die *Herausbildung neuer Arten* eingeleitet. Die Evolution der getrennten Gruppen kann unterschiedlich verlaufen. Sind die Umweltbedingungen für die beiden Gruppen unterschiedlich, wird eine evolutorische Anpassung an die jeweiligen Umwelten stattfinden. Es kommt zur *genetischen Isolation* der beiden Gruppen: Eine fruchtbare Paarung zwischen Mitgliedern der beiden Gruppen ist nicht mehr möglich. Eine neue Art (Spezies) ist entstanden (Prozeß der Speziation). Viele Evolutionstheoretiker (z.B. Mayr 1970: 373f.) sehen in der Herausbildung neuer Arten den eigentlichen Motor der Evolution.

Jede neue Art ist ein biologisches Experiment, durch das eine neue Nische erschlossen wird. Die Speziation führte letztlich zu dem "Stammbaum" der Evolution, an dessen Ursprung, was die Evolution von Lebewesen anbelangt, Einzeller-Arten stehen und der einen Ast aufweist, dessen Ende die Spezies Mensch markiert.

Die grundlegenden Mechanismen der Evolution werden von vielen Autoren als universell angesehen, d.h. sowohl als anwendbar auf den Kosmos als Ganzes wie auf Spiralnebel, Sterne mit ihren Planeten, Pflanzen, Tiere und Menschen, auf das Verhalten und die höheren Fähigkeiten der Tiere, aber auch auf Sprache und Sprachen und auf historische Formen menschlichen Zusammenlebens, auf Gesellschaften, Glaubenssysteme und Wissenschaften – und auch auf Organisationen. Dabei sind die Mechanismen der Evolution für die verschiedenen Systeme jedoch jeweils anders zu fassen. Es liegt auf der Hand, daß bspw. Rekombinationen von Verhaltenselementen oder von wissenschaftlichen Erkenntnissen auf andere Weise vonstatten gehen als die Rekombination genetischen Erbguts bei der Befruchtung.

Die in diesem Kapitel dargestellten Ansätze zur Evolution von Organisationen unterscheiden sich erheblich. Zunächst unterscheiden sie sich deshalb, weil in ihnen jeweils andere Einheiten der Evolution definiert werden. Während einige Ansätze die Evolution ganzer Organisationen analysieren, richtet sich das Interesse anderer auf die Evolution organisatorischer Verfahren, die Evolution von Verhalten in Organisationen oder die Evolution von Erklärungs- und Sinnkonzepten, die in Organisationen zur Anwendung kommen. Wiederum andere Ansätze konzipieren die Evolution von Organisationen in einem Zusammenhang mit der Evolution von Gesellschaften. Die Mechanismen der Variation, Selektion und Reproduktion werden in diesen Ansätzen unterschiedlich konzipiert. Das einzig Verbindende zwischen den vorgestellten Ansätzen ist der Versuch, Prinzipien der Evolution zur Anwendung zu bringen.

Der innerhalb der Organisationstheorie am weitesten verbreitete Ansatz ist der Population Ecology-Ansatz, den wir als ersten und auch am ausführlichsten darstellen. Anschließend setzen wir uns schließlich mit zwei Ansätzen des evolutionären Managements auseinander.

8.1. Der Population Ecology-Ansatz

8.1.1. Konzeptionen

Obwohl der Population Ecology-Ansatz – vor allem in den USA – von vielen Forschern angewendet und weiterentwickelt wird, ist er durch eine hohe Übereinstimmung in den Grundannahmen und Methoden gekennzeichnet (weshalb ihn Pfeffer (1993) als rühmliche Ausnahme im wildwuchernden Feld der Organisationstheorien herausstellt). Die Version von Hannan/Freeman, die mit Carroll als die Begründer dieses Ansatzes angesehen werden können, wird weithin als verbindliche Basis für konzeptionelle Weiterentwicklungen und empirische Untersuchungen angesehen. Eine interessante Variante, auf die wir im folgenden ebenfalls eingehen, ist die von Aldrich/McKelvey. Die Bausteine dieses Ansatzes sind:

(1) *Begründung der Wahl eines evolutionstheoretischen Konzeptes*: Weitgehend einig sind sich die Populationsökologen über die Gründe, die für eine Anwendung evolutionstheoretischer Konzepte zur Erklärung des Wandels von Organisationen sprechen. Organisationen sind ihrer Meinung nach aus drei Gründen nur in einem sehr geringen Maße fähig,

sich zielgerichtet – rational – an Umweltveränderungen anzupassen (Hannan/Freeman 1984: 151): (a) Innerhalb der Organisation agieren Interessengruppen, die unterschiedliche Ziele verfolgen und durch politische Manöver verhindern, daß Anpassungen der Organisation an Umweltänderungen rational am Ziel der Gesamteffizienz des Systems ausgerichtet werden können. (b) Die Organisationsgestalter haben nur unvollkommene Informationen über Zweck-Mittel-Beziehungen (Hannan/Freeman 1984: 151). (c) Die Trägheit von Organisationen verhindert, daß Anpassungsbemühungen der Organisationsgestalter mit der Geschwindigkeit von Umweltänderungen Schritt halten können: Nach Änderungen der Organisationsstruktur müssen die Gestalter "immer wieder feststellen, daß weitere Umweltveränderungen aufgetreten sind, die nun wiederum eine andere Struktur erforderlich machen" (Hannan/Freeman 1984: 151).

(2) *Populationen als Einheiten der Analyse:* Einig sind sich die Populationsökologen weiterhin darüber, daß eine Analyse des Wandels von Organisationen nicht bei einzelnen Organisationen anzusetzen hat, sondern bei Populationen von Organisationen: "Ein Analogon zur Spezies ist zu entwickeln" (Hannan/Freeman 1989: 49). Die einer Population angehörenden Organisationen zeichnen sich – in Analogie zum biologischen Genotyp – durch eine gemeinsame Grundstruktur, einen gemeinsamen Bauplan oder ein Basismuster aus; sie besitzen eine gemeinsame "organisationale Form" – "eine Blaupause für organisatorische Aktivitäten, für die Transformation von Inputs zu Outputs" (Hannan/Freeman 1977: 935, 1989: 48ff.; ähnlich McKelvey 1982: 107). Anstatt von Populationen könnte man auch von sehr eng definierten Branchen sprechen. Wie aber können Populationen von Organisationen voneinander abgegrenzt werden? Die Abgrenzung biologischer Spezies voneinander ist relativ unproblematisch: Als Spezies wird eine Gruppe von Lebewesen bezeichnet, die hinsichtlich des Paarungsverhaltens gegenüber anderen Gruppen isoliert ist (Ayala 1985: 27). Mechanismen der Isolation bilden sich bei Gruppen von Lebewesen heraus, die vom Rest ihrer Populationen, etwa durch geographische Barrieren, getrennt werden und sich an ihre spezifische Umwelt anpassen. Diese Isolationsmechanismen sorgen dafür, daß die erzielten Evolutionsgewinne erhalten bleiben, und letztlich ist es ihnen zu verdanken, daß es so viele unterschiedliche Arten von Lebewesen gibt. Da die Organisationsökologen ihr Konzept in strenger Analogie zur Bioökologie entwickeln, sehen sie sich auch veranlaßt, Isolationsmechanismen zwischen organisationalen Populationen zu konzeptualisieren. Denn: "Wären die Comps aller Organisationspopulationen austauschbar, gäbe es keine Unterschiede zwischen ihnen" (McKelvey/Aldrich 1983: 113).

Für Hannan/Freeman ist es die *Trägheit von Organisationen (organizational inertia),* die Populationen voneinander isoliert: Eine Reihe von Faktoren sorgt dafür, daß sich Organisationen innerhalb einer Population nur in einem verhältnismäßig engen Rahmen wandeln, nicht zu Organisationen werden können, die einer anderen Population angehören – daß aus Banken keine Schlachthöfe werden oder aus Apotheken keine Automobilunternehmen (Hannan/Freeman 1977: 931f.): (a) Investitionen in Maschinen, Gebäude und in die Ausbildung des spezialisierten Personals stellen "sunk costs" dar, die die Transformationsmöglichkeiten einer Organisation erheblich einschränken. (b) Das Informationssystem einer Organisation ist in hohem Maße auf die bestehenden Aktivitäten und die entsprechenden Umweltsegmente fokussiert. (c) Radikale strukturale Änderungen gefährden das politische Gleichgewicht in einer Organisation und stoßen deshalb in der Regel auf den erbitterten Widerstand einflußreicher Akteure. (d) Das Wertesystem einer Organisation legitimiert das Bestehende und diskriminiert radikale Änderungen. (e) Markteintrittsbarrieren erschweren das Verlassen der angestammten und Marktaustrittsbarrieren den Eintritt in neue Märkte. (f) Die Umwelt selektiert berechenbare und verläßliche Organisationen positiv (Hannan/Freeman 1984). (g) Die eingesetzten Techniken und die Organisationsstruktur bilden ein aufeinander abgestimmtes und schwer auflösbares Muster (Hannan/Freeman 1989: 55). (h) Soziale Netzwerke entwickeln eine Tendenz zur Abschließung nach außen, die durch erfolgreiche kollektive Aktionen und Institutionalisierung verstärkt wird: "Wenn Unternehmungen bspw. Verbände gründen, schaffen sie dadurch mitunter eine gemeinsame Identität und ein Bewußtsein des Andersseins. Kollektive Handlungen lösen oft Gesetzgebungsaktivitäten und andere institutionellen Regelungen aus, die die Quasi-Grenzen um die Population verstärken" (Hannan/Freeman 1989: 56). Die Trägheit von Organisationen kann letztlich nur durch Neugründungen im Wege von Abspaltungsprozessen überwunden werden (zu einer weitergehenden Konzeption der organisationalen Trägheit s. Miller/Chen 1994).

Da für McKelvey/Aldrich nicht ganze Organisationen, sondern Comps das Basismaterial der Evolution bilden, müssen sie ihre Isolationsmechanismen anders fassen (McKelvey/Aldrich 1983: 113): (a) "Comps aus einer Population werden gewöhnlich in einer anderen nicht als sehr nützlich angesehen. Transportunternehmer heuern keine Kellner an, um Fachwissen einzukaufen." (b) "In vielen Populationen sind Comps kompliziert und schwer zu erlernen." Vor allem zeitraubende Ausbildungsprogramme und die auf bestimmte Organisationsformen spezialisierten Ausbildungsinstitutionen wirken einer Übertragbarkeit des erworbenen Wissens entgegen. (c) Und schließlich wird Isolation durch "die Tendenz, sich dem Erlernen fremder Comps zu widersetzen, neuem Wissen gegenüber mißtrauisch zu sein, Außenstehenden oder 'Not-invented-here-Ideen' zu mißtrauen" gefördert.

(3) *Variation*: Evolutionäre Prozesse werden durch Variationen oder Innovationen ausgelöst. Sie treten vor allem bei Neugründungen auf (Hannan/Freeman 1984: 150, 1977; Aldrich 1979: 36). Neugründungen, die auf die Imitation bestehender Organisationsformen abzielen, führen zu *Variationen innerhalb bestehender Populationen*: Eine erfolgreiche Organisationsform animiert Unternehmer, die offensichtlich gegebenen guten Chancen durch Neugründungen zu nutzen. Die Imitierer bemühen sich, die erfolgreichen Organisationen so genau wie möglich zu kopieren, um dadurch die Überlebenschancen ihrer Neugründungen zu erhöhen. Sie heuern vor allem Fachkräfte an, die Erfahrung in anderen Organisationen dieser Form gesammelt haben (Freeman 1982: 19). Allerdings, ganz genau gelingen Imitationen komplexer Organisationen selten, und so kommt es zu *Variationen innerhalb einer Population*. Manchmal bemühen sich die Neugründer auch, die Effizienz von Verfahren intentional zu erhöhen. Auch wenn solche Versuche rationaler Anpassung aus den oben dargelegten Gründen selten erfolgreich sind, so bringen sie zumindest Variationen hervor. Zufällige Variationen reichen hin, um Evolutionsprozesse in Gang zu bringen.

Die *Entstehung neuer Organisationsformen* kann durch unterschiedliche Faktoren begünstigt werden. Ursächlich für das Aufkommen neuer Organisationsformen ist häufig *technologischer Wandel*. So war die Erfindung des Buchdrucks eine wichtige Voraussetzung für die Entstehung von Druckereiverlagen, oder die Entwicklung des Verbrennungsmotors ein entscheidender Faktor für das Aufkommen der Automobilindustrie. Da die bestehenden Organisationen alten Technologien stark verhaftet sind, bieten sie oft nicht die erforderlichen Freiräume zur Weiterentwicklung und zum Ausbau der neuen Technologien. Findige Individuen, die über die notwendigen technologischen Kenntnisse und ausreichende Ressourcen verfügen, sehen jedoch (Gewinn)chancen und gründen auf Basis der neuen Technologien Unternehmen, die sich nicht mehr einer der bestehenden Organisationsformen zurechnen lassen. So entstehen neue Organisationsformen (Foster 1986; Astley

1985b; McKelvey 1982: 273; Romanelli 1991). Aber auch Änderungen der institutionellen Rahmenbedingungen, die Entdeckung neuer Rohstoffe, ökonomische Schwankungen sowie politische Umstürze können zur Entstehung neuer Organisationsformen beitragen (Astley 1985b; Romanelli 1991; Carroll et al. 1988; Lewin et al. 1997). Grundsätzlich sorgen die genannten Veränderungen für das Aufkommen von "Ecological Opportunities" in Form frei verfügbarer Ressourcen (Stanley 1981: 96), die von neuen Organisationsformen ("Mutationen") ausgebeutet werden können. Neue Organisationsformen können entweder, wie bereits erwähnt, durch Neugründungen initiiert werden oder als Folge eines Abspaltungsprozesses entstehen:

> "Organisationen brechen manchmal auseinander, z.B. wenn abtrünnige Sekten sich von Religionen abspalten oder wenn Unternehmungen Tochtergesellschaften 'ausgründen'. Manchmal erweist sich eine Ausgründung als inkompatibel mit der restlichen Organisation und wird verkauft" (Freeman 1982: 19; McKelvey 1982: 256, 268ff. umschreibt den Prozeß der Speziation in ähnlicher Weise als "branching-off").

(4) *Selektion*: Variationen liefern das "Rohmaterial" für den Prozeß der Auslese durch die Umwelt (natural selection): "Aus der Perspektive der Populationsökologie ist es die Umwelt, welche optimiert" (Hannan/Freeman 1977: 939 f.). Unter der Umwelt einer Population wird die Gesamtheit aller Faktoren verstanden, die dieser Population Beschränkungen auferlegt. Sie umfaßt die generellen ökonomischen Bedingungen, Konjunkturschwankungen, generelle politische Unterstützung, rechtliche Regelungen usw. Eine Art der Selektion besteht in der *Elimination ganzer Organisationen*: Weniger effiziente Organisationen unterliegen im Konkurrenzkampf (struggle for existence) (Aldrich et al. 1984: 70; McKelvey/Aldrich 1983:115) und gehen in Konkurs bzw. lösen sich auf. Dabei wird aber kein ausschließlich ökonomischer Effizienzbegriff verwendet. Viele Organisationen, wie Kirchen, Verbände oder Wohlfahrtseinrichtungen, existieren vor allem, weil sie gesellschaftlich erwünscht sind. Erst wenn diese Organisationen ihrem gesellschaftlichen Auftrag nicht mehr gerecht werden und sie die zum Überleben notwendigen Ressourcen nicht mehr akquirieren können, scheitern sie (Aldrich 1979; Meyer/Zucker 1989; Miner et al. 1990).

Der Selektionsprozeß bewirkt, daß die Organisationen einer Population langfristig immer homogener werden:

> "Indem die nicht fitten Mitglieder der Population ausgesondert und nur diejenigen Organisationen favorisiert werden, die optimal an eine gegebene Konfiguration der Bedingungen einer Nische angepaßt sind, reduziert die natürliche Auslese die Unterschiede in Organisationen" (Astley 1985b: 224).

Die *Nische einer Population* ergibt sich in einem interaktiven Prozeß zwischen Population und Umwelt:

> "Eine Nische ist der Aktivitätenraum einer Organisation oder einer Population ..., der sowohl durch die Anpassung der Organisationen an Umweltfaktoren, die nicht ihrem Einfluß unterliegen als auch die Anpassung von Umweltfaktoren, die ihrem Einfluß unterliegen, zustandekommt" (McKelvey/Aldrich 1983: 111; s. auch Hannan/Freeman 1989: 91ff.; Ulrich 1987).

Hannan/Freeman berücksichtigen nur diese eine Art von Selektion: die Elimination ganzer Organisationen: "Es geht um die Netto-Sterblichkeitsrate: Todesfälle relativ zu Geburten" (Freeman 1982: 3). Carroll (1984: 75) hält dieses Selektionskonzept für "ein schwerwiegendes Mißverständnis der 'Logik der Evolution'". Im Konzept der biologischen Evolution gehe es schließlich auch um den Reproduktionserfolg genetischer Merkmale: Genetische Merkmale bestimmen das Problemlösungsverhalten der Mitglieder einer Population. Problemlösungserfolg bewirkt, daß sich die Reproduktionschancen derjenigen Merkmale in der Population erhöht, durch die der Problemlösungserfolg zustandegebracht wird: Gazellen, die schnell rennen können, entkommen den Löwen häufiger und haben deshalb öfter als ihre langsameren Artgenossen die Chance, sich fortzupflanzen (Segler 1985: 114ff.; Giesen 1980: 58).

Zu diesem Konzept des relativen Reproduktionserfolgs erfolgreicher genetischer Merkmale konzipieren Aldrich/McKelvey ein organisationales Äquivalent. Elemente organisationalen Wissens – Competences oder, abgekürzt, *Comps* – bilden für sie ein Analogon zur genetischen Information (McKelvey 1982: 197; s. auch Nelson/Winter 1982). Organisationale Comps sind etwa Verfahrensrichtlinien, Rezeptwissen, Patente, Produkt- und Produktionstechniken, Verfahren der Produktionssteuerung, Baupläne, Computerprogramme, Organisationspläne, Stellenbeschreibungen, Führungsrichtlinien oder Unternehmensphilosophien. Comps können schriftlich fixiert, aber auch nur in den Köpfen von Organisationsmitgliedern gespeichert sein. Alle Comps einer Organisation bilden den "Compool" dieser Organisation – man könnte auch sagen: ihren Genotyp (Segler 1985: 201). Eine Organisationspopulation ist durch einen kollektiven Compool gekennzeichnet: "Jede Population besitzt eine Menge von Comps, die in Form des Wissens und der Fähigkeiten der Organisationsmitglieder der Organisationen dieser Population gehalten werden" (McKelvey/Aldrich 1983: 112).

Auf der Basis dieses Konzepts kann nun auch erklärt werden, wie sich erfolgsvermittelnde Wissenselemente – effektive Comps – in organisationalen Populationen verbreiten und dabei weniger effektive Comps langfristig verdrängen: Verschiedene Mechanismen sorgen dafür, daß sich die *Comps erfolgreicher Unternehmen schneller verbreiten als die weniger erfolgreicher*: Die Mitarbeiter erfolgreicher Unternehmen werden häufiger abgeworben und transferieren Comps in die abwerbenden Unternehmungen; Mitarbeiter erfolgreicher Unternehmungen werden häufiger eingeladen, ihre spezifischen Problemlösungen auf Symposien oder Seminaren vorzustellen; erfolgreiche Unternehmungen werden eher zu Objekten von Industriespionage; Universitätsprofessoren und Unternehmensberater analysieren vor allem die Praktiken erfolgreicher Unternehmungen und sorgen durch Veröffentlichungen und durch ihre Beratungspraxis für deren Verbreitung usw. (McKelvey/Aldrich 1983: 113). Es ist nicht erforderlich, daß bei diesen Kopiervorgängen effektive von weniger effektiven Comps mit großer Treffsicherheit unterschieden werden können. Ein höherer Reproduktionserfolg effektiverer Comps wird bereits sichergestellt, wenn die Wahrscheinlichkeit der Reproduktion für effektivere Comps höher ist als für weniger effektive. Effektivere Comps finden sich eher in erfolgreicheren Unternehmungen, und die Comps erfolgreicher Unternehmungen werden mit höherer Wahrscheinlichkeit kopiert, mithin ist die Wahrscheinlichkeit des Kopiertwerdens für effektivere Comps des Compools höher als für weniger effektive. Allerdings: Je besser es den Kopierern gelingt, erfolgreiche Comps zu lokalisieren und gezielt zu kopieren, d.h. überlegene Verfahren rational zu wählen, etwa indem sie erfolgreiche Marketing-Comps erkennen oder erfolgreiche Produktions-Comps, desto schneller setzen sich die effektiveren Comps in einer Population durch.

(5) *Bewahrung (Retention) und Reproduktion*: Organisationen müssen in der Lage sein, die selektierten Varianten, d.h. Organisationsformen oder Comps zu konservieren und an neu zu gründende Organisationen weiterzugeben. Der Population Ecology-Ansatz stellt

vor allem auf zwei Bewahrungsmechanismen ab, nämlich auf gesellschaftliche Institutionalisierung und die Herausbildung bürokratischer Routinen:

"Das Wissen erfolgreicher Organisationsformen wird im Sozialisierungsapparat von Gesellschaften – in Schulen, Familien, Kirchen, öffentlichen Institutionen – institutionalisiert und in den Glaubenssystemen und Werten von dominanten Organisationen und Institutionen verteidigt" (Aldrich 1979: 30).

Bürokratisch verankerte Routinen – Verfahrensrichtlinien – konservieren den Erfahrungsschatz einer Organisation (Nelson/Winter 1982; Cyert/March 1963) und lassen sich relativ leicht an neugegründete Organisationen weitergeben (Aldrich 1979: 31).

(6) *Die Bedeutung von Klassifikationen organisationaler Formen*: Für McKelvey/Aldrich sind Klassifikationen eine zentrale Voraussetzung für die Erarbeitung einer Evolutionstheorie der Organisation: "Ohne Taxonomien und Klassifikationsmethoden, die eine Identifikation von Populationen und ihre Einordnung in Klassifikationssysteme ermöglichen, die gewöhnlich Dendogramme oder Stammbäume genannt werden, wäre der Populationsansatz nicht mehr als ein Lehnstuhl-Theoretisieren" (McKelvey/Aldrich 1983: 116). Hannan/Freeman (1989: 49ff.) sind dagegen skeptisch, ob solche Klassifikationsversuche erfolgreich sein können. So sehr sie sich ansonsten um das Aufzeigen von Analogien bemühen, hier verweisen sie auf Unterschiede zwischen biologischen und künstlichen Systemen: Im Gegensatz zu Lebewesen werden bei Organisationen genetische Eigenschaften nicht von Eltern auf Nachkommen übertragen. Im Gegensatz zu Lebewesen können Organisationen ihre Struktur auch noch während ihrer Lebenszeit ändern. Darüber hinaus wenden sie ein, daß die Grenzen organisationaler Populationen nicht nur von der internen Struktur der Organisation abhängen, sondern auch von grenzbestimmenden Aktivitäten der Umwelt, und daß sie deshalb in weit geringerem Ausmaß empirisch bestimmbar seien als die Grenzen biologischer Populationen.

Eine vermittelnde Position nimmt Carroll (1984, 1996) ein, indem er einerseits darauf hinweist, daß die Identifikation und Klassifikation organisationaler Populationen eine wichtige Voraussetzung für die Generalisierung von Ergebnissen darstellt: Ergebnisse, die für eine Population Gültigkeit beanspruchen können, sind nicht unbedingt auf andere Populationen übertragbar. Andererseits sieht er jedoch auch die Schwierigkeit einer empirischen Bestimmung organisationaler Populationen und plädiert deshalb für eine pragmatische, induktionistische Strategie: Die Forscher sollten sich stets bewußt sein, daß in einer bestimmten Population gewonnene Ergebnisse nur bedingt auf andere Populationen übertragbar sind. Wegen des damit verbundenen großen Aufwands sollten sie aber nicht versuchen, Klassifikationen von Populationen zu erstellen, sondern vielmehr von Fall zu Fall Populationen im Zusammenhang mit hypothesenüberprüfenden empirischen Studien definieren.

8.1.2. Empirische Untersuchungen

In den meisten empirischen Arbeiten, die im Zusammenhang mit dem Population Ecology-Ansatz entstanden sind, wird untersucht, welchen Veränderungen Populationen von Organisationen im Zeitverlauf unterliegen. Dabei haben sich, in Anlehnung an die theoretischen Vorgaben, drei Untersuchungsschwerpunkte herausgebildet: (1) Prozesse des Scheiterns von Organisationen, (2) Gründungsprozesse von Organisationen und (3) Prozesse des organisationalen Wandels. Im folgenden stellen wir einige zentrale Konzepte der Population Ecology-Forschung vor, die empirischen Arbeiten häufig zugrunde liegen.

Liability of Newness

Bei der Suche nach Gesetzmäßigkeiten im Zusammenhang mit der Überlebenswahrscheinlichkeit von Organisationen spielt die Untersuchung der Zeitabhängigkeit von Mortalitätsprozessen eine zentrale Rolle (Carroll 1983). Stinchcombe (1965) behauptet, es existiere eine *liability of newness* in bezug auf die Mortalitätsraten von Unternehmen. Die liability of newness beschreibt die Tendenz junger Unternehmen, häufiger aus einem Markt auszuscheiden als alte Unternehmen. Stinchcombe (1965) argumentiert, daß dies aus mehreren Gründen der Fall sei: Junge Organisationen und ihre Führungskräfte müssen ihre gesellschaftlichen Rollen als soziale Akteure erst lernen. Dies verlangt viel Zeit und Mühe, denn die neuen Rollen müssen nicht nur gelernt, sondern auch mit den Rollen anderer Akteure koordiniert werden. Dies gilt sowohl für Austauschbeziehungen innerhalb des Unternehmens als auch mit der Außenwelt. Junge Unternehmen sind gezwungen, Beziehungen zu Kunden, Lieferanten und Kapitalgebern neu aufzubauen. Dabei stehen sie im Wettbewerb mit etablierten Organisationen, die bereits über ein Netzwerk an verläßlichen Außenbeziehungen verfügen. Junge Organisationen besitzen insofern Wettbewerbsnachteile gegenüber alten Organisationen. Zur Repräsentation der Mortalitätswahrscheinlichkeit wird im allgemeinen die *Hazardrate* verwendet. Diese gibt die bedingte Wahrscheinlichkeit an, daß ein Ereignis (hier die Schließung einer Organisation) in der nächsten Periode eintritt, unter der Bedingung, daß bis zu Beginn der Periode noch kein Ereignis eingetreten ist (Tuma/Hannan 1984; Blossfeld/Hamerl/Mayer 1986).

Hannan und Freeman (1984) nennen weitere Gründe für die liability of newness. Sie behaupten, daß in modernen Gesellschaften nur diejenigen Unternehmen eine hohe Überlebenswahrscheinlichkeit besitzen, die über ein hohes Maß an *Zuverlässigkeit (reliability)* und *Rechenschaftsfähigkeit (accountability)* verfügen (Hannan/Freeman 1984: 154). Die Zuverlässigkeit eines Unternehmens äußert sich in einer geringen qualitativen und quantitativen Varianz des Leistungsergebnisses, das heißt der produzierten Güter und Dienstleistungen. Rechenschaftsfähigkeit eines Unternehmens bedeutet, daß der Nachweis über den Einsatz von der Organisation zur Verfügung gestellten Ressourcen überzeugend geführt werden kann und daß eine Rekonstruktion der Abfolge der getroffenen Entscheidungen möglich ist. Eine wichtige Voraussetzung für die Zuverlässigkeit und Rechenschaftsfähigkeit einer Organisation ist die Reproduzierbarkeit der organisationalen Struktur. Aufgrund von Lern- und Sozialisationsprozessen innerhalb des Unternehmens und der Entwicklung externer Legitimation gegenüber Banken, Kunden oder Lieferanten wird die *Reproduzierbarkeit* organisationaler Strukturen mit zunehmendem Unternehmensalter einfacher und weniger fehlerbehaftet. Daher besitzen ältere Unternehmen tendenziell ein höheres Maß an Zuverlässigkeit und Rechenschaftsfähigkeit als junge Unternehmen und somit auch eine höhere Überlebenswahrscheinlichkeit (Baum 1996).

In jüngeren Arbeiten wurde aber auch auf die Möglichkeit nicht-monotoner Beziehungen zwischen dem Alter und der Überlebenswahrscheinlichkeit von Unternehmen hingewiesen (Brüderl/Schüssler 1990; Carroll 1983; Fichman/Levinthal 1991). Brüderl/Schüssler (1990) zeigen in einer empirischen Untersuchung, daß die Überlebenswahrscheinlichkeit einer Kohorte von Unternehmen in den ersten Lebensjahren zunächst abnimmt, dann aber mit zunehmendem Alter der Unternehmen kontinuierlich steigt. Die Autoren nennen den beschriebenen nicht-monotonen Zusammenhang zwischen dem Unternehmensalter und der Überlebenswahrscheinlichkeit die *liability of adolescence*. Fichman/Levinthal (1991), Brüderl/Preisendörfer/Ziegler (1992), Wagner (1994) und Audretsch (1995) bestätigen in ihren Untersuchungen das Vorliegen einer liability of adolescence. Fichman/Levinthal

(1991) erklären den zunächst ansteigenden, später aber fallenden Verlauf der Hazardrate, die zur Repräsentation des Scheiterrisikos verwendet wird, folgendermaßen: Unternehmen, die neu in einen Markt eintreten, profitieren zunächst von einem Vertrauensvorschuß der Umwelt. In einem ersten Lebensabschnitt sammeln externe Anspruchsgruppen wie Kunden, Lieferanten oder Kapitalgeber Informationen über das Unternehmen und seine Erfolgsaussichten. Sie benutzen diese Informationen, um *a priori* gehegte Erwartungen zu korrigieren. Erst nach einer anfänglichen "Schonfrist" werden Unternehmen den Selektionskräften des Marktes ausgesetzt, und es erhöht sich die Gefahr des Scheiterns. Brüderl/ Schüssler (1990) geben eine alternative Begründung. Ihrer Ansicht nach verfügen neu gegründete Unternehmen zu Beginn ihres Bestehens über einen bestimmten positiven Anfangsbestand an Ressourcen. Dieser Anfangsbestand muß erst verbraucht werden, bevor es zu einer Unternehmensschließung kommt. Daher werden Unternehmen in einer sehr frühen Phase ihrer Existenz nur selten liquidiert, und eine – aus betriebswirtschaftlicher Sicht – notwendige Liquidierung verschiebt sich auf einen späteren Zeitpunkt. Nach der ersten Lebensphase, in der die Schließungswahrscheinlichkeit neu gegründeter Unternehmen steigt und deren Länge von exogenen Faktoren, wie der Höhe des Startkapitals, bestimmt wird, gilt, nach Meinung der Autoren, wieder die liability of newness.

In vielen empirischen Arbeiten wird festgestellt, daß die Variablen Unternehmensalter und Unternehmensgröße hoch korreliert sind. Um den Effekt des Unternehmensalters auf die Überlebenswahrscheinlichkeit von Unternehmen korrekt schätzen zu können, ist es daher notwendig, die Größe von Unternehmen als zeitvariierende Kovariate in der Schätzung zu berücksichtigen. Da jahresgenaue Größenangaben für Unternehmen häufig schwer zu erhalten sind, wurde in den meisten empirischen Arbeiten, die im Zusammenhang mit dem Organizational Ecology-Ansatz stehen, bisher nur die Gründungsgröße des Unternehmens als Determinante der Überlebenswahrscheinlichkeit verwendet. Sofern die Größe der Unternehmen als zeitvariierende Kovariate in die Schätzung eingeführt wird – wie Barron/ West/Hannan (1993), Wholey/Christianson/Sanchez (1992) und Banaszak-Holl (1991) nachweisen – können die Scheiterraten von Unternehmen mit zunehmendem Alter auch ansteigen. Barron/West/Hannan (1993) analysieren die Entwicklungsprozesse von Genossenschaftsbanken in Manhattan, während Wholey/Christianson/Sanchez (1992) die Dynamik von Gesundheitsorganisationen in den Vereinigten Staaten untersuchen. Banaszak-Holl (1991) findet in ihrer Untersuchung zur Entwicklung von Geschäftsbanken in Manhattan zwischen 1840-1980 einen positiven nicht signifikanten Effekt des Unternehmensalters auf die Insolvenzwahrscheinlichkeit sowie einen signifikanten positiven Effekt des Alters auf die Wahrscheinlichkeit einer Fusion. Dieses Muster einer im Zeitverlauf ansteigenden Mortalitätsrate wurde von Carroll (1987: 40) als *liability of aging* bezeichnet.

Inhaltlich wird die liability of aging auf zwei Arten begründet: Baum/Mezias (1992) argumentieren, daß sich aufgrund der strukturellen Trägheit von Organisationen die *Anpassung (fit)* des Unternehmens an sich wandelnde Umweltbedingungen mit steigendem Alter des Unternehmens verschlechtert. In der mit zunehmendem Alter steigenden Mortalitätsrate spiegelt sich daher die *Obsoleszenz* des Unternehmens wider *(liability of obsolescence)*. Stimmt diese Argumentation, sollte die Scheiterrate von Unternehmen altersunabhängig sein, sofern die Umweltbedingungen stabil bleiben. Dagegen gehen Barron/West/Hannan (1993) davon aus, daß Organisationen im Laufe ihrer Existenz immer mehr Routinen, Regeln und Strukturen akkumulieren, was die gezielte Anpassung der Organisation an dynamische Umweltbedingungen zunehmend erschwert. Regeln, Routinen und Strukturen können als Gemeinkosten interpretiert werden, die alte Unternehmen stärker belasten als junge. Junge Unternehmen besitzen in dieser Hinsicht Wettbewerbsvorteile gegenüber alten. Nach Ansicht von Barron/West/Hannan (1993) verschlechtert sich die Überlebenswahrscheinlichkeit von Unternehmen mit zunehmendem Alter also auch dann, wenn die Umweltbedingungen konstant bleiben. Die Autoren nennen diesen negativen Zusammenhang zwischen dem Unternehmensalter und der Überlebenswahrscheinlichkeit die *liability of senescence*.

Nicht in allen empirischen Untersuchungen, in denen die Unternehmensgröße als zeitabhängige Kovariate in die Schätzung der Überlebenswahrscheinlichkeit eingeht, wird eine positive Altersabhängigkeit der Scheiterrate von Unternehmen nachgewiesen. So können Rao/Neilsen (1992) für Sparkassen, Aldrich et al. (1994) für Handelsorganisationen, Barnett (1994) im Zusammenhang mit Telefongesellschaften in Iowa sowie Brüderl (1995) am Beispiel von Unternehmensgründungen im Großraum München eine liability of aging selbst nach statistischer Kontrolle der jährlichen Unternehmensgröße nicht bestätigen.

Liability of Smallness

Das Konzept der *liability of smallness* betrifft den vermuteten Zusammenhang zwischen der Unternehmensgröße zum Zeitpunkt der Gründung und der Überlebenswahrscheinlichkeit von Unternehmen. Konkret besagt die liability of smallness, daß kleinere Unternehmen *ceteris paribus* eine geringere Überlebenswahrscheinlichkeit besitzen als große Unternehmen der gleichen Alterskohorte. Aldrich/Auster (1986) nennen in ihrer Arbeit mögliche Gründe für eine liability of smallness. Ihrer Ansicht nach leiden kleinere Unternehmen unter einer Reihe von Wettbewerbsnachteilen. So gelten für kleine Unternehmen beispielsweise eher Kapitalmarktrestriktionen als für große. Große Unternehmen verfügen tendenziell über Kostenvorteile, beispielsweise in der Produktion, in der Forschung, in der Beschaffung oder im Vertrieb. Weiterhin haben kleine Unternehmen vermutlich Nachteile beim Wettbewerb um qualifizierte Arbeitskräfte, da sie im Gegensatz zu großen Unternehmen den Arbeitnehmern die Stabilität des Arbeitsplatzes sowie des gesamten Unternehmens nicht garantieren können. Kleine Unternehmen verfügen nur selten über signifikante interne Arbeitsmärkte und können den Mitarbeitern daher nicht die gleichen Möglichkeiten zur beruflichen und sozialen Mobilität eröffnen wie große Unternehmen. In den meisten empirischen Arbeiten zur Überlebenswahrscheinlichkeit von Unternehmen wird die liability of smallness bestätigt (Brüderl/Schüssler 1990; Brüderl/Preisendörfer/Ziegler 1992). Dabei wird die Unternehmensgröße meistens über die Anzahl der Mitarbeiter oder über die Höhe des Jahresumsatzes operationalisiert. In jüngeren Studien wird allerdings auch über eine nicht-monotone Beziehung zwischen der Unternehmensgröße und der Liquidierungswahrscheinlichkeit berichtet. Wholey/Christianson/Sanchez (1992) sowie Amburgey/Dancin/Kelly (1994) finden in ihren Untersuchungen heraus, daß die Mortalitätsrate von Unternehmen mit zunehmender Unternehmensgröße zunächst ansteigt, für große Unternehmen aber wieder monoton sinkt. Die Autoren bezeichnen diesen nicht-monotonen Zusammenhang zwischen der Unternehmensgröße und der Überlebenswahrscheinlichkeit als *liability of the middle*. Woywode (1998) kann einen entsprechenden nicht-monotonen Zusammenhang zwischen der Unternehmensgröße und der Insolvenzwahrscheinlichkeit für eine Stichprobe westdeutscher Unternehmen nachweisen. Der Autor begründet dies mit Anreizen für Gläubiger und Schuldner kleiner Unternehmen sich außergerichtlich zu einigen und auf ein Insolvenzverfahren zu verzichten, selbst wenn die Bedingungen für die Beantragung eines Insolvenzverfahrens erfüllt sind.

Theory of Founding Conditions

In verschiedenen Studien haben Vertreter des Organizational Ecology-Ansatzes die Bedeutung der *Gründungsbedingungen* für die Überlebenswahrscheinlichkeit von Unternehmen hervorgehoben (Carroll/Delacroix/Goodstein 1988; Tucker et al. 1988). Die Begründung für dieses Vorgehen geht ebenfalls auf eine Arbeit von Stinchcombe (1965) zurück, in der dieser vermutet, daß zwischen der Sozialstruktur einer Gesellschaft und den Strukturen von Organisationen Zusammenhänge bestehen. Insbesondere behauptet er, daß bestimmte Muster der sozialen Umwelt die Prozesse des Organisierens zum Gründungszeitpunkt der Organisation beeinflussen, daß diese im folgenden institutionalisiert werden und gegenüber Änderungsversuchen weitgehend resistent sind. Demnach erwerben Organisationen zum Gründungszeitpunkt wichtige strukturierende Charakteristika, die über den gesamten Lebenszyklus nahezu unverändert beibehalten werden. Diese Charakteristika, so Vertreter des Organizational Ecology-Ansatzes, beeinflussen die Überlebenswahrscheinlichkeit von Unternehmen in der Zukunft.

Tucker/Singh/Meinhard (1989) begründen die Notwendigkeit, die Gründungsbedingungen und -charakteristika eines Unternehmens in die Untersuchung der Überlebenswahrscheinlichkeit von Unternehmen einzubeziehen, auf andere Weise. Sie gehen davon aus, daß der Prozeß der Unternehmensselektion an den Unterschieden ansetzt, die innerhalb einer Population von Organisationen (Branche) bestehen oder neu auftreten. So können sich einzelne Organisationen innerhalb einer Population (Branche) beispielsweise hinsichtlich der verwendeten Technologie, der Aufbau- und Ablauforganisation, der Kontrollstruktur oder der Strategiekonzeption in gewissem Maße unterscheiden. Einige der Unterschiede verbessern die Überlebenswahrscheinlichkeit von Organisationen, andere verschlechtern sie. Unternehmen, deren Gründungscharakteristika die Überlebenschancen positiv beeinflussen, werden von der Umwelt positiv selektiert und so verbreiten sich ihre Charakteristika zunehmend innerhalb der Population. Dagegen verschwinden Unternehmen mit unterlegenen Charakteristika auf längere Sicht aus der Population.

In empirischen Arbeiten werden die Gründungsmerkmale und -bedingungen einzelner Organisationen als unabhängige Einflußfaktoren modelliert. Interne Merkmale der Unternehmensgründung, die über den Gründungszeitpunkt hinauswirken und die Überlebenswahrscheinlichkeit beeinflussen, sind beispielsweise die Kapitalhöhe und die Kapitalstruktur, die Anzahl der Vorgängerunternehmen, die Eigentümerstruktur, die verwendete Technologie oder die Unternehmenskultur (Brüderl/Preisendörfer/Ziegler 1992; Tucker/Singh/Meinhard 1989). Unternehmensexterne Umweltbedingungen, die die Charakteristika der Unternehmensgründung beeinflussen und deren Wirkungen in Studien zur Überlebenswahrscheinlichkeit von Unternehmen bereits analysiert wurden, sind beispielsweise die Höhe der Marktkonzentration, das politische Klima oder die gesamtwirtschaftliche Lage zum Zeitpunkt der Gründung (Tucker/Singh/Meinhard 1989; Carroll/Delacroix/Goodstein 1988; Carroll et al. 1993; Aldrich et al. 1994). Die erwarteten Effekte der Gründungsbedingungen auf die Überlebenswahrscheinlichkeit entsprechen jedoch nicht immer den nachgewiesenen Effekten. So konnten Carroll/Delacroix (1982) keine Einflüsse der Konjunktur zum Gründungszeitpunkt auf die Überlebenswahrscheinlichkeit von Zeitungsunternehmen nachweisen. Entscheidend war vielmehr, ob die Zeitungsunternehmen in Jahren politischer Unruhe oder politischer Stabilität gegründet wurden.

Hannan/Freeman (1989: 314ff.; Hannan/Freeman 1988a,b) untersuchen die *Überlebensfähigkeit von generalisierten und spezialisierten Organisationsformen in Abhängigkeit von der Dynamik ihrer Nischen*. Aus der Literatur zur strategischen Planung ist die Hypothese geläufig, daß in einer stabilen Umwelt spezialisierte Organisationen generalisierten überlegen sind, während in einer dynamischen Umwelt Generalisten Vorteile aufweisen. In der Bioökologie wurde nun aber festgestellt, daß spezialisierte Lebewesen generalisierten auch in dynamischen Umwelten überlegen sind, sofern diese durch einen sehr häufigen Wechsel der Zustände (fine grained environments) charakterisiert sind. In Anlehnung an diesen Befund stellen Hannan/Freeman die *Hypothese* auf, daß *spezialisierte Organisationsformen gegenüber generalisierten in "fine grained" dynamischen Umwelten, also in Umwelten mit hoher Änderungsfrequenz, eine höhere Überlebenswahrscheinlichkeit aufweisen*, und sie begründen diese Hypothese wie folgt:

> "Wenn die Umwelt schnell zwischen unterschiedlichen Zuständen wechselt, sind die Kosten der Generalisierung hoch. Da die Anforderungen in den verschiedenen Zuständen unterschiedlich sind, wird ein erhebliches strukturelles Management von den Generalisten gefordert. Und da sich die Umwelt häufig verändert, widmen diese Organisationen den größten Teil ihrer Zeit und ihrer Energien strukturellen Anpassungsmaßnahmen. Unter solchen Bedingungen ist es offensichtlich vorteilhaft, eine bestimmte Struktur anzunehmen und widrige Umweltzustände auszusitzen" (Hannan/Freeman 1977: 953).

Sie überprüfen diese Hypothese anhand einer Stichprobe kalifornischer Restaurants (zur Problematik der Analogie und der statistischen Analyse siehe die Kontroverse zwischen Herriott 1987 und Freeman/Hannan 1987 sowie Young 1988).

Ebenfalls aus der Bioökologie stammt die Hypothese, die Brittain/Freeman (1980) in den Population Ecology-Ansatz einführten: *In wenig besiedelten Nischen bewähren sich r-Strategien, d.h. Fortpflanzungsstrategien, bei denen die natürliche Vermehrungsrate (r) einer Population unter Inkaufnahme einer hohen Kindersterblichkeit sehr groß ist, während in Nischen, deren maximale Tragfähigkeit (K) erreicht ist, sich Arten mit weniger, dafür aber besser angepaßten Nachkommen eher durchsetzen (K-Strategien). Auf Organisationen übertragen: Bei r-Strategien setzt man auf rasche und risikoreiche Neugründungen, während K-Strategien weniger auf den Vorteil des "first movers" abstellen als auf Verbesserungen der Effizienz, also durch wenige, sorgfältig geplante und damit risikoarme Neugründungen charakterisiert sind.* Die Gültigkeit dieser Hypothese illustrieren Brittain/Freeman mit Daten aus der Halbleiterindustrie.

Einige Studien beschäftigen sich mit der *historischen Evolution* von Organisationen. (Die außerordentlich anregende evolutionstheoretisch-historische Studie von Langton (1984) ist eher der Evolution des Handelns zuzuordnen.) Für McKelvey (1982: 254) ist die langfristige Evolution von Organisationen, wieder in strenger Analogie zur Biologie, vorwiegend eine Geschichte der Speziation. Und wie für die Entwicklungsgeschichte von Lebewesen lassen sich seiner Ansicht nach auch für die Entwicklungsgeschichte von Organisationen Stammbäume entwickeln (ähnlich Aldrich/Mueller 1982: 35).

Als Beispiel entwickelt McKelvey (1982: 295ff.) einen Stammbaum der Evolution von Organisationen in Mesopotamien. Bestimmte Problemlagen in der Gesellschaft führten zur Entstehung von Populationen neuer Organisationsformen, die wegen ihrer höheren Problemlösungsfähigkeit die alten verdrängten. Die Organisationsform der "Jäger" wurde abgelöst durch die der "Tempel", aus der sich militärische, produzierende und schließlich auf Handel spezialisierte Organisationsformen abspalteten.

Nach demselben Muster erklären Aldrich/Mueller (1982) die Verdrängung der Population der Handwerksbetriebe durch Fabriken und deren Verdrängung durch die Population der Großunternehmen: Die jeweils neuen Organisationsformen wurden mit den Umweltproblemen ihrer Zeit – Kapitalbeschaffung, Versorgung wachsender Märkte, Beschaffung von Arbeitskraft – jeweils besser fertig, und dies erklärt ihre Verbreitung.

Density Dependence Theory

Im Mittelpunkt der *density dependence theory* steht die Frage: Warum verändert sich die Zahl der Organisationen in einer Branche im Zeitverlauf? Zur Klärung dieser Frage faßte Hannan (1986) Ideen der *Institutionalistischen Ansätze* (Meyer/Rowan 1977; Meyer/Scott 1983; DiMaggio/Powell 1991b; Kap. 10 in diesem Buch) und der Population Ecology-Theorie in einem neuen theoretischen Ansatz, der *density dependence theory*, zusammen. Die *density dependence theory* nimmt an, daß die Entwicklung einer Branche von zwei sozialen Prozessen – Legitimation und Wettbewerb – maßgeblich beeinflußt wird (Hannan/Carroll 1992; Carroll et al. 1993; Wiedenmayer/Aldrich/Staber 1994; Baum 1996). In Anlehnung an Meyer/Rowan (1977) argumentiert Hannan (1986), daß Populationen von Organisationen (Branchen) in einem frühen Entwicklungsstadium nur über ein geringes Maß an sozialer Akzeptanz (*cognitive legitimation*) gegenüber externen Austauschpartnern, wie Lieferanten, Kunden oder Kapitalgebern, verfügen. Geringe Legitimation geht mit einer geringen Überlebenswahrscheinlichkeit der Unternehmen einher, die in einem sehr frühen Entwicklungsstadium der Population existieren. Sobald die Zahl der Unternehmen in einer Population ansteigt, erhöht sich die Legitimation der Organisationspopulation. Die Population wird in zunehmendem Maße als "sozial akzeptiert" (*socially taken for granted*) angesehen. Neben der kognitiven Legitimation wird die Entwicklung einer Population von Organisationen auch durch das Ausmaß an vorhandener soziopolitischer Legitimation beeinflußt. Soziopolitische Legitimation kann Organisationen beispielsweise durch Gesetze oder verbindliche Beschlüsse befugter Institutionen gewährt oder entzogen werden (Aldrich/Fiol 1994; Suchman 1995). Die zunehmende Legitimation der Population wirkt sich positiv auf die Gründungswahrscheinlichkeit neuer Unternehmen und die Überlebenswahrscheinlichkeit derjenigen Unternehmen aus, die bereits in der Population existieren. Mit steigender Anzahl der Unternehmen in einer Population erhöht sich aber neben der Legitimation auch die Wettbewerbsintensität. Dabei sprechen die Vertreter des Population Ecology-Ansatzes von "diffusem Wettbewerb" (*diffuse competition*). Diffuser Wettbewerb herrscht dann, wenn Organisationen in derselben Population miteinander ganz allgemein um Ressourcen wie Kapital, Mitarbeiter oder Lieferanten konkurrieren, die sie zum Überleben benötigen. Für das Funktionieren dieses Ansatzes ist es daher nicht nötig, daß Organisationen bewußt in direktem Wettbewerb stehen (Carroll 1996). Barnett (1995) erweitert das ursprüngliche Density Dependence-Modell, indem er die Wettbewerbsintensität zwischen einzelnen Organisationstypen explizit modelliert, statt von diffusem Wettbewerb auszugehen. Zunehmende Wettbewerbsintensität verringert *ceteris paribus* die Gründungswahrscheinlichkeit weiterer Unternehmen sowie die Überlebenswahrscheinlichkeit der etablierten Unternehmen und wirkt dem positiven Legitimationseffekt entgegen. In einer frühen Phase der Populationsentwicklung, in der noch relativ wenige Unternehmen existieren, dominiert der positive Legitimationseffekt den negativen Wettbewerbseffekt im Hinblick auf die Gründungswahrscheinlichkeit neuer Unternehmen und die Überlebenswahrscheinlichkeit bereits etablierter Unternehmen. Ab einer bestimmten Anzahl von Unternehmen dominiert jedoch der Wettbewerbseffekt den Legitimationseffekt. Vertreter des Population Ecology-Ansatzes bezeichnen die Anzahl der zu einem bestimmten Zeitpunkt in einer Population etablierten Unternehmen als "Populationsdichte". Aus den Überlegungen zu den Wettbewerbs- und Legitimationsprozessen ergibt sich für die Populationsdichte der folgende typische Verlauf:

Populationsgröße

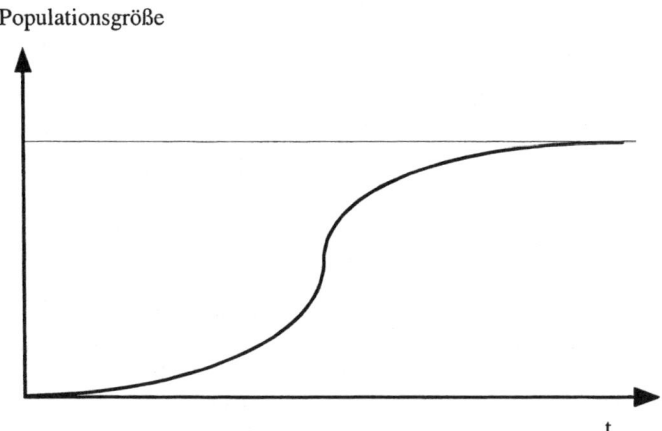

Abb. 8.1: Evolution von Organisationspopulationen

Die oben genannten Argumente implizieren eine nicht-monotone Beziehung zwischen der Populationsdichte und Gründungswahrscheinlichkeit sowie der Mortalitätsrate etablierter Unternehmen. Mit zunehmender Populationsdichte steigt zunächst die Gründungswahrscheinlichkeit neuer sowie die Überlebenswahrscheinlichkeit etablierter Unternehmen. Erhöht sich die Populationsdichte aber über einen kritischen Wert hinaus, so sinkt die Gründungswahrscheinlichkeit ebenso wie die Überlebenswahrscheinlichkeit der etablierten Unternehmen. Diese nicht-monotone Beziehung kann mathematisch durch eine Reihe funktionaler Formen abgebildet werden. Am einfachsten lassen sich die Gründungsrate sowie die Mortalitätsrate als log-lineare quadratische Funktion der Branchendichte darstellen. Die Gründungsrate *r(t)* für eine Population von Unternehmen wird folgendermaßen spezifiziert:

$r(t) = \exp [\alpha_0 + \alpha_1 N(t) + \alpha_2 N^2(t)]$,

wobei N(t) die Populationsdichte zum Zeitpunkt t ist. Die Vorhersage der Theorie lautet:

$\alpha_1 > 0, \alpha_2 < 0$,

was eine nicht-monotone Beziehung zwischen der Populationsdichte und der Gründungsrate von Unternehmen impliziert. Die Mortalitätsrate eines Unternehmens, $\mu(t)$, wird dann folgendermaßen spezifiziert:

$\mu(t) = \exp [\alpha_0 + \alpha_1 N(t) + \alpha_2 N^2(t)] \exp [\gamma_0(t)]$.

γ_0 ist der Koeffizient, der für die Altersabhängigkeit der Mortalitätsrate von Unternehmen kontrolliert. Die Vorhersage der Theorie lautet:

$\alpha_1 < 0, \alpha_2 > 0$.

Sowohl die Beziehung zwischen der Populationsdichte und der Gründungswahrscheinlichkeit als auch zwischen der Populationsdichte und der Mortalitätsrate von Unternehmen müßte einen nicht-monotonen Verlauf besitzen.

Viele empirische Studien stützen die Vorhersagen der density dependence theory. So zum Beispiel Studien zur Evolution amerikanischer Gewerkschaften (Hannan/Freeman 1988b), zur amerikanischen Halbleiterindustrie (Freeman 1990), zu Telefongesellschaften in Iowa (Barnett/Carroll 1987) sowie zu amerikanischen und deutschen Brauereiunternehmen (Carroll et al. 1993). In einigen Studien wurden die Effekte der Populationsdichte auf die Überlebenswahrscheinlichkeit von Unternehmen allerdings nicht bestätigt. So zeigen Delacroix/Swaminathan/Solt (1989), daß die Mortalitätsrate kalifornischer Weingüter nicht von der Populationsdichte beeinflußt wird. Ebenso konnten Tucker et al. (1988) in ihrer Untersuchung keine density dependence der Mortalitätsrate nachweisen.

Barnett/Amburgey (1990) wie auch Winter (1990) kritisieren die zentrale Annahme des *Density Dependence*-Ansatzes, die besagt, daß alle Unternehmen in gleichem Maße zur Legitimation und zur Wettbewerbsintensität in einer Population beitragen würden. Alternativ postulieren Barnett/Amburgey (1990) statt einer *density dependence* der Mortalitätsraten eine *mass dependence*. Sie vermuten, daß große Unternehmen stärker zur Legitimation und zur Wettbewerbsintensität beitragen als kleine Unternehmen. Die *population mass* berechnen Barnett und Amburgey als Größe (Zahl der Mitarbeiter) aller zu einem Zeitpunkt in einem Markt aktiven Unternehmen. Die Autoren finden in ihrer Arbeit jedoch keine signifikanten Hinweise darauf, daß große Unternehmen in stärkerem Maße zur Legitimation und zur Wettbewerbsintensität in einer Population beitragen als kleine Unternehmen. Zumindest aus empirischer Sicht ist die *density dependence theory* weiterhin gültig. Um die Aussagekraft des Ansatzes zu erhöhen, muß aber das zentrale Maß der *density dependence theory* – die Anzahl der existierenden Unternehmen in einer Population zu einem bestimmten Zeitpunkt – inhaltlich noch besser abgesichert werden.

Mithilfe der *density dependence theory* kann zwar die Verbreitung einer Population gut erklärt werden, die Theorie hat jedoch Schwächen, wenn es darum geht, die Konzentrationsprozesse (Shakeout) zu erklären, die in vielen Populationen ab einem bestimmten Zeitpunkt zu beobachten sind (Klepper/Graddy 1990; Lieberman 1990; Carroll/Hannan 1995a; Carroll 1996; Baum 1996). In manchen Fällen, wie in der amerikanischen Automobilindustrie oder der amerikanischen Brauereiindustrie, ist es sogar nach einer dramatischen Phase der Konzentration zu einem Wiederanstieg in der Zahl der Produzenten gekommen (Carroll/Swaminathan 1992; Carroll 1996). Carroll (1985) sowie Carroll/Hannan (1995b) entwickeln nun die *resource partitioning theory*, um das erneute Aufleben einer Population zu erklären. Die *resource partitioning theory* geht davon aus, daß nach dem Erreichen der maximalen Populationsdichte unter den Mitgliedern der Population ein Verdrängungswettbewerb ausbricht. Einigen Organisationen gelingt es, aufgrund von *economies of scale* oder anderen Wettbewerbsvorteilen, sich große Marktanteile anzueignen. Diese Unternehmen, wie beispielsweise Anhäuser-Busch oder Budweiser im amerikanischen Biermarkt, werden zu generalistischen Anbietern und beherrschen den Markt. Die generalistischen Anbieter können aber nicht alle Nischen des dynamischen Marktes bedienen und insofern eröffnen sich hier immer wieder Marktchancen für neue spezialisierte Anbieter. Mithilfe dieses *Resource Partitioning*-Modells erklären beispielsweise Carroll/Swaminathan (1992) die zunehmende Ausbreitung von Mikrobrauereien und Brauereipubs in den Vereinigten Staaten von 1975 bis heute. Lomi (1995) überprüft Hypothesen, die aus der *resource partitioning theory* abgeleitet sind am Beispiel der Gründungsdynamik zweier Populationen italienischer Genossenschaftsbanken zwischen 1936 und 1989.

Organizational Change

Indem Vertreter der *Population Ecology-Theorie* die strukturelle Trägheit von Organisationen herausstellen, scheinen sie auf den ersten Blick Prozesse des organisationalen Wandels zu vernachlässigen (Hannan/Freeman 1977). Diesem Vorwurf sind in der letzten Zeit eine Reihe von Vertretern dieses Forschungsansatzes entgegengetreten (Singh/House/Tucker 1986; Haveman 1992; Hannan/Freeman 1984). Hannan/Freeman (1984) erläutern das Konzept der strukturellen Trägheit ausführlich in Bezug auf den organisationalen Wandel. Die Autoren unterscheiden zwischen dem "core" und der "periphery" einer Organisation. Zum "core" einer Organisation zählen nach Ansicht von Hannan und Freeman "an organization's mission", "authority structure", die verwendete Technologie und die Marketing-Strategie. Alle übrigen Bestandteile der Organisation werden als "periphery" angesehen. Wandel in den "core features" ist nach Meinung der Autoren vergleichsweise selten und senkt die Überlebenschancen der Organisation. Dagegen komme Wandel in den "peripheral-features" relativ häufig vor und könne den Erfolg des Unternehmens durchaus positiv beeinflussen. Allerdings sei der Erfolg sehr schlecht vorhersehbar.

Eine frühe Untersuchung zu den Folgen des organisationalen Wandels wurde von Singh/House/Tucker (1986) durchgeführt, allerdings auf der Basis einer ziemlich exotischen Stichprobe: Organisationen für ehrenamtliche soziale Tätigkeiten in den USA. Die Schätzung der Sterberate für solche Organisationen auf der Basis eines einfachen stochastischen Prozesses vom Makeham-Gompertz-Typ bildete die Ausgangsbasis der Untersuchung. In weiteren Schätzungen wurde das Modell um verschiedene intentionale organisationale Änderungen erweitert: Wechsel des Präsidenten, Veränderung des Operationsgebiets, Änderung der Organisationsziele, Wechsel des Trägers, Verlegung des Sitzes und Änderung in der Organisationsstruktur. Träfen die ursprünglichen Annahmen des Population Ecology-Ansatzes zu, so die Argumentation von Singh et al., dann müßten solche Änderungen wegen ihrer "Blindheit" die Sterblichkeit erhöhen; das erweiterte Modell müßte die tatsächliche Sterblichkeitsrate besser erklären. Andererseits würde ein negativer Zusammenhang zwischen intentionalen Änderungen und Sterberate das Lager der Rationalisten stärken: Absichtsvolle Änderungen wären dann zumindest mit einer gewissen Wahrscheinlichkeit erfolgreich. Die empirische Analyse ergab, daß Wechsel im Präsidentenamt und Verlegungen des Geschäftssitzes die Überlebenswahrscheinlichkeit erhöhen und Änderungen des Operationsgebietes sowie Wechsel der Trägerschaft sie eher reduzieren. Die anderen intentionalen Änderungen besaßen keine signifikanten Effekte auf die Mortalitätsrate. Singh et al. (1986: 605) schlußfolgern:

> "Eine klare theoretische Implikation dieser Ergebnisse ist die, daß die extreme ökologische Position, die besagt, daß alle organisatorischen Änderungen zu Erhöhungen der Sterberate führen, nicht von den Daten gestützt wird. Ebenso klar ist, daß das extreme Anpassungsargument, daß alle organisatorischen Änderungen die Überlebensfähigkeit erhöhen, ebenfalls nicht von den Daten gestützt wird" (Singh et al. 1986: 605).

Die Analysen zum organisatorischen Wandel wurden mit der Zeit immer ausgefeilter. Als bahnbrechend kann die Studie von Amburgey/Kelly/Barnett (1993) bezeichnet werden, in der die Wahrscheinlichkeit und Folgen des organisationalen Wandels am Beispiel von Organisationen der irischen Zeitungsbranche untersucht wurden. Zunächst haben die Autoren den organisationalen Wandel in eine prozessuale und eine inhaltliche Komponente unterteilt. Der Prozeß des Wandels sei immer disruptiv und verschlechtere zunächst die Überlebenschancen der Organisation, weil durch den Wandel bestehende Strukturen und Zusammenhänge innerhalb des Unternehmens aufgebrochen werden und erst mit der Zeit wieder eine Normalisierung eintritt. In der Folge organisationalen Wandels erhöhe sich daher zunächst die Sterblichkeit von Organisationen, falle nach einiger Zeit aber auf das ursprüngliche Niveau ab. Jedesmal wenn ein Wandel stattfindet, komme es zu diesen disruptiven Effekten (Barnett 1996). Amburgey/Kelly/Barnett sprechen in diesem Zusammenhang von dem "resetting the clock"-Effekt. Die Inhalte des organisationalen Wandels können nach Meinung der Autoren die Adaption des Unternehmens an seine Umwelt sowohl verbessern als auch verschlechtern. Dabei gehen die Autoren davon aus, daß der Performance-Effekt der inhaltlichen Komponente organisatorischen Wandels eine starke stochastische Komponente aufweist. Barnett/Carroll (1995) zeigen, wie Organisationsforscher internen organisationalen Wandel aus Sicht des Population Ecology-Ansatzes adäquat modellieren und welche Schätzmethoden sie verwenden sollten.

8.1.3. Entwicklungstendenzen

In jüngerer Zeit treten darwinistische Interpretationen des Population Ecology-Ansatzes immer stärker in den Hintergrund. Eine wichtige zukünftige Forschungsaufgabe wird darin bestehen, die Bedeutung selektiver und adaptiver Kräfte im Zusammenhang mit der Populationsentwicklung genauer zu untersuchen (Baum 1996; Usher/Evans 1996). In diesem Zusammenhang wurden bereits verschiedene Elemente aus dem Population Ecology-Ansatz und lerntheoretischen Ansätzen zur Entwicklung von Organisationen kombiniert, beispielsweise von Miner (1990, 1991), Boekker (1991), Burgelman (1991, 1995), Carroll/Haveman/Swaminathan (1992), Schulz (1993), Haveman/Cohen (1994) oder Zhou (1993). In diesen Arbeiten werden Prozesse der internen Evolution von Unternehmen am Beispiel der Entwicklung von Arbeitsplatzbeschreibungen, Strategiekonzepten und Organisationsroutinen untersucht.

Einige Fragen zur Entwicklung von Organisationspopulationen lassen sich nur beantworten, wenn man die ökologischen Analysen auf einer noch aggregierteren Ebene als der Ebene der Population durchführt. In den vergangenen Jahren erschienen eine Reihe interessanter Arbeiten, die der *community ecology theory* zugeordnet werden können. In diesen Arbeiten wird unter anderem das Entstehen neuer Populationen thematisiert, aber auch die Entwicklung bestehender Populationen untersucht (Astley 1985b; Astley/Fombrun 1987; Barnett/Carroll 1987; Wiedenmayer/Aldrich/Staber 1995). Im Rahmen der *community ecology theory* werden im allgemeinen die Entwicklungspfade mehrerer Populationen analysiert, die in einer *a priori* unbekannten Beziehung zueinander stehen und eine "community" bilden. Es können dabei sowohl symbiotische, kompetitive als auch neutrale Beziehungen vorherrschen, die empirisch zu ermitteln sind.

In jüngerer Zeit wurde der Population Ecology-Ansatz um Elemente aus anderen theoretischen Ansätzen stark erweitert. Unter anderem wurden Elemente der Institutionalistischen Ansätze (Meyer/Rowan 1977; Meyer/Scott 1983; DiMaggio/Powell 1991b; Zucker 1989; Hannan 1986; Hannan et al. 1996), der strategischen Managementtheorie sowie der Industrieökonomie (Carroll/Swaminathan 1992; Carroll/Hannan 1995a; Barnett/Greve/Park 1994; Barnett/Freeman 1995; Boone/Witteloostuijn 1995) aufgegriffen. Auch regionalwissenschaftliche Aspekte (Baum/Haveman 1995; Lomi 1995; Larsen/Lomi 1996;

Carroll/Wade 1991; Baum/Mezias 1992) wurden in den Ansatz integriert. Es zeigt sich zumeist, daß der Population Ecology-Ansatz leicht erweitert werden kann, ohne daß er seine grundsätzliche Aussagekraft verliert (neuere Ergebnisse und konzeptionelle Weiterentwicklungen auf der Basis des Population Ecology-Ansatzes finden sich in folgenden Monographien und Sammelwerken: Singh/Lumsden (1990), Hannan/Carroll (1992), Baum/Singh (1994), Carroll/Hannan (1995a), Baum (1996), Barnett (1996), Amburgey/ Rao (1996) und Carroll (1996)).

8.1.4. Würdigung

Es ist das Verdienst des Population Ecology-Ansatzes, auf evolutionäre Aspekte im Wandel von Organisationen aufmerksam gemacht zu haben. Begrenzte Rationalität der Gestalter hat zur Folge, daß Zufall, Kopierfehler, Trägheit der Organisation und Selektion durch die Umwelt in Erklärungen des organisationalen Wandels einbezogen werden müssen. Indem er Populationen analysiert, stellt der Population Ecology-Ansatz eine *Makro-Theorie* dar und führt damit eine neue Betrachtungsebene in die Organisationstheorie ein. Positiv ist auch zu werten, daß die Populationsökologen ihre Hypothesen empirischen Tests unterwerfen. Die durchgeführten Zeitreihenanalysen sind methodisch außerordentlich komplex und aufwendig. Wegen ihres verdienstvollen Bemühens um empirische Überprüfung bieten die Populationsökologen jedoch auch mehr Angriffspunkte als Forscher, die sich auf konzeptionelle Entwürfe beschränken.

Wir haben den Population Ecology-Ansatz etwas ausführlicher dargestellt als die noch folgenden evolutionstheoretischen Ansätze und damit mehr Material für eine Detailkritik angesammelt. Aus dem Umfang der nachfolgenden Kritik ist also nicht unbedingt zu schließen, daß der Population Ecology-Ansatz kritischer zu sehen ist als andere evolutionstheoretische Konzepte.

Der Population Ecology-Ansatz ist in der Vergangenheit von zahlreichen Autoren teilweise sehr heftig kritisiert worden (Aldrich 1979; Young 1988; Ulrich 1987; Kieser 1988a; Frese 1991). Nicht zuletzt durch diese Kritik angeregt wurde der Organizational Ecology-Ansatz in den 80er und 90er Jahren in vielen Hinsichten weiterentwickelt. Wir werden im folgenden einige häufig gegenüber der Theorie geäußerte Kritikpunkte anführen und zeigen, wie Vertreter des Population Ecology-Ansatzes mit dieser Kritik umgegangen sind. Die Kritik bezieht sich in erster Linie auf zentrale Annahmen des Population Ecology-Ansatzes:

(1) Die Gründung von Organisationen ist nicht der dominierende Variationsmechanismus, und die Elimination ganzer Organisationen nicht der dominierende Selektionsmechanismus: Für die meisten Populationsökologen ist die Gründung neuer Organisationen der dominierende Variations- und die Elimination ganzer Organisationen der dominierende Selektionsmechanismus. Vieles spricht jedoch dafür, *daß fortlaufende Variation und Selektion von Comps, im Sinne von McKelvey/Aldrich, für viele Arten von Organisationen einen wesentlich bedeutenderen Beitrag zur Evolution leisten als Variationen durch Gründungen und Selektion ganzer Organisationen.*

Diese These scheint vor allem bei Organisationspopulationen zuzutreffen, die bereits ein gewisses Alter (Reife) erreicht haben. Nehmen wir als Beispiel die Automobilindustrie in der Bundesrepublik Deutschland, deren Entstehung mit der Entwicklung des ersten Automobils durch Gottlieb Daimler und Carl Benz im Jahre 1885 begann. Nach dem 2. Weltkrieg verzeichnete die deutsche Automobilindustrie einige "Abgänge", meistens in Form von Fusionen, aber keine Neugründungen. Jedoch: *Auch ohne Neugründungen erreichte die Automobilindustrie eindrucksvolle Innovationsraten.* Es dürfte schwierig sein, auch nur ein einziges Comp, ein einzelnes Verfahren, ausfindig zu machen, das unverändert geblieben ist. *Und alle diese Innovationen kamen nicht durch Neugründungen von Automobilunternehmen zustande* (ausführlicher wird dieses Argument in Kieser 1988a entwickelt; auch Nelson/Winter sehen in Comps – sie sprechen von organisationalen Routinen – die elementaren Bausteine der organisationalen Evolution; kritisch dazu Schnabl 1990). Zugunsten der Vertreter des Population Ecology-Ansatzes kann hingegen angeführt werden, daß in einer *frühen Phase der Entwicklung einer Population* (Branche) Innovationen (Variationen) vor allem durch Neugründungen hervorgebracht werden. Diese Innovationen können manches Mal ein anhaltendes Wachstum der innovierenden Unternehmen verursachen. Bestehende Organisationen, die nicht in der Lage sind, die Innovationen zu imitieren oder anzuwenden, sind häufig zum Scheitern verurteilt (Jovanovic/MacDonald 1994) und ihre Comps gehen – in der Terminologie des Ecology-Ansatzes – dem Genpool verloren. Der Vorwurf, den sich der Population Ecology-Ansatz gefallen lassen muß, besteht letztlich darin, daß er bisher die *Entwicklung reifer Populationen* (Branchen) nur unzureichend erklärt (siehe auch Carroll 1996 sowie Baum 1996).

(2) *Der Population Ecology-Ansatz vernachlässigt die Evolution organisationaler Evolutionsmechanismen:* Der Population Ecology-Ansatz berücksichtigt nicht, daß organisationale Evolutionsmechanismen, also Mechanismen der Variation, der Bewahrung und der internen Selektion, selbst einer Evolution unterliegen. *Die Fähigkeit von Institutionen, mit zielgerichteten Variationen auf Umweltprobleme zu reagieren, hat sich im Laufe der Geschichte beträchtlich erhöht.* Während bspw. in der Zunft Innovationen noch unter Strafe gestellt wurden, traten in der Manufakturperiode Projektemacher auf, die neue Formen der Arbeitsteilung, neue Produktionsverfahren und neue Verwaltungsprozeduren erprobten. Ihre Innovationen waren allerdings noch relativ ungerichtet, "vor-rational" (Sombart 1916: 473) – "blind". Jedoch: *Schon allein der Umstand, daß Variationen legitimiert waren und häufiger versucht wurden, verlieh Manufakturen und Verlagen eine gegenüber den Zünften wesentlich höhere Evolutionsgeschwindigkeit.*

Moderne Unternehmungen verfügen über zahlreiche Mechanismen zur Erhöhung der Zielgerichtetheit von Variationen und der internen Selektion, denen eine gewisse Wirksamkeit nicht abgesprochen werden kann: Automobilunternehmen setzen beispielsweise Computersimulationen, Windkanaltests und zahlreiche Versuchsfahrten ein, um die relativ besten Produkte und Produktionsverfahren ausfindig zu machen, bevor sie ihre Produkte der Selektion des Marktes überantworten. Pharmazeutische Unternehmungen testen neue Substanzen, auf die sie in den meisten Fällen nicht "blind", sondern auf der Basis einer systematischen Analyse stoßen, in Tierversuchen und in klinischen Versuchen; mit Hilfe von Investitionsrechnungen und Ergebniskontrollen kann die Effizienz verschiedener Produktionsverfahren und Verwaltungsroutinen intern evaluiert werden (Konzeptionen zur Evolution der Evolutionsmechanismen bei Dyllick 1982; Zammuto 1982; Bigelow 1978; Röpke 1977). *Die Einteilung organisationaler Variationen in blinde und rationale wird der Realität nicht gerecht. Zielgerichtetheit organisationaler Variation und Präzision interner Selektion sind als variable Größen zu fassen; zwischen "Blindheit" und vollkommen rationaler Anpassung gibt es Zwischenstufen.* Diese Beobachtungen treffen durchaus zu. Wichtig für die Gültigkeit der Aussagen des Population Ecology-Ansatzes ist jedoch lediglich, daß die Unsicherheit über die Ergebnisse von Variation, Selektion und Retention beträchtlich bleibt, selbst wenn es über die Zeit zu einer Evolution der Evolutionsmechanismen gekommen ist. Und dies ist in der Tat der Fall, wie die vielen gescheiterten

Markteinführungen neuer Produkte - beispielsweise im Lebensmittelbereich - oder die hohe Liquidationswahrscheinlichkeit neuer Unternehmen (Brüderl/Preisendörfer/Ziegler 1992) zeigen. Dennoch könnte eine interessante Erweiterung des Population Ecology-Ansatzes darin bestehen, die Evolution der Evolutionsmechanismen in empirischen Arbeiten als Kontrollgröße zu berücksichtigen oder zu untersuchen, wie sich innerhalb einer Organisationspopulation die Evolutionsmechanismen im Zeitverlauf geändert haben.

(3) *Organisationspopulationen lassen sich nicht eindeutig abgrenzen:* Vertretern des Population Ecology-Ansatzes ist es trotz vieler Versuche nicht gelungen, *Konsens über die Definition von Populationen herzustellen, geschweige denn Populationen empirisch zu bestimmen,* obwohl diese in Anlehnung an die Bioökologie als "key stones" der Evolution gesehen werden (Ulrich 1987: 139ff.). Hannan/Freeman (1977: 934) behaupten zwar: "Wir können Klassen von Organisationen identifizieren, die relativ homogen im Hinblick auf ihre Abhängigkeiten von der Umwelt sind", unternehmen aber nicht den zaghaftesten Versuch, Populationen operational zu definieren. Sie beziehen vielmehr eine ausgesprochen pragmatische Position, indem sie einräumen "daß sich die Populationen, auf die sich das Interesse jeweils richtet, in Abhängigkeit von den Fragestellungen der Analysier von Untersuchung zu Untersuchung ändern". Und entsprechend gehen sie auch in ihren eigenen Untersuchungen vor. In ihrer Restaurant-Studie beispielsweise klassifizieren sie Spezialitäten- und generalisierte Restaurants als zwei verschiedene Populationen. Auf der Basis ihrer Definition kann jedoch ein Spezialitäten-Restaurant durch eine bloße Erweiterung der Speisekarte zu einem Generalisten mutieren – sicherlich eine Inkonsistenz zur Definition von Organisationsformen als "blueprints for actions" mit qualitativ unterschiedlichen Strukturen und normativen Orientierungen (Hannan/Freeman 1977: 935; dies kritisieren auch Betton/Dess 1985: 754).

In einer anderen Untersuchung fassen Hannan/Freeman (1989: 225ff.) selbständige Halbleiter-Unternehmen und Halbleiter-Divisionen von Konzernen zu einer Population zusammen. Keiner der von den Autoren identifizierten Isolationsmechanismen – sie wurden oben wiedergegeben – kann zur Rechtfertigung einer solchen Abgrenzung von Populationen herangezogen werden. Wenn Hannan/Freeman (1986) darauf verweisen, daß von den Grenzen einer Population auf die Organisationsform geschlossen werden könne, so ist diese Aussage wenig hilfreich, solange diese Grenzen nicht identifizierbar sind (Young 1988: 4).

McKelvey/Aldrich (1983: 119) gestehen ein: "Für das Feld der Organisationstheorie besteht das Problem, daß wohldefinierte Populationen noch nicht beschrieben werden konnten". Angesichts der weitreichenden Möglichkeiten, Comps zwischen Organisationen verschiedener Art auszutauschen, ist es u. E. ausgeschlossen, Populationen zu identifizieren. Ohne operationale Definition organisationaler Populationen ist jedoch auch die Konstruktion von Stammbäumen der Evolution zur Erklärung der historischen Evolution von Organisationen nicht möglich. Nicht ohne Not etikettiert McKelvey (1982: 258ff.) die zahlreichen von ihm präsentierten Stammbäume als "preliminary illustrations". Die *Konstruktion von Stammbäumen der organisationalen Evolution ist ein Versuch am falschen Objekt.*

Es besteht kein Zweifel darüber, daß diese bereits sehr früh geäußerte Kritik berechtigt ist. Aus heutiger Sicht hat sich die pragmatische Sicht von Hannan und Freeman in den Forschungsarbeiten weitgehend durchgesetzt. Das pragmatische Vorgehen bei der Definition von Populationen wird dadurch erleichtert, daß sich der Ansatz heute deutlich schwächer an den biologischen Evolutionsmodellen orientiert als früher. Vielmehr werden Populationen von den Organisationswissenschaftlern dem Forschungsinteresse folgend definiert, und es zeigt sich, daß, was ursprünglich als großer Nachteil angesehen wurde – die Unklarheit über das, was eine Population ist -, auch zu einem Vorteil werden kann. Der Ansatz ist aufgrund der definitorischen Möglichkeiten sehr flexibel und kann so auf neue Forschungsfragen angewendet werden, wie der Frage nach der Existenz strategischer Gruppen innerhalb einer Population, Entwicklungsprozessen auf der Community Ecology-Ebene oder dem Phänomen des Wiederauflebens alter Branchen (Carroll 1996). Von den Forschern wird allerdings verlangt, daß sie die gewählte Abgrenzung der Population offenlegen und diese selbst kritisierbar ist. Schließlich sind Vertreter des Population Ecology-Ansatzes im Rahmen der wirtschaftswissenschaftlichen Forschung nicht die einzigen, die mit Abgrenzungsproblemen zu kämpfen haben. Beispielsweise treten diese Abgrenzungsprobleme auch im Zusammenhang mit der Bestimmung der Grenzen von Unternehmen, Märkten oder Branchen im Rahmen der Strategischen Managementforschung oder der industrieökonomischen Forschung auf und sind dort ebenfalls nur unzureichend gelöst.

(4) *Die Umwelt selektiert – aber nach welchen Kriterien?* Der Population Ecology-Ansatz geht davon aus, daß die Umwelt im Wege der Selektion den Entwicklungspfad einer Population bestimmt. Es wird jedoch *kein Konzept zur Identifikation der relevanten Selektionsfaktoren* entwickelt. Die meisten Selektionsfaktoren wie Alter und Größe von Organisationen, Konkurrenzintensität usw. lassen sich auch mit nicht evolutionstheoretischen Konzepten begründen. Aus der Bioökologie entlehnte Faktoren wie Tragfähigkeit, Homogenität/Heterogenität, Stabilität/Instabilität oder fine/coarse grained (Aldrich 1979: 56ff.) werden nicht systematisch eingeführt (Ulrich 1987: 142ff.). Man fragt sich, weshalb andere Faktoren, die in der Bioökologie eine große Rolle spielen, nicht berücksichtigt werden.

Diese konzeptionelle Abstinenz gegenüber der Umwelt hat zur Folge, daß viele populationsökologische Erklärungen einem *logischen Zirkelschluß* unterliegen: Von der faktischen Verbreitung einer Organisationsform oder eines organisationalen Merkmals wird auf Problemlösungsfähigkeit geschlossen. Korrekt wäre eine Erklärung, in der die Problemlösungsfähigkeit *unabhängig* von der faktischen Verbreitung nachgewiesen wird (Giesen 1980: 58). McKelvey bspw. schließt aus der Verbreitung der Tempel-Form in Mesopotamien, daß Probleme der Integration in der fraglichen Epoche besonders dringlich waren und Tempel dafür eine überlegene Lösung anboten. Aldrich/Mueller schließen aus der Verbreitung der Organisationsform Großunternehmen, daß diese die Probleme der Beschaffung von Kapital und Arbeitskräften besser bewerkstelligten als kleine Unternehmungen.

Wie bereits erwähnt, haben sich die Vertreter des Population Ecology-Ansatzes in den letzten Jahren von bioökologischen Analogien abgewendet. Heute lassen sich die Ecology-Forscher nur noch von der biologischen Evolutionstheorie bei der Entwicklung ihrer eigenen Evolutionsmodelle anregen. Die Begründungszusammenhänge werden von den Forschern aber jeweils selbständig entwickelt. Dies trifft auch auf die Konzeption des Selektionsvorgangs zu.

Implizit weisen die Populationsökologen dem über den Markt wirksam werdenden Selektionskriterium ökonomische Effizienz eine dominierende Stellung zu. Darüber hinaus sehen die Vertreter des Ansatzes jedoch auch, daß *Selektion in sozialen Kontexten kein machtfreier Prozeß* ist: Mächtige soziale Akteure (Staat, große Organisationen, Interessenverbände) können durchaus Selektionsfaktoren nach Maßgabe ihrer Interessen beeinflussen (Perrow 1985a: 213). Dies haben Populationsökologen besonders in denjenigen Arbeiten deutlich gemacht, die sich auf Non Profit-Organisationen, wie Gewerkschaften,

Wohlfahrtsverbände oder Kindertagesstätten, beziehen. Die Populationsökologen erweitern gewissermaßen das Selektionskriterium der ökonomischen Effizienz um das Kriterium der gesellschaftlichen Akzeptanz, die einer Organisation von Anspruchsgruppen gewährt oder entzogen werden kann. Die zentrale Formel der Populationsökologen in Bezug auf die Selektion lautet somit: Eine Organisation scheitert dann, wenn sie nicht in der Lage ist, die Ressourcen zu akquirieren, die ausreichen, um ihr Überleben zu sichern. Der Ressourcenbegriff ist dabei sehr weit gefaßt und umfaßt Kapitalgeber, Mitarbeiter, Lieferanten, Kunden etc.

(5) *Begriffe sind nicht präzise definiert und operationalisiert*: In Analogie zur biologischen Evolutionstheorie sind die "Geburt" und der "Tod" einer Organisation zentrale Begriffe. Sowohl die Frage, wann Organisationen zu existieren beginnen, als auch die Frage, wann der Tod von Organisationen eintritt, sind aber nicht so einfach festzustellen (Young 1988: 7; Harhoff/Stahl/Woywode 1998; Woywode 1998). Beginnt eine Organisation mit der Gründungsidee zu existieren oder erst mit der Einrichtung eines ordentlichen Geschäftsbetriebs? Ist eine Fusion der Tod einer Organisation? Wenn ja, welche der beiden fusionierenden Organisationen geht unter? Freeman/Carroll/Hannan (1983) meinen, daß der dominierende Partner überlebe und der schwächere untergehe, räumen aber ein, daß die Identifizierung des dominierenden Partners problematisch ist.

Ein weiterer Schlüsselbegriff ist die organisationale Trägheit. Zu ihm führen Hannan/Freeman (1984: 149) aus: "Organisationsstrukturen weisen eine starke Trägheit auf, wenn die Geschwindigkeit der Reorganisation niedriger ist als die Änderungsrate der Umweltbedingungen. Das Konzept der Trägheit ... bezieht sich also auf eine Entsprechung zwischen den Verhaltenskapazitäten einer Klasse von Organisationen und ihren Umwelten". Zu Recht kritisiert Young (1988), daß keine Regel vorliegt, mit der festgestellt werden kann, wann eine Organisation im Hinblick auf die – ebenfalls nicht operationalisierten – Umweltänderungen als träge einzustufen ist.

8.2. Evolutionäres Management

Die rationale Organisationsgestaltung, die durch die Feststellung von Schwachstellen, durch Konzipierung neuer organisatorischer Lösungen und durch die Implementierung dieser Lösungen gekennzeichnet ist, wird von vielen Autoren in Frage gestellt. Sie argumentieren, dieses Vorgehen sei angesichts einer nicht beherrschbaren Komplexität der Organisationsgestaltung nicht angemessen. Erforderlich sei eine andere Art – eine *neue Rationalität* – des Managements: evolutionäres Management. Dem "evolutionären Manager" wird vor allem geraten, sich angesichts einer nicht beherrschbaren Komplexität der Managementprobleme auf die Schaffung günstiger Rahmenbedingungen für eine "Selbstorganisation" und Evolution der Unternehmung zu beschränken. Evolutionäres Management wird in wissenschaftlichen Publikationen ebenso propagiert (s. z.B. Kagono et al. 1985; Königswieser/Lutz 1992; Servatius 1991) wie in der Managementliteratur (Reiss 1993; Gerken 1992: 98ff.).

In diesem Abschnitt wollen wir zwei Ansätze stellvertretend kritisch unter die Lupe nehmen: den "St. Galler Ansatz", als dessen bedeutendste Vertreter Malik, Probst und Dyllick angesehen werden können, und das "Konzept der fortschrittsfähigen Organisation" von Kirsch und seinen Schülern, das wir im folgenden als "Münchner Ansatz" bezeichnen. Wir konzentrieren uns dabei auf die Implikationen dieser Konzepte für die Organisationsgestaltung.

8.2.1. Der St. Galler Ansatz

Eine zentrale Ausgangsbasis des St. Galler Ansatzes ist das Konzept einer "spontanen Ordnung" von Hayek (1980: 57ff., 1969), demzufolge Verhaltensregeln, auf denen spontane Ordnung beruht, als allmählich gewachsene Ergebnisse von Evolutionsprozessen zu verstehen sind:

> "Regeln brauchen von niemandem in bewusster Absicht gesetzt zu werden, sondern sie entstehen im Zuge der Evolution aus der Interaktion der Individuen miteinander und mit ihrer Umwelt durch einen der Mutation und Selektion analogen Prozess. Sie sind häufig den handelnden Personen auch gar nicht bekannt oder bewusst, sondern wirken faktisch. Verhaltensregeln in diesem Sinne sind keine willkürlichen Normen, sondern stellen vielmehr die wohl wichtigste Anpassungsform des Menschen an eine Umwelt dar, über deren Einzelheiten er nie genug wissen kann, um sein Verhalten ausschliesslich nach Ursache-Wirkungs-Zusammenhängen richten und in diesem kausalen Sinne rational handeln zu können" (Malik/Probst 1981: 129; s.a. Malik 1984: 210ff.; Ulrich 1984).

In Verhaltensregeln – auch in solchen, die sich in Organisationen herausbilden – lagert sich im Evolutionsprozeß "Wissen" ab (Malik 1984: 50f.). Sie ermöglichen, daß soziale Systeme durch wechselseitige antizipierende Anpassung und Modifikation des Verhaltens der beteiligten Personen sich quasi selbsttätig an wechselnde Umweltbedingungen anpassen können. *Soziale Systeme verfügen über die Fähigkeit zur Selbstorganisation* und durch Selbstorganisation entwickeln sich ihre Verhaltensregeln in evolutionärer Weise weiter.

Eine weitere zentrale Ausgangsbasis bildet Ashbys (1974) *"law of requisite variety"*, demzufolge die Überlebensfähigkeit eines Systems dann gefährdet ist, wenn seine Komplexität nicht ausreicht, um genügend Varietät zur Lösung der auftauchenden Umweltprobleme zu erzeugen: Wenn die Umweltprobleme komplexer sind als zur Verfügung stehende Lösungssysteme (Malik 1984: 192ff.). Die Umwelt ist zwar immer komplexer ist als das System, es kommt aber darauf an, die *Varietät des Systems so hoch wie möglich zu machen*, d.h. die Komplexität des Systems nicht unnötig einzuschränken. Allerdings sind *zwei Stufen der Selektion unumgänglich*: Zum einen bestimmt die Wahrnehmung, was aus der "Welt" mit ihrer unfaßbaren Komplexität selektiert und damit als Umweltkomplexität überhaupt wahrgenommen wird (Probst 1981: 137ff.). Und zum anderen kann nicht alles, was an Umweltkomplexität wahrgenommen wird, auch verarbeitet, d.h. Gegenstand von Handlungen oder Entscheidungen, werden. Es muß also noch einmal selektiert werden. Manche wahrgenommenen Probleme werden bearbeitet, andere nicht.

Um die Anpassungsfähigkeit des Systems nicht zu beeinträchtigen, sollten diese Selektionen die *Komplexität so wenig wie möglich ausblenden*. Konkret: Die in komplexen Systemen Handelnden erhöhen die Überlebensfähigkeit des Systems, wenn sie sich in ihren Wahrnehmungen oder Interpretationen der Komplexität des Systems öffnen, d.h. *komplexe statt einfache Erklärungsmodelle* anwenden, stets *mit Überraschungen der unterschiedlichsten Art rechnen, mit mehreren und mehrdeutigen Zielen arbeiten, sich Alternativen offen halten, bewußt mit unterschiedlichen Steuerungsvorgaben experimentieren und Festlegungen so weit wie möglich vermeiden.*

Für das *Management* werden insbesondere folgende Konsequenzen abgeleitet: Manager sollen das *System mit Respekt* und *Zurückhaltung behandeln*: "Die evolutionäre Perspektive ist eine Perspektive, die zu Bescheidenheit, Zurückhaltung und zu einer Besinnung auf die Grenzen des Möglichen mahnt" (Malik/Probst 1981: 123; Probst 1987: 114). Ein technokratisches oder technomorphes Denken, wie es etwa dem Taylorismus oder dem Situativen Ansatz eigen ist, kann die Anpassungsfähigkeit der Unternehmung zerstören, weil es Komplexität vernichtet, das System "vergewaltigt" (Malik/Probst 1981: 131). Das Management muß sich vielmehr "unter Verzicht auf ein 'aktivistisches' Eingreifen in die innere Funktion der Unternehmung darauf beschränken, günstige Voraussetzungen zu kultivieren und als Katalysator die Selbstentfaltung bestimmter wünschbarer Ergebnisse und Eigenschaften ... unterstützen."

Ein solches Verständnis von Management "läßt keine genauen Kalküle oder Algorithmen zu" und kann auch "keine 'how-to-do-Prinzipien' ... geben oder verallgemeinerungsfähige Fallstudien beschreiben" (Probst 1987: 12). *Evolutionäres Management* ist also zunächst und vor allem eine *Frage der richtigen Einstellung*. Eine solche erhält der Manager bspw., indem er sich mit den referierten Systemkonzepten beschäftigt oder Seminare der St. Galler Schule besucht.

Die *Analyse von Organisations- und Führungsproblemen* durch das Management soll getragen sein von einer *systemisch-evolutionären Vernunft* (Malik 1984: 55). Zur Unterstützung wird ein reichhaltiges Arsenal von *"Regeln des systemischen Denkens"* (Probst 1985) – bspw. *"vernetztes Denken"* (Gomez/Probst 1987, 1991) – und *"Systemmethodiken"* – etwa Feedbackdiagramme oder Modellierung von Organisationsstrukturen nach dem Modell des lebensfähigen Systems in Analogie zum Zentralnervensystem (Gomez 1985) – angeboten.

Die "Metafunktion" des Managements als Katalysator oder "Facilisator" (Probst 1987: 114) soll zum einen auf "die Aufrechterhaltung, Bereicherung und Verstärkung potentieller Varietät" und zum anderen aber auch auf die Schaffung von Bedingungen gerichtet sein, die eine "Kanalisierung von Varietät" bewirken (Probst 1987: 114).

Der *Erhaltung und Erhöhung der Varietät* dient die Orientierung an Regeln wie:

"Keine detaillierten Vorschriften, Vorgehensregeln, Inhalte usw. ... Nutze die Möglichkeiten der Komplexitätsbewältigung durch die Bildung relativ autonomer Systeme und Subsysteme. ... Betroffene 'lösen' ihre Probleme selbst; es wird nicht für sie organisiert, geplant, entschieden. ... Selbstkritik, Selbstevaluation, Freiheit, sich mit ungewohnten, neuen Fragen auseinanderzusetzen, usw. sind notwendiger Bestandteil. ... Vermeide nicht Konflikte, erlaube Fluktuationen, schaffe neue Perspektiven usw., um neue Problemstellungen zu kreieren" (Probst 1987: 114ff.).

Problemlösungsversuche des Managements sollen "die Struktur und den Ablauf der entwicklungshistorisch so erfolgreichen Evolutionsprozesse" simulieren (Dyllick 1982: 352; s.a. Malik 1984: 266f.): Auf der Basis einer Problemanalyse (mit den oben angegebenen Methoden) werden hypothetische Problemlösungen implementiert. Dabei entstehen notwendigerweise Fehler, aus denen das Management lernen muß. Aus Lösungsversuchen entstehen modifizierte Probleme; der Zyklus beginnt von neuem. *Evolutionäres Management bedeutet also, daß sich das Management ganz bewußt auf Vorläufigkeit einstellt.*

Eine "Kanalisierung der Varietät" erreicht das Management, indem es durch unternehmungspolitische und strategische Prozesse Versuche unternimmt, "ein System in seiner Umwelt zu positionieren, einen Zweck zu formulieren und die Richtung auf idealisierte Ziele hin festzulegen". Es kann dabei nicht darum gehen, "Teile und Beziehungen im Detail zu determinieren...", sondern nur darum "einen Kontext zu schaffen, der einem System erlaubt, seine eigene Gestaltung zu finden und zu erfahren". Es ist "ein Raum zu schaffen, der determiniert, innerhalb welcher Schranken gehandelt werden kann und in welche

Richtungen es gehen soll" (Probst 1987: 141). Die Vorgabe von Strukturen ist mit *sinn-machenden Interpretationen* zu "überlagern", um eine "geistig-sinnhafte Ebene ..., die strukturelle Entscheidungen, Handlungen und Instrumente stützt und legitimiert. Beide Ebenen ... bedingen sich gegenseitig. Ohne die legitimierende und orientierende Wirkung durch sinnmachende Prozesse können substantielle Strukturen nicht greifen, kaum Wirkung zeigen oder sich entfalten" (Probst 1987: 97).

Aufgabe jedes Gestalters ist es daher, Strukturen als etwas zu sehen, das entworfen und konstitutiert wurde, um Sinn zu reflektieren und sinnmachende Prozesse zu erleichtern. Im Hinblick auf diese Zusammenhänge besteht die "Aufgabe des Managements ... darin, für akzeptierte, gemeinsame Interpretationen und Erklärungen einer widersprüchlichen Wirk-lichkeit zu sorgen, die als Basis für das produktive Handeln dienen können" (Dyllick 1982: 12).

Konfrontiert man den St. Galler Ansatz mit praktischen Organisationsproblemen (dies erfolgt ausführlich in Kieser 1994), zeigt sich: Die Anwendung der Konzepte und Metho-den des evolutionären Managements St. Galler Prägung führt nicht zu einem *grundsätzlich* anderen Vorgehen als konventionelle Konzepte der Organisationsgestaltung (was im übri-gen auch die in Probst (1987: 121ff.) enthaltenen Fallstudien, deren Lösungen sämtlich auch mit nicht-evolutionären Konzepten zu rechtfertigen sind, zeigen). Dies liegt vor al-lem daran, daß das evolutionäre Management *kaum inhaltliche Lösungskonzepte* vorgibt. Es sieht bspw. davon ab, strukturelle Lösungen wie Produktmanagement, Matrixorganisa-tion oder divisionale Strukturen zu umreißen. Es konzentriert sich auf *Regeln zum Prozeß*: auf Regeln zur grundlegenden Herangehensweise (z.B. Respekt vor dem System) und auf Methoden (z.B. vernetztes Denken). Völlig abstinent von inhaltlichen Vorgaben ist es freilich nicht; so wird bspw. Dezentralisierung, wenig Detail in organisatorischen Rege-lungen und Einsatz der Organisationskultur als Koordinationsmechanismus empfohlen. Die *Empfehlungen bleiben jedoch vage, indem sie offenlassen, wie der richtige Dezentra-lisierung- oder Detaillierungsgrad bestimmt werden kann, wieviel Selbstorganisation ein-zuräumen und wieviel Fremdorganisation erforderlich ist,* usw. Dies alles soll in Trial-and-error-Prozessen herausgefunden werden. Diese *Offenheit für inhaltliche Lösungen ist höchst problematisch*: Sie lenkt das Denken der Organsationsgestalter nicht wirksam in neue Bahnen. Es ist wahrscheinlich, daß sich die Organisationsgestalter an bewährten Strukturen, an der "guten Praxis", orientieren, auch wenn ihnen Mißtrauen gegenüber die-sen angeraten wird. Mißtrauen fördert nicht unbedingt Kreativität. An die Auswahl zwi-schen Alternativen werden sie weitgehend die gewohnten Kriterien nach den bewährten Mustern anlegen. Sie haben keine anderen gelernt; das Konzept des evolutionären Man-agements ersetzt klassische Organisationsmuster nicht, bettet sie lediglich in ein *neues Sprachspiel* ein.

Auch die *traditionelle Vorgehensweise ist notwendigerweise "evolutionär"*: Lösungen, die sich als nicht passend erweisen, werden ausselektiert (die Praktiker merken, daß die Lö-sungen nicht halten, was sie versprechen); Lösungen sind unvollständig oder erweisen sich als teilweise verbesserungsbedürftig; Fehler sind unvermeidlich; aus ihnen lernt man, ob man dies zum expliziten Grundsatz macht oder nicht. Auch konventionelle Organisati-onsgestalter sind sich bewußt, daß komplexe Probleme in aller Regel nicht auf einen Streich und auf unbegrenzte Dauer zu lösen sind, und müssen sich insofern auf Vorläufig-keit einstellen.

Anlaß zur Kritik bietet auch Hayeks Konzept der "spontanen Ordnung", das eine Stütze des St. Galler Ansatzes bildet. Es besagt, daß die Regeln, die das Verhalten von Individuen steuern, "von niemandem in bewusster Absicht gesetzt zu werden (brauchen), sondern ... im Zuge der Evolution aus der Interaktion der Individuen miteinander" entstehen (Malik/Probst 1981: 129). Zur Illustration des Anpassungseffekts von Regeln, die sich evolutionär entwickelt haben, kann ein Beispiel von Weick (1977: 45) herangezogen werden. Um zu entscheiden, in welche Richtung sie zur Jagd losziehen sollen, halten die Naskapi-Indianer Karibu-Knochen über ein Feuer. Aus den entstehenden Rissen und Flekken, durch die die Götter sprechen, deutet ein "Experte" die Jagdrichtung. Diese Regel, die sicherlich nicht von einem "rationalen Gestalter" entworfen wurde, induziert ein Verhalten, das aus mehreren Gründen hervorragend an die Umwelt angepaßt ist: Zunächst ist die Entscheidung nicht die Entscheidung einer Person oder Gruppe. Bleibt Jagdglück aus, ist es die Schuld der Götter und nicht die der Gruppe oder einer Person. Wäre die Entscheidung von den Ergebnissen vorangegangener Jagden beeinflußt, würde dies das Risiko einer Erschöpfung des Wildbestandes mit sich bringen. Und schließlich bildet sich kein Entscheidungsmuster heraus, das das Wild in die Lage versetzen würde, ein entsprechendes Antwortmuster zu entwickeln (Weick 1977: 45). Die Regel bewirkt eine erfolgreiche Anpassung der Naskapi an ihre Umwelt, obwohl kein Mitglied dieses Stammes auf eine – uns – befriedigende Weise erklären kann, wie sie zustandegekommen ist und weshalb sie "funktioniert". Und kein rationaler Organisationsgestalter würde auf eine solche Regel kommen. Also, würden die St. Galler argumentieren, sind sich evolutorisch in Gruppen entwickelnde Regelungen solchen von rationalen Organisationsgestaltern gesetzten vorzuziehen.

Hayeks Konzept baut auf den "Zwillingsideen der Evolution und der spontanen Ordnung" auf (Hayek 1969: 128, 156, 1979: 17, 1980: 40; Vanberg 1984, auch zum folgenden): Regelmäßigkeiten im Verhalten, auf denen eine spontane Ordnung beruht, können als das Ergebnisse von Evolutionsprozessen betrachtet werden. *Aus evolutionären Prozessen hervorgehende, eine spontane Ordnung ermöglichende Regeln sind effizienter als aus "bewußten Entwürfen" stammende* (Hayek 1969: 50). *Träger des evolutionären Prozesses* sind zum einen *Individuen*, indem sie mit neuen Verhaltensweisen experimentieren (Variation) und durch Wahlhandlungen darüber entscheiden, welche Verhaltensweisen unter mehreren konkurrierenden vorzuziehen sind (Selektion). Die meisten "Schritte in der kulturellen Entwicklung" wurden "nur dadurch möglich, daß manche Individuen einige der traditionellen Regelungen durchbrachen und nach neuen Verhaltensregeln handelten" (Hayek 1979: 21 f.), wobei der "Erfolg einer Neuerung, die ein Ausbrecher aus den bestehenden Gepflogenheiten" erfährt, sich danach bemißt, ob "diese neuen Regeln die Billigung der Gesellschaft in ihrer Gesamtheit erlangen – nicht durch eine formale Abstimmung, sondern dadurch, daß sie allmählich von einer immer größeren Zahl angenommen werden" (Hayek 1979: 32f.).

Daneben sieht Hayek aber auch *Gruppen* als *Träger des evolutionären Prozesses*. So bildeten sich Verhaltensregeln *deshalb* heraus und fanden Verbreitung, "weil die Gruppen, die sie befolgten, stärker florierten und wuchsen als andere" (Hayek 1979: 21). "Die kulturelle Auswahl von Verhaltensregeln wird nicht durch den erkannten Nutzen für den einzelnen, sondern durch die wirksame Nützlichkeit für die Gruppe geleistet, die sie praktiziert" (Hayek 1979: 25). Also nicht die von den Individuen wahrgenommene Vorteilhaftigkeit bestimmter Regelungen, sondern "die Effizienz der resultierenden Ordnung der Handlungen" entscheidet in diesem Fall darüber, "ob Gruppen, deren Mitglieder bestimmte Verhaltensregeln befolgen, sich behaupten" (Hayek 1980: 107), wobei das Kriterium dafür, daß sich eine Gruppe "behauptet", sich gegen andere "durchsetzt", "das

Wachstum der Gruppe durch Fortpflanzung und Zustrom von außen" ist (Hayek 1979: 25).

Hayek läßt offen, wie Variationen der Verhaltensweisen von Gruppen zustandekommen. Folgende Möglichkeiten sind denkbar: Sie können sich *spontan aus dem Zusammenspiel der separaten individuellen Handlungen* ergeben, sie können aber auch das *Ergebnis von Planung* sein, wobei wiederum zwei Fälle zu unterscheiden sind: Die Gruppenmitglieder kommen überein, sich bestimmten Handlungsbeschränkungen zu unterwerfen – man kann dann von *"planmäßiger Selbstorganisation"* sprechen –, oder die Gruppe erhält solche Verhaltensbeschränkungen von einer Instanz (einem Gruppenmitglied oder einem Gruppenfremden) auferlegt, die über ausreichende Durchsetzungsmacht verfügt, was man dann als *"planmäßige Fremdorganisation"* bezeichnen kann. Hayek stellt auf den ersten der drei genannten Prozesse der Regelentwicklung ab: auf *Variationen, die sich spontan aus dem Zusammenspiel individueller Handlungen ergeben.* Wie Vanberg überzeugend ausführt, kann das Auftreten dieses Prozesses in Cliquen unterstellt werden, unter den Bedingungen formaler Organisation ist es aber äußerst unwahrscheinlich.

Die Vorstellung der spontanen Regelevolution unterstellt nämlich einen Prozeß, in dem alternative Verhaltensregeln in ähnlicher Weise miteinander um die Akzeptanz von Individuen konkurrieren wie alternative Produkte und Leistungen am Markt um die Gunst der Konsumenten, und in dem die "Durchsetzung" einer Regel dasselbe bedeutet wie die Durchsetzung eines Prozesses oder eines Produktes am Markt: Daß die Mehrzahl der Individuen (Konsumenten) sich für diese Regel (dieses Produkt) entscheidet.

> "Eine solche Vorstellung ist um so weniger angemessen, je weniger man einen solchen 'Markt' für Regeln unterstellen kann, und man kann einen solchen 'Markt' um so weniger unterstellen, je weiter man sich von *informellen* Regeln (des Brauchtums, der Moral, der Sitte, der Umgangsformen etc.), die 'eine allmähliche und versuchsweise Änderung' erlauben, entfernt und zu formellen Regeln übergeht, die einer Gruppe als Ganzes (ob 'selbst-' oder 'fremdbestimmt') – auf dem Wege von 'kollektiven Entscheidungen, wie sie die Gesetzgebung einschließt' (Hayek 1969, S. 150) – auferlegt werden und die 'nur diskontinuierlich und für alle gleichzeitig geändert werden können' (Hayek 1971, S. 79)" (Vanberg 1984: 97).

Komplexe Systeme wie umfassende Organisationsstrukturen, Systeme der Kostenrechnung oder Fertigungstechnologien sind durch Variationen, die sich spontan aus dem Zusammenspiel individueller Handlungen ergeben, kaum zu verändern (ebensowenig wie Gesetzeswerke, die Hayek in obigem Zitat im Zitat anspricht). So ist es äußerst unwahrscheinlich, daß in einer Unternehmung Individuen an den verschiedensten Stellen spontan Handlungsvariationen entwickeln, die sich zu einer neuen umfassenden Struktur zusammenfügen. Das Entstehen spontaner Ordnungen setzt ein *direktes Zusammenspiel* von Verhaltensvariationen der Beteiligten voraus, wie es unter den Bedingungen komplexer formaler Strukturen nur punktuell – etwa innerhalb einer Arbeitsgruppe – vorkommt. Will man die umfassende Organisationsstruktur ändern, kann man nicht auf sich spontan ergebende, sich ergänzende und akkumulierende Verhaltensvariationen vertrauen, sondern man kommt nicht umhin, einen Prozeß des geplanten Entwurfes sowie eine "diskontinuierliche", für alle verbindliche Implementierung der neuen Struktur vorzusehen. Ob der Prozeß des Entwurfs der neuen Struktur als "planmäßige Selbstorganisation" oder als "planmäßige Fremdorganisation" angelegt wird, ist eine andere Frage. Da von der umfassenden Organisationsstruktur alle Organisationsmitglieder betroffen sind, ist eine "reine planmäßige Selbstorganisation" nicht realisierbar, sondern nur eine mehr oder minder weit reichende *Beteiligung von Betroffenen am Reorganisationsprozeß.*

Wer in eine Organisation eintritt, akzeptiert mit Abschluß des Arbeitsvertrags pauschal die in ihr vorherrschenden Strukturen. Würde jedem Mitglied das Recht eingeräumt, seine Vorstellungen über die Gestaltung der Organisationsstruktur *verbindlich* in Reorganisationsprozesse einbringen zu können, wäre der Aufbau komplexer formaler Strukturen nicht möglich (Luhmann 1972: 54ff., 1975c). Eine generelle Handlungsfähigkeit der Organisation läßt sich nur sicherstellen, indem bestimmte Vertretungsrechte für das System als Ganzes und entsprechende Handlungszurechnungen formal geregelt werden. Nur durch eine solche Einschränkung der Gestaltungsrechte können Organisationen ein hohes Maß an Komplexität handhaben und damit eine höhere Anpassungsfähigkeit erreichen als Sozialsysteme, deren Evolution auf Regeln beruht, die sich spontan aus dem Zusammenspiel von Individuen ergeben (Kieser 1989a). Hayek (1980: 68) selbst stellt fest: "Einige solcher Regeln ... befolgen sie (die Individuen, d. Verf.) spontan. ... Aber es gibt noch andere, zu deren Befolgung sie gezwungen werden müssen, weil die Gesamtordnung, von denen der Erfolg ihrer Handlungen abhängt, sich nur dann bildet, wenn diese Regeln allgemein befolgt werden, obwohl es im Interesse jedes Einzelnen wäre, sie zu übertreten". Also auch bei ihm gibt es den Fall, daß im Interesse übergeordneter Institutionen (Organisation, Staat) die Veränderung von Regeln der auf spontanen Variationen aufbauenden Evolution entzogen und einem Prozeß planmäßiger Veränderung und "verordneter" Implementierung vorbehalten bleiben muß.

8.2.2. Der Münchner Ansatz

Auch die Münchner gehen von der Grundannahme aus, daß Organisationen zu komplex sind, um vom Management beherrscht – Zielvorstellungen entsprechend gestaltet – werden zu können: "Führung (darf) nicht davon ausgehen, daß die Evolution ... (der zu führenden sozialen, d. Verf.) Gebilde 'beherrschbar' ist" (Kirsch 1992: 545). Sieht man von dieser Übereinstimmung in der Ausgangsposition ab, gibt es nicht viele Gemeinsamkeiten (Ringlstetter 1988).

Komplexität der Organisation wird als Resultante eines "Konflikt- bzw. Interessenpluralismus" konzipiert: Der Kontext – die Abteilungsumgebung vor allem – prägt die Wahrnehmung und Interpretation von Aufgaben, Problemen und Lösungen. Daß Mitglieder verschiedener Abteilungen – etwa Produktion und Marketing – Schwierigkeiten haben, sich zu verständigen, weil sie Aufgaben und Probleme, die ihre Abteilungen tangieren, aus unterschiedlichen Interessen und Perspektiven heraus angehen, ist ein in der Betriebswirtschaftslehre seit langem – häufig unter dem Begriff des Schnittstellenmanagements – diskutiertes Phänomen. "Da es keinen alles umfassenden Kontext gibt, der von allen Beteiligten geteilt wird, wird letztlich eine Menge partieller, kontextspezifischer Problemdefinitionen und 'Lösungen' entwickelt, die sich nicht sinnvoll zu einer Problemdefinition (bzw. einer in sich konsistenten Beschreibung einer Problemlösung) zusammenfassen lassen" (Kirsch 1992: 66; s.a. Kirsch 1984, 1978: 134ff.). In "choice opportunities" – Entscheidungsgelegenheiten -, die z.T. vom Management bewußt initiiert werden oder auch einfach auftauchen (z.B.: eine Anfrage nach einer neuartigen Leistung erreicht die Organisation), treffen die unterschiedlichen Kontexte aufeinander.

Je höher die Bereitschaft ist, Betroffene zu Entscheidungssituationen zuzulassen, desto höher ist die *"Komplexitätsbejahung"*. "Echt" ist diese Komplexitätsbejahung jedoch nur dann, wenn es nicht von vornherein einzelne Beteiligte gibt, die ihre Problemdefinitionen und "Lösungen" anderen aufzwingen können. Das zentrale Problem ist nun: Wie können derartig komplexe Problemkonstellationen so gehandhabt werden, daß *Fortschritt für die Organisation* erzielt wird, d.h. die Handhabung der Probleme geprägt ist von dem "Bemühen, einen Fortschritt in der Befriedigung der Bedürfnisse und Interessen der vom Handeln der Organisation direkt oder indirekt Betroffenen zu erzielen." Bedürfnisse und Interessen werden dabei nicht als gegeben hingenommen. "Ihre Authentizität und ihre moralische Begründbarkeit sowie die Möglichkeit ihrer Veränderung unter diesen beiden Aspekten stellen vielmehr Problemstellungen dar, denen sich die fortschrittsfähige Unternehmung in expliziter Weise zuwendet" (Kirsch 1992: 14, s.a. Knyphausen 1988: 39ff.).

Das herrschende Managementdenken, das als Ausfluß der *okzidentalen Rationalität* (Max Weber) von der Grundauffassung geprägt ist, alle Probleme seien durch Berechnung beherrschbar (Kirsch 1992: 349), scheitert an einer hohen Problemkomplexität, läßt sie erst gar nicht zu. Es kann auch Fortschritt im Kirschschen Sinne nicht zustandebringen, weil es sich weitgehend nicht-ökonomischen Kriterien verschließt, deren Anwendung jedoch angesichts vielfältiger negativer Effekte unternehmerischen Handelns auf Organisationsmitglieder sowie auf die soziale und natürliche Umwelt immer dringlicher wird. Um es zu überwinden, muß sich der Manager zunächst die Grundeinstellung eines *"gemäßigten Voluntaristen"* zu eigen machen, d.h. "bezüglich der Möglichkeiten einer bewußt gesteuerten organisatorischen Entwicklung skeptisch" bleiben, sich im klaren sein, daß der Versuch eines geplanten Wandels "stets eine Fülle unvorhergesehener Wirkungen zeitigen (kann) und keineswegs unter der vollständigen Kontrolle der Führung steht" (Kirsch 1992: 346). Zum anderen haben sich die Betroffenen (wozu auch Hierarchen gehören) untereinander um *Verständigung* zu bemühen. Einen Ansatzpunkt zur Verständigung sieht *Kirsch* zunächst im *kommunikativen Handeln* von *Habermas*, das vorliegt, wenn "die Beteiligten nicht primär am eigenen Erfolg orientiert (sind); sie verfolgen ihre individuellen Ziele unter der Bedingung, daß sie ihre Handlungspläne auf der Grundlage gemeinsamer Situationsdefinitionen aufeinander abstimmen können" (Habermas 1981a: 385).

In praxi würde die Anwendung von Rationalitätsstandards des kommunikativen Handelns jedoch häufig in "endlose Diskurse" münden (Ringlstetter 1988: 183). Da das Management Handeln so lange nicht aufschieben kann, muß die Wissenschaft, will sie diese Handlungen "nicht a priori ins 'Reich des Irrationalen' verbannen", ein Rationalitätskonzept entwickeln, "das einerseits auch in solchen Situationen Handeln als vernünftig erscheinen läßt, aber andererseits nicht kategorisch jede Handlung angesichts wachsender Komplexität erst einmal als rational erklärt" (Ringlstetter 1988: 183f.).

Verständigung sollte *soweit möglich* hergestellt werden. Voraussetzung dazu ist zunächst die *Überwindung der geistigen Grundhaltung eines "Kontextpartisanen"*, der die Weltauffassung seines Kontextes als absolute Wahrheit ansieht und wenig Anstalten macht, andere Kontexte zu erlernen. Kontextpartisan ist aber auch, wer zwar andere Kontexte kennt, aber dennoch davon ausgeht, daß sein eigener der 'richtige' ist" (Kirsch 1992: 94). Die Gegenfigur zum Kontextpartisanen ist ein Manager, der sich um Übersetzungen zwischen verschiedenen Lebensformen und Kontexten bemüht und der sich "reflexiv zu der eigenen und auch zu jeder anderen, fremden Tradition verhält, und der quasi 'weiß', daß sein augenblicklicher 'Kontext' eben nur einer unter vielen ist, und der deshalb seiner eigenen Einstellung skeptisch gegenübersteht" (Kirsch 1992: 65).

Ein solcher Manager beharrt nicht *in allen Situationen* darauf, prinzipiell rational zu handeln. Das heißt, er verzichtet darauf – dies bedeutet nämlich *prinzipielle Rationalität* -,

Geltungsansprüche der Wahrheit und der normativen Richtigkeit, falls sie von anderen Beteiligten problematisiert werden, im Diskurs einzulösen. Damit verletzt er auch die "Spielregeln prinzipieller Vernunft", wie sie im Modell der kommunikativen Rationalität von *Habermas* entwickelt werden. Er muß sie verletzen, denn eine Orientierung an der prinzipiellen Vernunft beschneidet die Spielräume für das Handeln, indem sie "der alltäglichen Arbeit an den Traditionen und an der Entstehung des Neuen keinen Raum mehr" läßt (Kirsch 1992: 390). Nur Bekanntes läßt sich in Diskursen umfassend begründen. Mit anderen Worten: Es wird damit gerechnet, daß im Management Situationen vorkommen, in denen Handeln für erforderlich gehalten wird, das nicht durch verbindliche Normen geregelt ist, oder auf der Basis technisch-instrumentellen Wissens "berechnet" werden kann. "Man weiß, daß man anders handeln muß, als es den vorhandenen Regeln entspricht; aber man kann nicht angeben, *warum* dieses Anders-Handeln angezeigt ist. Erst im *Nachhinein, nachdem* man handelnd in die Welt eingegriffen hat, ist es möglich, daß Maßstäbe bereitliegen, die genau dieses Handeln auch in einem intersubjektiven Sinne als rational ausweisen können" (Knyphausen 1988: 157). Vorher handelt es sich um eine *"transzendierende Vision"*, d.h. eine Vision, die "die etablierten Kontexte der Wahrnehmung und Subsumption (unter bekannte Regeln, d. Verf.)" (Kirsch 1992: 392) transzendiert.

Dieses, aus der Einmaligkeit einer Situation erwachsende, sich an "transzendierenden Visionen" orientierende Handeln braucht auf Rationalität nicht ganz zu verzichten; es kann *"ästhetische Rationalität"* in Anspruch nehmen: "Der Aktor handelt *wahrhaftig*; sein Handeln bringt in authentischer Weise seine aktuelle Bedürfnislage zum Ausdruck. Der Aktor handelt als Subjekt, das mit seinem Handeln einen Ausschnitt aus der nur ihm privilegiert-zugänglichen 'inneren' Welt seiner selbst nach außen hin artikuliert – ohne sich freilich in *unmittelbarer* Weise intersubjektiv verständlich machen zu können" (Knyphausen 1988: 157); er "wird eine 'Erzählung' konzipieren, die er als authentisch empfindet und deren Elemente er als in sich stimmig ansieht. Und diese Stimmigkeit mag auch andere überzeugen" (Kirsch 1992: 392). *Okkasionelle und prinzipielle Rationalität sind komplementär*: Man muß sich auf die Gegebenheiten einer konkreten Situation einstellen (= okkasionelle Rationalität); dieses Handeln ist jedoch nur dann rational, wenn im Nachhinein Regeln aufgestellt werden können, die diese Rationalität begründen (Knyphausen 1988: 130).

Wir können nun mit Kirsch zusammenfassen, wann ein Manager "evolutionäre Rationalität" an den Tag legt, nämlich dann,

> "wenn er die Einseitigkeit eines rein zweckrationalen Handelns in Frage zu stellen vermag, die Komplementarität von okkasioneller und prinzipieller Rationalität reflektiert und mit der ko-evolutionären Gelassenheit eines gemäßigten Voluntaristen zu handeln vermag. Dieser evolutionär rationale Aktor ist sich dann auch der Tatsache bewußt, daß er einerseits ein autonomes Subjekt ist, das seine eigene Welt konstituiert, das andererseits aber auch vor dem Hintergrund einer mit anderen geteilten Lebenswelt lebt und handelt. In der Kultivierung der Intuition und in der Entwicklung transzendierender Visionen (etwa vor dem Hintergrund einer das Kontextpartisanentum überwindenden pragmatischen Orientierung) äußert sich die Selbstkonstitution als autonomes Subjekt. In der (subsumptiven und/oder narrativen) Begründung des Handelns konstituiert sich der Aktor als Handelnder in einer mit anderen Subjekten geteilten Lebenswelt. Mit anderen Worten: Der evolutionär rationale Aktor konstitutiert sich selbst als autonomes Bewußtsein und als verständigungsorientiert Handelnder" (Kirsch 1992: 484).

Bei dem Versuch einer "Übertragung" des Münchner Ansatzes auf die Praxis treten ebenfalls grundlegende Probleme auf. Diese haben ihre zentrale Ursache in dem *Spannungsfeld zwischen der formalen Organisation und verständnisorientiertem Handeln:* Man kann formale Organisationen geradezu als "Mechanismen" betrachten, die Effizienz sicherstellen, indem sie Handeln unter weitgehendem Verzicht auf zeitraubende Verständigung ermöglichen. Entscheidende Argumente liefert Habermas (1981b: 458), indem er darauf hinweist, daß der "für soziale Integration wesentliche Mechanismus der sprachlichen Verständigung in formal organisierten Handlungsbereichen partiell außer Kraft gesetzt und durch Steuerungsmedien entlastet (wird)." Dies heißt zwar nicht, daß Verständigung in Organisationen überhaupt nicht vorkommt, denn "(w)enn alle genuinen Verständigungsprozesse aus dem Inneren der Organisation verbannt würden, ließen sich weder die formell geregelten Sozialbeziehungen aufrechterhalten noch die Organisationsziele verwirklichen. Trotzdem behält das klassische Bürokratiemodell insoweit recht, als das Organisationshandeln *unter den Prämissen* eines formell geregelten Interaktionsbereichs steht" (Habermas 1981b: 459).

Organisationsmitglieder handeln kommunikativ *unter Vorbehalt,* indem sie wissen, daß sie Prozesse der Verständigung durch Rekurs auf formelle Regelungen jederzeit abbrechen können. "Sie sind nicht *genötigt,* mit kommunikativen Mitteln Konsens zu erzielen." Die Bedingungen formaler Organisation "*entmächtigen* ... Geltungsgrundlagen (des kommunikativen Handelns) zugunsten der legitimen Möglichkeit, den Bereich verständigungsorientierten Handelns nach Belieben in eine von lebensweltlichen Kontexten entkleidete, nicht länger auf Konsenserzielung abgestellte Handlungssituation umzudefinieren" (Habermas 1981b: 460).

Handeln in Unternehmungen steht unter dem "Imperativ betriebswirtschaftlicher Rentabilität" (Habermas 1981b: 459). (Die Akteure sind zwar häufig auch an Sicherung und Ausbau ihrer Herrschaft interessiert, müssen dieses Motiv aber mit Argumenten der Effizienz verfolgen.) Dieser steuert bereits die Zulassung von Betroffenen zu Entscheidungsarenen: Je mehr Betroffene zugelassen werden, desto aufwendiger gestalten sich Problemdefinition und -handhabung. Deshalb ist, wenn es um grundlegende Fragen wie etwa um die Gestaltung der umfassenden Organisationsstruktur geht, zu erwarten, daß der Kreis der Betroffenen erst dann erweitert wird, und auch nur um wenige Schlüsselpersonen, *nachdem* die Unternehmungsleitung im Grundsatz weiß, was sie will. Die Zulassung von Betroffenen wird vorwiegend unter dem Aspekt der *Akzeptanz durch Mitwirkung an der Detailplanung* gesehen. Und sollten die Betroffenen in derartig begrenzten Entscheidungsarenen keinen Konsens finden, kann die Unternehmungsleitung auf ihr einklagbares Weisungsrecht rekurrieren. Das Wissen um diese Rahmenbedingungen beherrscht das Handeln der Akteure. Sie können ihre persönlichen Vorteile – etwa Karriere- oder Herrschaftssicherung – strategisch effizient verfolgen, gerade indem sie den "Imperativ betriebswirtschaftlicher Rentabilität" nicht in Frage stellen. Verhandlung und Kompromiß liegen unter solchen Ausgangsbedingungen näher als Verständigung.

Hinzu kommt, daß hochkomplexe betriebswirtschaftliche Systeme wie Organisationsstrukturen, Planungs- und Informationssysteme, Kostenrechnung oder Fertigungstechnologien im Gegensatz etwa zur Koordination innerhalb einer Arbeitsgruppe einem verständigungsorientierten Handeln schwer zugänglich sind. Die Erarbeitung neuer Lösungen im Wege der Verständigung scheitert an der Komplexität solcher Systeme. Für die Unternehmungsleitung wäre es höchst riskant, die Gestaltung solcher Systeme selbstorganisierenden verständigungsorientierten Prozessen zu überlassen. Es bleibt ihr, will sie in absehbarer Zeit zu Lösungen gelangen, die kein allzu großes Risiko in sich bergen, nicht viel anderes übrig, als Probleme der Gestaltung komplexer Systeme als Wahlen zwischen und/oder Modifikationen von vordefinierten Alternativen zu präsentieren: funktionale oder divisionale Organisationsstruktur, ein PPS-System vom Hersteller X, Y oder Z, Vollkosten- oder Deckungsbeitragsrechnung usw. Eine solche Präsentation komplexer Gestaltungsprobleme reduziert Komplexität und Risiko, verhindert jedoch verständigungsorientiertes Handeln und legt erfolgsorientiertes Handeln nahe: Die Betroffenen überlegen, bei welcher Alternative sie ihre Ziele am effektivsten verfolgen können, und sie setzen Mikropolitik ein, um ihre Interessen *während des Implementierungsprozesses* durchzusetzen.

Auch der Einsatz okkasioneller Rationalität ist in Reorganisationsprojekten wenig wahrscheinlich. Wir erinnern uns: Ein okkasionell rational Handelnder "orientiert ... sein Handeln an einem diffusen und intuitiven Wissen über die Einmaligkeit seiner Situation und der sich entwickelnden transzendierenden Vision" (Kirsch 1992: 393). Weshalb sollte die Unternehmungsleitung Probleme, die sie als relativ strukturierte definieren kann, als völlig offene präsentieren, für die sich vorliegende Lösungsalternativen als unzureichend erweisen? Sie müßte sich freiwillig in einen "künstlichen Argumentationsnotstand" begeben. Selbst als Unternehmungsleitung hätte sie gegen Diskussionsteilnehmer, die sich an bewährten Organisationsmustern orientieren, einen schweren Stand. Auch ist anzunehmen, daß eventuelle "Visionen" einzelner von anderen hartnäckig in eine Struktur "übersetzt" würden, die sich aus bekannten Elementen – Profit-Center, Cost-Center, Matrix usw. – zusammensetzt. Die Visionen, die in Reorganisationsprozessen gehandelt werden, sind in aller Regel lediglich gutes Marketing – vor allem auf der Basis einer geeigneten Rhetorik – für relativ bekannte Konzepte (Eccles/Nohria 1992).

Zweifel plagen mich. Was ist, wenn alles bloß
Illusion ist und nichts existiert? In diesem Fall
habe ich entschieden zuviel für meinen Tep-
pich bezahlt.

Woody Allen

9. Konstruktivistische Ansätze

Alfred Kieser

9.1. Von der symbolischen Interaktion zur sozialen Konstruktion von Organisationen – ein kurzer Abriß der Entwicklung konstruktivistischer Ansätze

Die Ansätze, die wir in den vorangegangenen Kapiteln vorgestellt haben, gehen alle von der Annahme aus, daß sich die Organisationsstruktur oder bestimmte Merkmale der Organisation in einer objektiven Weise erfassen lassen. Für Vertreter konstruktivistischer Ansätze findet Organisation demgegenüber vor allem in den Köpfen der Organisationsmitglieder statt.

Ein kleines Gedankenexperiment soll das verdeutlichen: Nehmen Sie an, Sie werden von einem Unternehmen angestellt und in eine Stelle eingewiesen. Sie brauchen nicht in schriftliche Aufzeichnung wie Organigramme, Stellenbeschreibungen oder Verfahrensrichtlinien zu schauen, um zu wissen, was ein Abteilungsleiter, eine Stelle, eine Anweisung oder ein Meeting ist. Das alles wissen sie auf Grund Ihrer Alltagserfahrung. Sie haben auch schon ein Repertoire an Verhaltensweisen parat, das Sie befähigt, mit Kollegen relativ reibungslos zusammenzuarbeiten. Sie wissen bspw., daß man dem Vorgesetzten besser Respekt entgegenbringt und daß man Anweisungen von Höhergestellten, die sich im Rahmen der Arbeitsaufgabe bewegen, befolgen muß, daß man bestimmte Aufgaben und Befugnisse übertragen bekommt, die man besser nicht eigenmächtig übertritt oder verändert, daß man durch Nachlässigkeit seine Beförderung, vielleicht sogar sein Beschäftigungsverhältnis gefährdet. Dieses Wissen ist so selbstverständlich wie das Wissen, das wir benötigen, um Kartoffeln auf dem Wochenmarkt zu kaufen oder um einen Kegelabend mit Freunden zu verbringen. Nun gab es aber einmal eine Zeit, in der noch keine Unternehmen existierten. In den ersten Unternehmen konnte man noch nicht auf kulturelles Wissen zurückgreifen. Daß nicht nur der Fabrikherr befugt war, Anweisungen zu erteilen, sondern auch ein von ihm dazu legitimierter Meister, mußte man den ersten Arbeitern erst mühsam beibringen. Eine Generation gibt das Wissen über Institutionen an die folgende weiter. Die Generation, in der eine Institution entsteht, hat noch den Eindruck, daß die entsprechenden Regeln auch ganz anders hätten ausfallen können, wenn die Initiatoren andere Vorstellungen entwickelt hätten. Die späteren Generationen nehmen diese Institutionen als etwas Selbstverständliches, etwas objektiv Gegebenes wahr. Dennoch ist es letzten Endes gespeichertes Wissen – zum größten Teil in den Köpfen gespeichertes Wissen, das dem Funktionieren solcher Institutionen zugrunde liegt. Geht das Wissen verloren, hört auch die Institution auf zu existieren.

Wenn in einem Unternehmen umfangreichere organisatorische Veränderungen vorgenommen werden, etwa eine Profit Center-Organisation, eine Prozeßkostenrechnung oder

Total Quality Management eingesetzt wird, so bilden die Betroffenen neue Verhaltensweisen nicht heraus, indem sie die von den Organisatoren entworfenen neuen Stellenbeschreibungen und Verfahrensrichtlinien lesen. Vielmehr wird ihnen erklärt, welches die Intentionen der neuen Organisationsformen sind, welches Verhalten von ihnen erwartet wird, was in bestimmten Situationen zu tun ist usw. Häufig werden Mitglieder oberer Ebenen Verhaltensweisen, die ihren Intentionen bei dem Entwurf der neuen Organisation nicht entsprechen, korrigieren. Die Mitglieder werden auch untereinander über das angemessene Verhalten diskutieren, sich gegenseitig korrigieren und Konsens über das angemessene Verhalten herzustellen versuchen. Schriftliche Unterlagen wie Organigramme und Richtlinien bieten nur Anhaltspunkte, nie ausreichende Beschreibungen.

Was wir mit dieser Einführung deutlich machen wollen: Organisationen "funktionieren" nicht, weil ihre "Struktur" zweckmäßig gestaltet ist, sondern weil die Mitglieder "in ihren Köpfen" bestimmte Vorstellungen darüber haben, wie Organisationen funktionieren sollten. Zum Teil sind diese Vorstellungen in der Kultur enthalten, z.t. müssen sie in Organisationen "vereinbart" bzw. plausibel gemacht werden und in Prozessen von Versuch und Irrtum eingeübt werden. Organisationen sind so gesehen keine objektiven Gegebenheiten, sondern beruhen im wesentlichen auf den Kognitionen von Organisationsmitgliedern und ihren Interaktionspartnern. Das bedeutet: Wenn man etwas über Organisation wissen will, muß man vor allem herausbekommen, was in den Köpfen von Individuen vorgeht.

Warum aber sind "objektive" Auffassungen von der Organisation so verbreitet? Um diese Frage zu beantworten und um "subjektivistische" Ansätze einzuführen, müssen wir etwas weiter ausholen (Anja Muley und Irene Gölz danke ich für wertvolle Anregungen zum ersten Abschnitt dieses Kapitels).

In der Geschichte der Philosophie lassen sich – sehr grob – zwei grundlegende Orientierungen ausmachen: In der einen – zu ihr gehören etwa Bacon, Locke, Hume, Comte, Spencer und Popper – wird vor allem die äußere Welt als wichtige Quelle der Erkenntnis betrachtet und so geht es vor allem um Methoden, mit deren Hilfe man die Welt entschlüsseln kann. In der anderen Orientierung, der beispielsweise Spinoza, Hegel, Kant, Nietzsche und Husserl zuzurechnen sind, wird stärker betont, daß Erkenntnisse Produkte unseres Geistes sind, daß Menschen sich Vorstellungen von der Welt machen und, soweit es in ihrer Macht steht, die Welt nach ihrer Vorstellung gestalten. Die Vertreter dieser Orientierung machen beispielsweise darauf aufmerksam, daß unsere Wahrnehmung und unsere Interpretationen in einem hohen Maße von der Sprache geprägt sind und daß man sich folglich, um den Prozeß der Erkenntnis nachvollziehen zu können, auch mit der Sprache beschäftigen muß.

Alle der bisher in diesem Buch betrachteten Theoretiker bis auf Weber, der beide Richtungen miteinander verknüpfen wollte, fühlen sich letztlich der ersten, der positivistischen Tradition verpflichtet. Bevor wir nun aber auf konstruktivistische Ansätze in der Organisationstheorie, die an die zweite Tradition anknüpfen, eingehen, wollen wir kurz soziologische Ansätze diskutieren, die auslösend für diese Richtung der Organisationstheorie gewesen sind.

Konstruktivistische Ansätze der Soziologie gehen von der Annahme aus, daß Menschen, indem sie kommunizieren und interagieren, eine soziale Wirklichkeit schaffen, die ihnen oder ihren Nachkommen dann als objektive Wirklichkeit erscheint. Als Begründer konstruktivistischer Ansätze in der Soziologie kann der Sozialphilosoph George Herbert Mead (1863 - 1931) gesehen werden. Er stellte die These auf, daß der menschliche "Mind" (Geist, Verstand) im wesentlichen ein soziales Phänomen ist (Mead 1968, 1983). Der

"Mind" hat die Fähigkeit, in allgemein verständlicher Weise Symbole (Sprache, bildhafte Darstellungen) zu nutzen, um Objekte des menschlichen Umfeldes zu benennen, alternative Handlungsweisen zu entwickeln und die angemessene Handlungsstrategie auszuwählen. Mit Hilfe seines "Mind" hat das Individuum weiterhin die Fähigkeit, sich in andere hineinzuversetzen, die Meinungen, Einstellungen und Reaktionen seiner Interaktionspartner zu antizipieren. Das Konzept des "Mind" führt zu dem des "Self": Das Individuum kann sich selbst als Subjekt *und* Objekt sehen. "Wir machen uns eine Vorstellung davon, wie die anderen uns sehen, und indem wir uns mit den Augen der anderen betrachten, entsteht für uns ein eigenes 'self'" (Helle 1992: 68f.). Da die Bilder, welche die anderen sich von uns machen und die wir über einen vorgestellten Rollenwechsel mehr oder minder gut erkennen, nicht unbedingt konsistent sind, muß sich im Laufe der Entwicklung der *Selbstidentität* eine neue Interaktionsperspektive herausbilden, die des fiktiven "generalisierten Anderen" (generalized other): Das Individuum entwickelt eine Vorstellung, wie es "generell" von anderen wahrgenommen wird. Aus der Perspektive dieses "generalisierten Anderen" wird die entwickelte Selbstidentität ständig evaluiert (Turner 1991).

Der von Herbert Blumer begründete *Symbolische Interaktionismus* baut auf Meads Überlegungen auf. Seine grundlegenden Prämissen sind:

- "Menschen handeln anderen Dingen gegenüber auf der Grundlage der Bedeutungen, die diese Dinge für sie haben" (Blumer 1981: 81). Als "Ding" wird dabei alles durch den Menschen Wahrnehmbare bezeichnet, auch Institutionen, Ideale, Kategorien von Menschen, alltägliche Situationen usw.

- Diese Bedeutungen entstehen oder sind abgeleitet aus der Interaktion der Individuen mit ihren Mitmenschen. Wenn andere etwas sehr wichtig nehmen, neigen wir dazu, dies auch zu tun. "Für den Symbolischen Interaktionismus sind Bedeutungen daher soziale Produkte, sie sind Schöpfungen, die in den und durch die definierenden Aktivitäten miteinander interagierender Personen hervorgebracht werden" (Blumer 1981: 83f.).

- Individuen übernehmen nicht nur Bedeutungen, sie interpretieren die Dinge auch selbst. Sie gehen dabei in zwei Schritten vor: Zuerst macht sich der Handelnde selbst auf die Dinge aufmerksam, die für ihn Bedeutung haben und auf die sein Handeln gerichtet werden soll, indem er die entsprechenden Symbole interpretiert, durch die das "Ding" repräsentiert wird. Blumer nennt diesen Vorgang "anzeigen". Danach wird der Handelnde im Hinblick auf die Interaktionssituation die Bedeutungen aussuchen, prüfen, zurückstellen, neu ordnen und umformen. Die Interpretation der Bedeutung ist demnach ein "Mittel für die Steuerung und den Aufbau von Handlungen" (Blumer 1981: 83f.). Der Handelnde interagiert in dieser Phase des Prozesses mit sich selbst, was einen wichtigen Teil der Handlung ausmacht. Aus der bloßen Interaktion mit sich selbst kann koordiniertes Handeln im kollektiven Kontext allerdings noch nicht entstehen. Es ist erforderlich, sich am Gegenüber auszurichten, ihm anzuzeigen, wie er sich zu verhalten hat, und das Anzeigen der anderen Person aus deren Perspektive zu interpretieren, um herauszufinden, wie man sich selbst verhalten sollte. Genau an dieser Stelle wird die Fähigkeit des Menschen zur Rollenübernahme wichtig, die bereits Mead hervorgehoben hat. Das Anzeigen von Bedeutungen ist der Kern der symbolischen Interaktion. Eine nicht-symbolische Interaktion ist im Gegensatz dazu eine direkte Antwort auf Handlungen des anderen ohne Interpretation derselben, eine reflexartige Reaktion ohne Nachdenken.

Der Symbolische Interaktionismus enthält, wie Esser (1993: 484) anmerkt, eine problematische Annahme, nämlich die, "daß *alle* Situationen in gewisser Weise wieder jeweils komplett *neu* sind, daß – im Prinzip – die Menschen die Bedeutungen immer wieder neu *aushandeln*, daß sie die Situation damit immer wieder erst neu definieren und daß auch jede Nutzung von 'fertigen' Symbolen und Vereinbarungen immer einen neuen Prozeß der aktiven Ausformung der Bedeutungen *voraussetzt*". Im Zusammenleben von sozialen Gruppen, so die Annahme, müssen Regeln durch ständiges Aushandeln immer wieder neu geschaffen werden, weil es keine *vorgefertigten* Regeln gibt, die das Zusammenleben von Menschen koordinieren.

Der von Alfred Schütz (1971) begründete *Phänomenologische Interaktionismus* versucht, diesem Problem zu entkommen. Schütz geht davon aus, daß Individuen in ihrem Gedächtnis soziale Regeln, Vorstellungen vom angemessenen sozialen Handeln und Informationen aus früheren Interaktionen gespeichert haben. Dieses "stock knowledge at hand", der jederzeit abrufbare Bestand des Alltagswissens, "gives people a frame of reference or orientation with which they can interpret events as they pragmatically act on the world around them" (Turner 1991: 388). Es stellt für Individuen ihre Wirklichkeit dar. Sie handeln unter der Annahme, daß ihr Wissensbestand mit dem ihrer Interaktionspartner übereinstimmt. Ihr Alltagswissen eignen sich Individuen im Laufe ihrer Sozialisation an, wobei sie immer wieder die Erfahrung machen, daß man sich relativ leicht mit anderen über die Situation verständigen kann. Es entsteht so "a sense or *presumption* that the world is the same for all and that it reveals identical properties for all. What often holds society together is this presumption of a common world" (Turner 1991: 388).

Schütz kritisiert, daß Weber in seinem Konzept der Verstehenden Soziologie nicht den Versuch unternommen hat herauszufinden, warum und durch welche Prozesse die Akteure gemeinsame Bedeutungen entwickeln, sich verstehen und sich ein gemeinsames Bild von der Welt machen. "How is it possible that although I cannot live in your seeing of things, cannot feel your love and hatred, cannot have an immediate and direct perception of your mental life as it is for you – how is it that I can nevertheless share your thoughts, feelings, and attitudes? (Zaner 1961: 76). Schütz zufolge ist die Lebenswelt erschaffen von den vorherigen Generationen und wurde den Nachfolgern zur (Selbst-)erfahrung und Interpretation weitergegeben. "Nur ein sehr kleiner Teil meines Wissens von der Welt gründet in meiner persönlichen Erfahrung. Der größere Teil ist sozial abgeleitet, von meinen Freunden, Eltern, Lehrern und Lehrern meiner Lehrer auf mich übertragen" (Schütz 1971: 25).

Alltagswissen hat einen ausgeprägten Routinecharakter und besteht erstens aus "knowledge of skills", man weiß beispielsweise wie man geht, spricht usw. Zweitens besteht es aus "useful knowledge", das man sich im Laufe seines Lebens etwas mühsamer aneignen mußte und dank dessen man beispielsweise weiß, wie man Auto fährt. Und es besteht drittens aus Typisierungen und Rezeptwissen. Das heißt, wir legen uns zurecht, welche standardisierten Verhaltensweisen wir in bestimmten – typisierten – Situationen in Betracht ziehen. Die beiden letztgenannten Wissensbestandteile machen das Alltagswissen in der Hauptsache aus. Das Alltagswissen gibt den Menschen einen Bezugsrahmen und eine Orientierung zur Interpretation von Ereignissen in ihrem Umfeld: "Alle Typisierungen im Alltags-Denken sind als solche integrierende Elemente der konkreten historisch soziokulturellen 'Lebenswelt' und beherrschen sie, weil sie als gesichert und gesellschaftlich bewährt erlebt werden" (Schütz 1971: 149).

Für Schütz ist die Lebenswelt eine intersubjektive Welt, in der Menschen eine soziale Realität kreieren, aber gleichzeitig durch die bereits existiernde soziale und kulturelle Struktur eingeschränkt werden. Die Menschen sind durch diese Realität beeinflußt, sind aber gleichzeitig fähig, diese sinnvoll zu interpretieren und gegebenenfalls zu ändern.

Von den skizzierten Ansätzen ausgehend, entwickeln Berger/Luckmann (1980) eine umfassende Darstellung des Verhältnisses zwischen Individuen und Gesellschaft. Sie beschreiben, wie Menschen die Wirklichkeit sozial konstruieren, und entwickeln dabei eine Perspektive, zu der Soeffner (1992: 479) anmerkt: "Soziologen fällt diese Blickwendung nach wie vor schwer. Sie verwechseln – mehrheitlich? – immer noch ihre Daten mit *der* Realität oder einem 'Realitätsausschnitt', deren wenn nicht erste, so doch zumindest maßgebliche Interpreten sie selbst sind."

Auch Berger/Luckmann machen das Alltagswissen zum Ausgangspunkt ihrer Überlegungen. Sie nehmen an, daß ein großer Teil des menschlichen Miteinander im Alltag weniger auf reflektierten Handlungen beruht, sondern auf routinemäßig praktizierten Handlungsmustern, welche die gesellschaftliche Interaktion enorm erleichtern. Das Alltagswissen stellt einen Wissensvorrat dar, der den Menschen hilft, sich in der Alltagswelt zurechtzufinden. "Alltags- oder Allerweltswissen" ist Grundvoraussetzung für das Existieren einer menschlichen Gesellschaft überhaupt. "Dem Allerweltswissen ... gebührt das Hauptinteresse der Wissenssoziologie, denn dieses 'Wissen' eben bildet die Bedeutungs- und Sinnstruktur, ohne die es keine menschliche Gesellschaft gäbe" (Berger/Luckmann 1980: 16). Der Kernbereich des Alltagswissens besteht aus einer Art "Rezeptwissen", über das *alle* Gesellschaftsmitglieder verfügen. In unserer stark arbeitsteiligen Welt gibt es aber immer mehr "Sonderwissen", das einzelne Individuen in diesen Wissensvorrat einbringen (Berger/Luckmann 1980: 45ff.). Alltagswissen ist genaugenommen das, was in unserer Wirklichkeit als etwas Passendes, nicht mehr zu Hinterfragendes angesehen wird. Die Integration der verschiedenen Sonderwissen wird erreicht, indem *allgemein* bekannt ist, an welchen Experten man sich mit welcher Art von Problemen wenden kann.

Zur Wirklichkeit wird für das Individuum die Alltags- bzw. Lebenswelt, von der es weiß, daß sie von seinen Mitmenschen in gleicher Weise wahrgenommen wird: "Das wichtigste, was ich weiß, ist, daß es eine fortwährende Korrespondenz meiner und ihrer Auffassungen von und in dieser Welt gibt, daß wir eine gemeinsame Auffassung von ihrer Wirklichkeit haben" (Berger/Luckmann 1980: 26).

Berger/Luckmann gehen der Frage nach, wie sich Routinewissen, tagtägliche Interaktion und soziale Wirklichkeit gegenseitig in einem "Wirkungskreislauf der sozialen Wirklichkeitskonstruktion" beeinflussen. "Auf welche Weise entsteht gesellschaftliche Ordnung überhaupt? ... Die allgemeinste Antwort wäre, daß Gesellschaftsordnung ein Produkt des Menschen ist, oder genauer: eine ständige menschliche Produktion" (Berger/Luckmann 1980: 55). Sie konzipieren einen sich ständig wiederholenden dialektischen Prozeß, der sich aus drei Teilprozessen zusammensetzt: Externalisierung, Objektivation (und der daraus notwendig werdenden Legitimation) sowie Internalisierung.

(1) *Externalisierung*: Externalisierung, d.h. Entäußerung der innerlich ablaufenden kognitiven und emotiven Prozesse, basiert auf der Vorstellung von Menschen als "homo socius", als soziales Wesen, das mit seiner Umwelt in Wechselwirkung treten muß, um überleben zu können: "Menschliches Leben wäre nicht möglich im verschlossenen Raum schweigender Innerlichkeit. Es muß sich ständig äußern und durch Aktivität verkörpern" (Berger/Luckmann 1980: 58). Ohne zwischenmenschliche Interaktion ist der Prozeß der Wirklichkeitskonstruktion undenkbar. Während ein Tier immer nur in einer ganz be-

stimmten artspezifischen Umwelt zu finden ist, in der es aufgrund seines stark ausgeprägten Instinktapparates überleben kann, ist es der menschlichen Gattung möglich, sich – freilich innerhalb gewisser biologischer Grenzen – in den unterschiedlichsten Welten zurechtzufinden.

"Verglichen mit dem Instinktapparat der anderen höheren Säugetiere kann der des Menschen als geradezu unterentwickelt bezeichnet werden. Auch der Mensch hat selbstverständlich Triebe, aber seine Triebe sind höchst unspezialisiert und ungerichtet. Der menschliche Organismus ist dadurch fähig, seine konstitutionell gegebenen Fähigkeiten auf einer sehr breiten und noch dazu schwankenden Skala immer auswechselbarer Tätigkeit einzusetzen" (Berger/Luckmann 1980: 50).

Im Gegensatz zum Tier ist der Mensch, wenn er auf die Welt kommt, noch nicht voll entwickelt. Er ist unbeholfen und abhängig von seiner Umwelt und deshalb auch in hohem Maße prägbar. Von seiner Geburt an erfährt er sich und bildet er sich aus innerhalb der Gesellschaft. Diese starke Prägbarkeit des Menschen ist nicht nur eine Fähigkeit, sondern auch eine Notwendigkeit. Denn während die menschliche Gattung außerordentlich "weltoffen" ist, d.h. in verschiedenen Welten leben kann, braucht das einzelne Individuum eine ganz konkrete Welt als Bezugsrahmen, um sein Leben daran auszurichten. Wegen seines nur schwach ausgeprägten Instinktapparates fehlen ihm Sicherheit und Halt, um sich zurechtzufinden. Eine klare Ordnung der Dinge, wie sie in einer Gesellschaft herrscht, ist für ihn von höchster Wichtigkeit. In diesem Sinne wird das einzelne Individuum letztendlich und notwendigerweise "durch die Gesellschaftsordnung immer in eine relative Weltgeschlossenheit umtransponiert" (Berger/Luckmann 1980: 55).

(2) *Objektivation und Institutionalisierung*: "Der Vorgang, durch den die Produkte menschlicher Selbstentäußerung objektiven Charakter gewinnen, ist Objektivation, d.h. Vergegenständlichung" (Berger/Luckmann 1980: 64). Der Prozeß der Objektivation kann erst einsetzen, wenn sich Externalisierungsprozesse vollzogen haben, d.h., wenn das Individuum in Interaktion mit anderen Individuen oder Gruppen getreten ist. Trotzdem können beide nicht in strikter chronologischer Abfolge gesehen werden, denn auch die Objektivation wirkt wieder zurück auf den Vorgang der Externalisierung: "Externalisierung und Objektivation ... sind Bestandteile in einem dialektischen Prozeß" (Berger/Luckmann 1980: 65). Dieser dialektische Prozeß bringt – im Zusammenspiel mit der später noch zu erläuternden Internalisierung – letztendlich das hervor, was wir als gesellschaftliche Wirklichkeit verstehen.

Menschen interagieren, indem sie nicht nur vom anderen ein bestimmtes Verhalten erwarten, sondern auch Annahmen darüber treffen, welches Verhalten das Gegenüber von einem selbst erwartet – sozusagen das Verhalten des Gegenüber auf der Grundlage eines Bildes vom "generalisierten Anderen", das ihnen während der Sozialisation vermittelt wurde, antizipieren. Eine Interaktion, die ohne wechselseitige Sinnzuschreibung und Motivunterstellung vonstatten ginge, würde entweder zu keiner Verständigung führen oder es müßten ihr aufwendige bedeutungsklärende Fragen vorausgeschickt werden, um sie vollziehen zu können. Alltagswissen ist das, was sich die Gesellschaftsmitglieder gegenseitig als selbstverständlichen und sicheren Wissensbestand unterstellen müssen, um überhaupt interagieren zu können. Berger/Luckmann (1980: 38-41) heben die Bedeutung der *Sprache* im Prozeß der Objektivation hervor:

"Sprache ist der Speicher angehäufter Erfahrungen und Bedeutungen, die sie zur rechten Zeit aufbewahrt, um sie kommenden Generationen zu übermitteln. ... Als Zeichensystem hat sie Objektcharakter. Ich treffe auf sie als auf einen Tatbestand außerhalb meiner selbst, und ihre Wirkung auf mich ist zwingend. Sprache zwingt mich in ihre vorgeprägten Muster. ... Sprache versorgt mich mit Vorfabrikation für die ständige Objektivation meiner zunehmenden Erfahrung. Sprache ist dehnbar und geschmeidig genug, mir die Objektivation der ganzen Fülle von Erfahrungen möglich zu machen, die meinen Lebensweg kreuzen. Sprache typisiert die Erfahrungen auch, indem sie erlaubt, sie Kategorien zuzuteilen, mittels derer sie nicht nur für mich, sondern auch für meine Mitmenschen Sinn haben. ... Ich habe zum Beispiel Ärger mit meiner Schwiegermutter. Diese konkrete, persönliche Erfahrung findet in der Sprache die Typisierung 'böse Schwiegermutter' vor. So allgemein formuliert, sieht sich mein Ärger ganz normal für mich, für andere Leute, ja vielleicht sogar für meine Schwiegermutter an."

Der Mensch orientiert sich bei seiner alltäglichen Interaktion nicht nur an bereits vorhandenen Routinen und Regeln bzw. Verhaltensmustern, die ihm über das Alltagswissen zur Verfügung stehen, sondern er bildet gemeinsam mit anderen auch immer wieder neue Verhaltensmuster aus. Dies bezeichnen Berger/Luckmann als "Institutionalisierungsprozeß". Sie rekonstruieren den Prozeß, durch den eine objektive Welt entsteht. Dabei gehen sie davon aus, daß alles menschliche Tun "dem Gesetz der Gewöhnung unterworfen" ist (Berger/Luckmann 1980: 56). Habitualisierung ermöglichen es dem instinktunsicheren Menschen, sich in seiner vielfältigen Welt zurechtzufinden, ohne jedesmal über verschiedene Alternativen von Lösungsansätzen reflektieren zu müssen. Sie "befreit den Einzelnen von der 'Bürde der Entscheidung' und sorgt für psychologische Entlastung" (Berger/Luckmann 1980: 57). Habitualisierung ist die Vorstufe der *Institutionalisierung*: "Institutionalisierung findet statt, sobald habitualisierte Handlungen durch Typen von Handelnden reziprok typisiert werden" (Berger/Luckmann 1980: 58). Reziprozität der Typisierung von habitualisierten Handlungen bedeutet hierbei, daß eine Person A nicht nur die wiederkehrenden Handlungen einer Person B als habitualisiert einstuft und ihr bestimmte Beweggründe zuordnet, sondern dieselbe Denkweise auch von B annimmt. Typisierung ist also kein automatischer Prozeß im Sinne einer Zuordnung konkreter Ereignisse zu bereits vorhandenem Wissen, sondern ein kognitiver Vorgang, der bewußt vollzogen werden muß. Die Personen beginnen danach, die ihnen zugewiesenen Rollen zu spielen, was ihr Zusammenleben durch die dadurch entstehende Voraussehbarkeit enorm erleichtert. Wenn sich solche habitualisierten Handlungen nun von ihrem konkreten Zusammenhang lösen und in den allgemeinen Wissensvorrat übergehen, d.h., wenn nicht nur die Akte, sondern auch die Akteure typisiert werden, kann man von Institutionalisierung sprechen.

Berger/Luckmann (1980: 58) erfassen jedoch mit dem Begriff "Historizität" noch eine weitere Voraussetzung von Institutionen: "Es ist unmöglich, eine Institution ohne den historischen Prozeß, der sie heraufgebracht hat, zu begreifen". Historisch wird eine Institution dann, wenn sie von einer nachfolgenden Generation übernommen wird, die an deren Errichtung nicht beteiligt war. Während nämlich im Bewußtsein der Elterngeneration der Prozeß der durch eigenes Handeln in Gang gesetzten Institutionalisierung noch präsent ist, was sie zu einer Veränderung der Institution befähigt, nimmt die neue Generation das Vorgefundene als gegeben hin und überträgt diese Einstellung auch zurück an die Eltern, die sich in ihrer Wirklichkeitsvorstellung bestätigt fühlen: "Die Elterngeneration erfährt durch die Weitergabe ihrer problemdefinierenden und problemlösenden Alltagswissensbestände auf die Kindergeneration vermittels der verschiedenen Mechanismen der Primär- und Sekundärsozialisation ... eine zusätzliche Bekräftigung und Absicherung ihres Stils der Welt- und Handlungsorientierung, da dieser nun auch von anderen geteilt und bestätigt wird" (Matthes/Schütze 1973: 14). Der Institution wird endgültig der Charakter von Objektivität verliehen, "mit anderen Worten: Institutionen sind nun etwas, das seine eigene Wirklichkeit hat, eine Wirklichkeit, die dem Menschen als äußeres, zwingendes Faktum gegenübersteht" (Berger/Luckmann 1980: 62), womit der Prozeß der Objektivation seinen Abschluß gefunden hat.

Die "Gesellschaft", die Berger/Luckmann (1980: 59) als "Institutionsballung" sehen, ist ebenfalls vor diesem Hintergrund zu verstehen: "Jetzt erst wird es überhaupt möglich, von einer gesellschaftlichen Welt im Sinne einer in sich zusammenhängenden, gegebenen Wirklichkeit zu sprechen, die dem Menschen wie die Wirklichkeit der natürlichen Welt gegenübersteht" (Berger/Luckmann 1980: 63). Damit entsteht eine Art Paradoxum, das in der Dialektik des Prozesses begründet liegt: Der Mensch produziert durch seinen Drang nach ständiger Selbstentäußerung ("Externalisierung") und seiner Neigung zu Habitualisierungen in einem Prozeß der Objektivation mit anderen zusammen eine Welt, die er dann nicht mehr als menschliches Produkt, sondern als objektive Faktizität erfährt. Diese vergegenständlichte Welt wiederum verinnerlicht das Individuum während seiner primären und sekundären Sozialisation, was Berger/Luckmann als "Internalisierung" bezeichnen, und orientiert sich an ihr als seiner Alltagswelt. Über die Ergebnisse von Externalisierung, Objektivation und Internalisierung ziehen Berger/Luckmann (1980: 65) folgendes Resümee: *"Gesellschaft ist ein menschliches Produkt. Gesellschaft ist eine objektive Wirklichkeit. Der Mensch ist ein gesellschaftliches Produkt."* Sie wollen damit sagen: Obwohl die Wirklichkeit sozial konstruiert ist, erscheint sie den Individuen auf Grund ihrer Sozialisation als objektive Wirklichkeit.

(3) *Internalisierung*: Darunter verstehen Berger/Luckmann (1980: 65) eine "Einverleibung, durch welche die vergegenständlichte gesellschaftliche Welt im Verlauf der Sozialisation ins Bewußtsein zurückgeholt wird". Wie beim Prozeß der Objektivation angedeutet, kann von einer gesellschaftlichen Welt als in sich zusammenhängende objektive Wirklichkeit im Grunde erst gesprochen werden, wenn die geschaffenen Institutionen im Wege der Sozialisation an eine neue Generation weitergegeben werden: "Neue Generationen, die an einem Institutionalisierungsprozeß nicht beteiligt waren, müssen sich die ihnen als objektive Welt gegenübertretenden Institutionen während des Sozialisationsprozesses bewußt aneignen, sie verinnerlichen" (Krüger 1981: 119).

Die "signifikanten Anderen" sind für das Kind in seiner ersten Lebensphase, in *der primären Sozialisation*, hauptsächlich die Eltern. Es stellt diese ebensowenig in Frage wie die über sie vermittelte Wirklichkeit, die es als objektiv gegeben erlebt. Berger/Luckmann (1980: 142) betonen bei der primären Sozialisation die Notwendigkeit zur Identifikation, denn "zur Internalisierung kommt es nur, wo Identifizierung vorhanden ist. Das Kind übernimmt die Rolle und Einstellungen der signifikanten Anderen, das heißt: es internalisiert sie und macht sie sich zu eigen".

Den Schritt vom "signifikanten Anderen" zum "generalisierten Anderen" vollzieht das Kind, wenn es anfängt, Rollen und Einstellungen von "*speziellen* Anderen" zu trennen, d.h. einen Abstraktionsprozeß einzuleiten, der dazu führt, "daß das Kind sich jetzt nicht nur mit konkreten Anderen identifiziert, sondern mit einer Allgemeinheit der Anderen, das heißt mit einer Gesellschaft" (Berger/Luckmann 1980: 143).

Als wichtigstes Medium der Tradierung führen Berger/Luckmann (Berger/Luckmann 1980: 72) die *Sprache* an, die für sie dasjenige Zeichensystem darstellt, das am besten dazu geeignet ist, Erfahrungen zu transportieren und zu speichern.

In der *sekundären Sozialisation* findet nach Berger/Luckmann vor allem die Aneignung von rollenspezifischem "Spezialwissen" statt. Während die primäre Sozialisation sich quasi automatisch vollzieht, weil das Kind noch gar nicht fähig ist, die ihm präsentierte Wirklichkeit nicht als solche zu akzeptieren, kann es bei der sekundären Sozialisation eher zu Konflikten kommen, da diese auf ein schon geprägtes Selbst mit einem bereits internalisierten Möglichkeitsausschnitt trifft. Deswegen sind hier meist "besondere pädagogische Maßnahmen" (Berger/Luckmann 1980: 153) nötig. Wenn ein Individuum beispielsweise in der sekundären Sozialisation dazu gebracht werden soll, die Wirklichkeit eines Klosters oder einer Sekte zu internalisieren, muß es – der Novize – einen "institutionalisierten, besonders ausgetüftelten Initiationsprozeß" durchlaufen, "in dessen Verlauf sich der Novize völlig der Wirklichkeit, die er internalisiert, anheimgibt" (Berger/Luckmann 1980: 155)

(4) *Legitimierung*: "Vom Auftritt einer neuen Generation an bedarf die institutionale Welt der Legitimation, das heißt, sie braucht Weisen ihrer 'Erklärung' und 'Rechtfertigung'" (1980: 66). Eine Legitimierung ist erforderlich, weil Generationen, welche die Entstehung einer Institution nicht erlebt haben, "der ursprüngliche Sinn der Institution ... ihrer eigenen Erinnerung unzugänglich" ist. Legitimationsfunktionen werden schon durch die Sprache erfüllt, indem diese bestimmte Wörter bereitstellt, die Verhaltensbereiche als "given-for-granted" erscheinen lassen. Hier ist als Beispiel das Verwandtschaftsvokabular zu nennen, das durch seine bloße Existenz bereits die Struktur der Verwandtschaft legitimiert.

Legitimationen können an die Kindergeneration aber auch durch Lebensweisheiten, Legenden oder Märchen weitergegeben werden oder auch innerhalb hochkomplexer Theorien entwickelt und vermittelt werden. Theorien sind "(s)ymbolische Sinnwelten, die dem Individuum gewöhnlich als 'voll entfaltete und unumstößliche Ganzheiten' gegenüberstehen, (die) die subjektiven Erfahrungen verschiedener Wirklichkeitssphären (integrieren), sie in eine Hierarchie von Wirklichkeiten (einordnen), bei der die Alltagswelt am wirklichsten ist, und zugleich auch widersprüchliche Sinnstrukturen, die im Alltagsleben auftreten, (harmonisieren)" (Krüger 1981: 121). So ist etwa ein Traum aus dem Blickwinkel der alles dominierenden Alltagswelt wissenschaftlich zu betrachten. Auf diese Weise wird die mit ihm verbundene Bedrohung, es könne noch andere Wirklichkeiten geben, als die von der Gesellschaft definierte, vermindert.

Auch die Organisation ist eine Institution, die im Laufe der Zeit sozial konstruiert wurde, uns heute jedoch als objektive Wirklichkeit gegenübertritt und die der ständigen Legitimation – vor allem durch Managementlehren und Theorien – bedarf. Die mittelalterlichen Gesellschaften kannten die Institution Organisation noch nicht (Kieser 1989a). Wesentlich für diese Institution ist das *Konstrukt der juristischen Person*, dessen Handhabung ein relativ hohes Abstraktionsvermögen voraussetzt. Organisationsmitglieder müssen fähig sein, sich nicht als ganze Person, sondern nur bestimmte Ressourcen – Arbeitszeit oder Mitgliedsbeiträge – in ein abstraktes Gebilde, eine Firma oder einen Gesangverein etwa, einzubringen. Meistens gehören heutzutage Individuen mehreren Organisationen gleichzeitig an. Und in jeder müssen sie spezifische Regeln einhalten. Die Menschen des Mittelalters konnten noch nicht so gut unterscheiden zwischen Handlungen, die sie als Individuum für sich selbst und als Individuen für eine Institution verrichten. Sie konnten sich noch keinen Begriff von einer abstrakten juristischen Person machen und ihr Verhalten an ihm ausrichten. Vor allem verfügten sie noch nicht über das Maß an *Selbstdisziplin*, das Voraussetzung für Verhalten in Organisationen ist.

Die Diskussion um den Eigentümer von Kirchen, welche die Grundherren gewöhnlich auf dem ihnen gehörenden Land bauen ließen und zu der sie sich einen Priester holten, macht die Probleme mittelalterlicher Menschen mit abstrakten Konzepten als Grundlage von Institutionen deutlich (Coleman 1979: 4ff.). Der Priester verwaltete die Kirche und das sie umgebende Grundstück. Die Rechte des Grundherren an dem Grundstück wurden mehr und mehr eingeschränkt. Es entwickelte sich beispielsweise die Ansicht, daß die landwirtschaftlichen Produkte des Grundstücks, auf dem die Kirche stand, nicht mehr dem Grundherren zustünden. Wem aber wuchsen die Rechte zu, die der Grundherr verlor? Der Priester konnte kaum Inhaber dieser Rechte werden, denn er war offensichtlich nur Agent – aber Agent von wem? Zur Lösung dieses Problems verfiel man auf eine Reihe von Kunstgriffen. So wurden z.B. die "vier Mauern der Kirche" zum Eigentümer erklärt – eine Lösung, die keine allzu große Zustimmung fand. Einsichtiger war es den Zeitgenossen, daß der Heilige, dem die Kirche geweiht war, zum Eigentümer der Rechte, die dem Grundherr verlorengingen, erklärt wurde:

> "Wenn Eigentum, das der Kirche des Hl. Paulus zugerechnet wurde, übertragen werden sollte, so galt der Hl. Paulus als Verkäufer, während der gerade in der Kirche des Hl. Paulus eingesetzte Priester als derjenige auftrat, der das Eigentum des Hl. Paulus zu hüten und dessen Interessen wahrzunehmen hatte. Es zeigte sich, daß dies eine praktikable Lösung war, und es zeigte sich darüber hinaus, daß der Heilige keine entscheidende Funktion erfüllte, außer der, daß sein Name benutzt wurde, um eine Person zu haben, die Eigentum besaß, kaufte und verkaufte" (Coleman 1979: 5f.).

Von dieser Konstruktion war es dann nicht mehr allzu weit zur Vorstellung, daß "die Kirche", eine juristische Person, Eigentümerin sei. In England entwickelten die Juristen sogar eine Art Theorie darüber, welche *Art* von Person die Kirche sei: Sie sei wie ein unmündiges Kind, für das kirchliche Würdenträger eine Vormundschaft übernehmen müßten.

Bei der Herausbildung der Institution Organisation spielten auch *Metaphern* eine große Rolle, die den Individuen Vorstellungen und ein entsprechendes Verhalten erleichterten. Organisationen wurden mit Körpern verglichen, bei denen jedes Organ eine bestimmte Funktion übernimmt. Noch heute sprechen wir deshalb von Körperschaften und von den Organen einer Aktiengesellschaft (Böckenförde 1978; Dohrn-van Rossum 1978).

9.2. Konstruktivistische Ansätze in der Organisationstheorie

Konstruktivistische Ansätze der Organisationstheorie ergänzen sich nicht zu einem geschlossenen Theoriengebäude, vielmehr gibt es sehr unterschiedliche Theorieversuche, die sich nur partiell integrieren lassen. Eine gewisse Übereinstimmung besteht jedoch in der entschiedenen Ablehnung positivistischen Denkens, die in folgende *Grundannahmen* mündet (Wollnik 1992: 1780f.):

- Die Wirklichkeit ist mittels Kommunikation unter Verwendung von Symbolen, insbesondere sprachlicher Symbole, sozial konstruiert und bewußtseinsabhängig.

- Erkenntnis ergibt sich nur unter Berücksichtigung der Perspektiven der Akteure und relativ zu kulturell geteilten, auf eine gemeinsame Geschichte zurückgehende Sinnzusammenhänge.

- Menschen handeln auf der Grundlage ihres freien Willens, d.h., sie folgen eigenen Zielen und Motiven, zwar beeinflußt, aber niemals strikt determiniert durch äußere (materielle oder soziale) Faktoren.

Die Radikalität dieser Perspektive zeigt sich in der Konfrontation mit den *Annahmen positivistischer Analysen* (Kunnemann 1991: 20):

- Die Wirklichkeit ist objektiv gegeben, besitzt eine unveränderliche Struktur, unabhängig von der menschlichen Erkenntnis.

- Objektive Erkenntnis der Wirklichkeit erlangt man durch systematische Beobachtungen, welche die Grundlagen für Gesetzmäßigkeiten und Theorien bilden, mit deren Hilfe wiederum beliebige Erscheinungen kausal erklärt werden können.

- Die durch diese Ausgangspunkte festgelegten Regeln der wissenschaftlichen Methode ermöglichen einen intern kontrollierten, rationalen Lernprozeß, der den Wissensstand über Natur und Gesellschaft stetig hebt.

- Dieser rational kontrollierte Lernprozeß und der dadurch ermöglichte wissenschaftliche Fortschritt sind Voraussetzung für gesellschaftlichen Fortschritt, weil dieses Vorgehen zur Akkumulation von wahrer Erkenntnis führt und so eine rationale Lösung jedes beliebigen Problems ermöglicht. Auf diese Weise sind wissenschaftlicher und sozialer Fortschritt, rationales Handeln und wissenschaftliche Erkenntnis untrennbar miteinander verbunden.

Konstruktivistische Ansätze in der Organisationstheorie gehen von der Vorstellung aus, daß "Organisation in den Köpfen der Organisationsmitglieder stattfindet", d.h., daß die in Organisationen gültigen Interaktionsmuster sich auf dem Wege der Verständigung zwischen Interaktionspartnern herausbilden und folglich auch nur über das Wissen der handelnden Organisationsmitglieder erschlossen werden können. Dementsprechend ist eine Entwicklung neuer organisatorischer Lösungen nur über Kommunikation unter Organisationsmitgliedern möglich – über eine Kommunikation, in der es eben nicht um die Erfassung und Konzipierung objektiver Tatbestände geht, sondern um das Verständnis der Organisationsmitglieder vom Funktionieren ihrer Organisation. Externe Beobachter müssen rekonstruieren, wie die Organisationsmitglieder ihre jeweiligen organisatorischen Wirklichkeiten sehen und wie sie ihre Handlungen interpretieren. Dabei müssen sie gewärtigen, nicht nur auf eine, sondern auf mehrere wahrgenommene Realitäten zu treffen. Das Entstehen neuer organisatorischer Lösungen wird in dieser Perspektive als Erwerb neuer Wahrnehmungen der organisatorischen Realität, neuer Ziele, neuer Interpretationen für organisatorisches Handeln und neuer Interaktionsmuster durch die Organisationsmitglieder konzipiert.

Drei *generelle Richtungen konstruktivistischer bzw. interpretativer Ansätze* innerhalb der Organisationstheorie lassen sich grob unterscheiden (Knorr-Cetina 1989; Gergen 1985; Morgan/Smircich 1980): Eine sozial-konstruktivistische, die sehr stark von Berger/ Luckmann beeinflußt ist, eine kognitive und eine systemtheoretische. Kennzeichnend für die *sozial-konstruktivistische Richtung* ist ein grundlegendes Mißtrauen gegenüber Fakten und gegenüber einer Organisationstheorie, die sich an Fakten orientiert. Darstellungen von Fakten sind aus der Perspektive sozial-konstruktivistischer Ansätze immer nur linguistische Konstruktionen, die durch historisch gewachsene Konventionen des Miteinander-Umgehens zustande kamen. Es gibt diesen Ansätzen zufolge keine "Wahrheit durch Methode", denn jede Methode ist letzten Endes auch ein sprachliches Konstrukt, d.h., sie transportiert immer bestimmte Bedeutungen, ist immer vom Kontext ihrer Anwendung abhängig, ist *nicht neutral*. Sozial-konstruktivistische Ansätze sehen ihre Aufgabe letztlich darin, die Relativität, Bedingtheit von Organisationsstrukturen sichtbar zu machen, sie zu "dekonstruieren".

Ihre radikalste Ausformung erfährt diese Richtung im *Dekonstruktivismus postmoderner Ansätze* (Derrida 1990). Aus der Erkenntnis, daß Wissenschaft von Sprache abhängt, Sprache aber immer mehrdeutig ist, daß Wörter wie "Partizipation" oder "Organisationsziel" bei verschiedenen Adressaten unterschiedliche Konnotationen hervorrufen, ziehen postmoderne Autoren u.a. die folgenden Schlüsse (Weik 1996: 382):

- Es gibt keine "Fakten" an sich: Fakten sind nichts weiter als bestimmte "Interpretationen, die Autorität erlangt haben" (Atkins 1983: 121), beispielsweise dadurch, daß ein renommierter Wissenschaftler sie geprägt hat.

- Konsens bedeutet Unterdrückung. Wenn keine Interpretation als einer anderen überlegen deklariert werden kann, ist eine Entscheidung darüber, wer seine Interpretation zugunsten eines Konsenses aufgeben muß, rational nicht zu begründen.

- Der Prozeß des Interpretierens ist von größerer Bedeutung als die (vollendete) Interpretation. Es kommt vor allem darauf an, Denkstrukturen offenzulegen, so daß sie mit anderen Denkstrukturen konfrontiert werden können.

- Autoren und Leser sind beide für den Text verantwortlich. Die Interpretation, die sich der Leser schafft, wird nicht völlig mit der des Autors übereinstimmen. Sie ist aber gleichberechtigt.

Eine bestimmte Interpretation blendet andere mögliche Interpretationen aus, deshalb, so eine weitere Schlußfolgerung der *Postmoderne*, muß die Wissenschaft vor allem bestrebt sein, Differenzen und Dissense zu herrschenden Interpretationen aufzuzeigen. Das Bekannte muß verfremdet werden. "Alles, was alltäglich, 'natürlich' erscheint, muß in neue Kontexte gebettet, mit neuen Interpretationen angegangen werden, um sein volles Potential auszuschöpfen ... (D)ie größere wissenschaftliche Leistung (ist) das Infragestellen von Antworten und nicht das Beantworten von Fragen ..." (Weik 1996: 382). Einen Überblick über postmoderne Ansätze der Organisationstheorie vermittelt ein Sammelband von Hassard/Parker (1993), in denen sich auch eine sehr lesenswerte kritische Auseinandersetzung von Reed (1993) findet, sowie Monographien von Hatch (1997) und Chia (1996).

Einen "konstruktiven" *Ausweg aus dem Dilemma, das darin besteht, daß Menschen die soziale Konstruiertheit der Wirklichkeit, die ihr Handeln bestimmt, nicht erkennen*, versuchen Sozialwissenschaftler und Philosophen wie Habermas (1981), Lorenzen (1987: 228ff.) oder Mittelstraß (1982: 11ff.). Er besteht darin, daß sie Regeln entwerfen, mit deren Hilfe *Beteiligte oder Betroffene über Argumentationsprozesse zu einer Einigung* kommen, welcher Zweck verfolgt und welche Mittel ergriffen werden sollen (Steinmann/Schreyögg 1997: 78). In solche Argumentationsprozesse bringen sie ihre individuellen Zielvorstellungen und das verfügbare Wissen über geeignete Mittel zur Zielerreichung ein, sie tauschen Gründe und Gegengründe aus, wägen diese ab und gelangen schließlich aufgrund der Einsicht in die Richtigkeit einer geltenden gemeinsamen Begründungsbasis zu einem Konsens. Die Betroffenen vereinbaren ein Handlungsprogramm, das insofern als "vernünftig" (rational) bezeichnet werden kann, als es auf gemeinsam herausgearbeiteten "guten Gründen" beruht – auf eine "*kommunikative Rationalität*" gegründet ist. Die objektivierte Wirklichkeit wird quasi "deobjektiviert", in einem gewissen Umfang disponibel gemacht und neu vereinbart. Es ist ihnen dabei klar, daß ein solches Diskursmodell "kontrafaktisch" ist, d.h. der herrschenden Praxis, insbesondere der in Organisationen herrschenden Praxis widerspricht. Sie halten es aber für angemessen, die Praxis anhand des Ideals zu kritisieren, und sie dem Ideal anzunähern.

Im *kognitiven Konstruktivismus* wird gewissermaßen versucht, die positivistische und die interpretative Richtung miteinander zu vereinbaren. Die zentrale These dieser Richtung lautet, daß das Verhalten von Individuen in einem hohen Maße von subjektiven Theorien, d.h. subjektiven Annahmen über Kausalitäten, und einfachen Regeln, die im Gedächtnis gespeichert sind, gesteuert wird. Es ist möglich, solche Kognitionen in positivistischer Manier zu erfassen. So gibt es beispielsweise entwickelte Methoden, um *"cause maps"*, Landkarten der kausalen Beziehungen zwischen bestimmten Faktoren, die die Individuen in ihren Köpfen haben, zu erstellen. Die Daten zur Rekonstruktion solcher *subjektiven Modelle* erhalten Psychologen beispielsweise in Interviews (Eden et al. 1992; Huff 1990). Es ist auch möglich, Hypothesen zur Veränderung solcher Kognitionen zu bilden und in Experimenten oder mittels Interviews zu testen. Nehmen wir die folgenden Hypothesen als Beispiele: Erzählungen über Autounfälle sind eher geeignet, subjektive Annahmen über die Sicherheit bestimmter Automarken zu formen oder zu verändern als statistische Informationen. Authentische oder angeblich authentische Erzählungen über das Verhalten einzelner Personen in neuartigen Situationen sind besser geeignet, subjektive Theorien über das angemessene Verhalten in diesen und ähnlichen Situationen zu verändern als die Vorgabe entsprechender Regeln. Der Einsatz von Metaphern führt dazu, daß bestimmte Inhalte besser erinnert werden als eine Darstellung derselben Inhalte in einer metaphernfreien Sprache. Es gehört nicht allzuviel Phantasie dazu, um sich empirische Tests solcher Hypothesen vorzustellen (wir werden weiter unten im Zusammenhang mit Geschichten in Reorganisationsprozessen kurz auf einige eingehen).

Der systemtheoretische oder *Radikale Konstruktivismus* (manchmal auch kognitionsbiologischer Konstruktivismus) konzentriert sich auf die Frage, wie Menschen unter Berücksichtigung ihrer neurophysiologischen Ausstattung Erkenntnisse gewinnen (Bardmann 1994: 66ff.; Schmidt 1987). Seine Vertreter weisen darauf hin, daß sich Wahrnehmung nicht in den Sinnesorganen vollzieht, sondern im Gehirn stattfindet, daß wir beispielsweise eigentlich nicht mit den Augen, sondern mit unserem Gehirn sehen: "Wahrnehmung ist demnach Bedeutungszuweisung zu an sich bedeutungsfreien neuronalen Prozessen, ist Konstruktion und Interpretation" (Roth 1986: 14). Mit anderen Worten: Die Nervenzellen im Auge senden unspezifische Impulse an das Gehirn. Erst dort werden Bedeutungen wie "rot", "Tisch", "Frau" oder "wütender Chef" zugewiesen. Bei dieser Bedeutungszuweisung operiert das Gehirn aufgrund früherer *interner* Erfahrung (einen direkten Zugang zur Natur hat es nicht). Im Gedächtnis vorhandene Wahrnehmungsinhalte werden bewußt gemacht. Das Gehirn kann keine Wirklichkeit als solche abbilden, es hat kein "Urbild", aus dem es fertige Bedeutungen abrufen kann. Alle Bewertungs- und Deutungskriterien muß das Gehirn im Laufe der Zeit aus sich selbst heraus entwickeln. Das Gedächtnis ist gewissermaßen unser wichtigstes Sinnesorgan (Roth 1987).

Eine zentrale Annahme des Radikalen Konstruktivismus ist also, daß "die 'prachtvolle Vielzahl' unserer Erfahrungswelt, das 'Was', ein Ergebnis der Verrechnung der von den Rezeptoren gelieferten Signale (ist)" (Foerster 1985: 48), ein Produkt ausschließlich interner Prozesse ist. "Die von uns erlebte sinnliche Welt ist ... nur ein Konstrukt des Gehirns" (Roth 1987: 235). Unser Wissen über die Welt resultiert aus einer Art "Blindflug in ausschließlicher Orientierung an eigenen Meßinstrumenten", wie Maturana (1987: 105) mittels einer im Radikalen Konstruktivismus sehr beliebten Metapher anmerkt. Das Gehirn kann Wirklichkeit *nicht repräsentieren*, sondern nur *konstruieren*.

Wenn wir unsere Wahrnehmung beschreiben, agieren wir als *Beobachter*: "Als interner Beobachter habe ich unbezweifelbar Gewißheit darüber, daß ich existiere und Subjekt von Wahrnehmungs- und Denkakten bin. Ich stelle fest, daß es außerhalb von mir eine Welt gibt (zu der auch mein Körper gehört) ..., die ich mit Hilfe meiner Sinnesorgane erfasse ..." (Roth 1978: 66). Das "Bewußtsein" ist eine Funktion eines Nervensystems, das rekursive Beobachtungen durchführt. Vom internen Beobachter ist der externe Beobachter zu unterscheiden, der andere Systeme und deren Umwelt beobachtet und deren Interaktionen als "Verhalten" bezeichnet, das er auf Gesetzmäßigkeiten zurückzuführen versucht. Ein Beobachter kann von einem zweiten Beobachter beobachtet werden und dieser wiederum von einem dritten usf.

Lebende Systeme (Organismen, Aggregationen von Organismen wie beispielsweise ein Bienenstaat, vielleicht auch die Organisation) sind *selbstreferentiell*. Da sie gegenüber ihrer Umwelt *operativ geschlossen* sind, können sie Umweltkontakte nur über interne Operationen gewinnen.

"Das Gehirn läßt sich als ein funktional und semantisch selbstreferentielles oder selbstexplikatives System auffassen. Unter *funktionaler* Selbstreferentialität eines Systems verstehe ich die Eigenschaft, mit den eigenen Zuständen rekursiv oder zirkulär zu interagieren, so daß jeder Zustand aus der Interaktion früherer Zustände resultiert. Selbstreferentielle Systeme sind in ihren Zustandssequenzen selbstbestimmt oder *autonom*. Ihre Zustandssequenzen sind nicht von außen steuerbar. Wichtig ist, daß Selbstreferentialität nicht Isoliertheit bedeutet: selbstreferentielle Systeme sind in aller Regel durchaus von außen beeinflußbar oder modulierbar. Die Wirkung dieses Einflusses, seine Quantität und Qualität sind aber *vollständig* durch das selbstreferentielle System bestimmt. D.h., ob ein externes Ereignis überhaupt auf das System einwirken kann und, wenn ja, in welcher Weise und Stärke, legt das System fest. ... Wir haben also mit dem menschlichen Gehirn ein System vor uns, das, obwohl kognitiv abgeschlossen gegenüber der Umwelt, dennoch über die Sinnesorgane von dieser in vielfältiger Weise beeinflußt werden kann. Aber das Gehirn erfährt die Einwirkungen der Umwelt nicht direkt, sondern nur an und in sich selbst, sozusagen am eigenen Geiste und muß aus der einförmigen Sprache der Neuronen die Vielfalt der äußeren Welt konstruieren" (Roth 1987: 240ff.).

Beobachten ist ein Beschreiben, das auf Unterscheidungen aufbaut. Unterscheidungen ermöglichen Orientierung und Interpretation. Die Unterscheidung kann bei der Beobachtung selbst nicht beobachtet werden:

"Die im Moment aktualisierte Beobachtung ist sich selbst unzugänglich. Der Beobachter muß seine Unterscheidung als *'blinden Fleck'* behandeln, er muß sie seiner Beobachtung 'unbesehen' zugrunde legen. Man kann nicht sehen, was man nicht sehen kann. Erst im nachhinein oder erst mit Hilfe eines gleichzeitigen Beobachtens der eigenen Beobachtung durch einen fremden Beobachter, also erst durch die rekursive Vernetzung von Beobachtungen, wird der 'blinde Fleck' der eigenen Ausgangsunterscheidungen beobachtbar" (Bardmann 1994: 133).

Zur Kennzeichnung der beschriebenen Prozesse verwendet Maturana auch den Begriff der *Autopoiese*. Als autopoietisch wird ein System bezeichnet, das sich selbst zusammenbaut, erzeugt und erfindet durch ausschließlichen Rückgriff auf eigene Komponenten. Autopoiesis ist die Fähigkeit lebender Systeme, ihre Struktur im Sinne von Beziehungen zwischen Elementen zu entwickeln und aufrechtzuerhalten. Ein autopoietisches System kann, muß aber nicht, aus autopoietischen Systemen zusammengebaut sein, wie Maturana (1985: 37) am Beispiel der Bienen erläutert: Die Biene als autopoietisches System stellt das umfassende System der Zellen dar. Die Biene als Vielzeller verleibt sich gewissermaßen die Zellen ein und macht sie der eigenen Autopoiese dienstbar. Darüber thront jedoch der Bienenstaat als wiederum größeres System, das sich die Bienen einverleibt.

"Hinter den äußerst kompliziert erscheinenden Ausführungen der Autopoiese-Autoren, die viele Leser abschrecken, verbirgt sich ein frappierend einfacher Gedanke, dessen

Einfachheit vielleicht zu schockierend ist. Es ist die Idee der *Zirkularität*. Das Autopoiese-Konzept ist eine ungeheure Reduktion unseres Denkens über lebende Systeme: Es reduziert die überlicherweise sehr aufwendig geführten Überlegungen zur Identität, Teleonomie (von einem umfassenden Zweck regierte Eigenschaft, A.K.), Entwicklung und Anpassung lebender Systeme auf den schlichten Hinweis: 'Es geht um nichts weiter als um die Fortsetzung der Autopoiese!' Damit wird jeglicher Sinn, jegliche Identität, jeglicher Zweck und jegliches Ziel, jegliche Kompetenz zur Umweltrepräsentation, alles, was (wir als) Beobachter in lebende Systeme hinein lesen mögen, auf der biologisch-physikalischen Ebene negiert. Wie desillusionierend dies auch sein mag, es ist dennoch brauchbar, weil es überdeutlich macht, daß alle Spezifikationen, mit denen wir (als lebende Systeme) das Leben (lebender Systeme) beschreiben, *unsere* Beschreibungen sind. Allgemein formuliert: Es sind die Erfindungen eines Beobachters, der sich durch seine Beobachtungen selbst nur als Beobachter reproduziert, indem er eine Welt erzeugt, in der er überleben kann" (Bardmann 1994: 82f.).

Auf der Grundlage dieses Modells kann das *Kriterium von "Wissen" und "Erkenntnis"* nicht irgendeine Korrespondenz von Wissensinhalten mit einer äußeren Realität sein. Die kognitiven Konstruktionen lebender Systeme können lediglich auf ihr "Passen", auf ihre "Nützlichkeit" hin beurteilt werden. Wissen kann brauchbar, Erfolg vermittelnd, bewährt sein. Insofern ist Wissen empirisches Wissen. Wissen kann auch als intersubjektiv gültig gesehen werden: Über Konstruktionen kann man sich verständigen. "Das Kriterium von Wissen ist somit nicht Wahrheit, sondern die *Orientierungsleistung* dieses Wissens für menschliches Leben" (Knorr-Cetina 1989: 89).

Luhmann (1984) überträgt das Autopoiese-Konzept auf *soziale Systeme*. Er charakterisiert sie durch (Sinn-)Grenzen, die sie selbst gegenüber ihrer Umwelt ziehen und konstant zu halten versuchen. Zur Umwelt sozialer Systeme gehören auch psychische Systeme (Menschen). Soziale Systeme zeichnen sich durch Selbstreproduktion auf der Basis ihrer eigenen Elemente aus. Sie bilden sich als rekursiv geschlossene Systeme aus, indem sie die Struktur ihrer Autopoiese gegen die Umwelt differenzieren. Der Mensch ist – in Weiterentwicklung der Barnardschen Konzeption (s. Kapitel 5.2.1.) – Umweltsystem für soziale Systeme wie die Gesellschaft oder die Organisation. Das heißt aber nicht, daß

"der Mensch als weniger wichtig eingeschätzt würde im Vergleich zur Tradition. Wer das vermutet (und aller Polemik gegen diesen Vorschlag liegt eine solche Unterstellung offen oder versteckt zugrunde), hat den Paradigmenwechsel in der Systemtheorie nicht begriffen. Die Systemtheorie geht von der Einheit der Differenz von System und Umwelt aus. Die Umwelt ist konstitutives Moment dieser Differenz, ist also für das System nicht weniger wichtig als das System selbst. ... Gewonnen wird mit der Unterscheidung von System und Umwelt ... die Möglichkeit, den Menschen als Teil der gesellschaftlichen Umwelt zugleich komplexer und ungebundener zu begreifen als dies möglich wäre, wenn er als Teil der Gesellschaft aufgefaßt werden müßte; denn Umwelt ist im Vergleich zum System eben derjenige Bereich der Unterscheidung, der höhere Komplexität und geringeres Geordnetsein aufweist. Dem Menschen werden so höhere Freiheiten im Verhältnis zu *seiner* Umwelt konzediert, insbesondere Freiheiten zu unvernünftigem und unmoralischem Verhalten. Er ist nicht mehr Maß der Gesellschaft" (Luhmann 1984: 288f.).

Die Kommunikation, die das soziale System konstituiert, ist unabhängig vom Bewußtsein:

"Wie immer der Organismus eines Menschen sich während einer Kommunikation 'fühlen' mag (Wir denken (!) bzw. sagen (!): 'er schwitzt, strengt sich an, hat Schmerzen, zittert, ruht sich aus, verfärbt sich etc.'), was immer ein Bewußtsein sich bei einer Kommunikation denken mag (vielleicht: 'Furchtbar heiß hier, langweilig, lustig, interessant, anstrengend, nervig etc.'), all dies dringt nicht durch bis auf die Ebene der Kommunikation, es sei denn als Kommunikation. 'Furchtbar heiß hier!' ruft plötzlich jemand, und, so Luhmanns Vorstellung, nachdem auf diese Weise ein Gedanke in den Bereich der Kommunikation 'gesprungen' ist, kann das Bewußtsein seinen in Kommunikation transformierten Gedanken nur noch beobachten, ohne bestimmen zu können, was mit ihm außerhalb seiner selbst geschieht" (Bardmann 1994: 141f.).

Im Gegensatz zum Radikalen Konstruktivismus geht Luhmann nicht von der biologischen Ebene aus. Soziale Systeme sind *keine* Konstruktionen von Lebewesen oder Bewußtseinssystemen (Menschen):

"Personen sind nach Luhmann ... *nicht* die Konstrukteure der sozialen Wirklichkeit, allein deshalb nicht, weil ihnen die Komplexität sozialer Systeme (als ihre Umwelt) prinzipiell unbegreiflich bleibt. Ebenso wenig sind soziale Systeme (z.B. Institutionen oder Organisationen) Determinationsinstanzen individuellen Bewußtseins, genauer: bewußtseinsmäßiger Unterscheidungspraxis. Personen sind die Konstrukteure *ihrer* Weltsicht, während die Welt ist und bleibt, was sie ist ... Individuen tun, was sie tun, und wenn sie denken, sie konstruierten 'soziale' Wirklichkeit, dann denken sie, sie konstruierten soziale Wirklichkeit. 'In Wirklichkeit' stören sie nur und müssen es ihr selbst überlassen, was sie aus ihren Störungen macht. Konstrukteur sozialer Wirklichkeit zu sein, bleibt eine Vorstellung des Bewußtseins, eine interne Operation, eine Beobachterfiktion, eine Einredung, die der Fortsetzung der eigenen weiteren Gedankenführung dienlich sein mag, nicht aber zu verwechseln ist mit dem, was sie vorgibt zu sein: Konstruktion sozialer Wirklichkeit" (Bardmann 1994: 144f.).

Mit Hilfe der Konzepte des Radikalen Konstruktivismus kann man neuartige Einblicke in das Operieren von Organisationen gewinnen. Dazu ein Beispiel: Unternehmen sind voll von *Paradoxien* – Entscheidungskompetenzen müssen delegiert, gleichzeitig aber auch durch eine Hierarchie kontrolliert werden; einerseits wird das Team betont, andererseits müssen einzelne Mitarbeiter unter dem Aspekt ihrer individuellen Leistungen in der Hierarchie befördert werden; jeder Mitarbeiter soll sich mit dem Unternehmen identifizieren, aber auch gewärtig sein, daß ihm gekündigt wird. Auf Konsistenz abzielende Organisationstheorien haben Probleme, solche Paradoxien zu bearbeiten. Die Theoretiker behelfen sich, indem sie mit unterschiedlichen Theorien unterschiedliche Seiten solcher Paradoxien beleuchten. So betrachtet die Transaktionskostentheorie den Mitarbeiter als einen Drückeberger, den man streng kontrollieren muß, während die der Human Relations-Bewegung verbundenen Managementtheorien auf Vertrauen setzen (Gondek et al. 1992). Widersprüche dieser Art können dann wieder zum Ausgangspunkt von Satiren gemacht werden (Kieser 1997a). Der Radikale Konstruktivismus kann dagegen erklären, weshalb Unternehmen Paradoxien brauchen und wie sie mit ihnen umgehen. Paradoxien dienen nämlich ebenfalls der Autopoiesis von Unternehmen (Baecker 1993: 203f.):

"Die zentrale Referenz, mit der das Unternehmen arbeitet, um die gordischen Knoten (der Paradoxien, A.K.) zu durchschlagen, in die es sich dennoch immer wieder verwickelt, ist der Verweis auf das Geschäft. Das Geschäft, also das, was man zu schaffen hat, ist seit jeher die wichtigste Verweisungstaktik, mit der sich ein Unternehmen aus den Selbstverstrickungen löst, in die es schon deswegen immer neu hineingerät, weil jedes Geschäft, auf das es sich einläßt, es wieder mit sich selbst konfrontiert, und sei es nur mit der selbst produzierten Erwartung eines Geschäfts. Dem Unternehmen, das sich auf ein Geschäft einläßt – und was sonst sollte es tun? –, geht es wie jenem von Paul Auster beschriebenen Privatdetektiv, der einen Fall übernimmt und es sofort mit zwei Fällen zu tun hat: mit dem Fall, den er übernommen hat, und mit sich in diesem Fall. Er kann den einen Fall nur lösen, wenn er auch den anderen löst. Und er kann beide Fälle nur deswegen lösen, weil er das Episodenhafte des einen zur Bewältigung der Irritationen des anderen benutzt – und dies wechselseitig.

Mit anderen Worten, die Verweise auf Geschäfte erlauben es, die Entscheidungsspiele in Unternehmen auf eine Art und Weise in zeitliche Episoden, sachliche Fragen und soziale Einheiten zu segmentieren und zu fragmentieren, die es dem Unternehmen erlaubt, seine Kreise zu ziehen. Solange Geschäfte abgeschlossen werden, läuft der Laden. Dabei kann die erstrangige Frage, womit man ein Geschäft macht, immer als zweitrangige Frage behandelt werden, solange man nur überhaupt ein Geschäft macht. Und umgekehrt kann die erstrangige Frage, ob man mit seinen Geschäften ein Geschäft macht, für einen mehr oder weniger langen Zeitraum als zweitrangig behandelt werden, wenn es etwa darum geht, sich einen neuen Geschäftszweig zu erobern. Das Geschäft lebt genau von dem Wechsel der Hinsichten, deren Zusammenfallen es um der Paradoxieentfaltung willen vermeiden muß."

Eine ausführlichere Darstellung der verschiedenen konstruktivistischen Ansätze ist im Rahmen dieses Kapitels nicht möglich. Mehr als einen ersten groben Eindruck von der Art und Weise, wie sie Probleme der Organisation und des Organisierens fassen, kann nicht vermittelt werden. Der Rest des Kapitels beschränkt sich darauf, ausgehend von Problemen des *organisatorischen Wandels* die Fruchtbarkeit konstruktivistischer Ansätze *anzudeuten*. Dabei wird ausschließlich auf sozial-konstruktivistische und kognitivistische Konzepte zurückgegriffen. Diese sind im Grunde nicht inkommensurabel, denn man kann relativ stabile Kognitionen auf positivistische Weise erfassen, Hypothesen über Prozesse ihrer Veränderung testen usw. Es werden immer sozial konstruierte Phänomene aus der subjektiven Sicht der befragten Individuen erhoben, wobei, würden Radikale Konstruktivisten hinzufügen, der Forscher als Beobachter den Befragten seine Unterscheidungen unterlegt.

9.3. Organisationen sind soziale Konstruktionen

Im Gegensatz zu positivistischen Ansätzen wie etwa dem Situativen Ansatz, welche die Organisationsstruktur als etwas objektiv Gegebenes betrachten, betonen, wie bereits ausgeführt, sozial-konstruktivistische Ansätze die *Interpretationsbedürftigkeit organisatorischer Regeln*. Regeln müssen interpretiert werden, um in Handlungen umgesetzt werden zu können, und man kann sie auf unterschiedliche Weise interpretieren (Burns/Flam 1987: 216ff.; Johnson 1977). Um eine Übereinstimmung in den Interpretationen zu erreichen, wie sie für gemeinsames Handeln erforderlich ist, müssen Organisationsmitglieder anhaltend miteinander kommunizieren. Übereinstimmungen in Interpretationen kommen beispielsweise dadurch zustande, daß Vorgesetzte die Regeln wiederholt erläutern und Feedback geben, d.h. kommunizieren, ob sie die Arbeitsergebnisse mit den Regeln in Übereinstimmung stehend betrachten. Nehmen sie nicht Stellung, können die Mitarbeiter davon ausgehen, daß ihre Interpretationen zu Handlungen führen, die die Vorgesetzten als regelkonform betrachten. Auch von Kollegen, die als kompetent angesehen werden, können solche Bestätigungen ausgehen. Bedingen Regeln eine Kooperation unter Kollegen, so wird – zumindest an den Stellen, an denen Interaktionen erforderlich sind – durch laufende Kommunikation eine Abstimmung der Handlungen und damit auch eine Annäherung in den Interpretationen der Regeln erreicht. Ist beispielsweise in einer Verfahrensrichtlinie zu Investitionsanträgen festgelegt, daß die beantragende Abteilung bestimmte Daten an die Abteilung Investitionsplanung liefern muß, damit diese die Wirtschaftlichkeit des Projekts berechnen kann, so werden diese Anforderungen durch Kommunikation abgeklärt und präzisiert: Die beantragende Abteilung ist unsicher und fragt bei der Abteilung Investitionsplanung nach, die Abteilung Investitionsplanung moniert die gelieferten Daten und fordert Nachbesserung oder die Abteilung Investitionsplanung ist mißtrauisch und erläutert der beantragenden Abteilung die Erfordernisse aus ihrer Sicht. Auf die eine oder andere Weise wird, wenn die Interaktion nicht sehr einfacher Natur ist und "konkludentes Handeln" ausreicht, Kommunikation ausgelöst, um Störungen in den Interaktionen, die auf Nichtübereinstimmung in den Interpretationen der Regeln zurückgehen, zu reduzieren.

Eine völlige Übereinstimmung in den Interpretationen der Akteure ist indessen nicht erforderlich (Hawes 1973). Die Interaktionspartner müssen lediglich den *Eindruck* haben, daß kein *ungewollter* Dissens vorliegt. So kann beispielsweise die Abteilung Investitionsplanung auf der Basis ihrer Interpretation der Investitionsrichtlinie eine höhere Präzision der Daten für erforderlich halten als die beantragende Abteilung. Solange die Abteilung Investitionsplanung nicht gewahr wird, daß die gelieferten Daten ihren Präzisionsvorstellungen nicht entsprechen, entsteht kein Bedarf zur Angleichung der Interpretationen. Die beantragende Abteilung kann auch erkennen, daß die Abteilung Investitionsplanung eine bessere Datenqualität erwartet, diese Anforderung aber für überzogen halten und mehr Sorgfalt bei der Erarbeitung der Daten vortäuschen, als sie tatsächlich entfaltet; die Regeln werden nur pro forma eingehalten.

Bei der Interpretation spielen *Skripten, Routinen und implizite Organisationstheorien der Organisationsmitglieder, generell: Schemata,* eine wichtige Rolle (March 1994: 57ff.; Walgenbach 1994: 76ff.; Markus/Zajonc 1985). Skripten sind im Gedächtnis einer Person gespeicherte Schemata, die Handlungen beziehungsweise Sequenzen von Handlungen beschreiben, die zu spezifischen Situationen oder organisatorischen Regeln gehören (Lord/Foti 1986: 29; Abelson 1981: 715). Allgemein wird unter einem Schema ein von der konkreten Erfahrung abstrahierender Wissensbestand oder Wissensrahmen verstanden, den "an individual uses to impose structure upon, and impart meaning to, social information or social situations in order to facilitate understanding. A schema provides a knowledge base that serves as a guide for the interpretation of information, actions, and expectations" (Gioia/Poole 1984: 449f.). In Organisationen erfüllen Skripten zwei zentrale Funktionen: Sie ermöglichen es dem Organisationsmitglied, Ereignisse und Situationen in der Organisation zu verstehen, und sie bieten zugleich Richtlinien für ein diesen Ereignissen oder Situationen angemessenes Handeln (Lord/Kernan 1987: 265; Gioia/Manz 1985: 529). Wenn die Verfahrensrichtlinie für Investitionsanträge beispielsweise vorsieht, daß der Antrag in einem Meeting, an dem Vertreter von verschiedenen Abteilungen teilnehmen, vorgetragen und verteidigt werden muß, so verfügen die betreffenden Personen über Skripten für das Verhalten in Meetings. Daß wichtige Botschaften der Präsentation auf Folien und Handouts festzuhalten, Wortmeldungen durch Handaufheben anzuzeigen und Protokolle zu führen sind, sind Elemente solcher Skripten. Skripten bilden sich durch Erfahrungen heraus, die ein Individuum bei der Ausführung vergleichsweise gleichbleibender Aufgaben sammelt (Ashford/Fried 1988: 309). Aber auch indirekte Erfahrungen können zu Skripten beitragen. Beispielsweise werden auch in den Medien oder in Erzählungen anderer Organisationsmitglieder enthaltene Informationen beim Aufbau von Skripten herangezogen (Gioia/Manz 1985: 530; Martin 1982). Skripten enthalten an verschiedenen Stellen abstrakte Kategorien oder Freistellen (slots), die in variabler Weise belegt werden können (Weinert/Waldmann 1988: 117). Auch gibt es eine hierarchische Struktur von Unterprogrammen oder -skripten. Auf diese Weise wird eine flexible Anpassung an wechselnde Rahmenbedingungen gewährleistet (Abelson 1981: 723ff.). Erfordert ein bestimmtes organisatorisches Handeln häufige Interaktionen, entwickeln die Akteure miteinander verzahnte Skripten (Poole et al. 1990).

Wenn Organisationsmitglieder kommunizieren und interagieren, greifen sie auch auf *subjektive Theorien* (implizite Theorien, Alltagstheorien, "theories in use", "cause maps") über das angemessene Organisieren oder das angemessene Handeln in Organisationen zurück (Hewstone 1989: 11ff.; Argyris/Schön 1978; Laucken 1974: 27ff.). Subjektive Organisationstheorien sind eine Teilmenge subjektiver Theorien (Porac et al. 1989; Downey/Brief 1986; Downey/Brief 1983). Sie setzen sich zusammen aus "Hypothesen" (z.B.: "Wenn man Mitarbeitern Vertrauen entgegenbringt, nimmt ihre Initiative zu", "Delegation setzt voraus, daß die Mitarbeiter über die Ziele der Abteilung und des Unternehmens informiert werden"), Tatsachenbehauptungen ("Es gibt keine nicht motivierbaren Mitarbeiter") und sie ordnen bestimmten Situationswahrnehmungen bestimmte Klassen von als wichtig unterstellten Handlungen beziehungsweise Handlungsstrategien zu. Subjektive Theorien weisen also gewisse Ähnlichkeiten mit wissenschaftlichen Theorien auf. Allerdings sind sie weniger komplex und enthalten mehr Widersprüche. Auch gehen Laien bei der "empirischen Fundierung" ihrer subjektiven Theorien (noch) selektiver vor als Forscher bei der Überprüfung wissenschaftlicher Theorien. Interne Diskussionen, Lektüre der gleichen Managementbestseller und gemeinsamer Besuch bestimmter Seminare führen tendenziell zu einer Angleichung der subjektiven Organisationstheorien der Mitglieder eines Unternehmens.

Wir kommen somit zu folgendem Zwischenergebnis: Organisationen konstituieren sich durch Kommunikation und Handeln (Interaktionen). Sie werden ständig durch Kommunikation intersubjektiv interpretiert, auch neu interpretiert, und damit stabilisiert beziehungsweise verändert. Insofern sind *Organisationsstrukturen sozial und nicht technisch konstruiert.*

Welche Rolle spielen nun aber formale (meist schriftliche) Fixierungen von Aufgabenzuteilungen, Kompetenzen, Abteilungsgrenzen usw., also das, was positivistische Organisationstheoretiker gemeinhin unter Organisationsstruktur fassen? Diese können als eine Art Ergebnisprotokoll verstanden werden, durch das Vorstellungen der Personen, die zur Vorgabe organisatorischer Regeln befugt sind, über gewünschtes Verhalten symbolisiert werden. Die schriftliche Fixierung soll die Herausbildung von Verhaltensregeln durch Handeln, Interpretationen und Kommunikation *abkürzen*, kann sie aber *nicht ersetzen* (Johnson 1977). Organigramme oder Stellenbeschreibungen beispielsweise können nur ein sehr eingeschränktes Bild von dem Verhalten vermitteln, das dem Autor oder den Autoren bei der Abfassung vorschwebte. Für Giddens (1984b: 21) sind formale Regeln "codified interpretations of rules rather than rules as such". Stellenbeschreibungen halten im Wesentlichen also praktizierte Regeln fest. Die in den Köpfen vorhandenen Handlungsmuster steuern die Formulierung von Regeln.

Durch die Herstellung von offiziellen Dokumenten und Berufung auf sie können Akteure in Organisationen ihren Interpretationen ein besonderes Gewicht, eine besondere Legitimation, verleihen (McPhee 1985: 161). Wer Regeln erlassen und schriftlich fixieren kann, der wird im Zweifel auch nach der zutreffenden Interpretation gefragt (wobei dann dieser vielleicht neue Interpretationen einbringt, weil er an auftauchende Interpretationsprobleme bei der Regelformulierung nicht gedacht hatte). Formale organisatorische Regeln geben Akteuren weiterhin die Gelegenheit, Handeln, das sie als "abweichend" interpretieren, zu thematisieren. Handlungen, die von einem engmaschigen formalen Regelnetz betroffen sind, werden so häufiger Gegenstand *prozeßorientierter* Kommunikation (Investitionsrichtlinien etwa) als Handlungen, die in einem regelarmen Raum angesiedelt sind (Handlungen von Außendienstmitarbeitern etwa). Formale Regeln bieten neuen Mitgliedern auch Anknüpfungspunkte für Skriptenbildung. Diese fragen erfahrene Mitglieder, wie bestimmte Regeln zu verstehen sind. Formale Regeln bieten die Voraussetzung, über Verfahren unter einer weitgehenden Abstraktion von *aktuellen* Inhalten oder Streitpunkten zu reflektieren und zu diskutieren und damit Konflikte besser zu handhaben. Sie strukturieren den Kommunikationsprozeß, der zur Bildung von Konsens über die Interpretation von Regeln führt (Johnson 1977: 258ff.). Vor allem aber: Sie erleichtern die Initiierung von *Änderungen komplexer Handlungsgefüge.* Sie symbolisieren eine von Akteuren intendierte Änderung in den Handlungen der Organisationsmitglieder, ohne diese Änderung determinieren zu können: Profit Center werden beispielsweise mittels formaler Regeln gebildet, um bestimmten Akteuren zu signalisieren, daß von ihnen unternehmerisches Handeln erwartet wird, Qualitätszirkel werden etabliert, um den Mitgliedern deutlich zu machen, daß sie ihre Aufmerksamkeit verstärkt auf Qualität zu richten haben. Organisatorische Regelungen geben dem Verhalten grob die Richtung vor, wie Verkehrszeichen dem Verkehr Richtungen weisen. Ob die Regelungen beachtet und wie sie umgesetzt werden, hängt jedoch in einem hohen Maße davon ab, welche Interpretationen sie erfahren und wie groß die Übereinstimmung der Interpretationen zwischen den Organisationsmitgliedern ist (was jeder nachvollziehen kann, der schon einmal in Süditalien Auto gefahren ist). Mit Friedberg (1995: 151) können wir somit feststellen, daß es nicht die "Rolle der Formalstruktur einer Organisation ist ... Verhaltensweisen direkt zu bestimmen, sondern Verhandlungsspielräume für die Akteure zu strukturieren."

9.4. Zum sozialen Konstruieren in Prozessen des organisatorischen Wandels

Wenn Verhalten in Organisationen vor allem durch übereinstimmende Sinngebungen (meanings), subjektive Theorien und Skripten, die auf komplexe Weise mit formalen Regelungen verbunden sind, gesteuert wird, dann ist es wahrscheinlich, daß eine Reorganisation, die sich auf eine Reformulierung organisatorischer Regeln konzentriert, nichtintendiertes Verhalten auslöst oder Gefahr läuft zu versanden. Die sich teilweise überlappenden und miteinander verzahnten kognitiven Strukturen behaupten sich gegen die Änderungen der formalen Struktur, vor allem, wenn Handlungen schlecht zu kontrollieren und zu sanktionieren sind. Die Anpassung kann beispielsweise nur pro forma erfolgen, indem den sich kaum verändernden Handlungen eine neue, mit den Regeln übereinstimmende Sprache unterlegt wird (Brunsson/Olsen 1993). *Wenn die bestehende Organisationsstruktur durch Kommunikation und Interaktionen sozial konstruiert wurde und aufrecht erhalten wird, so müssen Versuche zur Änderung der Aktivitäten der Organisationsmitglieder (um diese geht es letztlich) vor allem darauf abstellen, Kognitionen der Organisationsmitglieder zu verändern* (Taylor/Lerner 1996; Ford/Ford 1995; Isabella 1990; Poole et al. 1989).

Das Problem der Änderung von Kognitionen und des entsprechenden Verhaltens soll mit Hilfe eines Vergleichs veranschaulicht werden: Die "Viererkette" kann durchaus als eine neue Teilorganisation eines Fußballteams gesehen werden. Mit einer Beschreibung der neuen Rollen für die betreffenden Spieler ist es bei ihrer Einführung bei weitem nicht getan. Der Trainer muß die neuen Rollen ausführlich interpretieren, ein tiefgehendes Verständnis der Ziele, Schwierigkeiten und potentiellen Vorteile dieser Neuerung bei ihnen hervorrufen, die Spieler zum Mitdenken veranlassen. Er muß im Training verschiedene Spielsituationen proben und mit den Spielern besprechen, mit ihnen zusammen Videoaufzeichnungen von Punktespielen anschauen und gelungene sowie mißlungene Spielzüge herausarbeiten. Zudem muß er die Neuerung in geeigneten Worten der Vereinsführung und der Öffentlichkeit erläutern, sie davon überzeugen, daß es die beste Lösung ist, besonders nach Niederlagen, denn Kritik von außen verunsichert die Spieler. Fußballspieler mit ihren neuen Rollen in einer "Viererkette" vertraut zu machen, ist also beispielsweise durchaus vergleichbar mit dem Versuch neuer Praxiskonzepte, Organisationsmitglieder davon zu überzeugen, sich gegenseitig als Kunden und Lieferanten wahrzunehmen und entsprechend zu agieren (du Gay/Salaman 1992).

Zunächst bedarf es besonderer Anstrengungen zur *Initiierung der Reorganisation*. Diese müssen vor allem zum Ziel haben, Organisationsmitglieder dazu zu bewegen, sich von einigen Elementen ihrer subjektiven Theorien über die Organisation zu trennen und neue zu integrieren. Die *Implementierung* organisatorischer Änderungen ist aus dieser Perspektive zu verstehen als das Herstellen von Kommunikationsstrukturen, in denen die Entwicklung neuer Interpretationsschemata und neuer Handlungen für die Organisationsmitglieder so gut wie unausweichlich wird. Eine besondere Art der Kommunikation muß schließlich der *Beendigung und Stabilisierung des Reorganisationsprozesses* dienen, damit gegebenenfalls weitere Ansätze zur Reorientierung der Organisationsmitglieder unternommen – neue Projekte mit neuen Schwerpunkten in Angriff genommen – werden können.

Besonders effektive Mittel der Kommunikation zur *Initiierung organisatorischen Wandels sind Leitbilder, "Visionen", Metaphern und Geschichten.* Leitbilder, die in anschaulicher Weise zentrale Grundannahmen und Ziele für umfassende Reorganisationsprogramme enthalten, eignen sich in besonderer Weise, um Individuen zur Modifikation ihrer subjektiven Theorien über das Organisieren zu bewegen (Hoffmann/Marz 1992; Knie/Helmers 1991; Ortmann et al. 1990: 439ff.; Rolf et al. 1990).

"Leitbilder, wie Taylorismus, Fordismus oder Lean Production, sind symbolische Konstruktionen sozialer Wirklichkeit, die bestimmte Regeln der Gestaltung der inner- und zwischenbetrieblichen Arbeitsteilung sowie der Funktionsteilung zwischen Mensch und Maschine festlegen. Sie rekonstruieren die betrieblichen System-Umweltbeziehungen so, daß sie überhaupt erst den Charakter strategisch bearbeitbarer Probleme gewinnen. Sie definieren den Bereich relevanter Ziele und Mittel und damit die jeweils gültigen Prinzipien technisch-ökonomischer Effizienz. Leitbilder bieten Muster technisch-organisatorischer Problemlösungen und -definitionen ... " (Faust et al. 1994: 11).

Leitbilder beschreiben die anzustrebende Organisation nicht im Detail – die Details liegen noch gar nicht fest –, sondern geben nur grob die Richtung vor. Leitbilder sind "Deutungsmuster", die ihre Stärke gerade aus ihrer Unbestimmtheit gewinnen:

Über die individuellen und kollektiven Interpretationen von Leitbildern finden die Organisationsmitglieder zu neuen Interaktionsmustern. Welches Verhalten zu welchem Leitbild paßt bzw. nicht paßt, ist ein ständiges Diskussionsthema in Reorganisationsprozessen.

Umfassendere Reorganisationen werden in aller Regel nicht deshalb ausgelöst, weil bestimmte organisatorische Probleme konstatiert werden. Sie werden vielmehr in Angriff genommen, weil zentrale Akteure im Unternehmen überzeugt sind, daß, um die Wettbewerbsfähigkeit des Unternehmens aufrechtzuerhalten, eine *grundlegend* neue Strukturierung, die Realisierung eines der neuen Leitbilder, erforderlich ist, wie sie immer wieder in Managementbestsellern, Managementzeitschriften, Seminaren, Kongressen unter Einsatz einer wirkungsvollen Rhetorik "verkauft" werden (Kieser 1996; Abrahamson 1996a). Auf der Folie dieses neuen Organisationskonzepts werden dann zunächst bestimmte Probleme der *bestehenden* Organisationsstruktur sozial konstruiert – und zwar solche Probleme, welche die Implementierung des neuen Konzepts rechtfertigen. Die Rhetorik, die sie selbst zur Übernahme des neuen Konzepts gebracht hat, kann dann von den Promotoren aufgegriffen und im eigenen Unternehmen eingesetzt werden, um die subjektiven Theorien weiterer Akteure umzupolen, um Verbündete zu gewinnen.

Die Bereitschaft der Organisationsmitglieder, ihre subjektiven Organisationstheorien in Frage zu stellen und zu revidieren, wird gefördert, indem das neue Konzept als radikal neu, als revolutionär und als alte Strukturen völlig auf den Kopf stellend ausgegeben wird – nachdrücklich deutlich gemacht wird, daß alte Annahmen nicht mehr gültig sind – und gleichzeitig seine Implementierung als unausweichlich dargestellt wird, um das Überleben des Unternehmens angesichts bedrohlicher Umweltentwicklungen sicherzustellen oder "Quantensprünge" an Leistungssteigerungen zu bewirken. Regelrechte Kampagnen wie "TOP" (Siemens) oder "Customer Focus" (ABB) werden organisiert mit Logos, Stickern, Verlautbarungen der Geschäftsleitung, Artikeln in Firmenzeitschriften, Workshops, Videos, demonstrativem Einsatz von Projektgruppen, Schulungen usw. – häufig von der Public Relations-Abteilung gestaltet. Wenn eine dieser Kampagnen nicht greift, ist es schwer, die intendierte Reorganisation durchzusetzen, auch eine "Revitalisierung" der Kampagne wirkt dann häufig nicht mehr, die Skepsis nimmt überhand.

Es ist nicht von ungefähr, daß die *Sprache* professioneller Leitbildentwerfer von *Metaphern* stark durchsetzt ist (Fairhurst/Sarr 1996; Putnam et al. 1996; Boden 1994; Clancy 1989; Gloor 1987; Koch/Deetz 1981). Metaphern können als Substantive (der Held ist ein *Löwe*; Organisieren ist *Architektur*), als Verben (oben *steht* der Mond und *wartet*; der Prediger *säte* gute Worte; die Fabrik *atmet*) und auch als Adjektive (ein *draller* Mond, dicht über dem Bauernvolk; das *schlanke* Unternehmen) auftreten (Ingendahl 1971: 32ff.). In der Industrialisierung war es die Metapher vom Räderwerk der Maschine oder der Uhr, die dem sich entwickelnden organisatorischen Leitbild Anschaulichkeit und Durchsetzungskraft verlieh (McKenna/Wright 1992). So legte Bourcart (Bourcart 1874: 16) den Unternehmern ans Herz, daß ein "industrielles Geschäft" wie eine Uhr zu sehen sei, "bei der ein Rad ins andere eingreift und die zuletzt dem Eigenthümer aufzeigt, was die Glocke geschlagen". Taylor wies sie darauf hin, daß es für jeden Mitarbeiter "absolutely necessary" sei, "to become one of a train of gear wheels" (zit. n. Rodgers 1978: 55). Heute propagieren die Schöpfer von Organisationskonzepten, daß Organisationen "Zelte statt Paläste" sein sollen, daß ein Unternehmen, um "in der Spitzenliga ... auf Dauer mitspielen" zu können, ein "lebender Organismus" werden müsse, der "immer intelligenter, stärker und in seiner Umgebung dominant wird" (McKinsey & Company et al. 1994: 4). Sie empfehlen Managern, nicht mehr "Feldherren zu spielen", sondern auf dem "Chaos zu surfen" (Gerken 1992: 335), nicht länger "auf den Hintertreppen psychologisch geschickter Verführung" herumzuschleichen, sondern "Energie ungehindert fließen und sich individuelles Unternehmertum Bahn" brechen zu lassen (Sprenger 1992: 214, 217). Unternehmen sollen "town meetings" veranstalten (so das Ziel einer der Kampagnen von Jack Welch, s. Barrett 1995) oder zu "ongoing talkshows" mutieren (Peters 1994: 159).

Mit Hilfe von Metaphern wird ein Aspekt oder ein Bereich, der noch wenig bekannt ist, in der Sprache eines bekannteren und daher unproblematischeren sekundären Bereichs beschrieben und auf diese Weise mit einer neuen Perspektive verbunden. Die Sprache des einen Bereichs wird als "Linse" benutzt, durch die der zweite betrachtet wird (was auch wieder eine Metapher ist). Metaphern sind "kognitive Instrumente", die unerläßlich sind zur Wahrnehmung von Aspekten und Verbindungen, die bisher noch nicht gesehen wurden. Der auf diese Weise beschriebene Gegenstandsbereich gewinnt eine neue Bedeutung (Pielenz 1993: 100ff.; Black 1979: 37ff.). So löst beispielsweise die Forderung, Organisationen als Zelte zu bauen, Assoziationen aus, die bislang noch nicht mit der Organisation verbunden waren: Zelte kann man relativ leicht auf- und abbauen, man kann sich in Zelten schlecht von anderen abschotten, man ist kaum von der Umwelt abgeschirmt usw. Diese Metapher läßt neue (aus Sicht der Verwender wünschenswerte) Aspekte der Organisation hervortreten, drängt andere in den Hintergrund, z.B. das Beharrende, Undurchdringliche und Unbewegliche. Die neue Sicht der Organisation wird verstärkt, wenn die "Palastorganisation" als Kontrastbild eingeführt wird. (Zum Einsatz von Metaphern zur Einleitung organisatorischen Wandels s. Sackmann (1989) und Dunford/Palmer (1996), die Metapherngebrauch beim Verschlanken von Unternehmen analysieren.)

Metaphern "allow us to develop new hypotheses and connections, thus serving as a source of knowledge, discovery, disclosure, and illumination" (Shibles 1974: 35), sie provozieren "new thoughts, excite us with novel perspectives, vibrate with multivocal meanings, and enable people to see the world with fresh perceptions not possible in any other way" (Barrett/Cooperrider 1990: 222f.). Metaphern machen durch ihre Anschaulichkeit die Argumentation lebendig, fesseln die Zuhörer, gerade weil sie mehrdeutig sind und vielfältige Assoziationen auslösen.

Eine neue Metapher verübt einen "plot", indem sie unserem Verständnis, unserer Kategorisierung früherer Erfahrung oder unseren Denkstrukturen eklatant widerspricht. Nachdem sie sich aber durchgesetzt hat, wird sie häufig in unserem Denken vorherrschend und läßt das alte Denken als falsch oder widersinnig erscheinen (Parker 1982: 151). Somit löst die neue Metapher eine Ordnung auf, um eine andere nahezulegen (Ricoeur 1986: 28f.). Mit ihrer Hilfe erschließen wir geistiges Neuland, indem wir unserer Konstruktion der Wirklichkeit, unseren subjektiven Theorien, neue Elemente hinzufügen und alte herausnehmen. Da die Realität durch Sprache vermittelt ist und Sprache immer in einem hohen Maße metaphorisch ist (Shotter 1993; Hülzer 1987: 218f.; Lakoff/Johnson 1980), kann festgestellt werden: "the use of metaphors implies a *way of thinking* and a *way of seeing* that pervade how we understand our world generally" (Morgan 1986: 12). Man kann die Organisation beispielsweise als eine Maschine beschreiben und wahrnehmen, als Netzwerk, als lebenden Organismus, als eine Summe von Verträgen zur Minimierung von Transaktionskosten oder als Kommunikationsgemeinschaft. Man kann sie abwechselnd in der einen oder anderen Façon analysieren und dabei jeweils andere Aspekte hervortreten lassen (also auch Organisationstheorien bauen auf Metaphern auf, wie u.a. McCloskey (1994) überzeugend konstatiert). Es ist aber nicht möglich, Aspekte der Organisation wahrzunehmen, für die es noch keine Sprache gibt. Die Metapher schafft Sprache und ermöglicht dadurch Neukonstruktionen der Wirklichkeit. Insofern ist unsere gegenwärtige Sicht der Realität, unsere "Wahrheit", häufig nichts anderes als die Einsicht, die uns die im Moment aktuelle Metaphorik vermittelt: "The 'fixed truths' of our culture are nothing but metaphorical understandings that have become conventionalized to the point where their metaphoricity is forgotten" (Johnson 1981: 15).

Die Wirkung von Metaphern beruht auch darauf, daß die von ihnen hervorgerufenen *Bilder emotional besetzt* sind und sie diese Emotionen auf den Gegenstandsbereich transferieren (Gloor 1987: 20). Dadurch werden – meist unbewußt – die Einstellungen zu dem Gegenstandsbereich verändert. Wird eine Darstellung des Strategischen Management mit Metaphern aus der Welt des Militärs angereichert, so werden sicherlich andere Emotionen hervorgerufen als bei Verwendung von Metaphern aus dem Bereich des kreativen Spiels. Werden Probleme der Sanierung von Stadtkernen in Metaphern zum Ausdruck gebracht, die aus dem Bereich Müll, Verfall, Krankheit und der Verslummung stammen, so wird eine andere Städtebaupolitik nahegelegt, Abriß von Altbauten nämlich, als wenn sie in Begriffen wie natürlicher Lebensraum, Lebensgemeinschaft und intensive nachbarliche Kommunikationsnetze entwickelt werden, die die Zuhörer auf eine Sanierung einstellen (dieses Beispiel ist ausführlich dargestellt in Schön (1979); wie Metaphern organisatorisches Handeln in Gruppen formen, wurde auf empirischer Grundlage analysiert von Donellon/Gray/Bougon (1986). Der emotionale Gehalt wird von geschickten Rhetorikern (Politikern, Unternehmensberatern, Management-Gurus, charismatischen Managern) ganz bewußt eingesetzt, um Stimmung in eine gewünschte Richtung zu "machen". Metaphern werden von ihnen als Instrumente der *Demagogie* eingesetzt. So bezeichneten die Nationalsozialisten bestimmte Gruppen als Parasiten und prägten mit dieser Metapher nachhaltig die Einstellung diesen Gruppen gegenüber. Andererseits wird die (neu zu konstruierende) Wirklichkeit erst durch die emotionalen Komponenten der Metapher (sinnlich) erfahrbar: "Metaphor is one of our most important tools for trying to comprehend partially what cannot be comprehended totally: our feelings, aesthetic experiences, moral practices, and spiritual awareness" (Lakoff/Johnson 1980: 193).

Über alle diese Wirkungen hinaus kann die Metapher noch *Lernen* befördern. Bereits Aristoteles (Aristoteles 1995: 190) fand, daß die gelungene Metapher den Zuhörer in einen Zustand der "angenehmen Empfindung" versetzt, in dem ihm der Erwerb neuen Wissens leicht fällt. Lerneffekte erzielt die Metapher durch ihre Anschaulichkeit und ihren emotionalen Gehalt. Hinzu kommt, daß das durch die Metapher hervorgerufene Bild die Erinnerung unterstützt (Petrie 1979: 439). Mit einem Begriff – Zelt beispielsweise – wird eine große Menge an Erfahrungswissen aktiviert (Sticht 1979: 475) Wenn wir in einem Vortrag hören, daß Organisationen zu Zelten werden müssen, und Ausführungen zur Erhöhung der organisatorischen Flexibilität folgen, so bleiben diese Passagen eher haften als Auflistungen ohne dieses "Framing". Auch indem sie am Bekannten anknüpft, um in neue Wissensgebiete einzudringen, Brücken zwischen Vertrautem und geistigem Neuland schlägt, unterstützt die Metapher das Lernen. Sie präsentiert ein Rätsel, das zur Lösung motiviert (Dunford/Palmer (1995) haben dazu empirische Analysen durchgeführt) – "Wie um alle Welt kann eine Organisation zu einem Zelt werden?".

Nur die *gelungene Metapher* erfüllt indes alle diese Funktionen. Denn: "Das Bild soll etwas deutlicher machen; wenn aber das Bild selbst undeutlich ausgedrückt ist und irreführt, so macht es die Sache dunkler, als sie ohne Bild war", meint Nietzsche in *Unzeitgemäße Betrachtungen* (Nietzsche 1980: Bd. 1: 233). Metaphern, die in die Alltagssprache übernommen wurden, sind tot, d.h. so selbstverständlich geworden wie der organisatorische Stab, bei dessen Nennung niemand mehr an eine Gehhilfe denkt. Sie können auch abgedroschen sein wie das organisatorische Zelt. Sie können auch daneben liegen, d.h. irreführende Assoziationen auslösen. Schließlich vermittelt eine Metapher immer ein einseitiges Bild der Organisation (Morgan 1996), was Pinder/Bourgeois (1982) zu der Forderung veranlaßt, in Analysen von Organisationen auf Metaphern zu verzichten.

Geschichten und *Anekdoten* sind weitere, das Umdenken befördernde rhetorische Elemente, die ebenfalls häufig in Darstellungen neuer Organisationskonzepte eingearbeitet werden (Fairhurst/Sarr 1996: 116ff.; Bantz 1993; Bolman/Deal 1985: 154ff.). In ihnen wird beispielsweise berichtet, welche Erfolge einzelne Manager mit der Realisierung des neuen Organisationskonzeptes erzielt haben oder wie die Reorganisation das Verhalten einzelner Mitarbeiter nachhaltig verändert hat. (Die Geschichte vom Roheisenverlader Smith alias Schmidt und andere "Märchen" Taylors werden von Wupper-Tewes (1995: 66ff.) einer textlinguistischen Analyse unterzogen.) In Bestsellern zu neuen Organisationskonzepten wird meist geschildert, wie die Pioniere dieses neue Konzept gegen heftigen Widerstand durchgesetzt und welche genialen Schachzüge sie dabei eingesetzt haben. Oder es wird eine "wahre" Geschichte von einem Mitarbeiter erzählt, der dank des neuen Organisationskonzeptes nun Dinge tut, die er früher nie getan hat und die andere in einer ähnlichen Position auch nie tun.

Als vor ein paar Jahren ein deutsches Automobilunternehmen Gruppenarbeit einführte, hörte der Verfasser die folgende Geschichte (jetzt folgt eine authentische Geschichte einer Geschichte!):

> "Eine Gruppe hatte einen Vorschlag zur Verbesserung der Produktivität erarbeitet. Da sie zur Umsetzung Unterstützung von anderen Stellen benötigte, lud sie den Werksleiter zu einer Gruppensitzung ein, um ihm den Vorschlag zu präsentieren. Während der Präsentation riß der Werksleiter das Wort an sich, worauf ihn der Gruppensprecher unterbrach und darauf hinwies, daß 'der Karl' sich zuerst gemeldet habe. Vor der Einführung von Gruppenarbeit habe sich das ein einfacher Arbeiter, der der Gruppensprecher ja ist, nie und nimmer getraut."

Es wäre nicht erstaunlich, wenn in anderen Unternehmen im Zusammenhang mit der Einführung von Gruppenarbeit ähnliche Geschichten kursierten. Martin et al. (1983) stellten fest, daß bestimmte Topoi in Geschichten auftauchen, die in einer ganzen Reihe von Unternehmen jeweils als einzigartig und typisch für das Unternehmen gehalten werden. Der sich gegen den Unternehmer oder Topmanager, der eine Regel nicht beachtet, tapfer durchsetzende Pförtner ist beispielsweise eine Figur, die in vielen Geschichten vorkommt (mit einer ideologischen Funktion, wie Mumby (1987) aufzeigt). Wahrscheinlich schnappen Manager solche Geschichten in Schulungen oder auf Kongressen auf und verwenden sie dann selbst in einer an das eigene Unternehmen angepaßten Version.

Geschichten lösen im Gegensatz zu abstrakter Information *Emotionen* aus. Wenn es beispielsweise um die Einführung von Gruppenarbeit geht, kann man den Betroffenen Zahlen zur Verbesserung von Qualität, Produktivität und Arbeitszufriedenheit präsentieren. Man kann ihnen aber auch eine Geschichte erzählen, wie radikal die Gruppenarbeit das Leben eines einzelnen Arbeiters in und außerhalb der Fabrik verändert hat. Die Geschichte ist anschaulicher; die Mitarbeiter können sich eher ein Bild von den Auswirkungen der neuen Organisation machen. Darüber hinaus offeriert ihnen die Geschichte eine Identifikationsfigur. Unwichtige Details, wie etwa genaue Daten, die zum Inhalt wenig beitragen, erhöhen die Glaubwürdigkeit (Bower et al. 1979). Die narrative Darstellung eines einzelnen Falles wirkt, wie wissenschaftliche Experimente statistisch abgesichert nachweisen (!) (Borgida/Nisbett 1977; Kahneman/Tversky 1973; Tversky/Kahneman 1973), wesentlich überzeugender als aus repräsentativen Stichproben gewonnene Informationen.

Weiterhin helfen Geschichten in Verbindung mit der Implementierung eines neuen Organisationskonzeptes den Mitarbeitern beim *Aufbau neuer Skripten* (Martin 1982: 286ff.), indem sie die Mitarbeiter in anschaulicher Weise auf neue Situationen vorbereiten. Wenn diese dann tatsächlich eintreten, ist wegen des hohen Erinnerungswertes von Geschichten die Wahrscheinlichkeit hoch, daß die Mitarbeiter die Geschichte aus dem Gedächtnis abrufen und aus ihr ein Rollenmodell ableiten (Wilkins/Ouchi 1983: 87ff.). So wird beispielsweise ein Gruppensprecher dazu gebracht, in einer Gruppensitzung einen hierarchisch Höherstehenden wie einen Arbeitskollegen zu behandeln. Wird dieses Verhalten generell akzeptiert, entwickelt sich daraus ein neues Skript beziehungsweise eine Variation eines bestehenden Skripts. Glaubwürdige Geschichten, die das durch eine Reorganisation intendierte Verhalten beschreiben, werden also von den Adressaten gut erinnert, bewirken eine positive Einstellung gegenüber der neuen Organisation und fördern die Entwicklung neuer Skripten (Martin 1982: 287).

Mitarbeiter kommunizieren angemessenes Verhalten in kritischen Situationen in einem großen Umfang mittels Geschichten ("Kriegsgeschichten") (Lave/Wenger 1990: 108f.; Orr 1990). Mit Hilfe von Geschichten wird auch ein gewisses Maß an Flexibilität in ursprünglich starren Handlungsmustern geschaffen (Browning 1992).

Die Probleme, die eine Reorganisation rechtfertigen, werden in Ist-Analysen sozial konstruiert. Solche Ist-Analysen vor der Einführung neuer formaler Regelungen durchzuführen, gehört zur "guten Praxis" der Organisationsgestaltung. Die bestehende Organisationsstruktur soll mit Hilfe unterschiedlicher Methoden – Interview, Dokumentenanalyse, Beobachtung usw. – erfaßt werden, um anhand der gesammelten Daten Schwachstellen diagnostizieren zu können (Schmidt 1981). Diese Analyse bildet die Ausgangsbasis für die Konzipierung organisatorischer Maßnahmen, d.h. von Modifizierungen der Organisationsstruktur, und für ihre Implementierung. Ein solches Vorgehen basiert auf den Annahmen, daß die Organisationsstruktur mit geeigneten Methoden objektiv erfaßt werden kann, daß es möglich ist festzustellen, inwieweit die existierende Organisationsstruktur einer effizienten Zielerreichung im Wege steht und daß Maßnahmen – Revisionen der Organisationsstruktur – identifiziert werden können, die geeignet sind, diese Mängel zu beheben. An einem solchen Vorgehen wird festgehalten, obwohl man sich in der Organisationstheorie weitgehend einig ist, daß die Evaluation von Effektivität und Effizienz bestehender oder geplanter organisatorischer Regelungen im Rahmen einer Ist-Analyse Probleme aufwirft, für die noch keine befriedigenden Lösungen gefunden wurden (Scholz 1992: 533f.). Wenn sie aber nicht gemessen werden können, bleibt die Beurteilung subjektiven Einschätzungen und der Konsensbildung überlassen (Reichwald/Höfer/ Weichselbaumer (1996: 125ff.) konzipieren die Bewertung organisatorischer Alternativen deshalb konsequenterweise als Urteilsbildung auf der Basis einer strukturierten Diskussion).

Wird aber angenommen, daß die Organisationsstruktur kein objektiv erfaßbares Phänomen, sondern eine soziale Konstruktion darstellt, muß die Ist-Analyse von ganz anderen Annahmen ausgehen (Erlandson et al. 1993; Guba/Lincoln 1989: 44f.): (1) Die Feststellung organisatorischer Schwachstellen ist keine methodisch unterstützte Annäherung an eine objektive Realität, sondern eine soziale Konstruktion. Die Personen, welche die Analyse durchführen, machen sich zusammen mit anderen Gruppen (dem Topmanagement vor allem), indem sie auf der Basis von Erhebungen kommunizieren, ein mehr oder minder übereinstimmendes Bild über den Ist-Zustand. (2) "Fakten" sprechen nicht für sich, sondern werden im Rahmen organisatorischer Konzepte, organisatorischer Theorien oder subjektiver Theorien von Individuen oder in Gruppen interpretiert. (3) Auch die Identifikation von Mängeln der Organisationsstruktur und ihre Erklärung durch kausale Faktoren sind durch das der Analyse zugrunde liegende Organisationskonzept geprägt.

312

(4) Die Wirkung organisatorischer Maßnahmen – der Einführung neuer formaler Regeln etwa – hängt ganz wesentlich davon ab, wie diese von den Betroffenen interpretiert werden und zu welchen Interaktionen sie bei den von ihnen betroffenen Akteuren führen. Die Übereinstimmung zwischen den Interpretationen der Initiatoren der Änderungen und den von ihnen Betroffenen kann durch Verständigung über das zu erzielende Handeln *vor* der Fixierung der formalen Änderungen gefördert werden. (5) Die Auswahl der bei der Ist-Analyse herangezogenen organisatorischen Konzepte (Theorien), der Methoden der Ist-Analyse und die Interpretation von Ergebnissen sind von den Interessen der Beteiligten und von Mikropolitik geprägt (Kieser 1995: 28f.)

Analysiert man in der Praxis üblicherweise eingesetzte Methoden der Ist-Analyse, so liegt der Schluß nahe, daß ihre Konstrukteure nicht einmal den Versuch gemacht haben, valide und zuverlässige Methoden zu einer objektiven Erfassung der organisatorischen Realität zu entwickeln, obwohl dies als Ziel angegeben wird. Vielmehr scheint ihr Anliegen gewesen zu sein, im Sinne der Annahme der Organisation als soziale Konstruktion *Methoden zur Inszenierung und Strukturierung von Kommunikationsprozessen* zu erarbeiten, deren Zweck vor allem darin besteht, die an dieser Kommunikation Beteiligten zu Neukonstruktionen bestimmter Teile ihres Bildes der Organisation zu bewegen, und zwar zu Neukonstruktionen, die die Generierung bestimmter organisatorischer Maßnahmen beziehungsweise bestimmter neuer Handlungsmuster unausweichlich erscheinen lassen.

Greifen wir die Gemeinkostenwertanalyse als ein Beispiel heraus, um diese These zu untermauern (Huber 1987; Berger 1984: 174ff.). In der McKinsey-Variante dieses Konzepts ist vorgesehen, daß Abteilungsleiter innerhalb einer Woche neben ihrer Routinetätigkeit aus dem Gedächtnis und aus vorliegenden Dokumenten rekonstruieren, für welche Leistungen im einzelnen die "Mannstunden", über die sie in ihrer Abteilung verfügen, eingesetzt werden. Validität und Zuverlässigkeit einer solchen "Erhebung" müssen als außerordentlich schlecht eingestuft werden. Im nächsten Schritt sollen, wiederum innerhalb einer Woche, von den Abteilungsleitern möglichst viele Einsparideen produziert werden. Um dies zu erreichen, werden diese angehalten, die "40-Prozent-Hürde" zu überspringen, d.h., eine Liste von einzusparenden Aktivitäten zu erstellen, die insgesamt 40 Prozent ihrer Mannstunden ausmachen. Es wird ihnen versichert, daß Einsparungen in dieser Größenordnung zwar völlig unrealistisch seien, daß sie sich aber dennoch auf ein solches "utopisches Gedankenspiel" einlassen müßten, um sich auch zu unkonventionellen Ideen beflügeln zu lassen. Eine kritische Bewertung von Ideen während des Ideengenerierungsprozesses lähme die Kreativität und sei deshalb erst nach Abschluß der Ideengenerierung vorzunehmen. Tatsächlich dürfte es den Abteilungsleitern schwerfallen, Einsparungspotentiale zu verstecken und dennoch ausreichend Ideen zu produzieren.

Liegen die Ideen vor, wird eine strukturierte Diskussion zwischen Leistungserstellern, Leistungsempfängern, Experten (EDV-Experten, dem Analyse-Team) und der Geschäftsleitung inszeniert, die zur Selektion von Ideen führt, die von den Experten und von der Geschäftsleitung als realisierbar angesehen werden. Aus den in einem Gedankenspiel erzeugten Einsparideen wird nun blutiger Ernst.

Nach Maßgabe von Kriterien der sozialwissenschaftlichen Methodenlehre ist die Gemeinkostenwertanalyse nicht akzeptabel. Interpretiert man sie jedoch als Methode, mit der möglichst viele Ansatzpunkte – Ideen – für Einsparmaßnahmen generiert werden sollen, um einen Prozeß der Kommunikation in Gang zu setzen mit dem Ziel, Konsens über die Bewertung dieser Ideen zu erzielen, dann kommt man zu einem ganz anderen Urteil. Es ist anzunehmen, daß, nachdem die Stellen weg sind, die Abteilungsleiter auf jeden Fall inten-

siv Wege suchen und meist auch finden, wie sie mit dem noch vorhandenen Personal aus-
kommen. Ob die Handlungsmuster, die sich letztlich bei vermindertem Personalbestand
herausbilden, mit den im Gemeinkostenwertanalyse-Projekt vereinbarten Maßnahmen
identisch sind, d.h., ob die tatsächlichen Wege der Einsparung mit den erfaßten und ausgehandelten übereinstimmen, ist eine andere Frage. Eine andere Frage ist auch, ob die
strukturierte Diskussion als fair bezeichnet werden kann, oder ob sie darauf angelegt ist,
die Abteilungsleiter "über den Tisch zu ziehen" (wofür einiges spricht, s. Berger 1984:
174ff.). Wesentlich für uns ist vor allem folgende Feststellung: *Weil man die Organisationsstruktur nicht technisch-ingenieurhaft konstruieren kann, muß man zu ihrer Änderung
Kommunikation über ihre Umgestaltung in Gang bringen und diese Kommunikation so
strukturieren, daß sie mit hoher Wahrscheinlichkeit nicht wieder in gewohnten Interpreta-
tionsmustern einrastet.*

Auch Methoden, die zur Realisierung neuerer Organisationskonzepte wie beispielsweise
Reengineering (Osterloh/Frost 1994; Scholz/Vrohlings 1994) eingesetzt werden, lassen
sich als Methoden zur Strukturierung von Kommunikation interpretieren: Sie veranlassen
die Organisationsmitglieder, die Organisationsstruktur in einer Weise zu analysieren bzw.
zu interpretieren, die bestimmte Aspekte – Gemeinkosten, Durchlaufzeiten, Qualität – in
den Vordergrund treten läßt. Sie regen zur Formulierung potentieller Aktivitäten an, die
geeignet erscheinen, dem jeweiligen Konzept Rechnung zu tragen. Sie veranlassen die
Organisationsmitglieder zu *Vereinbarungen*, deren Einhaltung sie nicht nur zu neuen Interpretationen zwingt, sondern auch zu neuen Interaktionen. Da die ersten neuen Interpretationen meist noch nicht zutreffende Annahmen über Handlungen anderer enthalten und
folglich Koordinationsprobleme auftreten, kommt es nach der Einführung neuer Regeln zu
Weiterentwicklungen und Korrekturen der subjektiven Interpretationen, der subjektiven
Theorien und der Skripten usw. Die subjektiven Interpretationen gleichen sich in einem
gewissen Umfang einander an – zumindest soweit, daß sie aufeinander passen.

Es ist wichtig, Reorganisationsprozesse formal abzuschließen, vor allem, um einen neuen
Reorganisationsprozeß beginnen, d.h. wirkungsvoll ein neues Thema in die Diskussion
einführen zu können. Eine *Evaluation der Reorganisation* ist ein wichtiger Bestandteil
dieser abschließenden Kommunikation (Ford/Ford 1995: 555f.; Isabella 1990). Eine eini-
germaßen genaue Evaluation ist nicht möglich, vor allem deshalb nicht, weil Einflüsse der
Organisation nicht von anderen Einflüssen, beispielsweise solchen der Umwelt oder der
Einführung neuer Techniken oder Marketingstrategien, zu trennen sind und weil sich im
Lauf eines Reorganisationsprozesses viele dieser Einflußfaktoren ändern (s. dazu auch die
Ausführungen zu organisatorischem Lernen in Kap. 5). Nur eine qualitativ-argumentative
Evaluation, die viel Raum für Interpretationen läßt, ist durchführbar. In den meisten Fällen
wird dieser Spielraum genutzt, um die Reorganisation als Erfolg zu deklarieren, denn alle
Akteure, die maßgeblich an ihr beteiligt waren – die Initiatoren, die Experten im Hause,
die Berater, die Betroffenen, soweit sie eine Verbesserung ihrer Situation wahrnehmen –
haben ein elementares Interesse an einem positiven Ergebnis. Selbst wenn im Rahmen
eines Reorganisationsprojekts lediglich das Reden über die Organisation geändert wurde
und das Handlungssystem im wesentlichen gleich blieb, kann man Konsens darüber herstellen, daß das Projekt ein Erfolg gewesen ist (Brunsson/Olsen 1993; March/Olsen 1983).

In vielen Fällen kann man jedoch auf "harte Fakten" wie freigesetzte Stellen, Beschleuni-
gung von Prozessen (beispielsweise für Angebotserstellungen) oder Bewältigung eines
größeren Arbeitsvolumens mit einem gleichbleibenden Personalbestand verweisen. *Wie
diese Verbesserungen im Hinblick auf bestimmte Indikatoren zustandekamen, ob sie etwa*

dem Reorganisationskonzept geschuldet sind oder ob unter dem Etikett des neuesten Organisationskonzeptes nicht doch so etwas wie eine gewöhnliche Gemeinkostenwertanalyse durchgeführt wurde, ist eine andere Frage. Eine andere Frage, die sich der Evaluation weitgehend entzieht, ist auch, ob durch diese Ergebnisse die *Wettbewerbsfähigkeit* der Organisation verbessert wird. Ein Reorganisationsprojekt wird wohl nur dann als Mißerfolg deklariert, wenn eine starke Gruppe von Managern, die die Reorganisation nicht zu vertreten hat, den Verantwortlichen einen Mißerfolg in die Schuhe schieben will.

9.5. Würdigung

Konstruktivistische Ansätze (der Radikale Konstruktivismus wird aus dieser Würdigung ausgeklammert) rücken eine Reihe von Problemen ins Blickfeld, die bei einer positivistischen Sicht vernachlässigt werden, die aber gleichwohl eine hohe Relevanz besitzen. So machen sie darauf aufmerksam, daß sich Handeln in Organisationen auf der Basis von fortgesetzter Kommunikation und Interaktion allmählich entwickelt. Eine solche Perspektive eröffnet, wie wir gesehen haben, einen analytischen Zugang zur Entstehung organisatorischer Regeln und zum Zusammenhang zwischen Regeln und Handeln in Organisationen, der der Praxis eher gerecht zu werden scheint als der, den positivistische Ansätze bieten. Weiterhin verweist die konstruktivistische Perspektive auf die Bedeutung einer Reihe von Aspekten des organisatorischen Wandels, die von der Mehrheit der positivistischen Organisationstheoretiker als einer wissenschaftlichen Analyse nicht würdig angesehen werden, die gleichwohl in der Praxis offensichtlich von großer Bedeutung sind: Rhetorik in der Kommunikation organisatorischer Probleme und Lösungen (Eccles et al. 1992), Einsatz von Visionen und Leitbildern, Initiierung und Strukturierung von Kommunikation unter verschiedenen Gruppen von Beteiligten, Konzipierung von Public Relations-Kampagnen, die Unterstützung in der Öffentlichkeit mobilisieren sollen, bis hin zur Gestaltung von Folien. Konkret lassen sich auf dieser konzeptionellen Basis Probleme wie die folgenden einer wissenschaftlichen Analyse zuführen: Wie können Lösungsmuster, entlang derer sich Kommunikation über neues organisatorisches Handeln entfalten soll, effektiv vermittelt werden? Wie sind Leitbilder zu formulieren, die die Organisationsmitglieder überzeugen, ohne sie dabei kognitiv zu überfordern? In welchem Ausmaß erleichtern rhetorische Elemente wie Metaphern oder Geschichten die Änderung subjektiver Theorien und Skripten? Wie – etwa durch Preisausschreiben, "Workshops" und "Town Meetings" oder Propagierung erfolgreicher Beispielprojekte – werden Organisationsmitglieder in einem ablaufenden Reorganisationsprozeß animiert, in ihrem Bereich eigenständig Projekte zu initiieren, die mit dem Leitbild in Übereinstimmung stehen? Welche Auswirkungen haben bestimmte Strukturierungen von Kommunikationsprozessen (Zuteilung bestimmter Kommunikationsaufgaben auf bestimmte Akteure) auf den Verlauf der Kommunikation? Im Theoriengebäude der positivistischen Organisationstheoretiker sind dies bestenfalls nicht weiter zu reflektierende Praktiken, Hilfsmittel, Ausschmückungen, Verpackungen. Den "Inhalt", das, "worauf es ankommt", die eigentlichen theoretischen Aussagen, kann man ihrer Ansicht nach – zumindest unter Wissenschaftlern und akademisch geschulten Managern – auch ohne solche "Tricks" vermitteln.

Aus einer konstruktivistischen Perspektive kann schließlich auch die folgende Frage aufgeworfen werden: *Trägt es zur Effektivität der Kommunikation bei, wenn Organisationsexperten auf dem Anspruch beharren, Organisationsstrukturen als objektive Realitäten konzipieren zu können, oder ist es vorteilhaft, wenn sie diesen Anspruch aufgeben und*

Organisieren von vornherein als soziales Konstruieren interpretieren? In diesem Zusammenhang ist argumentiert worden (z.B. von Morgan 1981), die objektive bzw. positivistische Sicht werde vor allem aufrechterhalten, um organisatorische Vorstellungen von Experten oder Unternehmensleitungen wissenschaftlich zu legitimieren (und zwar durch ein an den Naturwissenschaften orientiertes Wissenschaftsideal) und damit unangreifbar zu machen (wobei freilich andere Experten eben diese Vorschläge mit anderen positivistischen Organisationstheorien ebenfalls wissenschaftlich legitimiert attackieren können).

Wie wir in Kapitel 4 bereits gesehen haben, wurde mit der *Organisationsentwicklung* ein Ansatz konzipiert, der der Kommunikation ebenfalls eine Schlüsselrolle im Prozeß des organisatorischen Wandels zubilligt. Allerdings geht dieser Ansatz noch von der Annahme aus, daß Gruppen, in denen Betroffene, Führungskräfte und Experten repräsentiert sind, sozusagen die Rolle des Konstrukteurs der Organisationsstruktur übernehmen, wobei sich die Partizipation auch auf die anschließende Umsetzung positiv auswirkt. Die Vorstellung, daß organisatorisches Handeln sich in Interaktions- und Kommunikationsprozessen allmählich herausbildet, daß also auch partizipative Organisationsentwicklung nicht umhin kommt, effektive Formen der Kommunikation zu entwickeln, mit deren Hilfe die allmähliche Verfertigung der Organisation beim Reden unterstützt werden kann, war nicht besonders ausgeprägt. Sie kommt auch leicht mit der Demokratie-Rhetorik der Organisationsentwicklung ins Gehege. Denn: Wer Leitbilder entwirft und effektiv kommuniziert, übt Einfluß aus; dieser Prozeß läßt sich nur begrenzt demokratisieren.

Die Konstruktivisten bilden eine wissenschaftliche Gemeinde, die von positivistischen Organisationstheoretikern kaum zur Kenntnis genommen wird. Einige bekanntere Vertreter wie Weick werden relativ häufig zitiert, bei der Konzeptualisierung aber nicht wirklich berücksichtigt, weil sie sich letztlich als *inkommensurabel* mit positivistischen Ansätzen erweisen (zur Inkommensurabilität s. Kap. 1).

Direkte Konfrontationen zwischen den beiden Lagern sind selten. Alle paar Jahre wird von einer wissenschaftlichen Zeitschrift eine Diskussion zwischen ihnen veranstaltet (z.B. von der Zeitschrift *Organization Studies* im Jahre 1988 und der Zeitschrift *Organization Science* im Jahre 1992), nur wenige Autoren des Lagers der positivistischen Organisationstheoretiker setzen sich mit den Arbeiten der Konstruktivisten ausführlicher auseinander. Zu den wenigen Ausnahmen gehört Donaldson (1992; 1985), der sich mit unermüdlichem Eifer als der aufrechteste Kämpfer für eine positivistische Ausrichtung in der Organisationstheorie profiliert.

Die geringe Akzeptanz konstruktivistischer Ansätze innerhalb der Organisationstheorie ist zunächst darauf zurückzuführen, daß ihr *methodisches Vorgehen häufig relativ weit von dem entfernt ist, was nach der herrschenden Meinung als solide wissenschaftliche (d.h. positivistische) Forschung gilt.*

Konstruktivistische Ansätze haben es schwer, Legitimation in der wissenschaftlichen Gemeinde zu erringen, denn

"while successfully casting doubt on the process of objective warranting, constructivism offers no alternative truth criteria. The accounts of social construction cannot themselves be warranted empirically. If properly executed, such accounts can enable one to escape the confines of the taken for granted. However, the success of such accounts depends primarily on the analyst's capacity to invite, compel, stimulate, or delight the audience, and not on criteria of veracity" (Gergen 1985: 13f.).

Zur geringen Akzeptanz der konstruktivistischen Richtung trägt weiter bei, daß es innerhalb des konstruktivistischen Lagers kaum "Schulen" gibt. Selbst Konstruktivisten, die sich auf ein gemeinsames Unter-Konzept verständigt haben, wie in jüngerer Zeit etwa die Vertreter der *Postmoderne* (Weik 1996) fechten heftige Stellungskämpfe untereinander aus. Ein solches *Bild der Zerrissenheit* macht sich nicht gut, wenn man um Forschungsmittel mit anderen Disziplinen konkurriert und wenn man von Seiten der Wissenschaft der Praxis Empfehlungen geben will. Die Nachbarschaft der Konstruktivisten zu den "weichen" Wissenschaften Soziologie, Psychologie, Philosophie, Ethnomethodologie, oder Anthropologie empfinden viele Organisationsforscher als eine Bedrohung ihrer akademischen Identität und ihres Status (Pfeffer 1993; Hirsch et al. 1987).

Konstruktivisten stehen zudem in aller Regel den Bedingungen, denen sich Menschen in Organisationen unterwerfen müssen, kritisch gegenüber. Ihre Position ist *anti-traditionell, anti-bürokratisch, überkommene Machtstrukturen in Frage stellend, mitunter auch ökologisch.* Sie neigen dazu, Computer, Planungssysteme, das Rechnungswesen oder Organisationskonzepte der Praxis als *Mythen, Managementmoden, Rationalitätsversagen oder als ideologisch verbrämte Mechanismen der Machtausübung* zu enttarnen. Das macht sie suspekt. Den positivistischen Organisationstheoretikern erscheinen Konstruktivisten als *Unterminierer der herrschenden Organisationstheorie*, von deren unmittelbarer Nützlichkeit für die Praxis die meisten überzeugt sind. Wenn auch ihre Mehrheit aus einer Position der Stärke heraus die Strategie der Nichtbeachtung der Konstruktivisten vorzieht, so dürfte ihnen Donaldson (1992: 464) im Grunde doch aus dem Herzen sprechen:

> "There is no mention of taking concrete steps like cutting costs, liquidating inventories, making a sales drive, etc. The function of top management is not to manage in any real or responsible fashion, it is to dream up a 'presentation of self' for the corporation. American industry would be in distress if it had been following this prescriptive advice. We see the nature of the practical, prescriptive advice offered from the antipositivist organization theory agenda: manipulate images rather than alter reality. This is quite the opposite of the moral (sic!) project advocated by Popper ... . (S)tudents are told that any problem can be licked by dreaming up a sufficiently ambiguous set of words to bedazzle the stakeholders – Voodoo Management or Management by Mumbo Jumbo."

Letzten Endes jedoch, auch darauf weist die konstruktivistische Theorie hin, ist auch *Wissenschaft Rhetorik* (Kieser 1997b). Die Theorien, auf die die positivistischen Organisationstheoretiker zurückgreifen und die es ihnen ermöglichen, in einer bestimmten Ausgangslage ein sehr breites Spektrum organisatorischer Lösungen mit wissenschaftlicher Legitimation zu versehen (Kieser 1995), sind Grundmetaphern (root metaphors) (Sadowski/Pull 1997; McCloskey 1990; McCloskey 1985). Diese zeichnen die Organisation beispielsweise als Maschine (Taylor, Organisationslehre), Regelwerk oder Hierarchie von Programmen (Cyert/March 1963; March/Simon 1958), als Ansammlung von Gruppen (Human Relations-Ansatz, Organisationsentwicklung), Mülleimer (s. Kap. 5), Kulturen (Smircich 1983b; Weick 1979), Netzwerke (Sydow 1992), Verknüpfungen von Verträgen (Neue Institutionenökonomie, s. Kap. 7) oder Organismen in Evolutionsprozessen (Population Ecology-Ansatz, s. Kap. 8). Es gibt keine Möglichkeit, durch empirische Forschung herauszufinden, welches die "richtige Metapher" oder die "wahre Theorie" ist. Denn jede Theorie-Metapher produziert ganz spezifische Fragestellungen und Daten, die nur im Rahmen der jeweiligen Theorie auf sinnvolle Weise interpretiert werden können.

"The classical way of determining the adequacy of a model or proposition in sociology is to compare it with experience. Between several propositions, the one that corresponds most closely with reality is to be preferred. Implicit here is the assumption that the material objects, objectively observed, will themselves determine the accuracy and extent of their correspondence to model or hypothesis. ... From the viewpoint of *symbolic* realism, however, such an approach is logically circular and behaviorally impossible. This is because correspondence criteria of truth presuppose that we have knowledge of the objects of our test independently of our theoretical conceptions of them. We are assumed to be able to identify a 'sexual neurosis' independently of the theories of Freud, or to be able to observe 'role conflicts' apart from the theories of James, Cooley, or Mead" (Brown 1977: 100).

Den Beitrag, den die positivistischen Organisationstheorien zur *Findung* organisatorischer Lösungen – und nicht bloß zu deren Legitimierung – tatsächlich leisten, ist außerordentlich begrenzt (Kieser 1995). Sie liefern im Hinblick auf die praktische Organisationsgestaltung lediglich Aussagen über tendenzielle Vor- und Nachteile organisatorischer Konzepte, die in aller Regel von der Praxis erfunden wurden, und lassen die Praktiker bei Entscheidungen, die im Rahmen der Umsetzung solcher Konzepte erforderlich werden, weitgehend im Stich. So kann die positivistische Organisationstheorie etwa Fragen der folgenden Art *nicht* beantworten: Wo genau sollen die Grenzen von Profit Centern gezogen werden? Welche Ressourcen sollen bestimmten Geschäftsprozessen exklusiv zugewiesen werden? Welche Leistungen sollen selbst erstellt, welche über den Markt bezogen werden?

Organisationstheorien liefern nicht mehr – aber auch nicht weniger – als *gute Gründe* für oder gegen in der Diskussion befindliche Organisationskonzepte. Sie beeinflussen damit – manchmal – die Kommunikation über Reorganisationen in der Praxis:

"Our theories are typically formulated at such a high level of generality that they are not readily translated into operational form. On the other hand, this very generality makes our concepts ideal vehicles for symbolic discourse; symbols are effective mechanisms of communication chiefly because of their intrinsic ambiguity and great flexibility of application. As inventors of symbolic language, organization scientists function not as engineers, but as 'lay theologians', 'applied metaphysicians', or 'witch doctors' – roles that we can better serve by improving our ability to communicate meaning" (Astley/Zammuto 1992: 457).

Wenn die Organisationswissenschaft *im Dialog mit der Praxis* darauf beharrt, daß es vor allem auf das Ausfindigmachen von Gesetzmäßigkeiten ankommt und auf deren Implementierung in der praktischen Gestaltung, so bringt sie nicht nur wenig, sie bringt vor allem auch *konservative Elemente* in die Kommunikation ein, indem sie versucht, *vorhandene* Lösungen zu identifizieren, die sich bewährt haben. Ist es im Dialog mit der Praxis nicht mindestens ebenso wichtig, neue Metaphern und Geschichten über die Organisation zu kreieren und herauszufinden, welche davon sich in der Praxis als fruchtbar zur Lösung ihrer Probleme wahrgenommen werden? Organisationsgestaltung – wie auch Organisationstheorie – ist vor allem ein kreativer, ein konstruktiver Prozeß!

Nichts hindert einen Industriellen daran, mit
den Methoden eines anderen Jahrhunderts zu
arbeiten. Er soll es aber nur tun. Sein Ruin
wäre sicher.

Emile Durkheim

10. Institutionalistische Ansätze in der Organisationstheorie

Peter Walgenbach

10.1. Entstehungsgeschichte und Erkenntnisinteresse

In vielen Organisationstheorien wird davon ausgegangen, daß der Erfolg von Organisationen vor allem von einer effizienten Steuerung und Koordination der Arbeitsaktivitäten und der Tauschbeziehungen abhängt (siehe exemplarisch Kap. 3, 6 und 7). Insbesondere in der klassischen Managementlehre und im Situativen Ansatz wird die formale Organisationsstruktur als ein Instrument betrachtet, mit dem sich die Aktivitäten der Organisation effizient steuern und die Interdependenzen in und zwischen Organisationen bewältigen lassen. Diese Überlegung findet sich auch schon bei Max Weber (1972), auf den sich die Vertreter des Situativen Ansatzes beziehen. Die Vorstellung, die im Situativen Ansatz, in der klassischen Managementlehre und auch von Weber mit seinem Idealtypus der Bürokratie vermittelt wird, ist, daß Organisationen gemäß ihren Blaupausen funktionieren: Regeln und vorgegebene Prozeduren werden befolgt, Aktivitäten in der Organisation entsprechen den Vorgaben der formalen Struktur. Die Institutionalisten stehen dieser Sicht von formaler Struktur skeptisch gegenüber. Sie argumentieren, daß der formalen Struktur auch - und zunehmend mehr - eine andere Funktion zukommt.

Im Rahmen des Forschungsprogramms "Environment for Teaching", das in den frühen 70er Jahren am Stanford Center for Research and Development in Teaching durchgeführt wurde, waren einige der Forscher, die heute zu den bedeutendsten Vertretern Institutionalistischer Ansätze zählen, in ihren empirischen Studien von dem zu jener Zeit dominanten Paradigma ausgegangen, daß die verwendete Technologie einen Einfluß auf die Struktur der Organisation hat. Sie fanden jedoch nur einen schwachen oder keinen Zusammenhang zwischen der verwendeten Technologie und der formalen Organisation (Meyer/Rowan 1978; Meyer/Scott 1992b: 7ff., erstmals 1983). Die formale Struktur spiegelte statt der Anforderungen, die aus den Aktivitäten der Organisation und der Komplexität der internen und externen Beziehungen resultieren, die Vorstellungen rationaler organisationaler Gestaltung in der Umwelt der Organisationen wider (Meyer/Rowan 1977: 341; Scott 1992a: 14, erstmals 1983). Daraus folgerten die Institutionalisten, daß Organisationen ihre Strukturen entsprechend den Anforderungen und Erwartungen in der Umwelt gestalten. Strukturelle Elemente werden adoptiert, um der Organisation Legitimität zu verschaffen. Sie heben damit einen Aspekt in den Arbeiten von Max Weber hervor, der in den Modellen der 60er und frühen 70er Jahre weitgehend ausgeblendet wurde (Meyer/Scott 1992a: 1): Die *Legitimität formaler Strukturen* (Meyer/Rowan 1977: 343).

Für die Institutionalisten sind formale Strukturen weniger technisch rationale Werkzeuge zur Koordination der Beziehungen zwischen Organisation und Umwelt sowie zur Steuerung der Aktivitäten in der Organisation, sondern die Elemente der formalen Organisation sind vielmehr Manifestationen von Regeln und Erwartungen, die für Organisationen einen verbindlichen Charakter entfalten (Meyer/Rowan 1977: 343). In einer Gesellschaft bestehen Vorstellungen, Regeln und Annahmen, wie effektive und effiziente Organisationen auszusehen haben. Eine gängige Vorstellung, die normativen Charakter aufweist, ist beispielsweise, daß Organisationen EDV nutzen. Eine Organisation, die das nicht tut, erscheint uns unmodern, nicht mehr zeitgemäß, wenig rational. EDV ist für Organisationen zu einer Institution geworden, an der sie nicht vorbeikönnen - selbst wenn die Nutzung von EDV nicht mit einem unmittelbaren Produktivitätsvorteil verbunden ist (Faust 1992; Faust/Bahnmüller 1996; Ortmann 1995). EDV gehört in unseren Vorstellungen ebenso zu modernen Organisationen wie strategische Planung oder Buchführung. Die Annahmen, wie moderne Organisationen gestaltet sein sollen, beschränken sich aber nicht auf einzelne Techniken. Die Institutionalisten gehen davon aus, daß Annahmen, Vorstellungen und Erwartungen, die in einer Gesellschaft bestehen, generell festlegen, wie Unternehmen, Schulen oder Krankenhäuser gestaltet sein sollen, warum sie nützlich sind, welche Aufgaben ihnen zukommen und welche nicht (Scott/Meyer 1994: 3). Konkret heißt das: Viele der in Organisationen vorzufindenden Stellen, Abteilungen, Verfahrensweisen oder Programme werden aufgrund der öffentlichen Meinung und der Sichtweisen wichtiger Kunden erforderlich oder durch Gesetze erzwungen, sie werden adoptiert, und zwar unabhängig von ihren Auswirkungen auf das Arbeitsergebnis.

Als Reaktion auf Ansätze, in denen formale Organisation als ein technisch-rationales Instrument betrachtet wurde, betonen die Institutionalisten, daß Organisationen auch durch die gesellschaftliche Umwelt konstruiert werden (Scott/Meyer 1991a: 111, erstmals 1983; Meyer/Scott 1992a: 1). Sie argumentieren weiterhin, daß Veränderungen in der formalen Struktur von Organisationen immer weniger durch den Wettbewerb oder durch Effizienzerfordernisse, sondern zunehmend durch Regeln, Erwartungen und Anforderungen in der Umwelt der Organisation bestimmt werden (DiMaggio/Powell 1991b: 63f., erstmals 1983).

10.2. Institutionalisierung, Institutionen

Zentrale Begriffe in Institutionalistischen Ansätzen sind "Institution" und "Institutionalisierung". Um zu verstehen, welche inhaltliche Füllung diese Begriffe bei den Institutionalisten erfahren, ist es wichtig, einen theoretischen Bezugspunkt der Institutionalisten kurz zu skizzieren: die Wissenssoziologie, wie sie insbesondere durch Berger und Luckmann geprägt wurde (Berger/Luckmann 1966; Berger/Berger/Kellner 1973). Berger und Luckmann gehen in ihrem Grundlagenwerk "Die gesellschaftliche Konstruktion der Wirklichkeit" davon aus, daß Wirklichkeit sozial konstruiert ist, d.h., daß das, was als "wirklich" betrachtet wird, durch Alltagserfahrungen bestimmt wird. Der "Mann auf der Straße" bewohnt eine Welt, die "wirklich" für ihn ist, und er "weiß", daß sie diese oder jene Eigenschaften hat. "Wissen", wie es Berger und Luckmann fassen, meint Alltagswissen und bezieht sich auf die subjektive Gewißheit, daß Phänomene "wirklich" sind und bestimmte Eigenschaften haben (Berger/Luckmann 1966: 13). "Wirklichkeit" in der einen Gesellschaft kann sich von "Wirklichkeit" in einer anderen erheblich unterscheiden: Was für einen europäischen oder amerikanischen Geschäftsmann "wirklich" ist, braucht für einen tibetanischen Mönch nicht "wirklich" zu sein (Berger/Luckmann 1966: 15).

Mit Institutionalisierung meinen die Institutionalisten sowohl einen Prozeß als auch einen Zustand. *Institutionalisierung als Prozeß bezieht sich auf den Vorgang, durch den sich soziale Beziehungen und Handlungen zu nicht mehr zu hinterfragenden entwickeln, d.h. zu einem Bestandteil einer Situation werden, die als "objektiv gegeben" betrachtet wird.* Prozeß meint auch das Moment der Vermittlung, in dem Akteure an andere Akteure weitergeben, was sozial als "wirklich" definiert wird. *Institutionalisierung als Zustand bezieht sich auf Situationen, in denen die von einer Gesellschaft oder Kultur geteilte gedankliche Struktur der "Wirklichkeit" bestimmt, was Bedeutung besitzt und welche Handlungen möglich sind* (Zucker 1983: 2; DiMaggio/Powell 1991a: 9).

Institutionalisierung heißt also, daß die von den Mitgliedern einer Gesellschaft geteilten Deutungssysteme, obwohl durch Interaktion zwischen Menschen geschaffen, von den Mitgliedern dieser Gesellschaft als objektive und externe, d.h. als außerhalb der Individuen liegende und historisch vor ihnen bestehende Strukturen betrachtet werden (Berger/Luckmann 1966; Berger/Berger/Kellner 1973). *Institutionalisierung meint in bezug auf Organisationen die subjektive Sicherheit, daß ein bestimmtes Element, sei es EDV, sei es Buchführung oder Investitionsrechnung, zu bestimmten Organisationen gehört. Institutionalisierung meint auch, daß diese Elemente von den Akteuren nicht mehr hinterfragt werden. Sie werden als gegeben und richtig betrachtet.* So erscheint uns heute bspw. das Assessment Center als ein selbstverständliches Instrument der Personalselektion. Absolventen von Universitäten, Fachhochschulen und Berufsakademien bereiten sich vor ihrer Bewerbung um einen Arbeitsplatz intensiv auf die versuchte Durchleuchtung ihrer Persönlichkeit vor. Sie besuchen Seminare und lesen Bücher, um die Kriterien von Assessment Centern kennenzulernen und zu erfüllen. Wird dann in einem Unternehmen doch nur das traditionelle Einstellungsgespräch geführt und hat das Unternehmen kein Trainee-Programm eingerichtet, erscheint ihnen das Unternehmen schnell "altbacken", "angestaubt" und "konservativ", auch wenn sie aus Vorlesungen und Literaturstudium wissen, daß bis heute der Nachweis aussteht, daß das Assessment Center eine bessere Selektion bewirkt als konventionelle Techniken der Personalauswahl (Neuberger 1990).

Wenn wir auf das Beispiel der Geschäftsleute und des tibetanischen Mönches zurückkommen, wird noch deutlicher, was mit sozial konstruierter Wirklichkeit gemeint ist. Für einen europäischen oder amerikanischen Geschäftsmann sind alle oben genannten Elemente von Organisationen "Wirklichkeit", und sie sind selbstverständlich, sie gehören zu den Organisationen, in denen er den größeren Teil seines Alltagslebens verbringt. Mit der Lebenswelt des tibetanischen Mönches hat diese "Wirklichkeit" nicht viel zu tun. Sie ist nicht seine "Wirklichkeit".

Die Institutionalisten gehen davon aus, daß nicht nur einzelne Elemente von Organisationen wie Verfahren, Programme sowie bestimmte Abteilungen und Stellen der Organisation institutionalisiert sind, sondern daß selbst Akteure und Interessen als durch institutionalisierte Regeln und Erwartungen konstituiert zu betrachten sind (Jepperson 1991; Zucker 1991, erstmals 1977; Meyer/Boli/Thomas 1994, erstmals 1987; siehe zur Problematik des Begriffs Institution Türk 1997). Scott (1987b; 1991) geht bspw. davon aus, daß die institutionelle Umwelt die Zwecke festlegt und die Mittel vorgibt, durch die Interessen bestimmt und verfolgt werden. Der kulturelle Rahmen - die Begriffe Kultur und kultureller Rahmen stehen als Synonyme für institutionalisierte Regeln (Meyer/Boli/Thomas 1994: 16ff.) - ist es, der erwünschte Ergebnisse und zulässige Mittel definiert und dazu führt, daß Geschäftsleute Gewinne anstreben, Staatsbeamte ihr Budget zu erhöhen versuchen und Wissenschaftler bemüht sind zu publizieren. Friedland und Alford (1991) verweisen darauf, daß beispielsweise Profit und Risiko gesellschaftlich konstruierte Kategorien sind, deren inhaltliche Bestimmung zwischen unterschiedlichen Ländern und zwischen bestimmten Zeitperioden erheblich variiert. Und Meyer (Meyer, M.W. 1994: 559ff.) zeigt auf, daß Verfahren der Leistungsmessung und der Feststellung der Ergebnisse von Organisationen - aus heutiger Sicht Selbstverständlichkeiten, die untrennbar mit erwerbswirtschaftlichen Organisationen verbunden sind - noch am Anfang dieses Jahrhunderts nur wenig entwickelt waren und anfangs auch nur sehr langsam Verbreitung in Unternehmen fanden. Systematische Buchhaltung wurde noch am Anfang dieses Jahrhunderts von vielen Unternehmern abgelehnt. Sie empfanden dieses Instrument als einen Eingriff in ihre unternehmerische Freiheit (Siegrist 1981). Jepperson und Meyer (1991) argumentieren sogar, daß gesellschaftliche Probleme überhaupt nur dann angegangen werden, wenn sie sich in die bestehenden institutionalisierten Regeln und Interpretationsmuster einfügen.

Totale Institutionalisierung bedeutet die vollständige Abwesenheit der reflexiven und intentionalen Dimensionen des Handelns. Unter dieser Bedingung sind alle Handlungen und Interessen bestimmt, wird keine Handlung hinterfragt, wird jede Handlung als richtig und jedes Verfahren als angemessen betrachtet. Aber auch bei unvollständiger Institutionalisierung werden die sonst üblichen Konnotationen des Begriffs "Handeln", nämlich reflektiert und intentional, von den Institutionalisten zurückgedrängt, statt dessen wird der unreflektierte und routinehafte Teil des menschlichen Verhaltens hervorgehoben (DiMaggio/Powell 1991a: 14). *Institutionen bestehen weniger, weil sie durch bewußte Handlungen produziert und reproduziert werden, sondern vielmehr, weil sie durch routinemäßig reproduzierende Verfahren, d.h. quasi-automatische Verhaltensabläufe (Skripte), unterstützt und aufrechterhalten werden*, und zwar so lange, bis eine Störung in der Umwelt den Reproduktionsprozeß unterbricht. *Institutionalistische Ansätze verschieben* insofern *Autorität und Organisationskompetenz von lokalen Eliten*, in Organisationen also dem Topmanagement, *hin zu einer Makroebene, d.h. zu den institutionalisierten Regeln, die in einer Gesellschaft existieren* (DiMaggio/Powell 1991a: 15, 1991b: 79). Diese Makroebene ist aus als gesichert geltenden Annahmebündeln und Regeln zusammengesetzt, die als Schablonen des Organisierens dienen, und auf die das Topmanagement lediglich zugreift. Dahinter verbirgt sich die Annahme, daß institutionalisierte Elemente die Organisation durchdringen und den Organisationsmitgliedern gleichsam eine "eingefärbte und an den Seiten geschlossene Brille" aufsetzen. Durch diese Brille wird die Welt betrachtet (DiMaggio/Powell 1991a: 13). Die kulturelle oder institutionelle Umwelt ist insofern nicht nur "da draußen", sondern auch in den Köpfen der Organisationsmitglieder (Scott 1994b: 97).

In Institutionalistischen Ansätzen wird argumentiert, daß Verhaltensweisen und Strukturen, die institutionalisiert sind, sich regelmäßig langsamer verändern als solche, die es nicht sind. Veränderungsträgheit von Organisationen liegt weniger in den materiellen "sunk costs" begründet, sondern vor allem darin, daß institutionalisierte Elemente reproduziert werden, weil Individuen sich oftmals Alternativen nicht vorstellen können, und wenn sie es können, diese als unrealistisch betrachten (Zucker 1983: 5). Institutionalisierte Regeln bilden also nicht nur die Kriterien, an denen Individuen ihre Präferenzen festmachen, sondern sie beschränken zugleich die Möglichkeiten des Handelns. Im Extremfall bestehen Institutionen fort, selbst wenn sie in niemandes Interesse mehr sind (Akerlof 1976; Zucker 1986; DiMaggio/Powell 1991a). Das heißt mit anderen Worten: die bedeutenderen "sunk costs" sind "kognitiver Natur" (DiMaggio/Powell 1991a: 10f.; Powell 1991: 189ff.).

Institutionalisierung meint also jene Prozesse, durch die heute bestehende gesellschaftliche Zwänge, Verpflichtungen und Gegebenheiten den Status von grundlegenden Regeln im Handeln und Denken in einer Gesellschaft eingenommen haben, d.h. zu Institutionen wurden. Was im allgemeinen unter Institutionen verstanden wird, umfaßt ein sehr weites Feld: die Ehe, der Handschlag, der Vertrag, die Versicherung, die Unternehmung oder der Urlaub, um nur einige Beispiele zu nennen (Jepperson 1991: 144ff.). Die Institutionalisten in der Organisationswissenschaft beschränken sich jedoch auf ein engeres, aber immer noch sehr weites Feld: institutionalisierte Elemente der Strukturen und Prozesse von Organisationen, die eine branchenweite, nationale oder internationale Verbreitung aufweisen (DiMaggio/Powell 1991a: 9, 1991b).

Zusammenfassend: Institutionalisierte Elemente sind aus Sicht der Institutionalisten kulturell bedingte Regeln, die bestimmten Dingen und Aktivitäten Sinn geben und Wert zusprechen und diese zugleich in einen übergeordneten Rahmen integrieren (Meyer/Boli/ Thomas 1994: 10). Institutionen gehen als "Fakten" in das soziale Leben ein (Meyer/ Rowan 1977: 341) und beziehen sich auf soziale Ordnung oder soziale Muster, die für die Akteure einen sicheren und gewissen Status oder eine sichere und gewisse Eigenschaft erreicht haben. Sie werden als außerhalb des Individuums liegend erfahren und als gegeben betrachtet. Die Gegebenheit von Institutionen meint dabei, daß Akteure Gründe für ihre Existenz und ihren Zweck angeben können, sie als relativ feste Einrichtungen in ihrer sozialen Umwelt behandeln und als zweckmäßige und sinnvolle Elemente eben dieser Umwelt erklären können (Jepperson 1991: 147).

Einige zentrale Elemente Institutionalistischer Ansätze, die sich in mehr oder minder ausgeprägter Form und mehr oder minder starken Abweichungen in den Veröffentlichungen der Vertreter dieser Theorie zeigen, lassen sich damit schon hier zusammenfassen: (1) die Ablehnung des Modells des rational handelnden Akteurs, (2) das Interesse an institutionalisierten Regeln als unabhängigen Variablen, aus dem sich - wie in den folgenden Abschnitten dargestellt wird - (3) ein Interesse an den Eigenschaften und Wirkungsweisen dieser überindividuellen Einheiten ableitet und (4) eine Orientierung hin zu kognitiven und kulturellen Erklärungen der Elemente der Organisationsstruktur (DiMaggio/Powell 1991a: 8).

Zwei deutlich unterscheidbare Hauptströmungen in den Institutionalistischen Ansätzen der Organisationstheorie lassen sich identifizieren (Zucker 1987): zum einen makroinstitutionalistische Ansätze und zum anderen ein mikroinstitutionalistischer Ansatz. Beide werden im folgenden dargestellt.

10.3. Makroinstitutionalistische Ansätze

10.3.1. Gründe der Schaffung und Weiterentwicklung formaler Organisationsstrukturen

In makroinstitutionalistischen Ansätzen wird wie in vielen anderen Organisationstheorien davon ausgegangen, daß die Umwelt einen bedeutenden Einfluß auf Organisationen hat. *Anders als in anderen Organisationstheorien wird jedoch in Institutionalistischen Ansätzen die Überlegung tragend, daß die Anzahl und die Unterschiede der existierenden Organisationen sowie die Entstehung und Stabilität bestimmter organisationaler Einrichtungen und Ordnungen in modernen Gesellschaften auch - und zunehmend mehr - gesellschaftlichen Einflüssen in Form institutionalisierter Regeln und Erwartungen zuzu-*

rechnen ist. Die technischen Erfordernisse der Produktion und die Anforderungen einer effizienten Abwicklung der die Systemgrenzen überschreitenden Austauschbeziehungen werden als Erklärungsfaktoren der Ausgestaltung der formalen Organisation zurückgedrängt. *Die Institutionalisten betonen* insofern *Facetten der Umwelt, die in anderen Organisationstheorien übersehen werden: die institutionalisierten Deutungssysteme, Regeln und Rollen - also solche Elemente, die unabhängig von Ressourcenflüssen und technischen Erfordernissen auf die organisationale Gestaltung einwirken.* Deutlich wird, daß den institutionalistischen Ansätzen eine andere Konzeption von Umwelt zugrundeliegt als vielen anderen Organisationstheorien. Die Umwelt einer Organisation ist mehr als nur "task environment", "stock of resources" oder "energy flows", sie besteht aus Kultursystemen, die organisationale Strukturen definieren und legitimieren und so zu deren Schaffung und Aufrechterhaltung beitragen. Als Ansammlung kulturell bedingter Verfahrensweisen werden diese Elemente von Organisation zu Organisation, von Branche zu Branche und selbst von Land zu Land übertragen und von "Organisationsgestaltern" und auch anderen Individuen als richtige und gesicherte Verfahrensweisen betrachtet (Meyer/Scott 1992a: 1f.).

Eine grundlegende Behauptung in institutionalistischen Ansätzen ist, daß die Institutionalisierung als rational erachteter Regeln in der Umwelt der Organisation zu einer diesen Regeln entsprechenden Formung oder Erweiterung der formalen Organisation durch Adoption eben dieser Regeln führt (Meyer/Rowan 1977: 345). Die Regeln werden als strukturelle Elemente in die formale Organisation integriert. Organisation und Umwelt entwickeln sich parallel. Die Entwicklung einer Theorie "rational" betriebener Personalauswahl in der Psychologie und die von Universitäten vorgenommene Zertifizierung von Personen, die die Methoden der "rationalen" Personalauswahl beherrschen, hat beispielsweise dazu geführt, daß in den Personalabteilungen von Organisationen Stellen geschaffen wurden, denen Aufgaben der "rationalen" Personalauswahl zugeordnet wurden und die mit Experten in Sachen Personalauswahl besetzt worden sind (Meyer/Rowan 1977: 344). Die moderne Personalwirtschaft ist aus Sicht der Institutionalisten in Form standardisierter Verfahrensweisen institutionalisiert worden, die sich in allgemeinen Praktiken, "professionellen Ideologien" und Doktrinen eines "guten Managements" finden und sich gelegentlich sogar in Gesetzen niedergeschlagen haben (Scott/Meyer 1991a: 111; Meyer/Scott 1992a: 1f.; ähnlich zur Institutionalisierung unternehmensinterner Schulungsprogramme Scott/Meyer 1991b; zusammenfassend zur Institutionalisierung der Personalpolitik Walgenbach 1998a).

Eine weitere grundlegende Behauptung ist, daß moderne Gesellschaften ausgedehntere Strukturen von institutionalisierten Regeln der "Rationalität" aufweisen und daß die Anzahl der Bereiche, die institutionalisierte Regeln beinhalten, in modernen Gesellschaften größer ist als in weniger modernisierten Gesellschaften. So wird z.B. heute von Unternehmen Rechenschaft in Bereichen gefordert, die früher ausgespart blieben. Umweltschutz und Verbraucherschutz sind Beispiele dafür. Die institutionalisierten Regeln und Erwartungen, mit denen sich Organisationen hier konfrontiert sehen, werden zunehmend erweitert, betreffen immer weitere Teilaspekte, denen Organisationen Rechnung tragen müssen.

Mit der zunehmenden Ausdifferenzierung moderner Gesellschaften wird Rationalität, wenn sie erst einmal als allgemeine Norm institutionalisiert ist, zu einem Mythos mit gewaltigem Organisationspotential (Meyer/Rowan 1977: 346). D.h., die zunehmende Differenzierung moderner Gesellschaften führt dazu, daß immer neue Bereiche entstehen, die mit institutionalisierten Regeln und Anforderungen angefüllt sind, die jeweils bestimmte Elemente als "rationale" Mittel zur Erreichung wünschenswerter Zwecke vorgeben (Meyer/Rowan 1977; Meyer 1992, erstmals 1983, 1994). Wegen der zunehmenden Ausdifferenzierung sprechen die Institutionalisten auch von *institutionellen Umwelten* der Organisation und nicht von institutioneller Umwelt (Scott 1987b: 498). Die Bereiche bzw. die Umwelten, mit denen sich Organisationen konfrontiert sehen, sind in der Regel organisiert. Organisationen interagieren in erster Linie mit anderen Organisationen. Sie reagieren auf Umwelten, die aus Organisationen bestehen, die auf Umwelten aus Reaktionen von Organisationen reagieren (DiMaggio/Powell 1991b: 65; ähnlich Scott 1992b: 160, erstmals 1983; Zucker 1983: 12f.). *Was in einzelnen Umwelten als rational erachtet wird, kann sich erheblich unterscheiden.* Zum Teil sind die Rationalitätsvorstellungen unterschiedlicher Akteure wie Banken, Arbeitgebervereinigungen, Gewerkschaften, staatliche Verwaltungen, politische Parteien, Umweltschutzverbände, Verbraucherschutzverbände, Konkurrenten und Lieferanten, um nur einige zu nennen, auch widersprüchlich. *Normen der Rationalität sind* nämlich *keine allgemeinen Werte, sondern sie existieren in spezifischerer und einflußstärkerer Weise in den Regeln, dem Verständnis und der Bedeutung, die institutionalisierten Elementen in einzelnen Umwelten der Organisation gegeben werden* (Meyer/Rowan 1977: 343). Deshalb - so Selznick (1996: 275) - trifft auch das Bild von Organisationen als einheitlichtes Koordinationssystem nicht zu. Seiner Auffassung nach lassen sich große Organisationen besser als Koalitionen verstehen, die durch unterschiedliche Rationalitätsvorstellungen und über Verhandlungen über eben diese Vorstellungen geführt werden.

Die Unterschiedlichkeit von dem, was in einzelnen Bereichen der Organisation als rational betrachtet wird, spiegelt sich in dem Begriff der "Rationalitätsmythen", den Meyer und Rowan (1977) verwenden, wider. Er weist darauf hin, daß Rationalität differenziert, d.h. in unterschiedlichen Formen, in einzelnen Bereichen auftreten kann. *Rationalitätsmythen bezeichnen Regeln und Annahmegefüge, die rational in dem Sinne sind, daß sie soziale Ziele bestimmen und in regelhafter Weise festlegen, welche Mittel zur rationalen Verfolgung dieser Zwecke die angemessenen sind* (Meyer/Rowan 1977: 343). *Sie sind Mythen in dem Sinne, daß ihre Wirklichkeit und Wirksamkeit von einem geteilten Glauben an sie abhängt, sie also nicht einer objektiven Prüfung unterzogen werden können* (Scott 1992a: 14; Scott 1987a: 114). Damit greifen die Institutionalisten abermals einen Gedankengang von Max Weber auf, den dieser in besonderer Weise hervorgehoben hat: "Man kann eben - dieser Satz der oft vergessen wird, sollte an der Spitze jeder Studie stehen, die sich mit Rationalismus befaßt - das Leben unter höchst verschiedenen letzten Gesichtspunkten und nach sehr verschiedenen Richtungen hin 'rationalisieren'" (Weber 1984: 65).

Nach den Vorstellungen der Institutionalisten führt die Modernisierung der Gesellschaft also über zwei unterschiedliche Pfade zur Entstehung und Weiterentwicklung formaler Organisationsstrukturen (siehe Abb. 10.1). Zum einen über die Komplexität der Netzwerke gesellschaftlicher Organisation, die Komplexität von Austauschbeziehungen und aufgabenbezogener Anforderungen (siehe hierzu bspw. Kap. 6 und 7) sowie zum anderen - und zunehmend an Bedeutung gewinnend - über die Vielzahl institutionalisierter Regeln der Rationalität (Meyer/Rowan 1977; DiMaggio/Powell 1991b).

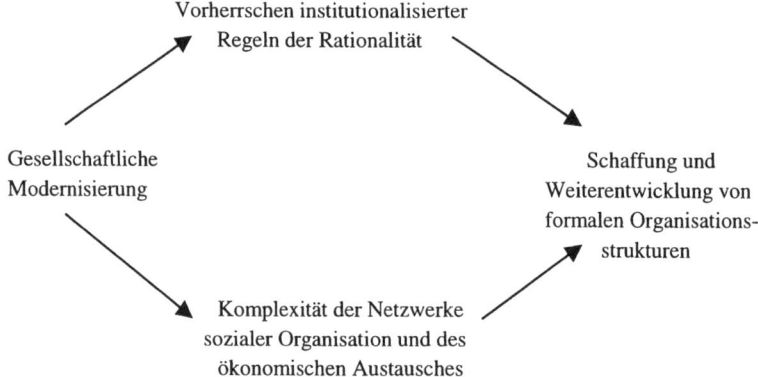

Gesellschaftliche
Modernisierung

Vorherrschen institutionalisierter
Regeln der Rationalität

Schaffung und
Weiterentwicklung von
formalen Organisations-
strukturen

Komplexität der Netzwerke
sozialer Organisation und des
ökonomischen Austausches

Abb. 10.1: Die Ursprünge und die Weiterentwicklung von formalen
Organisationsstrukturen (entnommen aus Meyer/Rowan 1977: 346)

10.3.2. Technische und institutionelle Umwelten

In den frühen Veröffentlichungen der Institutionalisten findet sich die Vorstellung, daß *zwei Arten von Umwelten* unterschieden werden können, von denen jeweils unterschiedliche Auswirkungen auf Organisationen ausgehen (Meyer/Rowan 1977: 353f.). Scott und Meyer (1991a: 122; siehe auch Meyer/Scott/Deal 1981) unterscheiden: (1) *technische Umwelten, in denen Produkte und Dienste am Markt getauscht und Organisationen aufgrund der effektiven und effizienten Koordination und Steuerung der Arbeitsprozesse entlohnt werden,* und (2) *institutionelle Umwelten, in denen Organisationen Konformität mit institutionalisierten Regeln zeigen müssen, um aus ihren Umwelten Unterstützung zu erhalten und Legitimität zugesprochen zu bekommen.* Im ersten Fall erfolgt die Steuerung der Organisation vorwiegend über Ergebniskontrolle. Es sind die Anforderungen, die sich aus dem Austausch und den internen Aktivitäten der Organisation ergeben, die die Entwicklung von Strukturen zur Koordination und Steuerung dieser Aktivitäten anregen. Solche Strukturen erhöhen die Effizienz von Organisationen und führen zu Wettbewerbsvorteilen gegenüber weniger effizienten Organisationen. Im zweiten Fall erfolgt die Steuerung über Prozeßkontrolle oder über eine Kontrolle, ob institutionalisierte Strukturelemente adoptiert wurden (Scott 1994a: 64). Durch die Adoption formaler Strukturen, die den vorherrschenden Vorstellungen von Rationalität entsprechen, erreichen Organisationen Legitimität und Stabilität und erhöhen so den Ressourcenzufluß.

Zwar wird argumentiert, daß alle Organisationen in einem mehr oder minder hohen Ausmaß in technische und institutionelle Kontexte eingebunden sind, dennoch hängt das Überleben einiger Organisationen mehr von einer effizienten Bewältigung der Anforderungen der technischen Umwelten ab. Produzierende Unternehmen werden hierfür als Beispiel genannt. Bei anderen Organisationen, wie z.B. Schulen oder Krankenhäusern, sind es in erster Linie die Anforderungen der institutionellen Umwelten, die entscheidend sind. Nach Meyer und Rowan (1977: 354) läßt sich ein Kontinuum aufzeigen, in dem Organisationen angeordnet werden können. Am einen Ende finden sich Organisationen, die auf dem Markt konkurrieren, d.h. also unter strenger Ergebniskontrolle stehen. Am anderen Ende finden sich Organisationen, deren Erfolg von Vertrauen in ihren Sinn und ihre

Zweckmäßigkeit abhängt. Erfolg wird unter letzteren Bedingungen durch die Adoption institutionalisierter Regeln erreicht. *Beide Umwelten, technische und institutionelle, führen jedoch zum Entstehen "rationaler" organisationaler Formen, aber jeder Umwelttypus ist mit einer unterschiedlichen Konzeption von Rationalität verbunden. Technische Umwelten betonen eine Rationalität, die Vorschriften umfaßt, die Mittel und Zwecke in einer Form in Übereinstimmung bringt, die in effizienter Weise vorhersagbare Ergebnisse produziert. Institutionelle Umwelten betonen einen anderen Aspekt von Rationalität: anderen Akteuren Gründe liefern, die Handlungen, Strukturen oder auch Konzepte verständlich und akzeptabel erscheinen lassen.*

Diese Unterscheidung in zwei Arten von Umwelten, die mit jeweils unterschiedlichen Auswirkungen auf Organisationen verbunden sind, als auch einige weitere Argumentationsstränge der Institutionalisten führten dazu, daß der Eindruck entstand, daß sich die konzeptuellen Überlegungen in erster Linie auf "non profit"-Organisationen und öffentliche Unternehmen beziehen und insofern für private Unternehmungen nur geringe Bedeutung besitzen (siehe exemplarisch Morgan 1990a; Whitley 1992a). Wesentlich zu diesem Eindruck hat beigetragen, daß sich aus der Überlegung, daß Organisationen entlang eines Kontinuums von institutionellen zu technischen Umwelten angeordnet werden können, folgern läßt, daß - wenn sich auch die beiden Typen von Umwelten nicht zwingend wechselseitig ausschließen - ein negativer Zusammenhang zwischen dem Ausmaß der Ausprägung des einen Umwelttypus und dem Ausmaß der Ausprägung des anderen Umwelttypus besteht. D.h., eine Umwelt mit hohen technischen Anforderungen ist tendenziell eine mit nur geringen institutionalisierten Erwartungen und umgekehrt (Scott/Meyer 1991a: 123f.; Scott 1992b: 159). Verstärkt wurde dieser Eindruck auch dadurch, daß sich viele Argumente der Institutionalisten auf den öffentlichen Sektor beziehen, auch wenn sich immer wieder Hinweise auf die Übertragbarkeit der Überlegungen auf den privaten Sektor finden (siehe exemplarisch Scott/Meyer 1991a). Gefördert wurde diese Wahrnehmung zudem dadurch, daß die frühen empirischen Studien vor allem in solchen Organisationen durchgeführt wurden, die entweder unmittelbar dem öffentlichen Sektor zuzuordnen sind oder in enger Verbindung zu diesem stehen - Organisationen also, die in hohem Maß mit institutionellen Umwelten konfrontiert sind: Schulen (Meyer/Rowan 1978; Meyer/Scott/Deal 1981; Meyer/Scott/Strang 1987), Gesundheitsorganisationen (Scott 1992c, erstmals 1983), mit öffentlichen Mitteln geförderte Theater und Orchester (DiMaggio 1983, 1986). Die hierarchischen Beziehungen zum Staat und seinen Einrichtungen wie Behörden und Ämtern sind gerade hier von besonderer Bedeutung (Scott/Meyer 1991a: 108) - der Einfluß des Staates auf die Gestaltung der Organisation wirkt besonders augenfällig. Viele der untersuchten Organisationen lassen sich zudem dadurch charakterisieren, daß sie nur wenig verstandene Technologien nutzen, d.h., daß die Beziehungen zwischen Zwecken und Mitteln sehr unsicher sind, sowie in Umwelten mit vergleichsweise geringen Effizienzanforderungen operieren und nur einem geringen Selektionsdruck ausgesetzt sind (Powell 1991: 189).

Allerdings ist die Sichtweise, daß es zwei weitgehend verschiedene Typen von Organisationen gibt, die entweder vorwiegend in technischen oder hauptsächlich in institutionellen Umwelten operieren, aus mehreren Gründen problematisch. Die Trennung läßt institutionelle Umwelten und die Anpassung an diese mythisch und implizit erscheinen. Die Anpassung an diese Umwelt bekommt mehr den Charakter einer Zeremonie und wirkt in den Begriffen einer reinen Aufgabenerfüllung häufig dysfunktional. Die technische Umwelt und die Anpassung an deren Anforderungen erscheinen hingegen real und rational (Zucker 1987: 445). Eine solche Betrachtungsweise räumt den Marktprozessen und deren Wirkungsweisen jedoch zuviel Raum ein. Sie impliziert, daß die Bedingung des Wettbewerbs jene ist, unter der sich die Modelle des rationalen, um Effizienz bemühten Akteurs am passendsten zeigen, während institutionelle Bereiche von Satisfizierern dominiert werden, die es lediglich darauf anlegen, Unsicherheit zu reduzieren und die kontinuierliche Existenz der Organisation durch Konformität mit institutionalisierten Regeln zu sichern (Powell 1991: 184). Institutionalistische Argumente führen dann leicht zu der Vorstellung, daß Organisationen, die in institutionellen Umwelten operieren, nicht mit der eigentlichen Aufgabenerfüllung befaßt sind. Organisationen in institutionellen Umwelten erscheinen mehr als Gebilde, die ihr Äußeres manipulieren und lediglich Legitimität suchen (Powell 1991: 189).

Um diesen Eindruck zu vermeiden, wird in den neueren und überarbeiteten Versionen älterer Veröffentlichungen betont, daß die *Unterscheidung zwischen technischen und institutionellen Umwelten* (Meyer/Scott/Deal 1981; Scott/Meyer 1991a; DiMaggio/Powell 1991b; Tolbert/Zucker 1983) *als analytische gedacht* ist. Es wird darauf hingewiesen, daß viele Organisationen, die in institutionellen Umwelten operieren, auch Effizienzanforderungen genügen müssen. Auf der anderen Seite sind auch Organisationen, die auf dem Markt konkurrieren, gezwungen, institutionalisierte Elemente zu adoptieren. Selbst die am stärksten wettbewerblich orientierten Aktivitäten sind nur möglich, weil es auf der Mikro- und Makroebene institutionalisierte Elemente gibt, die ökonomischen Austausch sicherstellen (Powell 1991: 185). Der Handel an der Börse gilt als typisches Beispiel für einen sehr ausgeprägten Wettbewerb, als Beispiel für einen fast vollkommenen Markt, in dem Angebot und Nachfrage den Preis bestimmen; Händler werden dort für ihre effiziente und effektive Leistung entlohnt. Aber der Handel selbst wird erst durch eine Vielzahl von institutionalisierten Regeln möglich. Gesetzliche Regelungen schreiben bestimmte Verhaltensweisen vor, abweichendes Verhalten wird sanktioniert, und institutionalisierte Handbewegungen und Ausrufe machen den Handel erst möglich (Powell 1991: 184f.).

Es wird nun deutlich *betont, daß unterschiedliche Typen von Organisationen mit unterschiedlichen technischen Anforderungen und institutionalisierten Erwartungen konfrontiert sind* (Tolbert 1985: 2), wobei der Umfang und die Intensität der Anforderungen und Erwartungen divergieren können. Banken und Versicherungen in den USA sind beispielsweise mit einem hohen Druck sowohl aus institutionellen als auch technischen Umwelten konfrontiert. Sie müssen einerseits Anforderungen der Effizienz und Effektivität genügen, andererseits müssen ihre Prozeduren in weiten Teilen institutionalisierten Erwartungen entsprechen. Die meisten produzierenden Unternehmen hingegen sind in erster Linie mit technischen Anforderungen und weniger mit institutionalisierten Erwartungen konfrontiert, während Krankenhäuser, Schulen, Rechtsanwaltskanzleien weniger in technischen als in institutionellen Umwelten operieren (Scott 1987a: 126f.; Scott/Meyer 1991a: 123f.). Die anfänglich quasi dichotomische Betrachtung von Umwelten wurde durch eine zwei Dimensionen umfassende ersetzt, wobei die einzelnen Dimensionen unterschiedliche Ausprägungen haben können (siehe Abb. 10.2).

		Institutionelle Umwelten	
		Stärker	Schwächer
Technische Umwelten	Stärker	Versorgungsunternehmen Banken Pharmazeutische Krankenhäuser	Produzierende Unternehmen Unternehmen
	Schwächer	Psychiatrische Kliniken Schulen, Anwaltskanzleien Kirchen	Restaurants Fitneßklubs

Abb. 10.2: Kombinationen technischer und institutioneller Umwelten in den USA
(in Anlehnung an Scott 1987a: 126)

Eine partielle Rücknahme oder Richtigstellung der Unterscheidung zwischen technischen und institutionellen Umwelten findet sich auch bei anderen Argumenten. So lautete eine zentrale These, daß frühe Anwender organisationaler Innovationen üblicherweise das Ziel verfolgen würden, ihre Leistung zu verbessern (DiMaggio/Powell 1991b). Der Wandel würde auf einer technisch-rationalen Basis erfolgen und mit den spezifischen Charakteristika einer Organisation in Verbindung stehen. Neue Praktiken, Techniken oder Verfahrensweisen könnten aber schnell mit einem Wert belegt werden, der über die technischen Erfordernisse der zu erfüllenden Aufgabe hinausgeht (Selznick 1957: 16f.). D.h., mit der weiteren Verbreitung einer organisationalen Innovation wäre schnell ein Punkt erreicht, hinter dem die schablonenhafte Übernahme der Innovation statt Leistungsverbesserung Legitimität verspricht. Der anfänglich "rationale Kern" der Innovation ginge verloren, und dennoch würde sich die Innovation verbreiten, weil sie normativ sanktioniert wird. In der Tat erbrachten empirische Studien Evidenz für diese These (Meyer/Stevenson/Webster 1985; Tolbert/Zucker 1983; Fligstein 1985). Baron, Dobbin und Jennings (1986: 362f.) zeigen bspw. auf, daß die Erklärungskraft der Variable "Größe der Unternehmung" für die Adoption spezialisierter Personalabteilungen und Stellenbewertungssysteme zwischen 1935 und 1946 signifikant abnimmt. Die zunehmende Größe einer Unternehmung wird im Situativen Ansatz als ein Einflußfaktor auf die formale Organisationsstruktur interpretiert, der zu einer zunehmenden Spezialisierung führt. Spezialisierung wird dabei als eine effiziente Strategie zur Reduktion des bei zunehmender Organisationsgröße steigenden Koordinationsbedarfs betrachtet. Die Befunde von Baron, Dobbin und Jennings deuten insofern darauf hin, daß das Motiv der Effizienzsteigerung für die Adoption dieser Innovation im Zeitablauf an Bedeutung verloren hat. Personalabteilungen wurden zu einer Selbstverständlichkeit.

Trotz der empirischen Evidenz mußte das Argument relativiert werden. Man hatte zwar dem Vorhandensein institutioneller Einflüsse in technischen Umwelten in späteren Phasen der Adoption Rechnung getragen, d.h. anerkannt, daß auch technische Regeln institutionalisiert und mit einem kulturell bedingten Wert belegt werden können (Scott 1992b: 161). Dennoch erweist sich das Argument als problematisch (Powell 1991: 186), weil es nämlich zumindest in der Anfangsphase der Adoption einer organisationalen Innovation eine eindeutige Zweck-Mittel-Beziehung und damit eine technische Rationalität unterstellt, die man eigentlich in den Grundannahmen in Frage gestellt hatte. Das Argument implizierte nämlich, daß es so etwas wie eine "natürliche Lösung" für einen "technischen Imperativ" gäbe. Allerdings gibt es keine zwingende oder natürliche Entwicklung der mo-

dernen industriellen Organisation, es bestanden und bestehen alternative Entwicklungsmöglichkeiten (Piore/Sabel 1985; Fligstein 1990). Zudem sind die Kriterien einer "guten
technischen Lösung" nicht gesichert. Die Auffassungen darüber, was eine gute Lösung ist,
variierten und variieren zwischen Ingenieuren, Ökonomen oder Unternehmern. Von daher
wird von den Institutionalisten nun eingeräumt, daß eine scharfe Unterscheidung zwischen
technischen Umwelten auf der einen Seite und institutionellen oder gesellschaftlichen auf
der anderen kaum möglich ist (Scott 1992b: 160).

10.3.3. Der Einfluß institutioneller Umwelten auf Organisationen

Viele Elemente der formalen Struktur, die Organisationen aufweisen, sind in hohem Maße
institutionalisiert. Sie sind bindend für Organisationen und funktionieren als Mythen der
rationalen Organisationsgestaltung. Technische Prozeduren der Produktion, der Rechnungslegung (Boland 1982; Mezias 1990), die Personalauswahl (Baron/Jennings/Dobbin
1988) oder die EDV (Faust 1992) sind zu selbstverständlichen Mitteln zur Erreichung organisationaler Ziele geworden. *Organisationen adoptieren institutionalisierte Elemente
ihrer Umwelt und entwickeln sich parallel zu dieser. Damit verschwinden in letzter Konsequenz in Institutionalistischen Ansätzen Organisationen als getrennte und abgrenzbare
Einheiten.* Weit über Theorien offener Systeme hinaus, in denen Organisationen als Einheiten betrachtet werden, die mit ihren Umwelten in Tauschbeziehungen stehen, werden
Organisationen zu "dramatischen Inszenierungen" der Rationalitätsmythen, die moderne
Gesellschaften durchziehen (Meyer/Rowan 1977: 346; ähnlich Zucker 1987: 449f.).

*Übereinstimmung mit den institutionalisierten Regeln und Erwartungen hat einige kriti-
sche Folgen für Organisationen: Sie adoptieren strukturelle Elemente, weil sie extern legitimiert sind und weniger wegen deren Effizienz, und sie benutzen externe und nicht eigene Bewertungskriterien, um den Wert struktureller Elemente zu bestimmen* (Zucker
1987; Tolbert/Zucker 1983). Oftmals mit drastischen Konsequenzen: "... a small company,
that made, expensive chemical instruments which are sold by mail order at prices well
below its competitors' ... doubled its revenues and profits every six months for a dozen
years, eventually attaining a net worth of $ 40 million (in 1981 dollars). This success at-
tracted the attention of several large firms, one of which bought the company. The new
owners were horrified to discover that their subsidiary had only rudimentary paper-work
procedures, no cost accounting system, and no sales staff. No modern firm could operate
in this fashion! They installed paper procedures and cost accounting, and they hired sales
staff. Costs rose, so prices were raised. Demand fell, revenue fell, and profits became
losses" (Starbuck and Nystrom zitiert in Abrahamson 1996b: 122).

Auf der anderen Seite: *Institutionalisierte Regeln definieren neue Organisationssituatio-
nen, redefinieren bestehende und bestimmen zugleich die Mittel, um diese "rational" zu
handhaben. Damit machen sie es einfacher, formale Organisation zu schaffen, erfordern
diese aber zugleich* - Organisationen müssen institutionalisierte Elemente in ihre formalen
Strukturen aufnehmen (Powell 1991: 196; Meyer 1992: 272). Es bedarf jedoch nur geringer unternehmerischer Energie, um die Bausteine, die institutionalisierten Regeln, in der
Struktur einer Organisation zusammenzufassen.

Durch die Gestaltung der formalen Organisation nach den Rationalitätsmythen und den in
diesen enthaltenen Vorschriften signalisieren neue und bestehende Organisationen, daß sie
in sorgfältiger und angemessener Weise kollektive Werte und Ziele verfolgen. So läßt
beispielsweise der Aufstieg der volkswirtschaftlichen Analysemethoden es für Organisa-

tionen vorteilhaft werden, Stellen für Volkswirte zu schaffen und volkswirtschaftliche Analyseverfahren zu nutzen. Selbst wenn niemand diese Analysen liest, sie versteht oder ihnen glaubt, so helfen sie doch, die Pläne der Organisation aus der Sicht von Investoren, Kunden und Organisationsmitgliedern zu legitimieren. Solche Analysen können auch im Falle des Scheiterns eines Projekts als Rechtfertigungen herangezogen werden. Manager, deren Pläne gescheitert sind, können Investoren, Kunden und anderen Organisationsmitgliedern zeigen, daß ihr Vorgehen klug und rational war und daß ihre Entscheidungen auf der Grundlage rationaler Verfahren gefällt wurden (Meyer/Rowan 1977: 350). Oder - ein anderes Beispiel - die Übernahme von Organisationskonzepten wie Lean Management, TQM oder prozeßorientierte Organisationsgestaltung, die die jüngsten Erkenntnisse von Experten widerspiegeln und die deshalb ein hohes Prestige besitzen sowie mit einem hohen zeremoniellen Wert belegt sind, verbessert die Kreditwürdigkeit einer Organisation, weil sie die Anpassungsfähigkeit an die Erfordernisse der Situation signalisiert.

Insgesamt der wichtigste, d.h. der von den Institutionalisten am stärksten betonte Aspekt ist, daß eine Organisation, die institutionalisierte Elemente in ihre Struktur aufnimmt, ihre Legitimität erhöht (Meyer/Rowan 1977: 344f.; Zucker 1987: 443; DiMaggio/Powell 1991b: 75). *Durch die Adoption institutionalisierter Elemente demonstriert die Organisation, daß sie ein Subsystem der Gesellschaft und kein unabhängiges System ist, das autonom in der Gesellschaft zu agieren versucht. Völlig losgelöst von ihrer jeweiligen technischen Effizienz verschaffen solche institutionalisierten Elemente einer Organisation die Anerkennung, daß sie den Erfordernissen entspricht, rational organisiert und modern ist* (Meyer/Rowan 1977: 344).

Legitimität meint dabei, daß kulturell bedingte Betrachtungsweisen sinnvolle Erklärungen für die Existenz, die Funktionsweise oder den Zuständigkeitsbereich der Organisation bieten. Der Idealtypus ist insofern die vollständig legitimierte Organisation, die in keiner Weise in Frage gestellt werden kann. Keines ihrer Ziele kann hinterfragt werden, und alle Ziele erscheinen bedeutsam und wichtig. Alle verwendeten Mittel, Prozeduren und Techniken sind angemessen, und es bestehen keinerlei Alternativen zu diesen (Meyer/Scott 1992c: 201, erstmals 1983). Die Organisation entspricht dann in idealer Weise den Vorstellungen, den kulturell bedingten "Theorien" über richtige Organisation. Das Konzept der Legitimität der Institutionalisten verweist damit auf den Grad, in dem eine Organisation durch die sie umgebende Kultur Unterstützung erhalten kann und erhält.

Institutionalisierte Elemente erhöhen zudem die Stabilität der internen und externen organisationalen Beziehungen (Meyer/Rowan 1977: 351). Institutionelle Umwelten puffern mögliche Turbulenzen. Die als sicher und gegeben geltenden, oft gesetzlich verankerten institutionalisierten Regeln reduzieren die Wahrscheinlichkeit von extremen Instabilitäten hinsichtlich der als rational betrachteten organisationalen Verfahrensweisen, Techniken oder auch Produkte. Auch die Bedingungen des Marktes, die Eigenschaften von Einbringungs- und Ausbringungsfaktoren oder die technischen Verfahrensweisen unterliegen der Steuerung und Interpretation durch Institutionen. Die Entstehung stark ausgebildeter institutioneller Umwelten und die Adoption der institutionalisierten Elemente führt zu Standardisierung und Stabilisierung, was zur Folge haben kann, daß ein Unternehmen Zahlungen erhält, wenn es vereinbarte Prozeduren einhält, selbst wenn sich das Produkt des Unternehmens als nutzlos herausstellt.

Zusammenfassend: *Organisationen, die gesellschaftlich legitimierte und als rational betrachtete Elemente in ihre formalen Strukturen aufnehmen, maximieren ihre Legitimität, erhöhen damit den Zufluß an Ressourcen und steigern so ihre Überlebensfähigkeit* (siehe

Abb. 10.3). *Organisationaler Erfolg hängt also nach Auffassung der Institutionalisten auch von anderen Faktoren als der effizienten Steuerung und Koordination der Arbeitsaktivitäten und Tauschbeziehungen ab* (Meyer/Rowan 1977: 352).

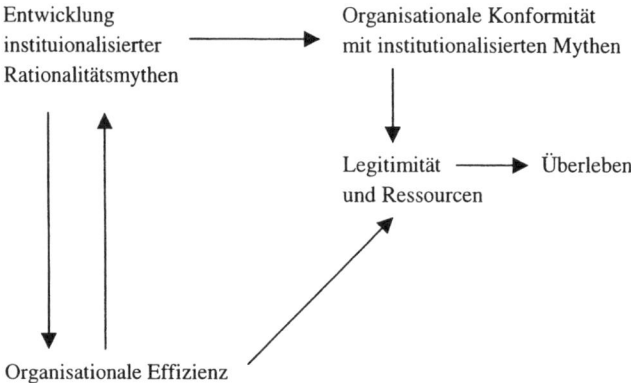

Abb. 10.3: Überleben von Organisationen (entnommen aus Meyer/Rowan 1977: 353)

Die Betonung der Ineffizienz und Ineffektivität der Adoption institutionalisierter struktureller Elemente, wie sie sich in den älteren Veröffentlichungen der Institutionalisten findet und die sich auch in den obigen Ausführungen zeigt (siehe exemplarisch Meyer/Rowan 1977; DiMaggio/Powell 1991b), *wird in den neueren Beiträgen zumindest partiell zurückgenommen* (Powell 1991: 190), weil sich natürlich die Frage aufdrängt, wie und warum die Übernahme von Praktiken, die die Überlebenswahrscheinlichkeit der Organisation erhöhen, ineffektiv und ineffizient sein kann. Die Argumente des Institutionalistischen Ansatzes zielen, dies wird nun - gleichsam als Versuch, entstandene Eindrücke durch ältere Veröffentlichungen zu korrigieren - betont, weder auf die Herausarbeitung der Ineffizienz organisationaler Praktiken noch auf die Zelebrierung der Nichtoptimalität institutionalisierter Arrangements ab (DiMaggio/Powell 1991a: 33). *Es wird nun anerkannt, daß die Adoption eines institutionalisierten Elements,* wie z.B. einer legitimierten Strategie oder eines Managementkonzepts *durchaus mit einem ökonomischen Gewinn verbunden sein kann.* Man weicht damit von der früheren Position, lediglich die Kostenseite der Ausübung zeremonieller Aktivitäten zu betrachten, ab und bezieht nun die einkommenswirksamen Effekte der Legitimität in die Rechnung ein (DiMaggio/Powell 1991a: 33). Die Institutionalisten beharren jedoch weiterhin auf ihrer Kritik an solchen Theorien, die von einer "natürlichen Selektion" ausgehen. DiMaggio und Powell (1991b: 78) weisen darauf hin, daß Argumente einer negativen Selektion solcher Organisation, die keinen technischen "fit" mit der Umwelt aufweisen, nur schwer mit der Realität in Übereinstimmung zu bringen sind. Es existieren weniger effiziente organisationale Formen, und in einigen Fällen, wie z.B. bei Theatern oder Opernhäusern, kann die Effizienz oder Produktivität nur schwerlich gemessen werden. Aber selbst im Falle von erwerbswirtschaftlichen Organisationen, bei denen die Argumentation der Auslese durch die Kräfte des Wettbewerbs am zutreffendsten scheint, zeigen Untersuchungen (Winter 1964, 1975; Nelson/Winter 1982), daß die "invisible hand" häufig nicht hart greift, sondern oft nur sanft berührt.

10.3.4. Institutioneller Isomorphismus

Die Institutionalisten betrachten den Prozeß der Institutionalisierung als einen, der in erster Linie auf der Ebene organisationaler Felder auftritt und damit als einen interorganisationalen Prozeß (DiMaggio 1986). *Mit organisationalen Feldern* - andere Autoren (Scott/Meyer 1991a) sprechen von gesellschaftlichen Sektoren - *sind solche Organisationen gemeint, die in der Aggregation einen deutlich abgrenzbaren Bereich institutionellen Lebens darstellen: Anbieter, Konsumenten von Ressourcen und Produkten, Verwaltungsbehörden und andere Organisationen, die ähnliche Produkte oder Dienste anbieten* (DiMaggio/Powell 1991b: 64f.; DiMaggio 1986).

Der Blickwinkel der Analyse in Institutionalistischen Ansätzen wird also nicht auf einzelne Organisationen und deren direkte Beziehungen zueinander beschränkt, sondern die weitere Struktur, in der diese Organisationen operieren, wird einbezogen. In der Folge sind (1) die Beziehungen zwischen ähnlichen Organisationen, wie z.B. zwischen den Herstellern funktionsgleicher Produkte, und unähnlichen Organisationen, wie z.B. zwischen produzierenden Unternehmen und Prüfungsgesellschaften oder Banken, gleichermaßen von Interesse. Ebenso werden (2) horizontale Verbindungen zwischen Organisationen, wie z.B. zwischen produzierenden Unternehmen und Kunden oder Lieferanten, und vertikale Verbindungen zwischen Organisationen, wie z.B. zwischen Tochtergesellschaften und Muttergesellschaften oder zwischen produzierenden Unternehmen und Behörden und Ämtern, in die Betrachtung einbezogen. Untersucht werden auch (3) lokale und nichtlokale, also z.B. internationale, Verbindungen zwischen Organisationen. Zudem werden (4) technische und institutionelle Aspekte von Organisationen und Umwelten als wesentlich erachtet (Scott/Meyer 1991a: 111). *Die Argumente der Institutionalisten beziehen sich* insofern nicht in erster Linie auf die Ebene der Gesamtgesellschaft oder auf die einzelne Organisation, sondern *auf Gruppen von Organisationen, die in ein gemeinsames Sinnsystem eingebunden sind, das durch aufeinander bezogene Handlungen und gemeinsame Regulationsmechanismen erkennbar wird* (Scott 1994a: 70f.).

Organisationale Felder bestehen nur insoweit, als sie institutionell bestimmt oder strukturiert sind. Der Prozeß der Institutionalisierung oder Strukturierung (Giddens 1979, 1988; siehe Kap. 11), der für die Herausbildung eines organisationalen Feldes erforderlich ist, besteht aus vier Aspekten: (1) einer Zunahme des Ausmaßes der Interaktion zwischen den Organisationen im Feld, (2) der Entstehung von interorganisationalen Beherrschungsstrukturen und Verbindungsmustern, (3) einer Zunahme der Informationslast, die die Organisationen im Feld bewältigen müssen, und (4) der Entwicklung einer wechselseitigen Kenntnisnahme unter den Mitgliedern der Organisationen, daß sie in ein gemeinsames Feld eingebunden sind, sowie der Herausbildung eines gemeinsamen Deutungssystems bzw. einer gemeinsamen Ideologie (DiMaggio 1983: 150; DiMaggio/Powell 1991b: 65).

Hat sich einmal ein organisationales Feld entwickelt, beginnen bestimmte Kräfte zu wirken, die dazu führen, daß sich die Organisationen, die in den gleichen Geschäftsfeldern bzw. in der gleichen Branche operieren, immer ähnlicher werden. Die institutionalisierten Elemente in einem organisationalen Feld begrenzen nämlich die Richtung und die Inhalte von Änderungen und bedingen zugleich, daß in diesem Feld ein weiterer Schub in Richtung Homogenisierung einsetzt (DiMaggio/Powell 1991b: 64), der um so stärker ist, je mehr das organisationale Feld bereits strukturiert ist (kritisch zu dieser Argumentation Kraatz/Zajac 1996).

Das theoretische Konzept, mit dem der Prozeß der Homogenisierung gefaßt wird, ist das des Isomorphismus. Isomorphismus meint den Prozeß, der eine Einheit in einer Population dazu bewegt, sich anderen Einheiten anzugleichen, die mit den gleichen Umweltbedingungen konfrontiert sind (Hawley 1968). DiMaggio und Powell (1991b: 66) betonen anders als der Population-Ecology-Ansatz (siehe Kap. 8), in dem Isomorphie, d.h. Strukturgleichheit, als Ergebnis von Anpassungsfähigkeit an die Wettbewerbsbedingungen in einer Nische betrachtet wird, den institutionellen Isomorphismus. Sie identifizieren *drei Mechanismen, die einen institutionell bedingten Wandel von Organisationen in Richtung Isomorphie zur Folge haben.* Die Unterscheidung ist jedoch mehr eine analytische, d.h., daß, obwohl sich die einzelnen Mechanismen aus unterschiedlichen Bedingungen herleiten, sie empirisch oft kaum voneinander abzugrenzen sind (DiMaggio/Powell 1991b: 67ff.):

(1) Isomorphismus durch Zwang

Isomorphismus durch Zwang *resultiert aus dem Druck, den andere Organisationen auf eine Organisation ausüben, oder durch kulturell bedingte Erwartungen in einer Gesellschaft.* Der Staat beeinflußt beispielsweise in vielerlei Hinsicht das Verhalten und die Struktur von Organisationen (Meyer/Rowan 1977). Die rechtliche Umwelt - Vertragsrecht, Steuerrecht oder auch Aktienrecht, um nur einige Aspekte zu nennen - formt Organisationen, ihre Strukturen und Prozesse in ähnlicher Weise und begrenzt zugleich die Unterschiede organisationaler Formen (Powell 1991: 188). Produzierende Unternehmen - um ein anderes Beispiel zu nennen - integrieren Umweltschutztechnologien, um der Umweltschutzgesetzgebung zu entsprechen, und richten neue Stellen wie die des Umweltschutzbeauftragten ein. Organisationen werden somit zunehmend homogener und werden in immer größerem Maße durch Rituale der Konformität gegenüber den Regeln, die in den Umwelten institutionalisiert und legitimiert sind, organisiert. Aber nicht nur der Staat bürdet Organisationen standardisierte Prozeduren und Strukturen unmittelbar auf. So zeigt sich in Konzernen üblicherweise, daß den einzelnen Tochtergesellschaften bestimmte Praktiken der Rechnungslegung, der Leistungsbewertung und der Budgetierung, die mit denen der Muttergesellschaft kompatibel sind, aufgezwungen werden (Coser/Kadushin/ Powell 1982). Das Ausmaß, in dem sich eine Organisation einer anderen in ihrer Struktur angleicht, hängt jedoch von dem Ausmaß der Dependenz von dieser anderen Organisation und/oder von dem Maß der Zentralisierung kritischer Ressourcen ab.

Der Zwang, der auf Organisationen ausgeübt wird, muß sich jedoch nicht immer so direkt und offen äußern wie in den oben angeführten Beispielen. Kollektivistische Organisationen, d.h. Organisationen, die auf dem Prinzip der Gleichberechtigung ihrer Mitglieder basieren, sehen sich oft mit der Erwartung konfrontiert, daß sie Autorität und Verantwortlichkeit in einer formal definierten Rolle zusammenbringen müssen, um mit hierarchisch gegliederten Organisationen in Interaktion treten zu können (Kanter 1972; Rothschild-Whitt 1979).

(2) Isomorphismus durch mimetische Prozesse

Imitation ist ein weiterer Mechanismus, aus dem Isomorphie folgt. *Organisationen orientieren sich in der Gestaltung der Strukturen und Prozesse an anderen Organisationen. Sie kopieren die Organisationen, die innerhalb ihres organisationalen Feldes eine zentrale Stellung besitzen.* Modelle des Organisierens und Managens können sich intentional und explizit durch Unternehmensberatungen oder Wirtschaftsverbände oder weniger intentional und indirekt durch den Personalwechsel innerhalb der Tochtergesellschaften eines Konzerns oder durch den Wechsel von Mitarbeitern zwischen Unternehmen verbreiten.

Unsicherheit ist ein wesentlicher Einflußfaktor, der Imitation fördert: Je weniger die Technologien der Organisation verstanden werden, d.h., je unsicherer die Beziehungen zwischen Zwecken und Mitteln sind (March/Olsen 1976a), je uneindeutiger die Ziele der Organisation sind und je mehr Unsicherheit von der Umwelt ausgeht, um so stärker ist das Ausmaß, in dem Organisationen ihre Strukturen und Prozesse nach dem Vorbild solcher Organisationen gestalten, die als erfolgreich wahrgenommen werden. Organisationen suchen unter solchen Bedingungen nach Lösungen, die mit möglichst geringem Aufwand ihre Probleme beheben (Galaskiewicz/Wasserman 1989). Sie wählen solche Organisationen als Modell, die als erfolgreicher oder legitimer wahrgenommen werden. Die schnelle Verbreitung der Qualitätszirkel und anderer Programme, die auf die Verbesserung der Qualität des Arbeitslebens abzielen, in US-amerikanischen Unternehmen ist zumindest in weiten Teilen als ein Versuch zu werten, Erfolgsfaktoren japanischer und europäischer Unternehmen nachzubilden. Zugleich bergen diese Bemühungen auch einen symbolischen Aspekt. Unternehmen adoptieren diese Innovationen, um das Ausmaß ihrer Legitimität zu erhöhen. Sie demonstrieren, daß sie darum bemüht sind, die Arbeitsbedingungen zu verbessern.

Das hohe Maß an Homogenität zwischen Organisationen resultiert auch daraus, daß - trotz des Bemühens von Organisationen, sich von anderen Organisationen zu unterscheiden - sich letztlich nur wenige Varianten des Organisierens finden, zwischen denen gewählt werden kann. Die individuellen Bemühungen einzelner Organisationen, Verbesserungen durchzuführen, haben nach Erreichen eines bestimmten Strukturierungsgrades des organisationalen Feldes zur Folge, daß in der Gesamtheit das Ausmaß der Unterschiedlichkeit innerhalb des Feldes zurückgeht.

Auf lange Sicht laufen die Entscheidungen der organisationalen Akteure darauf hinaus, daß sie eine Umwelt um sich herum schaffen, die ihre Fähigkeiten und Möglichkeiten, weiteren Wandel vorzunehmen, begrenzt (DiMaggio/Powell 1991b: 65). Neue Organisationen werden anhand des Vorbilds älterer Organisationen gestaltet, größere Organisationen wählen nur zwischen wenigen bedeutenden Beratungsgesellschaften aus, die nur wenige Modelle des Organisierens über ein Land oder mehrere Länder verbreiten. Mit abnehmender Anzahl alternativer organisationaler Modelle in einem Feld steigt dann die Geschwindigkeit des Angleichungsprozesses.

(3) Isomorphismus durch normativen Druck

Eine dritte Quelle des Wandels von Organisationen in Richtung Isomorphie ist normativer Art und *entspringt in erster Linie der zunehmenden Professionalisierung* (Abbott 1988). *Professionalisierung meint die kollektiven Bemühungen einer Berufsgruppe, die Konditionen und Methoden ihrer Arbeit zu definieren, um die "Produktion der Produzenten" bestimmter Arbeitsleistungen zu steuern sowie eine gemeinschaftliche Denkhaltung und die Rechtfertigung einer beruflichen Autonomie zu schaffen* (Larson 1977; Collins 1979). Die Professionen selbst unterliegen jedoch wie auch andere Organisationen Zwängen und mimetischen Prozessen, die langfristig zu Isomorphie führen.

Während sich die Mitglieder einzelner Professionen, wie z.B. Ingenieure, Volks- und Betriebswirte, Juristen usw., innerhalb einer Organisation erheblich unterscheiden können, haben sie doch jeweils große Ähnlichkeiten mit ihren Kollegen in anderen Organisationen. Ausbildungsinstitute werden als eine wesentliche Ursache für diese Ähnlichkeiten betrachtet. Universitäten und andere berufsbezogene Ausbildungsinstitute sind wichtige Orte für die Entwicklung organisationaler Normvorstellungen unter den Professionellen; hier wird die gemeinsame Denkhaltung geschaffen, werden Normen und Modelle des Organisierens vermittelt. *Berufsverbände und Wirtschaftsverbände*, die Organisationen netzwerkartig durchziehen, *sind ein weiteres Vehikel zur Definition und Verbreitung normativer Regeln des organisationalen und professionellen Verhaltens.* Durch diese Netzwerke können sich neue Modelle, Konzepte, Prozeduren, Ansichten usw. schnell in einer Vielzahl von Organisationen verbreiten (siehe hierzu auch Galaskiewicz 1985).

Das Abstützen der Professionen auf eine einheitliche formale Qualifikation und die Legitimität einer gemeinsamen kognitiven Basis, die durch den Staat verliehen wird, sowie die Aktivitäten der Berufs- und Wirtschaftsverbände sind Mechanismen, die einen Pool von weitgehend austauschbaren Individuen mit nahezu identischen Orientierungen und Dispositionen schaffen, die ähnliche Positionen in einer Vielzahl von Organisationen besetzen. Unterschiede in den Traditionen der einzelnen Organisationen oder auch in der Steuerung der Organisationen, die sonst das Verhalten der jeweiligen Organisation bestimmen würden, werden so Stück für Stück eliminiert. Dieser Effekt in einem organisationalen Feld ist nach DiMaggio und Powell um so stärker, je mehr sich die einzelnen Organisationen bei der Auswahl des Personals auf akademische Zeugnisse verlassen und je stärker das Maß ist, in dem das Personal in Berufs- und Wirtschaftsverbänden organisiert ist.

Die Professionalisierung des Managements geht mit der zunehmenden Strukturierung der organisationalen Felder einher. In der Gesamtheit erhöht sich dadurch die Geschwindigkeit des Isomorphismus. Die Kanäle, durch die sich neue Modelle des Organisierens verbreiten können, sind geschaffen, und die Interaktion zwischen Organisationen nimmt weiter zu. Hinzu tritt ein weiterer Faktor. Einige Organisationen erlangen in einem organisationalen Feld eine zentrale Stellung. Sie sind nicht nur die Modelle, an denen sich andere Organisationen in der Gestaltung ihrer Struktur orientieren, sondern ihre Manager nehmen auch in den Berufs- und Wirtschaftsverbänden regelmäßig die Positionen mit substantiellem und zeremoniellem Einfluß ein (Useem 1979). Dieses wiederum hat zur Folge, daß die Strukturen der Organisationen mit zentraler Position noch häufiger kopiert werden. Durch die hervorgehobenen Positionen der Manager wird den Strukturen und Prozeduren der zentralen Organisationen nicht nur Leitbildcharakter verliehen, sondern die Imitation dieser Organisationen erscheint den Managern der nachahmenden Organisationen auch als ein Weg, ähnlich einflußreiche Positionen zu erreichen.

Ein weiterer wichtiger Mechanismus, der den normativen Isomorphismus unterstützt und durch den die zunehmende strukturelle Homogenisierung der Organisationen gefördert wird, ist die *Selektion des Personals*. Innerhalb vieler organisationaler Felder erfolgt die Filterung neuer Mitarbeiter durch Anwerben von Mitarbeitern aus Organisationen der gleichen Branche, durch die Rekrutierung des Führungspersonals aus einer kleinen Auswahl von Universitäten und anderen Ausbildungsinstituten, durch festgelegte Qualifikationsanforderungen für bestimmte Positionen und durch festgelegte Karrierewege. Die Karrierewege vieler Professioneller werden beispielsweise so genau geplant und überwacht, daß diejenigen, die den Weg an die Spitze einer Organisation geschafft haben, nicht mehr zu unterscheiden sind. March und March (1977) finden in ihrer Studie, daß sich der Lebenslauf und die Orientierungen von Personen, die eine bestimmte Position in einer Organisation erreicht haben, derart gleichen, daß weitere Karriereschritte zufällig erscheinen. In dem Ausmaß aber, in dem Manager und anderes Personal in Schlüsselpositionen der Organisationen von denselben Universitäten angeworben und nach einem gemeinsamen

Satz von Eigenschaften ausgewählt werden, steigt die Neigung in den Organisationen, Probleme in ähnlicher Weise anzugehen, die gleichen Verfahrensweisen, Prozeduren und Strukturen als legitimiert zu betrachten sowie Entscheidungen in ähnlicher Weise zu fällen.

DiMaggio und Powell (1991b: 73) gehen davon aus, daß jeder der drei genannten Prozesse des Isomorphismus auch ohne unmittelbaren Beleg für die Erhöhung der internen organisationalen Effizienz wirksam wird. In dem Maß, in dem die organisationale Effizienz erhöht wird, ist dies oft ein Ergebnis dessen, daß eine Organisation für ihre Ähnlichkeit mit anderen Organisationen in einem Feld belohnt wird. Ähnlichkeit erleichtert es, mit anderen Organisationen in Transaktionsbeziehungen einzutreten, karriere- und leistungsorientiertes Personal anzuwerben, als legitim angesehen zu werden, einen guten Ruf zu erlangen sowie den Kategorien eines guten Managements zu entsprechen, die die Organisation öffentlicher Mittelzuwendungen und privater Verträge würdig erscheinen lassen.

Eine Studie, die von Fligstein (1985, 1990, 1991; siehe kritisch zu dieser Studie Donaldson 1995) durchgeführt wurde, illustriert den Einfluß der drei von DiMaggio und Powell identifizierten Mechanismen, Zwang, mimetische Prozesse und normativer Druck, in anschaulicher Weise. Der Einfluß des Staates und der Professionen, die Imitation von erfolgreichen Modellen, aber auch exogene Störungen als Unterbrechung des Reproduktionsprozesses von Institutionen werden deutlich herausgearbeitet.

Fligstein untersucht die Verbreitung der diversifizierten und divisional gegliederten Unternehmung, d.h. den Übergang von der klassischen Einproduktunternehmung über die Unternehmung mit verwandten Produktgruppen hin zur Unternehmung mit nicht-verwandten Produktgruppen, anhand der 100 größten US-amerikanischen Unternehmen im Zeitraum von 1919 bis 1979. Dabei konzentriert er sich zuerst auf die Verbreitung der Diversifikationsstrategie in diesen Unternehmen. Divisionalisierung stellt dann die organisationsstrukturelle Anpassung an die Diversifizierungsstrategie dar.

Fligstein (1991) findet, daß der Impetus für die Diversifizierungsstrategie von Unternehmen ausging, deren Präsidenten - gemessen am fachlichen Hintergrund - eine ausgeprägte Marketingorientierung hatten. Der Zusammenhang zwischen der Diversifizierungsstrategie und dem fachlichen Hintergrund des Präsidenten einer Unternehmung erscheint Fligstein deshalb bedeutend, weil der fachliche Erfahrungshintergrund die Art und Weise der Wahrnehmung der Probleme der Organisation beeinflußt und der Präsident einer Unternehmung aufgrund seiner Position die Macht besitzt, die Strategie der Unternehmung maßgeblich zu beeinflussen. Interessanterweise sahen nämlich die Mitglieder einer 1921 im Verlauf der "Marketingrevolution" gegründeten Subdivision der American Management Association, der Sales Executive Division, in der Strategie der Diversifizierung eine Wachstumschance für das Unternehmen und eine Möglichkeit zur Stabilisierung des Umsatzes. Diese Sichtweise der Unternehmung und ihrer Aktivitäten unterschied sich damit deutlich von der bisherigen Vorstellung, die in erster Linie von Managern mit fachlichen Erfahrungen in der Produktion vertreten wurde. Deren strategische Vorstellungen waren: Kostenführerschaft und vertikale Integration. Die Strategie zu diversifizieren, was zunächst hieß, die Aktivitäten der Unternehmung auf verwandte Produktmärkte auszuweiten, erwies sich als sehr erfolgreich. Trotzdem fand sie in der Boomphase der 20er Jahre nur zögerliche Verbreitung. Während der Großen Depression erwies sich jedoch die Diversifikationsstrategie als die einzige, die zu Unternehmenswachstum führte. Die Strategie fand nun allgemeine Akzeptanz, erschien gemeinhin als sinnvolle und erfolgreiche Innovation.

In der Folge begann eine Vielzahl von Unternehmen zu diversifizieren, und zwar auch solche, die nicht von Managern mit einem ausgeprägten Marketinghintergrund geführt wurden.

Mit der Verschärfung der Antitrustgesetze Ende der 40er und Anfang der 50er Jahre wurde die bis dahin von den Unternehmen häufig praktizierte Strategie der horizontalen und vertikalen Unternehmenszusammenschlüsse und -käufe problematisch, wurde das mögliche Wachstum in den angestammten Produktmärkten durch den Gesetzgeber begrenzt. Die Strategie der Diversifikation in nicht-verwandte Produktbereiche, die vor allem von Präsidenten mit finanzwirtschaftlichem Hintergrund aus Gründen der Risikostreuung und der erwarteten höheren Kapitalrentabilität vorangetrieben wurde, fand nun Verbreitung. Hinter dieser Strategie verbarg sich wiederum eine andere Sichtweise von der Unternehmung und damit eine andere Rationalitätsvorstellung: Unternehmen operieren nicht in einem bestimmten Markt, sondern die Aktivitäten der Unternehmung werden als Investitionen in ein Portfolio betrachtet, bei dem jede Investition zwar mit einer unterschiedlichen Gewinnrate verbunden sein kann, sich aber letztlich auszahlen muß.

10.3.5. Inkonsistenzen zwischen institutionalisierten Elementen, Konflikte zwischen institutionalisierten Elementen und den Erfordernissen einer effizienten Produktion und die Lösung dieser Spannungen

Die oben dargestellten Mechanismen, die einen Wandel von Organisationen in Richtung Isomorphie zur Folge haben, sind allerdings selbst unter den Institutionalisten nicht unumstritten. Zucker (1987, 1991) argumentiert beispielsweise, daß Isomorphismus durch Zwang kein institutioneller Mechanismus sei. Im Gegenteil: Zwang habe sogar deinstitutionalisierende Tendenzen; Sanktionen lassen institutionalisierte Regeln weniger faktisch, objektiv und personenunabhängig erscheinen, weil die Nutzung jedweder Sanktionen darauf hindeutet, daß andere mögliche und attraktive Alternativen bestehen.

Eine unterschiedliche Interpretation des Isomorphismus findet sich auch bei anderen Vertretern dieser Theorie. Meyer und Rowan (1977: 355) weisen darauf hin, daß eine Organisation im allgemeinen mit zwei Problemen konfrontiert ist, wenn ihr Erfolg in hohem Maß von der Adoption institutionalisierter Regeln abhängt: (1) *Die aufgabenbedingten Anforderungen und die Effizienzerfordernisse, denen die Organisation genügen muß, konfligieren u. U. mit den Bemühungen der Organisation, den institutionalisierten Regeln der Produktion zu entsprechen.* Die Übernahme institutionalisierter Regeln kann nämlich unter Gesichtspunkten einer technischen Effizienz ausschließlich Kosten zur Folge haben. Professionelle Unternehmensberater, die die Maßnahmen des Topmanagements nur "absegnen", sind mit einer unmittelbaren Verbesserung der Produktivität der Organisation kaum zu begründen, sie können jedoch im Hinblick auf die Legitimation der Maßnahmen des Topmanagements nach innen und außen sehr bedeutend sein. *Eine weitere Schwierigkeit liegt darin begründet, daß institutionalisierte Regeln zumeist allgemein gehalten sind, während die aufgabenbezogenen Aktivitäten mit den spezifischen, teilweise einzigartigen Bedingungen der Organisation variieren. Die generalisierten Regeln der institutionellen Umwelten können sich insofern als unpassend erweisen, wenn sie mit den aufgabenbedingten Variationen und Anomalien einzelner Organisationen konfrontiert werden.* (2) *Die institutionalisierten Regeln und Rationalitätsmythen können in unterschiedlichen Umwelten der Organisation entstanden sein und so zueinander in konfliktärer Beziehung stehen.* Die Folge ist, daß Organisationen, die in Umwelten operieren, die ein hohes Maß an Institutionalisierung aufweisen, alle möglichen Arten von teilweise völlig inkompatiblen strukturellen Elementen adoptieren. Die daraus resultierenden Inkonsistenzen erschweren die Bemühungen um eine effiziente Produktion und machen eine enge Steuerung und Koordination der Aktivitäten der Organisation durch formale Struktur problematisch.

Organisationen befinden sich damit häufig in einem Spannungsverhältnis, das sich aus der Notwendigkeit einer "doppelten Isomorphie" mit den unterschiedlichen kontextuellen Strukturen ergibt. Eine Organisation kann auf unterschiedliche Weise versuchen, die skizzierten Probleme zu beheben (Meyer/Rowan 1977: 356ff.): (1) Sie kann die institutionalisierten Erwartungen zurückweisen. Aber eine Organisation, die sich gegenüber den institutionalisierten Anforderungen verweigert und sich dennoch als effizient darstellt, wird sich in der Dokumentation ihrer Effizienz schwertun, weil sie sich nicht auf die "Rationalitätssemantik" ihrer Umwelt einläßt. Zudem vernachlässigt sie wichtige Quellen von Ressourcen und Stabilität. (2) Eine Organisation könnte die institutionalisierten Vorschriften rigide einhalten, wenn sie alle austausch- und arbeitsbezogenen Relationen unterbricht. Durch die Isolation könnten jedoch die Arbeitsaktivitäten und die Transaktionen der Organisation nicht mehr abgewickelt werden. (3) Die Organisation könnte auch zynisch eingestehen, daß ihre Struktur nicht den institutionalisierten Erwartungen entspricht. Aber diese Strategie verneint die generelle Gültigkeit der Rationalitätsmythen und entzieht so der Organisation die Legitimität. (4) Sie könnte Reformen versprechen. Die Strategie, die zukünftige Struktur der Organisation als die gültige zu benennen, führt jedoch dazu, daß der jetzigen die Legitimität entzogen wird. Statt auf solche Partiallösungen zu bauen, kann eine Organisation den Konflikt zwischen institutionalisierten Regeln und Effizienz durch zwei miteinander verknüpfte Kunstgriffe lösen: (5) *Entkopplung und Logik des Vertrauens.*

Organisationen, die auf technische Effizienz abzielen, versuchen idealerweise, eine enge Verknüpfung zwischen ihrer formalen Struktur und ihren Aktivitäten zu erreichen. Die Übereinstimmung wird durch Überprüfungen und Anpassungen unterstützt, die Ergebnisqualität wird laufend überwacht, die Effizienz einzelner Subeinheiten wird bewertet und die unterschiedlichen Ziele und Aktivitäten werden in Übereinstimmung gebracht und koordiniert. *Organisationen in institutionellen Umwelten können ihre Aktivitäten wegen der Inkonsistenzen nicht durch formale Strukturen koordinieren und eine enge Anbindung von formalen Strukturelementen und Aktivitäten hätte zudem zur Folge, daß Ineffizienzen und Inkonsistenzen bekannt würden. Deshalb werden strukturelle Elemente untereinander und von den Aktivitäten der Organisation entkoppelt.* Ziele werden uneindeutig und vage gehalten, kategorische Zwecke werden durch technische ersetzt - d.h. z.B., daß in Krankenhäusern Patienten nicht geheilt, sondern behandelt werden -, formale Strukturen werden vor einer Überprüfung hinsichtlich ihrer technischen Leistungsfähigkeit geschützt - d.h., die Steuerung der Aktivitäten, ihre Überprüfung und Bewertung wird minimiert, auf eine ritualisierte Rechenschaftslegung in Form von Geschäftsberichten, Bilanzen und Pressemitteilungen begrenzt (Power 1997) -, und Koordination, wechselseitige Abhängigkeiten und Anpassungen werden auf informellem Wege durchgeführt. Man vertraut auf die Individuen in der Organisation, den technischen Problemen und Interdependenzen adäquat zu begegnen. *Entkopplung ermöglicht es der Organisation, legitimierte formale Strukturen aufrechtzuerhalten, während die tatsächlichen Aktivitäten als Reaktion auf aktuelle und praktische Erfordernisse variieren. Das birgt einige Vorteile: Der Schein, daß die formalen Strukturelemente arbeitsfähige Lösungen darstellen, wird bewahrt; und weil die Integration inkonsistenter institutionalisierter Regeln vermieden wird, werden Konflikte umgangen. Die Organisation erhält weiterhin Unterstützung von einem weiten Kreis von internen und externen Akteuren.* Besonders wichtig ist dabei die Verwendung des richtigen Vokabulars. Vokabeln der Struktur zu verwenden, d.h. Lippenbekenntnisse abzugeben, die den institutionalisierten Regeln entsprechen, führt dazu, daß die Organisation einwandfrei und rational wirkt (siehe hierzu auch Brunsson 1989; Ashforth/Gibbs 1990; Elsbach 1994). *Interne und externe Akteure wie Arbeiter, Manager, potentielle Bewerber, Kapitalgeber und auch Regierungsstellen neigen dazu, den "Werbungspraktiken" von Organisationen zu vertrauen. Sie nehmen Organisationen die legitimierten Verfahrensweisen und Programme, wie z.B.* Gleichstellung der Geschlechter oder Qualitätssicherungsprogramme, *ab und sind deshalb gewillt, ihre Arbeitsleistung oder Kapital zur Verfügung zu stellen.* Die Übernahme von extern legitimierten formalen Strukturen erhöht das Gefühl der Verpflichtung und die Bindung von Organisationsmitgliedern und Auftraggebern, signalisiert Verantwortungsbewußtsein und reduziert die Gefahr möglicher Ansprüche Dritter wegen Fahrlässigkeit (Meyer/Rowan 1977: 344).

Das Vertrauen und der gute Glaube der internen und externen Akteure legitimiert Organisationen in institutionellen Umwelten trotz des Mangels an aufgabenbezogenen Bewertungen (Meyer/Rowan 1977: 357f.). Die Aufnahme von Professionellen in Organisationen beispielsweise ist nicht nur ein Weg, um externe und interne Überprüfungen zu vermeiden - man vertraut auf die Fähigkeiten und Qualifikationen der Professionellen -, sondern Professionalisierung bedeutet auch eine Verpflichtung für Vorgesetzte und Mitarbeiter, vertrauensvoll zusammenzuarbeiten. *Organisationsmitglieder verpflichten sich nicht nur, die Fassade der "rationalen Organisation" zeremoniell aufrechtzuerhalten, sondern auch die Dinge hinter dem Vorhang am Laufen zu halten; sie sind mit informeller Koordination und Steuerung beschäftigt, um einen reibungslosen Ablauf der aufgabenbezogenen Aktivitäten sicherzustellen und öffentliche Einmischungen zu verhindern.* Vertrauen erfordert, daß angenommen wird, daß jeder in guter Absicht handelt. Wenn die Mitglieder der Organisation die Fassade wahren, stützt das das Vertrauen in die Organisation und verstärkt so zugleich die Mythen, die die Existenz der Organisation rational erscheinen lassen. Annahmen wie die, daß die Dinge sind, wie sie erscheinen, oder die, daß Manager und Professionelle ihre Rollen richtig und gründlich ausfüllen, erlauben es einer Organisation, ihre täglichen Routinen mit einer entkoppelten Struktur auszuführen. Deshalb ist es für Organisationen von großer Bedeutung, eine "Aura des Vertrauens" aufrechtzuerhalten. "(A)voidance, discretion and overlooking" sind die Praktiken, die dazu genutzt werden (Meyer/Rowan 1977: 358; siehe auch Power 1997).

Während DiMaggio und Powell (1991b) davon ausgehen, daß mit der Adoption bestimmter struktureller Elemente auch interne Veränderungen einhergehen, daß also der Prozeß der Institutionalisierung, der über eine Vielzahl von Organisationen in einem organisationalen Feld wirkt, dazu führt, daß Variationen in diesem Feld reduziert werden, Organisationen also einander ähnlicher werden (DiMaggio/Powell 1991a: 14), gehen Meyer und Rowan (1977: 357; Scott/Meyer 1991a) davon aus, daß Organisationen in einer Branche in ihrer formalen Struktur einander zwar sehr ähnlich sind, d.h. die gemeinsamen institutionellen Ursprünge ihrer Struktur widerspiegeln, sie aber dennoch erhebliche Unterschiede in ihrer tatsächlichen Praxis aufweisen können. Zwischen den extern legitimierten Strukturen und den internen Aktivitäten besteht nur eine lose Kopplung. Damit lösen sich diese Autoren hier in gewisser Weise von den anfangs dargestellten Grundannahmen Institutionalistischer Ansätze und gestehen der "organisationalen Elite", dem Management, doch einiges an Reflexionsmächtigkeit und Handlungsfähigkeit zu (Oliver 1991: 154f.).

Von Institutionalisierung im Sinne unhinterfragter Selbstverständlichkeiten kann dann aber - das ist die Konsequenz einer solchen Argumentation - nicht mehr gesprochen werden. Strukturelemente, die nicht in Handlungen kontinuierlich und wie selbstverständlich reproduziert werden, sind nicht vollständig institutionalisiert (Giddens 1979, 1984b; Walgenbach 1995), ihnen fehlt die normative und kognitive Legitimation (Tolbert/Zucker 1996).

10.3.6. Die drei Säulen von Institutionen

Wohl auch vor dem Hintergrund der oben angedeuteten Problematik hat in jüngerer Zeit eine intensive Auseinandersetzung mit den Kernbegriffen des Ansatzes, Institutionalisierung, Institutionen und Legitimität, stattgefunden (siehe insbesondere Scott 1995, 1994c; Suchman 1995). Ergebnis dieser Auseinandersetzung ist eine erheblich differenziertere Verwendung dieser Begriffe, insbesondere der Begriffe Institution und Legitimität.

In den früheren Veröffentlichungen der Institutionalisten wurde (häufig in einleitenden Kapiteln) in besonderer Weise hervorgehoben, daß es die Betonung der kognitiven Dimensionen von Institutionen sei, die den Institutionalistischen Ansatz von anderen Ansätzen, wie bspw. dem Resource Dependence-Ansatz (Pfeffer/Salancik 1978), unterscheide (siehe exemplarisch DiMaggio/Powell 1991b). Die üblicherweise mit dem Begriff Handeln verbundenen Dimensionen "intentional" und "reflektiert" wurden damit im Institutionalistischen Ansatz zurückgedrängt. Statt dessen wurde der routinehafte und unreflektierte Teil des Handelns betont. In den weiteren Ausführungen fanden sich dann aber regelmäßig Passagen, die Zweifel aufkommen ließen, ob die Handlungen oder die strukturellen Elemente von den (organisationalen) Akteuren tatsächlich durchgängig als Selbstverständlichkeiten betrachtet werden. Die bereits genannte und von Zucker (1991) geäußerte Kritik, daß Isomorphie durch Zwang geradezu den Kernargumenten der Institutionalisten widerspräche, ist nur ein Beispiel hierfür. Es lassen sich viele weitere anführen. Dazu gehört auch die oben dargestellte Möglichkeit der Entkopplung der strukturellen Elemente von den tatsächlichen Arbeitsprozessen der Organisation. Dieser Problematik wird nun Rechnung getragen, was einerseits zu der bereits erwähnten Differenzierung, andererseits aber auch zu einer "Aufweichung" der theoretischen Grundlagen des Ansatzes geführt hat.

Scott (1995) argumentiert jetzt, daß Institutionen sich dadurch kennzeichnen und unterscheiden lassen, daß sie aus kognitiven, normativen und regulativen Strukturen und Handlungen bestehen, die (gesellschaftliche) Stabilität zur Folge haben. Die drei genannten Aspekte von Institutionen betrachtet Scott (ähnlich auch Suchman 1995) als Grundpfeiler von Institutionen oder als Säulen, die Institutionen tragen. Der regulative Grundpfeiler hat die handlungsbegrenzenden und -regulierenden Aspekte von Institutionen zum Kern. Im Fokus dieser konzeptionellen Fassung von Institutionen steht die Regelsetzung, die Beobachtung, die Kontrolle und die Sanktionierung von Verhalten. Aus dem Moment der möglichen Sanktionierung des Verhaltens resultiert quasi ein (rationales Eigen-)Interesse der Akteure, sich konform zu den Institutionen, z.B. zu den bestehenden Gesetzen, zu verhalten. Die Art der Legitimität der Institution ist insofern eine pragmatische. Sie bezieht sich auf Organisationen, die in Übereinstimmung mit den relevanten legalisierten oder quasi-legalisierten Anforderungen operieren.

Mit dem normativen Grundpfeiler ist die vorschreibende, bewertende und verpflichtende Dimension von Institutionen gemeint. Werte als Konzeptionen des Wünschenswerten, als Standards, die der Bewertung von Verhalten dienen, sowie Normen im Sinne einer Spezifizierung, wie Dinge getan werden sollen, sind Bezugspunkte der normativen Dimension von Institutionen. Organisationen, die den in einer Gesellschaft akzeptierten Normen und Werten entsprechen, die also z.b. moderne Umwelttechnologien einsetzen, erhalten moralische Legitimität zugesprochen.

Die kognitive Dimension von Institutionen bezieht sich auf das Moment, das die Art und Weise der Wahrnehmung von "Wirklichkeit" in einer Gesellschaft bestimmt und durch das diese "Wirklichkeit" sinnhaft erschlossen wird. Organisationen, die die "selbstverständlichen" Elemente moderner Organisationen aufweisen, erhalten kognitive Legitimität zugesprochen. Die anfänglich so prononcierte kognitive Dimension von Institutionen wird damit in ihrer Bedeutung deutlich abgewertet.

10.4. Mikroinstitutionalistischer Ansatz

In makroinstitutionalistischen Ansätzen finden sich die institutionalisierten Erwartungen vornehmlich in den Umwelten und damit außerhalb der Organisation. Insbesondere der Einfluß des Staates sowie der Berufs- und Wirtschaftsverbände auf die Gestaltung von Organisationen wird betont. Diese werden als die bedeutendsten "Rationalisierer" der zweiten Hälfte des 20. Jahrhunderts gesehen (Scott 1987b). Im mikroinstitutionalistischen Ansatz wird eine andere Perspektive gewählt. Implementierte institutionalisierte Elemente entspringen innerhalb von Organisationen. Organisationen selbst werden als Institutionen betrachtet.

Zucker (1983: 14ff., 1988) geht davon aus, daß *Organisationen die Quellen institutionalisierter Elemente* sind und daß *Organisationen* schlechthin *zur bestimmenden Institution in modernen Gesellschaften geworden* sind. Diese Überlegungen versucht sie mit Hilfe einer historischen Betrachtung der Entwicklung von Unternehmen und der Art der Beschäftigung am Beispiel der USA quasi exemplarisch für westliche Gesellschaften zu stützen. Sie zeigt, daß die Anzahl der produzierenden Unternehmen und ihre Bedeutung für die wirtschaftliche Entwicklung der USA von 1790 bis 1945 nachhaltig zugenommen hat. Zugleich ist der Anteil der Lohn- und Gehaltsempfänger drastisch angestiegen. Während es im Jahre 1800 erst 12% der arbeitstätigen Bevölkerung sind, die auf den Gehaltslisten von Körperschaften stehen, ist der Anteil bis 1910 bereits auf 78% angestiegen. Schon von daher nehmen am Anfang dieses Jahrhunderts Organisationen eine dominante Stellung in der Gesellschaft ein. Zudem waren es die ungeheuren Produktivitäts- und Effizienzvorteile im produzierenden Gewerbe, die dazu führten, daß organisationale Gestaltung institutionalisiert und schrittweise auf solche Bereiche übertragen wurde, die weniger direkt, sondern mehr mittelbar durch die legitimierende Wirkung organisationaler Gestaltung profitierten. Denn die gestiegene Produktivität und Effizienz wurde nicht allein auf die technischen Innovationen dieser Zeit zurückgeführt, sondern zu großen Teilen auf organisationale Faktoren wie die effiziente Gestaltung von Arbeitsabläufen oder Anreizsystemen. Die Arbeiten Taylors (1913) und seiner Kollegen hatten dabei maßgeblichen Einfluß. Nach der Jahrhundertwende stand in den USA alles im Zeichen der Effizienz (siehe Kap. 3). Nach einer anfänglichen Nutzung formaler Organisation in Unternehmen, um unter den Bedingungen der Massenproduktion kontrollierbare Arbeitsbedingungen zu schaffen, diffundierten Elemente formaler Organisation als "wissenschaftlich" gesicherte Innovationen, die beispielsweise die Praktiken kommunaler Verwaltungen legitimierten (Tolbert/Zucker 1983). Es erschien und erscheint undenkbar, daß eine unternehmerische oder politische Aktivität unter anderen Bedingungen durchgeführt werden könnte.

Organisationen durchdringen nicht nur moderne Gesellschaften, sondern sie haben diese auch neu bestimmt. Der anfänglichen Adoption von formaler Organisation, die in enger Verbindung zu dem Ziel der Verbesserung der Effizienz produzierender Unternehmen stand, folgte die Legitimierung formal-rationaler Strukturen. *Als objektives, externes, unpersönliches und als gesichert geltendes Element des gesellschaftlichen Systems wurde organisationale Gestaltung institutionalisiert, wurde Organisation zu einer Institution, von der erhebliche Einflüsse auf die Umwelt ausgingen und -gehen.* Das hat nach Zucker (1991) weitreichende Folgen. Institutionen haben nach ihrer Auffassung den Charakter eines sozialen Faktums und werden als objektiv und außerhalb des Individuums liegend erfahren. Sie bleiben wegen ihrer als gesichert geltenden Eigenschaften über Generationen hinweg bestehen, werden von Generation zu Generation vermittelt - Institutionen weisen ein hohes Maß an kultureller Beständigkeit auf.

Zucker stellt nun mehrere Überlegungen an. Sie geht davon aus, daß allein durch die Einbindung eines Akteurs in einen umfassenderen Kontext, in dem Handlungen als institutionalisierte Handlungen betrachtet werden, folgt, daß dann auch Handlungen in spezifischen Situationen als institutionalisiert betrachtet werden. Konkret: *Allein der Hinweis, daß eine Situation strukturiert ist wie in einer Organisation, genügt, daß Akteure annehmen, daß die Handlungen, die andere Akteure von ihnen in dieser Situation erwarten, solche sind, die typischerweise durch formale, wenig persönliche Interaktion gekennzeichnet sind.* Diese Annahme bedingt, daß die Akteure glauben, daß der Handlungsablauf einen stärker regelhaften Charakter aufweisen und die Interaktion ein stärker vorbestimmtes Muster annehmen muß als in einer Situation, die nicht in einen organisationalen Kontext eingebettet ist.

Der Hinweis, daß Handlungen zudem mit einer bestimmten Position oder Stelle in einer Organisation verbunden sind, verstärkt diese Tendenz. Handlungen, die von einem Stelleninhaber in einer Organisation ausgeführt werden, werden als außerhalb der Person begründet liegend und als objektiv erforderlich betrachtet. Akteure haben ein intersubjektiv geteiltes Wissen über die angemessenen Handlungen, die mit einer Position in einer Organisation verbunden sind: Handlungen von Positionsinhabern sind unpersönliche Handlungen, die von unterschiedlichen Akteuren in gleicher Weise zu unterschiedlichen Zeiten ausgeführt werden. Position und Rolle des Positionsinhabers schaffen Bedingungen, die die Wahrscheinlichkeit maximieren, daß Handlungen, die von einem Positionsinhaber ausgeführt werden, als angemessener Umgang mit den "Fakten des Lebens" verstanden werden. D.h., Handlungen eines Stelleninhabers "müssen" in einer bestimmten Weise ausgeführt werden. Insofern sind auch die Handlungen, die durch den Inhaber einer Position ausgeführt werden, institutionalisiert, auch wenn der Grad der Institutionalisierung einzelner Handlungen variieren mag.

Bei weniger institutionalisierten Handlungen können persönliche Einflüsse wirksam werden, die abhängig von einem bestimmten, einzigartigen Akteur sind. Wird dieser Akteur, der persönlichen Einfluß nehmen kann, durch einen anderen ersetzt, ist nicht sichergestellt, daß dieser andere die gleichen Handlungen und Handlungsqualitäten zeigen wird. Jeder Akteur in einer Situation, die nur einen geringen Grad an Institutionalisierung aufweist, ist einzigartig. Er kann deshalb persönlichen Einfluß ausüben. Aber: nur wenig institutionalisierte Handlungen bestehen nicht über Generationen hinweg; sie "versanden".

Der Grad der Institutionalisierung wirkt sich auf die Beständigkeit kulturell bedingter Handlungen über Generationen hinweg aus und schlägt sich in drei Aspekten der Persistenz, d.h. Beständigkeit, *von kulturell bedingten Handlungen nieder: der Übertragung oder Vermittlung, der Beibehaltung und der Veränderungsresistenz eben dieser Handlungen.* Zucker geht davon aus, daß ein zunehmender Grad der Institutionalisierung sich fördernd auf alle drei Aspekte auswirkt. Die Übertragung von Sichtweisen oder Handlungen über Generationen gelingt in einer Situation, die einen hohen Grad der Institutionalisierung aufweist, relativ leicht, weil der Akteur, der die Übertragung vornimmt, die kulturell bedingten Sichtweisen und Handlungen als objektive Fakten kommuniziert und der Akteur, dem sie vermittelt werden, sie als Verkündung objektiver Fakten wahrnimmt. Deshalb benötigen Handlungen und Sichtweisen, die hochgradig institutionalisiert sind, keine direkte soziale Kontrolle, um beibehalten zu werden. Es reicht für ihre Beibehaltung aus, daß sie als Fakten vermittelt werden. Auch erweisen sich die Handlungen oder Sichtweisen gegenüber Veränderungsversuchen durch persönliche Einflußnahme sehr resistent, weil sie als Fakten betrachtet werden, die zu einer bestimmten Situation gehören und diese zugleich definieren.

Diese Überlegungen versucht Zucker mit Hilfe von drei Laborexperimenten zu überprüfen. Sie orientiert sich in ihrem Versuchsaufbau sehr stark an einem Experiment von Jacobs und Campbell (1961) zur sozialen Einflußnahme, das sie jedoch um auf Situationen in Organisationen bezogene Versuchsbedingungen ergänzt. Basis des Experiments von Zucker ist wie bei Jacobs und Campbell eine Situation, die den autokinetischen Effekt, d.h., die optische Täuschung, daß in einem völlig abgedunkelten Raum ein stationärer Lichtpunkt sich zu bewegen scheint, hervorruft (Sherif 1936). Sie wählt bewußt eine Situation, die nur wenig direkten Bezug zu den allgemeinen Arbeitsbedingungen und Aufgaben in Organisationen aufweist. Sie tut dies, um sicherzustellen, daß ihre Untersuchungsergebnisse direkt auf das kognitive oder kulturelle Verständnis der "Fakten des Lebens", d.h. die Annahmegefüge darüber, was eine Organisation ausmacht, zurückgeführt werden können.

180 Versuchspersonen sollten die Länge der Strecke, die der Lichtpunkt in dem abgedunkelten Raum scheinbar zurücklegt, schätzen. Die Versuchspersonen wurden zu gleichen Teilen auf drei Experimentalgruppen mit jeweils unterschiedlichen Versuchsbedingungen - *"Persönliche Einflußnahme"*, *"Organisation"* und *"Position in einer Organisation"* - und eine Kontrollgruppe verteilt, d.h., jede Gruppe umfaßte 45 Personen. Die einzelnen Experimentalgruppen wurden wiederum in drei Gruppen mit jeweils 15 Personen aufgeteilt. Die gebildeten Untergruppen wurden im Rahmen des Experiments jeweils als eine Generation betrachtet, da im ersten Experiment die *Übertragung und Vermittlung von Handlungen* zwischen Generationen untersucht werden sollte. Mit der letzten Generation von Versuchspersonen wurden auch die Experimente zur *Beibehaltung und Veränderungsresistenz von Handlungen* durchgeführt (siehe Tab. 10.1).

Im Experiment zur *Übertragung und Vermittlung von Handlungen* befand sich unter der ersten Versuchsbedingung (*"Persönliche Einflußnahme"*) bereits eine Person, die vor der Versuchsperson ihre Einschätzung der Streckenlänge abgeben sollte, im Versuchsraum. Diese Person war von der Versuchsleiterin instruiert worden, die Streckenlänge im Vergleich zum Durchschnitt der Schätzwerte der Kontrollgruppe erheblich zu überschätzen. Nach 30 Versuchsdurchläufen verließ die instruierte Person den Raum, und eine zweite Versuchsperson wurde hereingeführt. Nun mußte die erste Versuchsperson vor der zweiten die Länge der Strecke schätzen.

Die zweite Versuchsbedingung (*"Organisation"*) wurde um den Hinweis an die Versuchspersonen ergänzt, daß es sich um eine Problemlösungssituation in einer Organisation handelt. Zudem wurden einige allgemeine Erläuterungen zu den Merkmalen von Organisationen gegeben wie jener, daß Organisationen fortbestehen, auch wenn einzelne Organisationsmitglieder die Organisation verlassen.

Die dritte Versuchsbedingung ("*Position in einer Organisation*") wurde um einen weiteren Hinweis ergänzt. Den Versuchspersonen wurde vermittelt, daß die Besetzung von Positionen in Organisationen häufig in Abhängigkeit von der Zeit, die eine Person in der Organisation verbracht hat, erfolgt. Ihnen wurde verdeutlicht, daß sie, wenn die erste Person den Raum verlassen wird, deren Position einnehmen werden und daß sie dann als Inhaber der Position "Light Operator" für das Einschalten des Motors zur Bewegung des Lichtpunktes verantwortlich sind. Den Versuchspersonen kam damit eine Aufgabe zu, die unter den anderen Bedingungen von der Versuchsleiterin übernommen wurde.

Die Mitglieder der Kontrollgruppe, die allein in das Labor geführt wurden, hatten lediglich die Aufgabe, in insgesamt 90 Versuchen eine möglichst genaue Einschätzung der Streckenlänge abzugeben.

Durch die unterschiedlichen Versuchsbedingungen, mit denen unterschiedliche Grade der Institutionalisierung abgebildet werden sollten, versuchte Zucker zu zeigen, daß mit zunehmender Institutionalisierung die Stärke der Übertragung, Beibehaltung und Veränderungsresistenz der kulturell bedingten Einschätzungen höher ausfällt. Konkret lauteten ihre Hypothesen: a) Mit zunehmender Institutionalisierung wird die Einschätzung der Streckenlänge über die verschiedenen Generationen hinweg uniformer ausfallen (*Übertragung und Vermittlung von Handlungen*). b) Je höher der Grad der Institutionalisierung ist, desto höher wird das Maß sein, in dem die Einschätzungen auch ohne direkte soziale Kontrolle beibehalten werden (*Beibehaltung von Handlungen*). c) Je höher der Grad der Institutionalisierung ist, desto stärker werden die Einschätzungen gegenüber Veränderungsversuchen resistent sein (*Veränderungsresistenz von Handlungen*). Die Hypothesen wurden in drei Teilexperimenten überprüft. Die Teilexperimente zur Aufrechterhaltung und Veränderungsresistenz wurden eine Woche nach dem Übertragungsexperiment durchgeführt (siehe Tab. 10.1).

	Reihenfolge der Einschätzung unter allen Versuchsbedingungen	
	Erste Einschätzung	Zweite Einschätzung
(a) Übertragung		
1. Generation	Instruierte Mitarbeiterin	Versuchsperson 1
2. Generation	Versuchsperson 1	Versuchsperson 2
3. Generation	Versuchsperson 2	Versuchsperson 3
(b) Beibehaltung	Versuchsperson 3 (allein)	
(c) Veränderungsresistenz	Instruierte Mitarbeiterin	Versuchsperson 3

Tab. 10.1: Der Aufbau der Experimente zur Persistenz kulturell bedingter Handlungen von Zucker (in Anlehnung an Zucker 1991: 90)

Die Ergebnisse des Experiments zur *Übertragung und Vermittlung von Handlungen* bestätigen Zuckers Hypothese. Die Einschätzungen der Streckenlänge bleiben über die einzelnen Generationen bei der Versuchsbedingung "Position in einer Organisation" weit über den Einschätzungen der Kontrollgruppe und nahe bei den Einschätzungen der instruierten Personen. Sie nähern sich über die drei Generationen nur sehr langsam den durchschnittlichen Einschätzungen der Kontrollgruppe an. Die extrapolierten Werte, die mit Hilfe des durchschnittlichen Übertragungskoeffizienten ermittelt wurden, zeigen sogar, daß selbst in der 38. Generation die Werte noch immer über den Einschätzungen der Kontrollgruppe liegen würden. In der Versuchsbedingung "Organisation" gelingt die Übertragung nicht ganz so gut, die Einschätzungen nähern sich hier etwas schneller den durchschnittlichen Einschätzungen der Kontrollgruppe an. Die extrapolierten Werte würden hier in der 29. Generation die Einschätzungen der Kontrollgruppe erreichen. Am schlechtesten gelingt die Übertragung unter der Versuchsbedingung "Persönliche Einflußnahme". Hier nähern sich die Einschätzungen schon in der dritten Generation stark denen der Kontrollgruppe an.

Zudem findet Zucker in einer an das Experiment anschließenden Befragung der Versuchspersonen, daß mit zunehmender Institutionalisierung die Versuchspersonen sich (1) in ihrer Einschätzung sicherer fühlten, (2) die Einschätzung der Streckenlänge weniger schwierig empfanden und (3) der Meinung waren, daß, wenn sie als zweite Person ihre Einschätzung abgeben sollten, ihre Einschätzung mit der ersten, nämlich der des erfahrenen Schätzers, übereinstimmen sollte. Sie findet damit Bestätigung für einige grundlegende Annahmen Institutionalistischer Ansätze.

Die Überprüfung der Hypothesen zur Beibehaltung und Veränderungsresistenz wurde eine Woche nach dem Übertragungsexperiment mit der jeweils dritten Generation der einzelnen Versuchsgruppen durchgeführt. Bei der Überprüfung der *Beibehaltung* der Einschätzungen wurden die Versuchspersonen der dritten Generation allein in das Labor geführt. Ihnen wurde mitgeteilt, daß die zweite Person, mit der man das Experiment durchführen wolle, noch nicht da sei, man aber trotzdem schon beginnen möchte. Alle Versuchspersonen der dritten Generation erhielten die gleichen Instruktionen, nämlich die der Kontrollgruppe. Sie sollten in 30 Versuchen die Länge der Strecke, die der Lichtpunkt zurücklegt, möglichst genau schätzen. Die Ergebnisse wurden mit den 30 Einschätzungen aus dem Übertragungsexperiment verglichen. Es zeigten sich statistisch signifikante Effekte hinsichtlich der Beibehaltung der Einschätzungen, die sich auf den Grad der Institutionalisierung zurückführen lassen.

Zur Überprüfung der *Veränderungsresistenz* wurde im Anschluß an die 30 Versuche im Rahmen des Experiments zur Beibehaltung eine instruierte Person in das Labor gebracht. Diese hatte die Aufgabe, Einschätzungen zur Streckenlänge abzugeben, die deutlich unter den durchschnittlichen Einschätzungen der Kontrollgruppe lagen. Der jeweiligen Versuchsperson wurde mitgeteilt, daß es sich um die andere Versuchsperson handle, die leider zu spät gekommen sei, sie solle nun als erste die Einschätzungen vornehmen, weil sie noch keine "Auffrischungssitzung" gehabt habe. 30 Versuche wurden mit jeder Versuchsperson durchgeführt. Die Ergebnisse zeigen, daß die Einschätzungen der Versuchspersonen unter der Versuchsbedingung "Persönlicher Einfluß" die größten und unter "Position in einer Organisation" die geringsten Veränderungen erfuhren. Die Einschätzungen der letzteren Versuchsgruppe zeigten sich damit gegenüber Veränderungsversuchen durch persönliche Beeinflussung am resistentesten.

Zucker findet Bestätigung für ihre Überlegung, daß Organisation in modernen Gesellschaften eine Institution ist. In uneindeutigen Situationen akzeptieren Akteure den Einfluß anderer Akteure auf ihre Handlungen eher, wenn der Kontext der Interaktion als organisationaler definiert wird. Die Akzeptanz wird noch gesteigert, wenn festgelegt wird, daß die einflußnehmende Person eine genauer spezifizierte Position in der Organisation einnimmt.

Organisationen sind für Zucker (1988: 24; siehe auch Tolbert 1988) aber nicht nur einfach Institutionen, sondern *die "cultural engines" der modernen Gesellschaften*. Ihre zentrale Überlegung dabei ist, daß, sobald ein bestimmtes Element in einer Organisation institutionalisiert wurde, die Legitimität dieses Elements auf andere, mit diesem Element in Verbindung stehende Elemente ausstrahlt. Diese neuen, noch nicht institutionalisierten Elemente wie Handlungen, Rollen oder Prozeduren werden mit Legitimität "infiziert" (Zucker 1988: 38ff.). *Wenn eine neue Verfahrensweise der Produktion mit anderen schon etablierten und legitimierten Verfahrensweisen in Verbindung gebracht wird, führt dies dazu, daß sie ohne jede weitere Handlung auch als legitimiert betrachtet wird*, selbst wenn sie im Hinblick auf die bereits legitimierten Verfahrensweisen nicht direkt unterstützend wirkt. D.h., *die Institutionalisierung innerhalb einer Organisation steigt an, es kommt zu einer "Infektion" der neuen Elemente mit Legitimität.*

Erweist sich die Organisation, die eine innovative Verfahrensweise oder ein innovatives Strukturelement generiert hat, als erfolgreich, so wird diese Organisation zu einem Modell, an dem sich andere Organisationen orientieren. Erfolgreiche Organisationen, deren Prozeduren, Programme und Verfahrensweisen werden häufiger imitiert oder kopiert als andere, weniger erfolgreiche Organisationen und deren strukturelle Elemente. In der Folge verbreiten sich die innovativen Elemente als legitimierte Bestandteile von Organisationen. Der Kerngedanke dabei ist, daß Organisationen die Generatoren institutionalisierter Elemente sind. Zucker geht - wie bereits dargestellt - davon aus, daß Organisationen, insbesondere Unternehmen, wegen ihrer dominanten Stellung zur bestimmenden Institution in modernen Gesellschaften geworden sind, und argumentiert, daß diese aufgrund dieser Stellung am ehesten in der Lage sind, neue kulturelle Elemente zu generieren. Wenn also die Einrichtung spezialisierter Abteilungen, wie z.B. der Personalabteilung, oder spezieller Verfahren, wie z.B. Verfahren der Personalauswahl, institutionalisiert wird, entsteht in Organisationen ein Bedarf an Personen, die eben diese spezialisierten Aufgaben übernehmen können. Insofern müsse die Erklärungskette in makroinstitutionalistischen Ansätzen umgekehrt werden: nicht die Professionen gestalten Organisationen, sondern Organisationen schaffen die Professionen, die sie benötigen.

10.5. Kritische Würdigung

Ironischerweise sind die Institutionalistischen Ansätze zumindest in der US-amerikanischen Organisationsforschung auf dem besten Wege, sich selbst zu einer Institution zu entwickeln (Tolbert/Zucker 1996: 175). Es findet sich kaum noch ein bedeutendes Journal in den USA, in dem nicht in mindestens einem Beitrag je Heft auf die Institutionalistischen Ansätze Bezug genommen wird, und daß obwohl die *institutionalistischen Ansätze -* wie in der Darstellung deutlich geworden sein dürfte - *derzeit noch keine in sich geschlossene Theorie verkörpern* (Aldrich 1992; Donaldson 1995). *Die Ungeschlossenheit liegt nicht nur darin begründet, daß sich in den makroinstitutionalistischen Ansätzen und dem mikroinstitutionalistischen Ansatz unterschiedliche Erklärungsinteressen finden, sondern vor allem darin, daß das diesen Ansätzen zugrundeliegende Konzept der Institutionalisierung nicht durchgängig und konsequent beibehalten wird.* So verweisen beispielsweise Meyer und Rowan (1977) mit den von ihnen aufgezeigten möglichen Reaktionen im Umgang mit institutionalisierten Regeln auf Wahl- und Handlungsmöglichkeiten und führen so - mehr implizit - wieder die Dimensionen "reflektiert" und "intentional" in die Argumentation ein. "Mehr implizit" meint dabei auch, daß hier - wie es für die Institutionalistischen Ansätze typisch ist - einzelne Akteure oder Gruppen von Akteuren und deren Interessen aus der Erklärung herausgedrängt werden. Man spricht von Organisationen, die institutionalisierte Elemente adoptieren müssen oder die ihre Aktivitäten vor Überprüfungen schützen. Finden Individuen in den Beiträgen der Institutionalisten Erwähnung, dann in abstrakten Begriffen wie organisationale Akteure (DiMaggio 1988: 11).

Trotzdem eröffnen die noch jungen Institutionalistischen Ansätze neue und wichtige Einsichten in die Organisation-Umwelt-Beziehungen (Oliver 1991: 151). Die sonst oft pauschalen Äußerungen zum Einfluß der gesellschaftlichen Umwelt auf die Organisation können durch Institutionalistische Ansätze erheblich konkretisiert werden. Sie zeigen weit detaillierter als andere Organisationstheorien auf, wie institutionalisierte Erwartungen und Regeln die formale Struktur von Organisationen beeinflussen.

Mit ihren Argumentationsketten brechen die Institutionalisten zudem jahrzehntelang nicht mehr hinterfragte Selbstverständlichkeiten in bezug auf Organisationsbegriff, Organisationswirklichkeit und Rationalitätsvorstellungen auf (Türk 1989: 44). Es wird verdeutlicht, daß viele Elemente formaler Organisation, die gemeinhin als objektiv erforderliche und als angemessene technisch-rationale Lösungen spezifischer organisationaler Probleme erachtet werden, auch - und oftmals vielmehr - dazu dienen, den institutionalisierten Regeln - den Rationalitätsmythen - in den Umwelten der Organisation zu entsprechen. Strukturelle Elemente, die gemeinhin als technisch-rational bezeichnet werden, erscheinen in den Argumentationen der Institutionalisten als Lösungen, die "rational" nur deshalb sind, weil es einen geteilten Glauben oder eine Ideologie gibt, die diese Lösungen zu technisch-rationalen Lösungen erhebt. Damit öffnen Institutionalistische Ansätze einen Zugang zu solchen Phänomenen wie dem Assessment-Center oder der Verbreitung von Qualitätsmanagementsystemzertifikaten nach den DIN EN ISO 9000 Normen (Walgenbach 1998b).

Zugleich wird in Institutionalistischen Ansätzen verdeutlicht, daß sich hinter dem Begriff der Rationalität kein in sich stimmiges Konzept von Zweck-Mittel-Beziehungen verbirgt, sondern daß das, was als rational erachtet wird, unterschiedliche Ausprägungen annehmen kann, Ausprägungen, die in Widerspruch zueinander und zu den eigentlichen Aktivitäten der Organisation stehen können. In drastischer, manchmal zynisch wirkender, manchmal fast von einer Sehnsucht nach "wirklicher" Effizienz geprägten Weise wird verdeutlicht, wie Organisationen mit solchen Problemen umgehen: entkoppeln, Fassaden aufbauen, Gesicht wahren, Lippenbekenntnisse abgeben (Powell 1985: 565).

Allerdings wird insbesondere in den makroinstitutionalistischen Ansätzen nur ein sehr kleiner Ausschnitt aus den möglichen Reaktionen von Organisationen auf institutionalisierte Erwartungen und den Prozeß der Institutionalisierung skizziert. Die Institutionalisten beschränken sich im Spektrum möglicher Reaktionen auf unterschiedliche Formen von Konformität, Passivität und vorbewußtes Akzeptieren. Keine Aufmerksamkeit wird dem aktiven strategischen Verhalten von Organisationen gewidmet, das Organisationen in direkter Reaktion auf die Prozesse der Institutionalisierung, die sie betreffen, zeigen können (Oliver 1991: 145; zustimmend Scott 1994c). *Reaktionen wie Widerstand, aktives Intervenieren oder politisch motiviertes Manipulieren werden nicht thematisiert. Organisationen bleiben in Institutionalistischen Ansätzen passiv.* Die Diskussion möglicher Reaktionen von Organisationen auf Prozesse der Institutionalisierung von Anforderungen und Erwartungen erscheint insofern sehr verkürzt.

Oliver (1991) zeigt in ihrer Auseinandersetzung mit den Institutionalistischen Ansätzen fünf strategische Reaktionen mit jeweils drei unterschiedlichen Taktiken auf, mit denen

Organisationen auf Prozesse der Institutionalisierung von Regeln und Erwartungen reagieren können (siehe Tab. 10.2). Sie verdeutlicht, daß auch aktive Strategien zum Verhaltensrepertoire von Organisationen gehören.

Strategien	Taktiken	Beispiele für die Taktiken
1. Erdulden	a. Gewöhnen	Als gesichert geltende Normen befolgen
	b. Imitieren	Institutionalisierte Modelle nachahmen
	c. Befolgen	Regeln befolgen und Normen akzeptieren
2. Kompromiß	a. Ausgleichen	Erwartungen unterschiedlicher Akteure ausgleichen
	b. Befriedigen	Besänftigen, institutionalisierte Elemente anpassen
	c. Verhandeln	Mit den "stakeholdern" in Verhandlungen treten
3. Vermeiden	a. Verbergen	Nichtkonformität verstecken
	b. Puffern	Anknüpfung zur institutionellen Umwelt lockern
	c. Fliehen	Ziele, Aktivitäten oder Standort ändern
4. Trotzen	a. Zurückweisen	Explizite Normen und Werte ignorieren
	b. Herausfordern	Gegen Regeln und Anforderungen ankämpfen
	c. Angreifen	Quellen institutionalisierter Zwänge angreifen
5. Manipulieren	a. Kooptieren	Einflußreiche Akteure einbinden
	b. Beeinflussen	Werte und Kriterien entwickeln und formen
	c. Steuern	Institutionelle Akteure und Prozesse beherrschen

Tab. 10.2: Strategische Reaktionen auf institutionalisierte Erwartungen (entnommen aus: Oliver 1991: 152)

Nur wenige dieser möglichen Reaktionen, insbesondere 1a, b und c sowie 3a, b und partiell c, werden von den Institutionalisten in ihren theoretischen Argumentationsketten tiefergehend und explizit thematisiert. Dennoch sind die meisten der von Oliver skizzierten strategischen Antworten von Organisationen auf Prozesse der Institutionalisierung von Erwartungen zu beobachten, und sie werden vereinzelt auch in den empirischen Studien der Institutionalisten beschrieben. Unternehmen drohen beispielsweise damit, den Produktionsstandort zu wechseln oder wechseln ihn, wenn gesetzliche Auflagen und entsprechende Kontrollen bspw. hinsichtlich des Umweltschutzes oder der Nutzung der Gen-Technologie verabschiedet werden (sollen). Externe Anforderungen, die mit "rationalen" Argumenten vorgebracht werden, werden mit anderen Argumenten der "Rationalität" als "nicht rational" zurückgewiesen. Forderungen nach mehr Umweltschutz, die mit allgemein höherer Lebensqualität begründet werden, werden mit der Argumentationskette "erhöhte Kosten → Verlust an internationaler Wettbewerbsfähigkeit → Abbau von Arbeitsplätzen → Rückgang des Bruttosozialprodukts → Verlust an allgemeiner Lebensqualität" gekontert. Den Gutachten von Experten, die eine bestimmte Technologie als nicht beherrschbar beurteilen, werden Gutachten von anderen Experten entgegengesetzt, die jegliche Bedenken zerstreuen (siehe auch Elsbach/Sutton 1992). Welche der von Oliver aufgezeigten strategischen Optionen realisiert wird, hängt vor allem von folgenden Faktoren ab: (1) dem Ausmaß, in dem eine Regel oder eine Erwartung bereits institutionalisiert ist, (2) dem Grad der Legitimität, der durch die Adoption der institutionalisierten Regeln und Erwartungen zu gewinnen ist, (3) den Interessen, die eine Organisation verfolgt, und (4) der Macht, über die eine Organisation verfügt, um ihre Interessen wirksam durchzusetzen (siehe auch Goodstein 1994).

Betrachtet man diese Faktoren genauer, wird deutlich, daß sich mit diesen Problemfelder des Verhaltens von und in Organisationen abstecken lassen, die mit Institutionalistischen Ansätzen gut bearbeitbar sind. Es wird aber auch deutlich, daß es Bereiche gibt, bei denen die Argumente der Institutionalisten zu kurz greifen. Ist nämlich eine Erwartung nur wenig institutionalisiert und/oder steht eine Erwartung den Interessen der Organisation entgegen, ist es für Organisationen, wenn sie über ausreichende Machtbasen verfügen, relativ einfach möglich, gegen diese Erwartung anzugehen und die Quelle der neuen Anforderung zu attackieren. Die Institutionalisten umgehen die hier nur knapp skizzierten Probleme, indem sie die Möglichkeit unterschiedlicher Ausmaße der Institutionalisierung, unterschiedlicher Grade der Legitimität sowie Interessen und Macht nicht oder nur wenig thematisieren. Es wird davon ausgegangen, daß strukturelle Elemente oder Verhaltensnormen institutionalisiert sind und daß ihre Adoption die Legitimität der Organisation erhöht.

Die Stärken der Institutionalistischen Ansätze liegen - das zeigt sich insbesondere in empirischen Studien - (1) in der Erklärung solcher Aspekte des Verhaltens in Organisationen, die als gegeben und gesichert gelten und die von den Akteuren nicht mehr hinterfragt werden (Zucker 1991; Tolbert 1988). (2) Institutionalistische Argumentationen eignen sich generell zur Untersuchung der Auswirkungen institutioneller Umwelten auf Organisationen (Meyer/Rowan 1978; Powell 1988). (3) Forschungsfragen, in denen der langfristige Wandel von Organisationen problematisiert wird, können durch die Verwendung institutionalistischer Argumentationsketten - quasi als Ergänzung zu anderen organisationstheoretischen Ansätzen - umfassender beantwortet werden (Fligstein 1985, 1990, 1991; Scott/Christensen 1995). (4) Komparative Studien zur Organisationsgestaltung in unterschiedlichen Gesellschaftssystemen können durch die Hinzuziehung Institutionalistischer Ansätze erheblich an Erklärungskraft gewinnen (Orrù/Biggart/Hamilton 1991; Whitley 1992b, 1992c; Scott/Christensen 1995).

Zusammenfassend: *Die Erklärungskraft der Institutionalistischen Ansätze kommt vor allem in zwei Fällen zum Tragen. Erstens bei der Analyse solcher Phänomene des Verhaltens von und in Organisationen, die in einer nicht mehr hinterfragten sozialen Realität begründet liegen, und zweitens bei der Analyse der Auswirkung solcher Phänomene auf Organisationen, die so komplex sind, daß Versuche von Individuen oder Organisationen, interessengeleiteten Einfluß auf die institutionelle Umwelt zu nehmen, nicht mehr wirksam werden.* Hier aber lassen sich die Argumentationsketten der Institutionalisten für eine Vielzahl von Fragestellungen und Analysen nutzen. Diese betreffen die Ebene der Interaktion zwischen Organisationsmitgliedern ebenso wie die Gestaltung von Organisationen und den Austausch zwischen Organisationen (Aldrich 1992).

In dem bisher Ausgeführten sind bereits einige tiefergehende Kritikpunkte an den Institutionalistischen Ansätzen angedeutet. Institutionalistische Ansätze zeigen zwar auf, wie es durch die Befolgung institutionalisierter Regeln und Erwartungen zu einem Verhalten des Nichtwählens kommt und wie Verhaltensweisen oder Strukturelemente durch Gewohnheit, Konvention, Bequemlichkeit oder soziale Verpflichtung beibehalten werden, auch wenn es an Indikatoren dafür mangelt, ob ein Verhalten oder ein Strukturelement zur technischen Effizienz der Organisation beiträgt (Oliver 1991: 151). Dadurch aber, daß die Institutionalisten diese Aspekte ins Zentrum rücken, viele andere hingegen in den Hintergrund drängen, entsteht sehr schnell der *Eindruck eines statischen, übersozialisierten individuellen und kollektiven Verhaltens* (Powell 1991: 183). *Intentionale und strategische Handlungen werden vernachlässigt.* Menschen befinden sich - aus anderen Gründen als bei Max Weber - in einem "iron cage" (DiMaggio/Powell 1991b): Institutionalisierte, als rational erachtete und gesellschaftlich legitimierte Erwartungen und Anforderungen bestimmen das Verhalten von und in Organisationen.

Der *Eindruck eines übersozialisierten Verhaltens kommt zustande, weil die Institutionalisten dazu neigen, den Einfluß individueller und kollektiver Interessen auszublenden* (Perrow 1985b, 1986b; Covaleski/Dirsmith 1988; DiMaggio 1988; Reed 1992; Aldrich 1992). Lediglich zwei Arten von Interessen werden in institutionalistischen Ansätzen durchgängig thematisiert. Zentral ist zum einen die Annahme, daß Organisationen und Organisationsmitglieder eine Präferenz für Sicherheit und Vorhersagbarkeit haben. Zum anderen wird angenommen, daß Organisationen daran interessiert sind, die Überlebenswahrscheinlichkeit zu erhöhen (DiMaggio 1988). Andere Interessen werden als institutionell konstituiert betrachtet (Scott 1987b: 508; Scott/Meyer 1994: 4f.). Allerdings wird die Sichtweise, daß Interessen institutionell konstituiert sind, von den Institutionalisten in den konzeptionellen Beiträgen und empirischen Studien nicht immer durchgängig beibehalten. DiMaggio (1988: 7ff.), einer der Hauptvertreter dieser Theorie, weist darauf hin, daß *Interessen von Akteuren in den Argumentationen der Institutionalisten häufig auf Ad-hoc-Basis eingeführt* werden. *Sie werden in die institutionalistischen Argumente hineingeschmuggelt und nicht explizit thematisiert.*

Die generelle Tendenz der Institutionalisten jedoch, Interessen als institutionell konstituiert zu betrachten und damit als Einflußgröße herauszunehmen, führt dazu, daß auch strategische Dimensionen des Handelns keine Beachtung finden (Aldrich 1992: 26). Wenn aber Interessen und Veränderungen von Interessen sowie strategische Dimensionen des Handelns ausgeklammert werden, dann entsteht eben jenes Bild des statischen, übersozialisierten individuellen und kollektiven Verhaltens (Powell 1991: 183), das, wie Zucker (1987: 454f.) einräumt, in theoretischer Hinsicht ernstzunehmende "weiße Flecken" aufweist. *Die Schaffung einer neuen sozialen Ordnung oder neuer institutionalisierter Elemente bleibt ungeklärt und kann nur in einer unendlichen Regression auf Einflüsse höherer Ordnung zurückgeführt werden.* Institutionalistische Argumente bekommen dann schnell ein "metaphysisches Pathos" (DiMaggio 1988: 3).

Tatsächlich stellt die Erklärung des Wandels von institutionalisierten Regeln und Organisationen ein noch nicht hinreichend geklärtes Problem für die Institutionalisten dar (DiMaggio/Powell 1991a; Aldrich 1992; erste Ansatzpunkte dieses Problem zu beheben, finden sich bei Deutschmann 1997). Zwei Erklärungsmuster des Wandels von institutionalisierten Regeln und Organisationen lassen sich in den Beiträgen der Institutionalisten ausmachen. Zum ersten eine Argumentation, die sich innerhalb des Rahmens Institutionalistischer Ansätze bewegt: Widersprüche zwischen institutionalisierten Elementen auf der Mikroebene und/oder Makroebene. Diese Erklärung wird aber häufig mit der zweiten verknüpft. In jener zweiten Argumentation werden die Ursprünge des Wandels in Faktoren gesehen, die ihren Ursprung außerhalb des Argumentationsrahmens der Institutionalistischen Ansätze finden, d.h., es werden theorieexogene Variablen eingeführt, um den Wandel von Organisationen und institutionalisierten Regeln zu erklären: exogene Schocks, wie z.B. Wirtschaftskrisen, sowie Macht und Interessen einzelner Akteure oder Akteursgruppen.

Die letztere Erklärung des Wandels von institutionalisierten Regeln und Organisationen verweist damit auf zwei Faktoren, die - wie bereits ausgeführt - sonst in Institutionalistischen Ansätzen nur wenig Beachtung finden: Macht und Interessen von Akteuren. Wird Macht als Einflußfaktor in der Argumentation der Institutionalisten berücksichtigt, dann liegt diese regelmäßig außerhalb der Organisation. Die Umwelten der Organisation bestimmen die Gestaltung und das Verhalten der Organisation. *Macht und Einfluß von Organisationen auf ihre Umwelten* hingegen *finden selten Beachtung.* Zudem erscheint das Phänomen der Macht, wenn und wie es bisher in Institutionalistischen Ansätzen thematisiert wird, nicht ganz unproblematisch. Ein typisches Beispiel: DiMaggio und Powell (1991b) verweisen darauf, daß das Ausmaß, in dem sich eine Organisation ihrer Umwelt angleicht, von dem Ausmaß der Dependenz von ihrer Umwelt und/oder dem Umfang der Zentralisierung kritischer Ressourcen abhängig ist. Die Folge solcher Argumentation ist, daß einerseits das Konzept der Institutionalisierung als Zustand, das eine zentrale Stellung in den Institutionalistischen Ansätzen besitzt, für die Erklärung einer zunehmenden Angleichung einer Organisation an eine andere nicht benötigt wird und daß andererseits Argumente Institutionalistischer Ansätze von denen des Resource Dependence-Ansatzes (Pfeffer/Salancik 1978) nicht mehr zu unterscheiden sind (Zucker 1987; Tolbert/Zucker 1996).

Viel problematischer als der letztgenannte Aspekt ist jedoch, daß *durch die Ausblendung des Phänomens Macht wichtige Fragen unbeantwortet* bleiben. Fragen, die sich bei der Lektüre der Beiträge der Institutionalisten geradezu aufdrängen: *Durch wen und wie werden Rationalitätsmythen institutionalisiert* (siehe hierzu auch Türk 1997)? Es ist äußerst unwahrscheinlich - und das meint DiMaggio mit metaphysischem Pathos -, daß zeremonielle Regeln und institutionalisierte Mythen "vom Himmel fallen". Wahrscheinlicher erscheint vielmehr, daß sich hinter den zeremoniellen Regeln und institutionalisierten Mythen, die häufig inkongruent sind, zueinander in Konkurrenz stehende Interessen unterschiedlicher Akteure finden. Damit stellen sich aber die Fragen, wer die Macht besitzt, ein strukturelles Element zu legitimieren, und wie dieses Element zu einer Institution wird. Ein zentraler Aspekt der Institutionalisierung, nämlich der Prozeß der Institutionalisierung selbst, der bspw. in den Arbeiten von Berger und Luckmann (1966) bereits thematisiert wurde (siehe auch Kap. 9), bleibt bis heute weitgehend außen vor (Tolbert/Zucker 1996: 175). Weiterhin stellt sich die Frage, wie und warum es zur Deinstitutionalisierung von Regeln und Erwartungen kommt. Auch hier dürften Interessen und Macht eine wesentliche Rolle spielen; Widersprüche zwischen institutionalisierten Regeln dürften aufgrund der Möglichkeit der Entkopplung für den Prozeß der Deinstitutionalisierung nicht hinreichend sein.

Die gestellten Fragen bleiben in den Institutionalistischen Ansätzen weitgehend unbeantwortet (siehe auch Whitley 1997: 290). Es läßt sich aber herauslesen, daß Institutionalisierung und Deinstitutionalisierung als passive, subtile Prozesse interpretiert werden. Es fehlen insbesondere bei den makroinstitutionalistischen Ansätzen Betrachtungen aktiver Handlungen, durch die soziale Akteure institutionalisierte Erwartungen schaffen, verstärken, verändern oder abbauen (Perrow 1985b, 1986b). Institutionalisierte Regeln und Erwartungen sind insbesondere in den makroinstitutionalistischen Ansätzen "irgendwie da", verbreiten sich über Mechanismen des Isomorphismus und werden reproduziert. Selbst bei Zucker (1983, 1988), die mit ihrem mikroinstitutionalistischen Ansatz den Prozeß der Generierung neuer kultureller Elemente durch "Infektion mit Legitimität" betont, bleibt der Prozeß der Institutionalisierung über die einzelne Organisation hinaus letztlich ein mehr passiver Vorgang: Die Organisation, die ein innovatives Element generiert hat, wird kopiert.

Institutionalistische Ansätze sagen insofern *nur sehr wenig über den unvollendeten Institutionalisierungsprozeß aus. Es bleibt unklar, warum einige organisationale Innovationen diffundieren und zu Institutionen werden, andere hingegen nicht, es finden sich auch keine*

Aussagen darüber, warum sich Unterschiede im Grad der Institutionalisierung und in der Verbreitung einer institutionellen Regel finden. Auch die Frage, welche Auswirkungen unterschiedliche Grade der Institutionalisierung einzelner Elemente auf Organisationen haben, bleibt unbeantwortet. Dies fällt besonders in den empirischen Studien der Institutionalisten auf. Die Existenz bestimmter Institutionen wird als gegeben betrachtet, und es wird lediglich untersucht, wie weit eine bestimmte organisationale Form oder Praxis sich in einem organisationalen Feld verbreitet hat (Aldrich 1992: 34).

Die skizzierten Probleme werden auch von einigen Vertretern Institutionalistischer Ansätze gesehen. DiMaggio (1988: 11ff.) beispielsweise schlägt deshalb vor, Institutionalisierung als das langfristige Ergebnis der politischen Bemühungen von Akteuren, ihre Ziele zu erreichen, zu betrachten. Der Erfolg dieser Bemühungen und die Form, die die Institution letztlich annimmt, hängt dabei von der relativen Macht der Akteure - DiMaggio (1988: 14) spricht von "institutional entrepreneurs" - ab, die den Prozeß der Institutionalisierung forcieren oder diesem entgegenwirken (Covaleski/Dirsmith 1988).

Trotz der skizzierten Grenzen bieten die Institutionalistischen Ansätze wichtige konzeptuelle Anstöße, um das Phänomen Organisation von einer anderen Seite zu beleuchten. Auch durch die Verknüpfung mit anderen Organisationstheorien erhofft man sich weitere Erkenntnisfortschritte für die Organisationsforschung und für die Weiterentwicklung der Institutionalistischen Ansätze. So zeigen bspw. Roberts und Greenwood (1997) Möglichkeiten auf, wie die Transaktionskostentheorie durch Argumente des Institutionalistischen Ansatzes ergänzt werden könnte. Singh, Tucker und House (1986) sowie Carroll und Hannan (1989) halten den Versuch, den Population Ecology-Ansatz und den Institutionalistischen Ansatz miteinander zu verbinden, für fruchtbar (kritisch zu diesem Versuch siehe Zucker 1989). Tacke (1997) sowie Hasse und Krücken (1996) sehen in der Verknüpfung des Institutionalistischen Ansatzes mit der Systemtheorie Möglichkeiten des Erkenntnisgewinns, und Barley und Tolbert (1997) erhoffen sich durch die Verknüpfung von Institutionalistischen Ansätzen und Giddens' Theorie der Strukturierung (Giddens 1979, 1984b, 1988; siehe auch Kap. 11) Chancen, bestehende Erklärungslücken des Institutionalistischen Ansatzes zu füllen. Für die Praxis der Organisationsgestaltung liegt die Bedeutung dieser Ansätze nicht zuletzt in ihrem großen Kritikpotential begründet, das sich durch das Aufbrechen von Selbstverständlichkeiten ergibt.

Ich gehe davon aus, daß wir uns am ehesten mit Blick auf Formeln darüber klar werden können, wie der Begriff der *Regel* analytisch am sinnvollsten für die Sozialwissenschaften in Anschlag gebracht werden kann ... $a_n = n^2 + n - 1$ ... Eine Person schreibt eine Reihenfolge von Zahlen nieder; eine zweite arbeitet die Formel aus, die Zahlen generiert, die danach folgen ... Die Formel zu verstehen, heißt nicht, sie zu äußern ... Es bedeutet einfach, fähig zu sein, die Formel im richtigen Kontext und auf die richtige Art anzuwenden, um die Reihe fortzusetzen.

Anthony Giddens

11. Giddens' Theorie der Strukturierung

Peter Walgenbach

11.1. Erkenntnisinteresse

Die meisten Organisationstheorien neigen entweder dazu, vom institutionellen Kontext, in dem Organisationen bzw. deren Mitglieder handeln, zu abstrahieren, oder dazu, Handeln von und in Organisationen als durch strukturelle Zwänge determiniert zu betrachten. Für ein tiefergehendes Verständnis des Verhaltens von und in Organisationen erscheint es jedoch erforderlich, beiden Perspektiven Rechnung zu tragen, d.h., eine Vermittlung zwischen Handlung und Struktur zu vollziehen. Mit der Theorie der Strukturierung, die im deutschsprachigen Raum bei einigen anderen Autoren unter Strukturationstheorie, bei wieder anderen Autoren unter beiden Bezeichnungen firmiert, hat der britische Soziologe Anthony Giddens eine Grundlagentheorie entwickelt, mit der diese Vermittlung sowohl auf der theoretischen als auch auf der methodischen Ebene gelingen soll.

Giddens selbst will die Theorie der Strukturierung als Sozialtheorie (und damit letztlich als eine Art Metatheorie oder allgemeine Theorie) verstanden wissen. Der Begriff Sozialtheorie an sich ist relativ unbestimmt. Für Giddens bezeichnet er eine Klammer, die alle Problemfelder umfaßt, die für die Sozialwissenschaften von Belang sind. Diese Problemfelder betreffen das Wesen menschlichen Handelns und der handelnden Person, die Fragen der Konzeptualisierung von Interaktion und der Beziehung von Interaktion zu Institutionen sowie die praktische Bedeutung sozialwissenschaftlicher Analysen. Der Fokus und die Aufgabe von Sozialtheorie ist auf das Verständnis menschlichen Handelns und sozialer Institutionen gerichtet (Giddens 1984b: XVIf.). Ihre Hauptaufgabe ist die Analyse konkreter sozialer Prozesse und "(s)ocial theory has the task of providing conceptions of the nature of human social activity and of the human agent which can be placed in the service of empirical work" (Giddens 1984b: XVII).

Diese Aufgaben kommen nach Giddens auch der Theorie der Strukturierung zu. *Es geht Giddens dabei vor allem um die Entwicklung eines begrifflichen Instrumentariums, das methodisch für die empirische Forschung in Anschlag gebracht werden kann.* Das scheint diese noch junge Theorie für eine Vielzahl von sozialwissenschaftlichen Disziplinen und somit auch für die betriebswirtschaftliche Forschung interessant zu machen. Insbesondere für die Organisations- und Managementforschung - das wird von einigen Autoren betont (siehe exemplarisch Willmott 1984, 1987; Schienstock 1991; Whittington 1992) - ließe sie sich als konzeptueller Rahmen in der empirischen Forschung nutzbringend einsetzen. Konkrete Anwendungsmöglichkeiten der Theorie der Strukturierung werden vor allem im Hinblick auf das Verständnis und die Erklärung von Verhalten (Handeln) von und in Organisationen gesehen.

Hervorgehoben wird zudem, daß es mit der Theorie der Strukturierung möglich sei, einige der fundamentalen Defizite früherer Ansätze und empirischer Studien zu überwinden. Die Defizite werden - wie bereits angedeutet - vor allem darin gesehen, daß die vorliegenden Arbeiten entweder dazu neigen, von dem institutionellen Kontext, in dem (und durch den) Organisationsmitglieder handeln (und handeln können), zu abstrahieren, oder dazu tendieren, Verhalten in und von Organisationen als durch strukturelle Zwänge determiniert zu betrachten. Das Ergebnis der ersten Betrachtungsweise ist ein Bild voluntaristischen Handelns (typisch für solche Studien Silverman/Jones 1976; Kotter 1982). In der zweiten werden die (politischen) Prozesse und die Dynamik in Organisationen ausgeblendet - so z. B. in einigen Spielarten des Situativen Ansatzes. Die Folge ist ein quasi statisches Bild von Organisationen. Beiden Perspektiven - das ist unbestritten - kommt ein Erklärungswert zu. Dennoch: Handeln von und in Organisationen ist weder rein voluntaristisch noch vollkommen durch strukturelle Zwänge bestimmt. Für ein tiefergehendes Verständnis des Verhaltens von und in Organisationen erscheint es insofern notwendig, beiden Perspektiven Rechnung zu tragen, d.h., die beiden Betrachtungsweisen zu integrieren. Hier aber zeigt sich das Problem, daß die beiden Betrachtungsweisen auf grundlegenden Annahmegefügen übergeordneter Theorieprogramme basieren, die zueinander in Widerspruch stehen. Eine Integration setzt deshalb eine Vermittlung voraus - und zwar die Vermittlung zwischen "Handlung" und "Struktur". Dieses Ziel verfolgt Giddens mit der Theorie der Strukturierung.

11.2. Theoretische Reorientierung

Zentrales Anliegen der Theorie der Strukturierung ist die Überwindung des Dualismus zwischen Handlung und Struktur in der Sozial- und Organisationstheorie (Giddens 1991: 201; zu den Grundpositionen in der Organisationstheorie siehe insbesondere Burrell/Morgan 1979: 1ff.; siehe auch Astley/Van de Ven 1983). Daß es sich dabei um ein Anliegen handelt, dem große Bedeutung beigemessen wird, dürfte schon allein dadurch deutlich werden, daß es, wenn es Giddens gelingen sollte, diesem Anliegen gerecht zu werden, möglich scheint, zumindest einen wesentlichen Aspekt der häufig beklagten Theoriekrise in den Sozialwissenschaften zu überwinden, nämlich den der Paradigmeninkommensurabilität (siehe Kap. 1). Daß es jedoch überhaupt zu einer Krise kommen konnte, deutet darauf hin, daß die zugrundeliegenden Probleme eine erhebliche Komplexität in sich bergen (Reed 1992; Pfeffer 1993; Willmott 1993). Komplexität, der in der Theorie der Strukturierung - trotz eines einzigen, relativ simplen konzeptuellen Kerngedankens - in der Grundlegung der Theorie mit Komplexität begegnet wird. Um nicht von dieser "erschlagen" zu werden, erscheint es sinnvoll, den Ausgangspunkt der Überlegungen von Giddens zu betrachten und dann sukzessive die grundlegenden Gedanken und Argumentationsstränge zu erläutern.

Die Theorie der Strukturierung ist - so Giddens (1984b: XXI) - eine ausführliche Reflexion über einen oft zitierten Satz von Marx: "*Menschen machen ihre Geschichte, aber sie machen sie nicht aus freien Stücken, nicht unter selbstgewählten, sondern unter unmittelbar vorgefundenen, gegebenen und überlieferten Umständen*" (Marx 1969: 115). In diesem Satz deutet sich an, was Giddens mit seiner Theorie zu leisten beabsichtigt. Er wendet sich gegen objektivistische Positionen (Strukturalismus, Funktionalismus), in denen das Objekt (die Gesellschaft, die Organisation) das Subjekt (das menschliche Wesen, den sozialen Akteur) beherrscht. Struktur erscheint in diesen Ansätzen mehr oder minder verdinglicht, dem menschlichen Handeln äußerlich und als unabhängig von diesem existierend. Die Zwang ausübenden Eigenschaften von Struktur werden besonders stark betont. Das Subjekt hingegen ist passiv, Resultat, hilfloses Opfer übermächtiger, strukturell-gesellschaftlicher Kräfte. Diese Position wird bspw. in einigen Fassungen des Situativen Ansatzes der Organisationstheorie deutlich, die auf der Annahme einer Wirkungskette 'Situation der Organisation → Formale Organisationsstruktur → Verhalten der Organisationsmitglieder' basieren (siehe Kap. 6; ausführlicher Kieser/Kubicek 1992). Sie findet sich aber auch - mehr implizit - in der sogenannten klassischen Managementlehre (siehe exemplarisch Gulick 1969). In dieser wird häufig unterstellt, daß sich die institutionalisierten Muster sozialer Beziehungen den Organisationsmitgliedern aufdrängen und bestimmte Verhaltensweisen wenn nicht erzwingen, so doch stark vorformen (Schienstock 1991).

Giddens wendet sich aber auch gegen subjektivistische Ansätze (interpretative Ansätze, Hermeneutik), in denen Handeln und Sinn den gemeinsamen Primat in der Erklärung menschlichen Handelns besitzen, strukturelle Konzepte jedoch nicht besonders wichtig sind und von Zwang kaum die Rede ist (Giddens 1984b: 1f.). Diese Position findet sich besonders deutlich in einigen Spielarten des Organisationskulturansatzes, in denen unter Organisation eine von den Organisationsmitgliedern immer aufs neue ausgehandelte Sinngemeinschaft verstanden wird (Schultz 1994: 75ff.). Sie findet sich auch in Rollenkonzepten, die dem symbolischen Interaktionismus zuzuordnen sind (Turner 1962). In diesen Konzepten werden soziale Rollen als in Interaktionsprozessen eingespielt, angeeignet und ausgehandelt verstanden. Rollen können in diesen Rollenkonzepten ständig verändert werden und unterliegen zudem unterschiedlicher Interpretation und Deutung (zusammenfassend Neuberger 1995b; Wiswede 1992).

Strittig zwischen diesen beiden Grundpositionen ist von jeher, wie die Konzepte des Handelns, des Sinns und der Subjektivität mit den Konzepten der Struktur und des Zwangs in Verbindung gebracht werden können (Archer 1982: 455). Strittig ist auch die Frage, worin der Primat - Objekt oder Subjekt - der Erklärung zu liegen habe. Diesen Streitfragen will Giddens ein Ende setzen. Er will eine Verbindung zwischen strukturalistischen und funktionalistischen Positionen auf der einen Seite und hermeneutischen und interpretativen auf der anderen herstellen. Dazu muß - so der britische Professor für Soziologie - der bestehende Dualismus überwunden, d.h. konzeptuell neu gefaßt werden, und zwar als eine Dualität - die Dualität von Struktur (Giddens 1984b: XXf.; Bryant/Jary 1991: 7).

Die "zentrale Figur" *Dualität von Struktur* in Giddens' Konzept (Bernstein 1986) meint: "(T)he essential recursiveness of social life, as constituted in social practices: structure is both medium and outcome of social practices. Structure enters simultaneously into the constitution of the agent and social practices, and 'exists' in the generating moments of this constitution"(Giddens 1979: 5). Das grundlegend "Neue" und die Kernsätze der Theorie der Strukturierung werden in diesem Zitat recht deutlich:

(1) Die sozialen Akteure reproduzieren durch ihre Handlungen die Bedingungen (Struktur), die ihr Handeln ermöglichen, und

(2) Strukturen sind sowohl das *Medium* als auch das *Ergebnis* sozialen Handelns.

Handlung und Struktur stehen in der Theorie der Strukturierung nicht konkurrierend einander gegenüber, sondern sie setzen sich wechselseitig voraus (Sewell 1992: 4). Durch die Fassung von Struktur als Dualität verschiebt sich zugleich der Fokus der Analyse. Das zentrale Forschungsfeld der Sozialwissenschaften sollte der Theorie der Strukturierung zufolge weder die Erfahrung des individuellen Akteurs noch die Existenz irgendeiner gesellschaftlichen Totalität, sondern (die über Raum und Zeit geregelten) soziale(n) Praktiken sein (Giddens 1984b: 2). "If we look at social practices in one way, we can see actors and actions; if we look at them another way, we can see structures" (Craib 1992: 3). Harris (1980: 29) liefert eine fruchtbare Definition von sozialer Praxis: "(I)t involves engaging in a class of actions which are only intelligible in and through the concepts which inform them, which have to be understood as directed towards ends which all members of the community share, and is defined through the means adopted to the achievement of those ends which are to be understood as determined by the conditions under which the practice is undertaken" (zum Praxiskonzept siehe auch Reed 1985, 1989). Die Ausrichtung der Analyse auf soziale Praktiken ermöglicht einen "theoretischen Spagat". Sie schafft die Grundlage für die Dezentrierung des Subjekts, ohne jedoch dabei den Handelnden aus den Augen zu verlieren. Sie drängt den übermächtigen, Handeln determinierenden Charakter von Struktur zurück, ohne deren Existenz und Wirkung zu leugnen (Cohen 1989; Clark 1990; Craib 1992; Walgenbach 1994).

Um den nun dargelegten zentralen Gedankengang zu verdeutlichen, ist es notwendig, erst einmal einige zentrale Elemente der Theorie der Strukturierung und deren Beziehung zueinander zu erläutern: die Konzepte des Handelnden und des Handelns sowie die der Struktur, der Strukturierung und des sozialen Systems.

Handelnde (soziale Akteure) sind gemäß der Theorie der Strukturierung mit Reflexionsmächtigkeit und Intentionalität ausgestattete menschliche Wesen. Sie wissen - trotz unbewußter Handlungsmotive - viel über sich, über ihr Handeln und die strukturellen Bedingungen ihres Handelns. "All competent members of society are vastly skilled in the practical accomplishments of social activities and are expert 'sociologists'" (Giddens 1984b: 26). Dieses Wissen, das die sozialen Akteure haben, ist ein "Wissen um Struktur", das jedoch nur "dunkel" ist. Es ist seinem Wesen nach *praktisch*: Es gründet in dem Vermögen, sich innerhalb der Routinen, den kontinuierlichen Praktiken des Lebens zurechtzufinden (Giddens 1984b: 4).

Mit den Konzepten des (handlungs)praktischen Wissens bzw. der (handlungs)praktischen Bewußtheit, die zentral für die Grundlegung der Theorie der Strukturierung sind, meint Giddens, daß die sozialen Akteure die Struktur des jeweiligen Kontextes, in dem sie in Interaktion treten, nicht oder zumindest nicht vollständig zu benennen vermögen. Struktur ist den Akteuren zwar im Geiste, d.h. in Form von Erinnerungsspuren ("memory traces"), gegenwärtig, allerdings meist nur in stillschweigender ("tacit"), dunkler, nichtbewußter oder implizit akzeptierter Form. "What agents know about what they do, and why they do - their knowledgeability *as* agents - is largely carried in practical consciousness. Practical consciousness consists of all the things which actors know tacitly about how to 'go on' in the contexts of social life without being able to give them direct discursive expression" (Giddens 1984b: XXIII).

Handlungspraktische Bewußtheit kann jedoch in diskursive Bewußtheit übergehen. Das heißt, daß der Akteur dann die Struktur zu benennen vermag. Zwischen den beiden Wissens- oder Bewußtheitsarten bestehen keine undurchlässigen Schranken. Beispielsweise kann durch die Vermittlung von Wissen über Struktur und Strukturierungsprozesse sowie durch eigene Erfahrungen die Trennung zwischen diesen aufgehoben werden. "Between discursive and practical consciousness there is no bar; there are only the differences between what can be said and what is characteristically simply done" (Giddens 1984b: 7).

Nach Giddens ist die reflexive Steuerung des Handelns jedoch ein generelles Kennzeichen des Alltagshandelns. Die Akteure haben - gemäß der Theorie der Strukturierung - ein Verständnis oder Wissen um die Inhalte und Gründe des eigenen Handelns. Sie besitzen das Vermögen, ihr Handeln im Hinblick auf ihre Intentionen oder die intendierten Zwecke zu steuern. Nur wird dieses Wissen nicht immer diskursiv geäußert. "Human agents ... have as an inherent aspect of what they do, the capacity to understand what they do while they do it. The reflexive capacities of the human actor are characteristically involved in a continuous manner with the flow of day-to-day conduct in the contexts of social activity. But reflexivity operates only partly on a discursive level" (Giddens 1984b: XXIIf.). Von kompetenten Akteuren erwartet man jedoch üblicherweise, daß sie die Gründe für ihr Handeln darlegen können (Rationalisierung des Handelns); ob sie es auch tatsächlich tun (wollen), steht auf einem anderen Blatt. Allerdings werden von den Akteuren Fragen nach den Intentionen und Gründen des Handelns im Alltag selten aufgeworfen. Es sei denn, eine eigene oder die Verhaltensweise eines anderen Akteurs hat ihnen besonderes Kopfzerbrechen bereitet. Normalerweise, d.h. in Standardsituationen, ist allen an einer Interaktionssequenz beteiligten Individuen klar, warum der eine oder andere in bestimmter Weise handelt. Fragen nach den Handlungsgründen wären überflüssig. Die Akteure haben eine Art "theoretisches Verständnis" für die Gründe ihres Handelns: "Ich mache das, weil ... "

Handeln vollzieht sich nach Giddens als ein kontinuierlicher Strom reflexiven Handelns. Handeln setzt sich nicht aus einzelnen diskreten, klar voneinander geschiedenen Handlungen zusammen. Noch kann Handeln getrennt vom Körper, dessen Vermittlungen mit der Umwelt und wiederum deren Zusammenhang mit dem handelnden Selbst diskutiert werden. In alltäglichen Interaktionszusammenhängen meint reflexive Handlungssteuerung insofern auch den routinemäßigen Einbezug des Umfeldes der Interaktion. Die reflexive Steuerung des Handelns richtet sich nicht nur auf das eigene Verhalten, sondern auch das anderer. Akteure steuern nicht nur den Fluß ihrer Aktivitäten, sie erwarten dasselbe auch von anderen Akteuren. Darüber hinaus beziehen sie routinemäßig die sozialen und physischen Aspekte des Kontextes, in dem sie sich bewegen, in die eigene Handlungssteuerung ein (Giddens 1984b: 5). Mit einem Beispiel lassen sich diese Überlegungen leicht verdeutlichen: Orte wie die Geschäftsräume einer Unternehmung sind nicht einfach Plätze, sondern Bezugsrahmen für Interaktion (Giddens 1984b: XXV), und die Mitarbeiter einer Unternehmung wissen nicht nur, daß in der Unternehmung Ziele verfolgt werden, daß arbeitsteilig vorgegangen wird und die eigene Arbeit an die anderer anschließt, sondern sie wissen zudem eine Menge darüber, was die institutionalisierte Identität eines Vorgesetzten, eines Kollegen, eines Mitarbeiters oder auch eines Kunden ausmacht. Dieses Wissen fließt in der Gesamtheit in die Kontrolle des eigenen Verhaltens ein.

Trotz der Intentionalität, der Reflexionsmächtigkeit und der (handlungs)praktischen Bewußtheit, die Giddens den Akteuren zubilligt, verweist er darauf, daß Handlungen, die in einem bestimmten Kontext und durch die Bezugnahme auf Struktur ermöglicht werden, auch unbeabsichtigte Folgen haben. Diese Folgen können sich in systematischen Rückkopplungsprozessen als die unerkannten (nichteingestandenen) Bedingungen weiteren Handelns darstellen (Giddens 1984b: 8). Die Handlungen führen so zum dem, was Giddens mit Rekursivität des sozialen Lebens bezeichnet. Das heißt, dadurch, daß sich die Akteure in ihren routini(si)erten Handlungen auf Struktur (als Medium) beziehen, reproduzieren sie zugleich diese Struktur (als Ergebnis ihrer Handlungen). Routinemäßiges Handeln ist jedoch nicht gleichzusetzen mit "blinder Gewohnheit". Giddens will gerade das routinemäßige Handeln als grundsätzlich zweckgerichtetes Handeln konzeptualisieren (Giddens 1984b: 64f.). Dennoch: Durch die unerkannten Handlungsbedingungen, nämlich Struktur, und die unbeabsichtigten Handlungsfolgen ("unintended consequences"), nämlich wiederum Struktur, entzieht sich die menschliche "Geschichte" - obwohl durch intentionale Handlungen geschaffen - den beständigen Anstrengungen, sie unter bewußte Führung zu bringen (Giddens 1984b: 27). "Social life is in many respects not an intentional product of its constituent actors, in spite of the fact that day-to-day conduct is chronically carried out in a purposive fashion" (Giddens 1984b: 343). In ihrem und durch ihr Handeln produzieren und reproduzieren die Akteure die "strukturelle Objektivität" ihres Lebenszusammenhangs, ohne daß sie das Ergebnis ihres Handelns (Struktur) als solches intendieren noch die zugrundeliegenden Prozesse durchschauen. Struktur, obwohl in Form des (handlungs)praktischen Wissens gewußt, bleibt für die Akteure weitgehend undurchschaubar.

Die Konzepte der unerkannten Handlungsbedingungen und der nichtbeabsichtigten Handlungsfolgen stellen Kernelemente der Theorie der Strukturierung dar, und zwar aus mehreren Gründen: Strukturen sind gemäß der Theorie der Strukturierung solche nichtbeabsichtigten Folgen, die zurückkehren, um sich als Bedingungen weiteren Handelns zu zeigen. Es sind insofern genau die Fälle, in denen sich die (unbeabsichtigten) Handlungsfolgen in den Bedingungen weiteren Handelns niederschlagen, für die sich die Theorie der Strukturierung interessiert.

In Form der nichteingestandenen (nichterkannten) Handlungsbedingungen und der nichtbeabsichtigten Handlungsfolgen wird zugleich der "Begrenztheit" der menschlichen Bewußtheit Rechnung getragen (Kießling 1988: 101ff.). Die Begrenztheit der Bewußtheit ist für das Selbstverständnis der Theorie der Strukturierung bedeutungsvoll. Denn aus den unerkannten Handlungsbedingungen und den nichtbeabsichtigten Handlungsfolgen und insofern aus der Begrenztheit der Bewußtheit leitet Giddens - wie im folgenden noch zu zeigen sein wird - die Existenzberechtigung von Sozialwissenschaften ab, deren Aufgabe er darin sieht, ein Wissen zu generieren, das über das der Laienakteure - "lay actors" (Giddens 1979: 246) - hinausgeht. Das ist ein wichtiges Anliegen: Denn solange Strukturen die unerkannten Handlungsbedingungen bilden und sich immer wieder als nichtbeabsichtigte Folgen menschlichen Handelns realisieren, bestimmen sie quasi hinter dem Rükken der Akteure das Handeln derselben. "Bestimmen" ist hier jedoch nicht im Sinne von "determinieren" gemeint. Ein zentrales Argument von Giddens, durch das er sich wesentlich von objektivistischen Theorieprogrammen absetzt, ist, daß Struktur nicht als ein außerhalb des handelnden Subjekts wirkender Faktor das Handeln determiniert, sondern daß die rekursive Reproduktion sozialer Struktur deshalb erfolgt, weil sie in der (handlungs)praktischen Bewußtheit der Akteure repräsentiert ist und als Medium wirkt, an dem Handeln orientiert ist. Handeln, das durchaus von Absichten geleitet ist. Akteure haben zudem in Form des (handlungs)praktischen Wissens (zumindest eine begrenzte) Kenntnis von den strukturellen Bedingungen ihres Handelns, und in ihrem Handeln beziehen sie sich auf eben diese Bedingungen. Insofern wirken Strukturen eben nicht hinter dem Rükken der Akteure.

Mit Beispielen lassen sich die doch recht abstrakten Überlegungen von Giddens illustrieren und zugleich mit konkreten Inhalten füllen. Giddens selbst liefert eine sehr allgemeine Illustration: Eine regelmäßige Folge seiner Bemühungen, korrekt Englisch zu schreiben und zu sprechen, ist, daß er einen Beitrag zur Reproduktion der gesamten englischen Sprache leistet. Sein Versuch, korrektes Englisch zu sprechen, ist beabsichtigt. Der Beitrag, den er zur Reproduktion der englischen Sprache leistet, nicht (Giddens 1984b: 8). Ein anderes, betriebswirtschaftlich relevanteres Beispiel läßt sich anhand der "just-in-time-production" geben. Das Bemühen eines Zulieferers, pünktlich zu liefern, ist eine intendierte Handlung. Die dabei zugleich stattfindende Reproduktion der Vorstellung vom "ökonomischen Wert der Zeit" dürfte hingegen nicht beabsichtigt sein (siehe auch Ortmann 1994: 149f.). Daß Zeit jedoch überhaupt einen ökonomischen Wert - "Zeit ist Geld" - besitzt, ist keinesfalls eine Vorstellung, die in allen Kulturen vorzufinden ist und war. Ein Weltbild, in dem Zeit nicht Gott gehört, sondern legitimerweise ökonomisch genutzt werden darf, z. B. durch das Erheben eines Zinses, mußte sich dafür erst herausbilden (siehe ausführlich hierzu Wendorf 1985). Von daher werden durch die oben beschriebene Handlung unbeabsichtigt Strukturen einer spezifischen Gesellschaftsform reproduziert.

Deutlich wird schon in den beiden Beispielen, daß der Theorie der Strukturierung eine prozessuale Betrachtungsweise zugrunde liegt. Es entstehen Bilder von sozialen Systemen als Ströme von Handlungen, die eine bestehende soziale Welt aufrechterhalten (Archer 1982: 457). Diese Betrachtungsweise findet ihren Niederschlag in dem für diese Theorie zentralen Neologismus *Strukturierung*, der andeuten soll, daß Struktur als ein Prozeß der Produktion und Reproduktion betrachtet werden muß und nicht als stabiler Zustand (Sewell 1992: 4). Dabei ist jedoch zu beachten, daß sich die inhaltliche Füllung des Begriffs "Struktur" in der Theorie der Strukturierung erheblich von Definitionen unterscheidet, die in anderen Organisationstheorien zu finden sind. Struktur versteht Giddens als *Regeln* und *Ressourcen*, die interaktive Beziehungen über Raum und Zeit stabilisieren (siehe auch Outhwaite 1990: 46; und Thompson 1989, der sich kritisch mit der konzeptuellen Fassung von Struktur als Regeln und Ressourcen auseinandersetzt). Regeln treten dabei in der spezifischen Weise des (handlungs)praktischen Wissens in die Subjektivität der Akteure ein, während die Ressourcen das Handlungsvermögen der Akteure begründen.

Regeln beziehen sich zum einen auf die Konstitution von Sinn (*Signifikation*). Hier werden Regeln als Interpretationsschemata oder Stereotypen herangezogen, um Sinn aus dem herauszulesen, was Akteure sagen und oder tun. Regeln betreffen zum anderen Rechte und Verpflichtungen (*Legitimation*). Diese Regeln sind mit der Sanktionierung sozialer Verhaltensweisen verbunden. Regeln verstanden als verallgemeinerbare Verfahrensweisen der Praxis sollten dabei jedoch nicht als formalisierte Vorschriften gedacht und auch nicht im Singular thematisiert werden. Regeln sollten als mehr oder weniger lose organisierte Regelkomplexe begriffen werden. Formalisierte Regeln, wie wir sie in Organisationen finden, sind gemäß der Theorie der Strukturierung keine Regeln sondern "codified interpretations of rules" (Giddens 1984b: 21).

Regeln sollten auch nicht ohne Bezug auf Ressourcen gefaßt werden, denn erst dann drücken Strukturmomente Formen der Herrschaft und Macht aus (Giddens 1984b: 17ff.). Giddens unterscheidet zwei Arten von Ressourcen: Allokative Ressourcen beziehen sich auf Fähigkeiten oder - genauer gesagt - auf Formen des Vermögens zur Umgestaltung, die *Herrschaft* über Objekte, Güter oder materielle Phänomene generieren. Allokative Ressourcen leiten sich aus der Herrschaft des Menschen über die Natur her. Autoritative Ressourcen beziehen sich auf Formen des Vermögens zur Umgestaltung, die *Herrschaft* über Personen oder Akteure ermöglichen (Giddens 1984b: 33; Cohen 1990: 43). Sie ergeben sich aus der Herrschaft von Akteuren über andere Akteure. Es ist jedoch durchaus denkbar, daß beide Arten von Ressourcen in einem Mittel zusammenfallen. Das universelle Allokationsmedium Geld bspw. verleiht zugleich auch Autorität.

Die Strukturdimensionen *Signifikation* (Symbole, Mythen, Weltbilder), *Legitimation* (insbesondere rechtliche Institutionen im Sinne fortwährend reproduzierter Interaktionsmuster mit einer weiten räumlichen und zeitlichen Ausdehnung) und *Herrschaft* (insbesondere politische und ökonomische Institutionen), die Giddens unterscheidet, sind nur analytisch trennbar, sie müssen als miteinander in Verbindung stehend gedacht werden (Giddens 1984b: 31; siehe auch Abb. 11.1). "Structures of signification can be analysed as systems of *semantic rules*; those of domination as systems of *resources*; those of legitimation as systems of *moral rules*. In any concrete situation of interaction, members of society draw upon these modalities of production and reproduction, although as an integrated set rather than three discrete components" (Giddens 1976: 123f., Hervorhebungen im Original). Das "Ökonomische" kann bspw. nicht angemessen als Wettbewerb um knappe Ressourcen beschrieben werden, es ist zugleich mit bestimmten Weltbildern und rechtlichen Institutionen verbunden, und die Durchsetzung von Sanktionen ist immer auch an die aktuelle Verfügung über Ressourcen gebunden und mit bestimmten Wertesystemen verknüpft.

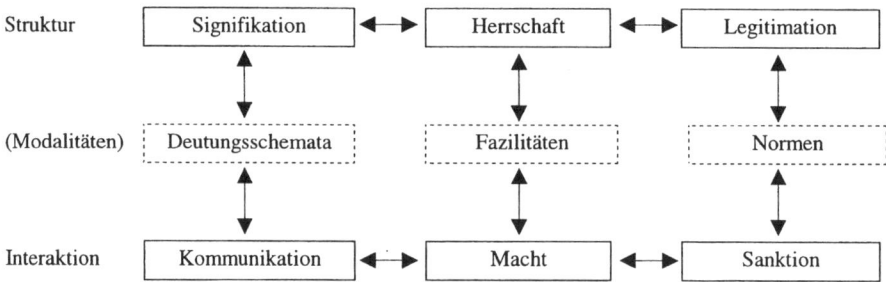

Abb. 11.1: Dimensionen der Dualität von Struktur (nach Giddens 1984b: 29)

Struktur - und hier zeigt sich, wie sehr sich Giddens' Strukturbegriff von reifizierenden Strukturkonzepten unterscheidet - ist jedoch nur insofern existent, als sie in Erinnerungsspuren - der organischen Basis der menschlichen Bewußtheit - vorhanden ist und sich in sozialen Praktiken realisiert (Giddens 1984b: 16ff.). Das (handlungs)praktische Wissen der Akteure ist das Medium der kontinuierlichen Existenz sozialer Strukturen. Struktur stellt insofern eine "virtuelle Ordnung" dar, auch wenn einige Formen allokativer Ressourcen (z. B. Rohstoffe) in unserem Alltagsverständnis durchaus eine "reale Existenz" zu haben scheinen. Ihre "Materialität" berührt nach Giddens allerdings nicht den Umstand, daß diese Phänomene nur dann zu Ressourcen in der Art werden, wie er den Terminus verwendet, wenn sie in die Strukturierungsprozesse einbezogen werden (Giddens 1984b: 33). Ortmann (1994: 156) illustriert dieses Phänomen mit einem eindrucksvollen Beispiel: "Eine Ansammlung von Steinen und Beton ist noch keine Mauer, eine Mauer allein noch keine Grenze, wie man in Berlin 1989 sehen konnte."

In ihrem Alltagshandeln beziehen sich die einzelnen sozialen Akteure immer und notwendigerweise auf die strukturellen Momente, insbesondere die institutionalisierten Aspekte sozialer Systeme, deren strukturelle Momente sie durch die Bezugnahme zugleich reproduzieren. "Gemäß dem Begriff der Dualität von Struktur sind die Strukturmomente sozialer Systeme sowohl Medium wie Ergebnis der Praktiken, die sie rekursiv organisieren. Struktur ist den Individuen nicht 'äußerlich': in der Form von Erinnerungsspuren und als in sozialen Praktiken verwirklicht, ist sie in gewissem Sinne ihren Aktivitäten eher 'inwendig' als ein ... außerhalb dieser Aktivitäten existierendes Phänomen. Struktur darf nicht mit Zwang gleichgesetzt werden: sie schränkt Handeln nicht nur ein, sondern ermöglicht es auch" (Giddens 1988: 77f.). Obwohl jedoch Struktur sich nur in den Erinnerungsspuren der Akteure findet, ist sie dennoch durch die "Abwesenheit des Subjekts" gekennzeichnet, d.h., die kontinuierliche Existenz einer Gesellschaft oder einer Organisation hängt nach Giddens nicht von den Aktivitäten irgendeines besonderen Individuums ab.

Die Regeln (und Ressourcen), die in die Produktion und Reproduktion sozialen Handelns einbezogen sind, stellen die Mittel der Systemreproduktion dar, aber erst in der Interaktion gewinnen die sozialen Strukturen ihre "Wirklichkeit". Dies äußert sich in der Weise, daß soziale Akteure in ihren Interaktionsprozessen, verstanden als konkrete Praktiken, in denen *Kommunikation*, Ausübung von *Macht* und Bewertung von Verhalten (*Sanktion*) fest miteinander verwoben sind (Cohen 1989: 241), *Deutungsschemata*, *Normen* und andere Mittel (*Fazilitäten*) mobilisieren, die Giddens in ihrer Gesamtheit als (Vermittlungs-)Modalitäten bezeichnet (siehe Abb. 11.1). Modalitäten beziehen sich auf die Vermittlung zwischen Interaktion und Struktur. Sie können als Repräsentationen der Strukturelemente auf der Ebene des handelnden Subjekts interpretiert werden.

Die Verwobenheit der strukturellen Momente "Signifikation, Herrschaft, Legitimation" findet ihre Entsprechung auf der Ebene der Interaktion. So ist bspw. die interaktive Konstitution von "Sinn" auch immer mit bestimmten Bezügen verbunden. "The communication of meaning in interaction does not take place separately from the operation of relations of power, or outside the context of normative sanctions" (Giddens 1979: 81f.). Kommunikation, Machtausübung und Sanktion sind nur analytisch trennbar.

Struktur - verstanden als rekursiv organisierte Regeln und Ressourcen - ist der Grund dafür, daß soziale Praktiken über unterschiedliche Spannen von Raum und Zeit hinweg als identische reproduziert werden und somit systemische Formen erhalten. Soziales System bezeichnet kontinuierlich reproduzierte Beziehungen zwischen sozialen Akteuren oder Kollektiven, die sich als kontextgebundene, regelmäßig beobachtbare soziale Praktiken darstellen (Giddens 1984b: 25). Soziales System kann sich - je nachdem, wie weit der Kontext im Rahmen einer Untersuchung gespannt wird - auf einzelne Gesellschaften, Industriegesellschaften im allgemeinen oder auch auf kleinere Einheiten wie Gemeinschaften oder Organisationen und damit auch auf Unternehmen beziehen (Giddens 1990: 303). Soziale Systeme wie Organisationen sind laut der Theorie der Strukturierung keine Strukturen, sondern sie haben Strukturen (siehe auch Thompson 1989: 61; Macintosh/Scapens 1990: 457).

Die Überlegungen sollen mit einem Beispiel illustriert werden, das sich aus einer Studie von Stewart et al. (1994; siehe auch Walgenbach/Kieser 1995) herausarbeiten läßt, in der das Arbeitsverhalten britischer und deutscher mittlerer Manager untersucht wurde. In dieser Studie zeigt sich, daß die beiden Gruppen von Managern ein unterschiedliches Selbstverständnis haben und ein unterschiedliches Arbeitsverhalten an den Tag legen. Die gefundenen Unterschiede lassen sich durch die (stillschweigende) Bezugnahme auf übergeordnete Institutionen und Wertesysteme in Deutschland und Großbritannien erklären.

Ein großer Teil des Arbeitstages deutscher mittlerer Manager ist mit fachlichen Aufgaben gefüllt, und die deutschen mittleren Manager betonen immer wieder, daß es für die Bewältigung von Aufgaben im (mittleren) Management besonders wichtig sei, "das Handwerk von der Pike auf gelernt zu haben" und "fachlich vollkommen kompetent zu sein". Die britischen mittleren Manager hingegen verstehen sich als General Manager, d.h. als Führungskraft ohne funktionale Verantwortlichkeiten. Sie sehen ihre Aufgabe in der Schaffung eines motivierenden Arbeitsklimas und einer dauerhaften Kommunikation innerhalb und zwischen den Abteilungen des Unternehmens. Fachliche Kenntnisse werden von ihnen als weniger wichtig angesehen. An fachlichen Aufgaben wollen sie sich nicht "die Finger schmutzig machen". Es ist nur bedeutsam für sie, einen grundsätzlichen Überblick über die Vorgänge in ihren Abteilungen zu haben. Tatsächlich nimmt die Erfüllung fachlicher Aufgaben nur einen geringen Teil ihres Arbeitstages ein. Diese Unterschiede im Selbstverständnis und im Arbeitsverhalten der britischen und deutschen mittleren Manager lassen sich vor dem Hintergrund der Unterschiede in den formalen Qualifikationen und den Karrieren der mittleren Manager in den beiden Ländern verstehen. Während die deutschen Manager typischerweise formale Qualifikationen vorweisen können, die mit ihrem Tätigkeitsfeld in der Unternehmung in engem Zusammenhang stehen, und ihre Karrieren typischerweise in einem Unternehmen und dort nur in langsamen Schritten innerhalb eines Funktionsbereichs verlaufen (Kaminkarriere), zeigt sich bei den britischen mittleren Managern oft kein erkennbarer Zusammenhang zwischen den erworbenen formalen Qualifikationen und den fachlichen Aufgaben der Abteilung, der sie vorstehen. Zudem haben die britischen Manager im Verlauf ihrer Karriere häufiger die Positionen gewechselt, und die einzelnen Karriereschritte waren regelmäßig mit einem Wechsel des Funktionsbereichs und damit des fachlichen Verantwortungsbereichs verbunden. In den unterschiedlichen und doch jeweils auf ihre Art regelmäßigen Ausbildungswegen und den unterschiedlichen und jeweils regelhaften - den Charakter einer festen Institution annehmenden - Karrierewegen der Manager spiegeln sich Vorstellungen (Strukturen) wider, welche Aufgaben Managern, insbesondere mittleren Managern, in den Unternehmen der jeweiligen Länder zukommen. Vorstellungen, die den Charakter einer Regel haben, auf die sich die Manager in ihrem Arbeitsalltag beziehen und die sich in den Praktiken der Aufgabenbewältigung niederschlagen. In Deutschland lautet die Regel: "Ein Manager muß Fachwissen haben!" In Großbritannien hingegen ist die Regel: "Fachwissen ist nicht so wichtig, der richtige Umgang mit Menschen ist entscheidend!" Die Regeln schränken das Handeln der mittleren Manager nicht nur ein, sondern sie ermöglichen es den mittleren Managern, auch die eigenen Ziele zu erreichen. Wer es in Deutschland versteht, in einer Position im mittleren Management seine Fachkompetenz unter Beweis zu stellen, wird eher von seinen Mitarbeitern und Vorgesetzten respektiert und akzeptiert werden; nicht zuletzt deswegen, weil auch diese im Arbeitsalltag sich auf die gleiche Regel beziehen. Der Stelleninhaber erhöht durch die Bezugnahme auf die Regel seine Chancen auf eine Beförderung in der betrieblichen Hierarchie. Deshalb wird in der alltäglichen Arbeit und damit in der Interaktion mit Mitarbeitern, Kollegen und Vorgesetzten diese Regel kontinuierlich reproduziert. In möglichst vielen Situationen wird die eigene fachliche Kompetenz unter Beweis zu stellen versucht.

11.3. Methodische Reorientierung

Der skizzierten konzeptuellen Neufassung von Struktur liegt zugleich und notwendigerweise eine methodische Reorientierung zugrunde. Nämlich allein dadurch, daß in der Theorie der Strukturierung einerseits der soziale Akteur als aktives, mit Wissen und Bewußtheit ausgestattetes Subjekt anerkannt wird, andererseits jedoch den handlungsbegrenzenden (und -bestimmenden) Eigenschaften von Struktur Rechnung getragen werden soll, folgen weitreichende methodische Konsequenzen. Handlung und Struktur sollen gemäß der Theorie der Strukturierung als nur analytisch zu differenzierende Aspekte ein und derselben Realität gefaßt werden.

Der Sozialwissenschaftler kann einen Zugang zu seinem Gegenstandsbereich nur gewinnen, wenn er sich auf eine verstehende Rekonstruktion der Wissensbestände der Akteure einläßt (Giddens 1984b: 336). Das heißt, der Forschende kann zu einer angemessenen Beschreibung des Alltagshandelns nur kommen, wenn er die Handlungsbeschreibungen der Akteure selbst in verstehender Einstellung zu rekonstruieren versucht. Seine Methode unterscheidet sich insofern nicht grundsätzlich von der der Laienakteure. Auch die Laien können die Intersubjektivität des eigenen Lebenszusammenhangs nur in der Weise aufbauen, daß sie - sich wechselseitig zu verstehen suchend - miteinander verkehren.

Die Theorie der Strukturierung setzt insofern zur angemessenen Beschreibung von Handeln eine Vertrautheit mit eben diesem Handeln voraus. Insoweit wird in der Theorie der Strukturierung ein hermeneutischer Ausgangspunkt eingenommen. Hinter diesem Ausgangspunkt verbergen sich jedoch Untiefen, die umschifft werden müssen, wenn die Theorie der Strukturierung nicht dem gleichen Vorwurf unterliegen soll wie die subjektivistischen Ansätze. In diesen tut sich nämlich ein weitreichendes epistemologisches Problem auf: Die Frage nach der Begründung der Maßstäbe für die objektive Gültigkeit des wissenschaftlich generierten Wissens ist in diesen Ansätzen nicht gelöst. Konkret heißt das, daß die Sozialwissenschaften, wenn sie sich auf interpretative und hermeneutische Ansätze stützen, nur schwerlich einsichtig machen können, wie sie überhaupt Wissen zu generieren vermögen, das dem Wissen von Laienakteuren, d.h. Nichtsozialwissenschaftlern, in irgendeiner Form überlegen wäre.

Vor diesem Hintergrund könnten die durch die Sozialwissenschaften generierten Wissensbestände als redundant bezeichnet werden, da sie vorhandenes Wissen lediglich verdoppeln. Zwar vermag ein durch "Verstehen" gewonnenes Wissen schon an sich eine gewisse Faszination auszuüben; das allein kann jedoch eine Legitimation nur schwerlich begründen. So haben bspw. Erfahrungsberichte von Managern, die über einen gewissen Zeitraum in einem fremden Kulturkreis eine Niederlassung geleitet haben, durchaus einen Zauber, der den Leser in Bann ziehen kann. Doch es bleibt bei einem "Zauber", weil in der Regel nicht erklärt wird, welche geheimen "Pülverchen" die fremd oder gar befremdlich wirkenden Handlungen, von denen der Manager zu berichten vermag, ermöglichen und begrenzen. Die Struktur, auf die sich die Individuen in jenem fremden Kulturkreis in ihren Handlungen beziehen, wird nicht systematisch aufgedeckt. Folge dieses Defizits ist, daß für die "Gemanagten" in jenem fernen Land das in einem solchen Erfahrungsbericht dargelegte Wissen kaum über ihr eigenes Alltagswissen hinausgehen dürfte. Für die Leser im Heimatland des Managers bleiben die Darlegungen nicht mehr als ein vielleicht unterhaltsamer Bericht. Die daraus (möglicherweise) resultierende Kritik der Laienakteure muß nach Giddens sehr ernst genommen und begründet zurückgewiesen werden können, damit die Sozialwissenschaften nicht ihre Existenzberechtigung verlieren. Ein Existenzrecht läßt sich für die Sozialwissenschaften nämlich seiner Auffassung nach nur dann behaupten, wenn es prinzipiell möglich ist, ein Wissen zu generieren, das über das den Laien verfügbare bzw. zugängliche Alltagswissen hinausgeht. Sozialwissenschaft kann nach Giddens letztlich nur als Kritik am Wissen der Laien, und insofern nur durch ihre kritische Funktion begründet werden (Giddens 1979: 248ff.). "The formulation of critical theory is not an *option* ... " (Giddens 1984b: XXXV, Hervorhebung im Original) und " ... structuration theory is intrinsically incomplete if not linked to a conception of social science as critical theory" (Giddens 1984b: 287). Dieses Insistieren auf die kritische Funktion der Sozialwissenschaften hebt die Theorie der Strukturierung deutlich vom Theorieprogramm der meisten Vertreter des interpretativen Paradigmas ab. Allerdings bleibt Giddens in seinen Ausführungen zu dem, was er unter der kritischen Funktion der Sozialwissenschaften verstehen will, sehr ungenau. So läßt er bspw. die nicht unerhebliche Frage unbeantwortet, für wen und für welche Zwecke das sozialwissenschaftliche Wissen generiert werden soll (siehe allgemein hierzu Bernstein 1989: 28ff.).

Die kritische Funktion wird hingegen - das hebt Giddens anerkennend heraus - in den objektivistischen Theorien des Funktionalismus und des Strukturalismus - an denen er sonst kaum ein gutes Haar läßt - besonders betont. Ermöglicht wird dies dort durch einen methodischen "Schachzug". In objektivistischen Ansätzen wird davon ausgegangen, daß zwischen der wissenschaftlichen Beobachtung und Beschreibung der Alltagsvorstellungen und -handlungen der Laien auf der einen Seite und den Alltagsvorstellungen und -handlungen als solchen auf der anderen Seite keine unmittelbaren Beziehungen bestehen. Die grundlegende Vorstellung, wie sie sich in objektivistischen Theorieprogrammen findet, ist, daß wissenschaftliche Theorien von außen an den Untersuchungsgegenstand herangetragen werden. Die Alltagsvorstellungen der Laien werden durch diese - nach Giddens sehr fragwürdige - methodologische Taktik für die wissenschaftliche Analyse des Handelns der Alltagsakteure jedoch mehr oder minder als irrelevant erklärt (Giddens 1979: 71). Durch diese Taktik erscheint die Möglichkeit von sozialwissenschaftlich generierbaren, dem Laienwissen überlegenem Wissen als eine "unproblematische" Angelegenheit (Kießling 1988: 80). Unter diesen (Voraus-)Setzungen zielt die objektivistische Vorgehensweise dann darauf ab, die "wirklichen Stimuli" der Aktivitäten der Handelnden aufzuzeigen, die diesen nicht bewußt sind. Dabei wird regelmäßig davon ausgegangen, daß diese "Stimuli" menschliches Handeln in ähnlicher Weise determinieren wie die Naturgesetze die Abläufe in der Natur. Handeln (bzw. Verhalten) soll entsprechend "erklärt" werden. Das von Sozialwissenschaftlern generierte, objektiv valide und theoretisch gehaltvolle Wissen - so die Grundannahme - würde über die Vorstellungen der Laien hinausgehen und wäre deren möglicher Kritik entzogen. Jedoch steht, was den Zugang des Sozialwissenschaftlers zum Gegenstandsbereich anbelangt, die Kompetenz der subjektivistischen Theorieprogramme mittlerweile außer Zweifel (Kießling 1988: 83).

Damit ergibt sich ein weiteres Dilemma, das einige Wissenschaftler als den eigentlichen Grund für die Theoriekrise in den Sozialwissenschaften ansehen. Aber auch vor diesem will Giddens nicht resignieren. Er weist auch hier sowohl das objektivistische als auch das subjektivistische Programm der theoretischen und methodischen Grundlegung der Sozialwissenschaften in den sich wechselseitig ausschließenden Grundpositionen zurück und versucht eine Vermittlung zwischen den Positionen "Erklären" und "Verstehen".

Handeln soll nach Giddens nicht nur interpretativ verstanden, sondern auch erklärt werden. Zwei methodische Vorgehensweisen, von denen jede nur als eine einstweilige Einklammerung der jeweils anderen verstanden werden darf, werden dazu von ihm angeführt: die Analyse des strategischen Verhaltens und die institutionelle Analyse. In der Analyse des strategischen Verhalten verschafft sich der Sozialwissenschaftler durch die verstehende Rekonstruktion der Handlungen der sozialen Akteure einen Zugang zu deren "Welt". Dabei soll die Theorie der Strukturierung nicht bei einer reinen Rekonstruktion der (handlungspraktischen) Wissensbestände der Laienakteure stehenbleiben. Ziel der Analyse des strategisch-intentionalen Handelns ("strategic conduct") der Akteure ist vielmehr, den Prozeß der Strukturierung sozialer Systeme und die Struktur sozialer Systeme zu thematisieren. "Analysing the structuration of social systems means studying the modes in which such systems, grounded in the knowledgeable activities of situated actors who draw upon rules and resources in the diversity of action contexts, are produced and reproduced in interaction" (Giddens 1984b: 25). Man sollte dabei im Hinterkopf behalten, daß Giddens davon ausgeht, daß "(s)tructure has no existence independent of the knowledge that agents have about what they do in their day-to-day activity" (Giddens 1984b: 26). In der Rekonstruktion von (handlungs)praktischen Wissensbeständen erschließt sich der Sozialwissenschaftler die Struktur von sozialen Systemen, wie z. B. von einer Gesellschaft oder von einer Organisation.

Die Wissensbestände der Akteure sind für das Handeln konstitutiv, auch wenn das Wissen über Struktur, wie Giddens annimmt, begrenzt ist. Er beharrt zwar darauf, daß die Laienakteure eine Bewußtheit besitzen, stuft aber die Bedeutung dieser Bewußtheit - und das ist im Hinblick auf die kritische Funktion, die er den Sozialwissenschaften zuspricht, wichtig - mit dem Argument, daß die Kenntnis (knowledgeability) der Laienakteure, was die strukturellen Momente betrifft, typischerweise begrenzt ist (Giddens 1979: 144), letztlich als gering ein. Die Bewußtheit der Laienakteure ist ja nach Giddens - wie bereits gezeigt - weitgehend eine (handlungs)praktische und weniger eine diskursive.

In der institutionellen Analyse sollen nun die strukturellen Momente, die dem handelnden Subjekt nach Giddens undurchsichtig sind bzw. bleiben, aufgedeckt werden. Eine Analyse der Struktur muß dazu in das methodische Design einbezogen werden; und diese Strukturanalyse ist es, von der sich Giddens eine Generierung theoretisch gehaltvollen, dem Laienwissen überlegenen, sozialwissenschaftlichen Wissens erhofft.

Ziel der institutionellen Analyse ist gemäß der Theorie der Strukturierung, die "Undurchsichtigkeit" der Struktur, die aus der begrenzten Kenntnis der Akteure eben dieser Struktur resultiert, aufzulösen (Giddens 1984b: 282). Die Faktoren, denen gegenüber das Wissen der Akteure begrenzt ist, sollen aufgezeigt werden. Dabei gilt es jedoch zu beachten, daß diese Faktoren prinzipiell veränderbar sind, d.h., daß ihnen nicht derselbe Status zugeschrieben wird wie den Naturgesetzen. Für Giddens betrifft Handeln Ereignisse, bei denen ein Individuum Ausübender in dem Sinne ist, daß das Individuum in jeder Phase einer bestimmten Verhaltenssequenz hätte anders handeln können. Handeln schließt Macht im Sinne eines Vermögens zur Umgestaltung mit ein (Giddens 1984b: 14ff.). Die (Ver-)Änderung der Faktoren setzt jedoch Erfahrungs- und Lernprozesse auf Seiten der Laienakteure voraus. Das ist jedoch für Giddens weniger problematisch: So haben die "Entdeckungen" der Sozialwissenschaften nun einmal - davon geht er aus -, je aufschlußreicher sie sind, einen zunehmend wahrscheinlicheren Einfluß auf das Handeln (Giddens 1984b: 351). Mit Verweis auf Charles Taylor (1983: 74) hebt er hier den Unterschied der Sozialwissenschaften zu den Naturwissenschaften heraus: "In the social sciences, 'the practice is the object of the theory. Theory in this domain transforms its own object'"(Giddens 1984b: 348).

Durch die Strukturanalyse können die Sozialwissenschaften über das Wissen der Laien hinausgehen, können die "Gesetze des Sozialen", die unter den Bedingungen der Begrenztheit des Wissens der Laienakteure gelten, aufgezeigt, hinterfragt und auch relativiert werden. Die Grauzonen der (handlungs)praktischen Bewußtheit können ausgeleuchtet und explizit gemacht werden. Der kritischen Funktion der Sozialwissenschaften, die Giddens so vehement betont, kann Rechnung getragen werden.

Das oben erläuterte Klassifikationsschema der Strukturdimensionen "Signifikation, Herrschaft, Legitimation" (siehe Abb. 11.1) ist bei der institutionellen Analyse (Strukturanalyse) als Orientierungshilfe zu betrachten. Die Strukturanalyse muß jedoch nicht unbedingt auf der Ebene solcher Institutionen ansetzen, die eine weite räumliche und zeitliche Ausdehnung haben. Eine solche Analyse thematisiert nämlich nach Giddens vor allem die *Strukturprinzipien* historisch spezifischer Gesellschaftsformen, wie z. B. Stammesgesellschaften, klassengegliederte Gesellschaften oder Klassengesellschaften (Giddens 1984b: 180ff.; siehe hierzu und zum folgenden kritisch Thompson 1989: 66ff.). Strukturanalysen können auch unterhalb einer solchen Makroebene ansetzen. Es geht dann um die Identifizierung konkreter *Strukturgefüge* (Strukturen). "Less encompassing structural properties can be studied as sets of rules and resources, specified in terms of 'clusterings' of transformation/mediation relations" (Giddens 1981: 181). Ein Beispiel: Die Institution des Arbeitsvertrags "ermöglicht" die "Verwandlung" von Geld in Kapital und von Kapital in Profit und Arbeitslohn, und zwar deshalb, weil diese Institution die soziale und politische Form bereitstellt, in der Geld- bzw. Kapitalbesitzer und Besitzer von Arbeitskraft miteinander verkehren können. Die Institution des Arbeitsvertrags bringt die Akteure der erwerbswirtschaftlichen Produktion zusammen, "vermittelt" zwischen diesen (Giddens 1984b: 185ff.). Unterhalb dieser immer noch relativ abstrakten institutionellen Analyse sind weitere, sehr spezifische Formen der institutionellen Analyse denkbar, und zwar auf der Ebene der "*Strukturierungsachsen*" oder "*Strukturierungselemente*". Giddens liefert ein Beispiel, wie eine solche Analyse aussehen könnte: Die weitreichende Arbeitsteilung in Unternehmungen weitet die Möglichkeiten der direkten Überwachung der Arbeitskraft aus, auch bringt sie die Verknüpfung der Arbeit als Arbeitskraft mit der Technik der Maschinenproduktion zum Ausdruck und hat diese zugleich ermöglicht. Zwischen den einzelnen Ebenen einer institutionellen Analyse kann jedoch keine absolute Trennlinie gezogen werden, sie verweisen letztlich aufeinander.

Zusammenfassend läßt sich festhalten, daß gemäß der Theorie der Strukturierung die methodische Annäherung des Sozialwissenschaftlers an sein Untersuchungsfeld und die Analyse dieses Feldes in zwei möglichen Verfahren erfolgt, wobei jeder einzelne Schritt nur als eine methodische Einklammerung des jeweils anderen gesehen werden darf. Strategische und institutionelle Analyse sind als miteinander in Wechselbeziehung stehend zu betrachten. "The point of the distinction is to indicate two principle ways in which the study of system properties may be approached in the social sciences: each of which is separated out, however only by a methodological epoché. To examine the constitution of social systems as strategic conduct is to study the mode in which actors draw upon structural elements - rules and resources - in their social relations. 'Structure' here appears as actors' mobilisation of discursive and practical consciousness in social encounters. Institutional analysis, on the other hand, places an *epoché* upon strategic conduct, treating rules and resources as chronically reproduced features of social systems. It is quite essential to see that this is only a methodological bracketing: these are not two sides of a dualism, they express a duality, the duality of structure" (Giddens 1979: 80, Hervorhebungen im Original).

11.4. Kritische Würdigung

Will man Kritik an einer Theorie üben, muß man sich auch - weil man selten der erste ist, der das zu tun beabsichtigt - mit der Kritik anderer Autoren auseinandersetzen. Üblicherweise vereinfacht das die Sache. Man kann Argument gegen Argument setzen, kann Teile oder gar die ganze Theorie bzw. Teile oder die ganze Kritik begründet zurückweisen und vielleicht auch das ein oder andere Argument zur Diskussion beitragen. So einfach ist dies bei der Theorie der Strukturierung nicht: Hier kommt die Kritik nämlich aus unterschiedlichen Richtungen, stehen sich die Interpretationen teilweise diametral gegenüber. Während nämlich eine Vielzahl von Autoren der Theorie der Strukturierung ein "subjektivistisches" Übergewicht vorwirft (siehe exemplarisch Callinicos 1985: 137; Johnson/Dandeker/Ashworth 1984: 206), finden sich auch solche Autoren, die in hohem Maß "objektivistische" und reifizierende Tendenzen ausmachen (siehe exemplarisch Kießling 1988; Thompson 1989). Wieder andere Autoren argumentieren, daß die Theorie der Strukturierung zwischen diesen beiden Positionen oszilliert (siehe exemplarisch Archer 1982; Gane 1983). Die vorliegende Kritik schließt sich, wie in den letzten Absätzen deutlich werden wird, jenen Autoren und Autorinnen an, die *"objektivistische" Tendenzen* entdecken, obwohl die Kritik der anderen Lager nicht unbegründet ist. Das klingt merkwürdig, weil widersprüchlich. Die bisher nur angedeuteten Widersprüche sind jedoch nur oberflächliche Spiegelung eines tieferliegenden Problems. Die Widersprüchlichkeit liegt nämlich vor allem in der Giddensschen Begriffsstrategie begründet, die es ermöglicht, aus solch unterschiedlichen, widersprüchlich wirkenden Richtungen Kritik zu üben. Im folgenden wird nun Schritt für Schritt, d.h. gleichsam in Form eines Diskurses, versucht, Kritik vorzutragen und - wenn möglich - zurückzuweisen, um so zugleich die Theorie der Strukturierung noch einmal und tiefergehend zu verdeutlichen.

Ein häufig vorzufindender und doch relativ einfach zurückzuweisender Kritikpunkt an der Theorie der Strukturierung ist der Eklektizismusvorwurf (Archer 1988: 73; Hirst 1982: 78). Giddens zitiert eigentlich alles, was Rang und Namen hat. Er verwendet Argumentationsfiguren, die der Hermeneutik und der interpretativen Soziologie entspringen, ebenso wie solche, die eher strukturalistischen und funktionalistischen Grundpositionen zuzuordnen sind. Daß ein solches Vorgehen zuerst einmal Skepsis hervorruft, erscheint verständlich. Allerdings ist der Eklektizismusvorwurf in seiner allgemeinen Äußerung etwas voreilig. Denn - so läßt sich mit Giddens kontern -, wenn Ideen interessant und erhellend sind, zählt weniger ihr Ursprung, ihre Herkunft, als sie so zu verwenden, daß sie sich als nützlich erweisen, selbst wenn dies innerhalb eines Rahmens geschieht, der sich grundlegend von dem unterscheidet, in dem diese Ideen hervorgebracht wurden (Giddens 1984b: XXII; siehe auch Joas 1988: 9). Von der Heterogenität der benutzten Quellen läßt sich nun einmal nicht zwingend auf Inkonsistenz der Argumente schließen.

Wesentlich bedeutender ist ein Kritikpunkt, der anfänglich eher trivial wirkt, der aber - wie zu zeigen sein wird - tieferliegende Ursachen und weitreichende Konsequenzen hat: Die Arbeiten von Giddens sind weder leicht zu lesen, noch leicht zusammenzufassen. Die Sperrigkeit der Giddensschen Bücher und Aufsätze mag darin begründet liegen, daß es für ihn auch nicht immer ganz einfach war, dieselben zu schreiben. So äußert er in "The Constitution of Society": "This was not a particularly easy book to write and proved in some part refractory to the normal ordering of chapters" (Giddens 1984b: XXXV). Und das merkt man. Obwohl er eigentlich immer vom gleichen redet - nämlich der Dualität von Struktur, die lediglich in immer neuen Bezügen diskutiert wird - fehlt eine klare Linie, eine schrittweise Darlegung der Theorie. Statt dessen ist seine Argumentation konzentrisch, d.h., um die Idee der Dualität von Struktur angeordnet, ohne daß die einzelnen Argumente aufeinander aufzubauen scheinen. Die Folge sind häufige Wiederholungen, die jedoch nicht dazu führen, daß das Gelesene sich nach dem ersten Lesen besonders einprägt, sondern zum Ergebnis haben, daß eher Verwirrung entsteht. Häufig ist man unsicher, ob die Argumentationen von Giddens nun verstanden wurden oder nicht: " ... it might be that I am simply misunderstanding Giddens" (Craib 1992: 155). Die Verwirrung ist - wie gesagt - nicht zuletzt Folge der Uneindeutigkeiten in der Giddensschen Begrifflichkeit. Viele der zentralen Termini und Neologismen - das ist gängige Kritik an den Arbeiten von Giddens - verbleiben unterspezifiziert oder werden im Verlauf seiner Ausführungen widersprüchlich belegt. Sewell (1992: 5; ähnlich auch Thompson 1989: 63ff.) findet einige Begriffe der Theorie der Strukturierung "frustratingly underspecified", Dallmayr (1982: 23) weist auf " ... some ambiguities or quandaries besetting Giddens's notions ... " hin, und Craib (1992: 11) äußert zusammenfassend das schon erwähnte Ergebnis: " ... I find it difficult to keep his theory in my head ... it is rather like trying to grasp quicksilver." Das mag ein gewichtiger Grund dafür sein, daß im deutschsprachigen Raum spürbare Reserven gegenüber der Theorie der Strukturierung zu bemerken sind, auch wenn zunehmend in Forschungsarbeiten mit organisationswissenschaftlicher Ausrichtung auf die Theorie der Strukturierung Bezug genommen oder diese Theorie gar zu einer wichtigen konzeptuellen Grundlage gemacht wird. Im folgenden wird versucht, das Problem an konkreten Beispielen festzumachen und mit den Beispielen zugleich die Basis zu legen, aus der dann letztlich die weitere Kritik an der Theorie der Strukturierung erwächst.

Ein Fall, der für Verwirrung sorgt, ist die Definition der Rationalisierung des Handelns. So finden sich in "The Constitution of Society" zwei Bestimmungen, die in höchst unterschiedliche Richtungen laufen. Auf den ersten Seiten, in der Darstellung der zentralen Elemente der Theorie der Strukturierung, findet sich folgende Festlegung:

> "By the rationalization of action, I mean that actors - also routinely and for the most part without fuss - maintain a continuing 'theoretical understanding' of the grounds of their activity. As I have mentioned, having such an understanding should not be equated with the discursive giving of reasons for particular items of conduct, nor even with the capability of specifying such reasons discursively" (Giddens 1984b: 5f.).

Im Glossar findet sich hingegen folgende Definition:

> "Rationalization of action: The capability competent actors have of 'keeping in touch' with the grounds of what they do, as they do it, such that if asked by others, they can supply reasons for activities" (Giddens 1984b: 281).

Eine Reihe von Fragen tut sich auf, die Giddens jedoch nicht beantwortet. Fragen in der Art wie sie hier, um das Problem zu verdeutlichen, in überzeichnender Weise gestellt werden: Sind die Akteure nun in der Lage, die Gründe für ihr Handeln diskursiv darzulegen oder nicht? Oder können sie das nur manchmal? Und wenn ja, wann können sie das? Oder können das nur kompetente Akteure? Aber wer sind die kompetenten Akteure, von denen Giddens dann gelegentlich redet? Wodurch unterscheiden sich die kompetenten Akteure von den Akteuren und Laienakteuren, von denen er sonst zu sprechen pflegt?

Ein anderer Fall, der für Verwirrung sorgt, betrifft die von Giddens immer wieder prononcierte Reflexionsmächtigkeit der Individuen, die ja in der Theorie der Strukturierung von zentraler Bedeutung ist. Auf der einen Seite werden die Akteure als "soziologische Experten" präsentiert, die sich über ihr Handeln und ihre Handlungsgründe im klaren sind und die viel über die Regeln und Ressourcen wissen, die in die Produktion und Reproduktion der sozialen Systeme eingebunden sind:

"As a leading theorem of the theory of structuration, I advance the following: *every social actor knows a great deal about the conditions of reproduction of the society of which he or she is a member*" (Giddens 1979: 5, Hervorhebung im Original). "All human beings are knowledgeable agents. That is to say, all social actors know a great deal about the conditions and consequences of what they do in their day-to-day lives" (Giddens 1984b: 281).

Auf der anderen Seite aber soll die Reflexionsmächtigkeit der Akteure sehr verkürzt sein, sollen sie nur wenig über die weitverzweigten Handlungsfolgen wissen, soll ihnen Struktur letztlich "dunkel" bleiben.

" ... there is a great deal which they do not know about the conditions and consequences of their activities, but which none the less influences their course" (Giddens 1979: 215f.).

Wieder stellen sich ähnliche Fragen: Wie weit reicht die Reflexionsmächtigkeit der Akteure? Sind sie nun "soziologische Experten", oder wissen sie doch nur wenig über die Bedingungen und Konsequenzen ihres Handelns?

Es gibt einige Autoren, die anmerken, daß sie verzweifelt versucht haben, eindeutige Bestimmungen der konzeptuellen Elemente und klare Festlegungen der vielen Neologismen zu finden, die Giddens in der Theorie der Strukturierung verwendet (stellvertretend Craib 1992: 4f.). Erläuterungen, warum sich in unterschiedliche Richtungen weisende Bestimmungen ergeben oder gar notwendig sind, finden sich auch nicht. Irgendwann aber macht sich dann das Gefühl breit, daß hinter dieser Uneindeutigkeit Strategie stecken könnte. Und in dem Moment drängt sich der Gedanke auf, daß Giddens dazu neigt, die respektiven Bedeutungsinhalte seiner zentralen Begriffe auf die jeweiligen Argumentationserfordernisse abzustimmen (Kießling 1988: 203). "Giddens covers himself well ... " (Craib 1992: 11). Immunisierung also? Legt man nämlich eine einmal gegebene Definition für die zentralen Begriffe, wie bspw. Rationalisierung des Handelns oder Reflexionsmächtigkeit, für eine Prüfung der weiteren Argumentationen an und läßt zugleich die alternativen Definitionen außen vor, zeigt sich, daß die "zentrale Figur" in Giddens Konzept, die Dualität von Struktur, ausgehebelt wird.

Sehr schnell entsteht dann der Eindruck, daß die Argumentationen in der Theorie der Strukturierung "objektivistisch" verzerrt sind. Die Akteure verfügen zwar über (handlungs)praktisches Wissen, ihr Wissen über Struktur verbleibt jedoch sehr "dunkel"; sie haben zwar Gründe für ihr Handeln, können diese jedoch nicht äußern; und durch die unerkannten Handlungsbedingungen und nichtbeabsichtigten Handlungsfolgen reproduzieren sie fortwährend in ihren Praktiken die Struktur, auf die sie sich beziehen. Sie sind also letztlich durch die Kontextualität des Handelns strukturellen Zwängen unterworfen. Giddens nähert sich objektivistischen Positionen (Kießling 1988: 109).

Gegen diesen Vorwurf verwahrt sich Giddens (1984b: 173f.). Er betont zwar, daß der Handlungsspielraum des einzelnen sozialen Akteurs nicht unbegrenzt ist, dieser wird eben durch die Kontextualität des Handelns, d.h. durch die Vorgegebenheit strukturierter Aspekte sozialer Systeme, eingeschränkt. Giddens verweist aber zugleich auch darauf, daß Regeln interpretationsfähig und somit grundsätzlich für verschiedene Verhaltensweisen offen sind. Auch Ressourcen betrachtet Giddens als in unterschiedlicher Weise einsatzfähig. Die Beziehungen zwischen Handeln und Struktur sind für ihn somit nicht eindeutig

(Giddens 1979: 65). Handeln betrifft für Giddens Ereignisse, bei denen ein Individuum Akteur in dem Sinne ist, daß es in jeder Phase einer Verhaltenssequenz hätte anders handeln können. Handeln schließt Macht im Sinne eines Vermögens zur Umgestaltung mit ein (Giddens 1984b: 14ff.). Er spricht dem Individuum Handlungsmächtigkeit ("capability") zu und wendet sich so gegen den Determinismus strukturtheoretischer Ansätze. Strukturen entwickeln in der Theorie der Strukturierung ihre Wirkung nicht unabhängig von Gründen, die Handelnde für das, was sie tun, haben. Damit versucht Giddens, den instrumentellen Charakter von Struktur deutlich hervorzuheben (Schienstock 1991: 35). Um das am Beispiel von Organisationen zu illustrieren: Man sollte die in solche sozialen Institutionen eingebauten Beherrschungsstrukturen nicht so verstehen, als brächten sie fügsame Organisationsmitglieder - in der Terminologie Webers "Rädchen" (Weber 1988d: 413) - hervor. Auch Situationen der extremen Abhängigkeit stellen immer noch gewisse Ressourcen zur Verfügung, mit denen Akteure ein Minimum an Handlungsautonomie bewahren können (Giddens 1979: 149). Soziale Systeme können somit Veränderungen unterliegen.

Giddens leugnet also nicht die Möglichkeit der Generierung sozialen Wandels. Er ist nur primär an der Konzeptualisierung systemisch-struktureller Reproduktionsprozesse interessiert und betont deshalb den rekursiven Charakter des sozialen Lebens. Gemäß der Theorie der Strukturierung ist es also möglich, daß radikal neue Praktiken generiert werden, die einen fundamentalen sozialen Wandel zur Folge haben, es ist aber auch möglich, daß immer wieder die gleichen, routin(is)ierten Handlungen durchgeführt werden, die sozialen Systemen einen stabilen Charakter verleihen. Es scheint plausibel, davon auszugehen, daß im ersten Fall die Regeln weit interpretierbar, die Ressourcen problemlos konvertierbar und im zweiten Fall die Regeln mehr oder minder eng definiert, die Ressourcen nur mit großen Schwierigkeiten umzuwidmen sein dürften. Giddens selbst unterläßt es jedoch zu spezifizieren, wo und wann welche Bedingungen vorliegen (Craib 1992: 149ff.). So kann leicht der Eindruck entstehen, daß seine Theorie weniger den Dualismus von Handlung und Struktur überbrückt als mehr zwischen "Voluntarismus" und "Determinismus" oszilliert.

Es ist aber gerade das Feld zwischen diesen Extrempositionen, das für die Organisationsforschung interessant erscheint und das weiterer Untersuchungen und damit inhaltlicher Füllung bedarf. Die Füllung jedoch will Giddens nicht selber leisten. Er sieht seine Leistung und seinen Beitrag vielmehr in der Entwicklung eines grundlegenden Konzeptes " ... to be used in a selective way in thinking about research questions or interpreting findings" (Giddens 1991: 213). Von daher sollte die Theorie der Strukturierung auch "nur" als ein solcher konzeptueller Rahmen betrachtet werden, der darauf abzielt, die Defizite objektivistischer und subjektivistischer Theorieprogramme zu überwinden. Die Verknüpfungspunkte zwischen der Theorie der Strukturierung und empirischer Forschung liegen dann in der inhaltlichen Füllung der Kernbegriffe Handeln und Struktur (Giddens 1984b: XXIXf.). Es ist also Aufgabe der einzelnen sozialwissenschaftlichen Disziplinen - hier also der Organisationsforschung -, die inhaltliche Konkretisierung der abstrakten Konzepte wie Regeln und Ressourcen vorzunehmen bzw. die Entwicklung von Theorien mittlerer Reichweite auf Basis der Theorie der Strukturierung voranzutreiben. Die Abstraktheit, die einzelne Autoren der Theorie der Strukturierung vorwerfen (siehe exemplarisch Callinicos 1985), ist - da sie Grundlagentheorie sein soll - eine notwendige. Von daher ließe sich dieser Kritikpunkt zumindest in Teilen zurückweisen. Das heißt auch, daß viele der bisher aufgeworfenen Fragen, wie bspw. die nach dem Ausmaß der Reflexionsmächtigkeit der Akteure, problemlos mit dem Argument zurückgewiesen werden können, daß es sich dabei um empirische Fragen handelt. Andere Autoren, wie bspw. Gregson (1989), melden hier jedoch Bedenken an. Sie bezweifeln, daß eine solch abstrakte (reine) Theorie nutzbringend in der empirischen Forschung eingesetzt werden kann. In der Tat finden sich derzeit mehr Arbeiten, die sich mit der Theorie der Strukturierung auf der konzeptionellen Ebene auseinandersetzen, als Arbeiten, in denen versucht wird, die Theorie in der empirischen Forschung in Anschlag zu bringen.

Es liegen jedoch inzwischen einige, wenn auch immer noch recht wenige empirische Arbeiten vor, in denen auf die Theorie der Strukturierung Bezug genommen wurde (einen guten Überblick über Arbeiten in der Organisationsforschung, in denen die Theorie der Strukturierung allgemein diskutiert und empirisch anzuwenden versucht wird, vermitteln Ortmann/Sydow/Windeler 1997): Untersucht wurde u. a.: Technikeinsatz in Organisationen (Barley 1986), Personalentwicklung (Hanft 1995), Unternehmensnetzwerke (Sydow et al. 1995; Sydow/van Well 1996), Produktionskonzepte wie Lean Management (Ortmann 1994, 1995), organisationale Regeln und Routinen (Pentland/Rueter 1994), Rechnungswesen (Macintosh 1994), Kommunikation in Organisationen (Boden 1994), Mikropolitik (Ortmann et al. 1990), Handlungsspielräume im ostdeutschen Management (Lang/Alt 1996), Arbeitsverhalten von Managern (Walgenbach 1994; Walgenbach/Kieser 1995), Organisationskultur (Riley 1983; Spybey 1984). In den Forschungsarbeiten zeigt sich eines auffällig: Die Theorie der Strukturierung wird nicht "getestet". Sie geht vielmehr als Interpretationsrahmen in die Arbeit ein, durch den oft ein zweiter, anderer Blick auf das untersuchte Phänomen geworfen wird - waren es zunächst Handlungen, sind es anschließend Strukturen und umgekehrt. Diese Möglichkeit, in einer Forschungsarbeit ein Phänomen von zwei Seiten zu betrachten, ist - genauso wie der Übergang von Mono zu Stereo bei Beschallungsanlagen - durchaus eine Bereicherung, auch wenn im ersten Fall immer noch nur einzelne Facetten der Wirklichkeit begrifflich eingefangen werden und im zweiten Fall das Klangbild weiterhin nicht dem eines Konzertsaals entspricht.

Es wurde versucht, Giddens mit Giddens zu verteidigen und so gängige Kritik an der Theorie der Strukturierung zu entkräften. Und doch ist es erforderlich, noch einmal an den Ausgangspunkt der Kritik zurückzukehren und zu fragen: Gelingt es Giddens wirklich, die oben angedeuteten objektivistischen Verzerrungen wieder zu entzerren, sind seine Beteuerungen der Handlungsmächtigkeit und Reflexionsmächtigkeit des Akteurs nicht doch nur vordergründig, d.h. auf die respektiven Argumentationserfordernisse zugeschnitten? Um diese Fragen zu beantworten, ist es erforderlich, noch einmal auf solche zentralen Begriffe wie Handeln, (handlungs)praktisches Wissen oder auch Reflexionsmächtigkeit einzugehen.

"Agency" - so Giddens - "refers not to the intentions people have in doing things but to the capability of doing things in the first place ... Agency concerns events of which an individual is the perpetrator, in the sense that the individual could, at any phase in a given sequence of conduct, have acted differently. Whatever happened would not have happened if that individual had not intervened. Action is a continuous process, a flow, in which the reflexive monitoring which the individual maintains is fundamental to the control of the body that actors ordinarily sustain throughout their day-to-day lives. I am the author of many things I do not intend to do, and may not want to bring about, but none the less I *do*" (Giddens 1984b: 9, Hervorhebung im Original).

Die Intentionalität des Handelns, die in den subjektivistischen Ansätzen von zentraler Bedeutung ist, wird vollkommen verkürzt - Intentionalität wird vom Handeln abgekoppelt, übrig bleibt die Handlungsmächtigkeit, Ereignisse auszulösen. Das Vorhaben Giddens', die Vermittlung zwischen Handeln und Struktur herzustellen, scheint an seiner konzeptionellen Fassung von Handeln zu zerschellen. Menschen machen zwar ihre Geschichte, aber die Geschichte der Menschen verläuft unintendiert, nicht nach ihren Entwürfen, letztlich zufällig. Die morgen vorzufindenden Umstände sind die unintendierten Konsequenzen heutiger Handlungen.

Es mag sein, daß Giddens' Theorie der Strukturierung die Wirklichkeit richtig abbildet. Wenn sie es aber tut, dann entpuppt sich die Idee einer wirklichen Gestaltbarkeit von sozialen Systemen, seien es Gesellschaften, seien es Organisationen, als Illusion. Menschen haben die Fähigkeit zu erkennen, aber was nutzt ihnen das, wenn die Folgen der aufgrund der Erkenntnis veränderten Handlungen nicht absehbar sind, wenn nicht klar ist, ob Veränderung auch Verbesserung impliziert. Die Erkenntnisse der Sozialwissenschaften können dann letztlich nicht mehr, als mit unbegründeten Hoffnungen befrachteten "blinden" Aktionismus auslösen.

Auch mit der konzeptuellen Fassung des (handlungs)praktischen Wissens spricht Giddens dem handelnden Subjekt letztlich weitgehend jene Fähigkeiten ab, die er ihm durch die Reflexionsmächtigkeit hat zusprechen wollen. Von der reflexiven Steuerung des Handelns bleibt - so Kießling (1988: 196) - nur mehr die Rhetorik übrig, weil nämlich "die Reflexivität des menschlichen Subjekts sich in erster Linie auf dessen sprachliche Ausdrucksfähigkeit gründet: Von den Inhalten des 'handlungspraktischen Wissens' wird aber gesagt, daß die Aktoren diesen keinen 'direkten sprachlichen Ausdruck' zu geben vermöchten."

Die behauptete Leistung der Konstruktion einer Vermittlung von Handlung und Struktur gelingt Giddens nicht wirklich, da er es in der konkreten Begriffsarbeit nicht schafft, die Vorteile des sozialwissenschaftlichen Handlungskonzeptes in seinen eigenen Ansatz zu integrieren. Insbesondere die inhaltliche Fassung des (handlungs)praktischen Wissens erscheint mit vielen objektivistischen Konnotationen beladen. Die Akteure vermögen letztlich kaum als reflexive und kompetente Individuen ins Blickfeld zu rücken. Übrig bleiben damit jedoch - als Konsequenz dieser konzeptuellen Fassung von Handeln, (handlungs)praktischen Wissens oder auch Reflexivität - wiederum nur Erklärungsmöglichkeiten, die sich von ihrer Art her sehr in der Nähe strukturalistischer oder funktionalistischer Ansätze bewegen (Dallmayr 1982: 22f.).

Aus der konzeptuellen Fassung des (handlungs)praktischen Bewußtseins resultieren zudem auch methodische Probleme. So wie Giddens nämlich dieses Wissen faßt, gibt es daran nichts zu "verstehen". "Verstehen" kann man nur ein Wissen, das in sprachlicher Form kommunizierbar ist (Kießling 1988: 198). Wenn aber die (handlungs)praktischen Wissensbestände und oft auch die Gründe des Verhaltens nicht diskursiv zu äußern sind, dann läuft die Analyse des strategischen Verhaltens ins Leere. Es sei denn, man spricht dem Sozialwissenschaftler die Fähigkeit zu und dem Laien ab - und das tut Giddens (1984b: XIX) dann letztlich auch -, quasi in Form einer Psychoanalyse die Struktur im praktischen Handeln der Laienakteure aufzudecken.

Damit stellt sich die Frage, inwiefern man bei der derzeitigen Fassung der Theorie der Strukturierung überhaupt davon ausgehen kann, daß mit ihr *gesichertes Wissen* generiert werden kann, das über das schon vorhandene hinausgeht. Die beiden von Giddens ins Auge gefaßten, getrennt durchzuführenden Analysemethoden können ja gemäß der Theorie der Strukturierung letztlich nicht vollkommen voneinander getrennt durchgeführt werden, sondern setzen sich in gewisser Weise wechselseitig voraus. Es handelt sich bei Anwendung des einen Verfahrens lediglich - das wird von Giddens immer wieder betont - um eine einstweilige Einklammerung des jeweils anderen. Der Zugang zum Untersuchungsfeld soll jedoch über eine Rekonstruktion der Wissensbestände der Laienakteure erfolgen. Wenn diese aber ihr (handlungs)praktisches Wissen, das Wissen um Struktur, nicht zu äußern vermögen, dann kann man hier nur schwerlich gesichertes Wissen produzieren, das über das, was die Laien zu äußern vermögen, hinausgeht. Den Forschenden bleibt nur die Hoffnung, daß die eigenen Analysen und Interpretationen des Handelns die wirkliche Struktur des sozialen Systems aufzudecken vermögen. Dieser Kritikpunkt klingt jedoch dramatischer als er ist, d.h., als würde er ausschließlich die Theorie der Strukturierung betreffen. Vertreter interpretativer Ansätze hatten dieses Problem schon immer, Vertreter strukturalistischer und funktionalistischer Ansätze auch, sie thematisieren es aber in der Regel nicht.

Dennoch: Die Konsequenz ist - um das noch einmal zu verdeutlichen -, daß von dem einen Standpunkt aus, der Analyse des strategischen Verhaltens, nicht einsichtig wird, wie ein über das (diskursive) Laienwissen hinausgehendes, theoretisch gehaltvolles und gesichertes Wissen generiert werden könnte. Vom anderen Standpunkt aus, der institutionellen Analyse, zeigen sich reifizierende Tendenzen. Struktur tritt dort als handlungsleitende Kraft in das (handlungs)praktische Wissen der Akteure. Giddens ist es noch nicht wirklich gelungen, das Problem des Methodendualismus in den Griff zu bekommen. Die Theorie der Strukturierung oszilliert hier offensichtlich zwischen den alten Extrempunkten.

Die Kritik, daß mit Hilfe der Theorie der Strukturierung nur schwerlich gesichertes Wissen zu generieren ist, dürfte Giddens allerdings nicht treffen. Es geht ihm nicht darum, über die Bedingungen der Möglichkeit gesicherten Wissens nachzudenken (siehe auch Neuberger 1995c). Giddens folgt lediglich der Strategie, kritische Salven in die Wirklichkeit abzufeuern (Giddens 1982, zitiert in Bernstein 1986: 245). Das dürfte jedoch den Ansatz für den auf Gestaltung ausgerichteten Zweig in der Organisationsforschung noch weniger schmackhaft machen. Denn: "'Firing critical salvos into reality' will be like shooting in the dark" (Bernstein 1986: 248). Warum nämlich sollten unter den aufgezeigten Bedingungen Organisationsgestalter (Manager) den Ausführungen eines Wissenschaftlers, der mit Hilfe der Theorie der Strukturierung interessante Ergebnisse produziert hat, mehr Glauben schenken als den meist mindestens ebenso interessanten eines Journalisten oder Beraters (Bryant/Jary 1991: 24f.)?

Für den eher an Theorie und empirischer Forschung interessierten Zweig bleibt der Beitrag, den Giddens mit der Theorie der Strukturierung liefert, jedoch ein wichtiger. Die "zentrale Figur", nämlich das Konzept der Dualität von Struktur, erscheint - selbst wenn man die Gegensätze, die Giddens zwischen den verschiedenen Forschungspositionen zeichnet, nicht so drastisch und problematisch erlebt - von nicht unerheblicher Bedeutung für die Organisationstheorie, weil sich hier in der Tat eine Möglichkeit der Überwindung des Dualismus zwischen objektivistischen und subjektivistischen Theorieprogrammen andeutet. Die Theorie der Strukturierung enthält eine interessante und vielversprechende Idee für einen möglichen Ausweg aus den Dilemmata, in denen sich die Sozialwissenschaften befinden. Das heißt, sie hat einen, wenn auch noch nicht ausgereiften, konzeptuellen Rahmen und methodische Verfahrensweisen zu bieten, mit dem sich die genannten Spannungen harmonisch auflösen lassen könnten. Nur, noch ist die Vermittlung zwischen Handlung und Struktur auf der theoretischen als auch der methodischen Ebene nicht wirklich gelungen (Urry 1982: 105), noch kann die Theorie der Strukturierung nicht als fertiges und benutzerfreundliches Konzept bezeichnet werden.

Literaturverzeichnis

Abbott, A. 1988: The Systems of Profession: An Essay on the Division of Expert Labor. Chicago, IL

Abelson, R. P. 1981: Psychological status of the script concept. In: AP 36: 715-729

Abrahamson, E. 1996a: Management fashion. In: AMR 21: 254-285

Abrahamson, E. 1996b: Technical and aesthetic fashion. In: Czarniawska, B./Sevón, G. (Hrsg.): Translating Organizational Change. Berlin: 117-137

Abramowski, G. 1966: Das Geschichtsbild Max Webers. Stuttgart

Ackers, P./Preston, D. 1997: Born again? The ethics and efficacy of the conversion experience in contemporary management development. In: JMS 34: 677-701

Aitken, H.G.J. 1960: Taylorism at Watertown Arsenal. Cambridge

Akerlof, G. 1976: The economies of caste and of the rat race and other woeful tales. In: Quarterly Journal of Economics 90: 599-617

Albach, H. 1988: Kosten, Transaktionen und externe Effekte im betrieblichen Rechnungswesen. In: ZfB 58: 1143-1170

Albers, S./Krafft, M. 1996. Zur relativen Aussagekraft und Eignung von Ansätzen der Neuen Institutionenlehre für die Absatzformwahl sowie die Entlohnung von Verkaufsaußendienstmitarbeitern. In: ZfB 66: 1383-1407

Albert, H. 1960: Wissenschaft und Politik. Zum Problem der Anwendbarkeit einer wertfreien Sozialwissenschaft. In: Topitsch, E. (Hrsg.): Probleme der Wissenschaftstheorie. Festschrift für Viktor Kraft. Wien: 201-232

Albert, H. 1980: Traktat über kritische Vernunft. 4. Aufl., Tübingen

Albrow, M. 1972: Bürokratie. München

Albrow, M. 1990: Max Weber's Construction of Social Theory. London

Alchian, A.A. 1961: Some Economics of Property. Santa Monica, CA

Alchian, A.A. 1965: Some economics of property rights. In: Il Politico 30: 816-829

Alchian, A.A. 1984: Specificity, specialization, and coalitions. In: JITE 140: 34-49

Alchian, A.A./Demsetz, H. 1972: Production, information costs and economic organization. In: AER 62: 777-795

Alchian, A.A./Woodward, S. 1988: The firm is dead - long live the firm: A review of Oliver E. Williamson's The Economic Institutions of Capitalism. In: JEL 26: 65-79

Aldrich, E.H./Fiol, M.C. 1994 : Fools Rush In? The Institutional Context of Industry Creation. In: AMR 19: 645-670

Aldrich, E.H./Zimmer, C.R./Staber, U.H./Beggs, J. 1994: Minimalism, Mutualism, and Maturity: The Evolution of the American Trade Association Population in the 20th Century. In: Baum, J.A.C./Singh, J.V. (Hrsg.) Evolutionary Dynamics of the Organizations: 223-239, New York

Aldrich, H.E. 1979: Organizations and Environments. Engelwood Cliffs, NJ

Aldrich, H.E. 1992: Incommensurable paradigms? Vital signs from three perspectives. In: Reed, M.I./Hughes, M. (Hrsg.): Rethinking Organization: New Directions in Organization Theory and Analysis. London: 17-45

Aldrich, H.E./Auster, A.A. 1986: Even dwarfs started small: Liabilities of age and size and their strategic implications. In: Aldrich, H.E. (Hrsg.): Population Perspectives on Organizations. Uppsala: 29-60

Aldrich, H.E./McKelvey, B./Ulrich, D. 1984: Design strategy from the population perspective. In: JM 10: 67-86

Aldrich, H.E./Mueller, S. 1982: The evolution of organizational forms: Technology, coordination, and control. In: Staw, B.M./Cummings, L.L. (Hrsg.): Research in Organizational Behavior 4. Greenwich, CT: 33-88

Alvesson, M. 1987: Organization Theory and Technocratic Consciousness. Berlin/New York

Alvesson, M./Deetz, S. 1996: Critical theory and postmodernism approaches to organizational studies. In: Clegg, S.R./Hardy, C./Nord, W.R. (Hrsg.): Handbook of Organization Studies. London: 191-217

Alvesson, M./Willmott, H. 1992: On the idea of emancipation in management and organization studies. In: AMR 17: 432-464

Alvesson, M./Willmott, H. 1995: Strategic management as domination and emancipation: From planning and process to communication and praxis. In: Advances in Strategic Management 12: 85-112

Alvesson, M./Willmott, H. 1996: Making Sense of Management. A Critical Introduction. London

Amburgey, T.L./Dacin, T./Kelley, D. 1994: Disruptive Selection and Population Segmentation: Inter-Population Competition as a Segregation Process. In: Baum, J.A.C./ Singh, J.V. (Hrsg.) Evolutionary Dynamics of Organizations. New York: 240-254

Amburgey, T.L./Kelly, D./Barnett, W.P. 1993: Resetting the Clock: The Dynamics of Organizational Change and Failure. In: ASQ 38: 51-73

Amburgey, T.L./Rao, H. 1996: Organizational Ecology: Past, Present and Future Research. In: AMJ 39: 1265-1286

Anderson, E. 1988: Transaction costs as determinants of opportunism in integrated and independent sales forces. In: JEBO 9: 247-264

Anderson, E./Coughlan, A.T. 1987: International market entry and expansion via independent or integrated channels of distribution. In: JMarkt 51: 71-82

Anderson, E./Schmittlein, D.C. 1984: Integration of the sales force: An empirical examination. In: Rand Journal of Economics 15: 385-395

Andersson, G. 1994: Criticism and the History of Science. Kuhn's, Lakatos's and Feyerabend's Criticisms of Critical Rationalism. Leiden

Archer, M.S. 1982: Morphogenesis versus structuration: On combing structure and action. In: British Journal of Sociology 33: 455-483

Archer, M.S. 1988: Culture and Agency - The Place of Culture in Social Theory. Cambridge

Argyris, C./Schön, D.A. 1978: Organizational Learning: A Theory of Action Perspective. Reading, MA

Aristoteles 1995: Rhetorik. Übersetzt und herausgegeben von Franz G. Sieveke, 5. Aufl., München

Arrow, K.J. 1985: The economics of agency. In: Pratt, J.W./Zeckhauser, R.J. (Hrsg.): Principals and Agents: The Structure of Business. Boston, MA: 37-51

Ashby, W.R. 1974: Einführung in die Kybernetik. Frankfurt/M.

Ashford, B.E./Fried, Y. 1988: The mindlessness of organizational behaviors. In: HR 41: 305-329

Ashforth, B.E./Gibbs, B.W. 1990: The double-edge of organizational legitimation. In: Organization Science 1: 177-194

Astley, W.G. 1985a: Administrative science as socially constructed truth. In: ASQ 30: 497-513

Astley, W.G. 1985b: The two ecologies: Population and Comunity Perspectives on Organizational Evolution. In: ASQ 30: 224-241

Astley, W.G./Fombrun, C. 1987: Organizational communities: An ecological perspective. In: Bacharach, S. (Hrsg.): Research in the Sociology of Organizations 5 Greenwich, CT: 163-185

Astley, W.G./Van de Ven, A.H. 1983: Central perspectives and debates in organization theory. In: ASQ 28: 245-273

Astley, W.G./Zammuto, R.F. 1992: Organization science, managers, and language games. In: Organization Science 3: 443-460

Atkins, D. 1983: Call it all joy: The affirmative nature of deconstruction. In: University of Hartford Studies in Literature 15(3,1): 120-128

Audretsch, D.B. 1995: Innovation, growth and survival. In: International Journal of Industrial Organization 13: 441-457

Axelrod, R. 1984: The Evolution of Cooperation. New York

Ayala, F. 1985: Mechanismen der Evolution. In: Evolution: die Entwicklung von den ersten Lebensspuren bis zum Menschen. 5. Aufl., Heidelberg: 20-31

Babbage, C. 1835: On the Economy of Machinery and Manufactures. 4 Aufl., London

Baecker, D. 1993: Die Form des Unternehmens. Frankfurt/M.

Baker, G.P./Jensen, M.C./Murphy, K.J. 1988: Compensation and incentives: Practice vs. theory. In: JoF 43: 593-616

Ballwieser, W./Schmidt R.H. 1981: Unternehmensverfassung, Unternehmensziele und Finanztheorie. In: Bohr, K. (Hrsg): Unternehmensverfassung als Problem der Betriebswirtschaftslehre. Berlin: 645-682

Banaszak-Holl, J. 1991: Incorporating Organizational Growth into Models of Organizational Dynamics: Manhattan Banks, 1791-1980. Unpublished Ph.D. Dissertation, Cornell University

Bantz, C. 1993: Understanding Organizations: Interpreting Organizational Communication Cultures. Columbia

Bardmann, T.M. 1994: Wenn aus Arbeit Abfall wird. Aufbau und Abbau organisatorischer Realitäten. Frankfurt/M.

Barley, S. 1986: Technology as an occasion for structuring: Evidence from observation of CT scanners and the social order of radiology departments. In: ASQ 31: 78-108

Barley, S.R./Tolbert, P.S. 1997: Institutionalization and structuration: Studying the links between action and institution. In: OS 18: 93-117

Barnard, C. I. 1938: The Functions of the Executive. Cambridge, MA

Barnea, A./Haugen, R.A./Senbet, L.W. 1985: Agency Problems and Financial Contracting. Englewoods Cliffs, NJ

Barnett, W.P. 1994: The Liability of Collective Action: Growth and Change Among Early American Telephone Companies. In: Baum, J.A.C. und J.V. Singh (Hrsg.): Evolutionary Dynamics of the Organizations. New York: 337-354

Barnett, W.P. 1995: The Dynamics of Competitive Intensity, unpublished working paper. Stanford University

Barnett, W.P. 1996: Population Ecology. In: Nicolson, N. (Hrsg.): The Blackwell Dictionary of Organizational Behavior. London

Barnett, W.P./Amburgey, T.L. 1990: Do Larger Organizations Generate Stronger Competition? In: Singh, J.V. (Hrsg.): Organizational Evolution: New Directions. Newbury Park, CA: 65-88

Barnett, W.P./Carroll, G.R. 1987: Competition and Mutualism among Early Telephone Companies. In: ASQ 32: 400-421

Barnett,W.P./Carroll, G.R. 1995: Modeling internal organizational change. In: ARS 21: 217-236

Barnett, W.P./Freeman, J. 1995: Do the Most Competitive Firms Survive? Unpublished Working Paper. Stanford University, Graduate School of Business

Barnett, W.P./Greve, H. H./Park, D.Y. 1994: An evolutionary model of organizational performance. In: Strategic Management Journal 15: 11-28.

Barney, J.B. 1990: The debate between traditional management theory and organizational economics: Substantive differences or intergroup conflict? In: AMR 15: 382-393

Barney, J.B./Ouchi, W.G. (Hrsg.) 1986: Organizational Economics. San Francisco

Baron, J.N./Dobbin, F.R./Jennings, P.D. 1986: War and peace: The evolution of modern personnel administration in U.S. industry. In: AJS 92: 350-386

Baron, J.N./Jennings, P.D./Dobbin, F.R. 1988: Mission control? The development of personnel systems in U.S. industry. In: ASR 53: 497-514

Barrett, F.J. 1995: Creating appreciative learning cultures. In: Organizational Dynamics 24: 36-49

Barrett, F.J./Cooperrider, D.L. 1990: Generative metaphor intervention: A new approach for working with systems divided by conflict and caught in defensive perception. In: Journal of Applied Behavioral Science 26: 219-239

Barron, D.N./West, E. /Hannan, M.T. 1993: A Time to Grow and a Time to Die: Growth and Mortality of Credit Unions in New York City, 1914-1990. Unpublished Working Paper, Stanford University, May 1993.

Barzel, Y. 1982: Measurement cost and the organization of markets. In: JoLE 25: 27-48

Barzel, Y. 1989: Economic Analysis of Property Rights. Cambridge

Bass, B.M. 1986: Charisma entwickeln und zielführend einsetzen. Landsberg/Lech

Baucus, M.S./Near, J.P. 1991: Can illegal corporate behavior be predicted? An event history analysis. In: AMJ 34: 9-36

Baum, J. 1996 Organizational Ecology. In: Clegg, S.R./Hardy, C./Nord, W.R. (1996): Handbook of Organization Studies: 77-114

Baum, J.A.C./Haveman, H.A. 1995: Love thy Neighbor? Differentiation and Spatial Agglomeration in the Manhattan Hotel Industry, 1898-1990. Unpublished Working Paper, University of Toronto, Division of Management and Economics, February 1995

Baum, J.A.C./Mezias, S.J. 1992: Localized Competition and Organizational Failure in the Manhattan Hotel Industry, 1898-1990. In: ASQ 37: 580-604

Baum, J.A.C./Singh, J. (Hrsg.) 1994: Evolutionary Dynamics of Organizations, New York

Baumgarten E. 1964: Max Weber, Werk und Person. Tübingen

Baumgarten, F. 1924: Arbeitswissenschaften und Psychotechnik in Rußland. München

Baur, C. 1990: Make-or-Buy-Entscheidungen in einem Unternehmen der Automobilindustrie - Empirische Analyse und Gestaltung der Fertigungstiefe aus transaktionskostentheoretischer Sicht. München

Baysinger, B./Hoskisson, R.E. 1990: The composition of boards of directors and strategic control: Effects on corporate strategy. In: AMR 15: 72-87

Beatty, R.P./Zajac, E.J. 1994: Managerial incentives, monitoring, and risk bearing: A study of executive compensation, ownership, and board structure in initial public offerings. In: ASQ 39: 313-335

Beck, L.W. 1975: The Actor and the Spectator. New Haven (Deutsche Übersetzung: Beck, L.W., 1976: Akteur und Betrachter. Zur Grundlage der Handlungstheorie. Freiburg u.a.)

Becker, A./Küpper, W./Ortmann, G. 1988: Revisionen der Rationalität. In: Küpper, W./Ortmann, G. (Hrsg.): Mikropolitik. Rationalität, Macht und Spiele in Organisationen. Opladen: 89-115

Beer, M. 1976: The technology of organization development. In: Dunnette, M.D. (Hrsg): Handbook of Industrial and Organizational Psychology. Chicago: 937-993

Beissinger, M.R. 1988: Scientific Management, Socialist Discipline and Soviet Power. Cambridge, MA

Bendix, R. 1960: Herrschaft und Industicarbeit. Frankfurt/M.

Bendix, R. 1964: Max Weber. Das Werk. Darstellung - Analyse - Ergebnisse. München

Benson, J.K. 1977: Organizations: A dialectical view. In: ASQ 22: 1-21

Berg, M. 1980: The Machinery Question and the Making of Political Economy 1815-1848. Cambridge, MA

Berger, P.L./Berger, B./Kellner, H. 1973: The Homeless Mind. Modernization and Consciousness. New York (deutsch: Das Unbehagen in der Modernität. Frankfurt am Main/New York, 1987)

Berger, P.L./Luckmann, T. 1966: The Social Construction of Reality. New York (deutsch: Die gesellschaftliche Konstruktion der Wirklichkeit. Frankfurt/M., 1969)

Berger, P.L./Luckmann, T. 1980: Die gesellschaftliche Konstruktion der Wirklichkeit: Eine Theorie der Wissenssoziologie. Frankfurt/M.

Berger, U. 1984: Wachstum und Rationalisierung der industriellen Dienstleistungsarbeit. Frankfurt/M.

Bernard, T.J. 1983: The Consensus – Conflict Debate. Form and Content in Social Theories. New York

Bernstein, R.J. 1986: Structuration as critical theory. In: Praxis International 5: 235-249

Bernstein, R.J. 1989: Social theory as critique. In: Held, D./Thompson, J.B. (Hrsg.): Social Theory of Modern Societies: Anthony Giddens and his Critiques. Cambridge: 19-33

Betton, J./Dess, G.G. 1985: The application of population ecology models to the study of organizations. In: AMR 10: 750-757

Bigelow, J.D. 1978: Evolution in Organizations. Diss. Case Western Reserve University

Binzberger, J. 1983: Komplexitätsbewältigung durch organisatorische Gestaltung. Diss. Mannheim

Bishop, M./Thompson, D. 1992: Privatisation in the UK: Internal organisation and productive efficiency. In: Annals of Public and Cooperative Economics 63: 171-188

Black, M. 1979: More about metaphor. In: Ortony, A. (Hrsg.): Metaphor and Thought. Cambridge: 19-45

Blake, R.R./Mouton, J. 1968: Verhaltenspsychologie im Betrieb. Düsseldorf

Blake, R.R./Shepard, H.A./Mouton, J.S. 1964: Managing Intergroup Conflict in Industry. Houston, TE

Blau, P.M. 1955: The Dynamics of Bureaucracy. Chicago

Blau, P.M. 1970: A formal theory of organization. In: ASR 35: 210-218

Blau, P.M./Schoenherr, F. 1971: The Structure of Organizations. New York

Blossfeld, H.-P./Hamerle, A./Mayer, K.U. 1986: Ereignisanalyse - statistische Theorie und Anwendung in den Wirtschafts- und Sozialwissenschaften. Frankfurt/M.

Blumberg, B./Gerwin, D. 1981: Coping with advanced manufacturing technology. Discussion paper, International Institute for Management and Administration. Berlin

Blumer, H. 1981: Der methodologische Standort des symbolischen Interaktionismus. In: Arbeitsgruppe Bielefelder Soziologen (Hrsg.): Alltagswissen, Interaktion und gesellschaftliche Wirklichkeit. Opladen: 80-146

Bock, K.E. 1955: Darwin and social theory. In: Philosophy of Science 22: 123-144

Böckenförde, E.-W. 1978: Organ, Organismus, Organisation, politischer Körper. Der Übergang von der Corpus-/Mechanismusvorstellung zu Organisation und Organismus. In: Brunner, O./Conze, W./Koselleck, R. (Hrsg.): Geschichtliche Grundbegriffe. Historisches Lexikon zur politisch-sozialen Sprache in Deutschland. Bd. 4. Stuttgart: 561-622

Boden, D. 1994: The Business of Talk: Organizations in Action. Cambridge

Boekker, W. 1991: Organizational Strategy: An Ecological Perspective. In: AMJ 34: 613-635

Bogner, A. 1989: Zivilisation und Rationalisierung. Die Zivilisationstheorien M. Webers, N. Elias' und der Frankfurter Schule. Opladen

Bohn, H. 1987: Monitoring multiple agents. In: JEBO 8: 279-305

Boland, R.J. Jr. 1982: Myth and technology in the American accounting profession. In: JMS 19: 109-127

Bolman, L.G./Deal, T.E. 1985: Modern Approaches to Understanding and Managing Organizations. San Francisco

Bonini, Ch.P. 1963: Simulation of Information and Decision Systems in the Firm. Englewood Cliffs, NJ

Boone, C./van Witteloostuijn, A. 1995: Industrial Organization and Organizational Ecology: The Potential for Cross-Fertilization. In: OS 16: 265-298

Borcherding, T.E./Pommerehne, W.W./Schneider, F. 1982: Comparing the efficiency of private and public production: The evidence from five countries. In: Bös, D./Musgrave, R.A./Wiseman, J. (Hrsg.): Public Production. Zeitschrift für Nationalökonomie - Supplementum 2. Wien/New York: 127-156

Borgida, E./Nisbett, R.E. 1977: The differential impact of abstract vs. concrete information on decisions. In: Journal of Applied Psychology 35: 303-314

Bosetzky, H. 1980: Organisationswirklichkeit anhand dreier Romane. In: Verwaltungsrundschau 26: 8-12

Bössmann, E. 1983: Unternehmungen, Märkte, Transaktionskosten: Die Koordination ökonomischer Aktivitäten. In: WiSt 3: 105-111

Bourcart, J.J. 1874: Die Grundsätze der Industrie-Verwaltung. Ein praktischer Leitfaden. Zürich

Bower, G.H./Black, J.B./Turner, T.J. 1979: Scripts in memory of text. In: Cognitive Psychology 11: 177-220

Bower, J.L. 1970: Managing the Ressource Allocation Process: A Study of Corporate Planning and Investment. Boston

Bowman, E.H. 1990: Strategy changes. Possible worlds and actual minds. In: Fredrickson, J.W. (Hrsg.): Perspectives on Strategic Management. New York: 9-37

Bramel, D./Friend, R. 1981: Hawthorne, the myth of the docile worker, and class bias in psychology. In: AP 36: 867-878

Braun, R. 1965: Sozialer und kultureller Wandel in einem ländlichen Industriegebiet (Zürcher Oberland) unter Einwirkung des Maschinen- und Fabrikwesens. Erlenbach-Zürich

Braverman, H. 1977: Die Arbeit im modernen Produktionsprozeß. Frankfurt/M.

Brech, E.F.L. 1957: Organization. The Framework of Management. London

Breilmann, U. 1990: Die Berücksichtigung der strategischen Wahl im Rahmen eines neo-kontingenztheoretischen Ansatzes. Frankfurt/M.

Breisig, Th. 1990a: Betriebliche Sozialtechniken. Frankfurt/M.

Breisig, Th. 1990b: It's team time. Kleingruppenkonzepte in Unternehmen. Köln

Breuer, St. 1991: Max Webers Herrschaftssoziologie. Frankfurt/M.

Brittain, J.W./Freeman, J. 1980: Organizational proliferation and density dependent selection. In: Kimberly, J.R./Miles, R.H. (Hrsg.): The Organizational Life Cycle. San Francisco, CA: 291-338

Brödner, P. 1985: Fabrik 2000. Alternative Entwicklungspfade in die Zukunft der Fabrik. 3. Aufl., Berlin

Brown, A. 1945: Organization. A Formulation of Principles. New York

Brown, Ch./Medoff, J.L. 1988: The impact of firm acquisitions on labor. In: Auerbach, A.J. (Hrsg.): Corporate Takeovers: Causes and Consequences. Chicago: 9-25

Brown, R.H. 1977: A Poetic for Sociology: Toward a Logic of Discovery for the Human Sciences. Cambridge

Brown, R.H. 1978: Bureaucracy as praxis: Toward a political phenomenology of formal organizations. In: ASQ 23: 356-382

Browning, L.D. 1992: Lists and stories as organizational comunication. In: Communication Theory 4: 281-302

Brüderl, J. 1995: Survival and Growth of Newly Founded Firms. Paper prepared for the Conference: Dynamics of Employment and Industry Evolution. Mannheim, January 1995

Brüderl, J./Preisendörfer, P./Ziegler, R. 1992: Survival Chances of Newly Founded Business Organizations. In: ASR 57: 227-241

Brüderl, J./Preisendörfer, P./Ziegler, R. 1995: Der Erfolg neugegründeter Betriebe: Eine empirische Studie zu den Chancen und Risiken von Unternehmensneugründungen. Berlin

Brüderl, J./Schüßler, R. 1990: Organizational mortality: The liabilities of newness and adolescence. In: ASQ 35: 530-547

Brunkhorst, H. 1990: Der entzauberte Intellektuelle. Über die neue Beliebigkeit des Denkens. Hamburg

Brunsson, N. 1989: The Organization of Hypocrisy. Talk, Decisions and Actions in Organizations. Chichester

Brunsson, N./Olsen, J.P. 1993: The Reforming Organization. London

Bryant, C.G.A./Jary, D. 1991: Introduction: Coming to terms with Anthony Giddens. In: Bryant, C.G.A./Jary, D. (Hrsg.): Giddens' Theory of Structuration - A Critical Appreciation. London: 1-31

Budäus, D. 1988: Theorie der Verfügungsrechte als Grundlage der Effizienzanalyse öffentlicher Regulierung und öffentlicher Unternehmen? In: Budäus, D./Gerum, E./Zimmermann, G. (Hrsg.): Betriebswirtschaftslehre und Theorie der Verfügungsrechte. Wiesbaden: 45-64

Bühner, R. 1986: Betriebswirtschaftliche Organisationslehre. München

Bühner, R. 1990a: Reaktionen des Aktienmarktes auf Unternehmenszusammenschlüsse - Eine empirische Studie. In: ZfbF 42: 295-316

Bühner, R. 1990b: Der Jahresabschlußerfolg von Unternehmenszusammenschlüssen. In: ZfB 60: 1275-1294

Bühner, R. 1990c: Unternehmenszusammenschlüsse. Ergebnisse empirischer Analysen. Stuttgart

Burchardt, L. 1977: Technischer Fortschritt und sozialer Wandel. Das Beispiel der Taylorismus-Rezeption. In: Treue, W. (Hrsg.): Deutsche Technikgeschichte. Göttingen: 52-98

Burell, G./Morgan, G. 1979: Sociological Paradigms and Organizational Theory. London

Burgelman, R.A. 1991: Intraorganizational ecology of strategy making and organizational adaptation: Theory and field research. In: Organization Science 2: 239-262

Burgelman, R.A. 1995: A Process Model of Strategic Business Exit in an Established High Technology Firm. Research Paper, Nr. 1327, Revised September 1995, GSB. Stanford University

Burns, T./Flam, H. 1987: The Shaping of Social Organization. Social Rule System Theory With Applications. Beverly Hills u.a.

Burns, T./Stalker, G.M. 1961: The Management of Innovation. London

Burrell, G./Morgan, G. 1979: Sociological Paradigms and Organisational Analysis. London

Burrell, G./Morgan, G. 1987: Sociological Paradigms and Organisational Analysis. Elements of the Sociology of Corporate Life. Aldershot

Callinicos, A. 1985: Anthony Giddens. A contemporary critique. In: Theory and Society 14: 133-166

Campbell, J.L./Lindberg, L.N. 1990: Property rights and the organization of economic activity by the state. In: ASR 55: 634-647

Campbell, J.P./Dunnette, M.D. 1968: Effectiveness of T-group experiences in managerial training and development. In: Psychological Bulletin 70: 73-104

Cannella, A.A., Jr./Paetzold, R.L. 1994: Pfeffer's barriers to the advance of organizational science: A rejoinder. In: AMR 19: 331-341

Caplow, T. 1956: The effect of increasing size on organizational structure in industry. In: Transactions of the Third World Congress of Sociology 1: 157-164

Carey, A. 1967: The Hawthorne studies: A radical criticism. In: ASR 32: 403-416

Carnap, R./Hahn, H./Neurath, O. 1929: Wissenschaftliche Weltauffassung – Der Wiener Kreis. In: Neurath, O.: Wissenschaftliche Weltauffassung, Sozialismus und Logischer Empirismus, hrsg. von R. Hegselmann. Frankfurt/M. 1979: 81-101

Carnegie, D. 1926: Public Speaking and Influencing Men in Business (2. Aufl., 1936 unter dem Titel "How to Win Friends and Influence People"). New York

Carroll, G.R. 1983: A stochastic model of organizationl mortality: Review and reanalysis. In: Social Science Research 12: 303-329

Carroll, G.R. 1984: Organizational ecology. In: ARS 10: 71-93

Carroll, G.R. 1985: Concentration and Specialization: Dynamics of Niche Width in Populations of Organizations, AJS 90: 1262-1293

Carroll, G.R. 1987: Publish and Perish: The Organization Ecology of Newspaper Industries. Greenwich, CT

Carroll, G.R. 1996: Long-Term Evolutionary Change in Organizational Populations: Theory, Models and Empirical Findings. In: Industrial and Corporate Change 6: 20-25.

Carroll, G.R./Delacroix, J. 1982: Organizational mortality in the newspaper industries of Argentina and Ireland: An ecological approach. In: ASQ 27: 169-198

Carroll, G.R./Delacroix, J./Goodstein, J. 1988: The political environments of organizations: an ecological view. In: Research in Organizational Behavior 10. Greenwich, CT: 359-392

Carroll, G.R./Hannan, M.T. 1989: Density dependence in the evolution of populations of newspaper organizations. In: ASR 54: 524-541

Carroll, G.R./Hannan, M.T. (Hrsg.) 1995a: Organizations in Industry. New York: Oxford University Press.

Carroll, G.R./Hannan, M.T. 1995b: Ressource Partitioning. In: Carroll, G.R./ Hannan, M.T. (Hrsg.): Organizations in Industry. New York

Carroll, G.R./Haveman, H./Swaminathan, A. 1992: Careers in organizations: An ecological perspective. In: Lifespan Development and Behavior 11: 111-144

Carroll, G.R./Preisendörfer, P./Swaminathan, A./Wiedenmayer, G. 1993: Brewery and Brauerei: The Organizational Ecology of Brewing. In: OS 14: 155-188

Carroll, G.R./Swaminathan, A. 1989: Density dependent organizational evolution in the American brewing industry from 1633 to 1988.Working-paper. Management Research Center, University of California, Berkeley

Carroll, G.R./Swaminathan, A. 1992: The Organizational Ecology of Strategic Groups in the American Brewing Industry from 1975 to 1990. In: Industrial and Corporate Change 1: 65-97.

Carroll, G.R./Wade, J.B. 1991: Density dependence in the evolution of the american brewery industry across different levels of analysis. In: Social Science Research 20: 271-302

Carter, E.E. 1971a: The behavioral theory of the firm and top-level corporate decisions. In: ASQ 16: 413-429

Carter, E.E. 1971b: Project evaluations and firm decisions. In: JMS 8: 253-279

Chandler, A.D. 1977: The Visible Hand. The Managerial Revolution in American Business. Cambridge

Cheung, S.N.S. 1983: The contractual nature of the firm. In: JoLE 26: 1-21

Chia, R. 1996: Organizational Analysis as Deconstructive Practice. Berlin

Chia, R. 1997: Essai: Thirty years on: From organizational structures to the organization of thought. In: OS 18: 685-707

Child, J. 1970: More myths of management organizations? In: JMS 7: 376-390

Child, J. 1972: Organizational structure, environment and performance: The role of strategic choice. In: Sociol 6: 1-22

Child, J. 1984: Organization. A Guide to Problems and Practice. 2. Aufl., London

Child, J./Ganter, H.-D./Kieser, A. 1987: Technological innovation and organizational conservatism. In: Pennings, J.M./Buitendam, A. (Hrsg.): New Technology as Organizational Innovation: The Development and Diffusion of Microelectronics. Cambridge, MA: 87-116

Christensen, J. 1981: Communication in agencies. In: BJE 12: 661-674

Christenson, C. 1976: Proposals for a program of empirical research into the properties of triangles. In: Decision Sciences 4: 631-648

Clancy, J.J. 1989: The Invisible Powers. Lexington

Clark, J. 1990: Anthony Giddens, sociology and modern social theory. In: Clark, J./Modgil, C./Modgil, S. (Hrsg.): Anthony Giddens - Consensus and Controversy. London: 21-27

Clarkson, G.P.E. 1962: A Simulation of Trust Investment. Englewood Cliffs, NJ

Clegg, S. 1981: Organization and control. In: ASQ 26: 545-562

382

Clegg, S.R./Dunkerly, D. 1980: Organization, Class and Control. London

Coase, R.H. 1937: The nature of the firm. In: Economica 4: 386-405

Coase, R.H. 1960: The problem of social cost. In: JoLE 3: 1-44

Coates, R./Updegraff, D.E. 1980: The relationship between organization size and the administrative component of banks. In: AMJ 23: 615-630

Coffee, J.C. Jr./Lowenstein, L./Rose-Ackerman, S. 1988: Knights, Raiders, and Targets. The Impact of the Hostile Takeover. New York

Cohen, I.J. 1989: Structuration Theory - Anthony Giddens and the Constitution of Social Life. New York

Cohen, I.J. 1990: Structuration theory and social order: Five issues in brief. In: Clark, J./Modgil, C./Modgil, S. (Hrsg.): Anthony Giddens - Consensus and Controversy. London: 33-45

Cohen, M.D./March, J.G. 1974: Leadership and Ambiguity: The American College President. New York

Cohen, M.D./March, J.G./Olsen, J.P. 1972: A garbage can model of organizational choice. In: ASQ 17: 1-25

Cohen, M.D./March, J.G./Olsen, J.P. 1976: People, problems, solutions and the ambiguity of relevance. In: March, J.G./Olsen, J.P. (Hrsg.): Ambiguity and Choice in Organizations. Bergen: 24-37

Cohen, M.D./Sproull, L.S. (Hrsg.) 1996: Organizational Learning. Newbury Park, CA

Coleman, J. 1979: Macht und Gesellschaftsstruktur. Tübingen

Collins, F./Munter, P. 1990: Exploring the garbage can: A study of information flows. In: Omega 18: 269-282

Collins, R. 1979: The Credential Society. New York

Comelli, G. 1985: Training als Beitrag zur Organisationsentwicklung. München

Commons, J.R. 1934: Institutional Economics. Madison, WI

Connell, A.F./Nord, W.R. 1996: The bloodless coup: The infiltration of organization science by uncertainty and values. In: Journal of Applied Behavioral Science 32: 407-427

Cooper, R./Burrell, G. 1988: Modernism, postmodernism, and organizational analysis: an introduction. In: OS 9: 91-112

Copley, F. 1923: Frederic W. Taylor - The Father of Scientific Management. 2 Bde. New York

Coser, L./Kadushin, C./Powell, W.W. 1982: Books: The Culture and Commerce of Publishing. New York

Couvé, R. 1955: Behörden - Behörden - Behörden. Frankfurt/M.

Covaleski, M.A./Dirsmith, M.W. 1988: An institutional perspective on the rise, social transformation, and fall of a university budget category. In: ASQ 33: 562-578

Craib, I. 1992: Anthony Giddens. London

Crozier, M. 1964: The Bureaucratic Phenomenon. London

Cyert, R.M/Feigenbaum, E.A./March, J.G. 1959: Models in a Behavioral Theory of the Firm. In: Behavioral Science 4: 81-95

Cyert, R.M./March, J.G. 1963: A Behavioral Theory of the Firm. Englewood Cliffs, NJ

Cyert, R.M./Simon, H.A./Trow, D.B. 1956: Observation of a Business Decision. In: The Journal of Business 29: 237-248

Daft, R.L. 1980: The evolution of organization analysis. In: ASQ 25: 623-636

Daft, R.L./Lewin, A.Y. 1993: Where are the theories for the 'new' organizational forms? An Editorial Essay. In: Organization Science 4: i-iv

Daft, R.L./Weick, K.E. 1984: Toward a model of organizations as interpretation systems. In: AMR 9: 284-295

Dahlmann, C.J. 1979: The problem of externality. In: JoLE 22: 141-162

Dahrendorf, R. 1961: Gesellschaft und Freiheit. München

Dale, E. 1952: Planning and Developing the Company Organization Structure. New York

Dallmayr, W. 1982: The theory of structuration - A critique. In: Giddens, A. (Hrsg.): Profiles and Critiques in Social Theory. London: 18-25

Darwin, Ch. 1963: Die Entstehung der Arten. Stuttgart

Davies, Chr. 1992: The protestant ethic and the comic spirit of capitalism. In: Sociol 43: 421-442

Davis, R.C. 1939: Industrial Organization and Management. New York

De Alessi, L. 1980: The economics of property rights: A review of the evidence. In: Research in Law and Economics 2: 1-47

De Alessi, L. 1990: Form, substance and welfare comparisons in the analysis of institutions. In: JITE 146: 5-23

Deetz, S. 1995: Transforming Communication, Transforming Business: Building Responsible and Responsive Workplaces. Cresshill, NJ

Deetz, S. 1996: Describing differences in approaches to organization science: Rethinking Burrell and Morgan and their legacy. In: Organization Science 7: 191-207

Delacroix, J./Swaminathan, A./Solt, M.E. 1989: Density Dependence versus Population Dynamics: An Ecological Study of Failings in the California Wine Industry. In: ASR 54: 245-262

Demsetz, H. 1964: The exchange and enforcement of property rights. In: JoLE 7: 11-26

383

Demsetz, H. 1967: Toward a theory of property rights. In: AER 57: 347-359

Derrida, J. 1990: Grammatologie. Frankfurt/M.

Derschka, P./Gottschall, D. 1980: Die Betroffenen gehen leer aus. In: Manager Magazin Heft 3: 40-47

Deutschmann, C. 1997: Die Mythenspirale. Eine wissenssoziologische Interpretation industrieller Rationalisierung. In: Soziale Welt 47: 55-70

Dickson, T./McLachlan, H.V. 1989: In search of 'the spirit of capitalism': Weber's misinterpretation. In: Sociol 23: 81-90

Dilthey, W. 1924: Gesammelte Schriften. Die geistige Welt. Einleitung in die Philosophie des Lebens. 5. Bd. Leipzig

DiMaggio, P.J. 1983: State expansion and organizational fields. In: Hall, R.H./Quinn, R.E. (Hrsg.): Organizational Theory and Public Policy. Berverly Hills: 147-161

DiMaggio, P.J. 1986: Structural analysis of organizational fields: A blockmodel approach. In: Cummings, L.L./Staw, B.M. (Hrsg.): Research in Organizational Behavior 8: 335-370

DiMaggio, P.J. 1988: Interest and agency in institutional theory. In: Zucker, L.G. (Hrsg.): Institutional Patterns and Organizations. Cambridge, MA 3-21

DiMaggio, P.J./Powell, W.W. 1991a: Introduction. In: Powell, W.W./DiMaggio, P.J. (Hrsg.): The New Institutionalism in Organizational Analysis. Chicago: 1-38

DiMaggio, P.J./Powell, W.W. 1991b: The iron cage revisited: Institutional isomorphism and collective rationality in organizational fields. In: Powell, W.W./DiMaggio, P.J. (Hrsg.): The New Institutionalism in Organizational Analysis. Chicago: 63-82 (überarbeite Version des gleichlautenden Beitrags in: ASR 48: 147-160)

Dipper, Chr. 1991: Deutsche Geschichte 1648 - 1789. Frankfurt/M.

Dobbin, F./Dowd, T. 1997: How Policy Shapes Competition: Early Railroad Foundings in Massachusetts. In: ASQ 42: 501-529

Dohrn-van Rossum, G. 1978: Organ, Organismus, Organisation, politischer Körper. In: Brunner, O./Conze, W./Koselleck, R. (Hrsg.): Geschichtliche Grundbegriffe. Historisches Lexikon zur politisch-sozialen Sprache in Deutschland. Bd. 4. Stuttgart: 519-561

Donaldson, L. 1985: In Defence of Organization Theory: A Reply to the Critics. Cambridge

Donaldson, L. 1988: In successful defence of organization theory. A routing of the critics. In: OS 9: 28-32

Donaldson, L. 1990: The ethereal hand: Organizational economics and management theory. In: AMR 15: 369-381

Donaldson, L. 1992: The Weick stuff: Managing beyond games. In: Organization Science 3: 461-466

Donaldson, L. 1995: American Anti-Management Theories of Organization - A Critique of Paradigm Proliferation. Cambridge

Donaldson, L. 1996: For Positivist Organization Theory. Proving the Hard Core. London

Donaldson, L./Child, J./Aldrich, H.E. 1975: The Aston findings on centralization: Further discussion. In: ASQ 19: 453-460

Donnellon, A./Gray, B./Bougon, M.G. 1986: Communication, meaning, and organized action. In: ASQ 31: 43-55

Dorow, W./Weiermair, K. 1984: Markt versus Unternehmung: Anmerkungen zu methodischen und inhaltlichen Problemen des Transaktionskostenansatzes. In: Schanz, G. (Hrsg.): Betriebswirtschaftslehre und Nationalökonomie. Wiesbaden: 191-223

Dow, G.K. 1987: The function of authority in transaction cost economics. In: JEBO 8: 13-38

Downey, H.K./Brief, A.P. 1986: How cognitive structures affect organization design. In: Sims, H.P.Jr./Gioia, D.A./Associates (Hrsg.): The Thinking Organization: Dynamics of Organizational Social Cognition. San Francisco: 165-190

Downey, K./Brief, A.P. 1983: Cognitive and organizational structures: A conceptual analysis of implied organizational theories. In: HR 36: 1065-1089

Drury, H.B. 1922: Wissenschaftliche Betriebsführung. Eine geschichtliche Würdigung des Taylor Systems. München

du Gay, P./Salaman, G. 1992: The cult(ure) of the customer. In: JMS 29: 615-633

Dülmen, R. van 1988: Protestantismus und Kapitalismus. Max Webers These im Licht der neueren Sozialgeschichte. In: Gneuss, Ch./Kocka, J. (Hrsg.): Max Weber. Ein Symposium. München: 88-101

Dumont du Voitel, R./Gabele, E./Kirsch, W. 1976: Initiatoren von Reorganisationsprozessen. München

Dunford, R./Palmer, I. 1995: Claims about frames: Practitioners' assessment of the utility of reframing. In: Journal of Management Education 19: 96-105

Dunford, R./Palmer, I. 1996: Metaphors in popular management discourse: the case of corporate restructuring. In: Grant, D./Oswick, C. (Hrsg.): Metaphor and Organizations. London: 95-109

Durkheim, E. 1976: Regeln der soziologischen Methode. Darmstadt

Dutton, J.M./Starbuck, W.H. 1971: Computer Simulation of Human Behavior. New York

Dye, R. 1983: Communication and Post-Decision Information. In: JAR 21: 514-533

Dyllick, T. 1982: Gesellschaftliche Instabilität und Unternehmungsführung. Bern

Ebbinghaus, A. 1984: Arbeiter und Arbeitswissenschaft. Opladen

Ebers, M. 1985: Organisationskultur: Ein neues Forschungsprogramm? Wiesbaden

Ebers, M. 1993: Internationale Regierungsorganisationen - Eine institutionenökonomische Analyse. Habilitationsschrift, Mannheim 1993

Ebers, M. 1994: Die Gestaltung interorganisationaler Informationssysteme - Möglichkeiten und Grenzen einer transaktionskostentheoretischen Erklärung. In: Sydow, J./Windeler, A. (Hrsg.): Management interorganisationaler Beziehungen. Opladen: 22-48

Eccles, R./Nohria, N. 1992: Beyond the Hype: Rediscovering the Essence of Management. Boston

Eden, C./Ackerman, F./Cropper, S. 1992: The analysis of cause maps. In: JMS 29: 520-539

Edwards, R. 1981: Herrschaft im modernen Produktionsprozeß. Frankfurt/M.

Ehlert, W./Kantel, H.D. 1990: Das technisierte Sozialamt. Opladen.

Eichhorn, P. 1986: Begriff, Bedeutung und Besonderheiten der öffentlichen Wirtschaft und Gemeinwirtschaft. In: Brede, H./Loesch, A.v. (Hrsg.): Die Unternehmen der öffentlichen Wirtschaft in der Bundesrepublik Deutschland. Baden-Baden: 13-29

Eisenhardt, K. 1989: Agency theory: An assessment and review. In: AMR 14: 57-74

Eliasberg, W. 1926: Richtungen und Entwicklungstendenzen in der Arbeitswissenschaft. In: Archiv für Sozialwissenschaft und Sozialpolitik 56: 79-94

Elsbach, K.D. 1994: Managing organizational legitimacy in the California Cattle Industry: The construction of and effectiveness of verbal accounts. In: ASQ 39: 57-88

Elsbach, K.D./Sutton, R.I. 1992: Acquiring organizational legitimacy through illegitimate actions: A marriage of institutional and impression management theories. In: AMJ 35: 699-738

Elsner, W. 1986: Ökonomische Institutionenanalyse. Berlin

Englander, E.J. 1988: Technology and Oliver Williamson's transaction cost economics. In: JEBO 10: 339-353

Enzensberger, H.M. 1975: Mausoleum. Siebenunddreißig Balladen aus der Geschichte des Fortschritts. Frankfurt/M.

Erlandson, D.A./Harris, E.L./Skipper, B.L./Allen, S.D. 1993: Naturalistic Inquiry: A Guide to Methods. London

Ermanski, E. 1925: Wissenschaftliche Betriebsorganisation und Taylor-System. Berlin

Esser, H. 1993: Soziologie. Allgemeine Grundlagen. Frankfurt/M.

Evered, R./Louis, M.R. 1981: Alternative perspectives in the organizational science. "Inquiry from the inside" and "Inquiry from the outside". In: AMR 6: 385-395

Evers, H. 1995: Entgeldpolitik für Führungskräfte. In: Kieser, A./Reber, G./Wunderer, R. (Hrsg.): HWFü. 2., neugestaltete Aufl., Stuttgart: Sp. 297-306

Evers, H./Grätz, F./Näser, Chr. 1992: Die Gehaltsfestsetzung bei Geschäftsführern der GmbH und GmbH&Co. 3., völlig neubearb. Aufl., Köln

Ewert, R. 1986: Rechnungslegung, Gläubigerschutz und Agency-Probleme. Wiesbaden

Fairburn, J./Kay, J. (Hrsg.) 1989: Merger and Merger Policy. New York

Fairhurst, G.T./Sarr, R.A. 1996: The Art of Framing: Managing the Language of Leadership. San Francisco

Fama, E. 1980: Agency problems and the theory of the firm. In: JPE 88: 288-307

Fama, E.F./Jensen, M.C. 1983a: Separation of ownership and control. In: JoLE 26: 301-325

Fama, E.F./Jensen, M.C. 1983b: Agency problems and residual claims. In: JoLE 26: 327-349

Faust, M. 1992: Computer, Rationalität und Mythen in der politischen Arena: Begründungen und Hintergründe von Entscheidungen über den EDV-Einsatz am Beispiel der Bundesanstalt für Arbeit. Diss., Tübingen

Faust, M./Bahnmüller, R. 1996: Der Computer als rationalisierter Mythos. Vom Nutzen institutioneller Organisationstheorie für die Analyse industrieller Rationalisierung. In: Soziale Welt 47: 129-148

Faust, M./Jauch, P./Brünnecke, K./Deutschmann, C. 1994: Dezentralisierung von Unternehmen. Bürokratie- und Hierarchieabbau und die Rolle betrieblicher Arbeitspolitik. München

Faust, M./Jauch, P./Deutschmann, C. 1998: Reorganisation des Managements: Mythos und Realität des "Intrapreneurs". In: Industrielle Beziehungen 5: 101-118

Fayol, H. 1916: Administration Industrielle et Génerale. Paris (deutsch: 1929: Allgemeine und industrielle Verwaltung. München)

Fessmann, K.-D. 1980: Organisatorische Effizienz in Unternehmungen und Unternehmungsteilbereichen. Düsseldorf

Feyerabend, P. 1975: Against Method. Thetford

Feyerabend, P. 1980: Erkenntnis für freie Menschen. Veränderte Ausgabe. Frankfurt/M.

Feyerabend, P. 1987: Farewell to Reason. London

Fichman, M./Levinthal, D.A. 1991: Honeymoons and the liability of adolescence: A new perspective on duration dependence in social and organizational relationships. In: AMR 16, No. 2:442-468.

Fligstein, N. 1985: The spread of the multidivisional form among large firms, 1919-1979. In: ASR 50: 377-391

Fligstein, N. 1990: The Transformation of Corporate Control. Cambridge, MA

Fligstein, N. 1991: The structural transformation of American industry: An institutional account of the causes of diversification in the largest firms, 1919-1979. In: Powell, W.W./DiMaggio, P.J. (Hrsg.): The New Institutionalism in Organizational Analysis. Chicago: 311-336

Foerster, H.v. 1985: Sicht und Einsicht. Versuche zu einer operativen Erkenntnistheorie. Braunschweig

Föhr, S. 1991: Ökonomische Analyse der internen Organisation. Wiesbaden

Forberger, R. 1958: Die Manufaktur in Sachsen. Vom Ende des 16. bis zum Anfang des 19. Jahrhunderts. Berlin (Ost)

Ford, H. 1923: Mein Leben und Werk. Leipzig

Ford, J.D. 1980: The administrative component in growing and declining organizations: A longitudinal analysis. In: AMJ 23: 615-630

Ford, J.D./Ford, L.W. 1995: The role of conversations in producing intentional change in organizations. In: AMR 20: 541-570

Ford, J.D./Slocum, J.W. Jr. 1977: Size, technology, environment and structure of organizations. In: AMR 2: 561-575

Foster, R.N. 1986: Innovation. Die technologische Offensive. Wiesbaden

Francis, A. 1983: Markets and hierarchies: Efficiency or domination? In: Francis, A./Turk, J./Willman, P. (Hrsg.): Power, Efficiency, and Institutions. London: 105-116

Franke, R. 1979: The Hawthorne experiments: Review. In: ASR 44: 861-867

Franke, R. 1980: Worker productivity at Hawthorne. In: ASR 45: 1006-1027

Franke, R./Kaul, J. 1978: The Hawthorne experiments: First statistical interpretation. In: ASR 43: 623-643

Frankfort, H./Frankfort, H.A./Wilson, J.A./Jacobsen, T. 1954: Frühlicht des Geistes. Wandlungen des Weltbildes im alten Orient. Stuttgart

Franks, J./Mayer, C. 1990: Capital markets and corporate control: A study of France, Germany and the U.K. In: Economic Policy 5: 189-216

Freeman, J. 1982: Organizational life cycles and natural selection processes. In: Staw, B.M./Cummings, L.L. (Hrsg.): Research in Organizational Behavior 4, Greenwich, CT: 1-32

Freeman, J. 1990: Ecological Analysis of Semiconductor Firm Mortality. In: Singh, J.V. (Hrsg.): Organizational Evolution: New Directions, Newbury Park, CA: 53-77

Freeman, J./Carroll, G./Hannan, M.T. 1983: The liability of newness: Age dependence in organizational death rates. In: ASR 88: 692-710

Freeman, J./Hannan, M.R. 1975: Growth and decline processes in organizations. In: ASR 40: 215-228

Freeman, J./Hannan, M.T. 1987: The population ecology of restaurants revisited: Reply to Herriot. In: AJS 92: 1214-1220

Frenz, G. 1920: Kritik des Taylor-Systems. Zentralisierung - Taylors Erfolge - Praktische Durchführung - Ausbildung des Nachwuchses. Berlin

Frese, E. 1991: Organisationstheorie: Stand und Aussagen aus betriebswirtschaftlicher Sicht. Wiesbaden

Frese, E. 1992: Organisationstheorien: Historische Entwicklung, Ansätze und Perspektiven. 2. Aufl., Wiesbaden

Frey, D./Hoyos, C./Stahlberg, D. (Hrsg.) 1988: Angewandte Psychologie. München

Frey, J.P. 1919: Die "wissenschaftliche Betriebsführung" und die Arbeiterschaft. Eine öffentliche Untersuchung der Betriebe mit Taylor-System in den Vereinigten Staaten von Nordamerika. Leipzig

Freyberg, T.v. 1989: Industrielle Rationalisierung in der Weimarer Republik. Untersucht an Beispielen aus dem Maschinenbau und der Elektroindustrie. Frankfurt/M.

Fricke, W. 1976: Arbeitsorganisation und Qualifikation. Ein industriesoziologischer Beitrag zur Humanisierung der Arbeit. Bonn-Bad Godesberg

Friedberg, E. 1995: Ordnung und Macht. Dynamiken organisierten Handelns. Frankfurt/M.

Friedland, R./Alford R.R. 1991: Bringing society back in: Symbols, practices, and institutional contradictions. In: Powell, W.W./DiMaggio, P.J. (Hrsg.): The New Institutionalism in Organizational Analysis. Chicago: 232-263

Friedmann, G. 1952: Der Mensch in der mechanisierten Produktion. Köln

Friedmann, G. 1956: The Anatomy of Work: The Implications of Specialization. London

Fritz, H.J. 1982: Menschen in Büroarbeitsräumen. München

Fry, L.W. 1982: Technology-structure research: Three critical issues. In: AMJ 25: 532-552

Fudenberg, D./Holmström, B./Milgrom, P. 1990: Short-term contracts and long-term agency relationships. In: Journal of Economic Theory 51: 1-31

Fügen, H.N. 1985: Max Weber. Reinbek bei Hamburg

Furubotn, E.G./Pejovich, S. 1972: Property rights and economic theory: A survey of recent literature. In: JEL 10: 1137-1162

Furubotn, E.G./Pejovich, S. 1973: Property rights, economic decentralization and the evolution of the Yugoslav firm, 1965-1972. In: JoLE 16: 275-302

Furubotn, E.G./Pejovich, S. 1974: The Economics of Property Rights. Cambridge, MA

Gabele, E. 1978: Das Management von Neuerungen. Eine empirische Studie zum Verhalten, zur Struktur, zur Bedeutung und zur Veränderung von Managementgruppen bei tiefgreifenden Neuerungsprozessen in Unternehmen. In: ZfbF 30: 194-226

Gabriel, G. 1993: Grundprobleme der Erkenntnistheorie. Von Descartes zu Wittgenstein. Paderborn

Gabriel, K. 1979: Analysen der Organisationsgesellschaft. Ein kritischer Vergleich der Gesellschaftstheorien M. Webers, N. Luhmanns und der phänomenologischen Soziologie. Frankfurt/M.

Gabriel, K./Kießler, O. 1980: Organisationsentwicklung als Legitimationsstrategie. In: Sievers, B./Slesina, W. (Hrsg.): Organisationsentwicklung in der Diskussion: Offene Systemplanung und partizipative Organisationsforschung. Wuppertal: 43-64

Galaskiewizc, J. 1985: Professional networks and the institutionalization of a single mind set. In: ASR 50: 639-658

Galaskiewizc, J./Wasserman, S. 1989: Mimetic and normative processes within an organizational field: An empirical test. In: ASQ 34: 454-479

Galbraith, J. 1973: Designing Complex Organizations. Reading, MA

Galbraith, J. 1977: Organization Design. Reading, MA

Gane, M. 1983: Anthony Giddens and the crisis of social theory. In: Economy and Society 12: 368-398

Garcia-Canal E. 1996: Contractual form in domestic and international strategic alliances. In: OS 17: 773-794

Gatignon, H./Anderson, E. 1988: The multinational corporation's degree of control over foreign subsidiaries: An empirical test of a transaction cost explanation. In: JoLE 4: 305-336

Gebert, D./Rosenstiel, L.v. 1992: Organisationspsychologie. Person und Organisation. 3. Aufl., Stuttgart

Geck, L.H.A. 1931: Die sozialen Arbeitsverhältnisse im Wandel der Zeit. Eine geschichtliche Einführung in die Betriebssoziologie. Berlin

Gedenk, K. 1998: Agency-Theorie und die Steuerung von Geschäftsführern. In: DBW 58: 22-37

George, C.S. Jr. 1972: The History of Management Thought. Englewood Cliffs, NJ

Gergen, K.J. 1985: Social constructionist inquiry: Context and implications. In: Gergen, K.J./Davis, K.E. (Hrsg.): The Social Construction of the Person. New York: 3-18

Gerken, G. 1992: Manager ... die Helden des Chaos. Düsseldorf

Gerth, H.H./Mills, C.W. 1946: Introduction: The man and his work. In: Gerth, H.H./Mills, C.W. (Hrsg.): From Max Weber: Essays in Sociology. New York: 1-74

Gerum, E. 1981: Grundfragen der Arbeitsgestaltungspolitik. Stuttgart

Gerum, E. 1988: Unternehmensverfassung und Theorie der Verfügungsrechte - Einige Anmerkungen. In: Budäus, D./Gerum, E./Zimmermann, G. (Hrsg.): Betriebswirtschaftslehre und Theorie der Verfügungsrechte. Wiesbaden: 21-43

Gerum, E./Steinmann, H./Fees, W. 1988: Der mitbestimmte Aufsichtsrat. Stuttgart

Gethmann, C.F. 1979: Zur formalen Pragmatik der Normenbegründung. In: Mittelstraß, J. (Hrsg.): Methodenprobleme der Wissenschaften vom gesellschaftlichen Handeln, Frankfurt/M.: 46-76

Gethmann, C.F. 1987: Letztbegründung vs. lebensweltliche Fundierung des Wissens und Handelns. In: Forum Philosophie Bad Homburg (Hrsg.): Philosophie und Begründung. Frankfurt/M.: 268-302

Gethmann, C.F./Hegselmann, R. 1977: Das Problem der Begründung zwischen Dezisionismus und Fundamentalismus. In: Zeitschrift für allgemeine Wissenschaftstheorie 7: 342-368

Giddens, A. 1976: New rules of Sociological Method - A Positive Critique of Interpretative Sociologies. London (Deutsch 1984: Interpretative Soziologie - Eine kritische Einführung. Frankfurt/M.)

Giddens, A. 1979: Central Problems in Social Theory. London

Giddens, A. 1981: The Class Structure of Advanced Societies. 2. Aufl., London

Giddens, A. 1984a: Interpretative Soziologie. Eine kritische Einführung. Frankfurt/M.

Giddens, A. 1984b: The Constitution of Society. Cambridge

Giddens, A. 1988: Die Konstitution der Gesellschaft. Grundzüge einer Theorie der Strukturierung. Frankfurt/M.

Giddens, A. 1990: Structuration Theory and Sociological Analysis. In: Clark, J./Modgil, C./Modgil, S. (Hrsg.): Anthony Giddens - Consensus and Controversy. London: 297-315

Giddens, A. 1991: Structuration theory: Past, present and future. In: Bryant, C.G.A./Jary, D. (Hrsg.): Giddens' Theory of Structuration - A Critical Appreciation. London: 201-221

Giedion, S. 1987: Die Herrschaft der Mechanisierung. Frankfurt/M.

Giesen, B. 1980: Makrosoziologie: Eine evolutionstheoretische Einführung. Hamburg

Gillespie, R. 1991: Manufacturing Knowledge. A History of the Hawthorne Experiments. Cambridge

Gioia, D. A./Poole, P. P. 1984: Scripts in organizational behavior. In: AMR 9: 449-459

Gioia, D.A./Donnellon, A./Sims, H. P. Jr. 1989: Communication and cognition in appraisal. A tale of two paradigms. In: OS 10: 503-529

387

Gioia, D.A./Manz, C.C. 1985: Linking cognition and behavior: A script processing interpretation of vicarious learning. In: AMR 10: 527-539

Gioia, D.A./Pitre, E. 1990: Multiparadigm perspectives on theory building. In: AMR 15: 584-602

Gloor, R. 1987: Die Rolle der Metapher in der Betriebswirtschaftslehre. Bern

Glotz, G. 1926: Ancient Greece at Work. New York

GOE, Gesellschaft für Organisationsentwicklung 1983: Informationsmaterial

Goldberg, V.P./Ericksson, J.R. 1987: Quantity and price adjustment in long-term contracts: A case study of petroleum coke. In: JoLE 30: 369-398

Gomes-Casseres, B. 1989: Ownership structures of foreign subsidiaries. In: JEBO 12: 1-25

Gomez, P. 1985: Systemorientiertes Problemlösen im Management. Von der Organisationsmethodik zur Systemmethodik. In: Probst, G.J.B./Siegwardt, H. (Hrsg.): Intergriertes Management. Bausteine des systemorientierten Managements. Bern: 235-260

Gomez, P./Probst, G.J.B. 1987: Vernetztes Denken im Management - Eine Methodik des ganzheitlichen Problemlösens. In: Die Orientierung (Heft Nr. 89). Bern

Gomez, P./Probst, G.J.B. 1991: Thinking in networks to avoid pitfalls of managerial thinking. In: Maruyama, M. (Hrsg.): Context and Complexity. New York: 91-108

Gondek, H.D./Heisig, U./Littek, W. 1992: Vertrauen als Organisationsprinzip. In: Littek, W./Heisig, U./Gondek, H.D. (Hrsg.): Organisation von Dienstleistungsarbeit. Berlin: 33-55

Goodstein, J.D. 1994: Institutional pressures and strategic responsiveness: Employer involvement in work-family issues. In: AMJ 37: 350-382

Göpel-Gruner, D. 1983: Organization Development. Spardorf

Goshal, S./Moran, P. 1996. Bad for practice: A critique of the transaction cost theory. In: AMR 21: 13-47

Grandori, A. 1997 (im Druck): An organizational assessment of interfirm coordination modes. In: OS

Granovetter, M. 1985: Economic action and social structure: The problem of embeddedness. In: AJS 91: 481-510

Granovetter, M. 1990: The old and the new economic sociology: A history and an agenda. In: Friedland, R./Robertson, A.F. (Hrsg.): Beyond the Marketplace - Rethinking Economy and Society. New York: 89-112

Green, M. 1980: Else und Frieda - die Richthofen-Schwestern. München

Greenwood, R./Hinings, C.R. 1976: Centralization revisited: A research note. In: ASQ 21: 151-154

Gregson, N. 1989: On the (ir)relevance of structuration theory to empirical research. In: Held, D./Thompson, J.B. (Hrsg.): Social Theory of Modern Societies: Anthony Giddens and his Critics. Cambridge: 235-249

Greif, S./Holling, H./Nicholson, N. (Hrsg.) 1989: Arbeits- und Organisationspsychologie. München

Gresov, C./Drazin, R. 1997: Equifinality: Functional equivalence in organization design. AMR 22: 403-428

Griesinger, D.W. 1990: The human side of economic organization. In: AMR 15: 478-499

Grimes, A.J./Rood, D.L. 1995: Beyond objectivism and relativism: Descriptive epistemologies. In: Natter, W./Schatzki, T.R./Jones, J.P. III (Hrsg.): Objectivity and its Other. New York: 161-178

Gröner, H. 1983: Property Rights-Theorie und staatlich regulierte Industrien. In: Schüller, A. (Hrsg.): Property Rights und ökonomische Theorie. München: 219-239

Grossman, S.J./Hart, O.D. 1983: An analysis of the principal-agent problem. In: Econ 51: 7-45

Grossman, S.J./Hart, O.D. 1986: The costs and benefits of ownership: A theory of vertical and lateral integration. In: JPE 94: 691-719

Guba, E.G./Lincoln, Y.S. 1989: Fourth Generation Evaluation. Newbury Park, CA

Guillén, M.F. 1994: Models of Management. Work, Authority, and Organization in a Comparative Perspective. Chicago

Gulati, R. 1995. Social structure and alliance formation patterns: A longitudinal analysis. In: ASQ 40: 619-652

Gulick, L.H. 1969: Notes on the theory of administration. In: Gulick, L.H./Urwick, L.F. (Hrsg.): Papers on the Science of Administration. New York: 1-45

Gulick, L.H./Urwick, L.F. (Hrsg.) 1937: Papers on the Science of Administration. New York

Gümbel, R. 1985: Handel, Markt und Ökonomik. Wiesbaden

Gümbel, R./Stadler, D. 1988: Absatztheorie und Theorie der Verfügungsrechte. In: Budäus, D./Gerum, E./Zimmermann, G. (Hrsg.): Betriebswirtschaftslehre und Theorie der Verfügungsrechte. Wiesbaden: 171-195

Günther, K. 1988: Der Sinn für Angemessenheit. Anwendungsdiskurse in Moral und Recht. Frankfurt/M.

Guserl, R. 1973: Das Harzburger Modell - Idee und Wirklichkeit. Wiesbaden

Haber, S. 1964: Efficiency and Uplift. Chicago

Habermas, J. 1968: Erkenntnis und Interesse. Mit einem neuen Nachwort. 9. Aufl., Frankfurt/M. 1988 (Erstveröffentlichung 1968)

Habermas, J. 1969: Erkenntnis und Interesse. In: Habermas, J. (Hsrg.): Technik und Wissenschaft als Ideologie. Frankfurt/M.: 146-165

Habermas, J. 1971: Theorie der Gesellschaft oder Sozialtechnologie? Eine Auseinandersetzung mit Niklas Luhmann. In: Habermas, J./Luhmann, N. (Hrsg.): Theorie der Gesellschaft oder Sozialtechnologie. Frankfurt/M.: 142-290

Habermas, J. 1973: Wahrheitstheorien. In: Fahrenbach, H. (Hrsg.): Wirklichkeit und Reflexion. Festschrift für Walter Schulz zum 60. Geburtstag. Pfullingen: 211-266

Habermas, J. 1981a: Theorie des kommunikativen Handelns. Bd. I: Handlungsrationalität und gesellschaftliche Rationalisierung. Frankfurt/M.

Habermas, J. 1981b: Theorie des kommunikativen Handelns. Bd. II: Zur Kritik der funktionalistischen Vernunft. Frankfurt/M.

Habermas, J. 1983: Rekonstruktive vs. verstehende Sozialwissenschaften. In: Habermans, J. (Hrsg.): Moralbewußtsein und kommunikatives Handeln. Frankfurt/M.: 29-52

Habermas, J. 1985: Zur Logik der Literaturwissenschaften. Frankfurt/M.

Habermas, J. 1996: Eine genealogische Betrachtung zum kognitiven Gehalt der Moral. In: Habermas, J. (Hrsg.): Die Einbeziehung des Anderen. Frankfurt/M.: 11-64

Haferkamp, H. 1989: "Individualismus" und "Uniformierung" - Über eine Paradoxie in Max Webers Theorie der gesellschaftlichen Entwicklung. In: Weiß, J. (Hrsg.): Max Weber heute. Erträge und Probleme der Forschung. Frankfurt/M.: 445-460

Hage, J. 1980: Theories of organizations. Form, process, and transformation. New York

Hage, J./Aiken, M. 1967: Relationship of centralization to other structural properties. In: ASQ 12: 72-92

Hage, J./Aiken, M. 1970: Social Change in Complex Organizations. New York

Hall, R.H. 1962: Intraorganizational structural variation: Application of the bureaucratic model. In: ASQ 7: 295-308

Hall, R.H. 1963: The concept of bureaucracy. An empirical assessment. In: AJS 69: 32-40

Hambrick, D.C. 1994: What if the academy actually mattered? In: AMR 19: 11-16

Hamel, W. 1974: Zieländerung im Entscheidungsprozeß. Tübingen

Hanft, A. 1995: Personalentwicklung zwischen Weiterbildung und "organisationalem Lernen". München

Hannan, M.T. 1986: A Model of Competitve and Institutional Processes in Organizational Ecology. In: Technical Report: 86-13. Department of Sociology, Cornell University

Hannan, M.T./Carroll, G.R. 1992: Dynamics of Organizational Populations: Density, Legitimation and Competition. New York

Hannan, M.T./Carroll, G.R./Dundon, E.A./Torres, J. 1996: Organizational Evolution in Multinational Context - Automobile Manufacturers in Belgium, Britain, France, Germany and Italy. In: ASR (im Erscheinen)

Hannan, M.T./Freeman, J. 1977: The population ecology of organizations. In: AJS 82: 929-964

Hannan, M.T./Freeman, J. 1984: Structural inertia and organizational change. In: ASR 49: 149-164

Hannan, M.T./Freeman, J. 1986: Where do organizational forms come from? In: Sociological Forum 1: 50-72

Hannan, M.T./Freeman, J. 1988a: Density dependence in the growth of organizational populations. In: G.R. Carroll (Hrsg.): Ecological Models of Organizations, Cambridge, MA: 7-31

Hannan, M.T./Freeman, J. 1988b: The ecology of organizational mortality: American labor unions, 1836-1985. In: AJS 94: 25-52

Hannan, M.T./Freeman, J. 1989: Organizational Ecology. Cambridge, MA

Harhoff, D./Stahl, K./Woywode, M.: 1998 Legal form, growth and exit of east german firms - Empirical results for manufacturing, construction, trade and service industries: Journal of Industrial Economics, (im Erscheinen)

Harris, C.C. 1980: Fundamental Concepts and the Sociological Enterprise. London

Harris, M./Raviv, A. 1979: Optimal incentive contracts with imperfect information. In: Journal of Economic Theory 20: 231-259

Hart, O.D. 1983: Optimal labour contracts with asymmetric information: An introduction. In: RoES 50: 3-35

Hart, O.D. 1988: Incomplete contracts and the theory of the firm. In: JLEO 4: 119-139

Hart, O.D. 1989: An economist's perspective on the theory of the firm. In: Columbia Law Review 89: 1757-1774

Hart, O.D. 1995. Firms, Contracts, and Financial Structure. Oxford

Hart, O.D./Holmström, B.R. 1987: The theory of contracts. In: Bewley, T.F. (Hrsg.): Advances in Economic Theory. Cambridge, MA: 71-155

Hart, O.D./Moore, J. 1990: Property rights and the nature of the firm. In: JPE 98: 1119-1158

Hartman, E.M. 1988: Conceptual Foundations of Organization Theory. Cambridge, MA

Hartmann-Wendels, Th. 1989: Principal-Agent-Theorie und asymmetrische Informationsverteilung. In: ZfB 7: 714-734

Hartmann-Wendels, Th. 1992: Agency Theorie. In: Frese, E. (Hrsg.): HWO. 3. Aufl., Stuttgart: 72-79

Hassard, J. 1991: Multiple paradigms and organizational analysis. A case study. In: OS 12: 275-299

Hassard, J. 1993: Sociology and Organization Theory. Positivism, Paradigms and Postmodernity. Cambridge

Hassard, J./Parker, M.H. 1993: Postmodernism and Organizations. London

Hassard, J./Pym, D. (Hrsg.) 1990: The Theory and Philosophy of Organizations. Critical Issues and New Perspectives. London

Hasse, R./Krücken, G. 1996: Was leistet der organisationssoziologische Neo-Institutionalismus? Eine theoretische Auseinandersetzung mit besonderer Berücksichtigung des wissenschaftlichen Wandels. In: Soziale Systeme 2: 91-112

Hatch, M.J. 1997: Organization Theory: Modern Symbolic and Postmodern Perspectives. Oxford

Hattenhauer, H. 1980: Geschichte des Beamtentums. Köln

Haubrich, J.G. 1994: Risk aversion, performance pay, and the principal-agent problem. In: JPE 102: 258-276

Hauschildt, J. 1977: Entscheidungsziele. Tübingen

Haveman, H.A. 1992: Between a rock and a hard place: Organizational change and performance under conditions of fundamental environmental transformation. In: ASQ 37: 48-75.

Haveman, H.A./Cohen, L. 1994: The ecological dynamics of careers: The impact of organizational founding, dissolution, and merger on job mobility. In: American Journal of Sociology 100: 104-152

Hawes, L.C. 1973: Interpersonal communication: The enactment of routines. In: Makay, J.J. (Hrsg.): Exploration in Speech Communication. Columbus, OH: 71-90

Hawley, A. 1968: Human ecology. In: Sills, D.L. (Hrsg.): International Encyclopedia of the Social Sciences. New York: 328-337

Hayek, F.A. v. 1969: Freiburger Studien. Tübingen

Hayek, F.A. v. 1971: Die Verfassung der Freiheit. Tübingen

Hayek, F.A. v. 1979: Die drei Quellen menschlicher Werte. Tübingen

Hayek, F.A. v. 1980: Recht, Gesetzgebung und Freiheit. Bd. I: Regeln und Ordnung. München

Heide, J./John, G. 1988: The role of dependence balancing in safeguarding transaction-specific assets in conventional channels. In: JMarkt 52: 20-35

Helle, H.J. 1992: Verstehende Soziologie und Theorie der Symbolischen Interaktion. Suttgart

Hellpach, W. 1922: Sozialpsychologische Analyse des betriebstechnischen Tatbestandes "Gruppenfabrikation". In: Hellpach, W./Lang, R. (Hrsg.): Gruppenfabrikation. Berlin: 5-183

Hellpach, W./Lang, R. 1922: Gruppenfabrikation. Berlin

Helm, R. 1997. Internationale Markteintrittsstrategien: Einflußfaktoren auf die Wahl der optimalen Form des Markteintritts in Exportmärkte. Lohmar/Köln

Hempel, C.G./Oppenheim, P. 1948: Studies in the logic of explanation. In: Philosophy of Science 15: 135-175

Hennart, J.F. 1988: Upstream vertical integration in the aluminium and tin industries. In: JEBO 9: 281-299

Hennart, J.F. 1991: The transaction costs theory of joint ventures. In: MS 37: 483-497

Hennart, J.F. 1993: Explaining the swollen middle: Why most transactions are a mix of market and hierachy. In: Organization Science 4: 529-547

Herbert, U. 1996: Best - Biographische Studien über Radikalismus, Weltanschauung und Vernunft, 1903-1989. Bonn

Herriott, S.R. 1987: Fitness-set theory in the population ecology of organizations: Comment on Freeman and Hannan. In: AJS 92: 1210-1214

Herriott, S.R./Levinthal, D./March, J.G. 1985: Learning from experience in organizations. In: AER 75: 298-302

Hesterly, W.S./Liebeskind, J./Zenger, T.R. 1990: Organizational economics: An impending revolution in organization theory? In: AMR 15: 402-420

Hettlage, R. 1982: Variationen des Darwinismus in der Soziologie. In: Evolutionstheorie und ihre Evolution. Schriftenreihe der Universität Regensburg, Regensburg 7: 109-125

Hewstone, M. 1989: Causal Attribution: From Cognitive Processes to Collective Beliefs. Oxford

Hickel, R. 1974: Eine Kaderschmiede bundesrepublikanischer Restauration. Ideologie und Praxis der Harzburger Akademie für Führungskräfte der Wirtschaft. In: Greiffenhagen, M. (Hrsg.): Der neue Konservatismus der siebziger Jahre. Reinbeck bei Hamburg: 108-154

Hickson, D.J./Hinings, C.R./McMillan, C.J./Schwitter, J.P. 1964: The culture-free context of organization structure: A three national comparison. In: Sociol 8: 59-80

Hickson, D.J./McMillan, C.J. (Hrsg.) 1981: Organization and Nation: The Aston Programme IV. Westmead, Farnb.

Hildebrandt, L./Weiss, C.A. 1997: Internationale Markteintrittsstrategien und der Transfer von Marketing-Know-How. In: ZfbF 49: 3-25

Hill, W./Fehlbaum, R./Ulrich, P. 1989: Organisationslehre, Bd. 1, 4 Aufl., Bern

Hinings, B./Clegg, S.R./Child, J./Aldrich, H./Karpik, L./Donaldson, L. 1988: Offence and defence in organization studies: A symposium. In: OS 9: 1-33

Hinings, C.R. 1988: Defending organization theory. A British view from North America. In: OS 9: 2-7

Hinings, C.R./Greenwood, R. 1988: The Dynamics of Strategic Change. Oxford

Hinings, C.R./Pugh, D.S./Hickson, D.J./Turner, C. 1967: An approach to the study of bureaucracy. In: Sociol 1: 61-72

Hinrichs, P. 1981: Um die Seele des Arbeiters. Arbeitspsychologie, Industrie- und Betriebssoziologie in Deutschland. Köln

Hinrichs, P./Peter, L. 1976: Industrieller Friede? Arbeitswissenschaft und Rationalisierung in der Weimarer Republik. Köln

Hirsch, P./Michaels, S./Friedman, R. 1987: "Dirty hands" vs. "clean models": Is sociology in danger of being seduced by economics? In: Theory and Society 16: 317-336

Hirsch-Kreinsen, H./Springer, R. 1984: Alternativen der Arbeitsorganisation bei CNC-Einsatz. In: Zeitschrift des Vereins Deutscher Ingenieure für Maschinenbau und Metallbearbeitung 126: 181-196

Hirst, P. 1982: The social theory of Anthony Giddens - A new syncretism? In: Theory, Culture and Society: 1: 78-82

Hoffmann, U./Marz, L. 1992: Leitbildperspektiven. Technische Innovationen zwischen Vorstellung und Verwirklichung. In: Burmeister, K./Steinmüller, K. (Hrsg.): Streifzüge ins Übermorgen. Weinheim: 197-222

Höhn, R. 1934: Staat als Rechtsbegriff. In: Deutsches Recht 4: 321-330

Höhn, R. 1971: Das Harzburger Modell. In: Harzburger Hefte 2: 76-95

Höhn, R. 1974: Führungsbrevier der Wirtschaft. Bad Harzburg

Höhn, R. 1987: Führungsmodelle - Harzburger Modell. In: Kieser, A./Reber, G./Wunderer, R. (Hrsg.): HWFü. Stuttgart: 614-621

Hollis, M. 1995: Soziales Handeln. Eine Einführung in die Philosophie der Sozialwissenschaft. Berlin

Holmström, B. 1987: Incentive compensation: Practical design from a theory point of view. In: Nalbantian, H.R. (Hrsg.): Incentives, Cooperation, and Risk Sharing: Economic and Psychological Perspectives on Employment Contracts. Totowa, NJ: 176-185

Holmström, B.R. 1979: Moral hazard and observability. In: BJE 10: 74-91

Holmström, B.R. 1982: Moral hazard in teams. In: BJE 13: 324-340

Holmström, B.R./Tirole, J. 1989: The theory of the firm. In: Handbook of Industrial Organization I. Amsterdam: 61-133

Homburg, H. 1978: Anfänge des Taylorsystems in Deutschland vor dem Ersten Weltkrieg. In: Geschichte und Gesellschaft 4: 170-194

Horneffer, E. 1922: Der soziale Gegensatz und seine Überwindung. Berlin

Huber, R. 1987: Gemeinkosten-Wertanalyse: Methoden der Gemeinkosten-Wertanalyse (GWA) als Elemente einer Führungsstrategie für die Unternehmungsverwaltung. 2. Aufl., Bern

Huff, A.S.H. 1990: Mapping Strategic Thought. Chichester

Hughes, T.P. 1989: Die Erfindung Amerikas. Der technologische Aufstieg der USA seit 1870. München

Hülzer, H. 1987: Die Metapher. Kommunikationssemantische Überlegungen zu einer rhetorischen Kategorie. Münster

Ingendahl, W. 1971: Der metaphorische Prozeß. Düsseldorf

Inkson, J.H.K./Schwitter, J.P./Pheysey, D.C./Hickson, D.J. 1970: A comparison of organization structure and managerial roles: Ohio, USA and the Midlands, England. In: JMS 7: 347-363

Isabella, L.A. 1990: Evolving interpretations as a change unfolds: How managers construe key organizational events. In: AMJ 33: 7-41

Israel, J. 1985: Der Begriff der Entfremdung. Zur Verdinglichung des Menschen in der bürokratischen Gesellschaft. Reinbek bei Hamburg

Jackson, N. V./Willmott, H. 1987: Beyond epistemology and reflective conversation: Towards human relations. In: HR 40: 361-380

Jackson, N./Carter, P. 1991: In defence of paradigm incommensurability. In: OS 12: 109-127

Jackson, N./Carter, P. 1993: 'Paradigm wars'. A response to Hugh Willmott. In: OS 14: 721-725

Jackson, P.M./Price, C. 1994: Privatisation and regulation: a review of the issues. In: Jackson, P.M./Price, C. (Hrsg.): Privatisation and Regulation: A Review of the Issues. London: 1-34

Jacobs, R.C./Campbell, D.T. 1961: The perpetuation of an arbitrary tradition through several generations of a laboratory microculture. In: Journal of Abnormal and Social Psychology 62: 649-658

Jacoby, H. 1984: Die Bürokratisierung der Welt. 2. Aufl., Frankfurt/M.

Jacques, R. 1992: Critique and theory building: Producing knowledge "from the kitchen". AMR 17: 582-606

Janich, P. 1989: Euklids Erbe. Ist der Raum dreidimensional? München

Janich, P. 1992a: Grenzen der Naturwissenschaft. München

Janich, P. 1992b: Die methodische Ordnung von Konstruktionen. Der Radikale Konstruktivismus aus der Sicht des Erlanger Konstruktivismus. In: Schmidt, S. J. (Hrsg.): Kognition und Gesellschaft. Frankfurt/M.: 24-41

Janich, P. 1993: Erkennen als Handeln. Von der konstruktiven Wissenschaftstheorie zur Erkenntnistheorie. Erlangen

Janich, P. 1997: Was ist Wahrheit? Eine philosophische Einführung. München

Janich, P. 1998: Die Struktur technischer Innovationen. In: Janich, P. (Hrsg.): Die Kulturalistische Wende. Zur Orientierung des philosophischen Selbstverständnisses. Frankfurt/M. (i. Dr.)

Jarrell, G.A./Brickley, J.A./Netter, J.M. 1988: The market for corporate control: The empirical evidence since 1980. In: JEP 2(1): 49-68

Jensen, M.C. 1983: Organization theory and methodology. In: AR 56: 319-338

Jensen, M.C. 1988: Takeovers: Their causes and consequences. In: JEP 2(1): 21-48

Jensen, M.C./Meckling, W.H. 1976: Theory of the firm. Managerial behavior, agency costs and ownership structure. In: JoFE 3: 305-360

Jensen, M.C./Murphy, K.J. 1990a: Performance pay and top-management incentives. In: JPE 98: 225-264

Jensen, M.C./Murphy, K.J. 1990b: CEO incentives - it's not how much you pay, but how. In: HBR, H. 3: 138-153

Jensen, M.C./Ruback, R.S. 1983: The market for corporate control. In: JoFE 11: 5-50

Jensen, M.C./Smith, C.W., Jr. 1985: Stockholder, manager, and creditor interests: applications of agency theory. In: Altman, E.I./Subrahmanyam, M.G. (Hrsg.): Recent Advances in Corporate Finance. Homewood, IL.: 93-131

Jepperson, R.L. 1991: Institutions, institutional effects, and institutionalism. In: Powell, W.W./DiMaggio, P.J. (Hrsg.): The New Institutionalism in Organizational Analysis. Chicago: 143-163

Jepperson, R.L./Meyer, J.W. 1991: The public order and the construction of formal organizations. In: Powell, W.W./DiMaggio, P.J. (Hrsg.): The New Institutionalism in Organizational Analysis. Chicago: 204-231

Joas, H. 1988: Einführung - Eine soziologische Transformation der Praxisphilosophie - Giddens' Theorie der Strukturierung. In: Giddens, A.: Die Konstitution der Gesellschaft - Grundzüge einer Theorie der Strukturierung. Frankfurt/M.: 9-23

John, G./Weitz, B.A. 1988: Forward integration into distribution: An empirical test of transaction cost analysis. In: JLEO 4: 337-355

Johnson, B. M. 1977: Communication. The Process of Organizing. Boston

Johnson, M. 1981: Introduction: Metaphor in the philosophical tradition. In: Johnson, M. (Hrsg.): Philosophical Perspectives on Metaphor. Minneapolis: 1-30

Johnson, T./Dandeker, C./Ashworth, C. 1984: The Structure of Social Theory. London

Jones, G. 1984: Task visibility, free riding, and shirking: Explaining the effect of structure and technology on employee behavior. In: AMR 9: 684-695

Jones, G.R. 1987: Organization-client transactions and organizational governance structures. In: AMJ 30: 197-218

Joskow, P. 1985: Vertical integration and long-term contracts: The case of coal-burning electric generating plants. In: JLEO 1: 33-80

Joskow, P. 1987: Contract duration and relationship-specific investments. In: AER 77: 168-185

Jovanovic, B./MacDonald, G.M. 1994: The Life Cycle of a Competitive Industry. In: JPE 102: 322-347

Junker, R/Scherer, S. 1988: Entstehung und Geschichte der Lebewesen. 2. Aufl., Gießen

Kafka, F. 1926: Das Schloß. Frankfurt/M.

Kagono, T./Alonoka, K./Sakakibara, B./Okumara, A. 1985: Strategic vs. Evolutionary Management. Amsterdam

Kahneman, D./Tversky, A. 1973: On the psychology of prediction. In: Psychological Review 80: 237-251

Kahneman, D./Tversky, A. 1979: Prospect theory: An analysis of decision under risk. In: Econ 47: 263-291

Kakar, S. 1970: Frederick Taylor: A Study in Personality and Innovation. Cambridge, MA

Kambartel, F. 1968: Erfahrung und Struktur. Bausteine zu einer Kritik des Empirismus und Formalismus. Frankfurt/M.

Kambartel, F. 1976: Wie abhängig ist die Physik von Erfahrung und Geschichte? In: Kambartel (Hrsg.): Theorie und Begründung. Frankfurt/M.: 151-171

Kambartel, F. 1989: Vernunft: Kriterium oder Kultur? – Zur Definierbarkeit des Vernünftigen. In: Kambartel (Hrsg.): Philosophie der humanen Welt. Frankfurt/M.: 27-43

Kambartel, F. 1991: Versuch über das Verstehen. In: McGuinness, B./Habermas, J./Apel, K.-O./Rorty, R./Taylor, C./Kambartel, F./Wellmer, A. (Hrsg.), Der Löwe spricht ... und wir können ihn nicht verstehen. Frankfurt/M.: 121-137

Kamlah, W./Lorenzen, P. 1973: Logische Propädeutik. Vorschule des vernünftigen Redens. 2. Aufl., Mannheim

392

Kanter, R.M. 1972: Commitment and Community. Cambrige, MA

Kanter, R.M. 1983: The Change Masters. London

Kappler, E. 1980: Wem nützt Organisationsentwicklung? Acht kritische Thesen und ihre Begründung. In: Koch, U./Meuers, H./Schuch, M. (Hrsg.): Organisationsentwicklung in Theorie und Praxis. Frankfurt/M.: 214-226

Käsler, D. 1979: Einführung in das Studium Max Webers. München

Käsler, D. 1989: Der retuschierte Klassiker. Zum gegenwärtigen Entwicklungsstand der Biographie Max Webers. In: Weiß, J. (Hrsg.): Max Weber heute. Erträge und Probleme der Forschung. Frankfurt/M.: 29-54

Keller, E. v. 1982: Management in fremden Kulturen. Bern

Kenney, R.W./Klein, B. 1988: The economics of block booking. In: JoLE 26: 497-540

Keohane, R.O. 1988: International institutions: Two approaches. In: Int Org 32: 379-396

Kern, H./Schumann, M. 1970: Industriearbeit und Arbeiterbewußtsein. Frankfurt/M.

Kern, H./Schumann, M. 1984: Das Ende der Arbeitsteilung? Rationalisierung in der industriellen Produktion. München

Khandwalla, P.N. 1977: The Design of Organizations. New York

Kiener, S. 1990: Die Principal-Agent-Theorie aus informationsökonomischer Sicht. Heidelberg

Kieser, A. (Hrsg.) 1981: Organisationstheoretische Ansätze. München

Kieser, A. 1987a: Der strukturale Ansatz. In: Rosenstiel, L. von/Einsiedler, H.E./Streich; R.K./Rau, S. (Hrsg.): Motivation durch Mitwirkung. Stuttgart: 48-59

Kieser, A. 1987b: From ascetism to administration of wealth: Medieval monasteries and the pitfalls of rationalization. In: OS 8: 103-124

Kieser, A. 1988a: Darwin und die Folgen für die Organisationstheorie: Darstellung und Kritik des Population Ecology-Ansatzes. In: DBW 48: 603-620

Kieser, A. 1988b: Erklären die Theorie der Verfügungsrechte und der Transaktionskostenansatz historischen Wandel von Institutionen? In: Budäus, D./Gerum, E./Zimmermann, G. (Hrsg.): Betriebswirtschaftslehre und Theorie der Verfügungsrechte. Wiesbaden: 299-323

Kieser, A. 1988c: Adapting organizations to micro-electronics and micro-electronics to organizations: Experiences in the Federal Republic of Germany. In: Urabe, K./Child, J./Kagono, T. (Hrsg.): Innovation and Management: International Comparisons. Berlin: 319-336

Kieser, A. 1989a: Organizational, institutional, and societal evolution: Medieval craft guilds and the genesis of formal organizations. In: ASQ 34: 540-564

Kieser, A. 1989b: Entstehung und Wandel von Organisationen. Ein evolutionstheoretisches Konzept. In: Bauer, L./Matis, H. (Hrsg.): Evolution - Organisation - Management. Zur Entwicklung und Selbststeuerung komplexer Systeme. Berlin: 161-190

Kieser, A. 1991: Von der Morgensprache zum "Gemeinsamen HP-Frühstück". Zur Funktion von Werten, Mythen, Ritualen und Symbolen - "Organisationskulturen" - in der Zunft und im modernen Unternehmen. In: Dülfer, E. (Hrsg.): Organisationskultur. Phänomen - Philosophie - Technologie. 2. Aufl., Stuttgart: 253-271

Kieser, A. (Hrsg.) 1993: Organisationstheorien. Stuttgart

Kieser, A. 1994: Fremdorganisation, Selbstorganisation und evolutionäres Management. In: ZfbF 46: 199-228

Kieser, A. 1995: Quo vadis Organisationstheorie - mit der Organisationspraxis, ihr voraus oder hinterher oder ganz woanders hin? In: zfo 64: 347-352

Kieser, A. 1996: Moden & Mythen des Organisierens. In: DBW 56: 21-39

Kieser, A. 1997a: List und Tücke in der Vertrauensorganisation. Editorial. In: DBW 57: 597-599

Kieser, A. 1997b: Moden & Mythen des Theoretisierens über Organisation. In: Scholz, C. (Hrsg.): Individualisierung als Paradigma. Stuttgart: 235-262

Kieser, A. 1997c: Rhethoric and myth in management fashion. In: Organization 4: 49-74

Kieser, A./Hegele, C./Klimmer, M. 1998: Organisatorischer Wandel durch Kommunikation. Stuttgart

Kieser, A./Kubicek, H. 1992: Organisation. 3. Aufl., Berlin

Kieser, A./Reber, G./Wunderer, R. (Hrsg.) 1995: HWFü. 2. Aufl., Stuttgart

Kießling, B. 1988: Kritik der Giddensschen Sozialtheorie: Ein Beitrag zur theoretisch-methodischen Grundlegung der Sozialwissenschaften. Diss. Frankfurt/M.

Kiewiet, D.R./McCubbins, M.D. 1989: Parties, committees, and policymaking in the U.S. Congress: A comment on the role of tranaction costs as determinants of the governance structure of political institutions. In: JITE 145: 676-685

Kilduff, M. 1993: Deconstructing organizations. In: AMR 18: 13-31

Kirsch, W. 1978: Die Handhabung von Entscheidungsproblemen. München

Kirsch, W. 1984: Wissenschaftliche Unternehmensführung oder Freiheit vor der Wissenschaft? Studien zu den Grundlagen der Führungslehre. München

Kirsch, W. 1992: Kommunikatives Handeln, Autopoiese, Rationalität. Sondierungen zu einer evolutionären Führungslehre. München

Kirsch, W./Börsig, C./Dumont du Voitel, R./Gabele, E./Knopf, R./Mayer, G. 1978: Empirische Explorationen zu Reorganisationsprozessen. München

Kirsch, W./Gabele, E./Bamberger, I./Börsig, C./Dumont du Voitel, R./Esser, R./Kappler, W./Knopf, R. 1975a: Planung und Organisation in Unternehmen. München

Kirsch, W./Gabele, E./Börsig, C./Dumont du Voitel, R./Esser, R./Knopf, R. 1975b: Reorganisationsprozesse in Unternehmen. München

Klages, H./Schmidt, R.W. 1975: Quantitativ-vergleichende Organisationsforschung als moderner wissenschaftlicher Arbeitsansatz und Hilfsmittel der Organisationsverbesserung. Speyrer Arbeitshefte, Nr. 1, Hochschule für Verwaltungswissenschaften Speyer. Speyer

Klein, B 1988: Vertical integration as organizational ownership: The Fisher Body - General Motors relationship revisited. In: JLEO 4: 199-213

Klein, B/Crawford, R.G./Alchian, A.A. 1978: Vertical integration, appropriable rents and the competitive contracting process. In: JoLE 21: 297-326

Klepper, S./Graddy,E. 1990: The evolution of new industries and the determinants of market structure. In: RAND Journal of Economics 21: 27-44

Knie, A./Helmers, S. 1991: Organisationen und Institutionen in der Technikentwicklung: Organisationskultur, Leitbilder und 'Stand der Technik'. In: Soziale Welt 42: 427-444

Knoll, L./Knoesel, J./Probst, U. 1997: Aufsichtsratsvergütungen in Deutschland: Empirische Befunde. In: ZfbF 49: 236-253

Knorr-Cetina, K. 1988: Das naturwissenschatliche Labor als Ort der Verdichtung von Gesellschaft. In: ZfS 17: 85-110

Knorr-Cetina, K.D. 1989: Spielarten des Konstruktivismus. Einige Notizen und Anmerkungen. In: Soziale Welt 40: 86-96

Knyphausen, D. zu 1988: Unternehmungen als evolutionsfähige Systeme. Überlegungen zu einem evolutionären Konzept für die Führungstheorie. München

Knyphausen-Aufseß, D. zu 1997: Möglichkeiten und Grenzen der wissenschaftlichen Unternehmensführung – Auf dem Weg zu einer organisationstheoretischen Betrachtung der Theorie/Praxis-Problematik. In: Kahle, E. (Hrsg.): Betriebswirtschaftslehre und Managementlehre. Wiesbaden: 99-142

Koch, S./Deetz, S. 1981: Metaphor analysis of social reality in organizations. In: Journal of Applied Communication Research 9: 1-15

Kochnar, R. 1996. Explaining firm capital structure: The role of agency theory vs. transaction cost economics. In: SMJ: 713-728

Kocka, J. 1969: Industrielles Management: Konzeptionen und Modelle in Deutschland vor 1914. In: Vierteljahreszeitschrift für Sozial- und Wirtschaftsgeschichte 56: 332-372

Kocka, J. 1986: Max Webers Bedeutung für die Geschichtswissenschaft. In: Kocka, J. (Hrsg.): Max Weber, der Historiker. Göttingen: 13-27

Kogut, B. 1988. Joint ventures: Theoretical and empirical perspectives. In: SMJ 9: 319-332

Köhl, E./Esser, U./Kemmner, A./Förster, U. 1989: CIM zwischen Anspruch und Wirklichkeit. Erfahrungen, Trends, Perspektiven. Eschborn

Kole, S.R. 1997: The complexity of compensation contracts. In: JoFE 43: 79-104

König, R./Winckelmann, J. (Hrsg.) 1963: Max Weber zum Gedächtnis. Köln

Königswieser, R./Lutz, Ch. (Hrsg.) 1992: Das systemisch evolutionäre Management. 2. Aufl., Wien

Koontz, H./O'Donnell, C. 1964: Principles of Management. 3. Aufl., New York

Kosnik, R.D. 1987: Greenmail: A study of board performance in corporate governance. In: ASQ 32: 163-185

Kotter, J.P. 1982: The General Managers. New York

Kraatz, M.S./Zajac, E.J. 1996: Exploring the limits of the new institutionalism: The causes and consequences of illegitimate organizational change. In: ASR 61: 812-836

Krafft, J.D. 1676: Ein Beyspiel zwar wohlgemeynter aber leerer Projecte, um fleißige Arbeiter zu Manufakturen bekommen und denen fleißigen Armen zu helfen. Neu-Ostra den 23ten Novembr. A. 1676. In: Leipziger Sammlungen von wirthschaftlichen Policey-Cammer und Finantz-Sachen Anderer Band, Nebst Einer Vorrede, um dem wahren Unterschied der Städte und Dörfer, wie auch denen ersten Grund-Sätzen eines wohleingerichteten Stadt-Wesens zum Aufnehmen der Städte, wobey ein Register von dreyzehenden bis zum vier und zwantzigsten Stück befindlich. Leipzig 1745, Sechzehndes Stück, VIII, S. 365ff.

Krafft, M. 1996. Neue Einsichten in ein klassisches Wahlproblem? — Eine Überprüfung von Hypothesen der Neuen Institutionenlehre zur Frage "Handelsvertreter oder Reisende". In: DBW 56: 759-776

Kraus, J.B. 1930: Scholastik, Puritanismus und Kapitalismus. Eine vergleichende dogmengeschichtliche Übergangsstudie. München

Kreikebaum, H./Herbert, K.J. 1988: Humanisierung der Arbeit. Wiesbaden

Krell, G. 1984: Das Bild der Frau in der Arbeitswissenschaft. Frankfurt

Kreuter, A. 1996: Entscheidungsfindung in Reorganisationsprozessen. Analyse eines Fallbeispiels aus dem Transportsektor anhand des Garbage-Can-Modells. In: zfo 65: 116-123

Krüger, M. 1981: 'Alltagsbewußtsein' und 'Technokratie'. Über neue Formen von 'Ideologie' und 'Ideologiekritik'. In: Berger, P.L./Luckmann, T. (Hrsg.): Wissenssoziologie. Stuttgart: 106-143

Krupp, S. 1961: Pattern in Organizational Analysis. A Critical Examination. New York

Krüsselberg, H.G. 1983: Property Rights-Theorie und Wohlfahrtsökonomik. In: Schüller, A. (Hrsg.): Property Rights und ökonomische Theorie. München: 45-77

Kubicek, H. 1979: Interessenberücksichtigung beim Technikeinsatz im Büro- und Verwaltungsbereich. Grundgedanken und neuere skandinavische Entwicklungen. Bonn

Kubicek, H. 1980: Bestimmungsfaktoren der Organisationsstruktur. In: RKW-Handbuch Führungstechnik und Organisation, Kz. 1412, 6. Lieferung, Berlin

Kubicek, H./Leuck, K.G./Wächter, H. 1980: Organisationsentwicklung: Entwicklungsbedürftig und entwicklungsfähig. In: Gruppendynamik 10: 297-318

Kubicek, H./Welter, G. 1985: Messung der Organisationsstruktur. Stuttgart

Kuhn, T.S. 1962: The Structure of Scientific Revolutions. Chicago

Kuhn, T.S. 1970: The Structure of Scientific Revolutions. 2. Aufl., Chicago (Deutsche Veröffentlichung: Kuhn, T. S.: Die Struktur wissenschaftlicher Revolutionen. 2. revidierte Aufl., Frankfurt/M. 1976)

Kunnemann, H. 1991: Der Wahrheitstrichter. Habermas und die Postmoderne. Frankfurt/M.

Lahy, J.M. 1923: Taylorsystem und Physiologie der beruflichen Arbeit. Berlin

Lakatos, I./Musgrave, A. (Hrsg.) 1970: Criticism and the Growth of Knowledge. London (Deutsche Veröffentlichung: Lakatos, I./Musgrave, A.: Kritik und Erkenntnisfortschritt. Braunschweig 1974)

Lakoff, G./Johnson, M. 1980: Metaphors We Live by. Chicago

Lambert, R.A./Larcker, D.F. 1985: Executive compensation, corporate decision-making and shareholder wealth: A review of evidence: In: Midland Corporate Finance Journal 2: 6-22

Lammers, C.J. 1978: The comparative sociology of organizations. In: ARS 4: 485-510

Lammers, C.J. 1981: Contributions of organizational sociology. Part I and II. In: OS 2: 67-286, 361-376

Landes, D.S. 1983: Der entfesselte Prometheus. München

Lane, C. 1989: Management and Labour in Europe. Aldershot

Lang, R. 1922: Gruppenfabrikation. In: Hellpach, W./Lang, R. (Hrsg.): Gruppenfabrikation. Berlin: 184-187

Lang, R./Alt, R. 1996: Handlungsspielräume des ostdeutschen Managements im Umbruch. In: Sadowski, D./Czap, H./Wächter, H. (Hrsg.): Regulierung und Unternehmenspolitik. Wiesbaden: 355-377

Langton, J. 1984: The ecological theory of bureaucracy: The case of Josiah Wedgwood and the British pottery industry. In: ASQ 29: 330-354

Larsen, E./Lomi, A. 1996: Interacting locally and evolving globally: A computational approach to the dynamics of organizational populations. In: AMJ 39: 1287-1321

Larson, M.S. 1977: The Rise of Professionalism: A Sociological Analysis. Berkeley

Lassar, W.M./Kerr, J.L. 1996. Strategy and control in supplier-distributor relationships: An agency perspective. In: SMJ 17: 613-632

Laucken, U. 1974: Naive Verhaltenstheorie. Stuttgart

Laudan, L./Donovan, A./Laudan, R./Barker, P./Brown, H./Leplin, J./Thagard, P./Wykstra, 1986: Scientific change: Philosophical models and historical research. In: Synthese 69: 141-223

Laux, H. 1979: Grundfragen der Organisation: Delegation, Anreiz und Kontrolle. Berlin

Laux, H. 1988a: (Pareto-)Optimale Anreizsysteme bei sicheren Erwartungen. In: ZfbF 40: 959-989

Laux, H. 1988b: (Pareto-)Optimale Anreizsysteme bei unsicheren Erwartungen. In: ZfbF 40: 1093-1111

Laux, H. 1990: Risiko, Anreiz und Kontrolle - Principal-Agent-Konzept - Einführung und Verbindung mit dem Delegationswert-Konzept. Heidelberg

Laux, H./Liermann, F. 1986: Grundfragen der Erfolgskontrolle. Berlin

Laux, H./Schenk-Mathes, H.Y. 1992: Erfolgsorientierte Belohnungssysteme mit und ohne Verlustbeteiligung. In: ZfbF 44: 395-424

Lave, J./Wenger, E. 1990: Situated Learning: Legitimate Peripheral Participation. New York

Lawrence, P.R./Lorsch, J.W. 1967: Organization and Environment: Managing Differentiation and Integration. New York

Lawrence, P.R./Lorsch, J.W. 1969: Organization and Environment. Homewood, IL

Leffler, K.B./Rucker, R.B. 1991: Transaction costs and the efficient organization of production: A study of timber-harvesting contracts. In: JPE 99: 1060-1087

Lehmann, W.C. 1960: Adam Ferguson and the Beginnings of the Modern Sociology. New York

Leipold, H. 1981a: Wirtschafts- und Gesellschaftssysteme im Vergleich. 3. Aufl., Stuttgart

Leipold, H. 1981b: Eigentümerkontrolle und Managerverhalten. In: Hedtkamp, G. (Hrsg): Anreiz- und Kontrollmechanismen in Wirtschaftssystemen I. Schriften des Vereins für Sozialpolitik - Neue Folge Bd. 117/1. Berlin: 29-66

Levinthal, D. 1988: A survey of agency models of organizations. In: JEBO 9: 153-185

Levinthal, D.A./March, J.G. 1981: A model of adaptive organizational search. In: JEBO 14: 95-112

Levinthal, D.A./March, J.G. 1993: The myopia of learning. In: Strategic Management Journal 14: 95-112

Levitt, B./March, J.G. 1988: Organizational learning. In: ARS 14: 319-340

Lewin, A./Long, C.P./Carroll, T.N. 1997: The Evolution of New Organization Forms. Working Paper, Duke - the Fuqua School of Business, WP 97-07-01

Lewin, K. 1946: Action research and minority problems. In: Journal of Social Issues 2: 34-64

Lichtenberg, F.R. 1992: Corporate Takeovers and Productivity. London

Lieberman, M.B. 1990: Exit from Declining Industries: "Shakeout" or "Stakeout"? In: RAND Journal of Economics 21: 538-554

Limmack, R.J. 1991: Corporate mergers and shareholder wealth effects: 1977-1986. In: Accounting and Business Research 21: 239-251

Lindner, C. 1989: Max Webers handlungstheoretisches Programm für die Soziologie. In: Weiß, J. (Hrsg.): Max Weber heute. Erträge und Probleme der Forschung. Frankfurt/M.: 358-370

Lipmann, O. 1925: Praktische Wirtschaftspsychologie ("Psychotechnik"). In: Riedel, J. (Hrsg.): Arbeitskunde. Grundlagen, Bedingungen und Ziele der wirtschaftlichen Arbeit. Leipzig: 55-64

Litterer, J.A. 1961: Systematic management: The search for order and integration. In: Business History Review 35: 461-390

Litwak, E. 1961: Models of bureaucracy which permit conflict. In: AJS 67: 177-184

Löhr, A. 1991: Unternehmensethik und Betriebswirtschaftslehre. Untersuchungen zur theoretischen Stützung der Unternehmenspraxis. Stuttgart

Löhr, A./Blickle, G. 1996: The moral dimension of recent organization concepts. In: Revue Ethique des Affaires, 1996, Mr. 6 (Sept. 1996): 43-51

Lomi, A. 1995: The population ecology of organizational founding: Location dependence and unobserved heterogeneity. In: ASQ 40: 111-144

Lord, R. G./Kernan, M. C. 1987: Scripts as determinants of purposeful behavior in organizations. In: AMR 12: 265-277

Lord, R.G./Foti, R.J. 1986: Schema theories, information processing, and organizational behavior. In: Sims, H.P.Jr./Gioia, D.A. (Hrsg.): The Thinking Organization. San Francisco: 20-48

Lorenzen, P. 1985: Rationale Grammatik. In: Lorzenzen, P. (Hrsg.): Grundbegriffe technischer und politischer Kultur. Frankfurt/M.: 13-34

Lorenzen, P. 1987: Lehrbuch der konstruktiven Philosphie und Wissenschaftstheorie. Mannheim

Lorsch, J. (Hrsg.) 1987: Handbook of Organizational Behavior. Englewood Cliffs, NJ

Lorsch, J.W./Maclver, E. 1989: Pawns or Potentates: The Reality of America's Corporate Boards. Boston

Lounamaa, P.H./March, J.G. 1987: Adaptive coordination of a learning team. In: MS 33: 107-123

Löwith, K. 1973: Max Weber und Karl Marx. In: Seyfahrt, C./Sprondel, W.M. (Hrsg.): Seminar: Religion und gesellschaftliche Entwicklung. Studien zur Protestantismus-These Max Webers. Frankfurt/M.: 19-37

Lueken, G.L. 1992: Inkommensurabilität als Problem rationalen Argumentierens. Stuttgart - Bad Cannstatt

Luhmann, N. 1962: Funktion und Kausalität. In: KZfSS 14: 617-644, zitiert nach: Luhmann, N. 1991: Soziologische Aufklärung 1. 6. Aufl., Opladen: 9-30

Luhmann, N. 1964a: Funktionale Methode und Systemtheorie. In: Soziale Welt 15: 1-25

Luhmann, N. 1964b: Funktionen und Folgen formaler Organisation. Berlin

Luhmann, N. 1968: Zweckbegriff und Systemrationalität. Über die Funktion von Zwecken in sozialen Systemen. Tübingen

Luhmann, N. 1972: Funktionen und Folgen formaler Organisation. 2. Aufl., Berlin

Luhmann, N. 1973: Zweckbegriff und Systemrationalität. Über die Funktion von Zwecken in sozialen Systemen. Frankfurt/M.

Luhmann, N. 1975a: Evolution und Geschichte. In: Luhmann, N. (Hrsg.): Soziologische Aufklärung 2. Aufsätze zur Theorie der Gesellschaft. 2. Aufl., Opladen: 150-169

Luhmann, N. 1975b: Lob der Routine. In: Luhmann, N. (Hrsg.): Politische Planung. Aufsätze zur Soziologie von Politik und Verwaltung, Opladen: 113-143

Luhmann, N. 1975c: Legitimation durch Verfahren. 2. Aufl., Darmstadt

Luhmann, N. 1981a: Organisation und Entscheidung. In: Luhmann, N. (Hrsg.): Soziologische Aufklärung 3. Opladen : 335-389

Luhmann, N. 1981b: Organisationen im Wirtschaftssystem. In: Luhmann, N. (Hrsg.): Soziologische Aufklärung 3. Opladen: 390-414

Luhmann, N. 1984: Soziale Systeme. Frankfurt/M.

396

Mace, M.L. 1971: Directors: Myth and Reality. Cambridge, MA

Macintosh, N.B. 1994: Management Accounting and Control Systems. Chichester

Macintosh, N.B./Scapens, R.W. 1990: Structuration theory in management accounting. In: Accounting, Organizations and Society 15: 455-477

MacKinnon, M.H. 1988: Calvinism and the infallible assurance of grace: The Weber thesis reconsidered. In: Journal of Sociology 39: 143-177

MacNeil, I.R. 1974: The many futures of contracts. In: Southern California Law Review 47: 691-816

MacNeil, I.R. 1978: Contracts: Adjustments of long-term economic relations under classical, neoclassical and relational contract law. In: Northwestern University Law Review 72: 854-905

MacNeil, I.R. 1987: Relational contract theory as sociology: A reply to Professors Lindenberg and de Vos. In: JITE 143: 272-290

Magjuka, R. 1988: Garbage can theory of organizational decision making: A review. In: Research in the Sociology of Organizations 6: 225-259

Maier, C.S. 1970: Between Taylorism and technocracy: European ideologies and the vision of industrial productivity in the 1920s. In: The Journal of Contemporary History 5 (2): 27-62

Mailick, S./Hoberman, S./Wall, S.J. 1988: The Practice of Management Development. New York

Majumdar, S.K./Ramaswamy, V. 1994: On the role of social asset specificity in the channel integration decision. JITE 150: 375-540

Malik, F. 1984: Strategie des Managments komplexer Systeme - ein Beitrag zur Management-Kybernetik evolutionärer Systeme. Bern

Malik, F./Probst, G.J.B. 1981: Evolutionäres Management. In: Die Unternehmung 35: 121-140

Mandeville, B. 1988: Die Bienenfabel oder Private Laster als gesellschaftliche Vorteile (Original 1724). München

Manne, H.G. 1965: Mergers and the market for corporate control. In: JPE 73: 110-120

March, J.C./March, J.G. 1977: Almost random carreers: The Wisconsin school superintendency, 1940-72. In: ASQ 22: 377-409

March, J.G. 1976: The technology of foolishness. In: March, J.G./Olsen, J.P. (Hrsg.): Ambiguity and Choice in Organizations. Bergen: 69-81

March, J.G. 1981: Decision making perspective. Decisions in organizations and theories of choice. In: Van de Ven, A.H./Joyce, W.F. (Hrsg.): Perspectives on Organization Design and Behavior. New York: 205-244

March, J.G. 1988a: Decisions and Organizations. Oxford

March, J.G. 1988b: Introduction: A chronicle of speculations about decision-making in organizations. In: March, J.G. (Hrsg.): Decisions and Organizations. Oxford: 1-21

March, J.G. 1991: Exploration and exploitation in organizational learning. In: Organization Science 2: 71-88

March, J.G. 1994: A Primer on Decision Making - How Decisions Happen. New York

March, J.G./Olsen, J.P. 1972: A garbage can model of organizational choice. In: ASQ: 1-25

March, J.G./Olsen, J.P. 1975: The uncertainty of the past: Organizational learning under ambiguity. In: European Journal of Political Research 3: 147-171

March, J.G./Olsen, J.P. 1976a: Ambiguity and Choice in Organizations. Bergen

March, J.G./Olsen, J.P. 1976b: Organizational choice under ambiguity. In: March, J.G./Olsen, J.P. (Hrsg.): Ambiguity and Choice in Organizations. Bergen: 10-23

March, J.G./Olsen, J.P. 1983: Organizing political life: What administrative reorganization tells us about government. In: American Political Science Review 77: 281-296

March, J.G./Olsen, J.P. 1986: Garbage can models of decision making in organizations. In: March, J.G./Weissinger-Baylon, R. (Hrsg.): Ambiguity and Command. Cambridge, MA: 11-36

March, J.G./Olsen, J.P. 1995: Democratic Governance. New York

March, J.G./Shapira, Z. 1987: Managerial perspectives on risk and risk taking. In: MS 11: 1404-1418

March, J.G./Shapira, Z. 1992: Variable risk preferences and the focus of attention. In: Psychological Review 99: 172-183

March, J.G./Simon, H.A. 1958: Organizations. New York

Marcuse, H. 1967: Der eindimensionale Mensch. Neuwied

Marglin, S.A. 1977: Was tun die Vorgesetzten? Ursprünge und Funktionen der Hierarchie in der kapitalistischen Produktion. In: Technologie und Politik 8: 148-203

Mariotti, S./Cainarca, G.C. 1986: The evolution of transaction governance in the textile clothing industry. In: JEBO 7: 351-374

Markus, H./Zajonc, R.B. 1985: The cognitive perspective in social psychology. In: Lindzey, G./Aronson, E. (Hrsg.): Handbook of Social Psychology. Vol I: Theory and Method. 3. Aufl., New York: 137-230

Marr, H. 1924: Von der Arbeitsgesinnung unserer industriellen Massen. Frankfurt/M.

Marsh, R.M./Mannari, H. 1989: The size imperative? Longitudinal tests. In: OS 10: 83-96

Martin, J. 1982: Stories and scripts in organizational settings. In: Hastorf, A.H./Isen, A.M. (Hrsg.): Cognitive Social Psychology. New York: 255-305

Martin, J./Feldman, M.S./Hatch, M.J./Sitkin, S.B. 1983: The uniqueness paradox in organizational stories. In: ASQ 28: 438-453

Martin, R. 1993: The new behaviorism: A critique of economics and organization. HR 46: 1085-1101

Marx, K. 1969: Der achtzehnte Brumaire des Louis Bonaparte. In: Marx, K./Engels, F.: Werke. 8. Bd., Berlin: 111-207

Massie, J.L. 1965: Management theory. In: March, J.G. (Hrsg.): Handbook of Organizations. Chicago: 387-422

Masten, S.E. 1984: The organization of production: Evidence from the aerospace industry. In: JoLE 27: 403-418

Masten, S.E. 1993: Transaction costs, mistakes, and performance: Assessing the importance of governance. Managerial and Decision Economics 14: 119-129

Masten, S.E. 1995: Empirical research in transaction cost economics: Challenges, progress and direction. In: Groenewegen, J. (Hrsg.): Transaction Cost Economics and Beyond. Deventer: 43-64

Masten, S.E./Crocker, K.J. 1985: Efficient adaptation in long-term contracts: Take-or-pay provisions for natural gas. In: AER 75: 1083-1093

Masten, S.E./Meehan, J.W./Snyder, E.A. 1989: Vertical integration in the U.S. auto industry. In: JEBO 12: 265-273

Masten, S.E./Meehan, J.W.jr./Snyder, E.A. 1991: The costs of organization. In: JLEO 7: 1-25

Matthes, J./Schütze, F. 1973: Zur Einführung: Alltagswissen, Interaktion und gesellschaftliche Wirklichkeit. In: Arbeitsgruppe Bielefelder Soziologen (Hrsg.): Alltagswissen, Interaktion und gesellschaftliche Wirklichkeit. Bd. 1: Symbolischer Interaktionismus und Ethnomethodologie. Reinbek b. Hamburg: 11-53

Maturana, H.R. 1985: Erkennen: Die Organisation und Verkörperung von Wirklichkeit. Braunschweig

Maturana, H.R. 1987: Kognition. In: Schmidt, S.J. (Hrsg.): Der Diskurs des Radikalen Konstruktuvismus. Frankfurt/M.: 89-118

Mayntz, R. 1971: Max Webers Idealtypus der Bürokratie und die Organisationssoziologie. In: Mayntz, R. (Hrsg.): Bürokratische Organisation. Köln: 27-35

Mayr, E. 1970: Population, Species, and Evolution. Cambridge, MA

McCloskey, D.N. 1983: The rhethoric of economics. In: JEL 21: 481-517

McCloskey, D.N. 1985: The Rhetoric of Economics. Wisconsin

McCloskey, D.N. 1990: If You're So Smart: The Narrative of Economic Expertise. Chicago

McCloskey, D.N. 1994: Knowledge and Persuasion in Economics. Cambridge, MA

McKelvey, B. 1982: Organizational Systematics. Taxonomy, Evolution, Classification. Berkeley, CA

McKelvey, B./Aldrich, H.E. 1983: Populations, natural selection, and applied organizational science. In: ASQ 28: 101-128

McKenna, D.D./Wright, P.M. 1992: Alternative metaphors for organizational design. In: Dunnette, M.D./Hough, L.M. (Hrsg.): Handbook of Industrial and Organizational Psychology. Palo Alto: 901-960

McKinley, W. 1987: Complexity and administrative intensity: The case of declining organizations. In: ASQ 32: 87-105

McKinley, W. 1995: Comment. In: Advances in Strategic Management 12A: 249-260

McKinsey & Company Inc.: Kluge, J./Stein, L./Krubasik, E./Beyer, I./Düsedau, D./Huhn, W. 1994: Wachstum durch Verzicht. Schneller Wandel zur Weltklasse: Vorbild Elektroindustrie. Stuttgart

McPhee, R.D. 1985: Formal structure and organizational communication. In: McPhee, R.D./Tompkins, P.K. (Hrsg.): Organizational Communication: Traditional Themes and New Directions. Beverly Hills u.a.: 149-177

Mead, G.H. 1968: Geist, Identität und Gesellschaft aus der Sicht des Sozialbehaviorismus. Frankfurt/M.

Mead, G.H. 1983: Gesammelte Aufsätze. Hrsg. von Hans Joas. Frankfurt/M.

Merkle, J.A. 1980: Management and Ideology. Berkeley

Merton, R.K. 1940: Bureaucratic structure and personality. In: Social Forces 18: 560-568

Merton, R. K. 1957: Social Theory and Social Structure. Rev. ed. New York

Merton, R. K. 1967: On Theoretical Sociology. New York

Merton, R.K. 1968: Social Theory and Social Structure. 3. Aufl., Glencoe, IL

Meyer, J.W. 1992: Conclusion: Institutionalization and the rationality of formal organizational structure. In: Meyer, J.W./Scott, W.R. (Hrsg.): Organizational Environments. Ritual and Rationality. 2. überarb. Aufl., Newbury Park, CA: 261-282

Meyer, J.W. 1994: Rationalized environments. In: Scott, W.R./Meyer, J.W. (Hrsg.): Institutional Environments and Organizations: Structural Complexity and Individualism. Thousand Oaks, CA: 28-54

Meyer, J.W./Boli, J./Thomas, G.M. 1994: Ontology and rationalization in the Western cultural accout. In: Scott, W.R./Meyer, J.W. (Hrsg.): Institutional Environments and Organizations: Structural Complexity and Individualism. Thousand Oaks, CA: 9-27 (überarbeitete Version des gleichlautenden Beitrags in: Thomas, G.M./Meyer, J.W./Ramirez, F.O./Boli, J. (Hrsg): Institutional Structure: Constituting State, Society, and the Individual. Newbury Park, CA 1987: 2-37

Meyer, J.W./Rowan, B. 1977: Institutionalized organizations: Formal structure as myth and ceremony. In: AJS 83: 340-363

Meyer, J.W./Rowan, B. 1978: The structure of educational organizations. In: Meyer, M.W./Freeman, J.H./Hannan, M.T./Meyer, J.W./Ouchi, W.G./Pfeffer, J./Scott, W.R. (Hrsg.): Environments and Organizations. San Francisco: 78-109

Meyer, J.W./Scott, R.W. 1983: Organizational Environments – Ritual and Rationality. Beverly Hills

Meyer, J.W./Scott, W.R. 1992a: Preface to the updated edition. In: Meyer, J.W./Scott, W.R. (Hrsg.): Organizational Environments. Ritual and Rationality. 2. überarb. Aufl., Newbury Park, CA: 1-6

Meyer, J.W./Scott, W.R. 1992b: Preface. In: Meyer, J.W./Scott, W.R. (Hrsg.): Organiszational Environments. Ritual and Rationality. 2. überarb. Aufl., Newbury Park, CA: 7-12

Meyer, J.W./Scott, W.R. 1992c: Centralisation and the legitimacy problems of local governments. In: Meyer, J.W./Scott, W.R. (Hrsg.): Organizational Environments. Ritual and Rationality. 2. überarb. Aufl., Newbury Park, CA: 199-215

Meyer, J.W./Scott, W.R./Deal, T.E. 1981: Institutional and technical sources of organizational structure. In: Stein, H.D. (Hrsg.): Organization and the Human Services: Philadelphia: 151-178

Meyer, J.W./Scott, W.R./Strang, D. 1987: Centralization, fragmentation and school district complexity. In: ASQ 32: 186-201

Meyer, J.W./Zucker, L.G. 1989: Permanently Failing Organizations. Newbury Park, CA

Meyer, M.W. 1994: Measuring performance in economic organizations. In: Smelser, N.J./Swedberg, R. (Hrsg.): The Handbook of Economic Sociology. Princeton, NJ: 556-578

Meyer, M.W./Stevenson, W./Webster, S. 1985: Limits to Bureaucratic Growth. Berlin

Meyer, W. 1983: Entwicklung und Bedeutung des Property Rights-Ansatzes in der Nationalökonomie. In: Schüller, A. (Hrsg.): Property Rights und ökonomische Theorie. München: 1-44

Mezias, S.J. 1990: An institutional model of organizational practice: Financial reporting at the Fortune 200. In: ASQ 35: 431-457

Michaelis, E. 1985: Organisation unternehmerischer Aufgaben - Transaktionskosten als Beurteilungskriterium. Frankfurt/M.

Mill, J.S. 1948: On Liberty and Considerations on Representative Government. Oxford

Miller, D. 1981: Toward a new contingency approach: The search for organizational gestalts. In: JMS 18: 1-26

Miller, D./Chen, M.J. 1994: Sources and consequences of competitive inertia. A study of the U.S. airline industry. In: ASQ 39: 1-23

Miller, D./Dröge C. 1986: Psychological and traditional determinants of structure. In: ASQ 31: 539-560

Miller, D./Dröge, C./Toulouse, J.M. 1988: Strategic process and content as mediator between organizational context and structure. In: AMJ 31: 544-569

Miller, D./Friesen, P.H. 1984: Organizations: A Quantum View. Englewood Cliffs, NJ

Millward, R. 1982: The comparative performance of public and private ownership. In: Roll, E. (Hrsg.): The Mixed Economy. London: 58-93

Millward, R./Parker, D.M. 1983: Public and private enterprise: Comparative behaviour and relative efficiency. In: Millward, R./Parker, D./Rosenthal, L./Sumner, M.T./Topham, N. (Hrsg.): Public Sector Economics. London: 199-274

Miner, A.S. 1990: Structural evolution through idiosyncratic jobs: The potential for unplanned learning. In: Organization Science 1: 195-210

Miner, A.S. 1991: Organizational evolution and the social ecology of jobs. In: ASR 56: 772-785

Miner, A.S./Amburgey, T.L./Stearns, T. 1990: Interorganizational linkages and population dynamics: Buffering and transformational shields. In: ASQ 35: 689-713

Mintzberg, H. 1979: The Structuring of Organizations: A Synthesis of the Research. Englewood Cliffs, NJ

Mintzberg, H./Raisinghani, D./Théorét, A. 1976: The structure of "unstructured" decision processes. In: ASQ 21: 246-275

Mittelstraß, J. 1974: Die Möglichkeit von Wissenschaft. Frankfurt/M.

Mittelstraß, J. 1982: Wissenschaft als Lebensform. Zur gesellschaftlichen Relevanz und zum bürgerlichen Begriff der Wissenschaft. Frankfurt/M.

Mittelstraß, J. 1989: Forschung, Begründung und Rekonstruktion – Wege aus dem Begründungsstreit. In: Mittelstraß, J. (Hrsg.): Der Flug der Eule. Von der Vernunft der Wissenschaft und der Aufgabe der Philosophie. Frankfurt/M.: 257-280

Mitzman, A. 1970: The Iron Cage: An Historical Interpretation of Max Weber. New York

399

Moellendorff, W.v. 1914: Germanische Lehren aus Amerika. In: Die Zukunft: 323-332
Moellendorff, W.v. 1916: Deutsche Gemeinwirtschaft. Berlin
Mommsen, W. 1982: Max Weber. Gesellschaft, Politik und Geschichte. 2. Aufl., Frankfurt/M.
Montanari, J.R. 1979: Strategic choice: A theoretical analysis. In: JMS 16: 202-221
Montanari, J.R./Adelman, P.J. 1987: The administrative component of organizations and the ratchet effect: A critique of cross-sectional studies. In: JMS 24: 113-123
Monteverde, K./Teece, D.J. 1982: Supplier switching costs and vertical integration in the automobile industry. In: BJE 13: 206-213
Mookherjee, D. 1984: Optimal incentive schemes with many agents. In: RES 51: 433-446
Mooney, J.D. 1947: The Principles of Organization. 2. Aufl., New York
Morgan, G. 1981: The schismatic metaphor and its implications for organizational analysis. In: OS 2: 23-44
Morgan, G. (Hrsg.) 1983: Beyond Method: Strategies for Social Research. Beverly Hills, CA
Morgan, G. 1986: Images of Organization. Beverly Hills, CA
Morgan, G. 1990a: Organizations in Society. London
Morgan, G. 1990b: Paradigm diversity in organizational research. In: Hassard, J./Pym, D. (Hrsg.): The Theory and Philosophy of Organizations - Critical Issues and New Perspectives. London: 13-29
Morgan, G. 1996: An afterword: Is there anaything more to be said about metaphor. In: Grant, D./Oswick, C. (Hrsg.): Metaphor and Organizations. London: 227-240
Morgan, G./Smircich, L. 1980: The case for qualitative research. In: AMR 5: 491-500
Mosakowski, E. 1991: Organizational boundaries and economic performance: An empirical study of entrepreneurial computer firms. SMJ 12: 115-133
Mosca, G. 1950: Die herrschende Klasse. Grundlagen der politischen Wissenschaft. München
Mulherin, J.H. 1986: Complexity in long-term contracts: An analysis of natural gas contractual provisions. In: JLEO 2: 105-117
Müller, A. 1984: Entscheidungsprozesse in öffentlichen Verwaltungen und privaten Unternehmen. Frankfurt/M.
Müller, C. 1995: Agency-Theorie und Informationsgehalt. Der Beitrag des normativen Prinzipal-Agenten-Ansatzes zum Erkenntnisfortschritt der Betriebswirtschaftslehre. In: DBW 55: 61-76
Müller, W. 1978: Die Relativierung des bürokratischen Modells und die situative Organisation. In: Wöhler, K. (Hrsg.): Organisationsanalyse. Stuttgart: 20-53
Mumby, D.K. 1987: The political function of narrative in organizations. In: Communication Monographs 54: 113-127
Mumby, D.K. 1988: Communication and Power in Organizations: Discourse, Ideology and Domination. Norwood, NJ
Mumford, E./Welter, G. 1984: Benutzerbeteiligung bei der Entwicklung von Computersystemen. Stuttgart
Münsterberg, H. 1914: Grundzüge der Psychotechnik. Leipzig
Münsterberg, H. 1997: Psychologie und Wirtschaftsleben. Neuausgabe der Aufl. von 1912. Weinheim
Murphy, K.J. 1985: Coporate performance and managerial remuneration. An empirical analysis. In: JAE 7: 11-42
Murphy, K.J. 1997: Executive compensation and the Modern Industrial Revolution. In: IJIO 15: 417-425
Nadworny, M.J. 1955: Scientific Management and the Unions 1900-1932: A Historical Analysis. Cambridge, MA
Nelson, D. 1975: Managers and Workers: Origins of the New Factory System in the United States, 1880-1920. Madison
Nelson, R.R./Winter, S.G. 1982: An Evolutionary Theory of Economic Change. Cambridge
Neuberger, O. 1990: Führen und geführt werden. 3. Aufl., Stuttgart
Neuberger, O. 1991: Personalentwicklung. Stuttgart
Neuberger, O. 1995a: Führen und geführt werden. 5. Aufl., Stuttgart
Neuberger, O. 1995b: Führungstheorien - Rollentheorie. In: Kieser, A./Reber, G./Wunderer, R. (Hrsg.): HWFü. 2. Aufl., Stuttgart: 979-993
Neuberger, O. 1995c: Mikropolitik. Stuttgart
Neurath, O. 1934: Radikaler Physikalismus und "Wirkliche Welt". In: Neurath, O. (Hrsg.): Wissenschaftliche Weltauffassung, Sozialismus und Logischer Empirismus. Frankfurt/M.: 102-119
Nevins, A. 1954: Ford: The Times, the Man, the Company. New York
Nienhüser, W. 1989: Die praktische Nutzung theoretischer Erkenntnisse in der Betriebswirtschaftslehre. Stuttgart
Nietzsche, F. 1980: Kritische Studienausgabe. 15 Bde., hrsg. von Giorgio Colli und Mazzino Montinari. München
Noever, P. (Hrsg.) 1992: Die Frankfurter Küche von Margarethe Schütte-Lihotzky. Berlin
Noorderhaven, N.G. 1996. Opportunism and trust in transaction cost economics. In: Groenewegen, J. (Hrsg.): Transaction Cost Economics and Beyond. Deventer: 105-128

Nooteboom, B. 1996. Trust, Opportunism and Governance: A Process and Control Model. In: OS 17: 985-1010

Nooteboom, B./Berger, J./Noorderhaven, N.G. 1997: An empirical test of the effect of trust and governance on relational risk. In: AMJ: 308-338

North, D.C. 1981: Structure and Change in Economic History. New York

North, D.C. 1984: Transaction costs, institutions and economic history. In: JITE 140: 7-17

North, D.C. 1990: Institutions, Institutional Change and Economic Performance. Cambridge

North, D.C./Thomas, R.P. 1973: The Rise of the Western World - A New Economic History. Cambridge, MA

Nyhoegen, A. 1908: Der moderne Betriebs-Leiter und Betriebsbeamte. Ein Lehrbuch über moderne Fabrik-Organisation und Fabrik-Buchführung. Hannover

o.V. 1920: Bolshevism - How to counteract it. In: The Open Shop Review, Juli

o.V. 1921: NACT Bulletin, Bd. 8, Oktober

o.V. 1923: American Management Review, Bd. 12, April

o.V. 1926: The Management Review, Bd. 17, Februar

O'Connor, E./Hatch, M.J./White, H.V./Zald, M.N. 1995: Undisciplining organizational studies. A conversation across domains, methods, and beliefs. In: Journal of Management Inquiry 4: 119-136

Oechelhaeuser, W. 1886: Die Arbeiterfrage. Ein sociales Programm. Berlin

Oechsler, W.A. 1988: Personal und Arbeit. Einführung in die Personalwirtschaft unter Einbeziehung des Arbeitsrechts. 3. Aufl., München

Oliver, C. 1991: Strategic responses to institutional processes. In: AMR 16: 145-179

Opp, K.D./Wippler, R. (Hrsg.) 1990: Empirischer Theorienvergleich. Erklärungen sozialen Verhaltens in Problemsituationen. Opladen

Ordelheide, D. 1988: Zu einer neoinstitutionalistischen Theorie der Rechnungslegung. In: Budäus, D./Gerum, E./Zimmermann, G. (Hrsg.): Betriebswirtschaftslehre und Theorie der Verfügungsrechte. Wiesbaden: 269-295

Orr, J. 1990: Sharing knowledge, celebrating identity: War stories and community memory in a service culture. In: Middleton, D.S./Edwards, D. (Hrsg.): Collective Remembering: Memory in society. London: 169-189

Orrù, M./Biggart, N.W./Hamilton, G.G. 1991: Organizational isomorphism in East Asia. In: Powell, W.W./DiMaggio, P.J. (Hrsg.): The New Institutionalism in Organizational Analysis. Chicago: 361-389

Ortmann, G. 1976: Unternehmungsziele als Ideologie. Zur Kritik betriebswirtschaftlicher und organisationstheoretischer Entwürfe einer Theorie der Unternehmungsziele. Köln

Ortmann, G. 1994: "Lean" - Zur rekursiven Stabilisierung von Kooperation. In: Schreyögg, G./Conrad, P. (Hrsg.): Managementforschung 4. Berlin: 143-184

Ortmann, G. 1995: Formen der Produktion. Organisation und Rekursivität. Opladen

Ortmann, G./Sydow, J./Windeler, A. 1997: Organisation als reflexive Strukturation. In: Ortmann, G./Sydow, J./Türk, K. (Hrsg.): Theorien der Organisation. Opladen: 315-354

Ortmann, G./Windeler, A./Becker, A./Schulz, H-J. 1990: Computer und Macht in Organisationen - Mikropolitische Analysen. Opladen

Orton, J.D./Weick, K.E. 1990: Loosely Coupled Systems: A Reconceptualization. In: AMR 15: 203-223

Osborn, R.N./Baughn, C.C. 1990: Forms of interorganizational governance for multinational alliances. In: AMJ 33: 503-519

Osterloh, M. 1993: Interpretative Organisations- und Mitbestimmungsforschung. Stuttgart

Osterloh, M./Frost, J. 1994: Business Reengineering: Modeerscheinung oder "Business Revolution". In: zfo 63: 356-363

Osterloh, M./Grand, S. 1998: Praxis der Theorie - Theorie der Praxis. Zum Verhältnis von Alltagstheorien des Managements und Praktiken der theoretischen Forschung. Vortrag beim 22. Workshop der Kommission Organisation im Verband der Hochschullehrer für Betriebswirtschaft, Berlin

Ouchi, W.G. 1980: Markets, bureaucracies and clans. In: ASQ 25: 120-142

Outhwaite, W. 1990: Agency and structure. In: Clark, J./Modgil, C./Modgil, S. (Hrsg.): Anthony Giddens - Consensus and Controversy. London: 63-72

Palay, T.M. 1984: Comparative institutional economics: The governance of rail freight contracting. In: J Leg Stud 13: 265-288

Palay, T.M. 1985: Avoiding regulatory constraints: Contracting safeguards and the role of informal agreements. In: JLEO 1: 155-175

Parker, D. 1993: Ownership, organizational changes and performance. In: Clarke, T./Pitelis, C. (Hrsg.): The Political Economy of Privatisation. London: 31-53

Parker, M./McHugh, G. 1991: Five texts in search of an author. A Response to John Hassard's 'Multiple paradigms and organizational analysis'. In: OS 12: 451-456

Parker, P. 1982: The metaphorical plot. In: Miall, D.S. (Hrsg.): Metaphor: Problems and Perspectives. Brighton: 133-157

Parkhe, A. 1993. Strategic alliance structuring: A game theoretic and transaction cost examination of inter-firm cooperation. In: AMJ 36: 794-829

Payne, R./Pugh, D.S. 1976: Organizational structure and climate. In: Dunnette, M.D. (Hrsg.): Handbook of Industrial and Organizational Psychology. Chicago: 1125-1174

Pechhold, E. 1974: 50 Jahre REFA. Berlin

Pennings, J.M. 1973: Measures of organizational structure. In: AJS 79: 686-704

Pentland, B.T./Rueter, H.H. 1994: Organizational routines as grammars of action. In: ASQ: 484-510

Perrow, C. 1985a: Comment on Langton's "Ecological Theory of Bureaucracy". In: ASQ 30: 278-284

Perrow, C. 1985b: Review essay: Overboard with myth and symbols. (Review of John W. Meyer and W. Richard Scott, Organizational Environments: Ritual and Rationality). In: AJS 91: 151-155

Perrow, C. 1986a: Economic theories of organization. In: Theory and Society 15: 11-45

Perrow, C. 1986b: Complex Organizations. A Critical Essay. 3. Aufl., New York, NY

Perrow, C. 1994: Pfeffer slips! In: AMR 19: 191-194

Perry, J.L./Rainey, H.G. 1988: The public-private distinction in organization theory: A critique and research strategy. In: AMR 13: 182-202

Peters, T. 1994: Tom Peters Seminar. London

Peters, T. J./Waterman, R. H. 1983: Auf der Suche nach Spitzenleistungen. 6. Aufl., Landsberg

Petrie, H.A. 1979: Metaphor and learning. In: Ortony, A. (Hrsg.): Metaphor and Thought. Cambridge: 438-461

Pettigrew, A. 1973: The Politics of Organizational Decision-Making. London

Pfeffer, J. 1972: Size and composition of corporate boards of directors. In: ASQ 17: 218-228

Pfeffer, J. 1982: Organizations and Organization Theory. Boston

Pfeffer, J. 1993: Barriers to the advancement of organization science: Paradigm development as a dependent variable. In: AMR 18: 599-620

Pfeffer, J. 1995: Mortality, reproducibility, and the persistence of style of theory. In: Organization Science 6: 681-686

Pfeffer, J. 1997: New Directions for Organization Theory. Problems and Prospects. London

Pfeffer, J./Salancik, G.R. 1978: The External Control of Organizations. A Resource Dependence Perspective. New York

Picot, A. 1981: Der Beitrag der Theorie der Verfügungsrechte zur ökonomischen Analyse von Unternehmungsverfassungen. In: Bohr, K./Drukarczyk, J./Drumm, H.J./Scherrer, G. (Hrsg.): Unternehmensverfassungen als Problem der Betriebswirtschaftslehre. Berlin: 153-197

Picot, A. 1982: Transaktionskostenansatz in der Organisationstheorie: Stand der Diskussion und Aussagewert. In: DBW 42: 267-284

Picot, A. 1986: Transaktionskosten im Handel. In: Betriebsberater, Beilage 13/1986 zu Heft 27/1986, 2. Hj.: 2-16

Picot, A. 1990: "Ökonomische Theorien der Organisation. Ein Überblick über neue Ansätze und deren betriebswirtschaftliches Anwendungspotential." Vortrag anläßlich der 52. Wissenschaftlichen Tagung des Verbandes der Hochschullehrer für Betriebswirtschaft, 5.-8. Juni 1990 in Frankfurt/M., Unveröffentlichtes Manuskript

Picot, A. 1991: Ein neuer Ansatz zur Gestaltung der Leistungstiefe. In: ZfbF 43: 336-357

Picot, A./Dietl, H./Frank, E. 1997: Organisation: Eine ökonomische Perspektive. Stuttgart

Picot, A./Kaulmann, T. 1989: Comparative performance of government-owned and privately-owned industrial corporations - Empirical results from six countries. In: JITE 145: 298-316

Picot, A./Michaelis, E. 1984: Verteilung von Verfügungsrechten in Großunternehmungen und Unternehmensverfassung. In: ZfB 54: 252-272

Picot, A./Schneider, D. 1988: Unternehmerisches Innovationsverhalten, Verfügungsrechte und Transaktionskosten. In: Budäus, D./Gerum, E./Zimmermann, G. (Hrsg.): Betriebswirtschaftslehre und Theorie der Verfügungsrechte. Wiesbaden: 91-118

Picot, A./Schneider, D./Laub, U. 1989: Transaktionskosten und innovative Unternehmensgründung. In: ZfbF 5: 358-387

Picot, A./Wenger, E. 1988: The employment relation from the transaction cost perspective. In: Dlugos, G./Dorow, W./Weiermair, K. (Hrsg.): Management under Different Labour Market and Employment Systems. Berlin: 29-43

Picot, A./Wolff, B. 1994: Institutional economics of public firms and administrations: Some guidelines for efficiency-oriented design. JITE 150: 211-232

Pielenz, M. 1993: Argumentation und Metapher. Tübingen

Pieper, R. 1988: Diskursive Organisationsentwicklung. Berlin

Pinder, C.C./Bourgeois, W.V. 1982: Controlling tropes in administrative science. In: ASQ 27: 641-652

Piore, M.J./Sabel, Ch.F. 1985: Das Ende der Massenproduktion. Studie über die Requalifizierung der Arbeit und Rückkehr der Ökonomie in die Gesellschaft. Berlin

Pirker, R. 1997: Die Unternehmung als soziale Institution: Eine Kritik der Transaktionskostenerklärung der Firma. In: Ortmann, G./Sydow, J./Türk, K. (Hrsg.): Theorien der Organisation: Die Rückkehr der Gesellschaft. Opladen: 67-80

Pisano, G.P. 1990: The R&D boundaries of the firm: An empirical analysis. In: ASQ 35: 153-176

Platon 1958: Sämtliche Werke 3: Phaidon, Politeia. Reinbek bei Hamburg

Pommerehne, W.W. 1990: Genügt bloßes Reprivatisieren? In: Aufderheide, D. (Hrsg.): Deregulierung und Privatisierung. Stuttgart: 27-63

Poole, P.P./Gioia, D.A./Gray, B. 1989: Influence modes, shema change, and organizational transformation. In: Journal of Applied Behavioral Science 25: 271-289

Poole, P.P./Gray, B./Gioia, D.A. 1990: Organizational script development through interactive accomodation. In: Group and Organization Studies 15: 212-232

Popper, K.R. 1969: Conjectures and refutations. The growth of scientific knowledge. London

Popper, K.R. 1972a: Objective Knowledge. Oxford

Popper, K.R. 1972b: Naturgesetze und theoretische Systeme. In: Albert, H. (Hrsg.): Theorie und Realität. 2. Aufl., Tübingen: 43-58

Popper, K.R. 1972c: Die Logik der Sozialwissenschaften. In: Adorno, Th.W./Albert, H./Dahrendorf, R./Habermas, J./Pilot, H./Popper, K.R. (Hrsg.): Der Positivismusstreit in der deutschen Soziologie. Darmstadt: 103-124

Popper, K.R. 1979: Die beiden Grundprobleme der Erkenntnistheorie. Tübingen

Popper, K.R. 1989: Logik der Forschung. 9. Aufl., Tübingen (Erstveröffentlichung 1935)

Porac, J.F./Thomas, H./Baden-Fuller, C. 1989: Competitive groups as cognitive communities: The case of Scottish knitwear manufactures. In: JMS 26: 397-416

Porras, J./Berg, P.O. 1978: The impact of organization development. In: AMR 2: 249-266

Porras, J.I./Robertson, P.J. 1992: Organizational developement: Theory, practice and research. In: Dunnette, M.D./Hough, L.M. (Hrsg.): Handbook of Industrial and Organizational Psychology. Palo Alto: 759-822

Portisch, W. 1997: Überwachung und Berichterstattung des Aufsichtsrats im Stakeholder-Agency-Modell. Frankfurt/M.

Powell, W.W. 1985: The institutionalization of rational organizations. In: Contemporary Sociology 14: 564-566

Powell, W.W. 1988: Institutional effects on organizational structure and performance. In: Zucker, L.G. (Hrsg.) Institutional Patterns and Organizations. Cambridge MA: 115-136

Powell, W.W. 1991: Expanding the scope of institutional analysis. In: Powell, W.W./DiMaggio, P.J. (Hrsg.): The New Institutionalism in Organizational Analysis. Chicago: 183-203

Power, M. 1997: The Audit Society. The Rituals of Verification. Oxford

Pratt, J.W./Zeckhauser, R.J. 1985: Principals and Agents: An Overview. In: Pratt, J.W./Zeckhauser, R.J. (Hrsg.): Principals of Agents: The Structure of Business. Boston: 1-35

Pries, L./Schmidt, R./Trinczek, R. 1989 (Hrsg.): Trends betrieblicher Produktionsmodernisierung. Opladen

Pries, L./Schmidt, R./Trinczek, R. 1990: Entwicklungspfade von Industriearbeit. Opladen

Probst, G.J.B. 1981: Kybernetische Gesetzeshypothesen als Basis für Gestaltungs- und Lenkungsregeln im Management. Bern

Probst, G.J.B. 1985: Regeln des systemischen Denkens. In: Probst, G.J.B./Siegwardt, H. (Hrsg.): Integriertes Management. Bausteine des systemorientierten Managements. Bern: 235-260

Probst, G.J.B. 1987: Selbst-Organisation. Ordnungsprozesse in sozialen Systemen aus ganzheitlicher Sicht. Berlin

Pugh, D.S. 1981: The Aston program perspective: The Aston program of research. Retrospect and prospect. In: Van de Ven, A.H./Joyce, W.F. (Hrsg.): Perspectives on Organization Design and Behavior. New York: 155-166

Pugh, D.S./Hickson, D.J. 1971: Eine dimensionale Analyse bürokratischer Strukturen. In: Mayntz, R. (Hrsg.): Bürokratische Organisation. 2. Aufl., Köln: 82-93

Pugh, D.S./Hickson, D.J. 1976: Organizational Structure in its Context. The Aston Programme I. Westmead

Pugh, D.S./Hickson, D.J./Hinings, C.R./MacDonald, K.M./Turner, C./Lupton, T. 1963: A conceptual scheme for organizational analysis. In: ASQ 8: 289-315

Pugh, D.S./Hickson, D.J./Hinings, C.R./Turner, C. 1968: Dimensions of organization structure. In: ASQ 13: 65-105

Pugh, D.S./Hickson, D.J./Hinings, C.R./Turner, C. 1969: The context of organization structures. In: ASQ 14: 91-114

Pugh, D.S./Hinings, C.R. (Hrsg.) 1976: Organizational Structure. Extensions and Replications. The Aston Programme II. Westmead

Pugh, D.S./Payne, R.L. (Hrsg.) 1977: Organizational Behaviour in Its Context. The Aston Programme III. Westmead, Farnb.

Putnam, L.L./Bantz, C./Deetz, S./Mumby, D./Van Maanen, J. 1993: Ethnography versus critical theory. Debating organizational research. In: Journal of Management Inquiry 2: 221-235

Putnam, L.L./Phillips, N./Chapman, P. 1996: Metaphors of communication and organization. In: Clegg, S.R./Hardy, C./Nord, W.R. (Hrsg.): Handbook of Organization Studies. London: 375-408

Radner, R. 1981: Monitoring cooperative agreements in a repeated principal-agent relationship. In: Econ 49: 1127-1148

Radnitzky, G./Andersson, G. (Hrsg.) 1978: Progress and Rationality in Science. Dordrecht

Raia, A.P. 1974: Managing by Objectives. Glenview

Rangan, V.K./Corey, E.R./Cespedes, F. 1993: Transaction cost theory: Inferences from clinical field research on downstream vertical integration. Organization Science 4: 454-477

Rao, H./Neilsen, E.H. 1992: An ecology of agency arrangements: Mortality of saving and loan associations, 1960-1987. In: ASQ 37: 448-470

Rao, M.V. H./Pasmore, W.A. 1989: Knowledge and Interests in Organization Studies. In: OS 10: 225-239

Ravenscraft, D.J./Scherer, F.M. 1987: Mergers, Sell-offs, and Economic Efficiency. Washington DC

Reed, M./Hughes, M. (Hrsg.) 1992: Rethinking Organization. New Directions in Organization Theory and Analysis. London

Reed, M.I. 1985: Redirections in Organizational Analysis. London

Reed, M.I. 1989: The Sociology of Management. New York

Reed, M.I. 1992: The Sociology of Organizations: Themes, Perspectives and Prospects. New York

Reed, M.I. 1993: Organizations and modernity: Continuity and discontinuity in organization theory. In: Hassard, J./Parker, M. (Hrsg.): Postmodernism and Organizations. London: 163-182

Rehnert, G.S. 1985: The executive compensation contract: Creating incentives to reduce agency costs. In: Stanford Law Review 37: 1147-1180

Reichwald, R./Höfer, C./Weichselbaumer, J. 1996: Erfolg von Reorganisationsprozessen. Leitfaden zur strategieorientierten Bewertung. Stuttgart

Reiss, M. 1993: Komplexität beherrschen durch "ORGA-TUNING". In: Reiss, M./Gassert, H./Horváth (Hrsg.): Komplexität meistern - Wettbewerdsfähigkeit sichern. Stuttgart: 1-42

Ress, G. 1994: Ex ante safeguards against ex post opportunism in international treaties: Theory and practice of international public law. JITE 150: 279-303

Richartz, W.E. 1976: Büroroman. Zürich

Richter, R. 1989: The Louvre Accord from the viewpoint of the New Institutional Economics. In: JITE 145: 704-719

Ricoeur, P. 1986: Die lebendige Metapher. München

Riley, P. 1983: A structurationist account of political culture. In: ASQ 28: 414-437

Ringlstetter, M. 1988: Auf dem Weg zu einem evolutionären Management. München

Riordan, M.H./Williamson, O.E. 1985: Asset specificity and economic organization. In: International Journal of Industrial Organization 3: 365-378

Ritzer, G. 1995: Die MacDonaldisierung der Gesellschaft. Frankfurt/M.

RKW (Hrsg.) 1931: Der Mensch und die Rationalisierung. Bd. 1. Jena

Roberts, P.W./Greenwood, R. 1997: Integrating transaction cost and institutional theories: Towards a constrained-efficiency framework for understanding organizational adoption. In: AMR 22: 346-373

Rodgers, D.T. 1978: The Work Ethic in Industrial America 1850-1920. Chicago

Roesky, E. 1878: Die Verwaltung und Leitung von Fabriken speciell von Maschinen-Fabriken unter Berücksichtigung des gegenwärtigen Standes der deutschen Industrie mit besonderer Bezugnahme auf die Eisenbranche. Leipzig

Roethlisberger, F.J. 1941: Management and Morale. Cambridge, MA

Roethlisberger, F.J./Dickson, W.J. 1939: Management and the Worker. Cambridge, MA

Rolf, A./Berger, P./Klischewski, R./Kühn, M./Maßen, A./Winter, R. 1990: Technikleitbilder und Büroarbeit. Opladen

Romanelli, E. 1991: The Evolution of New Organizational Forms. In: ARS 17: 79-103

Röpke, J. 1977: Die Strategie der Innovation. Tübingen

Rose, H. 1980: Arbeitsorientierte Organisationsentwicklung im Interesse der Arbeitnehmer. In: Sievers, B./Slesina, W. (Hrsg.): Organisationsentwicklung in der Diskussion. Offene Systemplanung und partizipative Organisationsforschung. Wuppertal: 134-151

Rosen, S. 1985: Implicit contracts: A survey. In: JEL 23: 1144-1175

Rosenstock, E. 1922: Werkstattaussiedlung. Berlin

Ross, S.A. 1973: The economic theory of agency: The principal's problem. In: AER 63: 134-139

Rossi, P. 1986: Max Weber und die Methodologie der Geschichts- und Sozialwissenschaften. In: Kocka, J. (Hrsg.): Max Weber, der Historiker. Göttingen: 28-50

404

Rostow, E.V. 1959: To whom and for what ends is corporate management responsible? In: Mason, E.S. (Hrsg): The Corporation in Modern Society. New York: 46-71

Roth, G. 1978: Die Bedeutung der biologischen Wahrnehmungsforschung für die philosophische Erkenntnistheorie. In: Hejl, P.M./Köck, W.K./Roth, G. (Hrsg.): Wahrnehmung und Kommunikation. Frankfurt/M.: 65-78

Roth, G. 1986: Selbstorganisation - Selbsterhaltung - Selbstreferentialität.: Prinzipien der Organisation der Lebewesen und ihre Folgen für die Beziehung zwischen Organismen und Umwelt. In: Dress, H./Hendrichs, H./Küppers, G. (Hrsg.): Die Entstehung von Ordnung in Natur und Gesellschaft. München: 149-180

Roth, G. 1987: Erkenntnis und Realität. Das reale Gehirn und seine Wirklichkeit. In: Schmidt, S.J. (Hrsg.): Der Diskurs des Radikalen Konstruktivismus. Frankfurt/M.: 229-255

Rothschild-Whitt, J. 1979: The collectivist organization: An alternative to rational bureaucratic models. In: ASR 44: 509-527

Rüegsegger, R. 1986: Die Geschichte der Angewandten Psychologie. Ein internationaler Vergleich am Beispiel der Entwicklung in Zürich. Bern

Rushing, W.A. 1966: Organizational size and administration: The problems of causal homogenity and a heterogenous category. In: Pacific Soc R 9: 100-108

Sackmann, S. 1989: The role of metaphors in organization transformation. In: HR 42: 463-485

Sadowski, D. 1989: Währt ehrlich am längsten? Personalpolitik zwischen Arbeitsrecht und Unternehmenskultur. In: Budäus, D./Gerum, E./Zimmermann, G. (Hrsg.): Betriebswirtschaftslehre und Theorie der Verfügungsrechte. Wiesbaden: 219-238

Sadowski, D./Pull, K. 1997: Betriebliche Sozialpolitik politisch gesehen: Erfolgsorientierte vs. verständigungsorientierte Rhetorik in Praxis und Theorie. In: DBW 57: 149-166

Schein, E.H. 1965: Organizational Psychology. Englewood Cliffs, NJ

Schein, E.H. 1969: Process Consultation: Its Role in Organization Development. 2. Aufl., Reading, MA

Scherer, A.G. 1993: Rationalität und Begründung – Antworten auf Stephan Zelewski. In: BFuP 45: 207-227

Scherer, A.G. 1995: Pluralismus im strategischen Management. Wiesbaden

Scherer, A.G. (Hrsg.) 1998: Thematic issue on pluralism and incommensurability in strategic management and organization theory: Consequences for theory and practice. In: Organization 5: 145-283

Scherer, A.G./Beyer, R. 1998: Der Konfigurationsansatz im Strategischen Management – Rekonstruktion und Kritik. In: DBW 58: 332-347

Scherer, A.G./Dowling, M.J. 1995: Towards a reconciliation of the theory pluralism in strategic management: Incommensurability and the constructivist approach of the Erlangen School: In: Shrivasta, P./Stubbart, Ch.I. (Hrsg.): Advances in Strategic Management II. Greenwich, CT

Scherer, A.G./McKinley, W./Mone, M.A./Kaghan, W./Phillips, N./Bouchikhi, H./Spender, J.C. 1996: Theory pluralism and incommensurability in strategic management and organization theory. Consequences for theory and practice. Proposal for a symposium. 1996 National Academy of Management Meeting, Cincinnati (Ohio). Aug. 11-14. 1996

Scherer, A.G./Steinmann, H. 1997: Some remarks on the problem of incommensurability in organization studies. Paper presented at the Academy of Management annual meeting, Boston, MA, Aug. 1997 (Veröffentlichung in Vorbereitung)

Schienstock, G. 1991: Struktur, Politik oder soziale Praxis - Perspektiven einer soziologischen Theorie des Managements. In: Österreichische Zeitschrift für Soziologie 16: 27-40

Schienstock, G./Müller, V. 1978: Organisationsentwicklung als Verhandlungsprozeß. In: Soziale Welt 29: 375-393

Schlaifer, R. 1980: The Relay Assembly Test Room: An alternative statistical interpretation. In: ASR 45: 995-1005

Schlucher, W. 1998: Die Entstehung des modernen Rationalismus. Eine Analyse von Max Webers Entwicklungsgeschichte des Okzidents. Frankfurt/M.

Schmalenbach, E. 1927: Die gesellschaftliche und finanzielle Seite der Rationalisierung für den einzelnen Betrieb. In: Maschinenbau 6(10): 503-509

Schmidt, E. 1901: Die Fabrikorganisation. Ein praktischer Leiter durch jeden Betrieb. Stuttgart

Schmidt, G. 1980: Max Webers Beitrag zur empirischen Industrieforschung. In: KZfSS 32: 76-92

Schmidt, G. 1981: Organisation - Methode und Technik. 4. Aufl., Gieben

Schmidt, R.H. 1981a: Ein neo-institutionalistischer Ansatz der Finanzierungstheorie. In: Rühli, E./Thommen, J.-P. (Hrsg): Unternehmungführung aus finanz- und bankwirtschaftlicher Sicht. Stuttgart: 135-154

Schmidt, R.H. 1981b: Grundformen der Finanzierung. Eine Anwendung des neo-institutionalistischen Ansatzes der Finanzierungstheorie. In: Kredit und Kapital 14: 186-221

Schmidt, R.H. 1988: Neuere Property Rights Analysen in der Finanzierungstheorie. In: Budäus, D./Gerum, E./Zimmermann, G. (Hrsg.): Betriebswirtschaftslehre und Theorie der Verfügungsrechte. Wiesbaden: 239-267

Schmidt, R.W. 1976: Multivariate Verfahren in der empirischen Organisationsforschung. Meisenheim/Glan

Schmidt, S.J. 1987: Der Radikale Konstruktivismus: Ein neues Paradigma im interdisziplinären Diskurs. In: Schmidt, S.J. (Hrsg.): Der Diskurs des Radikalen Konstruktivismus. Frankfurt/M.: 11-88

Schmitz, R. 1988: Kapitaleigentum, Unternehmensführung und interne Organisation. Wiesbaden

Schmoller, G. 1894: Ueber Behördenorganisation, Amtswesen und Beamtenthum im Allgemeinen und speciell in Deutschland und Preußen. In: Schmoller, G./Krauske, D. (Hrsg.): Acta Borussia, Bd. I: Die Behördenorganisation und die allgemeine Staatsverwaltung Preußens im 18. Jahrhundert. Berlin: 1-143

Schnabl, H. 1990: Biologische Evolution von Firmen und Märkten. In: Witt, U. (Hrsg.): Studien zur Evolutionären Ökonomik I. Berlin: 221-242

Schneider, D. 1985: Die Unhaltbarkeit des Transaktionskostenansatzes für "Markt oder Unternehmung"-Diskussion. In: ZfB 55: 1237-1254

Schneider, D. 1987: Allgemeine Betriebswirtschaftslehre. 3. Aufl., München

Schneider, P. 1972: Kriterien der Subordinationsspanne. Berlin

Schoenherr, R.A./Fritz, J. 1967: Some new techniques in organization research. In: Public Personnel Review: 156-161

Scholz, C. 1992: Effektivität und Effizienz, organisatorische. In: Frese, E. (Hrsg.): HWO. 3. Aufl., Stuttgart: 533-552

Scholz, R./Vrohlings, A. 1994: Realisierung von Prozeßmanagement. In: Gaitanides, M./Scholz, R./Vrohlings, A./Raster, M. (Hrsg.): Prozeßmanagement. Konzepte, Umsetzungen und Erfahrungen des Reengineering. München: 21-36

Schön, D.A. 1979: Generative metaphor: A perspective on problem-setting in social policy. In: Ortony, A. (Hrsg.): Metaphor and Thought. Cambridge: 254-283

Schotter, A. 1981: The Economic Theory of Social Institutions. Cambridge

Schreyögg, G. 1978: Umwelt, Technologie und Organisationsstruktur. Eine Analyse des kontingenztheoretischen Ansatzes. Bern

Schreyögg, G. 1980: Contingency and choice in organization theory. In: OS 1: 315-326

Schreyögg, G. 1987: Führungstheorien - Situationstheorie. In: Kieser, A./Reber, G./Wunderer, R. (Hrsg.): HWFü. Stuttgart: 881-892

Schreyögg, G. 1992: Book review of John Hassard and Denis Pym (Hrsg.). The theory and philosophy of organizations. Critical issues and new perspectives. In: OS 13: 121-125

Schreyögg, G./Steinmann, H. 1981: Zur Trennung von Eigentum und Verfügungsgewalt - Eine empirische Analyse der Beteiligungsverhältnisse in deutschen Großunternehmen. In: ZfB 51: 533-558

Schultz, M. 1994: On Studying Organizational Cultures: Diagnosis and Understanding. Berlin

Schultz, M./Hatch, M.J. 1996: Living with multiple paradigms: The case of paradigm interplay in organizational culture studies. In: AMR 21: 529-557

Schultz-Wild, R./Nuber, C./Rehberg, F./Schmierl, K. 1989: An der Schwelle zu CIM. Strategien, Verbreitung, Auswirkungen. Eschborn

Schulz, M. 1993: Learning, Institutionalization and Obsolescence in Organizational Rule Histories. Unpublished Ph.D. Thesis, Stanford University 1993.

Schuster, H. 1987: Industrie und Sozialwissenschaften. Eine Praxisgeschichte der Arbeits- und Industrieforschung in Deutschland. Frankfurt/M.

Schütz, A. 1971: Gesammelte Aufsätz. Bd. 1: Das Problem der sozialen Wirklichkeit. Den Haag

Schwalbach, J. 1991: Vorstandsbezüge werden falsch berechnet. In: Harvard Manager 13(3): 39-42

Schwenger, H. (Hrsg.) 1984: Menschen im Büro - von Kafka zu Martin Walser. Vierzig Geschichten. München

Schwödiauer, G. 1980: Korreferat zu Röpke, J.: Zur Stabilität und Evolution marktwirtschaftlicher Systeme aus klassischer Sicht. In: Streißler, E./Watrin, C. (Hrsg.): Zur Theorie marktwirtschaftlicher Ordnungen. Tübingen: 155-159

Scott, W.R. 1971: Konflikte zwischen Spezialisten und bürokratischen Organisationen. In: Mayntz, R. (Hrsg.): Bürokratische Organisation. Köln: 201-216

Scott, W.R. 1987a: Organizations: Rational, Natural and Open Systems. 2. Aufl., Englewood Cliffs, NJ

Scott, W.R. 1987b: The adolescence of institutional theory. In: ASQ 32: 493-511

Scott, W.R. 1991: From Barnard to the Institutionalists. In: Williamson, O.E. (Hrsg.): Organization Theory. New York: 38-55

Scott, W.R. 1992a: Introduction: From technology to environment. In: Meyer, J.W./Scott, W.R. (Hrsg.): Organizational Environments. Ritual and Rationality. 2. überarb. Aufl., Newbury Park, CA: 13-17

Scott, W.R. 1992b: The organization of environments: Network, cultural, and historical elements. In: Meyer, J.W./Scott, W.R. (Hrsg.): Organizational Environments. Ritual and Rationality. 2. überarb. Aufl., Newbury Park, CA: 155-175

Scott, W.R. 1992c: Health care organizations in the 1980s: The convergence of public and professional control systems. In: Meyer, J.W./Scott, W.R. (Hrsg.): Organizational Environments. Ritual and Rationality. 2. überarb. Aufl., Newbury Park, CA: 99-113

Scott, W.R. 1994a: Institutions and organizations: Toward a theoretical synthesis. In: Scott, W.R./Meyer, J.W. (Hrsg.): Institutional Environments and Organizations: Structural Complexity and Individualism. Thousand Oaks, CA: 55-80

Scott, W.R. 1994b: Institutional analysis: Variance and process theory approaches. In: Scott, W.R./Meyer, J.W. (Hrsg.): Institutional Environments and Organizations: Structural Complexity and Individualism. Thousand Oaks, CA: 81-99

Scott, W.R. 1994c: Law and organizations. In: Sitkin, S.B./Bies, R.J. (Hrsg.): The Legalistic Organization. Thousand Oaks, CA: 3-18

Scott, W.R. 1995: Institutions and Organizations. Thousand Oaks, CA

Scott, W.R./Christensen, S. (Hrsg.) 1995: The Institutional Construction of Organizations. Thousand Oaks, CA

Scott, W.R./Meyer, J.W. 1991a: The organization of societal sectors: Propositions and early evidence. In: Powell, W.W./DiMaggio, P.J. (Hrsg.): The New Institutionalism in Organizational Analysis. Chicago: 108-140 (überarbeitete Version des Beitrags "The organization of societal sectors" in: Scott, W.R./Meyer, J.W. (Hrsg.): Organizational Environments: Ritual and Rationality. Beverly Hills: 129-153)

Scott, W.R./Meyer, J.W. 1991b: The rise of training programs in firms and agencies: An institutional perspective. In: Cummings, L.L./Staw, B.M. (Hrsg.): Research in Organizational Behavior 13: 297-326

Scott, W.R./Meyer, J.W. 1994: Developments in institutional theory. In: Scott, W.R./Meyer, J.W. (Hrsg.): Institutional Environments and Organizations: Structural Complexity and Individualism. Thousand Oaks, CA: 1-8

Segler, T. 1985: Die Evolution von Organisationen. Frankfurt/M.

Segre, S. 1989: Max Webers Theorie der kapitalistischen Entwicklung. In: Weiß, J. (Hrsg.): Max Weber heute. Erträge und Probleme der Forschung. Frankfurt/M.: 445-460

Seidel, E./Jung, R.H. 1987: Führungstheorien, Geschichte der. In: Kieser, A./Reber, G./Wunderer, R. (Hrsg.): HWFü. Stuttgart: 774-789

Seltz, R. 1994: "Laboratorien der Moderne": Psychotechnik und "rationelle Menschenwirtschaft". In: Normierung I. Begleitheft zur Ausstellung "Tanz auf dem Vulkan. Die goldenen 20er in Bildern, Szenen und Objekten". Mannheim

Selznick, P. 1943: An approach to the theory of bureaucracy. In: ASR 8: 47-54

Selznick, P. 1957: Leadership in Administration. Evanston, IL

Selznick, P. 1996: Institutionalism "old" and "new". In: ASQ 41: 270-277

Servatius, H.-G. 1991: Vom strategischen Management zur evolutionären Führung. Stuttgart

Sewell, W.H. Jr. 1992: A theory of structure: Duality, agency, and transformation. In: AJS 85: 1-29

Shavell, S. 1979: Risk sharing and incentives in the principal and agent relationship. In: BJE 10: 53-73

Shelanski, H.A./Klein, P.G. 1995. Empirical research in transaction cost economics: A review and assessment. In: JLEO 11: 335-361

Sherif, M. 1936: The Psychology of Social Norms. New York

Shibles, W.A. 1974: The metaphorical method. In: Journal of Aesthetic Education 7: 25-36

Shotter, J. 1993: Conversational Realities: Constructing Life through Language. London

Shrivastava, P. 1986: Is strategic management ideological? In: JM 12: 363-377

Sichrovsky, P. 1988: Seelentraining. Wie man in sechs Tagen sein Gesicht verliert. Ein Bericht. Reinbek bei Hamburg

Siegrist H. 1981: Vom Familienbetrieb zum Managerunternehmen. Angestellte und industrielle Organisation am Beispiel der Georg Fischer AG in Schaffhausen 1797-1930. Göttingen

Siemens 1974: Organisationsplanung. Planung durch Kooperation. Berlin/München

Silverman, D. 1968: Formal organizations or industrial sociology: Towards a social action analysis of organizations. In: Sociol 2: 221-238

Silverman, D. 1970: The Theory of Organizations. London

Silverman, D. 1972: Theorie der Organisation. Wien

Silverman, D./Jones, J. 1976: Organizational Work - The Language of Grading - The Grading of Language. London

Simon, H.A. (Hrsg.) 1957a: Models of Man. Social and Rational. New York

Simon, H.A. 1957b: Causal ordering and identifiability. In: Simon, H.A. (Hrsg.): Models of Man. New York: 10-36

407

Simon, H.A. 1957c: A comparison of organization theories. In: Simon, H.A. (Hrsg.): Models of Man. New York: 170-182

Simon, H.A. 1957d: A formal theory of the employment relation. In: Simon, H.A. (Hrsg.): Models of Man. New York: 183-195

Simon, H.A. 1964: On the concept of organizational goal. In: ASQ 9: 1-22 (wieder abgedruckt in Simon 1976: Administrative Behavior. New York)

Simon, H.A. 1965: The new science of management decision. In: Simon, H.A. (Hrsg.): The Shape of Automation for Men and Management. New York: 53-111

Simon, H.A. 1976: Administrative Behavior. A Study of Decision-Making Processes in Administrative Organizations. 3. Aufl., New York (erstmals 1945)

Simon, H.A. 1979: Rational decision making in business organizations. In: AER 69: 493-513

Simon, H.A. 1991a: Bounded rationality and organizational learning. In: Organization Science 2: 125-135

Simon, H.A. 1991b: Organizations and markets. In: JEP 5: 25-44

Simon, H.A. 1991c: Models Of My Life. New York

Simon, H.A./Kozmetsky, G./Guetzkow, H./Tyndall, G. 1954: Centralization vs. Decentralization in Organizing the Controller's Department. New York

Singh, J.V./Baum, J.A.C. (Hrsg.) 1994: Evolutionary Dynamics of Organisations. New York

Singh, J.V./House, R.J./Tucker, D.J. 1986: Organizational change and organizational mortality. In: ASQ 31: 587-611

Singh, J.V./Lumsden, C.J. 1990: Theory and research in organizational ecology. In: ARS 16: 161-195

Singh, J.V./Tucker, D.J./House, R.J. 1986: Organizational legitimacy and the liability of newness. In: ASQ 31: 171-193

Smircich, L. 1983a: Concepts of culture and organizational analysis. In: ASQ 28: 339-358

Smircich, L. 1983b: Organizations as shared meanings. In: Pondy, L.R./Frost, P.J./Morgan, O./Dandridge, T.C. (Hrsg.): Organizational Symbolism. Greenwich: 55-65

Smircich, L./Stubbart, C., 1985: Strategic management in an enacted world. In: AMR 10: 724-736

Smith, A. 1908/1920: Eine Untersuchung über Natur und Wesen des Volkswohlstandes. 2 Bde. Jena

Soeffner, H.-G. 1992: Rekonstruktion statt Konstruktivismus. 25 Jahre 'Social Construction of Reality". In: Soziale Welt 43: 476-481

Söllheim, F. 1922: Taylor-System für Deutschland. München

Sombart, W. 1916: Der moderne Kapitalismus I: Die vorkapitalistische Wirtschaft. 2. Aufl., Berlin

Spencer, H. 1885: Man versus the State. London

Spiller, P.T. 1985: On vertical mergers. JLEO 1: 285-312

Spitzley, H. 1980: Wissenschaftliche Betriebsführung. REFA-Methodenlehre und Neuorientierung der Arbeitswissenschaft. Köln

Sprenger, R.K. 1992: Mythos Motivation. Wege aus einer Sackgasse. Frankfurt/M.

Spur, G. 1984: Aufschwung, Krisis und Zukunft der Fabrik. Produktionstechnisches Kolloquium Berlin, PTK' 83. München

Spybey, T. 1984: Traditional and professional frames of meaning in management. In: Sociol 18: 550-562

Staehle, W.H. 1973: Organisation und Führung sozio-technischer Systeme. Grundlagen einer Situationstheorie. Stuttgart

Staehle, W.H. 1989: Management. 4. Aufl., München

Staehle, W.H. 1991: Organisatorischer Konservatismus in der Unternehmensberatung. In: Gruppendynamik 22(1): 19-32

Stanley, S.M. 1981: The new evolutionary timetable. New York

Starbuck, W.H. 1981: A trip to view the elephants and rattlesnakes in the garden of Aston. In: Van de Ven, A.H./Joyce, W.F. (Hrsg.): Perspectives on Organization Design and Behavior: 167-198. New York

Steffy, B.D./Grimes, A.J. 1986: A critical theory of organization science. In: AMR 11: 322-336

Steinmann, H./Böhm, H./Braun, W./Gerum, E./Schreyögg, G. 1976: Betriebswirtschaftslehre und Praxis. Vorüberlegungen auf der Grundlage der Konstruktiven Philosophie und Wissenschaftstheorie. In: Ulrich, H. (Hrsg.): Zum Praxisbezug der Betriebswirtschaftslehre in wissenschaftstheoretischer Sicht, Bern: 51-92

Steinmann, H./Löhr, A. 1994: Grundlagen der Unternehmensethik, 2. Aufl., Stuttgart

Steinmann, H./Scherer A.G. 1995: Wissenschaftstheorie. In: Corsten, H. (Hrsg.): Lexikon der Betriebswirtschaftslehre. 3. Aufl., München: 1056-1063

Steinmann, H./Scherer, A.G. 1994: Lernen durch Argumentieren: Theoretische Probleme konsensorientierten Handelns. In: Albach, H. (Hrsg.): Globale Soziale Marktwirtschaft. Festschrift für Santiago Garcia Echevaria. Wiesbaden: 263-285

Steinmann, H./Schreyögg, G. 1984: Zur Bedeutung des Arguments der "Trennung von Eigentum und Verfügungsgewalt" - Eine Erwiderung. In: ZfB 54: 273-283

Steinmann, H./Schreyögg, G. 1997: Management. Grundlagen der Unternehmensführung. 4. Aufl., Wiesbaden

Steinmann; H. 1978: Betriebswirtschaftslehre als normative Handlungswissenschaft. In: Steinmann, H. (Hrsg.): Betriebswirtschaftslehre als normative Handlungswissenschaft. Zur Bedeutung der Konstruktiven Wissenschaftstheorie für die Betriebswirtschaftslehre. Wiesbaden: 73-102

Stetter, T. 1994: Unternehmensentwicklung und strategische Unternehmensführung. Zur paradigmatischen Bedeutung des Entwicklungsbegriffs für eine Theorie der strategischen Unternehmensführung. München

Stewart, R./Barsoux, J.L./Kieser, A./Ganter, H.-D./Walgenbach, P. 1994: Managing in Britain and Germany. London

Sticht, T.G. 1979: Educational uses of metaphor. In: Ortony, A. (Hrsg.): Metaphor and Thought. Cambridge: 474-485

Stinchcombe, A.L. 1965: Organizations and Social Structure. In: March, J.G. (Hrsg.): Handbook of Organizations: 153-193. Chicago

Stinchcombe, A.L. 1990: Information and Organizations. Berkeley, CA

Storing, H.J. 1962: The science of administration: Herbert A. Simon. In: Storing, H.J. (Hrsg.): Essays on the Scientific Study of Politics. New York: 63-150

Strauss, L. 1956: Naturrecht und Geschichte. Stuttgart

Strauss-Fehlberg, G. 1978: Die Forderung nach Humanisierung der Arbeitswelt. Köln

Streeck, W. 1992: Revisiting status and contract: Puralism, corporatism and flexibility. In: Streeck, W. (Hrsg.): Social Institutions and Economic Performance. London: 41-75

Striemer, A. 1923: Der Industriearbeiter. Breslau

Stuckey, J. 1983: Vertical Integration and Joint Ventures in the Aluminium Industry. Cambridge, MA

Suchman, M.C. 1995: Managing legitimacy: Strategic and institutional approaches. In: AMR 20: 571-610

Swoboda, P./Walland, G. 1987: Zur Erfolgsabhängigkeit der Managerentlohnung in Österreich und zur Transparenz des österreichischen Managermarktes. In: JfB 37: 210-226

Sydow, J. 1992: Strategische Netzwerke. Evolution und Organisation. Wiesbaden

Sydow, J./Well, B. van 1996: Wissensintensiv durch Netzwerkorganisation - Strukturationstheoretische Analyse eines wissensintensiven Netzwerkes. In: Schreyögg, G./Conrad, P. (Hrsg.): Managementforschung 6. Berlin: 191-234

Sydow, J./Windeler, A./Krebs, M./Loose, A./van Well, B. 1995: Organisation von Netzwerken - Strukturationstheoretische Analysen der Vermittlungspraxis in Versicherungsnetzwerken. Opladen

Tacke, V. 1997: Systemrationalisierung an ihren Grenzen - Organisationsgrenzen und Funktionen von Grenzstellen in Wirtschaftsorganisationen. In: Schreyögg, G./Sydow, J. (Hrsg.): Managementforschung 7. Berlin: 1-44

Takahashi, N. 1997: A single garbage can model and the degree of anarchy in Japanese firms. In: HR 50: 91-108

Tatur, M. 1979: Wissenschaftliche Arbeitorganisation. Arbeitswissenschaften und Arbeitsorganisation in der Sowjetunion 1921-1935. Berlin

Taylor, C. 1983: Political theory and practice. In: Lloyd, C. (Hrsg.): Social Theory and Political Practice. Oxford

Taylor, F.W. 1906: On the art of cutting metals. In: Transactions of the American Society of Mechanical Engineers 28

Taylor, F.W. 1912: Testimony at Hearings before Special House Committee of the House of Representatives to Investigate the Taylor and other Systems of Shop Management. In: Report no. 930. Government Printing Office. Washington, DC

Taylor, F.W. 1913: Die Grundsätze wissenschaftlicher Betriebsführung. München (Original: The Principles of Scientific Management. New York 1911)

Taylor, F.W. 1920: Die Betriebsleitung, insbesondere der Werkstätten. 3. Aufl., Berlin (Original: Shop Management, New York 1903)

Taylor, J.R./Lerner, L. 1996: Making sense of sensemaking: How managers construct their organisation through their talk. In: Studies in Cultures, Organisations and Societies 2: 257-286

Taylor, M.P. 1987: The simple analytics of implicit labour contracts. In: BoER 39: 1-27

Thom, N. 1992: Organisationsentwicklung. In: Frese, E. (Hrsg.): HWO. 3. Aufl., Stuttgart: 1477-1491

Thompson, J.B. 1989: The theory of structuration. In: Held, D./Thompson, J.B. (Hrsg.): Anthony Giddens and his Critiques. Cambridge: 56-76

Tietzel, M. 1981: Die Ökonomie der Porperty Rights: Ein Überblick. In: Zeitschrift für Wirtschaftpolitik 3: 207-243

Tirole, J. 1988: The Theory of Industrial Organization. Cambridge, MA

Tolbert, P.S. 1985: Resource dependence and institutional environments: Sources of administrative structure in major law firms. In: ASQ 30: 1-13

Tolbert, P.S. 1988: Institutional sources of organizational culture in major law firms. In: Zucker, L.G. (Hrsg.) Institutional Patterns and Organizations. Cambridge MA: 101-113

Tolbert, P.S./Zucker, L.G. 1983: Institutional sources of change in the formal structure of organizations: The diffusion of civil service reform, 1880-1935. In: ASQ 28: 22-39

Tolbert, P.S./Zucker, L.G. 1996: The institutionalization of Institutional Theory. In: Clegg, S.R./Hardy, C./Nord, W.R. (Hrsg.): Handbook of Organization Studies. London: 175-190

Tolkmitt, H. 1894: Grundriß der Geschäftsführung. Leipzig

Toulmin, S. 1975: Der Gebrauch von Argumenten. Kronberg

Travers, H.J. 1979: Organization: Size and Intensity. Washington

Trebesch, K. 1980: Ursprung und Ansatz der Organisationsentwicklung sowie Anmerkungen zur Situation in Europa. In: Koch, J./Meuers, H./Schuck, M. (Hrsg.): Organisationsentwicklung in Theorie und Praxis. Frankfurt/M.: 31-50

Trebesch, K. 1982: 50 Definitionen der Organisationsentwicklung - und kein Ende. In: Zeitschrift der Gesellschaft für Organisationsentwicklung 1,2: 37-62

Trebesch, K. 1984: Organisationsentwicklung in der Krise. In: Hinterhuber, H.H./Laske, S. (Hrsg.): Zukunftsorientierte Unternehmenspolitik. Freiburg: 312-328

Tucker, D.J./Singh, J.V./Meinhard, A.G. 1989: Founding conditions, environmental selection and organizational mortality: Unpublished Working Paper, McMaster University

Tucker, D.J./Singh, J.V./Meinhard, A.G./House, R.J. 1988: Ecological and institutional sources of change in organizational populations. In: Carroll, G.R. (Hrsg.): Ecological Models of Organizations. Cambridge MA: 127-151

Tuma, N.B./Hannan, M.T. 1984: Social Dynamics - Models and Methods. Orlando

Türk, K. 1989: Neuere Entwicklungen in der Organisationsforschung. Ein Trendreport. Stuttgart

Türk, K. 1997: Organisation als Institution der kapitalistischen Gesellschaftsformation. In: Ortmann, G./Sydow, J./Türk, K. (Hrsg.): Theorien der Organisation. Die Rückkehr der Gesellschaft. Opladen: 124-180

Turner, J.H. 1991: The Structure of Scociological Theory. 5. Aufl., Bedlmont, CA

Turner, R.H. 1962: Role-taking: Process versus conformity. In: Rose, A.M. (Hrsg.): Human behavior and social processes. London: 20-40

Turner, S.D. 1977: Blau's theory of differentiation: Is it explanatory? In: Benson, J.K. (Hrsg.): Organizational Analysis: Critique and Innovation. Beverly Hills: 19-34

Tversky, A./Kahneman, D. 1973: Availability: A heuristic for judging frequency and probability. In: Cognitive Psychology 5: 207-232

Udy, S.H. Jr. 1959: "Bureaucracy" and "rationality" in Weber's organization theory. An empirical study. In: ASR 24: 791-795

Udy, S.H. Jr. 1965: The comparative analysis of organizations. In: March, J.G. (Hrsg.): Handbook of Organizations. Chicago: 678-709

Ulich, E. 1994: Arbeitspsychologie. 3. Aufl., Zürich

Ulich, E./Conrad-Betschart, H./Baitsch, C. 1989: Arbeitsform mit Zukunft: Ganzheitlich flexibel statt arbeitsteilig. Bern

Ulrich, D. 1987: The population perspective: Review, critique, and relevance. In: HR 40: 137-152

Ulrich, D. 1984: Management. Bern

Ulrich, P. 1986: Transformation der ökonomischen Vernunft. Fortschrittsperspektiven der modernen Industriegesellschaft. Bern

Ulset, S. 1996: R&D outsourcing and contractual governance: An empirical study of commercial R&D projects. In: JEBO 30: 63-82

Umbeck, J. 1981: Might makes right: A theory of the formation and initial distribution of property rights. In: Economic Enquiry 19: 38-59

Ure, A. 1835: The Philosophy of Manufacturers: Or, An Exposition of the Scientific, Moral, and Commercial Economy of the Factory System. London

Urry, J. 1982: Duality of structure: Some critical issues. In: Theory, Culture and Society 1: 100-106

Urwick, L.F. 1937: Organization as a technical problem. In: Gulick, v.L./Urwick, L.F. (Hrsg.): Papers on the Science of Administration. New York

Urwick, L.F. 1961: Why the So-called "Classicists" Endure. In: MIR 11: 1-3

Useem, M. 1979: The social organization of the American business elite and participation of corporation directors in the governance of American institutions. In: ASR 44: 553-572

Usher, J.M./Evans, M.G. 1996: Life and death along gasoline alley: Darwinian and lamarckian processes in a differentiating population. In: AMJ 39: 1428-1466

Vahrenkamp, R. 1976: Taylors Lehren - ein Mittelklassetraum. Überlegungen zu einem Rätsel. In: Kursbuch (43): 14-26

Vahrenkamp, R. 1977: Frederic Winslow Taylor - Ein Denker zwischen Manufaktur und Großindustrie. Vorwort. In: Vahrenkamp, R./Volpert, W. (Hrsg.): Taylor, F.W.: Die Grundsätze wissenschaftlicher Betriebsführung. Weinheim

Van Maanen, J. 1995a: Style as theory. In: Organization Science 6: 133-143

Van Maanen, J. 1995b: Fear and loathing in OS. In: Organization Science 6: 687-692

Vanberg, V. 1984: Evolution und spontane Ordnung. Anmerkungen zu F.A. von Hayeks Theorie der kulturellen Evolution. In: Albert, H. (Hrsg.): Ökonomisches Denken und soziale Ordnung. Tübingen: 81-112

Varaiya, N.P./Ferris, K.R. 1987: Overpaying in corporate takeovers: The winner's curse. In: Financial Analysts Journal 43(3): 64-71

Viteles, M.S. 1932: Industrial Psychology. New York

Volkholz, V. 1991: HdA-Bilanzierung. Dortmund

Wagner, J. 1994: The post entry performance of German manufacturing firms. In: Journal of Industrial Economics 42: 141-152

Walgenbach, P. 1994: Mittleres Management. Aufgaben - Funktionen - Arbeitsverhalten. Diss. Wiesbaden

Walgenbach, P. 1995: Die Theorie der Strukturierung. In: DBW 55: 761-782

Walgenbach, P. 1998a: Personalpolitik aus der Perspektive des Institutionalistischen Ansatzes. In: Martin, A./Nienhüser, W. (Hrsg.): Die Erklärung der Personalpolitik. München. (i. Dr.).

Walgenbach, P. 1998b: Zwischen "Show Business und Galeere": Zum Einsatz der DIN EN ISO 9000 in Unternehmen. In: Industrielle Beziehungen 5: 135-164

Walgenbach, P./Kieser, A. 1995: Mittlere Manager in Deutschland und Großbritannien. In: Schreyögg, G./Sydow, J. (Hrsg.): Managementforschung 5. Berlin: 259-309

Walker, G. 1994: Asset choice and supplier performance in two organizations - US and Japanese. Organization Science 5: 583-593

Walker, G./Poppo, L. 1991: Profit centers, single-source suppliers, and transaction costs. In: ASQ 36: 66-87

Walker, G./Weber, D. 1984: A transaction cost approach to make-or-buy decisions. In: ASQ 29: 373-391

Walter-Busch, E. 1977: Arbeitszufriedenheit in der Wohlstandsgesellschaft. Bern

Walter-Busch, E. 1989: Das Auge der Firma. Stuttgart

Walter-Busch, E. 1996: Organisationstheorien von Weber bis Weick. Amsterdam

Wardwell, W.I. 1979: Critique of a recent professional put down of the Hawthorne research. In: ASR 47: 858-866

Weaver, G./Gioia, D. 1994: Paradigms lost: Incommensurability vs structurationist inquiry. In: OS 15: 565-590

Weber, M. 1958: Wirtschaftsgeschichte. Abriß der universalen Sozial- und Wirt-schaftsgeschichte. 3. Aufl., Berlin (1. Aufl., 1923)

Weber, M. 1968: Die "Objektivität" Sozialwissenschaftlicher und Sozialpolitischer Erkenntnis. In: Winckelmann, J. (Hrsg.): Gesammelte Aufsätze zur Wissenschaftslehre von Max Weber. 3. Aufl., Tübingen: 146-214

Weber, M. 1972: Wirtschaft und Gesellschaft. 5. Aufl., Tübingen (1. Aufl., 1922)

Weber, M. 1982: Die protestantische Ethik. Bd. II: Kritiken und Antikritiken. 4. Aufl., Tübingen

Weber, M. 1984: Die protestantische Ethik. Bd. I: Eine Aufsatzsammlung. 7. Aufl., Tübingen

Weber, M. 1988a: Gesammelte Aufsätze zur Religionssoziologie, Bde. I-III (Nachdruck der 1920-21 erschienenen Erstauflage). Tübingen

Weber, M. 1988b: Gesammelte politische Schriften (Nachdruck der 4. Aufl., von 1980, 1. Aufl., 1921). Tübingen

Weber, M. 1988c: Gesammelte Aufsätze zur Wissenschaftslehre (Nachdruck der 6. Aufl., 1. Aufl. 1922). Tübingen

Weber, M. 1988d: Gesammelte Aufsätze zur Soziologie und Sozialpolitik (Nachdruck der 1. Aufl. von 1924). Tübingen

Weber, Marianne 1950: Max Weber. Ein Lebensbild. Heidelberg

Weick, K.E. 1976: Educational organizations as loosely coupled systems. In: ASQ 21: 1-20

Weick, K.E. 1977: Organization design: Organizations as self-designing systems. In: Organizational Dynamics 6: 30-46

Weick, K.E. 1979a: The Social Psychology of Organizing. 2. Aufl., Reading

Weick, K.E. 1979b: Cognitive processes in organizations. In: Staw, B.M. (Hrsg.): Research in Organizational Behavior 1. Greenwich: 41-74

Weidenbaum, M./Vogt, S. 1987: Takeovers and stockholders: Winners and losers. In: CMR 29(4): 157-168

Weik, E. 1996: Postmoderne Ansätze in der Organisationstheorie. In: DBW 56: 379-398

Weinert, A. 1987: Lehrbuch der Organisationspsychologie. 2. Aufl., München

Weinert, F.E./Waldmann, M.R. 1988: Wissensentwicklung und Wissenserwerb. In: Mandl, H./Spada, H. (Hrsg.): Wissenspsychologie. München: 161-199

Weingast, B.R. 1989: The political institutions of representative government: Legislatures. In: JITE 145: 693-703

Weiß, J. 1989: Zur Einführung. In: Weiß, J. (Hrsg.): Max Weber heute. Erträge und Probleme der Forschung. Frankfurt/M.: 7-28

Wendorf, R. 1985: Zeit und Kultur - Geschichte des Zeitbewußtseins in Europa. 3. Aufl., Opladen

Wenger, E./Terberger, E. 1988: Die Beziehungen zwischen Agent und Prinzipal als Baustein einer ökonomischen Theorie der Organisation. In: WiSt 17: 506-514

Whitehead, T.N. 1938: The Industrial Worker. 2 Bde. London

Whitley, R. 1992a: The social construction of organizations and markets: The comparative analysis of business recipes. In: Reed, M.I./Hughes, M. (Hrsg.): Rethinking Organization: New Directions in Organization Theory and Analysis. London: 120-143

Whitley, R. 1992b: European Business Systems - Firms and Markets in their National Conflict. London

Whitley, R. 1992c: Business Systems in East Asia. London

Whitley, R. 1997: The institutionalist approach. In: Organization 4: 289-292.

Whittington, R. 1992: Putting Giddens into action: Social systems and managerial agency. In: JMS 29: 693-712

Wholey, D.R./Christianson, J./Sanchez, S.M. 1992: Organizational size and failure among health maintenance organizations. In: ASR 57: 829-842

Wiedenmayer, G./Aldrich, H.E./Staber, U. 1995: Von Gründungspersonen zu Gründungsraten: Organisationsgründungen aus populationsökologischer Sicht. In: DBW 55: 221-236

Wieland, J. 1997: Die Neue Organisationsökonomik: Entwicklung und Probleme der Theoriebildung. In: Ortmann, G./Sydow, J./Türk, K. (Hrsg.): Theorien der Organisation: Die Rückkehr der Gesellschaft. Opladen: 35-66

Wieland, W. 1975: Entwicklung, Evolution. In: Brunner, O./Conze, W./Kosselleck, R. (Hrsg.): Geschichtliche Grundbegriffe. Historisches Lexikon zur politisch-sozialen Sprache in Deutschland. Bd. 2. Stuttgart: 199-228

Wilkins, A.L./Ouchi, W.G. 1983: Efficient cultures: Exploring the relationship between culture and organizational performance. In: ASQ 28: 468-481

Williams, K./ Haslam, C./William, J. 1993: The myth of the line. Ford's production of the Model T at Highland Park 1909/1916. In: Business History 35: 66-87

Williamson, O.E. 1985: The Economic Institutions of Capitalism. New York

Williamson, O.E. 1988a: Corporate finance and corporate governance. In: JoF 43: 567-591

Williamson, O.E. 1988b: The logic of economic organization. In: JLEO 4: 65-93

Williamson, O.E. (Hrsg.) 1990: Organization Theory. From Chester Barnard to the Present and Beyond. New York

Williamson, O.E. 1991: Comparative economic organization: The analysis of discrete structural alternatives. In: ASQ 36: 269-296

Williamson, O.E. 1993: Calculativeness, trust, and economic organization. In: JLE 36: 453-486

Williamson, O.E. 1996: Economic organization: The case for candor. In: AMR 21: 48-57

Williamson, O.E./Wachter, M.L./Harris, J.E. 1975: Understanding the employment relation: The analysis of idiosyncratic exchange. In: BJE 6: 250-278

Williamson, O.E./Winter, S.G. (Hrsg.) 1991: The Nature of the Firm. New York

Willke, H. 1991: Systemtheorie. 3. Aufl., Stuttgart

Willmott, II. 1984. Images and ideal of managerial work: A critical examination of conceptual and empirical accounts. In: JMS 21: 348-368

Willmott, H. 1987: Studying managerial work: A critique and proposal. In: JMS 24: 249-270

Willmott, H. 1990: Beyond paradigmatic closure in organizational enquiry. In: Hassard, J./Pym, D. (Hrsg.): The Theory and Philosophy of Organizations. Critical Issues and New Perspectives. London: 44-60

Willmott, H. 1993: Breaking the paradigm mentality. In: OS 14: 681-719

Willmott, H. 1997: Management and organization studies as science? In: Organization 4: 309-344

Willmott, H./Jackson, N.V. 1985: Extended review of G. Morgan (Ed.): Beyond method. In: JMS 22: 225-232

Windolf, P. 1994: Die neuen Eigentümer. Eine Analyse des Marktes für Unternehmenskontrolle. In: ZfS 23: 79-92

Windolf, P./Beyer, J. 1995: Kooperativer Kapitalismus. Unternehmensverflechtungen im internationalen Vergleich. In: KZfSS 47: 1-36

Winschuh, J. 1923: Gerüstete Wirtschaft. Berlin

Winter, G. 1919: Das Taylorsystem und wie man es einführt in Deutschland. Leipzig

Winter, G. 1920: Der Taylorismus. Handbuch der wissenschaftlichen Betriebs- u. Arbeitsweise für die Arbeitenden aller Klassen, Stände u. Berufe. Leipzig

Winter, S.G. 1964: Economic "natural selection" and the theory of the firm. In: Yale Economic Essays 4: 224-272

Winter, S.G. 1975: Optimization and evolution in the theory of the firm. In: Day, R.H./Graves, T. (Hrsg.): Adaptive Economic Models. New York: 73-118

Winter, S.G. 1990: Survival, selection and inheritance in evolutionary theories of organization. In: Singh, J.V. (Hrsg.): Organizational Evolution: New Directions. Newbury Park, CA: 269-297

Wiswede, G. 1992: Rolle, soziale. In: Gaugler, E./Weber, W. (Hrsg.): HWP. 2. Aufl., Stuttgart: 2001-2010

Witte, E. 1968: Phasen-Theorem und Organisation komplexer Entscheidungsverläufe. In: ZfbF 20: 625-647

Witte, E. 1973: Organisation für Innovationsentscheidungen. Das Promotorenmodell. Göttingen

Witte, E./Hauschildt, J./Grün, O. (Hrsg.) 1988: Innovative Entscheidungsprozesse. Die Ergebnisse des Projekts 'Columbus'. Tübingen

Witte, I.M. 1928: F.W. Taylor: Der Vater wirtschaftlicher Betriebsführung. Stuttgart

Wittke, V. 1996: Wie entstand die Massenproduktion? Die diskontinuierliche Entwicklung der deutschen Elektronikindustrie von den Anfängen der "großen Industrie" bis zur Entfaltung des Fordismus (1880-1975). Berlin

Wolff, B. 1995: Organisation durch Verträge: Koordination und Motivation in Unternehmen. Wiesbaden

Wollnik, M. 1992: Organisationstheorie, interpretative. In: Frese, E. (Hrsg.): HWO, 3. Aufl., Stuttgart: 1778-1797

Woodward, J. 1958: Management and Technology. London

Woodward, J. 1965: Industrial Organisation: Theory and Practice. London

Worpitz, H. 1991: Wissenschaftliche Unternehmensführung? Führungsmethoden - Führungsmodelle - Führungspraxis. Frankfurt/M.

Wosnitza, M. 1991: Das Agency-theoretische Unterinvestitionsproblem in der Publikumsgesellschaft. Heidelberg

Wosnitza, M. 1995: Kapitalstrukturentscheidungen in Publikumsgesellschaften. Ein informationsökonomischer Ansatz. Wiesbaden

Woywode, M. 1998: Determinanten der Überlebenswahrscheinlichkeit von Unternehmen - eine empirische Überprüfung organisationstheoretischer und industrieökonomischer Erklärungsansätze. Diss. Baden-Baden

Wrege, Ch.D./Perroni, A.G. 1974: Taylor's pig-tale: A historical analysis of Frederic W. Taylor's pig-iron experiments. In: AMJ 17: 6-27

Wren, D.A. 1987: The Evolution of Management Thought. 3. Aufl., New York

Wunder, B. 1986: Geschichte der Bürokratie in Deutschland. Frankfurt/M.

Wupper-Tewes, H. 1995: Rationalisierung als Normalisierung. Betriebswirtschaft und betriebliche Leistungspolitik in der Weimarer Republik. Münster

Yarbrough, B.V./Yarbrough, R.M. 1990: International institutions and the new economics of organization. In: Int Org 44: 235-259

Yorks, L./Whitsett, D. 1985: Hawthorne, Topeka, and the issue of science versus advocacy in organizational behavior. In: AMR 10: 21-30

Yoshino, M.Y. 1970: Japans Management. Tradition im Fortschritt. Düsseldorf

Young, R.C. 1988: Is population ecology a useful paradigm for the study of organizations? In: AJS 94: 1-24

Zajac, E.J./Olsen, C.P. 1993. From transaction cost to transactional value analysis: Implications for the study of interorganizational strategies. In: JMS 30: 131-145

Zald, M.N. 1987: Review essay: The New Institutional Economics. In: AJS 93: 701-708

Zammuto, R.F. 1982: Assessing Organizational Effectiveness. Albany

Zaner, R.M. 1961: Theory of intersubjectivity: Alfred Schutz. In: Social Research 28: 73-90

Zaret, D. 1992: Calvin, convenant theology and the Weber thesis. In: Sociol 43: 370-391

Zerfaß, A./Scherer, A.G. 1995: Unternehmensführung und Öffentlichkeitsarbeit. Überlegungen zur wissenschaftstheoretischen Grundlegung der Public-Relations-Forschung. In: DBW 55: 493-512

Zey-Ferrell, M. 1981: Criticisms of the dominant perspective on organizations. In: Soc Quart 22: 181-205

Zey-Ferrell, M./Aiken, M. 1981: Complex Organizations. Critical Perspectives. Glenview IL

Zhou, X. 1993: The Dynamics of Organizational Rules. In: AJS 98: 1134-1166

Zimmermann, G. 1988: Produktionsplanung, Verfügungsrechte und Transaktionskosten. In: Budäus, D./Gerum, E./Zimmermann, G. (Hrsg.): Betriebswirtschaftslehre und Theorie der Verfügungsrechte. Wiesbaden: 197-218

Zucker, L.G. 1983: Organizations as institutions. In: Bacharach, S.B. (Hrsg.): Research in the Sociology of Organizations. Greenwich, Conn.: 1-42

Zucker, L.G. 1986: Production of trust. Institutional sources of economic structure, 1840-1920. In: Cummings, L.L./Staw, B.M. (Hrsg.): Research in Organizational Behavior 8: 53-111

Zucker, L.G. 1987: Institutional theories of organizations. In: ARS 13: 443-464

Zucker, L.G. 1988: Where do institutional patterns come from? Organizations as actors in social systems. In: Zucker, L.G. (Hrsg.) Institutional Patterns and Organizations. Cambridge MA: 23-52

Zucker, L.G. 1989: Combining institutional theory and population ecology: No legitimacy, no history. In: ASR 54: 542-548

Zucker, L.G. 1991: The role of institutionalization in cultural persistence. In: Powell, W.W./DiMaggio, P.J. (Hrsg.): The New Institutionalism in Organizational Analysis. Chicago: 83-107 (um eine Nachwort ergänzte Version des gleichlautenden Beitrags in: ASR 42: 726-43)

Zündorf, L. 1976: Forschungsartefakte bei der Messung der Organisationsstruktur. Soziale Welt 27: 468-487

Abkürzungsverzeichnis

Abb.	Abbildung
AER	American Economic Review
AJS	American Journal of Sociology
AMJ	Academy of Management Journal
AMR	Academy of Management Review
AP	American Psychologist
AR	Accounting Review
ARS	Annual Review of Sociology
ASQ	Administrative Science Quarterly
ASR	American Sociological Review
Aufl.	Auflage
Bd.	Band
BFuP	Betriebswirtschaftliche Forschung und Praxis
BJE	Bell Journal of Economics
BoER	Bulletin of Economic Research
CMR	California Management Review
DBW	Die Betriebswirtschaft
Econ	Econometrica
HR	Human Relations
HWFü	Handwörterbuch der Führung
HWO	Handwörterbuch der Organisation
HWP	Handwörterbuch des Personalwesens
Int Org	International Organization
JAE	Journal of Accounting and Economics
JAR	Journal of Accounting Research
JEBO	Journal of Economic Behaviour and Organization
JEL	Journal of Economic Literature
JEP	Journal of Economic Perspectives
JfB	Journal für Betriebswirtschaft
JITE	Journal of Institutional and Theoretical Economics/ Zeitschrift für die gesamte Staatswissenschaft
J Leg Stud	Journal of Legal Studies
JLEO	Journal of Law, Economics and Organization
JM	Journal of Management
JMarkt	Journal of Marketing
JMS	Journal of Management Studies
JoF	The Journal of Finance
JoFE	Journal of Financial Economics
JoLE	Journal of Law and Economics
JPE	Journal of Political Economy
KZfSS	Kölner Zeitschrift für Soziologie und Sozialpsychologie
MIR	Management International Review
MS	Management Science
OS	Organization Studies
RES	Review of Economic Studies
Sociol	Sociology
Soc Quart	The Sociological Quarterly
Soc R	Sociological Review
WiSt	Wirtschaftswissenschaftliches Studium
ZfB	Zeitschrift für Betriebswirtschaft
ZfbF	Zeitschrift für betriebswirtschaftliche Forschung
zfo	Zeitschrift Führung + Organisation
ZfS	Zeitschrift für Soziologie

Index

A

Adhocracy 195
Adoption 324
Agenturbeziehungen 209
Agenturkosten 212
Alltagswissen 290f.
Analyse
  funktionale 163ff.
Analyse des strategischen Verhaltens 366
Anarchien
  organisierte 148
Anekdoten 311
Anpassung (Fit) des Unternehmens 262
Anpassungsstrategie
  proaktive 164
Anreiz-Beitrags-Gleichgewicht 134
Äquivalente
  funktionale 9, 164
Arbeitsbüros 80
Arbeitsorganisation 186
  rationale 49
  tayloristische 189
Arbeitsteilung 66f., 143, 173
Arbeitsvertrag 139
Aston-Gruppe 171
Ausführungsprogramme 144
Ausgleichszahlungen 145
Auslese und Anpassung der Arbeiter 81
Autopoiese 300f.
Autorität 138f., 170

B

Babbage-Prinzip 68, 81
Bedürfnis 136f., 141, 163, 197
Beobachterperspektive 27
Berufsarbeit 44
Beständigkeit
  kulturelle 343
Bestrafung 81
Betriebsführung
  wissenschaftliche 75, 83
Bewußtheit
  diskursive 359
  handlungspraktische 359
Beziehungen
  informale 137
Bürokratie 39, 47, 58
  dysfunktionale Wirkungen 63
  Effizienz der 50
  historische Voraussetzungen 49
  Idealtypus der 61, 319
  Konzept der 169, 172
  professionelle 195
Bürokratie und Demokratie 40
Bürokratien als stahlharte Gehäuse 51

C

CAD 182

Calvinismus 44, 57
CAM 182
CIM 95
CNC-Maschinen 186
Comparative Organization Analysis Program
  171
Comps 259
Computersimulation 161
Corporate Identity 163

D

Deduktion 6
Dekonstruktivismus 297
Demokratie, plebiszitäre 53
Dendogramme 260
Denken
  vernetztes 277
Density Dependence 268
Dequalifizierung 94
Determinismus 186
Deutungsschemata 363
Dezentralisierung 177
Dualität von Struktur 357

E

Effizienz 330
Einheit der Auftragserteilung 70f.
Einliniensystem 96
Eklektizismus 369
Empirismus 6
  logischer 7
Entfremdung 59
Entkopplung 339
Entlohnung 81
Entscheidungen
  individuelle 140
  von Organisationen 142f.
Entscheidungsprämissen 142
Entscheidungsprozesse 149, 160
Entscheidungszentralisation 174
Entstehung neuer Organisationsformen 258
Erfahrungswissen 310
Erkenntnisinteresse 11, 15
Erklären 366
Erklärung 54
  funktionale 8, 188
Erklärungsmodell
  deduktiv-nomologisches 8
Evolution 279
  des Handelns 265
  historische 265
  organisationaler Evolutionsmechanismen 272
Evolutionstheorie
  biologische 254
  synthetische 254
Exploitation 157
Exploration 157
Externalisierung 291

F

Falsifikation 7
Fazilitäten 363
Fertigungsinseln 186
Fertigungstechnik 180, 186
Fließband 66
Fordismus 86
Formalisierung 173, 177
Führer
    charismatischer 53, 61
Führung
    symbolische 163
Funktionalismus 357
Funktionsmeistersystem 80

G

Geltungsansprüche 25
Gemeinkostenwertanalyse 313
Genotyp 254, 259
Genpool 254
Geschichten 307, 311, 315
Gesellschaften
    moderne 324
Gestaltungsphilosophie 188, 191
    tayloristische 188
Gestaltungsspielräume
    organisatorische 187
Gewerkschaften 85, 89
Gründungsbedingungen 264
Gründungsrate 267

H

Habitualisierung 293f.
Handeln 27
    kommunikatives 282
    routinemäßiges 360
    verständnisorientiertes 284
    zweckgerichtetes 360
Handlungsbedingungen
    unerkannte 360
Handlungsfolgen
    unbeabsichtigte 360
Handlungsmächtigkeit 372
Handlungsrationalität 165
Harzburger Modell 96, 189
Hazardrate 261
Hermeneutik 11, 357
Herrschaft 138, 143, 189, 361
    charismatische 46
    Idealtypen der 46
    legale 47
    relative Machtlosigkeit von 139
    traditionale 47
Hidden Action 213
Hidden Information 213

I

Idealtypen 56
Idealtypus der vollständig legitimierten
    Organisation 331

Identifikation 140, 143, 163
Indifferenzzone 139
Indoktrination 138ff., 167
Induktion 6
Industrielle Revolution 67
Informationsgehalt 184
Inkommensurabilität 19
Inkompetenz-Falle 158
Institution 295, 320
Institutionalisierung 292f., 320
    als Prozeß 293, 320
    als Zustand 321
Institutionalistische Organisationstheorie 164f.
institutionelle Analyse 366
Institutionen
    rationale 58
Institutionenanalyse
    ökonomische 199
Interaktionismus
    phänomenologischer 290
    symbolischer 289f.
Internalisierung 294
Interpretation 303ff.
Interpretative Ansätze 357
Isomorphismus 333f.
    durch mimetische Prozesse 334
    durch normativen Druck 335
    durch Zwang 334

K

Kapitalismus 46, 50, 58
kapitalistischer Geist 46, 58
Klassifikationen organisationaler Formen 260
Koalition
    dominierende 191
Kohärenztheorie 7
Kommunikation 144, 297, 301, 306, 363
Kompetenz-Falle 157
Komplexität
    Reduktion von 142
Konditionalprogramme 144
Konflikte
    zwischen Abteilungen 144
    zwischen Spezialisten und Bürokraten 64
Konservatismus
    organisatorischer 189
Konstruktivismus 22
    kognitiver 298
    radikaler 299
    sozialer 297
    systemtheoretischer 299
Konzept
    anthropozentrisches 95
Koordination 173, 178, 182
Koordinationsmechanismen 173, 178
Korrespondenztheorie der Wahrheit 7
Kritische Theorie 17
Kultur 191

L

Law of Requisite Variety 276

418

Legitimation 266, 295, 361
  externe 330
Legitimierung 295
Legitimität 319, 331, 347
  Infektion mit 347
Leistungserstellung
  organisationsinterne 233
Leitbilder 71, 307
Leitungsintensität 179
Leitungsspanne 178, 182
Lernen 310
  organisatorisches 147, 154
Liability
  of Adolescence 261
  of Aging 262
  of Newness 261
  of Obsolescence 262
  of Senescence 263
  of Smallness 263
Logik des Vertrauens 339
Loyalität 140

M

Macht 363
Management
  evolutionäres 275
Managementlehre 170
Managementmoden 71
Manager
  Hauptfunktionen von Managern 70
Managerkontrolle 218
Managerverhaltens
  Optimierung des 216
Markt 232
Maschinenmodell 194
Mehrliniensystem 96
Metaphern 307ff., 315
Methodenmonismus 54
Modalitäten 363
Motivation 163
  Leistungs- 138, 144
  Mitgliedschafts- 138
Mülleimer-Modell 148, 166
Münchhausen-Trilemma 8
Münchner Ansatz 275, 281

N

Neugründungen 257
Normen 363

O

Objektivation 292, 294
Obsoleszenz
  des Unternehmens 262
Ontologie 7
Ordnung
  spontane 276, 279
Organigramm 305
Organisation
  als Handlungssystem 135
  formale 284

  Konzept der fortschrittsfähigen 275
Organisationale Felder 333
Organisationen
  Effizienz von 175
  Elimination ganzer 258
  japanische 191
  Trägheit von 256
Organisations
  -gesellschaft 39
  -gestaltung 184
  -größe 170, 177
  -kultur 163
  -moden 159
  -persönlichkeit 140
  -prinzipien 170
  -ziele 143, 145, 163ff.
Organisationsanalyse
  situative 164
Organisationslehre
  klassische 172
Organisationsmitglieder als Umwelt der
  Organisation 163
Organisationspopulation 273
  Nische einer 258
Organisationsstruktur 173, 184ff., 305
  Operationalisierung der 172
Organisationsstrukturen
  Funktionen von 164
Organisationstheorie 1
  interpretative 190
  positivistische 315ff.
Organisationstheorien
  implizite 304
  subjektive 315
Organizational Slack 147, 166

P

Paradigma 19
  interpretatives 16
Paradoxien 302
Pensum und Bonus 79
Personen als Umwelt der Organisation 135
Phänotyp 254
Planung 173, 177
Polarisierung 182, 186
Population Ecology-Ansatz 255
Populationen 256
  Entwicklung reifer 272
Populationsdichte 267
Postmoderne 317
Postmoderne Ansätze 297
Prädestinationslehre 44, 57
Praktiken
  soziale 358
Praxis 315
  soziale 358
Professionalisierung 177
Programme 144
Programmierung 173, 177
Prüfung
  kritische 8

R

Rationalisierung 42
  des Handelns 359, 370
Rationalismus 6
  kritischer 7
Rationalität
  adaptive 147
  ästhetische 283
  begrenzte 134, 140, 142, 164
  evolutionäre 283
  kommunikative 298
  okkasionelle 283
  okzidentale 282
  organisationale 166
  persönliche 166
  systemische 165f.
  unterschiedliche Konzeptionen von 327
Rationalitätsmythen 325
Realismus 6
Rechenschaftsfähigkeit 261
Reflexionsmächtigkeit 358, 370
Regeln 303, 361
  institutionalisierte 322
Reichsausschuß für Arbeitszeitermittlung
  (REFA) 89
Rekursivität 360
Relativismus 21
Reorganisation 307
  Evaluation der 314
Reproduktion 254, 259
Reproduzierbarkeit 261
Resource Dependence-Ansatz 164
Resource Partitioning Theory 268
Ressourcen 361
  allokative 361
  autoritative 362
Retention 259
Rhetorik 315, 317
Routinen 304

S

Sanktionen 137, 139, 363
Satisficing 141, 147, 165
Schemata 304
Selbstabstimmung 173
Selbstdisziplin 295
Selbstorganisation 276
Selbstreferentialität 300
Selbstreplikation 254
Selektion 254, 258, 332
Selektionsfaktoren 274
Selektionsmechanismus 271
Signifikation 361
Situation
  Definition der 142
  Operationalisierung der 175
Situativer Ansatz 63, 96, 171, 357
Skripten 304, 311, 315
Sozialtheorie 355
Sozialwissenschaften

kritische Funktion der 366
Spezialisierung 173
Spezialisierung 177
Speziation 254
Sprache 288ff., 308f.
St. Galler Ansatz 275
Stäbe 193
Stabilität 331
Stammbäume 260
Standardisierung 144
Statistische Verfahren 183
Stellenbeschreibung 305
Steuerung des Handelns
  reflexive 359
Strategic Apex 193
Strategien
  K-Strategien 265
  r-Strategien 265
Strategische Wahl 191
Struggle For Existence 254
Strukturalismus 357
Strukturationstheorie 355
Strukturierung 361
Strukturtypen 193
Stücklohn 77
Subjektive Theorien 305
Subjekt-Objekt-Modell 5
Symbole 289
System
  geschlossenes 164
  offenes 163
  soziales 301, 363
Systemreproduktion 363

T

Taglohn 77
Taxonomien 260
Teilnehmerperspektive 27
Theoriekrise 366
Theorie-Praxis-Verhältnis 24
Transaktion 228
Transaktionskosten 201, 225
Trennung von Hand- und Kopfarbeit 77, 189

Ü

Überlebensfähigkeit 331
Umwelt 167, 179
  Anpassung an 137
  enacted environment 165
  negotiated environment 164
  organizational domain 165
  vereinfachte Entscheidungs- 164
  wahrgenommene 165
Umwelten 170
  institutionelle 325f.
  technische 326
Unsicherheit
  Reduktion von 142
  Vermeidung von 147
Unsicherheitsabsorption 144

V

Variation 257, 280
Variationsmechanismus 271
Verfügungsrecht 200
Verhalten
  habituelles 142
Verstehen 54, 366
Vertrag 210, 231
Verwaltung 39
Virtuelle Ordnung 362
Visionen 283, 307

W

Wahrnehmung
  selektive 142
Wandel
  organisationaler 269
  technologischer 257

Weisungen
  persönliche 173
Weltbild 42f.
  magisches 42
Werturteil 163, 167
Werturteilsfreiheitspostulat 10
Wettbewerb 266
Wirklichkeit
  sozial konstruierte 320
Wissenschaftstheorie 4

Z

Zeit- und Bewegungsstudien 66, 78
Zentralisierung 173
Zielbildungsprozeß 145
Zielkonflikt 143, 146f., 162
Zuverlässigkeit 261
Zweckprogramme 144

Autoren

Dr. Ulrike Berger, ehemalige Wiss. Assistentin am Lehrstuhl für Allgemeine Betriebswirtschaftslehre und Organisation, Universität Mannheim

Isolde Bernhard-Mehlich, ehemalige Wiss. Assistentin am Lehrstuhl für Allgemeine Betriebswirtschaftslehre und Organisation, Universität Mannheim

Prof. Dr. Mark Ebers, Lehrstuhl für Betriebswirtschaftslehre, Unternehmensführung und Organisation, Universität Augsburg

Wilfried Gotsch, ehemaliger Wiss. Assistent am Lehrstuhl für Allgemeine Betriebswirtschaftslehre und Organisation, Universität Mannheim

Prof. Dr. Alfred Kieser, Lehrstuhl für Allgemeine Betriebswirtschaftslehre und Organisation, Universität Mannheim

Dr. Andreas Georg Scherer, Wiss. Assistent am Lehrstuhl für Allgemeine Betriebswirtschaftslehre und Unternehmensführung, Universität Erlangen-Nürnberg

Dr. Peter Walgenbach, Wiss. Assistent am Lehrstuhl für Allgemeine Betriebswirtschaftslehre und Organisation, Universität Mannheim

Dr. Michael Woywode, Wiss. Assistent am Lehrstuhl für Allgemeine Betriebswirtschaftslehre und Organisation, Universität Mannheim

Diether Gebert

Führung und Innovation

2002. 276 Seiten. Kart.
€ 25,–
ISBN 3-17-017399-5

Innovation ist heute der Schlüssel zu mehr Wettbewerbsfähigkeit.
Der Text informiert über die Frage, durch welches Führungsverhalten eine Führungskraft zu einer Steigerung der Innovation
des Betriebes beitragen kann.

Das Buch stützt sich auf eine solide Recherche der deutschen,
europäischen und US-amerikanischen Fachzeitschriften und
resümiert die dort gemachten Erfahrungen.

Der Autor:
Professor Dr. Diether Gebert war nach seiner Habilitation im
Fach Psychologie elf Jahre Inhaber eines Lehrstuhls für Personalwesen und Führungslehre an der Universität Bayreuth und hat
seit 1991 an der Technischen Universität Berlin einen Lehrstuhl
für Betriebswirtschaftslehre (Organisation, Personalwesen und
Führungslehre) inne.

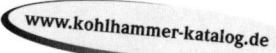

W. Kohlhammer GmbH · 70549 Stuttgart
Tel. 0711/7863 - 7280 · Fax 0711/7863 - 8430

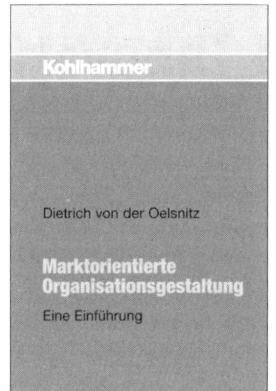

Dietrich von der Oelsnitz

Marktorientierte Organisations- gestaltung

Eine Einführung
1999. 252 Seiten. Kart.
€ 17,90
ISBN 3-17-015544-X

Erwerbswirtschaftliche Unternehmen können am Markt auf Dauer nur dann bestehen, wenn es ihnen gelingt, ihre Leistungsprozesse so zu gestalten, daß für den Kunden ein überlegener Produktnutzen entsteht. Hierfür müssen die überkommenen Organisationsverhältnisse häufig zugunsten einer marktnäheren Gestaltungslösung verändert werden. Organisationale Strukturen, Prozesse und Kulturen sind schließlich kein Selbstzweck, sondern haben den Erfordernissen des Marktes zu dienen.

Die vorliegende Schrift zeigt auf der Basis grundsätzlicher Überlegungen und einer Vielzahl praktischer Beispiele, wie ein Unternehmen organisiert sein muß, um in der Zufriedenstellung seine Kunden gleichermaßen effektiv und effizient zu sein. Sie versteht sich als einführendes Lehrbuch, ist aber auch für Praktiker aus den Bereichen Organisation und Marketing geeignet.

Der Autor:
Univ.-Prof. Dr. Dietrich von der Oelsnitz ist Leiter des Fachgebietes Unternehmensführung an der Technischen Universität Ilmenau (Thür.).

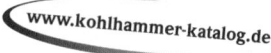

W. Kohlhammer GmbH · 70549 Stuttgart
Tel. 0711/7863 - 7280 · Fax 0711/7863 - 8430